LA CONSTITUTION AMERICAINE DANS LE DEBAT FRANÇAIS : 1795-1848

Collection **Logiques Juridiques**
dirigée par Gérard MARCOU

Le droit n'est pas seulement un savoir, il est d'abord un ensemble de rapports et pratiques que l'on rencontre dans presque toutes les formes de sociétés. C'est pourquoi il a toujours donné lieu à la fois à une littérature de juristes professionnels, produisant le savoir juridique, et à une littérature sur le droit, produite par des philosophes, des sociologues ou des économistes notamment.
Parce que le domaine du droit s'étend sans cesse et rend de plus en plus souvent nécessaire le recours au savoir juridique spécialisé, même dans des matières où il n'avait jadis qu'une importance secondaire, les ouvrages juridiques à caractère professionnel ou pédagogique dominent l'édition, et ils tendent à réduire la recherche en droit à sa seule dimension positive. A l'inverse de cette tendance, la collection « Logiques juridiques » des Éditions L'Harmattan est ouverte à toutes les approches du droit. Tout en publiant aussi des ouvrages à vocation professionnelle ou pédagogique, elle se fixe avant tout pour but de contribuer à la publication et à la diffusion des recherches en droit, ainsi qu'au dialogue scientifique sur le droit. Comme son nom l'indique, elle se veut plurielle.

Dernières parutions

Françoise MICHAUT (textes traduits et introduits par), *Le droit dans tous ses états à travers l'œuvre de Robert M. Cover*, 2001.
Laure BAUSINGER-GARNIER, *La loi du pays en Nouvelle-Calédonie*, 2001.
Sophie NICINSKI, *L'usager du service public industriel et commercial*, 2001.

Marc LAHMER

LA CONSTITUTION AMERICAINE DANS LE DEBAT FRANÇAIS : 1795-1848

L'Harmattan
·7, rue de l'École-Polytechnique
75005 Paris
FRANCE

L'Harmattan Inc.
55, rue Saint-Jacques
Montréal (Qc) CANADA
H2Y 1K9

L'Harmattan Hongrie
Hargita u. 3
1026 Budapest
HONGRIE

L'Harmattan Italia
Via Bava, 37
10214 Torino
ITALIE

Fidèle à sa volonté de maintenir vivant l'ensemble du catalogue et de continuer à rendre accessible à tous la richesse de son contenu, Les marques du groupe L'Harmattan proposent les ouvrages, même s'ils sont épuisés dans leur premier tirage, et les impriment à la demande.
Au vu de l'ancienneté de ce titre, un exemplaire original a été numérisé pour être réimprimé, ce qui pourrait altérer légèrement la qualité de certains passages.

Pour Anne, Marion et Fantine

ISBN : 2-7475-0851-X

«Les constituants de 1848 ont dédaigné l'expérience américaine, ils ont rejeté la division du pouvoir législatif».

Edouard de Laboulaye, *De la Constitution américaine et de l'utilité de son étude*, Discours prononcé le 4 décembre 1849 à l'ouverture du cours de législation comparée donné au Collège de France, Paris, Hennuyer, 1850, p. 22[1].

En 1848, l'Assemblée constituante issue de Février a établi un régime présidentiel sur le modèle du régime des Etats-Unis d'Amérique.

Cette proposition, retranscrite de façon mécanique par la très grande majorité des juristes, politologues et historiens, revêt en doctrine en raison même de sa banalité un statut de lieu commun, de sorte qu'elle est acceptée sans débat puisque son évidence la dispense de tout examen et l'impose à l'esprit de chacun.

Or, précisément, nous nous proposons d'en démontrer la fausseté et de prouver que dans l'esprit des constituants de la IIe République, et conformément à leur intention, la Loi fondamentale du 4 novembre 1848 porte au principal condamnation des principes recteurs du constitutionnalisme américain, tels qu'ils furent établis sur la période 1776-1787 et tels qu'ils étaient interprétés depuis le XVIIIe siècle par la communauté des publicistes français et américains.

Cette erreur de principe commise de nos jours en doctrine, et qui aboutit à prêter aux publicistes de 1848 un dessein institutionnel qui, au rebours, fut celui contre lequel ils se définirent, tient à une cause essentielle, précise et circonscrite. En l'espèce, elle procède d'une incompréhension de ce qu'était la doctrine de la séparation des pouvoirs au XVIIIe siècle, et conséquemment d'une méconnaissance du cadre de classification des régimes politiques en usage à cette même époque, qui ne correspond pas à celui que les juristes contemporains utilisent de nos jours. En d'autres termes, non seulement le régime américain n'était pas qualifié au XVIIIe de «régime présidentiel» -laquelle notion n'existait pas à l'époque-, mais de plus il participait, tant sur le plan juridique que dans l'esprit des *Fondateurs*, d'une architecture institutionnelle conçue contre la séparation absolue des pouvoirs, laquelle est consubstantielle à la notion de «régime présidentiel».

---

[1] Dans cette étude, nous avons lorsqu'il y avait lieu pris le parti de moderniser la graphie des citations d'époque, ainsi que de retranscrire en caractères italiques certains termes ou brefs passages de citations lorsque ceux-ci nous ont paru présenter une importance particulière pour notre sujet. Toute transcription de ce type due à l'auteur de la citation sera mentionnée en note de bas de page.

Il est de ce fait impératif, au regard de l'objet de notre travail, de déterminer à titre liminaire la signification de la notion de séparation des pouvoirs au XVIIIe siècle, de l'exactitude de laquelle dépend la suite, et davantage encore, la possibilité de cette étude[2].

En effet, l'interprétation de cette notion proposée par la doctrine dite traditionnelle ou classique, c'est-à-dire celle qui au début du XXe siècle fut fixée en France dans les Facultés de Droit, et qui depuis n'a cessé de faire le fond du discours universitaire dominant, ne correspond pas à la vérité historique. Suivant cette interprétation en effet, la séparation des pouvoirs telle qu'elle était entendue au XVIIIe siècle ressortit exclusivement à une séparation absolue caractérisée par la spécialisation et l'indépendance des pouvoirs, ce qui emporte l'addition de trois types de séparation, à savoir:
- une séparation fonctionnelle, d'après laquelle un organe ou groupe d'organes est attributaire exclusif de l'intégralité d'une fonction étatique - législative, exécutive ou judiciaire- et forme à ce titre un pouvoir qui n'a aucune part à l'exercice d'une fonction dévolue à un autre pouvoir. Ce type de cantonnement fonctionnel correspond au principe de spécialisation dans une fonction unique.
- Une séparation personnelle qui implique que les membres d'un pouvoir ne doivent pas être nommés par un autre pouvoir et être révocables par lui, ce qui prohibe des procédés tels que le droit de dissolution ou la responsabilité ministérielle.
- Une séparation matérielle enfin qui interdit tout contact, relation ou communication entre pouvoirs, et dont découle par exemple l'impossibilité faite à un organe ou des membres de l'exécutif de participer aux débats d'une assemblée. Cette séparation personnelle et matérielle correspond quant à elle au principe d'indépendance.

Toujours selon cette même école, cette séparation stricte ou rigide des pouvoirs est compatible dans son principe avec certaines exceptions ou dérogations aux règles de spécialisation ou d'indépendance, qui sont de ce fait interprétées comme un assouplissement du dit principe

---

[2] Nous nous sommes livré à ce travail de définition dans notre ouvrage intitulé *La séparation des pouvoirs d'après le Second Traité et l'Esprit des lois*, Paris, Kimé, 2001. Cet écrit, donnant la signification de la notion de séparation des pouvoirs au XVIIIe siècle, forme dans notre esprit un tout indissociable avec la présente étude, laquelle fait application au droit positif américain et français des mêmes principes. C'est la raison pour laquelle nous nous limiterons dans le cadre de cette introduction à une présentation cursive de ces principes, dont le détail et la justification ont déjà été donnés.

et non comme sa négation. Le résultat de cette séparation entendue strictement ou plus souplement sera de préserver la liberté politique en empêchant la réunion des pouvoirs, ou en d'autres termes d'instituer, le terme qui suit est d'une importance primordiale, un équilibre entre les pouvoirs.

Or, en l'espèce, ce type d'interprétation porte à faux et engendre en fait d'histoire constitutionnelle des contresens rédhibitoires relativement à la période allant de la Révolution française à la Deuxième république.

Pour le comprendre, il est nécessaire d'avoir présente à l'esprit une donnée fondamentale de la grammaire du droit public de l'époque, à savoir l'existence d'une hiérarchie des fonctions étatiques dans le cadre de laquelle la fonction exécutive était subordonnée à la fonction législative, fonction suprême. L'ensemble de la pensée politique et juridique des XVIIe et XVIIIe siècles, tant en Grande-Bretagne, en Amérique puis aux Etats-Unis qu'en France, était gouvernée par cette donnée de base qui participait à l'époque d'un lieu commun. De ce fait, il était admis par tous la primauté de la fonction législative, soit que, selon les auteurs, on l'identifiât à la souveraineté elle même, ou qu'on y vît l'attribut principal de cette souveraineté, et cette prémisse emportait la subordination de la fonction exécutive, fonction seconde, qui était toute d'application ainsi que son étymologie l'indique. Deux conséquences découlaient, en toute rigueur, de ce principe.

En premier lieu, la qualification du régime politique dépendait de la qualité du ou des attributaires de la seule fonction suprême ou pouvoir législatif. Ainsi, par exemple, William Paley, publiciste anglais, pouvait écrire qu'

> «un gouvernement tire sa dénomination de la forme de sa législature. Cette forme est ce qu'on appelle ordinairement la Constitution d'un pays»[3].

De même Lezay-Marnézia, qui par ses écrits compta parmi les publicistes les plus influents lors des débats constituants de l'an III,

---

[3] *Principes de philosophie morale et politique*, Paris, Treuttel et Wurtz, 1817, T. II, p. 61. Une traduction abrégée avait paru en France dès 1789 sous le titre suivant: *Des différentes formes de gouvernement et de leurs avantages ou désavantages respectifs; de la Constitution anglaise et de la liberté civile*, Paris, Defer de Maisonneuve, 1789.

relevait sur le même mode doctrinal que la différence des gouvernements est prise de la différence des organes auxquels la puissance législative est commise:

> «A quel signe distingue-t-on une Constitution d'une autre», s'interrogeait-il en effet, «ou en d'autres termes, en quoi réside le caractère spécifique d'une Constitution? Il réside», répondait-il, «dans la constitution particulière du pouvoir législatif»[4].

De ce fait, on classait les constitutions au XVIIIe siècle suivant une typologie binaire, opposant les régimes fondés sur l'unité législative, en d'autres termes disposant d'un organe législatif simple ou unique, aux régimes structurés par un organe législatif complexe composé d'au moins deux organes simples de législation.

En second lieu, et il s'agit là d'un argument décisif à l'encontre de l'interprétation de la doctrine classique qui assimile séparation absolue et équilibre des pouvoirs, la notion d' «équilibre des pouvoirs» doit être comprise strictement dans le sens précis et connoté auquel les auteurs des XVIIe et XVIIIe siècles se rapportaient eux-mêmes, c'est-à-dire dans son acception technique. C'est en effet un mode d'organisation des pouvoirs publics qui a précisément pour objet de proscrire l'attribution de l'intégralité de la fonction législative à un organe unique. En effet, puisque les fonctions étatiques sont inégales, il est impossible que le détenteur de la fonction exécutive «fasse équilibre» au détenteur de la fonction législative. Dans ce cas de figure, la hiérarchie des fonctions emporte nécessairement la hiérarchie des organes; la subordination à l'organe législatif de l'organe exécutif est ici la suite de la subordination à la fonction législative de la fonction exécutive. Il n'y a donc pas d'équilibre envisageable entre organes spécialisés, et l'organe exécutif ne pourra par conséquent «équilibrer» l'organe législatif qu'à la condition impérative qu'il participe lui-même à l'exercice de la fonction suprême de façon à pouvoir s'opposer en sa qualité de colégislateur à sa volonté.

De fait, il y a incompatibilité de principe entre l'idée de séparation fonctionnelle d'une part, et celles d'équilibre, de frein, de contrepoids et d'empêchement mutuel d'autre part. Il n'y a d'équilibre possible des pouvoirs que lorsque la fonction législative est distribuée entre au moins deux organes distincts, qui attributaires d'un pouvoir de décision ne peuvent former un acte législatif parfait en dehors de la concurrence de leurs volontés. Cette concurrence peut être obtenue de

---

[4] Voy. *Qu'est-ce que la Constitution de 93*, Paris, Migneret, an III, p. 32.

trois manières: soit, comme nous venons de l'indiquer par la participation à cette fonction de l'organe exécutif, détenteur exclusif du droit d'initiative législatif ou bien, sur le modèle de la Constitution française du 3 septembre 1791, nanti d'un droit de sanction; soit par la division du parlement en deux ou plusieurs chambres dans le cadre d'un bi ou polycamérisme, tel que cela se pratiqua respectivement en France sous la constitution de l'an III (conseil des Cinq cents/ conseil des Anciens) ou en Suède (noblesse/clergé/bourgeoisie/paysannerie); soit, enfin, par la conjonction de ces deux modes dans le cadre d'une tripartition du pouvoir législatif symbolisée par le régime britannique du roi en son parlement ou par le régime fédéral américain issu de la Constitution du 17 septembre 1787. On comprend alors que l'expression d'équilibre des pouvoirs signifiait équilibre dans l'ordre législatif, ou si l'on veut équilibre entre les organes qui participent à la fonction législative, et que de ce fait une organisation des pouvoirs publics fondée sur l'unité législative qui remet l'entièreté de la fonction législative à un organe et la totalité de la fonction exécutive à un autre est irréductible à ce type de construction.

Dans le cadre de cette *summa divisio*, l'opposition idéologique entre publicistes des deux écoles était irréductible. En effet, les partisans de l'équilibre des pouvoirs ne voyaient dans le système de spécialisation fonctionnelle avec unité législative qu'un système nominal de séparation. Ils représentaient à ce titre qu'en raison de la hiérarchie des fonctions et du caractère spécifique de la fonction législative, l'attribution à un détenteur unique, individu ou collège, de cette puissance formidable -au sens premier du terme- permettrait à cet organe de modifier en toute discrétionnalité les normes juridiques relatives à la distribution des pouvoirs, et le mettrait ainsi en état de s'approprier les autres fonctions. Il était donc impératif selon eux, afin de prévenir la réunion des pouvoirs, qu'aucun organe n'exerce seul la fonction législative, de sorte qu'à leur sens la division de l'organe législatif en plusieurs organes partiels de législation apparaissait comme la technique essentielle de la séparation des pouvoirs. Aux XVIIe et XVIIIe siècle, cette technique était nommée la «balance des pouvoirs», expression synonyme d'équilibre des pouvoirs, et correspondait à une distribution des pouvoirs publics où la fonction législative est attribuée à au moins deux organes, de sorte que le pouvoir législatif prenait la forme d'un organe complexe composé pour le moins de deux organes simples ou partiels de législation. Ainsi, par balance des pouvoirs, on entendait balance ou équilibre entre les organes qui participent à la fonction législative.

Historiquement, la balance des pouvoirs était apparue sous la forme du «gouvernement» ou «régime mixte». Cette doctrine et cette forme institutionnelle antiques étaient fondées sur l'idée qu'aucune des trois formes simples de gouvernement -démocratie, aristocratie ou monarchie- n'était satisfaisante, en ce que chacune privilégiait un intérêt social exclusif, et qu'il fallait leur substituer un régime répondant à une conception pluraliste de l'Etat et de la société, et garanti par la diversité et l'équilibre des composants. Dans le contexte de la hiérarchie des fonctions, cela signifiait pour les publicistes du siècle des Lumières que la structure de l'organe législatif devait refléter la structure sociale et permettre à chaque ordre ou classe détenteur d'un organe législatif partiel de concourir à la législation. Cette conception de la régulation sociale se fondait sur la défense par chaque ordre de ses intérêts propres, et l'on escomptait que chaque classe sociale, confrontée à la faculté d'empêcher détenue par chaque ordre, borne ses propres prétentions pour qu'elles puissent être satisfaites, de façon à ce que l'on puisse parvenir à la suite de cet émondage d'intérêts sociaux par d'autres intérêts sociaux à une approximation de la vérité acceptable par tous. Dans cette logique par conséquent, l'intérêt public n'était que les intérêts de classes mis réciproquement hors d'état de se nuire, de sorte que le gouvernement mixte était pour ses partisans un bon régime, car, prenant en compte l'infirmité humaine dans la raison et dans le coeur, il disposait de structures institutionnelles adéquates pour satisfaire les égoïstes qui l'ont mis en place, sans se laisser dominer par eux.

En regard, la balance des pouvoirs était le principe ou support juridique sur lequel s'articulait le gouvernement mixte, mais elle doit sur un plan conceptuel en être distinguée, puisqu'elle peut être dissociée de ce mode d'effectuation spécifique. En effet, si le gouvernement mixte emporte nécessairement la balance des pouvoirs, en ce qu'il est une mise en oeuvre particulière de ce dernier principe, il peut y avoir balance des pouvoirs sans gouvernement mixte comme ce fut le cas par exemple dans la Constitution fédérale américaine ou dans la Constitution française du 22 août 1795, où chaque organe partiel de législation n'était pas porteur d'intérêts sociaux spécifiques autres que ceux, directement ou indirectement, du peuple.

Ainsi, les partisans de la balance faisaient dépendre la séparation des pouvoirs de la division de l'organe législatif et, de leur point de vue, la forme rigide de la Constitution n'était pas en soi une garantie opposable et restait de l'ordre d'une pétition de principe puisque, en l'absence d'un organe législatif concurrent qui par sa faculté d'empêcher pourrait s'opposer à toute tentative en ce sens, un pouvoir législatif institué sous la forme d'une chambre unique aurait toute latitude pour violer les prescriptions de la norme supérieure, qu'elles portent sur les droits fondamentaux des citoyens ou sur l'organisation des pouvoirs publics. De la sorte, la seule garantie possible résidait à leur sens dans le mécanisme distributif et permettait à un organe législatif partiel de censurer le texte émané de son concurrent, soit pour des motifs de pure opportunité dans le cadre d'une appréciation politique de l'intérêt général, soit dans l'optique d'un contrôle de constitutionnalité pour des motifs d'ordre juridique. Dès lors, le bicamérisme d'une part, la participation à la législation de l'autorité exécutive d'autre part, qui par nature a de tous les pouvoirs constitués le plus grand intérêt au maintien de ses propres prérogatives constitutionnelles et donc à la préservation de la séparation des pouvoirs, et mieux encore la conjonction de ces deux types de distribution de la fonction législative, étaient considérés par les partisans de la balance comme des modes consubstantiels à la séparation des pouvoirs.

En Amérique, l'un des plus illustres publicistes qui participait de ce courant était John Adams, futur président des Etats-Unis. Son œuvre majeure, qui, nous le verrons, devait occuper une place centrale dans les débats américain et français, fut sa *Défense des Constitutions américaines*, qui parut en 1787, et qui fut pourvue dans sa version française -abrégée-, publiée en 1792, d'un sous-titre significatif, *ou de la nécessité d'une balance dans les pouvoirs d'un gouvernement libre*. Son propos, inlassablement répété, consistait à démontrer «qu'il n'exista jamais dans le monde un bon gouvernement s'il ne fut pas composé des trois espèces simples», en d'autres termes qu'il n'y avait de séparation des pouvoirs que dans le cadre d'une balance des pouvoirs sous la forme d'une tripartition du pouvoir législatif. Ainsi, écrivait-il en tirant toutes les conséquences du principe de la hiérarchie des fonctions, «les autorités législative et exécutive sont naturellement distinctes, (...) la liberté et l'exécution des lois dépendent de l'exacte séparation de ces deux pouvoirs, (et) le législatif est naturellement et nécessairement souverain, mais (...) *l'exécutif doit former une branche essentielle du premier* (et) doit avoir sur le législatif un veto ou négative: car autrement il serait incapable de se défendre, et le législatif l'aurait bientôt miné sourdement, attaqué, envahi, et d'une manière ou de l'autre, ruiné et anéanti»[5].

---

[5] *Défense des constitutions américaines*, Paris, Buisson, 1792, T. II, p. 416. Déjà, en 1776, à l'heure de la première vague du constitutionnalisme américain, Adams avait codifié sa doctrine: "...shall the whole power of legislation rest in one assembly?" avait-il questionné. "Most of (...) reasons", répondait-il, "apply equally to prove that the legislative power ought to be more *complex* (...) and this shows the necessity of giving the executive power a negative upon the legislative, otherwise this will be continually encroaching upon that". Précisément, Adams en

Or, cette conception des partisans de la balance des pouvoirs emportait une conséquence fondamentale quant à la définition de la notion de séparation des pouvoirs, qui, reposant de façon structurelle sur l'association à la législation du pouvoir exécutif, ne pouvait par nature ressortir à une règle de séparation fonctionnelle, mais participait de ce fait d'une règle de non-cumul. En effet, selon cette dernière caractérisation, la confusion des pouvoirs était réalisée lorsque un organe détenait la *plénitude* ou *totalité* de deux fonctions étatiques et *a fortiori* des trois. En regard, antonyme de la confusion ou réunion des pouvoirs, la séparation était effective lorsqu'aucune autorité n'était attributaire de la *totalité* de deux fonctions étatiques, ce qui était précisément le cas en Grande-Bretagne par exemple, où le roi, attributaire exclusif de l'intégralité de la fonction exécutive ne détenait pas en revanche l'intégralité de la fonction législative puisqu'il ne pouvait légiférer sans le concours des chambres. De la sorte, les pouvoirs, n'étant pas confondus, étaient séparés, et la séparation s'analysait de ce fait comme un principe ou règle de non-cumul, ou en d'autres termes de non-confusion ou de non-concentration. Précisément, c'est cette conception qui structurait le *Second traité sur le gouvernement civil* et *l'Esprit des lois*.

De cela, beaucoup de juristes étaient conscients et, de fait, la démonstration la plus rigoureuse produite au XVIIIe siècle dans le but de restituer l'intention de Montesquieu fut livrée par Madison, précisément lorsque celui-ci dut s'employer dans *le Fédéraliste* à disculper les membres de la Convention de Philadelphie du reproche opposé par certains, sur lequel nous reviendrons, d'avoir proposé à la ratification des Etats membres un texte non conforme au principe de la séparation des pouvoirs:

> «L'une des principales objections dirigées par les plus respectables adversaires de la Constitution», écrivit en retour l'un des publicistes américains les plus notoires, «est la prétendue violation de

---

tenait pour une tripartition du pouvoir législatif: ''the legislative power ought not to be wholly entrusted to one assembly'', reprenait-il en effet. ''Let the representative body, then, elect from among themselves, or their constituents, or both, a distinct assembly, which we will call a council. It may consist of any number you please, say, twenty or thirty. To this assembly should be given a free and independent exercice of its judgment upon all acts of legislation, that it may be able to check and arrest the errors of the other. But there ought to be a third branch of legislature, and wherever the executive power of the State is placed, there the third branch of the legislature ought to be found''. Voy. *Thoughts on Government: applicable to the present state of the American Colonies*, in *The Works of John Adams*, Boston, Ch. Little, 1851, vol. IV, p. 196 et p. 206.

l'axiome politique d'après lequel les pouvoirs législatif, exécutif et judiciaire doivent être séparés et distincts. Dans l'organisation du gouvernement fédéral, a-t-on dit, il semble que l'on n'ait point fait attention à cette précaution essentielle en faveur de la liberté (car) les différents départements du pouvoir sont distribués et confondus (...). Il n'est certainement pas» poursuivait-il afin de se présenter lui-même comme un partisan inconditionnel de la séparation des pouvoirs, «de vérité politique de plus grande valeur et appuyée de l'autorité de défenseurs plus éclairés de la liberté que celle sur laquelle repose l'objection. L'accumulation de tous les pouvoirs législatif, exécutif et judiciaire dans les mêmes mains, soit d'un seul homme, soit de quelques-uns, soit de plusieurs, soit par l'hérédité, par la conquête, ou par l'élection, peut justement être considérée comme la véritable définition de la tyrannie. Si donc», poursuivait-il, «la Constitution fédérale était réellement coupable de l'accumulation des pouvoirs ou de leur combinaison avec une tendance dangereuse à cette accumulation, il ne serait besoin d'aucun autre argument pour inspirer une réprobation universelle du système. Mais», rétorquait-il, «je me flatte de prouver que l'accusation est sans fondement, *et que le principe sur lequel elle est appuyée a été tout à fait mal entendu et appliqué*. Afin de nous faire une idée correcte sur ce point», précisait-il, «il sera bon de rechercher le sens dans lequel le maintien de la liberté exige la séparation des trois grands départements du pouvoir. L'oracle toujours consulté et cité sur ce sujet est l'illustre Montesquieu. S'il n'est pas l'auteur de cet inestimable précepte de la science politique, il a, tout au moins, le mérite de l'avoir développé et de l'avoir recommandé avec le plus de succès à l'attention du monde[6]. Essayons, tout d'abord, de chercher son sentiment sur ce point» que Montesquieu, indiquait Madison, se forma par l'étude des institutions de Grande-Bretagne. «Un examen très superficiel de la Constitution britannique doit nous convaincre *qu'en aucune façon elle ne sépare entièrement les départements législatif, exécutif et judiciaire. Le magistrat exécutif est partie intégrante de l'autorité législative*. Il a seul la prérogative de faire les traités avec les souverains étrangers, et ces traités, une fois conclus, ont, sauf quelques limitations, la force des actes législatifs. Tous les membres du département judiciaire sont nommés par lui, peuvent être révoqués par lui sur adresse des deux chambres du parlement, et forment, quand il lui plaît de les consulter, l'un de ses conseils constitutionnels. L'une des branches du département législatif», ajoutait Madison en visant la

[6] Madison disait vrai. La doctrine de la séparation des pouvoirs, antérieure à Montesquieu, ainsi qu'à Locke, fut formalisée dans une première version lors de la Révolution anglaise de 1640-1660, et en constitua un des thèmes politiques majeurs. On ne dira d'ailleurs jamais assez combien cette *Grande Rébellion* forme un moment essentiel du constitutionnalisme moderne, dont il n'a malheureusement pas été pris la mesure en doctrine.

chambre haute, «est seule dépositaire du pouvoir judiciaire dans le cas d'impeachment, et dans tous les autres procès, elle est investie de la suprême juridiction d'appel. (...). De ces faits, qui guidèrent Montesquieu, on peut conclure clairement que, en disant "qu'il n'y a point de liberté lorsque dans la même personne, ou dans le même corps de magistrature, la puissance législative est réunie à la puissance exécutrice", ou "lorsque la puissance de juger n'est pas séparée de la puissance législative et de l'exécutrice", *il n'a point entendu proscrire toute action partielle, tout contrôle réciproque des différents pouvoirs l'un sur l'autre*; ce qu'il a voulu dire, comme le montrent ses propres expressions, et plus évidemment encore les exemples qu'il avait sous les yeux, c'est que, lorsque *la totalité* du pouvoir d'un département est exercée par les mêmes mains qui possèdent *la totalité* du pouvoir d'un autre département, les principes fondamentaux d'une Constitution libre sont renversés. Tel aurait été le cas pour la Constitution qu'il examinait, si le roi, qui est le seul magistrat exécutif, avait possédé en outre le pouvoir législatif *complet*, ou l'administration suprême de la justice, ou si le corps législatif tout entier avait possédé l'autorité judiciaire suprême ou l'autorité exécutive suprême. Mais on ne peut reprocher ces vices à cette Constitution»[7].

---

[7] *Le Fédéraliste*, Paris, Economica, 1988, N° XLVII, pp. 397-400. De la sorte, reprenait Madison dans la livraison suivante, "on a prouvé, dans le dernier article, que l'axiome politique, examiné ici, *n'exige pas une séparation absolue des départements législatif, exécutif et judiciaire*", idem, n° XLVIII, p. 408. Ce faisant, Madison prolongeait purement et simplement la doctrine britannique. Ainsi, dans ses *Commentaires sur les lois d'Angleterre* (1765-1769), qui constituent la mise au net de son enseignement entrepris dès 1753 à Oxford, William Blackstone (1723-1780), qui se présentait lui-même comme un disciple de Montesquieu, et dont les travaux furent sans doute aux yeux des Américains la source écrite de référence sur les institutions britanniques, s'était déjà appliqué à démontrer à la façon du magistrat bordelais que la Constitution anglaise était garantie contre la réunion des pouvoirs précisément en ce qu'elle ne participait pas de la séparation absolue, et que le roi, doté d'un droit de sanction, disposait ce faisant de l'instrument juridique nécessaire pour préserver ses compétences qui ne pouvaient être modifiées que de son propre consentement: "Il est très nécessaire, pour maintenir *la balance* de la Constitution", avait-il spécifié en ce sens, "*que le pouvoir exécutif soit une branche du pouvoir législatif, quoique sans être le pouvoir législatif entier*". Nous savons, continuait-il, "que leur réunion dans une même main conduirait à la tyrannie: *leur séparation absolue produirait à la fin les mêmes effets,* en amenant cette réunion même à laquelle *on aurait cru* mettre obstacle. Le pouvoir législatif deviendrait bientôt tyrannique, parce qu'il empiéterait sans cesse sur les droits du pouvoir exécutif, et qu'il se les attribuerait par degrés". Si, en l'espèce, Blackstone pouvait affirmer que la qualité de co-législateur du roi était indispensable pour prévenir toute réunion et confusion des pouvoirs, c'est qu'à l'instar de la presque totalité de ses compatriotes britanniques

Ainsi, Madison, comme d'autres, savait que la séparation des pouvoirs participait d'une règle de non-cumul. En contrepoint, les partisans de l'unité législative estimaient quant à eux que la règle de la séparation des pouvoirs devait exclusivement s'entendre d'une règle de spécialisation fonctionnelle et prohibait toute participation partielle d'un pouvoir, au sens d'organe, à la fonction d'un autre pouvoir. Conscients toutefois qu'en raison du principe de la hiérarchie des fonctions un parlement unicaméral était doté d'une puissance formidable, ils voyaient dans la distinction du pouvoir constituant et des pouvoirs constitués, la courte durée du mandat parlementaire -«where annual election ends, tyranny begins» avait coutume de dire Franklin-, le renouvellement partiel des membres de la chambre et leur non-rééligibilité immédiate, et enfin dans l'obligation de procéder à plusieurs lectures du texte, des

---

il envisageait la règle de séparation des pouvoirs sous l'angle d'une règle de non-cumul, ce dont rend compte l'extrait suivant, duquel il ressort que la confusion est effective lorsque un même organe exerce la *totalité* de deux fonctions étatiques, ce qui n'est aucunement le cas lorsque le roi, détenteur exclusif de la fonction exécutive, n'est qu'un organe partiel de législation: ''Dans tout gouvernement tyrannique'', précisait en effet le professeur, ''la suprême magistrature, ou *le double droit de faire les lois et de les faire exécuter*, est attribuée à un seul et même homme, ou à un seul et même corps de gouvernement; et *partout où ces deux pouvoirs sont réunis*, il ne peut y avoir de liberté publique. Le magistrat suprême peut alors faire des lois tyranniques, et en rendre l'exécution tyrannique, puisqu'en qualité de dispensateur de justice, il a tout le pouvoir que, comme législateur, il juge à propos de se donner à lui-même. Mais, *lorsque le pouvoir législatif et l'autorité exécutive sont entre des mains différentes*, le premier a soin de ne pas confier à l'autre une puissance assez étendue pour mettre en danger sa propre indépendance, et en même temps la liberté des sujets. C'est par cette raison qu'en Angleterre le pouvoir suprême est divisé en deux branches: *l'une législative, ou le parlement, composé du roi, des lords et des communes*; *l'autre exécutive, qui réside dans le roi seul*''. Voy. *Commentaires sur les lois anglaises*, Paris, Bossange, 1826, L. I, chap. II, T. I, p. 267, et pp. 252-253.

Il n'est pas du moindre intérêt, au regard de notre sujet, de relever que les travaux de Blackstone devaient passer aux yeux des Américains comme la source analytique écrite de référence sur les institutions britanniques. M.J.C. Vile, par exemple, a relevé ce fait: ''...as the *Commentaries*'', a-t-il écrit, ''were regarded as authoritative in the American colonies as well in England, it was often through Blackstone's eyes that the colonists saw the Montesquieu theory''. Voy. *Constitutionalism and the separation of power*, Oxford, Clarendon Press, 1967, p. 102. A preuve, l'un des publicistes les plus actifs lors des débats constituants relatifs à la constitution fédérale, Patrick Henry, rapporta que le livre de "the learned Blackstone (...) was in every man's hand", cité par Ch. Thach, *The creation of the Presidency 1775-1789*, Baltimore, J. Hopkins, 1923, p. 169.

procédés de nature à réguler ce corps et à prévenir un excès de pouvoir[8]. Par ailleurs, la séparation absolue n'emportait pas à l'époque l'indépendance de l'exécutif vis-à-vis du législatif, puisque la nomination des membres de l'exécutif par la chambre et/ou la responsabilité de ces derniers apparaissaient pour les tenants de la spécialisation comme des procédés indispensables au corps législatif pour s'assurer de la rectitude de l'exécution de la loi.

Au vu de ces éléments il appert que la séparation des pouvoirs était au XVIIIe siècle une notion ambivalente, ambiguë et, de ce fait, indéterminée.

Elle était ambivalente en ce qu'elle présentait deux modes opératoires très différents, et plus encore contradictoires et opposés, à savoir la séparation absolue ou unité législative d'une part qui proscrivait impérativement la participation à la fonction législative de l'organe exécutif, et la balance des pouvoirs d'autre part qui dans sa version la plus courante établissait sur la qualité de colégislateur de l'organe exécutif la garantie de la séparation.

Cette ambivalence était rendue possible du fait de son ambiguïté car il n'y avait pas d'accord unanime sur sa signification, et une interprétation officielle qui fasse autorité faisait défaut. On était en présence d'une sorte de nébuleuse qui laissait place à des interprétations différentes. Ainsi il y avait celle de publicistes pour lesquels le principe de la séparation devait impérativement s'entendre de la non-participation à la puissance législative de l'organe exécutif, de sorte que la séparation était avant tout fonctionnelle et ne participait aucunement d'une règle de non-cumul qui, au contraire, ressortissait à leur sens à la confusion des pouvoirs[9]. En contrepoint s'élevait la construction intellectuelle de ceux qui en tenaient pour une règle du non-cumul, à titre de déduction de la

---

[8] Il est possible d'ajouter à cette liste le mécanisme promu pendant un temps par des publicistes tels Sieyes, Condorcet ou Dupont de Nemours, et qui consistait à diviser le corps législatif en deux sections dans le cadre de la phase de discussion du texte puis, conformément au principe de l'unité législative, à le réunir pour l'opération du vote.

[9] Les débats constituants de l'an III offrent un exemple de cette position. En effet, sur l'initiative de Roux de la Haute Marne, appuyée par Hardy, la proposition d'Erhmann tendant à l'instauration au profit du pouvoir exécutif d'un droit de *veto* conditionné sur le mode américain fut rejetée par le vote d'une question préalable. Fait remarquable, c'est au nom du respect de la séparation des pouvoirs que Hardy motiva son opposition: "On a sans doute oublié", fit-il observer à ses collègues, "à quel malheur est exposé un peuple dans le gouvernement duquel les pouvoirs ne sont pas séparés et distincts". Voy. *Moniteur*, T. XXV, p. 520.

nécessité pour l'organe exécutif d'exercer pour sa propre conservation une part de la fonction législative[10].

---

[10] Précisément, la remarque qui suit, écrite en 1776 par un pamphlétaire de Pennsylvanie, offre une bonne illustration de l'ambiguïté de la notion de séparation des pouvoirs, laquelle n'était pas s'en créer une certaine confusion d'esprit: ''On distingue habituellement trois parties dans toute forme de gouvernement: l'exécutif, le législatif et le judiciaire'', consignait-il en effet. ''Mais'', observait-il aussitôt, ''c'est une distinction qui s'en tient aux mots plus qu'aux choses. Tout roi, ou tout gouverneur, qui donne son assentiment aux lois, prend une mesure législative et non exécutive, et la chambre des lords en Angleterre est une assemblée à la fois législative et judiciaire. Bref'', concluait-il, ''*cette distinction est embarrassante*''. Cet embarras était en fait la conséquence de la concurrence de deux conceptions antagonistes de la séparation des pouvoirs, ce dont le libelliste, et il ne fut pas seul dans ce cas, n'avait pas pleinement conscience. En l'espèce, il est manifeste que s'il avait existé une interprétation commune de la séparation sous la forme d'une règle de non-cumulation, la participation partielle du roi ou des lords à une fonction juridique principalement dévolue à un autre pouvoir n'aurait pas été pour lui une source d'interrogation. De la même façon, s'il en avait été ainsi, Thomas Paine, lui-même partisan de la séparation absolue des pouvoirs, n'aurait pu écrire les propos qui suivent. Evoquant *a posteriori* le commencement de la révolution américaine dans la décennie soixante-dix, il relevait qu'une idée prévalait généralement à cette époque chez les publicistes, à savoir celle de garder ''what were called the Legislative, the Executive and the Judicial powers distinct and separated from each other. But'', faisait-il observer, ''this idea, whether correct or not, *is always contradicted in practice*; for where the consent of a Governor, or Executive, is required to an act before it can become a law, or where he can by his negative prevent an act of the legislature becoming a law, *he is effectually a part of the legislature*, and possesses full one half of the powers of a whole legislature". Dans l'Etat de New-York, précisait-il en manière d'exemple, "this power is vested in a select body of men, composed of the Executive, by which is to be understood the Governor, the Chancellor, and the Judges, and called the Council of Revision. This is certainly better than vesting that power in an individual, if it is necessary to invest any where", disait alors Paine. But", s'empressait-il d'ajouter, "*is a direct contradiction to the maxim set up, that those powers ought to be kept separate*; for here", concluait-il, "the Executive and the Judiciary are united into one power, acting legislatively". Voy. *Constitutions, Governments and Charters*, 21 juin 1805, in *The Writings of Thomas Paine*, New-York, G.P. Putnam's Sons, 1896, T. IV, p. 467. On voit combien ce type d'argumentation aurait été sans fondement si son auteur n'avait pas été intimement persuadé que la séparation des pouvoirs devait exclusivement s'entendre de la séparation absolue. C'était précisément pour tenter de détromper et d'éclairer les publicistes qui pensaient de même que Madison s'était appliqué dans *le Fédéraliste* à restituer la signification exacte du chapitre 6 du Livre XI de *l'Esprit des lois*. Mais il ne pouvait convaincre en l'absence d'une interprétation qui fasse autorité.

En considération de cela, la séparation des pouvoirs était une notion affectée d'une indétermination certaine, caractère qui devait précisément être la cause de l'accord général des publicistes sur la nécessité du principe qui, laissant place à des interprétations divergentes, n'emportait pas en tant que tel un type exclusif de distribution des pouvoirs publics. Il est possible de ce point de vue, afin de rendre notre propos plus explicite, de dresser un parallèle entre la notion de «séparation des pouvoirs» au XVIIIe siècle et celle d' «arbitrage» telle qu'elle fut utilisée lors de la fondation de la Ve République, soit deux notions qui en raison de leur indétermination ont été invoquées et consacrées juridiquement dans l'équivoque. C'est en effet en raison de sa polysémie que le terme d'arbitrage, justiciable de trois acceptions distinctes qui chacune confère une puissance politique différente selon une gradation du faible au fort[11], a pu faire l'objet d'un consensus en 1958, chacun interprétant ce vocable selon sa propre représentation, de sorte que *«les équivoques mêmes du terme serv*(ir)*ent à faire accepter l'idée»*[12]. Or, à l'image de l'arbitrage, la séparation des pouvoirs était au siècle des Lumières un *sfumato*, et autorisait dans la confusion d'esprit qui en résultait et sous couleur d'une référence à un même principe deux intellections antagonistes.

Ainsi s'explique le discours tenu par Condorcet s'adressant à ses pairs lors de la séance de la Convention du 15 février 1793, et donnant lecture du rapport sur le plan de Constitution, dit par la suite *projet Girondin*. Le passage qui suit est d'un intérêt essentiel en ce qu'il restitue le cadre de pensée propre aux publicistes du XVIIIe siècle en fait de constitutions politiques:

> «Deux opinions», déclara en effet le rapporteur, «ont jusqu'ici divisé les publicistes.
> Les uns veulent qu'une *action unique, limitée et réglée par la loi*, donne le mouvement au système social, qu'une autorité première dirige toutes les autres, et ne puisse être arrêtée que par la loi dont la volonté générale du peuple garantit l'exécution contre cette autorité première, si elle

[11] Quant à la caractérisation des trois sens dont il est question, voy. Léo Hamon, *De Gaulle dans la République*, Paris, Plon, 1958, p. 155.
[12] Voy. G. Vedel, "De l'arbitrage à la mystique", *Preuves*, juin 1960, n° 112, p. 17. Le Doyen a pris un soin particulier à mettre en exergue le caractère indéterminé de cette notion. "De toutes les nuées qui encombrent le ciel politique français", a-t-il statué, "la plus brumeuse est celle de l'arbitrage". Voy. "Les réponses du professeur Georges Vedel", *La Nef*, oct-dec. 1965, n° 24-25, p. 190.

tentait de s'arroger un pouvoir qu'elle n'a point reçu, si elle menaçait la liberté ou le droit des citoyens.
D'autres, au contraire», poursuivait-il, «veulent que *des principes d'action*, indépendants entre eux, *se fassent équilibre* en quelque sorte, et se servent mutuellement de régulateur, que chacun d'eux soit contre les autres le défenseur de la liberté générale, et par l'intérêt de sa propre autorité, s'oppose à leurs usurpations»[13].

En l'espèce, «*l'action unique, limitée et réglée par la loi*», correspond à la séparation absolue et renvoie à l'unité législative, c'est-à-dire à un parlement monocaméral, pouvoir constitué dont la sphère d'action vis-à-vis tant des citoyens que des autres pouvoirs institués est réglée et bornée par la Constitution, norme supérieure. Ce système est formé en raison inverse de son concurrent qui repose sur différents «*principes d'action* (qui se font) *équilibre*», c'est-à-dire celui de la balance des pouvoirs dans le cadre duquel la fonction législative est distribuée entre plusieurs organes partiels de législation.

Tels étaient en effet les deux ordonnancements institutionnels entre lesquels les publicistes devaient opter au XVIIIe siècle, chaque système participant, selon ses propres partisans, de la séparation des pouvoirs, notion indéterminée.

Ainsi, on disposait au XVIIIe siècle d'un mode de classification binaire des constitutions, opposant les institutions participant de la spécialisation, c'est-à-dire de l'unité législative dans le cadre de la séparation absolue des pouvoirs, à celles qui ressortissaient à la balance ou équilibre des pouvoirs.

Il s'agissait là de la grammaire commune à l'ensemble des publicistes du XVIIIe siècle, de la maîtrise de laquelle dépend par conséquent la compréhension du droit public de l'époque. Seul, nous le verrons, Emmanuel-Joseph Sieyes se proposa lors des débats constituants en l'an III de faire œuvre originale et, ajoutant une nouvelle catégorie, tenta, sans succès en l'espèce tant ce code était familier aux conventionnels, de substituer une classification trinaire à la classification binaire en usage. Hormis ce cas, l'ensemble des publicistes devaient s'accorder sur ce dénominateur commun. Ce constat fait donc obligation à l'analyste contemporain de classer les constitutions promulguées à l'époque, de même que les plans de constitution proposés, dans l'une ou l'autre catégorie précitée. En effet, s'il entend restituer le cadre de pensée, le cadre conceptuel propre aux publicistes de ce temps, il doit se défendre

---

[13] Voy. *Archives Parlementaires*, 1ère série, T. LVIII, p. 588.

de recourir à la classification qui est à présent la nôtre et qui porte distinction entre le «régime présidentiel» et le «régime parlementaire», laquelle, de création postérieure et par surcroît tardive, n'avait aucune existence à l'époque, et dont l'application constituerait un anachronisme et rendrait incompréhensibles les termes essentiels dans lesquels se posait alors la question constitutionnelle. Sous cet angle, il y a bien une autonomie du droit public du XVIIIe siècle par rapport au droit public d'aujourd'hui, voire une certaine irréductibilité, dont témoigne l'évolution dans le temps des types de classification des régimes politiques. Pour prendre un exemple significatif, appliquer au XVIIIe siècle la notion de «séparation souple» des pouvoirs est dénué de sens. On ne trouvera cette expression sous la plume d'aucun publiciste de cette période, et pour cause car elle ne fait sens que dans le cadre de la classification postérieure, qui distingue et oppose le régime présidentiel et le régime parlementaire, en d'autres termes la séparation rigide et la séparation souple des pouvoirs.

Ainsi, en fait d'institutions politiques, le XVIIIe siècle roule sur la dichotomie unité législative-balance des pouvoirs. Cette dernière notion, il est vrai, fait problème en raison de son incomplétude. En effet, la notion de balance des pouvoirs apparaît par certains côtés comme assez grossière, en ce que, par son seul contenu, elle ne permet pas à l'analyste d'avoir un entendement complet d'un agencement institutionnel. En d'autres termes, elle ne renseigne que de façon partielle sur la signification politique majeure d'un système politique donné. Ainsi -nous verrons cela plus en détail dans le corps de notre étude-, certains partisans de la balance des pouvoirs, comme par exemple James Harrington, déterminés à aboutir à la production d'un acte législatif rationnel, pouvaient juger de façon très négative une balance des pouvoirs dans laquelle chaque organe partiel de législation, identifié à une puissance sociale, était exclusivement destiné à promouvoir et défendre les intérêts spécifiques à cette classe, de sorte que la législation ne pouvait être dans cette perspective qu'un compromis approximatif, non un acte exprimant la Raison. En d'autres termes, percevant de façon très négative les intérêts particuliers en raison de tout ce qu'ils ont de non universalisables, ils jugeaient ce système, calculé sur les imperfections de l'Homme, impropre à servir réellement l'intérêt général. Ainsi, deux régimes politiques, participant de la balance, pouvaient, à considérer à présent leur *ethos*, répondre à une axiologie antagoniste. Il reste qu'ils participaient également d'un commun dénominateur car dans les deux cas aucun organe ne disposait, exclusivement à tout autre, de l'intégralité de la fonction législative.

Cela étant posé, nous entendons démontrer qu'au XVIIIe siècle, les publicistes, toutes nationalités confondues, faisaient participer le régime politique des Etats-Unis d'Amérique de la catégorie de la balance des pouvoirs, en raison de l'institution en son sein d'un organe législatif complexe composé, selon les différents interprètes, de deux, et le plus souvent de trois organes partiels de législation qui sont respectivement la chambre des représentants, le sénat et le président de l'Union. De ce fait, imiter le régime américain ou, plus simplement, déclarer s'en inspirer, signifiait alors instituer une balance des pouvoirs (**Partie Préliminaire**). C'est précisément ce à quoi devaient s'employer en l'an III les conventionnels, lorsque, en partie sous la force de l'exemple des publicistes des Etats-Unis, ils inclinèrent au bicamérisme, de sorte que les débats constituants de l'été 1795 furent le Moment américain de la Révolution française (**Première Partie**). En revanche, en consacrant lors de l'avènement de la Deuxième république le monocamérisme, les Quarante-huitards qui avaient hérité du siècle précédent une classification des régimes politiques qui était restée inchangée car identique dans ses fondements, récusèrent expressément la référence américaine, expressive d'un type de structuration et de régulation des régimes politiques à présent dévalué, savoir la balance des pouvoirs (**Seconde Partie**).

Par l'ensemble de ces motifs, cette étude doit être comprise et interprétée comme une contestation du bien fondé de l'application aux institutions politiques américaines du concept de «régime présidentiel», lequel emporte prioritairement la notion de séparation fonctionnelle qui, en l'espèce, constitue la dimension et la caractéristique qui font précisément défaut au texte des *Pères Fondateurs*.

Partie Préliminaire:
Le constitutionnalisme américain ou la consécration de la balance des pouvoirs.

«*Dans ce gouvernement, vous trouverez tous les freins que les plus grands hommes politiques et écrivains ont pu concevoir. Le pouvoir législatif est placé dans trois branches distinctes, bien équilibrées, les deux chambres et le président, et le pouvoir exécutif est placé dans deux branches, le président et le sénat*».

A. Hamilton, Convention de ratification de l'Etat de New York, in J. Elliot, *The Debates in the several State Conventions on the adoption of the Federal Constitution*, Washington, 1859, vol. II, p. 349.

«*...il résulte clairement des clauses de la Constitution elle-même, et des* Papiers du Fédéralisme, *que la Constitution n'envisage en aucun cas une séparation absolue de chacune des trois branches essentielles du Gouvernement*»
Cour suprême des Etats-Unis d'Amérique, *Buckley v. Valeo 424 US 1*, 30 janvier 1976.

Le constitutionnalisme américain, génui par le constitutionnalisme britannique, a été élaboré contre le réquisit de l'unité législative. En effet, tant les constitutions des Etats indépendants que la constitution fédérale elle-même ont participé d'un mouvement de refus d'un schéma dans lequel l'intégralité de la fonction législative serait attribuée à un parlement unicaméral tandis que parallèlement l'entièreté de la fonction exécutive serait impartie à un organe exécutif. Plus encore, cette inclination fondamentale de la pensée politique américaine devait s'affermir toujours davantage entre 1776 et 1787, de sorte qu'elle était sans doute à son faîte lorsque les délégués des Etats indépendants se réunirent à Philadelphie. De la sorte, le droit public américain de la fin du XVIIIe siècle, c'est là son caractère principiel, porte condamnation, sous le rapport conceptuel, de la spécialisation fonctionnelle des pouvoirs (**Chap. Ier**). Or, le concept même de «régime présidentiel», adopté par la doctrine universitaire et forgé à la fin du XIXe siècle sur la base exclusive du régime fédéral américain, avec pour visée de proposer sur le plan de la théorie juridique une formalisation spécifique à ce régime, a précisément pour fondement premier de reposer sur cette notion de spécialisation fonctionnelle. Dès lors, il faut renoncer à appliquer à la constitution fédérale du 17 septembre 1787 les notions de régime présidentiel et de séparation rigide des pouvoirs (**Chap. II**).

CHAPITRE Ier: La balance des pouvoirs, *nucleus* du droit constitutionnel américain.

L'ensemble de l'œuvre institutionnelle américaine de la fin du XVIIIe siècle dépose contre une conception stricte de la séparation des pouvoirs. Elle est, à l'inverse, une formalisation juridique animée par le principe de la balance des pouvoirs, qui, dans son acception américaine, prend le nom de *checks and balances.* De ce fait, la distribution d'une même fonction étatique entre plusieurs organes et/ou pouvoirs formait sa spécificité et son principe directeur (**Section Iere**). Cette caractéristique fait l'essentiel de l'analyse proposée dans les *Papiers du Fédéralisme* laquelle a passé, pour une part significative, dans la jurisprudence de la Cour suprême (**Section II**).

Section Iere) L'œuvre du constituant.

§ Ier) La réception de la balance des pouvoirs dans le droit public américain

Les Insurgés engagèrent le mouvement d'indépendance en se réclamant de la constitution britannique dont ils s'affirmaient les vrais gardiens. Celle-ci fut érigée en modèle, en tant que principe d'un gouvernement balancé, même s'ils condamnaient sa version présente qu'ils estimaient non pas saine mais corrompue, en raison notamment de l'influence exercée de façon occulte sur les chambres par les ministres. Ce n'est pas un hasard si l'un des écrits les plus influents du moment, paru au début de la période de confection des constitutions, fut les *Pensées sur le gouvernement* de John Adams. «Que dans les différentes colonies on ne puisse accepter de meilleur gouvernement que le gouvernement mixte, tel était donc le sentiment général de la plupart des constituants en 1776» affirme Wood dans son classique[1]. Leur héritage colonial -les chartes octroyées étaient fondées sur ce principe- et doctrinal les portait en ce sens. Néanmoins, ce n'est pas par simple mimétisme, par un simple attachement séculaire qu'ils agirent ainsi, mais bien parce qu'il leur apparaissait que ce système de gouvernement était le mieux fondé en raison et en nature, le plus propre à garantir la liberté politique.

En conséquence, onze des treize Etats adoptèrent le bicamérisme. Seules la Pennsylvanie et la Géorgie firent exception. La constitution de la

---

[1] G. S. Wood, *La création de la République américaine, 1776-1787*, Paris, Belin, 1991, p. 249.

Pennsylvanie, forgée par une convention présidée par Franklin, adepte notoire de la spécialisation, devint rapidement la référence des tenants de cette doctrine[2]. A ce titre, cette constitution singulière fut jugée très sévèrement dans les autres Etats[3]. Mais le trait particulier du monocamérisme s'explique par un fait précis puisque plus qu'en aucune autre colonie en cette année 1776, l'on ressentait et analysait dans cet Etat la révolution en termes de conflit social entre le peuple et l'aristocratie[4]. Dès lors, la seconde chambre porteuse d'intérêts distincts de ceux du peuple ne pouvait être acceptée. Ce refus, d'ailleurs, renvoyait les partisans de la balance à leur ambiguïté. En effet, d'une façon générale, l'institution d'une seconde chambre ne s'est pas faite sur la base du fondement social traditionnel du gouvernement mixte et l'on arguait volontiers que la chambre haute n'était pas destinée à incorporer une aristocratie dans le gouvernement, fût-ce celle du talent ou de la richesse, mais seulement à bannir le pouvoir immodéré d'une chambre unique dont la puissance était suspecte, et cela afin de prévenir des votes hâtifs et inconsidérés. Mais, cette distinction n'était pas encore pleinement acceptée par tous les partisans de la balance, et beaucoup encore, se refusant à disjoindre balance et gouvernement mixte, séparaient les droits des personnes d'une part, des propriétaires de l'autre, et assignaient la défense de chacun d'eux à une seule chambre de législature. Il faudra attendre la constitution fédérale pour que l'équivoque à ce sujet soit définitivement levée et le principe de la balance clairement distingué de celui du gouvernement mixte.

---

[2] Sur la constitution de Pennsylvanie, voy. J. P. Selsam, *The Pennsylvania Constitution of 1776, a study in revolutionary democracy*, New York, Da Capo press reprints, 1971. Face au parlement monocaméral, procédant d'un corps électoral composé des hommes d'au moins vingt et un ans ayant payé leurs impôts et résidé un an dans l'Etat, était institué un pouvoir exécutif sous la forme d'un conseil de douze membres avec en son sein un président élu par un vote conjoint du conseil et de l'assemblée.

[3] Et au sein même de la Pennsylvanie, par les partisans de la balance. Un Benjamin Rush par exemple, auteur dès 1777 d'*Observations on the Government of Pennsylvania*, précisément écrites contre le monocamérisme, s'appuya notamment sur Adams afin de démontrer "that the whole legislative power ought to be (...) *complex*". (souligné par l'auteur). Texte reproduit par P.B. Kurland et R. Lerner, *The Founders'constitution*, U. of Chicago Press, 1987, vol. I, pp. 362-364. Rush devait en effet beaucoup à l'enseignement dispensé par Adams, ainsi qu'il tint à lui faire savoir: ''From you'', lui écrivit-il, ''I learned to discover the danger of the Constitution of Pennsylvania''. Voy. *The Autobiography of Benjamin Rush*, Princeton, Princeton U.P., 1948, p. 142.

[4] Voy. *La création de la République américaine*, op. cit., pp. 118-126 et 271-283.

En revanche, seulement deux Etats attribuèrent au département exécutif un droit de *veto* sur les lois votées par le parlement. Il s'agit de la constitution du Massachusetts qui attribue un droit de *veto* au gouverneur, et de celle de New-York qui l'octroie à un conseil de révision composé du gouverneur, du chancelier et des juges de la cour suprême, ou deux d'entre eux avec le gouverneur. Dans les deux cas, le *veto* pouvait être surmonté par un vote de chaque chambre à une majorité qualifiée des deux-tiers. Cette entorse au modèle britannique fondé sur l'existence d'un droit de *veto* absolu ne s'explique pas par le fait que son usage était en Angleterre tombé en désuétude au XVIIIe siècle, car, d'une façon générale, on considérait à l'époque en Amérique que le roi en était toujours titulaire et qu'il pouvait en faire usage dans des cas exceptionnels, préférant pour l'ordinaire recourir au jeu d'influence sur les membres des chambres. Cette prérogative fut refusée au pouvoir exécutif car ce dernier était considéré avec suspicion comme la menace principale pesant sur les libertés, à l'image de ce qui se passait dans l'ancienne métropole, puisque le roi avait symbolisé aux yeux des Américains la figure de l'oppression et le principal obstacle à leur propre indépendance[5].

---

[5] Le Préambule de la Constitution de Virginie promulguée en 1776 était plein de cette défiance à l'égard du pouvoir exécutif, et incriminait plus précisément le droit royal de *veto*. Le morceau qui suit démontre combien le droit de sanction était à ce moment dans l'esprit public américain un instrument juridique déprécié et condamné: "Considérant que Georges III, roi de la Grande-Bretagne", était-il écrit, "revêtu jusqu'à présent de l'exercice souverain de l'office royal de ce gouvernement, a fait tous ces efforts pour le pervertir en une détestable et insupportable tyrannie; en s'opposant'', était-il précisé, ''*par son droit négatif*, aux lois les plus salutaires et les plus nécessaires pour le bien public; *en refusant sa permission royale* pour la confection des lois d'une importance urgente et immédiate, à moins que l'on n'y insérât une clause expresse pour suspendre leur exécution, jusqu'à ce que son consentement royal fût obtenu, et lorsqu'elles étaient ainsi suspendues, négligeant pendant plusieurs années d'y faire attention; en refusant à certaines lois *son consentement*, à moins que les personnes à qui ces lois devaient être avantageuses, n'abandonnassent le droit inestimable de représentation dans la législature; en dissolvant fréquemment et continuellement le corps législatif, parce qu'il s'opposait avec une fermeté courageuse à ses entreprises sur les droits du peuple; en refusant, après avoir dissous le corps législatif, d'en convoquer d'autres pendant un long temps, et laissant par là le corps politique sans législation et sans chef; en s'efforçant d'arrêter l'accroissement de la population dans notre pays, et en mettant dans cette vue des obstacles aux lois pour la naturalisation des étrangers...". De ce fait, prenant acte de l'absence de participation à la législation de l'élément exécutif, John Adams

Mais cette défiance envers l'autorité exécutive, qui était en matière d'organisation des pouvoirs publics un trait fort de 1776, allait fortement décroître dans l'intervalle qui mena à la constitution de 1787, au point qu'un mouvement inverse allait prendre forme et engendrer une modification de l'esprit public. En effet, les années 1780 ont sanctionné deux phénomènes. En premier lieu, sous la forme d'une confirmation, la condamnation du monocamérisme au profit du bicamérisme puisque les développements institutionnels de la Pennsylvanie et de la Géorgie attestaient une tendance à la confusion des compétences au profit d'un seul centre de pouvoir constitué par l'assemblée. En second lieu, et sous forme d'une novation à présent, la nécessité du recours au *veto* de l'exécutif, en réaction à la diminution excessive de ce pouvoir, puisqu'ainsi que Madison put le noter en 1787 dans ses *Vices du système politique des Etats-Unis* spécialement écrit à cette fin, les gouverneurs comptaient désormais pour rien, de sorte que le parlement, même scindé en deux, tendait à s'approprier leur fonction. Bref, cette période caractérisée par une confusion des pouvoirs tant dans les Etats à monocamérisme que, quoique dans une moindre mesure, dans les Etats à bicamérisme, plaidait pour une tripartition du pouvoir législatif, laquelle constituait pour le plus grand nombre le mode opératoire, le seul véritablement efficace, de la séparation des pouvoirs. Désormais, ce n'était plus le pouvoir exécutif mais le pouvoir législatif incarné par une seule chambre qui faisait problème. Ici réside la grande différence entre l'esprit de 1776 et l'esprit de 1787, de sorte qu'il fallait retrancher une part de l'autorité de la chambre basse pour en doter la chambre haute et, surtout, le gouverneur[6]. Pour preuve, l'Etat de Pennsylvanie lui-même était traversé par ce courant. En témoigne le compte rendu de la session de 1784 du conseil des Censeurs de Pennsylvanie, dominé cette année-là par l'opposition, dite des «Républicains», lesquels, groupés derrière l'un des plus éminents juristes de l'Etat, John Dickinson, prenaient précisément

---

jugeait la balance des pouvoirs à la mode américaine incomplète. Ainsi, regrettait-il, "The legislature in England consisted of three branches. (...). The Americans have not indeed imitated it in giving a negative upon their legislature to the executive power; in this respect their balances are incomplete, very much I confess to my mortification". Voy. *A Defence of the Constitutions (...) of the United States of America*, in *The Works of John Adams*, Boston, Ch. Little and J. Brown, 1851, vol. IV, p. 300 et p. 358.

[6] Ainsi G.S. Wood relève dans les années 1780 une tendance à la confusion de "la théorie jadis distincte de la balance du gouvernement des ordres de la société, avec la doctrine de la séparation des départements du gouvernement". Op. cit., pp. 522-523.

pour modèle la constitution du Massachussets qu'ils entendaient imposer dans son principe aux «Constitutionnalistes», favorables pour leur part au *statu quo*[7]: «Le peuple», pouvait-on lire, «a appris à considérer toute requête auprès de l'assemblée comme un moyen d'obtenir la réparation des iniquités et des préjudices, plus court et plus sûr que la procédure légale ordinaire». Le constat final était à l'avenant: «la prise en charge du judiciaire et de l'exécutif par la branche législative produit des cas de mauvais gouvernement aussi sûrement que tout autre cumul d'autorité illégitime»[8]. C'est dire, avec d'autres mots, que la séparation absolue des pouvoirs engendre, au rebours de sa fonction, leur confusion. Pareillement, le Vermont soumis à de semblables phénomènes devait en 1786 réviser sa constitution afin de permettre au gouverneur et son conseil d'examiner les projets de loi et de proposer des amendements au parlement[9].

---

[7] Le conseil des censeurs était établi par la section 47 et dernière de la constitution de Pennsylvanie. Il devait se réunir tous les sept ans à compter de 1783, et pour une session d'un an au plus, afin "d'examiner si la constitution", (laquelle intégrait la déclaration des droits puisque suivant la section 46 "…la déclaration expositive des droits (…) fait partie de la constitution de cette République et ne doit jamais être violée sous aucun prétexte que ce soit"), "a été conservée dans toutes ses parties sans la moindre atteinte et si les corps chargés de la puissance législative et exécutive ont rempli leurs fonctions comme gardien du peuple …". De ce fait, le Conseil avait le pouvoir de recommander au corps législatif l'abrogation des lois qui lui paraissaient "faites dans des principes opposés à la constitution", et de même pouvait convoquer, s'il jugeait absolument nécessaire de corriger, d'interpréter ou d'ajouter des dispositions à la constitution, une "commission extraordinaire" qui devait se réunir dans les deux années suivant sa session.

[8] *La création de la République américaine*, op. cit., p. 473. Edward Corwin a lui aussi caractérisé la situation qui prévalait alors en Pennsylvanie: "Dans les années 1784-1792", relate-t-il, "la législature d'Etat oubliait en toute liberté les procédures judiciaires, annulait ou modifiait les jugements, en annulait l'exécution, reprenait les délibérations, autorisait les appels, accordait des exemptions à la loi, interprétait celle-ci dans des procès en instance et se permettait même de juger au fond les procédures en cours". Voy. *American Constitutional History*, New-York, Harper et Row, 1964, p. 4.

[9] Notons d'ailleurs que la parution, peu avant l'ouverture de la Convention de Philadelphie, du premier volume de la *Défense des constitutions américaines* de John Adams ne fut pas sans effet et disposa favorablement les esprits en faveur de la tripartition du pouvoir législatif. La publication de ce livre fut en effet un événement et l'ouvrage était discuté et commenté tant dans les journaux que dans les correspondances épistolaires. Le Pennsylvanien Benjamin Rush, dont nous avons vu l'inclination à la balance des pouvoirs, se félicitait de ce phénomène:

Par ailleurs, ce mouvement doctrinal favorable à la tripartition intervenait dans un contexte qui allouait, pour une grande partie des Américains, un surcroît d'importance à la séparation des pouvoirs. En effet, une profonde crise morale affecta les Etats d'outre-Atlantique dans les années 1780 puisque les vertus premières des colons telles l'austérité et la frugalité tendaient, semblait-il, à disparaître. Ces maux rendirent corps à la vielle division présente dans l'esprit américain entre le projet évangélique et le projet juridique, de sorte que l'on distinguait ceux qui prônaient un remède d'ordre moral, par l'éducation et la religion afin de régénérer l'individu et de brider sa nature vicieuse, et ceux qui ne trouvaient de solution que dans un aménagement bien conçu des pouvoirs publics. C'est en grande partie sur ces bases, mais non de façon exclusive, que devaient s'opposer en 1787 antifédéralistes et fédéralistes. Face à ceux qui désespéraient de toute forme de gouvernement tant que l'Homme serait corrompu, se trouvaient ceux qui désespéraient de toute régénération de l'individu et qui entendaient combattre l'égoïsme et le mercantilisme exclusif par des dispositifs institutionnels. Dans cette dernière optique, il fallait trouver une organisation politique adaptée à la nature pécheresse et qui puisse donner satisfaction en l'absence de vertu politique. C'est ce dernier courant qui devait l'emporter.

En l'espèce, le type d'organisation, fondé sur la séparation des pouvoirs, entériné par la Convention de Philadelphie, fut le gouvernement mixte perfectionné, c'est-à-dire délesté de ses divisions sociales et organiques, puisqu'il ne devait y avoir aucune correspondance entre tel organe partiel de législation et telle classe sociale. En d'autres termes, la constitution de 1787, transposant le gouvernement anglais dans un Etat républicain et fédéral, a de ce fait innové au plan du principe de légitimité mais conservé le procédé de la balance des pouvoirs. Ce faisant, elle marque la défaite de la théorie de la séparation absolue des pouvoirs jugée inadéquate et, plus encore, dangereuse.

De ce fait, l'affirmation de la doctrine classique selon laquelle «pour fonder un régime de liberté, les pères de la constitution américaine

---

"Mr. Adams book", rapporta-t-il avant l'entame des débats constituants, "has diffused such excellent principles among us, that there is little doubt of our adopting a vigorous and *compouded* legislature. Our illustrious minister in this gift to his country", concluait-il, "has done us more service than if obtained alliances for us with all the nations of Europe". Cité par P. Panagopoulos, *Essays on the history and meaning of checks and balances*, New-York, University Press of America, 1985, p. 131.

avaient opté pour la séparation rigide des pouvoirs»[10] repose sur un contresens. Cette constitution fut pensée contre la spécialisation. Sa matrice est anglaise, c'est celle du gouvernement mixte et son articulation essentielle est celle de la tripartition du pouvoir législatif sur le mode de la balance des pouvoirs puisque la chambre des Représentants, le Sénat et le Président apparaissent comme trois organes partiels de législation dont la réunion forme un organe législatif complexe. De plus, la fonction exécutive est distribuée entre le pouvoir exécutif et le pouvoir législatif.

Il reste, et cela est tout aussi essentiel, que le texte de Philadelphie se sépare du précédent britannique sur deux points importants, deux innovations sur la base desquelles les Américains, portés par leur orgueil national, en ont conclu, tout au moins pour un bon nombre d'entre eux, qu'ils avaient fondé la science politique moderne.

En premier lieu, les différents organes partiels de législation n'incarnaient pas des forces sociales distinctes. La conception classique du gouvernement mixte supposait un compromis organisé entre les principales forces sociales. Or, le texte de la Convention de Philadelphie, qui consacre la souveraineté populaire, écarte la formulation classique d'un équilibre organique entre les ordres sociaux. Toutes les branches du gouvernement représentent désormais la même entité, le peuple, dont elles procèdent directement ou indirectement, de sorte que sont dissociées la balance des pouvoirs et les divisions organiques du gouvernement mixte. En d'autres termes, pour ce qui semblait être la première fois pour des hommes de la fin du XVIIIe siècle, alors même que cela avait été tenté en réalité dès la Grande Révolution anglaise des années 1640-1660, le principe, à savoir la balance des pouvoirs, était séparé de son mode d'effectuation et de sa modalité traditionnels, c'est-à-dire le gouvernement mixte. On avait démocratisé la tradition libérale anglaise et c'est la raison pour laquelle les Américains qualifièrent leur régime de démocratique, tout en étant conscients qu'il n'avait rien en commun avec la «démocratie» entendue, au XVIIIe siècle, comme une des trois formes simples de gouvernement, ce que nous appelons aujourd'hui une démocratie directe[11]. D'ailleurs, certains antifédéralistes de même que

---

[10] Michel-Henry Fabre, *Principes républicains du droit constitutionnel*, Paris, L.G.D.J., 1984, p. 111.

[11] G.S. Wood a rendu compte des difficultés qu'éprouvèrent les publicistes d'alors pour nommer ce régime qu'ils ressentaient comme inédit, et note à ce propos que "le nouveau gouvernement était en fait, malgré la bizarrerie du terme, une démocratie mixte ou balancée", op. cit., p. 693. On trouve l'expression de cela chez le Fédéraliste James Wilson par exemple: "What is the nature and kind of

certains fédéralistes, en faible nombre toutefois dans les deux cas, critiquèrent ce qu'ils interprétaient comme une absence de base naturelle, puisque la pluralité d'organes institués n'était pas porteuse d'intérêts différents ancrés dans la société, de sorte que la balance risquait d'être purement nominale. Ainsi, respectivement, Patrick Henry put écrire qu'«il apparaît qu'il n'y a aucun frein dans ce gouvernement. Le président, les sénateurs et les représentants», poursuivait-il, «sont tous directement ou indirectement choisis par le peuple. Ne me parlez pas de freins sur le papier, parlez-moi plutôt de freins fondés sur l'intérêt» concluaiot-il[12], tandis que, le 18 juin à la Convention de Philadelphie, Hamilton lui-même fit part de son septicisme face à un aménagement où «a democratic assembly is to be checked by a democratic senate, and both these by a democratic chief magistrate»[13].

---

that government which has been proposed for the United States by the Late Convention?", s'interrogeait-il. "In its principle", répondait-il, "it is purely democratical. But", précisait-il, "that principle is applied in different forms, in order to obtain the advantages, and exclude the inconveniences, of the simple modes of government". Cité par H. Storing, *The complete Anti-Federalist*, Chicago, The University of Chicago Press, 1981, vol. I, p. 62. Cette même difficulté à poser une définition dans laquelle il soit clairement fait le départ entre les éléments respectifs du gouvernement mixte et de la balance des pouvoirs s'exprimait dans un livre, vraisemblablement de la main d'un Français, paru en l'an IV: ''Ce gouvernement'' lisait-on, ''n'est ni purement démocratique, ni aristocratique, ni monarchique: il tient de tous les trois: mais la démocratie y est tempérée, l'aristocratie y est purifiée, et la monarchie y est exactement limitée. Il ne ressemble non plus à aucun des gouvernements mixtes connus, parce que s'il est vrai que l'aristocratie et que la monarchie entrent dans ses éléments, il est vrai aussi qu'il n'y a ni monarque ni aristocratie''. Voy. *Réponse aux principales questions qui peuvent être faites sur les Etats-Unis d'Amérique*, Lausanne, an IV, p. 121.

[12] Patrick Henry, *Speach of June 9, 1788*; in H. J. Storing, *The Complete Anti-Federalist*, op. cit., vol. V, 16, 4. Henry poursuivait d'ailleurs en citant l'Angleterre en exemple, où, pour le coup, lords et députés représentaient des intérêts sociaux distincts.

[13] Max Farrand, *The Records of the Federal Convention of 1787*, New Heaven, Yale U.P., T. I, p. 310. Hamilton était imbu des principes anglais au point d'avoir proposé un sénat composé de membres nommés à vie, et ce dans le cadre d'une monarchie élective, sans doute impressionné qu'il était par le rôle du monarque en Grande-Bretagne, favorablement décrit par Delolme, qu'il considérait comme un auteur "profond, solide et ingénieux". Voy. *Le Fédéraliste*, Paris, Economica, 1988, n° LXX, p. 591. On notera à ce sujet que la *Constitution de l'Angleterre* du Genevois Jean-Louis Delolme, qui décrivait de façon précise la tripartition du pouvoir législatif à l'anglaise autant qu'il en faisait l'éloge, était possédé par le

A ce sujet, M. Manin a estimé qu'il ne s'agissait pas là d'une nouveauté décisive car la version polybienne du régime mixte, a-t-il fait observer, privilégiait déjà en son temps la notion d'équilibre entre les institutions sans insister sur la représentation des forces sociales[14]. A son sens en effet, le point essentiel de l'inspiration américaine consiste en revanche en ce que l'idéal de la constitution mixte était en réalité écarté car son élément capital, à savoir l'égalité des pouvoirs constitutive de l'équilibre, était absent du système fédéraliste. De la sorte, il n'avait pas été établi une égalité de poids telle qu'elle était préconisée à l'ordinaire par les partisans traditionnels de la constitution mixte puisque, en l'espèce, la chambre basse, qui émanait directement du peuple, devait, dans l'esprit du constituant, avoir un pouvoir supérieur. Ce déséquilibre était conçu comme une caractéristique inévitable des régimes républicains puisque le peuple serait amené à faire cause commune avec la chambre des Représentants qu'il a élue directement et pour une période brève. En ce sens, conclut M. Manin, «la répartition du pouvoir proposée par les Fédéralistes ne peut être caractérisée comme un équilibre dans le sens donné à ce terme par la plupart des théoriciens politiques au XVIIIe siècle»[15]. Tel n'est pas, en l'espèce, notre avis, car si effectivement la chambre basse se voyait échoir le rôle moteur dans les institutions nouvelles, il reste que cela n'était en rien en contradiction avec la notion d'équilibre telle qu'entendue au XVIIIe, laquelle ne proscrivait pas par principe la reconnaissance d'un rôle directeur au profit d'un des organes législatif partiels. Il en était d'ailleurs ainsi depuis l'antiquité[16], et

---

gros des publicistes américains. John Adams lui-même s'y reportait et le désignait comme une référence: "je n'entreprendrai point, après de Lolme", disait-il, "de faire l'apologie des constitutions anglaises. Son livre est la meilleure défense qu'on puisse écrire en faveur *de la balance politique des trois pouvoirs*, et je vous y réfère". Voy. la *Défense des constitutions américaines*, Paris, Buisson, 1792, lettre XX, pp. 141-142.

[14] Ce à quoi il faut ajouter certains des essais institutionnels de la *Grande Révolution* anglaise, dont le propos consistait également à disjoindre balance des pouvoirs et gouvernement mixte.

[15] B. Manin, "Frontières, frein et contrepoids. La séparation des pouvoirs dans le débat constitutionnel américain de 1787", *Revue Française de Science Politique*, vol. 44, n° 2, avril 1994, pp. 288-290.

[16] Ainsi, Z. Fink, se reportant au débat politique romain, relevait, en faisant référence notamment à Cicéron et Denys d'Halicarnasse, la tendance suivante: "There was", écrivait-il, "a distinct tendency to suggest that the equilibrium on which mixed governments rested could be attained only if one of the three elements had a preponderance of power, a conclusion which meant, of course, that the theory of mixed polities coul be given either an aristocratic or a democratic

Machiavel lui-même s'interrogeait dans ses *Discours* afin de savoir où la prépondérance du pouvoir devait être placée dans un Etat mixte. C'est donc tout naturellement qu'à l'exemple de leurs devanciers, les publicistes du Grand siècle parlaient formellement d'équilibre tout en relevant, soit dans le cadre d'un propos analytique, soit en l'appelant de leurs vœux dans le cadre d'un propos partisan, l'action privilégiée d'un organe législatif partiel par rapport aux autres. Montesquieu lui-même opérait ainsi dans le Livre XI de *l'Esprit des Lois*, distinguant, entre autres, faculté de statuer et faculté d'empêcher, de même que dans ses *Notes sur l'Angleterre* où il exprimait pleinement sa conscience du rôle spécifique et privilégié de la chambre des Communes. Pareillement, dans ses *Réflexions sur la Révolution de 1688 et sur celle du 10 août 1792*, Condorcet insistait sur la domination de la chambre basse anglaise, tout en prenant la Grande-Bretagne comme archétype d'un régime répondant à l'équilibre des pouvoirs. Ces exemples, auxquels on pourrait en ajouter beaucoup d'autres, relativisent le cas américain, et pour cause puisqu'au XVIIIe siècle on parlait, du point de vue théorique et juridique, d'équilibre, dès lors qu'il y avait un organe législatif complexe, ce qui, sur le plan politique, n'était pas, en soi, exclusif d'un rapport de force inégal.

La seconde différence entre le principe fédéraliste dit des freins et contrepoids (*checks and balances*), et le modèle mixte anglais, ressortit au recours systématique du procédé de la balance appliqué à chaque fonction. Ainsi, la participation partielle d'un organe à la fonction principalement assignée à un autre constitue le principe premier de la constitution américaine, de sorte qu'il n'est constitué aucun centre unique de décision. Les Anglais en étaient pour l'essentiel resté à la trinité du pouvoir législatif. Les Américains ont, pour leur part, en plus de cette première, et capitale, opération, distribué sur le même mode la fonction exécutive et judiciaire entre plusieurs organes. Ainsi, dans l'ordre exécutif, le président ne pouvait-il nommer les fonctionnaires non subalternes qu'avec l'accord du sénat statuant à la majorité simple. Cette disposition était la traduction d'un souci constant dans la pensée politique américaine qui considérait comme crucial le pouvoir de nomination[17]. En effet, les publicistes de ce pays étaient obsédés -nous y reviendrons car ce point est fondamental- par la corruption endémique qui viciait le

---

interpretation". Voy. *The Classical Republicans*, Evanston, North Western University, 1945, p. 10.

[17] Ainsi Madison avait pu insister lors de la Convention de Virginie sur le fait que la nomination aux fonctions exécutives et leur rétribution formaient "la partie la plus délicate de l'organisation d'un gouvernement républicain". Cité par G.S. Wood, op. cit., p. 633.

gouvernement anglais, et ne savaient que trop que le monopole par le roi de cette compétence lui conférait un puissant instrument d'influence. En conséquence, dès 1776, dans aucun Etat le gouverneur ne put désigner seul les titulaires des fonctions exécutive et judiciaire. Trois systèmes coexistaient, dont le plus absolu, pratiqué en Caroline du Nord et au New Jersey, ôtait au premier magistrat la faculté d'exercer le moindre pouvoir sur les nominations. Les deux autres systèmes associaient le gouverneur et les parlementaires, soit à la manière de la constitution de l'Etat de New York qui avait créé un conseil de nomination composé du gouverneur et de quatre sénateurs, soit à la manière de la future constitution fédérale soumettant la nomination à l'approbation parlementaire. En tout état de cause, il fallait en 1787 retirer au président le monopole du pouvoir de nomination aux emplois publics pour prévenir la corruption de l'assemblée. C'était là au demeurant une condition nécessaire au jeu régulier de la balance des pouvoirs dans l'ordre législatif, car son effectivité est commandée par l'expression par chaque organe partiel d'une volonté autonome prononcée en dehors de toute contrainte ou influence illégitimes. De même, les traités signés par le président devaient être ratifiés à la majorité des deux-tiers par la chambre haute. Cette solution s'imposait d'autant plus que, dans l'esprit des constituants, le traité participait assez confusément d'une double nature juridique, exécutive et législative, et cette singularité les conduisait à y voir une norme juridique *sui generis*[18]. La cour suprême elle-même n'était pas exceptée de ce schéma. Nous faisons ici allusion, en plus de l'exercice de la procédure d'*impeachment* confiée aux deux chambres, qui est un élément rapporté d'Angleterre, à la disposition suivant laquelle «la cour suprême aura la juridiction d'appel, tant en droit qu'en fait, avec telles exceptions et tels règlements que le congrès pourra établir» (art. III, section 2, alinéa 2). De la sorte, le Congrès était autorisé à imposer des limites au pouvoir principal de cette cour. En définitive, ni le législatif, ni l'exécutif ni le judiciaire ne pouvaient tout faire dans leur sphère respective sans devoir obtenir, à un moment donné, l'accord décisionnel d'un autre organe et/ou pouvoir. C'est là le propre du texte du 17 mai, construit contre la spécialisation fonctionnelle, et articulé sur le mécanisme inverse des *checks and balances* par lequel une même fonction est distribuée entre au moins deux attributaires juridiquement distincts. De la sorte, pouvait écrire John Adams en manière de synthèse, «il y a une

[18] Cette compétence fut d'abord attribuée de façon exclusive au sénat par la commission du détail. C'est sur l'initiative des fédéralistes que la disposition prit son caractère final.

complication subtile de balances qui, autant que je m'en souvienne, est une invention à nous propre, et nous est particulière»[19].

Bien entendu, l'état final du texte ne participa pas d'un débat consensuel. Les débats constituants opposèrent sur ce thème deux écoles qui se réclamaient toutes deux de la séparation des pouvoirs. La première, peu étoffée sous le rapport du nombre, gagnée à la spécialisation, voulait que le principe de l'unité législative fût consacré. Elle fut défaite par le courant majoritairement représenté au sein de la Convention, acquis sans réserve au principe de la balance des pouvoirs. C'est ce que nous allons tenter de démontrer en nous reportant aux débats constituants [20].

---

[19] Voy. *The Works of John Adams*, Brown and Co., vol. VI, p. 467.

[20] La Convention de Philadelphie commença ses travaux le 25 mai 1787. Douze Etats seulement furent représentés puisque le Rhode-Island refusa de siéger. D'autre part, beaucoup de délégués arrivèrent de façon différée et en ordre dispersé comme par exemple ceux du New-Hampshire, qui ne prirent place qu'à la date tardive du 23 juillet. Plus encore, d'autres ne vinrent pas. Au final, alors que 74 délégués furent désignés par les Etats, la Convention débuta ses travaux en présence de 29 d'entre eux, tandis que 42 seulement prirent part au vote final, et jamais elle ne devait compter plus de 55 délégués présents. La chambre entière réunie en comité (*committee of the whole house*) prépara du 30 mai au 19 juin un premier projet. En l'état, il s'agissait d'un texte dans lequel les dispositions secondaires n'étaient pas abordées. Il fut soumis du 19 juin au 21 juillet à la chambre réunie en Convention, et il fut fixé que toute motion devait pour être débattue être appuyée par un membre de l'assemblée en plus de son auteur. Le projet, amendé et adopté, fut renvoyé à un comité du détail (*committee of detail*) chargé de convertir les principes retenus en articles et de développer tout type de disposition. Ce nouveau texte, amendé à nouveau puis adopté par la Convention fut adressé le 8 septembre à un comité de rédaction (*committee of style*) chargé d'harmoniser les dispositions et d'épurer le style. A la suite d'une ultime discussion et du dépôt de nouveaux amendements, la Convention adopta le texte par 39 voix contre 3. Toutefois, il avait été entendu afin de gagner les petits Etats au principe d'une Convention, que chaque Etat serait doté d'une voix unique, le vote étant décompté par délégation.
La Convention avait opté pour le travail en secret et ses membres prirent l'engagement de ne rien révéler des discussions. Il fallut attendre 1818 pour que le journal de la Convention, après avoir été confié à Washington, soit publié sur ordre du Congrès. Une édition plus complète devait paraître par la suite, grâce à la publication en 1841 des notes prises au cours des débats par James Madison. Nous citerons d'après l'édition de Max Farrand, *The records of the Federal Convention of 1787*, New Heaven, Yale U.P., 3 vol. Par ailleurs, nous nous reporterons également aux débats de ratification sur la base du livre de J. Elliot,

§ II) Le bicamérisme, expression institutionnelle de la balance des pouvoirs.

Le bicamérisme fut adopté sans que cela engendre véritablement des objections. Au sein du comité de la chambre entière, seul l'Etat de Pennsylvanie, cultivant sa spécificité, porta la contradiction[21]. En réalité, l'accord ne fut pas spontané[22]. Toutefois, ce fort mouvement dessiné en faveur de la dualité des chambres permit à Mason d'affirmer au sein de l'assemblée que l'unanimité se faisait en Amérique sur l'attachement, d'une part à la forme républicaine du gouvernement, d'autre part au bicamérisme[23]. S'il en était ainsi -bien que le terme d'unanimité soit excessif, nous y reviendrons-, c'est précisément que ces Anglo-Américains, quand bien même ils étaient acquis au système des constitutions rigides, ne concevaient pas que la séparation des pouvoirs puisse être maintenue lorsqu'il existait une chambre unique dotée de l'intégralité de la fonction législative, puisque celle-ci était en situation de voter toute disposition tendant à modifier la distribution des pouvoirs publics et/ou des compétences sans qu'aucun autre pouvoir constitué ne puisse, sur le terrain juridique, s'y opposer. Précisément, la division de l'organe législatif dans le cadre de la balance des pouvoirs avait pour but de permettre à un organe partiel de législation de faire obstacle à toute tentative de ce type menée par un autre organe partiel, de sorte que le bicamérisme valait prioritairement comme garantie apportée à la séparation des pouvoirs. Cette motivation, à l'origine de l'établissement de deux chambres, emporte du point de vue de la théorie des régimes politiques une conséquence fondamentale.

En effet, il est d'usage pour la doctrine classique de faire du fédéralisme la cause unique et directe de la division du parlement américain en deux chambres. Or, cette assertion selon laquelle le parlement est bicaméral en raison exclusive de la forme composée de l'Etat, une chambre représentant le peuple, la seconde les Etats fédérés, ne résiste pas à l'examen des débats de la Convention de Philadelphie, non plus qu'à l'analyse du *corpus* doctrinal des publicistes de l'époque. En effet, les constituants de 1787 eurent tout autant conclu à la division s'ils avaient eu à concevoir une constitution pour un Etat unitaire. Précisément,

---

The Debates in the several States Conventions on the adoption of the Federal Constitution, Philadelphia, J. B. Lippincott, 1859, 5 vol.

[21] Voy. Max Farrand, *The records of the Federal Convention of 1787*, op. cit., T. I, p. 48.

[22] Ibid., T. I, pp. 353-354.

[23] Ibid., T. I, p. 351.

onze des treize Etats indépendants, tous unitaires, y avaient vu un principe cardinal, et la Pennsylvanie, dès la promulgation de la constitution fédérale, s'empressa de se réformer sur ce point pour participer au droit commun, de même que la Géorgie[24].

En fait, le problème institutionnel qui se posait aux constituants, et qui de même allait quelques années plus tard faire l'essentiel des débats français de l'an III, se présentait en ces termes: il tournait autour d'une certitude et d'une interrogation. La certitude concernait l'impérieuse nécessité de consacrer la division du parlement constitutive de la balance des pouvoirs, principe recteur de toutes les institutions correctement réglées et fondées sur la séparation des pouvoirs. L'interrogation, quant à elle, procédait de la condamnation de principe et sans appel qui frappait à présent le gouvernement mixte, c'est-à-dire la logique qui consistait depuis l'antiquité à établir une correspondance spécifique entre chaque organe partiel de législation et chaque classe sociale. Or, ce système avait pour lui un avantage certain, puisqu'il permettait de mettre en concurrence des organes partiels de législation, qui, porteurs d'intérêts distincts, étaient nécessairement amenés à rendre véritablement effective la balance des pouvoirs. Mais à présent, compte tenu que les parlementaires, distribués en deux chambres, procédaient d'un nouveau principe de légitimité en fonction duquel ils étaient délégataires de l'exercice de la souveraineté populaire, il devenait beaucoup plus difficile de doter chaque chambre de principes d'action différents pour que la balance continue à être effective. La difficulté était réelle, le problème d'importance, et sa résolution, laborieuse, devait intervenir consécutivement à ce que l'on devait appeler par la suite en doctrine le «compromis du Connecticut», par lequel il fut entendu que la chambre basse représenterait le peuple et la chambre haute les Etats fédérés. Le Connecticut, en effet, a servi de modèle pour établir la différence de caractère qui séparait les deux chambres, puisqu'au sein de cet Etat une chambre, composée du gouverneur, du lieutenant-gouverneur et de douze adjoints, représentait le peuple dans sa généralité, tandis que l'autre était fondée sur la base de la représentation égale de toutes les villes de l'Etat. Ainsi, c'est uniquement à ce moment là des débats constituants que les Fédéralistes ont disposé d'un nouvel argument en faveur de l'érection de la chambre haute, auquel, le fait est capital, ils

[24] En effet, les ''Républicains'' devaient au sein de l'Etat de Pennsylvanie prendre le contrôle de l'assemblée législative en novembre 1789 et convoquer une Convention qui arrêta un texte similaire aux constitutions du Massachusetts et de l'Etat fédéral. Sur le plan symbolique, cette nouvelle Loi fondamentale marqua la défaite définitive de la doctrine de la spécialisation.

n'avaient pas songé avant l'ouverture de la Convention, et qui leur permettait de revendiquer une balance des pouvoirs qui, tout en ayant rompu avec le gouvernement mixte, ne fût pas simplement nominale. Le problème était ainsi résolu puisque les deux chambres, tout en procédant directement ou indirectement du peuple, n'étaient pas identiques dans leurs caractéristiques[25]. Ainsi, la forme fédérale de l'Etat a été un motif réel et important, mais supplémentaire, en faveur de la structure du bicamérisme: on a, en définitive, prit appui sur elle, puisqu'elle a seulement servi de mode d'effectuation à la balance républicaine, de sorte que la raison première et essentielle de la constitution d'un organe législatif complexe fut la conviction, érigée à la hauteur d'un dogme par deux siècles de réflexion publiciste anglaise puis américaine, qu'il n'y a pas, compte tenu de la hiérarchie des fonctions étatiques, de séparation des pouvoirs possible en dehors de la division de l'organe législatif, la constitution d'un législateur unique étant incompatible avec la revendication de la séparation des pouvoirs. Tout publiciste était, à l'époque, conscient du mode opératoire qui avait abouti au principe de dualité, ainsi qu'en attestent les débats des différentes conventions étatiques de ratification. Au sein de celle de Caroline du Nord par exemple, Iredell rendit compte, dans le bon ordre, des motivations qui concoururent à l'établissement de deux chambres:

> «I believe», déclara-t-il, «it was the general sense of all America, with the exception only of one State, in forming their own State Constitutions, that the legislative body should be divided into two branches, in order that the people might have a double security. (...). These principles probably formed one reason for the institution of a senate, in the form of government before us. Another arose from the peculiar nature of that government, as connected with the government of the particular State»[26].

De même Huntingdon, gouverneur du Connecticut, s'exprimant au sein de la Convention de cet Etat, prit un soin particulier à justifier le bicamérisme, sous l'angle des principes, comme mode indispensable de régulation de tout régime, conformément à l'exemple britannique:

---

[25] Ce que, toutefois, certains ont nié, ne voyant à l'inverse qu'un phénomène d'identité, et craignant de ce fait que les *checks* soient inopérants. *Vide supra* les réactions négatives de P. Henry et A. Hamilton, notes 12 et 13.

[26] cité in J. Elliot, op. cit., T. IV, p. 38.

«The great secret of preserving liberty», fit-il observer, «is to lodge the supreme power so as to be well supported and not abused. If this could be effectued, no nation would ever lose its liberty. The history of man clearly shows that it is dangerous to intrust the supreme power in the hands of one man. The same source of knowledge proves that it is not only inconvenient, but dangerous to liberty, for the people of a large community to attempt to exercise in person the supreme authority. Hence arises the necessity that the people should act by their representatives; but this method, so necessary for civil liberty, is an improvment of modern times. *Liberty, however, is not so well secured as it ought to be, when the supreme power is lodged in one body of representatives. There ought to be two branches of the legislature, that one may be a check upon the other.* It is difficult for the people at large to know when the supreme power is verging towards abuse, and to apply the proper remedy. *But if the government be properly balanced,* it will possess a renovating principle, by which it will be able to right itself. *The Constitution of the British Nation affords us great light upon the subject of government.* Learned men in other countries have admired it, though they thought it too finespun to prove beneficial in practice. But a long trial has now shown its excellence…»[27].

[27] idem, T. II, pp. 198-199. De même à l'étranger ce point ne devait souffrir aucune ambiguïté. Une des nombreuses illustrations possibles de cette vérité - nous ne cesserons d'en proposer tout au long de cette étude- se trouve par exemple dans la lettre que Catherine Macaulay Graham adressa en juin 1790 au président Washington. Cette femme de caractère (1731-1791), historienne et dont l'œuvre écrite se résumait en grande partie dans une tentative de réhabilitation de la révolution anglaise de 1640-1660, tint en l'espèce à marquer son désaccord avec l'établissement des deux chambres, citant en contrepoint l'exemple français tiré des débats de 1789. On peut constater à quel point elle tait le critère de la forme fédérale de l'Etat pour ne considérer, en très mauvaise part, que l'influence de la culture et des institutions politiques britanniques, craignant précisément à moyen terme une résurgence maligne aux Etats-Unis du gouvernement mixte sous couvert de la balance des pouvoirs: "*Je vois*", dit-elle, "*que vous avez suivi l'exemple de la mère-patrie en divisant votre législature en chambre haute et chambre basse*. Je croyais dans le temps que c'était la seule manière d'obtenir des lois mûrement discutées; mais je pense maintenant'', confiait-elle à son interlocuteur, ''que les Français se sont efficacement garantis du retour de l'aristocratie dans leur gouvernement en bornant la législature à une seule assemblée égale, et en confiant le soin de sanctionner les lois au roi et au peuple. Votre chambre haute ne peut-elle pas acquérir par la suite des temps quelque distinction, qui pose chez vous les fondements de l'inégalité politique, circonstances qui ne devraient jamais avoir lieu dans une société d'hommes libres. Les Américains, entièrement affranchis de tout lien féodal, et des injustes distinctions du droit d'aînesse, ont pu facilement établir et régler un gouvernement populaire, lorsqu'ils ont secoué le joug de l'Angleterre; mais

C'est au regard de cet enseignement qu'il nous faut nous interroger sur l'analyse proposée par M. Manin, lequel, étudiant les écrits antifédéralistes rédigés notamment à l'occasion des débats de ratification internes à chaque Etat, conclut que «pour la plupart, les anti-fédéralistes ne sont pas hostiles à l'institution d'une seconde chambre (...). Mais ils objectent que la constitution n'établit pas un véritable équilibre au sein du législatif, parce qu'elle accorde trop de pouvoir à la branche la moins proche du peuple». De la sorte, poursuit M. Manin, lorsque les anti-fédéralistes invoquent la séparation des pouvoirs, «ils ont en tête l'idée qu'aucun organe ne doit exercer plus d'une des trois fonctions du gouvernement. Leur conception peut être résumée par la formule un organe-une fonction. (Cela) explique aussi pourquoi les anti-fédéralistes ne s'opposent pas à un des aspects de la constitution qui est en général rangé dans la catégorie des freins et contre-poids: le bicamérisme. Le principe un organe-une fonction est en effet logiquement compatible avec la division d'une fonction entre deux organes, à condition que chacun des deux organes exerce seulement la fonction qu'il partage avec l'autre. (...). En fait, ils ne proposent pas du tout une séparation purement fonctionnelle: la doctrine aurait recommandé d'assigner chaque fonction à un seul organe, alors que le principe constitutionnel qui les guide est simplement que chaque organe ne doit exercer qu'une fonction»[28]. En outre, précise l'auteur, leur opposition au projet fédéraliste reposait sur sa complexité -terme essentiel, nous le verrons-, alors qu'ils revendiquaient une précision constitutionnelle et une intelligibilité de la constitution par le peuple: «Le principe un organe-une fonction révèle aussi un autre aspect capital des opinions constitutionnelles des anti-fédéralistes», dit ainsi M. Manin: «ceux-ci prônent sans relâche la précision et la clarté en matière constitutionnelle. Ils ne cessent de se plaindre que la constitution est ''incompréhensible et imprécise'', ''vague et peu explicite''. (...). La détermination des responsabilités est plus aisée si la constitution confie sans ambiguïté une tâche différente à chaque organe (afin que) les électeurs (puissent) aisément trouver les responsables d'une décision.(...). Or, la constitution consacre, pourrait-on dire, le régime du bargaining (...) et dans une décision formée par négociation et compromis, il est toujours difficile de déterminer qui porte la responsabilité du résultat final (...). Il

comme ils ont toujours été exempts des maux de l'aristocratie, ils n'ont peut-être pas, contre ses prétentions, le principe d'une aversion aussi profonde que celle qu'éprouvent heureusement les Français". Cité in *Vie, correspondance et écrits de Washington*, Paris, Ch. Gosselin, 1840, T. V, pp. 282-283.

[28] B. Manin, op. cit., p. 267, et pp. 269-270.

est plus difficile de déterminer les responsabilités de gouvernants dans un régime de freins et contrepoids que dans un système de frontières fonctionnelles précises et stables»[29].

Cette analyse est intéressante en ce qu'elle pourrait induire qu'en Amérique, outre les partisans d'une part de la spécialisation et de l'unité législative, et d'autre part de la balance des pouvoirs, il y avait place pour une troisième mouvance, distincte des précédentes, plaidant de façon singulière en faveur du principe «un organe, une fonction». Or, une telle conclusion, si elle venait à être formulée, devrait être repoussée. En effet, l'opposition de principe opposait bien les partisans de l'unité législative à ceux de la division de l'organe législatif, et dans ce cadre, la plupart des anti-fédéralistes participaient de la première école. Simplement, ils savaient l'emprise de cette institution sur la très grande majorité des esprits et durent composer avec cette réalité, de sorte qu'adultérant leur propre doctrine, ils adoptèrent, pour certains d'entre eux, une position de circonstance, épiphénoménale, qui ne devait pas avoir de suite en Amérique même, et qui devait être inconnue en Grande-Bretagne et en France[30]. L'exemple emblématique de Franklin est sur ce point très révélateur. Ce dernier, en effet, prit position au cours des débats de la convention de Philadelphie contre le bicamérisme[31]. Or, pour autant, cela ne l'empêcha pas de voter en faveur du texte, car il était convaincu que compte tenu du contexte et du champ du possible aucun autre projet ne serait susceptible d'être voté. Il l'expliqua aux délégués de la convention, leur indiquant «qu'il y a plusieurs parties de cette constitution que je n'approuve pas», et que ce faisant, s'il l'acceptait, c'était «avec toutes ses fautes...»[32]. Ce faisant, il n'avait pas modifié ses conceptions, ainsi qu'il devait le confier à un de ses correspondants français, lui-même favorable à l'unité législative: «Il est très possible, comme vous le supposez» devait-il lui répondre, «que certains articles de la nouvelle constitution soient changés, après la première réunion du Congrès. Je pense comme vous, *que deux chambres n'étaient pas nécessaires*; je n'étais point content d'ailleurs de quelques articles qui se trouvent dans le projet, et j'en aurais

---

[29] Idem, p. 271, p. 275, p. 277.

[30] D'ailleurs, M. Manin lui-même relève que les Anti-Fédéralistes ne plaident pas en faveur d'une seconde chambre mais se contentent de ne pas s'y opposer.

[31] Voy. Max Farrand, *The records of the Federal Convention of 1787*, op. cit., vol. I, p. 48 et vol. III, p. 297.

[32] Cité par C. Fohlen, *Les pères de la révolution américaine*, Paris, Albin Michel, 1989, p. 207. Le discours d'acceptation de Franklin, lu par J. Wilson, est reproduit par M. Farrand, op. cit., T. II, pp. 641-643.

voulu quelques autres qui n'y sont pas»[33]. Simplement, connaissant l'état d'esprit de ses compatriotes, il savait sa cause perdue et l'affaire entendue. Ainsi, écrivit-il au même le Veillard, «relativement aux deux chambres, je suis de votre opinion qu'une seule eût été meilleure; mais, mon cher ami, rien n'est parfait dans l'ordre des affaires humaines; et peut-être est-ce le cas de vos propres opinions»[34].

De ce fait, parce qu'encourant l'opposition de principe de certains des partisans irréductibles de l'unité législative, des publicistes favorables quant à eux à l'institution du bicamérisme éprouvèrent le besoin à l'occasion des débats de ratification de justifier cette disposition. Noah Webster par exemple, de Pennsylvanie, sachant précisément l'hostilité que cette structure était susceptible de rencontrer dans cet Etat plus que partout ailleurs, prit ce type d'initiative :

> «In attending to the proposed Federal Constitution», écrivit-il, «the first thing that presents itself to our consideration, is the division of the legislative into two branches. *This article has so many advocates in America*», continua-t-il, «that it needs not any vindication. But», précisa-t-il aussitôt, «*it has its opposers*, among whom are some respectable characters, *especially in Pennsylvania*; for which reason, I

---

[33] *To M. le Veillard*, 22 april 1788, in *The complets Works of Benjamin Franklin*, New-York, Putnam's sons, 1888, T. IX, p. 471.

[34] *To M. le Veillard*, 24 october 1788, idem, T. X, p. 13. Dans la *Préface* qu'Herbert Storing a rédigée en ouverture de sa compilation des écrits anti-fédéralistes, cet auteur a analysé ce problème en des termes que nous faisons nôtres. Evoquant la personne de Centinel, pamphlétaire favorable au monocamérisme et prenant à parti John Adams dans ses écrits, il a ses mots: "Centinel", dit-il, "advocates simple government, and most of the Anti-Federalists were at least inclined in that direction, *despite all their participation in the discussion about balances*". De la sorte, conclut-il, les anti-fédéralistes "conceded only reluctantly the insufficiency of simple popular government". Voy. *The complete Anti-Federalist*, Chicago, the University of Chicago Press, 1981, T. I, pp. 56 et 62. De même, T.W. Merrill a conclu en ce sens: "Many anti-federalists", a-t-il opiné, "criticized the constitution because it contained too many departures from a pure model of separation of powers". Voy. "The Constitutional Principle of Separation of powers", in *The Supreme Court Review*, 1991, p. 258. Une bonne illustration de cette conception figure sous la plume de l'antifédéraliste Brutus, au sens duquel "pour avoir un gouvernement bien administré dans toutes ses parties, il faut que ses différentes parties soient séparées et soient placées autant que possible entre des mains différentes. Le pouvoir législatif", précisait-il, "devrait consister en un seul corps, l'exécutif en un autre corps, et le judiciaire dans un corps différent des deux autres". Voy. H. Storing, *The complete Anti-Federalist*, op. cit., T. II, 9, 197.

will state some of the arguments and facts which incline me to favor the proposed division».

En l'espèce l'argument essentiel fut pour persuader qu'une seconde chambre, loin d'être nécessairement porteuse d'une aristocratie, se justifiait de façon impérative afin d'assurer la stabilité du régime à travers le maintien de la séparation des pouvoirs:

> «People», démontra-t-il en effet, «who have heard and read of the European governments, founded on the different ranks of monarch, nobility and people, seem to view the senate in America, where there is no difference of ranks and titles, as a useless branch -or as a servile imitation of foreign constitutions of government, without the same reasons. This is a capital mistake. Our senates, it is true, are not composed of a different order of men; *but the same reasons, the same necessity for distincts branches of the legislature exists in all governements*[35]. But in most of our American constitutions, we have all the advantages of checks and balances, without the danger which may arise from a superior and independent order of men»[36].

Au demeurant, une preuve supplémentaire de l'inclination de la très grande majorité des anti-fédéralistes en faveur de l'unité législative réside précisément dans leur critique systématique de la «complexité» de la constitution du 17 septembre 1787. Or, cela est lourd de sens puisqu'au XVIIIe siècle, la dialectique «constitution simple/constitution

---

[35] Ce morceau est instructif puisque Webster, taisant ici la forme fédérale de l'Etat américain, fait dépendre le bicamérisme non de cette dernière, mais des nécessités propres à toutes sortes de régimes quant au bon fonctionnement des pouvoirs publics.

[36] Voy. *An Examination into the leading principles of the Federal Constitution proposed by the late Convention held at Philadelphia. With Answers to the principal objections that have been raised against the system*, 1787, reproduit par P.L. Ford, *Pamphlets on the Constitution of the United States*, 1968, Da capo Press, pp. 30 et 34-35. Webster nous renseigne par ailleurs sur l'ampleur de l'opposition au bicamérisme. Celle-ci, compte tenu de ce que depuis 1776 le bicamérisme avait valeur de dogme, était réduite à peu: une "objection to the constitution", écrivait-il en effet, "is the division of the legislature into two branches. *Luckiliy*", précisait-il alors, "*this objection has no advocates but in Pennsylvania; and even here their number is dwindling*. The factions that reign in this State'', poursuivait-il, ''the internal discord and passions that disturb the government and the peace of the inhabitants, have detected the errors of the constitution, and will some time or other produce a reformation. The division of the legislature has been the subject of discussion in the beginning of this essay; *and will be deemed, by ninenteen-twentieth of the Americans, one of the principal excellencies of the constitution*". Idem, pp. 47-48.

compliquée», familière, était pratiquée par l'ensemble de la communauté des publicistes avec un sens bien précis, puisqu'elle se superposait terme pour terme à la distinction «unité législative/balance des pouvoirs». Dans ce cadre, la dénonciation du mécanisme de la balance des pouvoirs en tant que facteur de production d'une constitution, d'un régime, d'un gouvernement -les termes étaient divers- «compliqués», était le propre des partisans de la spécialisation, et, en retour, les partisans de l'équilibre des pouvoirs incriminaient la «simplicité», ou unité législative, comme facteur du despotisme[37]. Plus précisément, il était entendu pour tout publiciste

[37] Les illustrations qui vont en ce sens sont surabondantes, sachant que l'archétype du gouvernement compliqué était le régime anglais, ainsi que l'affirmait, par exemple, l'abbé Galiani: ''l'Angleterre'', notait-il en effet, ''est la machine la plus compliquée en politique qui soit à présent en Europe et qui ait jamais existé dans le monde entier. (...). Son gouvernement'', ajoutait-il, ''est le plus mixte, le plus artistement composé qu'il y ait jamais eu'', *Dialogue sur le commerce des bleds*, Londres, 1770, p. 65. Sur cette base, citons deux des plus grands politistes que le XVIIIe siècle britannique devait connaître. Ainsi David Hume, écrivant à Montesquieu à la suite de la parution de *l'Esprit des lois* pour lui marquer combien son analyse flatteuse du gouvernement mixte anglais fondé sur la tripartition du pouvoir législatif avait comblé d'aise nombre de Britanniques, utilisa cette terminologie: "Nos compatriotes", lui indiqua-t-il, "sont fort vains de l'approbation que vous donnez à leur forme de gouvernement, dont ils sont, avec quelque raison, si amoureux. Mais", poursuivait-il, "ne peut-on pas remarquer que, si les formes *simples* de gouvernement sont par leur nature sujettes à l'abus, parce qu'il n'y a aucun *contrepoids*, d'un autre côté les formes *compliquées* où une partie réprime l'autre, sont, comme les machines compliquées, sujettes à se déranger par le contraste et l'opposition des parties". *Lettre de Hume à Montesquieu*, 10 avril 1749, in *Œuvres complètes de Montesquieu*, Paris, Nagel, 1955, T. III, p. 1222, et de même voy. également la lettre d'Helvétius à Montesquieu où son auteur qualifie le régime anglais de "gouvernement compliqué" (idem, p. 1104). Burke, également, eut recours dans ses *Réflexions sur la révolution de France* à ce type de rhétorique: "Nous sommes membres d'une nation libre", écrivit-il, "et nous savons, sans doute, tous que la machine qui forme une constitution libre n'est pas *simple*, mais qu'elle est aussi *compliquée* et aussi délicate qu'elle est précieuse. (...). Une constitution formée de pouvoirs *balancés* est une chose fort critique". Voy. *Réflexions*, Paris, Hachette, 1989, p. 410. De la sorte, Thomas Paine, lui-même adepte notoire de l'unité législative et l'un des principaux inspirateurs de la constitution de Pennsylvanie de 1776, critiquait la constitution anglaise en des termes identiques à ceux des anti-fédéralistes désapprouvant le texte de 1787: "la constitution de l'Angleterre", écrivit-il en effet, "est d'une complexité si extrême que la nation peut fort bien souffrir des années durant sans être à même de découvrir où le bât blesse: les uns diront ici, les autres là et chaque médicastre politique avancera une prescription politique différente".

que le critère de la complication consistait dans l'attribution d'une même fonction juridique à deux organes distincts. Dès lors, le bicamérisme participait de la complication, était producteur de celle-ci. C'est la raison pour laquelle Condorcet, dans son *Examen de cette question: est-il utile de diviser une assemblée nationale en plusieurs chambres?*, pouvait écrire la proposition suivante:

> «La raison la plus forte, *en faveur d'une séparation en deux chambres*, est la crainte de donner à une seule assemblée quelle qu'elle soit, une puissance illimitée. Telle est même peut-être la véritable cause de toutes les constitutions *compliquées*»[38].

Dès lors, la critique de la complexité n'était pas en soi compatible avec l'acceptation d'un parlement bicaméral. Par conséquent, le fait pour beaucoup d'anti-fédéralistes de dénoncer le texte de 1787 comme établissant un régime compliqué, atteste leur propension initiale à privilégier un schéma participant de la spécialisation. Simplement, sachant l'attrait américain pour le bicamérisme, ils optèrent pour une opposition responsable et renoncèrent à attaquer de front cette institution. De plus, des partisans du monocamérisme, mais de même partisans de l'affirmation des droits des Etats, devaient *in fine* voir dans la seconde chambre un moyen acceptable de préservation de l'autonomie de ces Etats, et agréer à ce titre au dispositif.

En revanche, leur opposition fut plus déterminée, tant au sein qu'au dehors de la Convention, sur la question du *veto* de l'exécutif.

---

[38] *Examen de cette question...*, s.l.n.d., p. 34. De la même façon, l'un des auteurs des notes de bas de page ajoutées à la version française de l'*Examen du gouvernement d'Angleterre comparé aux constitutions des Etats-Unis*, à savoir Condorcet, Dupont de Nemours ou Mazzei, faisait valoir que le bicamérisme est "une complication du corps législatif". Voy. *Examen* ..., Paris, Froullé, 1789, note 28, p. 229. De ce fait, on comprend que La Rochefoucauld, voulant évoquer lors des débats constituants de l'été 1789 le mouvement, que nombre d'Américains estimaient de résipiscence, propres aux Etats de Pennsylvanie et de Géorgie qui entendaient à présent s'aligner sur le standard dominant, fit référence aux "deux Etats américains dont l'un, la Géorgie, a déjà changé sa législature unique contre deux corps législatifs, et dont l'autre, la Pennsylvanie, va bientôt, dit-on, adopter cette complication". Voy. l'*Opinion de M. le Duc de La Rochefoucauld, député de Paris, 7 septembre 1789*, Paris, Ph.-D. Pierres, p. 12.

§ III) Le *veto* conditionné, forme républicaine du *veto* absolu monarchique.

Le *veto* absolu fut rejeté à l'unanimité en comité de la chambre entière[39]. Mais l'attribution au département exécutif d'un droit négatif limité n'en était pas moins une nécessité certaine pour la majorité des constituants qui, à la manière de Madison, étaient convaincus que l'expérience «in all the States had evinced a powerful tendency in the legislature to absorb all power into its vortex. This was the real source of danger to the American Constitution, and suggested the necessity of giving every defensive authority to the others departments, that was consistent with republican principles»[40]. Quatre ordres de raisons furent invoqués en sa faveur. Ainsi, par l'usage du *veto*, le président pouvait veiller au maintien de la séparation des pouvoirs en ne sanctionnant pas toute loi par laquelle les chambres s'approprieraient les compétences imparties à d'autres départements, se livrer à un contrôle de conformité de la loi à la constitution, s'opposer sur un plan politique aux lois inopportunes et enfin prévenir la prolifération législative[41].

---

[39] M. Farrand, *The records of the Federal Convention*, op. cit., T. I, pp. 94-95.

[40] Madison à la Convention, séance du 21 juillet, ibid.; T. I, p. 74.

[41] Deux remarques sont ici nécessaires. En premier lieu, il s'agit d'une présentation didactique car ces différents chefs n'étaient pas exclusifs les uns des autres. Ainsi, en l'absence d'une Déclaration des droits, le contrôle de constitutionnalité se résorbait pour l'essentiel dans la sauvegarde de la séparation des pouvoirs, et l'estimation de l'inflation législative ressortissait à une appréciation en opportunité. D'autre part, il était entendu, de l'avis même des partisans les plus déterminés du *veto* et tout comme ce devait être le cas lors des débats constituants français de 1789-1791, que le droit de *veto* avait un puissant impact par ses virtualités mêmes, par la seule menace de son utilisation, de sorte qu'il était destiné à être peu utilisé, d'autant que dans l'esprit de chacun le président était moins chargé d'approuver la législation que de la contrôler.
Il est à noter qu'il fallut attendre la présidence d'Andrew Jackson (1829-1833) puis, surtout, celle d'Andrew Johnson (1865-1869), en conflit incessant avec le congrès, pour que l'usage du *veto* se banalise. Jusqu'alors, il devait être utilisé de façon exceptionnelle et à des fins de contrôle de constitutionnalité des lois. Précisément, à l'occasion du *Bank Bill* auquel Washington devait opposer son *veto*, Dumas Malone, satisfait qu'il fût créé enfin un précédent, fit observer qu'il était "high time that the presidential veto should be used, in order to give assurance that the President was guarding the Constitution". Cité par D. N. Mayer, *The constitutional Thought of Thomas Jefferson*, Charlottesville, U.P of Virginia, p. 229. Jefferson, lui aussi, ne trouvait de motifs légitimes à l'utilisation du *veto* que dans cette même perspective. Ainsi, selon M. Mayer, il décrivait le *veto* du président comme "the shield provided by the constitution to protect

La solution définitive ne fut pas dégagée d'emblée. Ainsi, il fut fixé un temps que le *veto* devait être surmonté par un vote des trois quarts dans chaque chambre. A ce moment là des débats, le Président devait être élu pour sept ans par le corps législatif. Il est clair qu'une fois admise l'autonomie du président en raison de son mode d'élection par le peuple au suffrage indirect, ce seuil fut considéré comme trop proche du veto absolu[42]. De même, il fut proposé sur l'initiative de Wilson qui déposa en juillet un amendement en ce sens, de créer, en partie à l'exemple de la constitution de l'Etat de New-York, un conseil de révision qui associerait la Cour suprême et le Président, et dont le *veto* eût pu être surmonté par une majorité des deux-tiers dans chaque chambre. Ce dispositif avait aux yeux de son promoteur l'avantage d'ennoblir, en quelque sorte, le *veto*, qui perdant ainsi de son attribut spécifiquement politique gagnerait plus de légitimité et d'efficacité[43]. Enfin, le 15 août, Madison, qui avait appuyé l'initiative de Wilson, réclama un droit de *veto* très défavorable aux chambres, sous forme de *veto* séparé ou concurrent. Dans ce cas de figure, le président et le pouvoir judiciaire disposaient chacun d'un droit de *veto*. Si l'un des deux s'opposait seul à un texte voté par le Congrès, la majorité requise pour passer outre était celle des deux tiers dans chaque assemblée. Par contre, si le pouvoir exécutif et le pouvoir judiciaire s'opposaient tous deux, une majorité des trois quarts de chaque assemblée devenait nécessaire[44].

---

against the invasions of the legislature 1. The rights of the Executive 2. Of the judiciary 3. Of the States and States legislatures" idem, p. 228. Ce sont sans doute les objections rédigées par le président Monroe à l'occasion de l'opposition de son *veto* survenue le 4 mai 1822, qui mettent le plus en exergue cette fonction première et quasi exclusive impartie au *veto*, puisqu'il y précisait que la loi censurée avait son accord sur le fond mais qu'en tant que gardien de la constitution il la jugeait contraire à celle-ci. Ainsi, écrivit-il, "having duly considered the bill, entitled *An Act for the Preservation and Repair of the Cumberland Road*, it is with deep regret, *approving as I do the policy*, that I am compelled to object to its passage, and to return it to the House of Representatives, in which it originated, under a conviction that *Congress do not possess the power, under the Constitution, to pass such a law*". Voy. *Mr. Monroe's objections to an act for the preservation and repair of the cumberland road*, in J. Elliot, *The debates in the several State Conventions, on the adoption of the Federal Constitution*, op. cit., T. IV, p. 525.

[42] A l'époque, la différence entre les deux fractions, trois quarts et deux tiers, correspondait à deux sénateurs et cinq Représentants.

[43] L'amendement manqua de passer: 3 Etats pour, 4 contre, 2 partagés.

[44] Le système fut jugé trop défavorable aux chambres: 8 contre, 3 pour.

Cette multiplicité de propositions atteste qu'une grande majorité des délégués, rompus à la logique de la balance des pouvoirs, étaient convaincus du caractère indispensable du *veto*. En outre, ce débat sur le *veto* de l'exécutif eut pour mérite de mettre en lumière la double interprétation dont était l'objet la séparation des pouvoirs. Pour les uns, il en conditionnait l'effectivité, lui était consubstantiel; pour les autres il en constituait la négation.

Remarquable de ce point de vue est l'échange d'arguments qui eut lieu lors de la séance du 21 juillet à l'occasion de la discussion relative à l'amendement Wilson. Les partisans les plus affichés de la balance se trouvèrent dans l'obligation d'élaborer une théorisation de la séparation pour convaincre qu'elle ne se conjuguait pas exclusivement sur le mode de la spécialisation. Nul ne le savait encore, mais Madison, argumentant le premier, put ainsi, si l'on peut dire, s'essayer au brouillon du *Fédéraliste*:

> «Mr. Madison», lit-on dans le compte rendu, «could not discover in the proposed association of the Judges with the Executive in the Revisionary check on the legislature *any violation of the maxim wich requires the great department of power to be kept separate and distinct. On the contrary, he thought it an auxiliary precaution in favor of the maxim.* If a Constitutional discrimination of the departments on paper were a sufficient security to each against encroachments of the others, all further provisions would indeed be superflous. But experience had laught us a distrust of that security, and that it is necessary to introduce such a balance of powers and interests, as will guarantee the provisions of paper. Instead, therefore of contenting ourselves with laying down the theory in the Constitution that each department ought to be separate and distinct, it was proposed to add a defensive power to each which should maintain the theory in practice. In so doing we did not blend the departments together. We erected effectual barriers for keeping them separate. The most regular exemple of this theory was in the British Constitution»[45].
>
> Wilson, quant à lui, remarqua en peu de mots, mais lourds de sens, que «the separation of the departments does not require that they should have separate objects but that they should act separately tho' on the same objects»[46]. Enfin, Gouverneur Morris fit part de son étonnement «that any defensive provision for securing the effectual separation of the departments *should be considered as an improper mixture of them*. Suppose», faisait-il en effet observer à ses collègues, «that the three powers, were to be vested in three persons, by compact among themselves; that one was to have the power of making, another

[45] M. Farrand, *The Records of the Federal Convention*, op. cit., T. I, p. 77.
[46] Idem, p. 78.

of executing, and a third of judging, the laws. Would it not be very natural for the two latter after having settled the partition on paper, to observe, and would not candor oblige the former to admit, that as a security against legislative acts of the former which might easily be so framed as to undermine the powers of the two others, the two others ought to be armed with a veto for their own defence, or at least to have an opportunity of stating their objections against acts of encroachment? And would any one pretend that such a right tented to blend and confound powers that ought to be separately exercised?»[47].

En retour, les partisans de la spécialisation ne cessèrent de décolérer contre ce procédé incompatible avec leur exégèse théorique de la séparation:

> «La première et la plus naturelle des divisions des pouvoirs de l'Etat», rétorqua un pamphlétaire, «est celle qui distingue les organes législatif et exécutif. On ne devrait jamais permettre que ces deux organes aient la moindre part de la fonction de l'autre, ni qu'ils y interviennent d'aucune manière (...). C'est donc», conclua-t-il, «une erreur politique de la première ampleur que de permettre au pouvoir exécutif d'exercer un veto, ou même une influence quelconque, sur les délibérations du corps législatif»[48].

---

[47] "Gouverneur" Morris, prénommé ainsi par son père qui avait occupé la fonction de ... gouverneur, doit être distingué de Robert Morris. Tous deux faisaient partie des huit délégués de l'Etat de Pennsylvanie. G. Morris, descendant de Huguenots français par sa mère, devait par la suite être un témoin privilégié des débats constituants relatifs à nos premières constitutions écrites, puisqu'arrivé à Paris le 27 janvier 1789 pour des raisons privées, il devait être nommé ambassadeur des Etats-Unis en France à la fin de 1791 et ne quitter le pays que le 24 octobre 1794. Sur ce sujet, voy. A. Esmein, *Gouverneur Morris, un témoin américain de la Révolution française*, Paris, Hachette, 1906.

[48] William Penn, *Essai II*, in Storing, *The complete anti-federalist*, Chicago, Chicago U.P., 1981, T. III, 12, 13-15. On notera par ailleurs que certains, manifestant de la sorte une intelligence certaine des procédés de l'équilibre des pouvoirs, jugeaient le *veto* inutile puisque, dans l'hypothèse où le bicamérisme serait voté, la balance des pouvoirs serait constituée de façon suffisante. Au sein du comité de la chambre entière, Bedford fut de cet avis: "Mr. Bedford" rapporte en effet le compte rendu, "was of opinion that no check was necessary on a legislature composed as the national legislature would be, with two branches, an upper and a lower House". Voy. *The Records of the Federal Convention*, op. cit., T. I, p. 109. Voy. également un autre exemple de ce type, T. III, p. 202. Cette vision des choses avait ses partisans puisque Luther Martin, un des délégués de l'Etat du Maryland au sein de la Convention, qui devait écrire aux fins d'information du personnel politique de son Etat une sorte de relation des travaux

Ainsi, sur l'initiative, prévisible, des partisans de la tripartition du pouvoir législatif éduqués à l'école britannique, le président de l'Union était doté d'un droit de sanction qui prenait la forme d'un droit de *veto* conditionné et, à ce titre, était constitué en tant qu'organe législatif partiel. Certes, un élément important s'oppose à ce type d'interprétation, savoir la rédaction de l'article Ier, section 1 de la constitution du 17 septembre 1787, suivant laquelle «*Tous* les pouvoirs législatifs accordés par le présent acte seront attribués à un Congrès des Etats-Unis, qui se composera d'un Sénat et d'une Chambre des Représentants». On ne peut que prendre acte en effet du caractère exclusif de l'attribution de la fonction législative au Congrès, marqué par le terme *Tous*, qui n'apparaît de surcroît qu'à l'article I. Néanmoins, cet argument de texte n'est pas en soi dirimant.

En effet, il existe tout un ensemble d'arguments contraires qui nous autorisent à soutenir une analyse inverse.

1. Ainsi, en premier lieu, à s'en tenir à la lettre de la constitution, on relève que les dispositions relatives au *veto* présidentiel ne figurent pas à l'article II qui concerne le pouvoir exécutif mais se trouvent incorporées dans l'article relatif au pouvoir législatif (art. I, sect. 7, cl. 2 et 3). De plus, certaines dispositions de la constitution ne font pas l'objet d'une rédaction rigoureuse au plan juridique. Ainsi, la section 1 de l'article II dispose que «le pouvoir exécutif sera confié à un Président des Etats-Unis d'Amérique». Or, à proprement parler, cette phrase doit s'entendre de l'attribution au président de l'intégralité de la fonction exécutive. Or, nous le savons, il n'en est rien, puisque, ainsi qu'il est visé à la section 2 du même article II, le président ne peut conclure les traités et nommer les fonctionnaires de rang supérieur de l'Etat fédéral que du consentement du sénat, statuant respectivement à la majorité des deux-tiers et à la majorité simple. De ce fait, la rédaction de la section 1 de l'article II est manifestement incorrecte sur le plan juridique. Dès lors, l'hypothèse

---

constituants, nota précisément que beaucoup de ceux qui étaient opposés à l'attribution d'un droit négatif au président affirmaient que la dualité des chambres suffirait à prévenir le vote de lois mauvaises ou liberticides. Voy. *The genuine information, delivered to the legislature of the State of Maryland, relative to the proceedings of the general Convention, held at Philadelphia, in 1787*, passim. A ce type d'argument, les partisans de la tripartition répondaient que l'organe exécutif devait, plus que tout autre organe, participer à la législation, puisque le plus intéressé au maintien de ses propres prérogatives.

d'une incorrection frappant la section 1 de l'article I n'est pas en soi inconcevable, et nous paraît en l'état constituée[49].

2. Dès lors, puisque nous refusons la référence textuelle, nous disposons de deux types d'interprétation possibles, savoir celui, an-historique, qui découle de l'application de la théorie du droit, et celui, d'ordre historique, qui renvoie à la propre interprétation des acteurs. Or, toutes deux concluent à la tripartition.
3. Suivant la théorie du droit, en effet, est considéré comme l'auteur ou le co-auteur d'un acte tout organe qui bénéficie d'une participation décisionnelle et sans l'approbation ou consentement duquel l'acte ne peut être constitué. C'est ici le cas, puisque un *bill* ne peut devenir une loi sans la sanction du président. Au demeurant, d'un point de vue pratique, l'histoire constitutionnelle américaine révèle amplement que la majorité des deux tiers requise dans chaque chambre pour surmonter le *veto* relève quasiment, ainsi que l'entendaient les constituants, de la gageure. A preuve, sur les 2360 *veto* soulevés jusqu'à la présidence de Gerald Ford incluse, (ce chiffre additionnant les *veto* dans leur forme ordinaire et les *veto de poche*), seuls 92 furent surmontés, soit une proportion marginale. On relèvera à ce sujet que si l'on tient le *veto* conditionné pour ce qu'il est, savoir une compétence de nature législative, on ne pourra soutenir à la manière de la doctrine classique française que ce *veto* conditionné du président de l'Union fut posé comme une exception au principe de la séparation absolue, car, nous l'avons vu, cette «exception» est suivant la classification en usage au XVIIIe siècle fondatrice du principe antithétique de la spécialisation, c'est-à-dire la balance des pouvoirs.
4. Précisément, notre conviction est que la majorité des constituants avaient, en pleine conscience, institué une tripartition du pouvoir législatif. Mais, en politiques habiles, ils savaient que la phase de ratification serait une épreuve réelle, et face à cette perspective, il était expédient de prendre certaines précautions. La première devait consister à faire ratifier le texte de Philadelphie non par les législatures d'Etat mais par des conventions de délégués élus sous un suffrage très restreint, basé sur un cens très élevé, de façon à exclure l'opposition la plus active, largement composée des éléments non-

[49] On relèvera sur ce même plan non pas une incorrection mais une maladresse de rédaction qui n'est pas à l'honneur du *committee of Style* chargé précisément d'assurer l'unité et la cohérence de la rédaction. Pourquoi désigner en effet à la section 1 de l'article I "un Congrès des Etats-Unis" et à la section 1 de l'article II "un Président des Etats-Unis d'Amérique" ?

possédants à idées radicales. L'autre fut pour arrondir les angles dans la présentation des choses, ce dont a rendu compte M.F. Toinet, cherchant à dépeindre l'esprit dans lequel se déroulèrent les débats: «Lorsque les constituants» a-t-elle considéré «n'ont pu se mettre d'accord *ou parce qu'ils craignaient la réaction des Etats, ils sont restés vagues, volontairement vagues:* ils voulaient majoritairement» dit-elle à titre d'exemple «le contrôle de constitutionnalité judiciaire, mais ne l'ont pas inscrit dans le texte»[50]. Pareillement, un phénomène du même type a sans doute joué ici. La prérogative du droit de sanction acquise, l'essentiel était fait, et face à cela la conceptualisation juridique était seconde pour ses hommes, avant tout engagés dans une entreprise politique difficile, et qui, conscients que l'épreuve de la ratification serait longue et difficile, restaient soucieux de ne pas s'aliéner certaines mouvances et sensibilités en consacrant officiellement le président dans sa capacité juridique de co-législateur.

5. Agissant ainsi, ils virent juste, puisque ce succédané de droit public britannique révulsa nombre d'anti-Fédéralistes, qui ne tenant pas compte du paravent du texte s'en tenaient à la nature et à la réalité juridiques du droit de *veto*. William Penn, par exemple, auteur d'une série d'essais publiés dans l'*Independent Gazetteer* de Philadelphie à la date des 2 et 3 janvier 1788 discuta ce point sous l'angle des fondements du constitutionnalisme, considéré comme la technique de la liberté. Un principe, représentait-il,

> «without which it must be clear that no free government can ever subsit, is the DIVISION OF POWER[51] among those who are charged with the execution of it. (...). Liberty therefore», poursuivait-il, «can only subsits where the powers of government are properly *divided*[52], and where the different jurisdictions are inviolably kept distinct and separate. The first and most natural division of the powers of government are into the legislative and executive branches. These two should never be suffered to have the least share of each others jurisdiction, or to intermeddle with it in any manner». En regard, concluait-il, «it is therefore a political error of the greatest magnitude, to

[50] Voy. "Différente et semblable", in *Et la constitution créa l'Amérique*, Nancy, P.U. de Nancy, 1988, p. 7.

[51] L'emploi de lettres capitales est de l'auteur.

[52] Souligné également par l'auteur.

allow the executive power a negative, or in fact any kind of control over the proceedings of the legislature»[53].

§ IV) L'économie générale de la constitution: les *checks and balances*, opposite de la spécialisation.

De fait, la doctine classique s'est méprise sur la signification du terme *checks and balances*. Ainsi, faire référence de la façon suivante à «la conception de la séparation stricte ou rigide appliquée par la constitution américaine de 1787 fondée sur les checks and balances -freins et contrepoids-...»[54] constitue une contradiction, dirimante, dans les termes. On retire en effet de cette lecture une double idée. En premier lieu, que cette notion est compatible avec celle de séparation stricte des pouvoirs. En second lieu, que la notion de *checks and balances* renvoie exclusivement au type juridique du régime américain, car c'est seulement à l'occasion de l'étude du dit régime qu'elle est utilisée, de sorte qu'il s'agit d'un trait qui lui est exclusivement spécifique. Or, ces deux assertions sont fausses.

---

[53] Voy. *Essays*, in H. Storing, *The Complete Anti-Federalist*, op. cit., vol. III, points 12.13 et 12.14, pp. 172-173. Voy. dans le même sens les *Essays by the Impartial Examiner*, publiés dans le *Virginia Independent Chronicle* de février à juin 1788, idem, vol. IV. De même, voy. les appréciations émanées de Richard Henry Lee, auteur qui se multiplia sur tous les fronts pour dire son hostilité au texte au point d'en appeler à la réunion d'une nouvelle Convention. Précisément, dans une lettre adressée à Edmund Randolph, gouverneur de l'Etat de Virginie et en l'espèce un des trois délégués de Philadelphie qui refusèrent de signer le texte, il se récriait contre le fait que "in the new constitution, the president and senate have all the executive and two thirds of the legislative power", déclara n'avoir jamais vu une "most formidable combination of power" et conclut en ces termes: "The Executive proposed ought not to have a negative on legislation, this power being an imitation of the British system, whose circumstances are very different", idem, vol. V, point 6.1 p. 113. Voy. enfin William Findley, auteur d'une *Letter by an Officer of the late continental Army*, publiée une première fois le 6 novembre 1787 dans l'*Independent Gazetteer* de Philadelphie et maintes fois reprises par la suite en raison d'une grande diffusion. Ce texte présente une liste de 23 objections qui sont réputées être typiques de la thématique des Anti-fédéralistes. Parmi celles-ci, figure en onzième position le passage suivant: "The LEGISLATIVE and EXECUTIVE powers are not kept separate as every one of the American constitutions declares they ought to be; but they are mixed ...", idem, vol. III, point 8.3, p. 93.

[54] P. Avril et J. Gicquel, *Lexique de droit constitutionnel*, 5e éd., Paris, P.U.F., 1994, p. 119.

Evacuons d'emblée la seconde affirmation, qui ne résiste pas même à une lecture simplement attentive des ouvrages du XVIIIe siècle. En effet, les *checks and balances* étaient avant tout le mécanisme caractéristique du gouvernement britannique fondé sur la tripartition du pouvoir législatif, de sorte que les publicistes anglo-saxons utilisaient traditionnellement ce terme pour décrire ce régime, avant même de l'employer à destination de son équivalent américain. Les illustrations de ce point sont innombrables, et la moindre n'est pas celle de Patrick Henry intervenant dans la convention de ratification de l'Etat de Viriginie aux fins de convaincre ses collègues que les *checks and balances* à l'américaine n'avaient pas l'efficacité de leurs antécédents à la mode anglaise:

> «To me», déclara-t-il en effet, «it appears that there is no *check* in that government. The president, senators, and representatives, all, immediately or mediately, are the choice of the people. Tell me not of *checks* on paper; but tell me of *checks* founded of self-love. The English government is founded of self-love. This powerful, irresistible stimulus of self-love has saved that government. (...). Here is a consideration, which prevails, in my mind, to pronounce the British government superior, in this respect, to any government that ever was in any country. Compare this with your congressional *checks*. (...) if you depend on your president's and senator's patriotism, you are gone.(...). Where are your *checks*? (...). *In the British government there are real balances and checks*. In this system there are only ideal *balances*»[55].

---

[55] Voy. J. Elliot, *The debates in the several States conventions...*, op. cit., vol. III, pp. 164-165. Déjà, au sein de la convention de Philadelphie, Pinkley avait estimé que la constitution anglaise était la meilleure parmi celles qui existaient, mais qu'elle ne pouvait être introduite à l'identique en Amérique sous sa forme d'une balance des trois états en raison de la consécration du principe de l'égalité juridique, de sorte, disait-il, que "the materials for forming this balance or check do not exist". Voy. Max Farrand, *The records of the Federal Convention*, op. cit., T. I, pp. 398-399. De la sorte, on ne s'étonnera pas que John Taylor, écrivant à la fin du XVIIIe siècle, fasse référence à ''the English system of checks and balances'' ou bien encore à ''the English doctrine of checks and balances'', in *An inquiry into the principles and policy of the government of the United States*, New Heaven, Yale U. P., 1950, p. 37 et p. 467. Ces antécédents expliquent que, de nos jours, les universitaires anglo-saxons appliquent eux-mêmes couramment ce terme aux institutions britanniques des XVIIe et XVIIIe siècles. Voy. par exemple H.R.G Greaves, qui parle de "...the British system of checks and balances...", in "Locke and the separation of power", *Politica*, february 1934, n° 1, p. 98; de même, Leslie Stephen, traitant de l'intérêt suscité au XVIIIe siècle, chez les auteurs français, par les institutions britanniques, utilise cette notion: "To a Frenchman",

De même, la compatibilité postulée par la doctrine classique entre les notions de séparation absolue et de *checks and balances* ne peut être acceptée. En effet, pour un publiciste du XVIIIe siècle, séparation absolue et *checks and balances* sont des notions irréductibles l'une à l'autre dans le cadre d'une concurrence de principe. De fait, les associer toutes deux revient à prétendre dans un même mouvement analytique, que, d'une part, chaque pouvoir s'absorbe dans sa fonction respective dans le cadre d'une séparation fonctionnelle -c'est la séparation absolue-, et que d'autre part et parallèlement chaque fonction juridique est partagée entre plusieurs organes et pouvoirs qui l'exercent concuremment -ce sont les *checks and balances*. L'antilogie est totale, et cette *contraditio in adjecto* traduit une incompréhension de la grammaire politique de l'époque. Pour les mêmes raisons, est faux le type d'analyse selon lequel la séparation absolue des pouvoirs est érigée en principe, sous réserve des freins et contrepoids, puisqu'au XVIIIe siècle les *checks and balances* ne relèvent pas d'une exception au principe de la séparation absolue, mais procèdent du principe concurrent, antinomique, de la séparation absolue, savoir la balance des pouvoirs[56].

écrit-elle, "accustomed to the simplicity of a centralized government, this cumbrow mechanism, involving the co-operation of so many heterogeneous elements, and yet working out a fair amount of order, prosperity, and general success, presented an interesting problem. A correct analysis of its boasted checks and balances might throw some light on the mysteries of political science", in *History of England Thought in the eighteenth century*, London, Smith, 1881, T. II, pp. 186-187; enfin, M. Pargellis, dans un article entièrement tourné vers l'analyse de cette notion, rétablit lui aussi la généalogie du terme: "So famous", dit-il, "is the political theory of checks and balances, so well known to Americans, that he is a bold man who tries to say new things about it. I have given it the less familiar title of balanced government to isolate and to emphasize one aspect to the theory. Ours is not the only form in which it has appeared. It is as old as the Greeks, and it had in England a career longer by half a century than its career with us", in "The theory of balanced government", in Conyears Read (ed.), *The Constitution reconsidered*, New York, Evanston, Harper Torchbooks, 1968, p. 37.

[56] A ce sujet, on doit se demander si les termes *checks* et *balances* qui étaient généralement accouplés à l'époque ressortissent à une définition différente, de sorte que leurs significations propres ne seraient pas identiques. Anne C. Cohler a, de ce point de vue, proposé une interprétation: "We are accostumed", a-t-elle relevé, "to speak of the checks and balances of our Constitution, but is useful to consider the possibility of distinguishing between the two. "Checking" at the Constitutional Convention seems to have referred to relations between the two chambers of the legislature -that is, to relations between the more immediate representatives of the people. This seems to have been the customary usage at the

De ce fait, puisque, précisément, le régime américain du 17 septembre 1787 repose effectivement sur le procédé des *checks and balances*, il en résulte que l'application de la notion de «régime présidentiel» au régime des *Pères Fondateurs* est constitutive d'une erreur de principe. Reportons-nous pour nous en convaincre à une définition commune du régime présidentiel suivant laquelle il s'agit d'un

> «*régime né* et limité *aux Etats-Unis, qui fait une application stricte de la séparation des pouvoirs, selon laquelle les pouvoirs publics s'absorbent dans leur fonction respective* et sont autonomes. En d'autres termes, à une *spécialisation fonctionnelle* correspond une irrévocabilité mutuelle. La séparation des pouvoirs tend, de la sorte, à un *équilibre* ou à une neutralisation»[57].

Or, cette définition est en contradiction tant avec le droit positif qu'avec les concepts juridiques propres aux *Fondateurs*. En effet, d'une part les pouvoirs publics institués par la constitution fédérale ne s'absorbent pas dans leur fonction respective, puisqu'en l'espèce le sénat, organe législatif, participe à l'exercice de la fonction exécutive, le congrès participe à la fonction juridictionnelle et le président, organe exécutif,

---

Convention, but Hamilton remarked that "a democratic assembly is to be checked by a democratic senate and both these by a democratic chief magistrate". These checks are related to the popular passions that are opposed to the reasonable views of political action. They are designed to check those passions, both as they move from the people to the legislature or the executive and as they act within the legislative bodies themselves ". Voy. *Montesquieu's comparative politics and the Spirit of American Constitutionalism*, U.P. of Kansas, 1988, p. 161. En fait, cette interprétation ne rend pas compte de l'intégralité des usages, et Mme Cohler cite elle-même un exemple qui y contrevient. En réalité, on ne peut aboutir à une codification rigoureuse en ce domaine, en raison de l'emploi souvent équivalent des deux notions réalisé à l'époque. Ainsi, pour notre part, nous avons cru un temps que le terme *check* évoquait la possibilité pour un organe de s'opposer à un autre sans toutefois participer sur le plan juridique à l'exercice de la fonction de celui-ci, tandis que le terme *balance* attestait le partage de l'exercice d'une même fonction et son attribution concurrente. En vérité, pour les mêmes motifs, nous avons abandonné cette intepétation qui, si elle n'est pas sans fondement, ne peut en aucun cas être généralisée.

[57] P. Avril et J. Gicquel, *Lexique de droit constitutionnel*, op. cit., p. 110. M. Linotte confirme: "Le régime présidentiel", écrit-il, "est caractérisé par une *séparation rigide et stricte des pouvoirs*. (...). L'archétype du régime présidentiel est évidemment le régime politique des Etats-Unis". Voy. *Les constitutions françaises*, Paris, MA éditions, 1985, p. 209.

participe à l'exercice de la fonction législative[58]. D'autre part, pour les publicistes de l'époque, il n'y a d'équilibre possible qu'en dehors du principe de spécialisation fonctionnelle, puisqu'il est précisément réalisé lorsque deux pouvoirs concourent à l'exercice d'une même fonction étatique.

Ainsi, aussi paradoxal que cela puisse paraître, la notion de régime présidentiel, conçue en doctrine sur la base exclusive du régime américain afin de rendre compte de celui-ci, ne peut lui être appliquée, sauf à coucher dans le lit de Procuste.

Il reste, il est vrai, que le régime de 1787 repose tant sur la séparation personnelle que matérielle des pouvoirs. Mais, précisément, ces deux types de séparation ont été institués à l'appui de la balance des pouvoirs afin d'en assurer le jeu régulier, et ce phénomène traduisit de la part des Américains tant une compréhension avisée des mécanismes de la balance des pouvoirs qu'une volonté de tirer les leçons de l'expérience anglaise.

En effet, l'absence du droit de dissolution et de la responsabilité de l'exécutif fondatrice d'une séparation personnelle ne doit pas être

---

[58] Naturellement, cette "mixité" des pouvoirs répugnait aux Anti-Fédéralistes qui en dénonçaient tous les aspects puisqu'ils étaient quant à eux partisans de la spécialisation. Ainsi, l'un des Anti-Fédéralistes les plus notoires, George Clinton, en l'espèce gouverneur de l'Etat de New-York et président de la convention de ratification de cet Etat, déclara que "the system still appears to be radically defective in its organization -the most important legislative, judicial and executive powers being dangerously blended together in the president and senate...". Voy. ses *Notes of speeches given by George Clinton before the New-York State ratifying Convention*, in H. Storing, *the complete Anti-Federalist*, op. cit., vol. VI, point 13.32, p. 186. Pareillement, Melancthon Smith, également membre de la convention de ratification de l'Etat de New York, eut l'occasion de dire toute son opposition au texte -bien qu'il se résolut, au final, à le ratifier- en dénonçant "the mixture of legislative, judicial, and executive powers in the senate". Voy. *An Address to the People of the State of New York: showing the necesity of making Amendments to the Constitution, proposed for the United States, previous to its Adoption*, 1788, p. 10. Enfin Elbridge Gerry, qui en tant que membre de la délégation du Massachusetts à Philadelphie avait refusé de signer la constitution devait lui aussi noter dans ses *Observations on the New Constitution, and on the Federal and State Conventions*, Boston, 1788, que "the Executive and the Legislative are so dangerously blended as to give just cause of alarm, and everything relative thereto, is couched in such ambiguous terms, in such vague and indefinite expression, as is a sufficient ground without any objection, for the reprobation of a system, that the authors dare not hazard to a clear investigation."

analysée comme l'empreinte de la théorie de la séparation absolue, car non seulement ces éléments étaient compatibles avec la balance, mais ils en constituaient une garantie afin que fut atteinte une réelle «indépendance dans la dépendance». Par cette formule, héritée du débat britannique du début du XVIIIe siècle dont elle faisait alors le thème majeur, notamment à l'occasion du débat de 1719 relatif au *Peerage Bill*, on entendait le fait que si aucun organe simple de législation ne peut légiférer seul mais en association/concurrence avec un autre ou plusieurs autres organes simples -c'est là la dépendance-, il est pour autant vital qu'il se détermine de façon autonome et discrétionnaire, en dehors de tout risque d'une influence illégitime ou d'une sanction en retour -il s'agit là de l'indépendance-[59]. Bref, aucun organe partiel de législation ne devait être en état de subjuguer les autres branches législatives et de ruiner ainsi la balance des pouvoirs. De là, devait découler l'impossibilité faite au pouvoir exécutif de dissoudre le pouvoir législatif -laquelle interdiction fut maintes fois revendiquée au cours de l'histoire de la Grande-Bretagne par nombre de partisans authentiques de la balance des pouvoirs-, et à ce dernier de renverser l'organe exécutif, d'autant plus que dans ce dernier cas les récentes évolutions opérées en Angleterre n'avaient pas encore valeur de paradigme.

De même, l'impossibilité faite aux ministres d'avoir accès aux séances des chambres, élément le plus significatif de la séparation matérielle, procédait des mêmes prémisses. En effet, tout comme cela devait être le cas en France, les Américains liaient l'étendue de la corruption en Angleterre au rôle actif des ministres au sein du parlement, au point de se représenter une conspiration ministérielle contre la liberté. Il faut dire que ce thème de la corruption des parlementaires par les ministres au profit du roi, omniprésent au XVIIIe siècle, avait pris de

[59] Ce thème, en ce qu'il touche au principe même de la balance, devait traverser la réflexion des publicites jusqu'à la moitié du XIXe siècle. Ainsi, en France, il apparaissait sous la plume, entre autres, de Lamennais, lorsqu'il s'exerçait à l'analyse du gouvernement britannique: "le gouvernement de l'Angleterre", devait-il écrire, "dit représentatif, dit constitutionnel, dit mixte, si l'on veut encore, est un gouvernement qui n'est fondé, ni sur le pouvoir du peuple, ni sur le pouvoir des grands, ni sur celui du roi, mais qui se compose de ces trois pouvoirs égaux et réunis; ces trois pouvoirs y sont *indépendants* (souligné par l'auteur) les uns des autres en ce qu'ils se doivent mutuellement aucun compte de leurs actes; et en même temps ils ne sont pas *indépendants* (souligné par l'auteur) en ce qu'aucun des trois ne peut agir sans le concours des deux autres". Voy. *Plan d'un livre qui pourrait être intitulé: Observations sur le gouvernement de l'Angleterre, dit gouvernement représentatif ou constitutionnel*, Paris, 1823, pp. 9-10

surcroît une ampleur considérable dans les années quatre-vingts[60]. De ce fait, les Américains, prévenus de longue date contre ce phénomène -la phrase, prêtée à Walpole, selon laquelle il avait dans sa poche les tarifs de toutes les probités du parlement d'Angleterre était de notoriété publique-, constataient son développement constant en Grande-Bretagne, régime où tout semblait embrené en raison notamment de l'action néfaste menée au sein du parlement par les ministres[61]. De fait, il était nécessaire et instant pour les Américains de prendre position sur ce problème d'autant plus qu'il existait en Angleterre un courant doctrinal favorable à cette influence de la couronne sur les chambres, motif pris de ce qu'elle était indispensable à la préservation de l'équilibre du régime et de son caractère authentiquement mixte, compte tenu du fait que le roi, privé *de facto* de son droit de sanction dont l'exercice semblait tombé en désuétude, ne pouvait désormais influencer la détermination de la loi que par ce canal. David Hume lui-même en avait été la figure la plus distinguée, et avait exprimé sa conception dans un de ses *Essais politiques* intitulé *L'indépendance du parlement*, daté de 1742:

> «N'eût-il (...) pas paru surprenant à des génies tels que Cicéron ou Tacite», avait-il argumenté, «d'entendre dire que dans les siècles futurs il naîtrait un système mixte très régulier, où un des départements pourrait, quand bon lui semblerait, absorber tous les autres et s'approprier tous le pouvoir de la constitution? ils auraient nié sans doute qu'un pareil gouvernement pût être un gouvernement mixte. (...). Ils se seraient trompés», affirmait-il en retour: «ce qu'ils auraient jugé impossible est réalisé dans la constitution britannique. Nos lois fondamentales accordent à la chambre des communes une portion de

---

[60] Face à cela, le marquis de Rockingham avait pris la parole le 8 février 1780 à la chambre des lords pour déclarer "that a system had been formed at the accession of his present Majesty to govern this country under the forms of law, but in reality through the immediate influence of the crown", et pour conclure que "this was the origin of all our national misfortunes". Pareillement, le 6 avril 1780, Dunning fut à l'origine de l'adoption à la majorité de 233 voix contre 215 par la chambre des Communes d'une résolution fameuse déclarant "que l'influence de la couronne s'est accrue, s'accroît tous les jours, et devait être diminuée". Résumant le débat, Fox déclara le 8 mai 1780 que "if any of my constituents ask me what our present misfortunes are owing to, I should say the first cause was the influence of the Crown, the second the influence of the Crown, and the third the influence of the Crown".

[61] Ainsi Mason, traduisant un sentiment commun, déclarait lors de la convention de Philadelphie: "I admire many parts of the British Constitution and government, but I detest their corruption", in Farrand, op. cit., T. I, p. 381.

pouvoir qui lui soumet toutes les autres parties du gouvernement. Le pouvoir législatif du roi n'y saurait mettre de restriction; sa voix négative ne peut jamais empêcher de passer en loi ce que les deux chambres ont résolu, et le consentement royal n'est regardé que comme une pure formalité». Dès lors, s'était interrogé Hume, «la chambre des communes, qui, par notre constitution, a entre ses mains tout le pouvoir qu'elle peut désirer (...) d'où vient (...) qu'elle ne passe jamais les justes bornes?».

Précisément, il en voyait la cause efficiente dans l'exercice par la couronne d'un pouvoir de patronage qui, en raison de ses effets bénéfiques, devait être reconnu non seulement comme indispensable mais plus encore comme consubstantiel au régime britannique:

> «ce corps», reprenait-il en effet, «s'il n'étend point sa puissance aussi loin qu'elle pourrait aller, c'est qu'un pareil abus serait contraire aux intérêts de la plus grande partie de ses membres. La couronne, à l'aide de ce grand nombre de charges qui sont en sa disposition, et assistée des membres les plus honnêtes et les plus désintéressés de cette assemblée, aura toujours sur ses résolutions une influence, qui au moins la mettra en état d'empêcher qu'on ne donne atteinte à la constitution anciennement établie. Qu'on appelle cette influence comme on voudra, qu'on lui donne les noms odieux de corruption et d'esclavage, il n'en sera pas moins vrai qu'elle est jusqu'à un certain point inséparable de la nature même de notre constitution, et absolument nécessaire au maintien de notre gouvernement mixte»[62].

---

[62] Voy. *L'indépendance du Parlement*, in *Essais politiques*, Paris, Vrin, 1972, pp. 98-99-100-101. Bien entendu, cette doctrine et cette rhétorique étaient précisément connues des Américains, ainsi qu'en témoigna Hamilton: ''It was known'', releva-t-il, ''that one of the ablest politicians, Mr. Hume, had pronounced all that influence on the side of the crown, which went under the name of corruption an essential part of the weight which maintained the equilibrium of the Constitution'', in Farrand, op. cit., T. I, p. 376. D'ailleurs, David Hume avait eu une postérité puisque William Paley, par exemple, auteur en 1785 de *The Principles of Moral and Political Philosophy*, défendait en termes similaires le système de l'influence qu'il jugeait indispensable pour maintenir en l'état le caractère mixte du régime et prévenir l'appropriation du pouvoir législatif par la chambre basse. En regard, l'historienne Macaulay avait pris la mesure du phénomène pour mieux le dénoncer: "C'est maintenant une maxime établie", écrivit-elle, "que la corruption est un ressort nécessaire du gouvernement. Il est parmi nous des hommes qui n'ont pas eu honte d'avancer qu'il est bon pour les autres parties de la législation de dépendre du roi par le lien de la corruption. Qu'est-il besoin de prouver combien cette opinion est opposée au génie de notre constitution?". Voy. *Histoire d'Angleterre, depuis l'avènement de Jacques I jusqu'à la révolution*, Paris, Gattey, 1791, *Introduction*, T. I, p. CXXIII. C'est précisément ce que devaient penser les Américains.

En l'espèce, les Américains avaient à choisir entre deux conceptions. Ou bien ils optaient pour l'attribution au président d'un droit de *veto* afin de lui réserver une place authentique dans la balance des pouvoirs, ou bien ils lui refusaient ce droit, quitte à ce qu'il exerce son influence par d'autres moyens. Or, en lui reconnaissant *in fine* un droit de *veto* conditionné, les constituants rejetaient parallèlement tout autre possibilité pour le président d'agir sur les chambres, et prirent soin à cette fin de ne pas permettre l'admission des ministres, traditionnellement considérés comme les agents de la corruption du pouvoir législatif par l'exécutif, aux séances parlementaires. Par conséquent, la séparation personnelle et matérielle des pouvoirs apparaissait comme le support nécessaire au jeu régulier de la balance des pouvoirs afin que celle-ci ne fut pas seulement nominale et que le fait soit conforme au droit et à la théorie du régime[63]. De la sorte, l'indépendance organique venait à l'appui de la collaboration fonctionnelle dans le cadre d'une représentation complète, cohérente et systémique de la balance des pouvoirs.

En définitive, le constituant de Philadelphie a conçu un projet de constitution compte tenu principalement de deux éléments fondamentaux.

1. Le premier ressortissait à la conviction qu'il ne pouvait y avoir une séparation des pouvoirs et une stabilité institutionnelle du régime dans l'hypothèse de l'érection d'un corps législatif unicaméral. De ce fait, on opta pour une tripartition du pouvoir législatif, car en plus de la division du parlement en deux chambres il était nécessaire de permettre au pouvoir exécutif de participer à la législation afin de le mettre en état de s'opposer, le cas échéant, par l'exercice de son droit de *veto* à une loi tendant à modifier la distribution des pouvoirs. Charles Pinckeney, *ex ante* membre de la Convention de Philadelphie, prenant la parole au sein de la Convention de ratification de la Caroline du sud, résuma sur ce point la logique qui avait dirigé les constituants:

[63] On relèvera d'ailleurs que, comme à l'accoutumée avec les Américains, la séparation personnelle et matérielle ne s'entendait pas en un sens absolu. Ainsi, relativement à la première, il faut préciser que dans l'esprit du constituant, les présidents n'étaient appelés à être élus au suffrage indirect par les Grands Electeurs que de façon assez rare compte tenu de ce qu'ils devaient obtenir la majorité du total des électeurs désignés, ce qui semblait à l'époque très difficile à réaliser, de sorte que la procédure subsidiaire de l'élection par la chambre des représentants n'avait pas été envisagée comme une hypothèse d'école. Quant à la deuxième, rappelons que la présidence du sénat échoit au vice-président.

«They considered (...) highly necessary», rapporta-t-il, «that, in the establishment of a constitution possessing extensive national authorities, a proper distribution of its powers should be attented to. *Sensible of the danger of a single body*, and that to such a council the States ought not to instrust important rights, they considered in their duty to divide the legislature into two branches[64], and, by a limited revisionary power, to mingle, *in some degree*, the executive in their proceedings[65] -a provision that he was pleased to find meets with universal approbations. (...). After much anxious discussion (...) a compromise was effected, by which it was determined that the first branch be so chosen as to represent in due proportion the people of the Union; that the Senate should be the representatives of the States, where each should have an equal weight. Though he was at first opposed to this compromise, yet he was far from thinking it an injudicious one[66]. The different branches of the legislature being intented as checks upon each other, it appeared to him they would more effectualy restrain their mutual intemperances under this mode of representation than they would have done if both houses had been so formed upon proportionable principles (...). The purpose of establishing different houses of legislation was to introduce the influence of different interests and principles, and he thought that we should derive, from this mode of separating the legislature into two branches, those benefits which a proper complication of principles is capable of producing, and which must, in his judgment, be greater than any evils that may arise from their temporary dissenssions»[67].

---

[64] Pinckeney attribue donc prioritairement au refus de l'unité législative et non à la forme composée de l'Etat la cause de la division du parlement en deux chambres.

[65] Ce membre de phrase prouve l'embarras de l'auteur quant à la nature juridique du droit de *veto* accordé au président, car si la lettre de la constitution ne le qualifie pas de colégislateur, celui-ci apparaît *de facto* comme participant à la fonction législative.

[66] Le compte rendu désigne Pinckeney par "he".

[67] Voy. J. Elliot, *The Debates in the several State Conventions* ..., op. cit., T. IV, pp. 256-257. Ainsi, la division de l'organe législatif faisait la caractéristique première de ce texte. Cela ne devait pas échapper aux juristes James Wilson et Thomas M'Kean, auteurs de *Commentaries on the Constitution of the United States of America* paru en 1792: "An annual legislature", lit-on dans leur ouvrage, "possessed of supreme power, may be properly termed an annual despotism (...). The Framers of this constitution wisely divided the legislative department, between two houses subject to the qualified negative of the presidfent of the United States". Voy. *Commentaries* ..., London, Debrett, 1792, p. 138. Cela explique que Fisher Ames (1757-1808), un des principaux avocats des Fédéralistes pendant les mandats de Washington, et qui s'inquiétait d'une possible altération du régime, devait faire référence en priorité à cet attribut lorsqu'il évoquait les différents mécanismes de garantie que l'opinion publique américaine reconnaissait dans sa constitution: "Quelques personnes", écrivit-il,

2. Le second élément ressortissait à l'affirmation que le mécanisme des *checks and balances*, c'est-à-dire la distribution d'une même fonction étatique entre plusieurs organes et/ou pouvoirs, était pleinement compatible avec le principe de la séparation des pouvoirs, puisque celui-ci correspondait à une règle de non-cumul qui proscrivait simplement le fait qu'aucun pouvoir ne devait être attributaire de *l'intégralité* de deux et *a fortiori* de trois fonctions étatiques, ce qui autorisait par exemple que l'organe exécutif soit co-législateur mais non législateur unique. Le problème est que cette interprétation de la séparation n'était pas la seule admise en raison de l'indétermination de celle-ci, ce qui explique que nombre d'Anti-Fédéralistes qui avaient à l'esprit l'idée que la séparation impliquait au premier chef une séparation fonctionnelle ne pouvaient admettre ce qu'ils concevaient comme des violations systématiques du dogme. Il reste que bon nombre des *Fondateurs* avaient pour référence la règle de non-cumul. Nous l'avons vu[68], Madison, s'autorisant de Montesquieu, l'avait formulée dans *le Fédéraliste*, aux fins précisément de disculper les auteurs du texte de l'accusation portée par les Anti-Fédéralistes de n'avoir pas respecté la règle cardinale du constitutionnalisme. D'ailleurs, ce fut l'une des raisons essentielles pour laquelle la rédaction des *Papiers du Fédéralisme* fut entreprise, ainsi que Madison le précisait: «Ce que j'ai voulu prouver», expliquait-il, «c'est que lorsqu'on reproche à la constitution proposée de violer le principe sacré de tout gouvernement libre, cette accusation n'est fondée *ni sur le sens véritable attaché à ce principe par son auteur, ni sur le sens qu'on lui a donné jusqu'ici en Amérique*»[69]. Il ne devait pas être le seul à pratiquer ainsi. En effet,

---

"se figurent qu'un écrit, un livre bien pensé suffisent pour donner de l'énergie à une constitution, et sont ainsi disposées à se laisser induire en erreur, dans l'examen des événements qui se passent et semblent ajouter à notre force; elles s'écrient avec l'autorité de la conviction: *notre législature n'est-elle pas divisée en plusieurs branches*? notre pouvoir exécutif n'est-il pas dans les mains d'un seul? notre ordre judiciaire n'est-il pas inamovible et indépendant? N'avons-nous pas le *bill* de nos droits, le plus beau de nos titres? De quel côté peut donc venir le danger? notre gouvernement, d'après les principes qui nous régissent, est établi de manière à se défendre lui-même, en protégeant le peuple. Nous avons donc dans nos institutions toutes les sécurités politiques qu'il est possible de désirer!". Voy. *Du Danger de la liberté américaine*, (1805), in *De l'influence de la Démocratie sur la liberté*, Paris, Chatet, 1835, p. 49.

[68] *Vide supra, Introduction générale.*

[69] *Le Fédéraliste*, op. cit., n° XLVII, pp. 406-407.

William R. Davie, qui avait siégé à Philadelphie, dut précisément se référer à cette règle lors des débats de la convention de ratification de l'Etat de la Caroline du Nord, pour confondre un de ses collègues, en l'espèce M. Spencer, qui s'étonnait notamment de ce que l'on ait pu associer le président et le sénat quant à la signature des traités:

> «The learned gentleman on my right», répliqua Davie, «after saying that this was an enormous power, and that blending the different branches of government was dangerous, said, that such accumulated powers were inadmissible, and contrary to all the maxims of writers. It is true, the great Montesquieu, and several other writers, have laid it down as a maxim not to be departed from, that the legislative, executive, and judicial powers should be separate and distinct. But», représentait alors ce partisan des *checks and balances*, «*the idea that these gentlemen had in view has been misconceived or misrepresented. An absolute and complete separation is not meant by them.* It is impossible to form a government upon theses principles. Those States who had made an absolute separation of these three powers their leading principle, have been obliged to depart from it. It is a principle, in fact, which is not to be found in any of the States governments. In the government of New-york, the executive and judiciary have a negative similar to that of the president of the United States. *This is a junction of all the three powers*[70], and has been attented with the most happy effects. In this State, and most of the others, the executive and judicial powers are dependent on the legislature. Has not the legislature of this State the power of appointing the judges? Is it not in their power also to fix their compensation? What independence can there be in persons who are obliged to be obsequious and cringing for their office and salary? Are not our judges dependent on the legislature for every marsel they eat? It is not difficult to discern what effect this may have on human nature». Sur ce, Davie entreprenait de définir la règle de séparation des pouvoirs: «*The meaning of this maxim I take to be this, that the whole legislative, executive, and judicial powers should not be exclusively blended in any one particular instance.* The senate try impeachments. This is their only judicial cognyance. As to the ordinary objects of a judiciary -such as the decision of controversies, the trial of criminals, etc- the judiciary is perfectly separate and distinct from the legislative and executive branches. The House of Lords, in England, have great judicial powers; yet this is not considered as a blemish in their constitution. Why? Because they have not the whole legislative power. Montesquieu, at the same time that he laid down this maxim, was writing in praise of the British government. *At the very time he recommended this distinction of powers, he passed the highest eulogium*

[70] Ce passage implique que Davie tenait le président pour un co-législateur.

on a constitution wherein they were all partially blended. So that the meaning of the maxim, as laid down by him and other writers, must be, that these three branches must not be entirely blended in one body. And this system before you», concluait-il, «comes up to the maxim more completely than the favorite government of Montesquieu»[71].

Sur cette base, Alexander Hamilton devait proposer au sein de la Convention de ratification de l'Etat de New York une synthèse de l'œuvre du constituant, laquelle présente en peu de mots l'essentiel de ce que nous entendons démontrer:

> «In the form of this government, and in the made of legislation», indiqua-t-il, «you find all the *checks* which the greatest politicians and the best writers have ever conceived. What more can reasonable men desire? Is there any one branch in which the whole legislative and executive powers are lodged? No[72]. The legislative authority is lodged in *three* distinct branches[73], properly *balanced*; the executive is divided between *two* branches[74]; and the judicial is still reserved for an independent body, who hold their office during good behavior. This organization is so *complex*[75], so skifully contrived, that it is next to impossible that an impolitic or wicked measure should pass the scrutiny with success»[76].

De fait, on ne peut comprendre le texte de 1787 si l'on se refuse à reconnaître, ainsi que le fait la doctrine classique, l'existence au XVIIIe siècle d'une interprétation de la séparation des pouvoirs suivant laquelle celle-ci correspondait à une règle de non-cumul. A ce sujet, on a trop peu écouté l'éminent Carl J. Friedrich, qui avait caractérisé cet état de chose de façon très rigoureuse:

---

[71] Voy. J. Elliot, *The Debates in the several State Conventions* ..., op. cit., vol. IV, pp. 120-121-122.

[72] En demandant si un seul organe détenait la *totalité* des fonctions législative et exécutive, Hamilton demandait en d'autres termes si le projet de constitution reposait sur la confusion des pouvoirs, puisque suivant la règle de non-cumul la confusion des pouvoirs est réalisée lorsque ce cas de figure se vérifie. De ce fait, il pouvait répondre par la négative.

[73] Ces trois branches distinctes de législation sont bien entendu la chambre des représentants, le sénat et le président.

[74] Lesquelles sont naturellement le président et le sénat.

[75] Puisque la complication procède du partage d'une même fonction étatique entre plusieurs organes ou pouvoirs.

[76] J. Elliot, op. cit., vol. II, p. 348.

«La doctrine classique», a-t-il fait observer, «affirmait que ces pouvoirs, considérés comme distincts, devaient être confiés à des organismes distincts. Mais qu'il nous soit permis de corriger une impression fausse. *Il n'a jamais été proposé que l'exercice complet de chaque pouvoir soit confié à une personne ou à un organisme unique. Au contraire, la doctrine des freins et contrepoids exige qu'une fois l'exercice principal alloué à une seule personne ou à un organisme unique, on prenne soin d'organiser la participation secondaire d'autres personnes ou organismes à l'exercice de ce pouvoir*»[77].

Plus encore, on a ignoré purement et simplement l'étude du juriste français E.M. Erlick intitulée *La séparation des pouvoirs et la constitution fédérale de 1787*, qui constitue pourtant la meilleure étude réalisée à ce jour en langue française sur les débats de Philadelphie, et dont la lecture aurait pu entraîner une révision radicale de la conception dominante. Sa conclusion, en effet, est pleinement justifiée:

«*... la notion de spécialisation stricte*», lit-on, «*ne faisait pas partie de l'interprétation que les Américains donnaient à la séparation des pouvoirs*. (...). L'interprétation classique, qui voit dans la constitution américaine une application volontaire de la théorie de la séparation des pouvoirs dans toute sa rigueur, sauf pour quelques exceptions, *doit être complètement écartée. Elle est à la fois simpliste et excessive*. (...). Nous rencontrons une interprétation de cette théorie qui est toute particulière. L'élément de spécialisation est complètement subordonné à la préoccupation de l'indépendance, dans cette variation très assouplie de la séparation des pouvoirs que l'on appelait la théorie des freins et contrepoids. (...). Ainsi, l'idée de spécialisation se trouve diminuée pour devenir uniquement négative, c'est-à-dire *empêcher l'accumulation de toutes les compétences, de plus d'une fonction entière, dans les mains d'une seule autorité*»[78].

---

77 *La démocratie constitutionnelle*, Paris, P.U.F., 1958, § 72, pp. 157-158. Friedrich savait égalemment que ce qui importait avant tout aux Pères fondateurs était la constitution d'un organe legislatif complexe, puisque, ainsi qu'il le nota, "la Constitution fédérale (...) bien qu'elle s'abstienne d'une déclaration de doctrine, place le pouvoir législatif en tête, lui donnant implicitement une importance prépondérante". Idem, § 66, pp. 149-150.

78 E.M. Erlick, *La séparation des pouvoirs et la constitution fédérale de 1787*, Paris, Sirey, 1926, pp. 151, 186, 188, 189. Eu égard à l'inintérêt injustifié qui a frappé ce livre, qu'il nous soit permis de recommander sa lecture. Pour notre part, nous sommes pleinement en accord avec sa substance, sauf sur un point, il est vrai fondamental, puisque cet auteur impute de façon exclusive le choix du bicamérisme à la forme fédérale de l'Etat.

En définitive, la constitution fédérale du 17 septembre 1787 devait consommer la défaite de la doctrine de l'unité législative et de la spécialisation, et ce à un double titre. En premier lieu, parce que tant les débats que le texte même attestent le primat des *checks and balances* mécanisme suivant lequel une fonction étatique est distribuée entre plusieurs organes et/ou pouvoirs, de façon à interdire le monopole d'une fonction au profit d'un seul organe. D'une certaine manière, le slogan des *Fondateurs* qui conjuguaient républicanisme et tradition whig eût pu être «le gouvernement mixte est mort, vive la balance des pouvoirs». En second lieu, parce qu'une fois ratifiée, non sans mal, par les Etats, la constitution devait faire l'objet d'une sorte de consensus sur ces principes, de sorte que d'une part les nouveaux Etats fédérés appelés à intégrer l'Union devaient s'en inspirer à l'occasion de la confection de leur propre constitution et que d'autre part, l'Etat de Pennsylvanie devait lui-même réformer dès 1790 la constitution héritée de la convention de 1776. En d'autres termes, le symbole de la séparation absolue des pouvoirs le cédait définitivement à celui de la balance des pouvoirs. De ce fait, l'emblématique Thomas Paine ne devait jamais consentir en son for intérieur à cette défaite, notamment en raison de l'attribution au pouvoir exécutif de l'Etat de Pennsylvanie d'un droit de *veto* imité de celui du président de l'Union:

> «The Pennsylviania Convention of 1776 *copied nothing from the English government*» devait-il écrire à juste raison, pour regretter aussitôt qu'on n'en fût pas rester là: «The constitution formed by the Convention of 1776, of which Benjamin Franklin, the greatest and most useful man America has yet produced, was president, had many good points in it which were overthrown by the Convention of 1790, *under the pretence of making the Constitution conformable to that of the United States*». Paine précisait alors son propos et le motif de son opposition: «investing», écrivit-il, «any individual, by whatever name or officiel title he may he called, with a negative over the formation of the laws, *is copied from the English government*, whithout ever perceiving the inconsistency and absurdity of it, when applied to the representative system, or understanding the origin of it in England»[79].

Or, ce fait, savoir la mise en adéquation de la constitution de Pennsylvanie avec le standard fédéral devait revêtir par la suite une

[79] Voy. *To the Citizens of Pennsylvania on the proposal for calling a Convention*, in *The Writings of Thomas Paine*, New-York, London, Putnam's sons, 1896, p. 462 et p. 457. Ce manifeste, qui date du mois d'août 1805, constitue le dernier écrit politique de Thomas Paine.

importance certaine puisque, notamment en France, les publicistes hostiles à l'unité législative devaient tant sous la Révolution française qu'en 1848 s'appuyer de cet exemple pour tenter de démontrer la supériorité des mécanismes de la balance des pouvoirs. Un publiciste Anglais du nom de Vaughan témoigna de cela:

> «Après leur séparation de la Grande-Bretagne», écrivit-il, «les Pennsylvaniens établirent leur législature *une*, parce qu'ils étaient, dit-on, alarmés des défauts du gouvernement *composé* de l'Angleterre. Cette législature une, fut, à ce qu'on prétend, trop précipitée dans sa marche; elle commit des erreurs, et bientôt elle fut changée. (...) cet événement», précisa-t-il, «a fait parmi les observateurs politiques une impression à l'avantage du gouvernement anglais, et (...) il fournit une preuve des progrès récents qu'on a faits dans la science du gouvernement»[80].

Telles étaient les caractéristiques de l'œuvre du constituant. Celle-ci a fait dans l'Histoire l'objet de deux types spécifiques d'interprétation qui en raison de leur importance déterminante doivent faire l'objet d'un examen attentif.

Section II) L'interprétation de l'œuvre du constituant.

La constitution du 17 septembre 1787 est à l'origine d'une singularité puisque, à peine votée, elle fit l'objet d'une série d'articles de journaux rédigés aux fins de promouvoir sa ratification au sein de la convention de l'Etat de New-York, lesquels articles réunis dans les *Papiers du Fédéralisme* ont depuis passé à la postérité et constitué, un long temps à présent révolu, un classique de la réflexion politique. Or, dans cet ouvrage figure, au plan intellectuel, l'analyse la plus autorisée de la constitution fédérale, qui en constitue l'interprétation primitive (**§ Ier**). A cette interprétation doctrinale s'ajoute l'interprétation authentique développée par la Cour suprême des Etats-Unis d'Amérique (**§ II**). Si la première est entièrement centrée sur les notions de balance ou équilibre des pouvoirs et sur le principe de la séparation des pouvoirs entendu comme une règle de non-cumul, la seconde en revanche, soumise à deux influences contradictoires, savoir d'une part celle du *Fédéraliste* et d'autre part celle de la doctrine universitaire postérieure, ne reprend que de façon

---

[80] *De l'état politique et économique de la France sous sa constitution de l'an III*, Strasbourg, Levrault, an IV, *Appendice*, p. 95.

partielle, mais, pour autant réelle, la grammaire juridique en usage au XVIIIe siècle.

§ Ier) L'interprétation doctrinale des Pères Fondateurs: la balance des pouvoirs, principe juridique de la constitution du 17 mai 1787, d'après *Le Fédéraliste.*

On sait l'importance considérable du *Fédéraliste*, que Michel Chevalier, l'un des principaux spécialistes des institutions américaines sous la Deuxième République devait qualifier d'une belle formule «d'exposé des motifs» de la constitution[81]. Or, l'interprétation doctrinale

---

[81] Voy. le *Journal des débats*, 11 juillet 1848, s.p. Cet ensemble de lettres réunies en un seul ouvrage devait très tôt acquérir un prestige sans égal auprès des contemporains. On pourra ainsi se reporter à l'appréciation très élogieuse portée sur le *Fédéraliste* par Washington, qui selon lui jette "un nouveau jour sur la science du gouvernement" au point que l' "ouvrage méritera l'attention de la postérité, parce que les principes de la liberté et les questions de gouvernement, qui seront toujours un sujet intéressant pour le genre humain, tant qu'il sera en société civile, y sont discutés avec autant de droiture que de talent". Voy. en ce sens, in *Vie, correspondance et écrits de Washington*, Paris, Ch. Gosselin, 1840, les lettres suivantes: *A David Stuart*, 30 nov. 1787, T. V, p. 160; *A James Madison*, 7 déc. 1787, T. V, p. 162; *Au Chevalier de la Luzerne*, 7 fev. 1788, T. V, p. 176; *A John Armstrong*, 25 avril 1788, T. V, p. 195; *A Alexandre Hamilton*, 28 août 1788, T. V, pp. 220-221. De même, Jefferson, cherchant à établir une liste de livres politiques importants pour les étudiants de l'université de Virginie qu'il avait fondée, le désignait en priorité: "1. La Déclaration d'Indépendance", écrivait-il, "parce que c'est l'acte d'union fondamental de ces Etats. 2. Le livre connu sous le titre de *The Federalist*, parce que c'est une autorité à peu près indispensable, et sollicitée presque par tous, sur l'état d'esprit et les opinions de ceux qui préparèrent, comme de ceux qui adoptèrent la constitution des Etats-Unis, quant aux questions touchant à la siginification authentique". Cité par Dick Howard, *Naissance de la pensée politique américaine*, Paris, Ramsay, 1987, note 26, p. 291. De la sorte, le professeur Théodore J. Lowi a pu écrire que ces quatre-vingt-cinq lettres adressées à un journal New-yorkais entre le 27 octobre 1787 et la fin mars 1788 sont considérées, bien qu'elles fussent primitivement un écrit de propagande, "comme l'œuvre la plus importante de la théorie politique jamais publiée par les Américains". Voy. "Le fédéralisme 1787-1987", in M.F. Toinet (dir.), *Et la constitution créa l'Amérique*, PU de Nancy, 1988, p. 103. Quant à l'attribution de chaque article, nous nous en tiendrons à la répartition proposée par Douglas Adair, suivant laquelle Hamilton, cheville ouvrière du projet, rédigea 51 textes (1, 6 à 9, 11 à 13, 15 à 17, 21 à 36, 59 à 61, et enfin 65 à 85), Madison 29, (10, 14, 18 à 20, 37 à 58, 62 et 63) et Jay 5 (2 à 5, 64).

de la constitution exposée au long des pages par Publius démontre précisément que le régime fédéral américain, pensé et conçu contre la spécialisation, consacre la balance des pouvoirs, mécanisme emprunté au constitutionnalisme britannique.

Au regard de la controverse qui s'était développée relativement aux violations de la séparation des pouvoirs opérées par le texte, dont nous avons vu l'ampleur, et qui était inévitable en raison de l'indétermination du concept, le premier souci des rédacteurs consistait à convaincre le plus grand nombre de ce que le texte de Philadelphie participait pleinement de la séparation des pouvoirs: De ce fait, s'interrogeait Publius,

> «à quel moyen (...) aurons-nous (...) recours pour maintenir dans la pratique cette division nécessaire du pouvoir entre les différents départements que la Constitution établit?». En d'autres termes, poursuivait-il, comment «donner une base sérieuse à cet exercice séparé et distinct des différents pouvoirs du gouvernement que, dans une certaine mesure, tout le monde reconnaît être essentielle au maintien de la liberté (?)»[82].

La réponse était précise: la séparation absolue des pouvoirs avec unité législative n'est pas propre à remplir cet objet. S'il s'agit bien d'un système théorique de séparation, il reste purement nominal et tend dans la réalité à la confusion des pouvoirs. En effet, le pouvoir législatif a une propension naturelle et constante à passer outre sa compétence au détriment des deux autres pouvoirs. Cette tendance s'accuse dans une République car la chambre appuyée sur le peuple dont elle émane directement bénéficie d'une légitimité supérieure. Dès lors, l'unité législative est une erreur car elle constitue le parlement monocaméral en une puissance irrépressible à laquelle les deux autres départements ne peuvent s'opposer puisqu'ils ne sont pas associés à l'exercice de la fonction législative. La simple délimitation des frontières de chaque pouvoir, fût-elle inscrite dans la constitution, est inopérante, car dans ce système de frontières fonctionnelles les deux autres branches sont dépourvues d'un instrument juridique de sanction efficace de la violation de ces bornes par le législatif. Ce serait instituer de la sorte, au rebours des enseignements de la culture politique libérale, l'auto-limitation et la vertu du législateur comme les garants exclusifs du système. Agir ainsi, c'est confondre la subordination aux lois, qui est un principe cardinal, et la dépendance vis-à-vis du corps législatif, qui est fautive:

---

[82] Madison, *Le Fédéraliste*, n° LI, p. 428 et p. 429.

«La première est conforme», lit-on, «la deuxième est contraire aux principes fondamentaux d'un bon gouvernement; et quelles que puissent être les formes de la constitution, la dernière solution réunit tous les pouvoirs dans les mêmes mains. La tendance de l'autorité législative à absorber toutes les autres (...) est presque irrésistible dans les gouvernements républicains»[83]. Par conséquent, seule la balance des pouvoirs peut faire figure d'un préservatif efficient: «Le remède à cet inconvénient» est-il en effet écrit, «est de *diviser la législature en plusieurs branches*, et de les rendre, par la différence du mode d'élection et de leurs principes d'action, aussi étrangères l'une à l'autre que le permettent des fonctions communes et leur dépendances communes vis-à-vis de la nation[84]. (...). De même que l'influence de l'autorité législative exige qu'elle soit ainsi divisée, de même la faiblesse de l'exécutif peut demander, à l'inverse, qu'il soit fortifié (au moyen d'un veto qui ne soit pas absolu)»[85]. Ce remède, insiste-t-on, ne s'inscrit aucunement en rupture avec la séparation des pouvoirs. Bien au contraire, il en est l'essence, car le principe de la séparation entre les différents départements du pouvoir est «*parfaitement compatible avec une intervention partielle des différents départements pour certains objets, tout en les maintenant, pour le principal, distincts et séparés.* Cette *collaboration partielle* est même, à quelques égards, non seulement utile, mais nécessaire pour la défense réciproque des différentes parties du gouvernement les unes contre les autres»[86]. Dans ce cadre là, le *veto* conditionné du président de l'Union est inappréciable à telle enseigne que «les adeptes les plus sages de la science politique reconnaissent qu'un droit de veto absolu ou conditionnel, accordé au pouvoir exécutif sur les actes du corps législatif, est une barrière indispensable contre les usurpations de ce dernier sur le premier (...). On a déjà signalé et répété la tendance du département législatif à empiéter sur les droits et à absorber les pouvoirs des autres départements[87]; l'insuffisance d'une simple démarcation sur le papier des limites de chacun d'eux a aussi été mise en relief, et l'on en a conclu qu'il fallait donner à chacun des armes constitutionnelles

[83] Hamilton, idem, n° LXXI, p. 597.

[84] On relève ici, sous la plume de Madison, l'expression "principes d'action" multiples, qui n'est pas sans évoquer celle, postérieure, de Condorcet, qualifiant précisément de constitutions à plusieurs principes d'action les régimes fondés sur la balance des pouvoirs. Il est de ce fait possible -c'est là de notre part pure conjecture mais elle nous semble devoir être formulée-, que Condorcet, dont nous verrons plus avant qu'il était un des tous premiers spécialistes français du constitutionnalisme américain, ait emprunté cette terminologie à Publius.

[85] Madison, *Le Fédéraliste*, n° LI, p. 431.

[86] Hamilton, n° LXVI, p. 550.

[87] De tous les thèmes exposés dans *le Fédéraliste*, celui-ci est parmi les plus rebattus par Publius.

pour sa propre défense. De ces principes clairs et incontestables découle l'utilité d'un veto, soit absolu, soit conditionnel, donné à l'exécutif sur les *acts* des branches législatives[88]. Sans l'un ou l'autre, le premier serait absolument incapable de se défendre contre les usurpations de ces dernières. Il se verrait peu à peu dépouillé de son autorité par des résolutions successives, ou anéanti par un seul vote. Et d'une manière ou d'une autre, les pouvoirs législatif et exécutif se trouveraient bientôt confondus dans les mêmes mains. Si même on n'avait jamais découvert dans le corps législatif une tendance à usurper les droits de l'exécutif, les seules lois du raisonnement et de la théorie nous apprendraient que l'un ne doit pas être laissé à la merci de l'autre, mais que chacun doit posséder un pouvoir constitutionnel et efficace pour se défendre»[89].

Ainsi, non seulement le *veto* ne contrevenait pas au principe de la séparation, mais il était en réalité indispensable au maintien effectif d'une telle séparation. Dès lors, on comprend que Publius ait pris tant de soin à démontrer que la séparation des pouvoirs s'entendait d'une règle de non-cumul, conformément à l'enseignement de l'auteur de *l'Esprit des Lois*[90], regardé, comme devait le dire à juste titre Henry Summer Maine, «comme d'une autorité suzeraine»[91].

---

[88] Ce passage est intéressant car Hamilton, visant le cas où le pouvoir exécutif est doté d'un veto absolu, le nomme pour autant "exécutif" et le distingue du "législatif", car on nommait toujours l'organe au regard de sa fonction principale. De plus, Hamilton explique clairement en cet endroit qu'armer l'exécutif d'un droit de veto absolu ne porte pas atteinte à la séparation des pouvoirs.

[89] Hamilton, n° LXVI, p. 550, et LXXIII, p. 611. Hamilton donne d'ailleurs la hiérarchie des motifs pour lesquels le veto a été attribué. La préservation des droits constitutionnels du pouvoir exécutif, et par conséquent, de la séparation des pouvoirs, prime sans conteste: "le premier motif pour conférer le pouvoir en question à l'exécutif", dit-il en effet, "c'est de le mettre en état de se défendre; le second, c'est d'augmenter les chances de la nation contre le vote de mauvaises lois, par précipitation, inadvertance ou coupables desseins". Idem, p. 612.

[90] *Vide supra, Introduction générale.*

[91] *Essais sur le gouvernement populaire*, Paris, E. Thorin, 1887, p. 306. Nonobstant les différences entre le régime anglais et les institutions américaines, et malgré les inflexions doctrinales propres à la pensée politique des *Founding Fathers*, on voit combien l'argumentaire développé dans les *Papiers du Fédéraliste* est, si l'on peut dire, un anglicisme. John Taylor, agrarien, opposé aux intérêts de la finance et de la banque, défenseur des droits des Etats, y vit précisément un puissant motif de condamnation, et rédigea à cette fin *An Inquiry into the principles and policy of the government of the United States*, destiné primitivement à valoir comme réfutation tant de l'œuvre de John Adams que de celle du *Fédéraliste*. Ce livre, publié en 1814, achevé en novembre 1811, fut entrepris en vérité dès le XVIIIe siècle. L'auteur, qui devait être élu au Sénat, y

Un régime de collaboration des pouvoirs, tel était dans l'espri des constituants le système mis en œuvre en 1787. Hamilton, nous l'avon vu, parle bien de «collaboration partielle» des départements, ce par quoi i entend une collaboration fonctionnelle relative à la participatio conjuguée d'au moins deux organes et/ou pouvoirs à la même fonction[92] Le marchandage incessant qui caractérise aujourd'hui le systèm américain où la décision politique est négociée et non imposée puisque le président et le congrès doivent, pour aboutir, compromettre er permanence, découle avant tout, on l'a trop oublié, de ce que trois organes co-législateurs furent institués dans le cadre de ce qui était une dépendance mutuelle, et que, plus largement, aucun organe ne pouvai indépendamment de la participation concurrente d'un autre organe produire un acte juridique. Les Pères fondateurs, entendaient qu'aucun organe ne puisse légiférer de façon exclusive sans le concours d'un autre; c'était là la pierre de touche de leur constitutionnalisme. Sur ce point, le *Fédéraliste* est sans ambiguïté: la constitution fédérale de 1787 participe de la tripartition du pouvoir législatif ou balance des pouvoirs, sur fond de principe de la séparation des pouvoirs défini comme règle de non-cumul, laquelle autorise par exemple le sénat, organe principalement législatif, à avoir des participations secondaires aux fonctions exécutive et judiciaire. En ce sens, *le Fédéraliste* est avec le chapitre VI du Livre XI de *l'Esprit*

---

avait consacré quelques vingt années de sa vie, et avait ajourné l'édition de l'ouvrage afin qu'il parût en un moment où les passions et la polémique auraient cessé. Ce travail massif est considéré par les spécialistes américains comme un bel exemple du projet évangélique. Accusant le trait -son propos prend bien souvent le pli d'un pamphlet-, Taylor remarque précisément que "the Federalist contains an eulogy of the English form of government, infinitely transcending the compliment paid to it by Mr. Adams and incapable of augmentation". En outre, on retiendra de cet anti-Fédéraliste, inclinant au momocamérisme, le morceau suivant, illustratif de cet embarras qu'éprouvaient certains publicistes de l'époque, face à l'objet conceptuel nommé "séparation des pouvoirs": "It has been", témoignait-il, "a favourite maxim with the Americans, that legislative, executive and judicial power should be lodged in separate hands. And though it must be confessed that no very visibles lines have been drawn between theses powers, yet the maxim is evidence of national attachment to the principle of division". *An Inquiry*..., op. cit., New Heaven, Yale U.P., 1950, respectivement pp. 466, 515-516 et 179.

92 On prend conscience ce faisant que l'on utilisait certains termes au XVIIIe siècle dans une acception différente de celle d'aujourd'hui. Ainsi, alors qu'à présent le terme de "collaboration des pouvoirs" renvoie exclusivement au régime parlementaire, il pouvait être utilisé à l'époque pour qualifier le mécanisme de la balance des pouvoirs.

des lois l'un des manifestes les plus aboutis écrits au XVIIIe siècle contre la doctrine de la séparation absolue des pouvoirs.

Par ailleurs, *le Fédéraliste* est aussi un *corpus* auquel la Cour suprême, lorsqu'elle cherche à caractériser l'intention des Pères fondateurs, se réfère systématiquement et de façon explicite dans sa jurisprudence[93]. De la sorte, elle va jusqu'à citer dans les motifs de certaines de ces décisions, et ce de façon littérale, des passages extraits de ce syllabaire des républicains américains du XVIIIe. L'application, bien entendu non exclusive, de cette méthode, explique que la Cour suprême se soit réapproprié, pour une part et dans certaines limites, certains des principes exposés dans le *Fédéraliste*. Il est donc nécessaire d'évaluer l'ampleur et l'impact de ce legs.

§ II) L'interprétation authentique de la Constitution: la jurisprudence de la Cour suprême.

Disons le d'emblée: l'analyse des arrêts rendus par la cour suprême aboutit à un constat paradoxal et déconcertant, puisque sa jurisprudence intègre deux éléments inconciliables, à savoir d'une part la doctrine présentée dans *le Fédéraliste*, tout entière tournée vers la notion de balance des pouvoirs et vers le principe de séparation renvoyant à la règle de non cumul, et d'autre part la doctrine universitaire postérieure, qui a aussi cours aux Etats-Unis, axée sur les notions sœurs de régime présidentiel et de séparation absolue. De cette prise en compte de deux intellections antagonistes, opération condamnable en logique car proprement incohérente, est résultée une interprétation authentique de la constitution -laquelle est la seule juridiquement valable dans le for interne et s'impose à l'ensemble des pouvoirs constitués- non univoque et propre à servir des conceptions différentes. Thomas W. Merrill, a rendu compte de cette ambivalence:

> «The central problem» a-t-il écrit, «is that the Court has employed two very different conceptions of separation of powers in recent years. On the one hand, there is the «formal» understanding, emphasizing that ''the Constitution sought to divide the delegated

[93] Cette façon de procéder relève, suivant la classification élaborée par les juristes américains des méthodes d'interprétation utilisées par la Cour suprême, de la méthode dite "historique". Sur ce sujet, voy. E. Zoller, *Droit constitutionnel*, Paris, P.U.F., 1998, p. 126, qui en établit la liste.

powers of the new federal government into three defined categories Legislative, Executive, and Judicial, to assure, as nearly as possible, that each branch of government would confine itself to its assigned responsibility''. (INS v. Chadha, 1983). On the other hand, there is the ''functional'' understanding, stressing that the three branches do not ''operate with absolute independance'', and that the Constitution requires only that ''the proper balance between the coordinate branches'' be maintained. (Morrison v. Olson 1988). The Court has alternated between the formal and the functional constructions, with a swing group of Justices evidently happy to embrace one or the other as suits the needs of the moment»[94].

Pour notre part, nous allons nous employer à mettre en exergue l'emprunt réalisé à la doctrine du XVIIIe par le juge constitutionnel, afin de pouvoir juger de la permanence de celle-ci dans un contexte intellectuel dominé aujourd'hui par la notion de régime présidentiel. Pour ce faire, nous disposons d'un certain nombre de décisions, puisque, lors des vingt-cinq dernières années, c'est en cinq occasions au moins que la cour suprême a invalidé des lois fédérales en référence au principe de la séparation des pouvoirs[95]. Au regard de nos centres d'intérêt, nous avons privilégier deux arrêts, qui tous deux ont la particularité de contenir dans leurs motifs une référence appuyée au texte de Publius. Il s'agit en premier lieu de *Buckley v. Valeo*, rendu le 30 janvier 1976, fortement travaillé par la pensée du *Fédéraliste* (A), et d'autre part de *Immigration and Naturalization Servive v. Chadha*, en date de 1983, qui intègre également des éléments de la doctrine des Pères Fondateurs (B). En l'espèce, nous nous appliquerons à décrire la physiologie de ses deux arrêts en tentant de démontrer que le juge ne peut, en définitive, faire abstraction de la logique analytique à l'œuvre dans *le Fédéraliste* quand bien même celle-ci est incompatible avec la notion de séparation rigide des pouvoirs.

---

[94] Voy. "The constitutional principle of separation of powers", *The Supreme court Review*, 1991, pp. 225-226. Quant à nous, nous ne reprendrions pas nécessairement ni le même vocabulaire, ni les mêmes arrêts de référence comme caractéristiques de chaque logique spécifique, mais il reste que cette présentation des choses a l'avantage de faire ressortir l'absence d'univocité de la jurisprudence de la cour.

[95] Ces décisions sont les suivantes: *Metropolitan Washington Airports v. Citizens for Abatment of Aircraft Noise, Inc.*, (1991), *Bowsher v. Synar, 478 US 714* (1986), *INS v. Chadha, 462 US 919* (1983), *Northem Pipeline Construction Co. V. Marathon Pipe line Co.458 US 50* (1982), et *Bucley v. Valeo 424 US 1* (1976).

A) *Buckley v. Valeo*

Des deux décisions précitées, celle-ci est la moins connue, mais elle est, relativement à notre sujet, la plus explicite et la plus démonstrative[96]. En l'espèce, cet arrêt revêt une importance considérable en matière de financement des campagnes électorales[97]. En effet, une loi de 1974, portant révision du *Federal election campaign act* de 1971, avait établi entre autres dispositions essentielles un financement public de l'ensemble de l'élection présidentielle et fixé une limite aux fonds que les candidats fédéraux pouvaient prélever sur leur fortune personnelle. En l'espèce, ruinant l'intention du législateur de moraliser le financement électoral et de rétablir une certaine égalité entre candidats, la Cour suprême devait déjuger la cour d'appel du district de Columbia précédemment saisie et invalider de façon partielle cette loi, motif pris de ce que, au regard du fait que «dans une société de masse, pratiquement tous les moyens destinés à exprimer une idée nécessit(a)nt une dépense d'argent», la limitation des dépenses personnelles ou familiales d'un candidat et pareillement le plafonnement des donations indépendantes contrevenaient au principe de la liberté d'expression consacré par le premier amendement à la constitution. Mais, par ailleurs, et cela est essentiel pour notre propos, la loi invalidée établissait une commission nommée *Federal election commission*, destinée à veiller au respect et à l'application des dispositions arrêtées, et dont certains des membres étaient nommés par le congrès[98]. Or, précisément, parmi les motifs agités devant la Cour par la partie appelante, on comptait celui de l'inconstitutionnalité de ce mode de nomination présenté comme contraire à la «clause de nomination» déterminée par l'article II, section 2, alinéa 2

---

[96] Nous précisons que, suivant l'usage généralement retenu par les spécialistes du droit américain, nous emploierons indistinctement les termes "décision" ou "arrêt" de la cour suprême.

[97] Sur ce sujet, voy. D. Lacorne, "Point de liberté de parole sans liberté de dépenser: le financement des élections fédérales américaines et le destin des partis'', *Pouvoirs*, 29, 1984, pp. 99-109, notamment p. 104 et p. 108.

[98] Précisément, sur les huit membres de la commission, le secrétaire du sénat ainsi que celui de la chambre des représentants étaient membres de droit, sans droit de vote, tandis que deux membres étaient nommés par le président *pro tempore* du sénat, deux autres par le *speaker* de la chambre des représentants et les deux derniers par le président de l'Union, chacun des six membres ayant voix délibérative devant être confirmé par la majorité de chacune des chambres du congrès.

de la constitution, qui ne visait pas, était-il allégué, une telle possibilité[99]. En regard, afin de résoudre ce problème de droit, la cour estima en effet devoir remonter au principe constitutionnel de la séparation des pouvoirs:

> «Our inquiry of necessity», lit-on en effet, «touches upon the fundamental principles of the government established by the Framers of the Constitution». A ce sujet, était-il exposé, chacun connaît «the intent of the Framers that the powers of the three great branches of the National Government be largely separate from one another. James Madison, writing in the Federalist n° 47, defended the work of the Framers against the charge that these three governmental powers were not entirely separate from one another in the proposed Constitution. He asserted that while there was some admixture, the Constitution was nonetheless true to Montesquieu's well-known maxim that the legislative, executive and judicial departments ought to be separate and distinct».

Ainsi, le juge se reportait à la controverse, que nous avons évoquée, qui en son temps opposa les partisans du Texte de Philadelphie à ses détracteurs, lesquels le jugeaient contraire au principe de la séparation des pouvoirs puisque fondé sur le principe de la répartition d'une même fonction juridique entre au moins deux pouvoirs distincts. Il suit alors un passage tiré *in extenso* du *Fédéraliste*, dans lequel Madison faisait précisément justice de ce type de reproche et établissait la règle de séparation comme une règle de non-cumul:

> ''The reasons on which Montesquieu grounds his maxim are a further demonstration of his meaning. When the legislative and executive

[99] Le texte de la disposition constitutionnelle est le suivant: le Président "désignera, et, après l'avis et le consentement du sénat, nommera les ambassadeurs, ministres, consuls, les juges de la cour suprême, et tous les autres fonctionnaires des Etats-Unis à la nomination desquels il n'aura pas été autrement pourvu et dont les emplois seront créés par une loi; mais le congrès peut, par une loi, attribuer la nomination de tels fonctionnaires inférieurs qu'il lui paraîtra utile, soit au président seul, soit aux cours de justice, soit aux chefs des départements ministériels". Ainsi, la partie appelante considérait que puisque la loi incriminée conférait à la commission une autorité exécutive ou administrative substantielle, compte tenu des pouvoirs qui étaient les siens en matière de réglementation et d'application de la loi, ses membres étaient à ce titre des "officiers des Etats-Unis'' et non des fonctionnaires de rang inférieur, qui de ce fait, suivant la lettre de la clause de nomination, devaient être impérativement et exclusivement nommés par le président de l'Union avec confirmation du sénat. De ce fait, tout autre mode de nomination serait attentatoire à la séparation des pouvoirs.

powers are united in the same person or body, says he, there can be no liberty, because apprehensions may arise lest the same monarch or senate should enact tyrannical laws to execute them in a tyrannical manner. Again: Were the power of judjing joined with the legislative, the life and liberty of the subject would be exposed to arbitrary control, for the judge would then be the legislator. Were it joined to the executive power, the judge might behave with all the violence of an oppressor. Some of these reasons are more fully explained in other passages; but briefly stated as they are here, they sufficiently establish the meaning which we have put on this celebrated maxim of this celebrated author''.

«Yet», reprend alors le *chief-justice* après avoir explicitement pris appui sur ce texte, «it is also clear from the provisions of the Constitution itself, and from the Federalist Papers, *that the Constitution by no means contemplates total separation of each of these three essential branches of Government*. The President is a participant in the lawmaking process by virtue of his authority to veto bills enacted by Congress. The Senate is a participant in the appointive process by virtue of its authority to refuse to confirm persons nominated to office by the President[100]. The men», ajoute-t-il pour confirmer son propos, «who met in Philadelphia in the summer of 1787 were practical statesmen, experienced in politics, who viewed the principle of separation of powers as a vital check against tyranny. *But they likewise saw that a hermetic sealing off of the three branches of Government from one another would preclude the establishment of a Nation capable of governing itself effectively*». En d'autres termes, ajoute-t-il avant de donner à nouveau un extrait du *Fédéraliste* dans sa 51e livraison, «the Framers regarded the checks and balances that they had built into the tripartite Federal Government as a self-executing safeguard against the encroachment or aggrandizement of one branch at the expense of the other», et cela, est-il précisé, vaut tout particulièrement pour le pouvoir législatif puisque «...the debates of the Constitutional Convention, and the Federalist Papers, are replet with expressions of fear that the Legislative Branch of the National government will aggrandize itself at the expense of the other two branches».

Ainsi, dans cet arrêt, le mort, c'est-à-dire *le Fédéraliste*, avait saisi le vif, la cour suprême en l'espèce, qui dans un remarquable exercice

[100] On relèvera sur ce point que la situation juridique du président doté du *veto* conditionné et celle du sénat prononçant à la majorité simple de façon décisionnelle sur la proposition de nomination d'un fonctionnaire fédéral émanée du président sont évoquées en des termes rigoureusement identiques par la cour. Ainsi le président participe à la fonction législative de même que le sénat participe à la fonction exécutive.

d'exégèse se réappropriait et prolongeait un système d'analyse commun au XVIIIe siècle, puisqu'elle concluait -ces mots valent la peine d'être repris et traduits- que «la Constitution n'envisage en aucun cas une *séparation absolue* de chacune des trois branches essentielles du Gouvernement» et que les Pères fondateurs étaient éminement persuadés «qu'une séparation hermétique des trois branches du gouvernement l'une de l'autre ferait obstacle à l'établissement d'une Nation capable de se gouverner effectivement». En ce sens, l'arrêt *Buckley*, c'est d'une certaine manière *le Fédéraliste* digéré par la Cour suprême et restitué sous forme d'interprétation authentique de la constitution[101].

Intéressante également est l'analyse de l'arrêt qui suit, qui forme une sorte de corollaire du précédent.

B) *Immigration and Naturalization Service v. Chadha.*

L'arrêt Chadha est à notre connaissance l'un de ceux où les juges fédéraux ont analysé avec le plus de minutie le processus législatif déterminé par la constitution du 17 mai 1787, de sorte qu'il revêt au regard de notre sujet une grande importance[102].

Cette décision a trait au «veto législatif», lequel ne procède d'aucune disposition constitutionnelle mais d'une pratique du congrès. Apparu en 1932 sous la présidence d'Edgar Hoover, il s'agit d'un mécanisme juridique par lequel le congrès se réserve un droit d'approbation ou d'improbation sur les actes du président ou des commissions administratives pris en exécution d'une habilitation législative. Ainsi, tout en permettant au président de prendre des mesures de portée générale dans tel domaine particulier qui relève de la compétence législative, le congrès se réserve de façon expresse le pouvoir

[101] Il est à noter que l'opinion de la cour fut rendue *per curiam* car suivant les problèmes soulevés, plusieurs majorités distinctes se dessinèrent.

[102] Le texte de cette décision rendue en 1983 par 7 voix contre 2 est reproduit *in extenso* dans *The United States Law Week*, vol. 51, n° 49, 21 juin 1983, Extra Edition n° 2, Supreme Court Opinions. Les extraits principaux sont repris par Marie-France Toinet, *La Cour Suprême: les grands arrêts*, P.U. de Nancy, 1988, pp. 188-190. Nous nous sommes reportés pour notre part à la traduction établie par E. Zoller dans son remarquable recueil, *Grands arrêts de la Cour suprême des Etats-Unis*, Paris, P.U.F., 2000, pp. 1003-1016. Sur l'analyse de cette décision, voy. principalement P. Juillard, "A propos d'un arrêt de la Cour Suprême: mort du veto législatif aux Etats-Unis", *Pouvoirs*, n° 29, 1984, pp. 75-88; et Luc Rouban, "L'inconstitutionnalité du veto législatif aux Etats-Unis: boulversement ou rééquilibrage des pouvoirs?", *R.D.P.*, juillet-août 1984, pp. 949-970.

d'apprécier le contenu des mesures prises par l'autorité délégataire, lesquelles ne pourront prendre effet qu'après une manifestation, explicite ou implicite, de la volonté congressionnelle. Précisément, c'est l'improbation du congrès émise lors du vote de ratification que la pratique a dénommé «veto législatif». Il est à noter que la ratification, qui s'exerce généralement dans des délais préfix, à savoir trente ou soixante jours à compter de la transmission par le président au congrès, peut s'opérer selon des formes multiples: vote d'une résolution conjointe par les deux chambres du congrès, vote d'une résolution par l'une ou l'autre des deux chambres du congrès, et enfin vote d'une résolution par la commission compétente de l'une ou de l'autre des deux chambres du congrès[103].

Dans le cas qui nous occupe, Jagdish Rai Chadha, de nationalité kenyane, né de parents indiens et titulaire d'un passeport britannique, était un particulier présent sur le territoire américain depuis 1966, mais sans titre de séjour valable depuis l'expiration, le 30 juin 1972, de son visa temporaire. De ce fait, le 11 octobre 1973, les services fédéraux de l'immigration (Immigration National Service) engagèrent contre lui une procédure administrative aux fins d'expulsion immédiate. Cependant, le ministre de la justice lui accorda le bénéfice de certaines dispositions de la loi sur l'immigration qui prévoient une dispense d'expulsion au profit des étrangers de bonne moralité, justifiant d'une présence continue de sept ans sur le territoire national et dont l'expulsion causerait à eux-mêmes comme à leur conjoint ou à leurs enfants un «préjudice excessivement grave». En fonction, le ministre devait surseoir à l'exécution de la décision, ainsi qu'il en avait le droit selon l'*Immigration and Nationality Act* de 1965, par lequel le congrès avait délégué à l'exécutif son droit constitutionnel de réglementer les problèmes d'immigration et de naturalisation, sous réserve, bien entendu, d'un droit d'annulation des décisions de l'*attorney general*. Plus précisément, les articles 244 (c) 1 et 244 (c) 2 de la loi

---

[103] Avant même que la cour suprême ne se prononce, le veto législatif faisait l'objet d'une vive controverse aux Etats-Unis et était au centre d'un débat institutionnel. Ainsi, si depuis 1932 et jusqu'en 1983 le congrès avait somme toute modérément utilisé cette procédure, au total 125 fois, il reste que sa mise en œuvre avait pris dans les dernières années une ampleur nouvelle, provoquant de ce fait une réaction des présidents qui dénonçaient dans cette pratique une tentative de subordination du pouvoir exécutif au pouvoir législatif. En atteste l'initiative inhabituelle prise le 21 juin 1978 par le président Carter qui soumit au congrès un message spécial sur la question, par lequel il réclamait la possibilité pour le président d'utiliser son propre droit de veto à l'égard du veto législatif et appelait de ses vœux une décision sur ce sujet de la cour suprême par les voies de procédure appropriées.

d'immigration et de nationalité prévoyaient que, lorsqu'une mesure de suspension était ainsi adoptée, le Congrès devait en être immédiatement informé, chacune des deux chambres pouvant alors, dans un délai déterminé, opposer son veto législatif à la mesure de suspension en cause. En l'espèce, longtemps après que le ministre en a informé le congrès, la chambre des Représentants, sur recommandation de sa commission judiciaire, refusa en décembre 1975 l'octroi du statut de résident permanent à M. Chadha sans que sa propre résolution soit soumise au sénat pour un vote conforme ou présentée au président. Ce fait détermina M. Chadha auquel il fut notifié l'ordre de quitter le territoire à attaquer la loi d'immigration et de nationalité en exception d'inconstitutionnalité[104].

De ce fait, le problème de droit qui se posait aux juges fédéraux consistait à savoir si la «résolution» votée par la chambre basse avait matériellement la qualité d'un acte législatif, et dans l'affirmative déterminer si l'emploi de ce veto législatif par la seule chambre des Représentants était conforme au cadre procédural fixé par la constitution, et selon lequel tout acte législatif doit faire l'objet d'un vote en termes identiques par les deux chambres du parlement (art. I, section I), puis être présenté à la sanction du président de l'Union en vertu de la «clause de présentation» imposée par l'article I, section 7.

La réponse apportée était sans ambiguïté: le veto législatif, c'est-à-dire la délégation du pouvoir législatif consentie par le congrès au profit de l'exécutif, sous réserve que les décisions de celui-ci puissent être revues et annulées par les parlementaires, en l'espèce ici par l'une ou l'autre chambre, fut déclaré inconstitutionnel en ce qu'il violait le principe de la séparation des pouvoirs[105]. Pour la présente, la cour développa un raisonnement en deux temps. Le premier fut pour qualifier le «veto législatif», c'est-à-dire le vote d'improbation émis par la chambre basse, d'acte législatif, bien qu'il prit le nom de «résolution» et non de loi. Pour ce faire, la cour utilisa trois critères d'ordre matériel, à savoir la nature, l'objet et l'effet de la mesure incriminée. Le second temps fut pour

---

[104] M. Chadha devait avoir gain de cause en appel, mais le Service National de l'Immigration saisit la cour suprême pour qu'enfin, précisément, elle se prononce sur le thème récurrent de la constitutionnalité du veto législatif.

[105] Rappelons toutefois que la cour suprême prononce *inter partes* et non *erga omnes*. De fait, selon le *Congressional research service*, entre juin 1983, date de la décision, et octobre de la même année, le congrès adopta à 17 reprises une disposition de veto législatif. Toutefois, dès le 6 juillet 1983, la cour devait confirmer deux décisions de la cour d'appel du district de Columbia déclarant inconstitutionnel le veto législatif, en refusant précisément de connaître de ces deux affaires.

constater qu'en tant qu'acte législatif pris sous la forme d'une résolution unilatérale de la chambre des Représentants, il contrevenait à la procédure législative édictée par le texte de Philadelphie, dont le propre est d'être fondée sur le procédé des *checks and balances* destiné précisément à interdire à tout organe d'exercer exclusivement à tout autre la fonction législative. Ainsi, d'une part, la résolution violait le principe du bicamérisme, alors même que selon la cour «la division du Congrès en deux assemblées distinctes devait garantir que le pouvoir législatif serait exercé après éventualité d'un examen et d'un débat poussés dans des cadres différents». D'autre part, elle privait le président de l'exercice de son droit de sanction, élément essentiel du système des *checks and balances*[106]. Dès lors, une telle résolution ne pouvant être adoptée que dans les formes requises par la constitution en vue du vote de la loi fédérale, à savoir examen et vote par chacune des deux assemblées du congrès et présentation au président, la section 242 (c) §2 de l'*Immigration and Nationality Act*, autorisant l'une des chambres du Congrès à invalider par résolution les décisions administratives ayant trait à l'expulsion des ressortissants étrangers, était inconstitutionnelle.

Cela étant posé, il importe de prendre conscience que les motifs qui soutiennent l'arrêt sont présentés en des termes qu'on pourrait croire tirés d'un écrit du XVIIIe siècle, et qui précisément le sont, puisque c'est véritablement avec *le Fédéraliste* comme livre de chevet que le *chief justice* Warren Burger devait rédiger la décision, citant alternativement et avec prodigalité Alexander Hamilton et James Madison:

> «Les dispositions explicites et sans ambiguïtés de la Constitution», allégua-t-il, «prescrivent et définissent les fonctions respectives du Congrès et de l'exécutif dans le processus législatif. (...). Comme le font apparaître les procès-verbaux de la convention

[106] Un fait, tiré des débats de la Convention, relevé par la cour elle-même, est à cet égard très significatif. Alors, que dans un premier temps, il était écrit que tout "bill" voté par les deux chambres devait être présenté au président, James Madison s'inquiéta de ce que les parlementaires aient la possibilité de voter un texte dénommé à dessein autrement, dans le seul souci de ne pas le présenter à la sanction présidentielle et afin de se soustraire tant à l'observation des prescriptions constitutionnelles qu'à l'opposition éventuelle du pouvoir exécutif. De fait, sur son initiative, la clause de présentation concerne dans sa rédaction finale non seulement les actes législatifs, mais également "tout ordre, toute résolution, ou tout vote, qui nécessite le concours du sénat et de la chambre des Représentants". Cette volonté de Madison devait beaucoup compter dans la détermination finale de la cour suprême.

constitutionnelle, l'exigence que toute législation soit présentée au Président avant de passer en force de loi était uniformément acceptée par les constituants». De fait, poursuivait-il, «la décision de doter le Président d'un pouvoir limité et qualifié de rendre nulle la législation proposée par le Congrès au moyen du veto, s'appuyait sur la conviction profonde des constituants selon laquelle les pouvoirs conférés au Congrès étaient ceux qu'il fallait circonscrire avec le plus de précautions. *Il n'y a pas de doutes sur le fait que l'adoption des lois était un pouvoir devant être partagé entre les deux chambres et le Président.* Dans *Le Fédéraliste*, lettre n° 73, Hamilton insista sur le rôle du Président dans l'activité législative: ''Même si le corps législatif ne manifestait aucune propension à empièter sur les droits de l'exécutif, les règles de juste raisonnement et une analyse théorique appropriée nous apprendraient par elles-mêmes que l'un ne doit pas être laissé à la merci de l'autre, mais doit détenir un pouvoir constitutionnel et effectif d'autodéfense''. (...). L'exigence», reprenait Burger, «d'une procédure bicamérale posée par l'article Ier, §§ 1 et 7, n'était guère d'une moindre importance pour les constituants que ne l'était le veto présidentiel, et à dire vrai, *les deux concepts sont interdépendants*. En disposant qu'une loi ne pouvait entrer en vigueur sans l'adoption conjointe par la majorité des membres des deux chambres, les constituants mettaient à nouveau l'accent sur leur conviction, déjà notée à l'occasion des clauses de présentation, que la législation ne devrait pas être mise en vigueur sans avoir été examinée soigneusement et de manière complète par les élus de la nation. Dans les débats de la convention constitutionnelle sur la nécessité de créer une législature bicamérale, James Wilson, qui devait ensuite devenir juge à la Cour, observait: ''Le despotisme vient à l'humanité sous différentes formes(...). Y a-t-il un danger d'un despotisme législatif? La théorie et la pratique le proclament de concert. Si l'autorité législative n'est pas contenue, il ne peut y avoir ni liberté ni stabilité; et on peut seulement la contenir en la divisant en deux branches distinctes et indépendantes. Dans un système à chambre unique, il n'y a pas de frein, sinon celui, inadéquat, de la vertu et du bon sens de ceux qui la composent''. Hamilton prétendait qu'un Congrès composé d'une seule chambre était en contradiction avec le but même de la Constitution. Si la nation avait dû adopter une Constitution ne créant qu'un seul organe législatif, il avertissait que ''nous en arriverons pour finir à accumuler, dans un seul organe, toutes les prérogatives les plus importantes de la souveraineté, et ainsi nous ferons peser sur notre postérité une des formes les plus exécrables de gouvernement que l'infatuation humaine ait trouvé le moyen d'engendrer. Alors, nous créerions en réalité cette tyrannie même que les adversaires de la Constitution sont, ou affectent d'être, soucieux d'éviter'', *Le Fédéraliste*, lettre n° 22. (...). Ces observations», ajoutait le rédacteur de l'opinion de la cour, «convergent avec ce qui a été dit par beaucoup de constituants, mais jamais de manière plus convaincante que ne l'a fait

Madison, lorsqu'il a attiré l'attention sur la nécessité de diviser et de disperser le pouvoir afin de protéger la liberté: ''Dans le gouvernement républicain, l'autorité législative prédomine nécessairement. Le remède à cet inconvénient est de diviser la législature en deux branches différentes; et de les rendre, par différents modes d'élection et différents principes d'action, aussi peu connectés l'une avec l'autre que le permettront leurs fonctions communes et leur commune dépendance vis-àvis de la société'', *Le Fédéraliste*, lettre n° 51. (...). Nous voyons donc», était alors en mesure de conclure le *chief-justice*, «la conscience aiguë que les constituants avaient des fonctions constitutionnelles essentielles que rempliraient l'exigence du bicamérisme et les clauses de présentation. La participation du Président au processus législatif devait protéger la branche exécutive contre le Congrès, et protéger l'ensemble du peuple contre des lois mal conçues. La division du Congrès en deux organes distincts garantit que le pouvoir législatif serait exercé seulement après qu'un examen approfondi et un débat plénier ont eu lieu dans deux cadres séparés[107]. (...). Dès lors qu'il est clair que l'intervention de la chambre (participe de l') exercice du pouvoir législatif, la démarche du Congrès était soumise aux critères prescrits par l'art. I. L'exigence d'adoption bicamérale, les clauses de présentation, le veto du Président, et le pouvoir du Congrès de renverser un veto étaient censés établir des limites durables à l'action de chaque branche et protéger le peuple d'un usage inexpédient du pouvoir, en imposant une marche à suivre obligatoire. (...). D'un point de vue purement pratique, il est évidemment plus facile pour une chambre d'agir sans en référer au Président; mais il est clair comme de l'eau de roche, à s'en rapporter aux annales de la Convention, aux écrits et aux débats de l'époque, que les constituants mettaient certaines valeurs au-dessus de l'efficacité»[108].

Bref, suivant la cour, la chambre des Représentants ne pouvait, seule, annuler la décision du secrétaire à la justice, sans l'action conjuguée, en premier lieu de la chambre haute par respect du principe du bicamérisme institué comme garantie contre l'omnipotence d'une chambre unique, et en second lieu du président disposant de prérogatives constitutionnelles matérialisées par la clause de présentation, car il s'agissait là d'un acte législatif qui ne ressortissait pas à sa compétence exclusive mais à la compétence concurrente de trois organes législatifs

---

[107] On remarquera ici que le bicaméralisme est justifié non en rapport avec la forme composée de l'Etat fédéral, mais en rapport avec la dialectique des *checks and balances*.

[108] Voy. E. Zoller, *Grands arrêts de la Cour suprême des Etats-Unis*, op. cit., pp. 1004-1005-1006-1007-1008-1009-1010-1014.

partiels. En agissant ainsi, les représentants contrevenaient au principe de la séparation des pouvoirs dont la garantie réside dans l'institution des *checks and balances*. C'est donc que la tripartition du pouvoir législatif est consubtantielle à cette séparation. Sans doute l'action unique d'un seul organe est gage d'efficacité, mais il se trouve que la lettre et l'esprit de la constitution ont subordonné l'efficacité à la liberté, car ces deux qualités sont en grande partie apparues aux disciples américains du «whigisme» anglais comme irréductibles l'une à l'autre. L'efficacité, c'est-à-dire l'unité législative dans le cadre d'une séparation fonctionnelle, emportait sur son autre face, tel un Janus, le despotisme. On lui préféra la liberté, c'est-à-dire la balance des pouvoirs au risque de l'inaction, qui d'ailleurs, si elle était envisageable, n'était destinée à durer qu'un temps, car le peuple, élisant fréquemment les membres de la chambre basse donnerait les impulsions décisives. On voit donc bien ici combien la séparation des pouvoirs dépendait de l'association de plusieurs organes à l'exercice d'une même fonction, et notamment à la fonction législative.

On le voit, longtemps après avoir instruit et gouverné des générations entières de publicistes, *le Fédéraliste*, frappé *de facto* d'obsolescence par les tenants de la doctrine du «régime présidentiel» -quand bien même ces derniers s'en défendraient-, trouve un canal d'expression dans la jurisprudence de la cour suprême. Il reste, toutefois, nous l'avons dit, que ces arrêts ne résument pas à eux seuls l'ensemble de ladite jurisprudence sur ce thème, puisque d'autres ont été rendus en termes moins favorables à la conception qui précède. Néanmoins, il importe de relever que même dans ces derniers cas la cour ne peut faire totalement abstraction d'un discours et d'une logique qui remontent en vérité à la doctrine de la balance des pouvoirs, compte tenu que la recherche de l'intention des Pères fondateurs est pour les juges fédéraux un exercice herméneutique classique qui les ramène inévitablement au *Fédéraliste*.

C'est la raison pour laquelle il nous semble, au final, que la jurisprudence de la cour suprême est plutôt inconciliable avec toute théorie juridique qui ferait reposer le régime américain sur une séparation absolue, ou bien encore stricte ou rigide des pouvoirs. En témoigne l'arrêt *Mistretta v. United States*, rendu en 1989:

> «La Cour a, de manière constante et répétée», peut-on lire, «rappelé le jugement central des Pères fondateurs de la Constitution selon lequel, dans le cadre de notre système politique, la séparation des

organes du gouvernement en trois branches coordonnées était essentielle à la préservation de la liberté, voir. p. ex. *Morrison v. Olson*, 487 U.S.; *Bowsher v. Synar*, 478 U.S. (...). En appliquant ce principe des pouvoirs séparés dans notre jurisprudence, nous avons cherché à donner vie à la perception qu'avait Madison des relations adéquates entre les trois branches égales. De la même manière, nous avons reconnu, conformément à l'exhortation de Madison dans la période fondatrice, que si notre Constitution commande que ''chacun des trois départements généraux du gouvernement (doit rester) entièrement libre du contrôle ou de l'influence directe ou indirecte des autres'' *Humphrey's Executors v. United States*, 295 U.S. (1935), *les rédacteurs de la Constitution n'exigeaient pas -et à vrai dire excluaient- que les trois branches soient entièrement séparées*, voir p. ex. *Nixon v. Administrator of General Services*, 433 U.S., (1977) qui rejette comme un archaïsme la division complète de l'autorité entre les trois branches; *United States v. Nixon*, 418 U.S. (1974), qui reprend à son compte la *conception flexible* qu'adopte Madison de la séparation des pouvoirs. Dans sa défense de la Constitution contre les accusations selon lesquelles elle aurait établi des branches insuffisamment séparées, Madison a évoqué directement cette question. La séparation des pouvoirs, a-t-il écrit, ''(*ne*) *signifie pas qu'il est interdit à ces* (*trois*) *départements de prendre une part limitée à l'action des autres, ou de la contrôler*'', mais plutôt ''*que là où tout le pouvoir d'un département est réuni dans les mains qui possèdent déjà tout le pouvoir d'un autre*, les principes fondamentaux d'une Constitution libre sont subvertis'' (*Le Fédéraliste*, Lettre n° 47, v. *Nixon v. Administrator of General Services*, 433 U.S). Madison reconnaissait que notre système constitutionnel impose *un certain degré de chevauchement des responsabilités entre les branches*, un devoir d'interdépendance autant que d'indépendance, dont l'absence ''empêcherait l'établissement d'une nation capable de se gouverner elle-même de manière effective'' *Buckley v. Valeo*, 424 U.S., (1976). Dans un passage qui est maintenant l'un des lieux communs de notre jurisprudence, le juge Jackson résumait cette vision pragmatique et flexible d'un pouvoir gouvernemental différencié dont nous sommes les héritiers: ''S'il est vrai que la Constitution distribue le pouvoir pour mieux protéger la liberté, elle laisse aussi à la pratique le soin de coordonner les pouvoirs distribués en un gouvernement capable de fonctionner. Elle impose aux branches du gouvernement la séparation, mais aussi l'interdépendance; l'autonomie, mais aussi la réciprocité'' Youngstown Steel & Tube Co. V. Sawyer 343 U.S.(1952)[109]. En

---

[109] Ainsi qu'il est indiqué dans l'arrêt, cette référence à l'opinion individuelle du juge Jackson émise en 1952 est une figure classique dans la jurisprudence de la cour, puisqu'on la relève également dans des décisions aussi importantes que *United States v. Nixon* 418 U.S. 683 (1974) et *Morrison v. Olson* 487 U.S. 654 (1988), voy. E. Zoller, op. cit., respectivement p. 833 et p. 1084. Or, dans les

adoptant cette *interprétation flexible* de la séparation des pouvoirs, nous avons simplement entendu la leçon de Madison, selon laquelle la plus grande garantie contre la tyrannie -l'accumulation de pouvoirs excessifs dans le chef d'une branche unique- ne réside pas dans une division hermétique entre les branches, mais dans un système finement ouvragé où les pouvoirs au sein de chaque branche sont limités et balancés. ''(La) plus grande garantie, a écrit Madison, contre une concentration graduelle des différents pouvoirs dans le même département, réside dans l'attribution à ceux qui administrent chaque département des moyens constitutionnels nécessaires, et des motifs personnels, pour résister aux empiétements par les autres'', *Le Fédéraliste*, Lettre n° 51. De même, comme nous l'avons mentionné à de nombreuses reprises, les Pères fondateurs ''ont construit à l'intérieur du gouvernement fédéral tripartite (...) une protection automatique contre l'empiétement ou l'extension d'une autre'', *Buckley v. Valeo*, 424 U.S.; v. aussi *INS v. Chadha*, 462 U.S. (1983)»[110].

On le voit, cet arrêt est essentiel en ce qu'il prouve que la cour, se référant en l'espèce à «la conception *flexible* qu'adopte Madison de la séparation des pouvoirs», est consciente que l'illustre publiciste concevait

---

deux cas, c'était pour démontrer le fait que la cour n'a ''jamais dit que la constitution exigeait que les trois branches du gouvernement agissent dans une absolue indépendance'', (idem). En effet, le juge Jackson s'était employé à démontrer que la constitution fédérale ne reposait pas sur une séparation fonctionnelle des pouvoirs impliquant l'attribution exclusive à un seul pouvoir de la totalité d'une fonction étatique. Ainsi, s'interrogeant sur la signification de l'une des clauses de l'article relatif à l'exécutif et suivant lequel «le pouvoir exécutif sera confié à un président des Etats-Unis d'Amérique», il disait ne pas penser qu'elle confiait au seul président tous les pouvoirs exécutifs. ''Si cela était vrai'', précisait-il, ''il serait difficile de comprendre pourquoi les constituants se sont donnés la peine d'ajouter (dans le même article) plusieurs pouvoirs très spécifiques, et même quelques pouvoirs insignifiants. L'exemple du pouvoir exécutif illimité'', poursuivait-il, ''qui a certainement marqué le plus fortement les constituants, était la prérogative exercée par Georges III, et l'énumération de ses funestes conséquences dans la Déclaration d'indépendance me conduit à douter qu'ils aient voulu créer leur nouvel exécutif à son image''. Par ailleurs, le président, qui ne disposait donc pas de la totalité du pouvoir exécutif, bénéficiait en raison de son droit de sanction d'une participation partielle au pouvoir législatif, ainsi qu'on pouvait le déduire de la phrase suivante. ''L'exécutif, sauf s'il s'agit de recommander une loi ou de s'y opposer par le veto, n'a aucun pouvoir législatif''. Voy. *Youngstown Steel & Tube co v. Sawyer*, 343 U.S. 579 (1952), opinion individuelle du juge Jackson, in E. Zoller, op. cit., p. 584 et p. 596.

[110] *Mistretta v. United States*, 488 U.S. 361 (1989), in E. Zoller, op. cit., pp. 1095-1096-1097.

la règle de séparation des pouvoirs comme une règle de non-cumul, laquelle ne «signifie pas qu'il est interdit à ces (trois) département de prendre une part limitée à l'action des autres», et que cette conception, qui structure *le Fédéraliste*, est par nature distincte de celle d'une séparation rigide.

De fait, au terme de l'étude du constitutionnalisme américain du XVIIIe siècle, lequel était entièrement articulé sur la notion de balance des pouvoirs, s'impose un constat: ni les constituants de Philadelphie, ni les publicistes américains du XVIIIe siècle n'employaient la notion, cardinale pour les juristes d'aujourd'hui, de régime présidentiel. Il devait en être de même en France, et ce jusqu'à la fin du XIXe siècle.

CHAPITRE II: De l'inanité de la notion de «régime présidentiel» sous la Révolution Française et la Deuxième République.

En effet, un pan entier du droit public d'essence libérale s'est construit sans la moindre référence à la notion de régime présidentiel. Cela s'explique, puisque cette notion est fautive dans sa conception et tardive dans sa génération (§ **I**^er^). Les contistutionnalistes français du XVIIIe, non plus que ceux de 1848, ne l'employaient pas et, davantage encore, n'auraient pu la comprendre (§ **II**).

§ Ier) La faute de Bagehot.

L'affirmation, propre à la doctrine classique, suivant laquelle les constituants de Philadelphie ont établi en 1787 un régime présidentiel, implique deux choses. La première, c'est que ce régime participe de la séparation absolue. Or, il fut précisément élaboré contre la spécialisation fonctionnelle (A). La seconde, c'est qu'il fut dès l'origine qualifié ainsi. Or, cette dénomination ne devait être reçue dans la communauté des publicistes et dans les manuels de droit constitutionnel que plus d'un siècle plus tard (B).

A) L'application fautive à la constitution du 17 septembre 1787 de la notion de régime présidentiel.

L'analyse de la doctrine française classique porte à faux. La constitution de 1787 consomme la défaite de la séparation dite absolue, rigide ou bien encore stricte des pouvoirs. De ce fait, la notion de régime présidentiel, fondée prioritairement sur le principe d'une séparation fonctionnelle, ne caractérise en aucune façon le texte de Philadelphie. Au demeurant, cette terminologie est d'une génération tardive.

En effet, elle fut forgée dans la première édition de *The English Constitution* parue en 1867, par Walter Bagehot, sans doute en partie sous le coup de l'impression produite par la personnalité d'Abraham Lincoln, et résultait d'une opposition au gouvernement de cabinet:

> «C'est l'indépendance du pouvoir législatif et du pouvoir exécutif», notait le publiciste anglais, «qui est la qualité distinctive du *gouvernement présidentiel*, tandis qu'au contraire la fusion et la combinaison de ces pouvoirs sert de principe au gouvernement de cabinet»[111].

---

[111] *La Constitution anglaise*, Paris, Germer-Baillière, 1869, p. 21.

Bref, l'absence du droit de dissolution et de la responsabilité politique de l'exécutif faisait du régime américain l'antithèse du régime anglais, «*le système rival*», et se dessinaient ainsi les contours principaux de l'opposition entre séparation stricte et séparation souple des pouvoirs sur laquelle nous vivons toujours aujourd'hui. Or, au XVIIIe siècle, cette dualité régime présidentiel/régime parlementaire, ou bien encore séparation absolue/séparation souple n'existait pas et n'avait aucun sens. Le régime parlementaire dualiste, s'il émergeait bien alors en Grande-Bretagne depuis le précédent intervenu en 1782 du ministère de Lord North et s'il devait se développer toujours plus, ne constitua pas la référence des Américains. Certes, les derniers développements de ce régime leur étaient connus, mais ils n'avaient pas valeur de paradigme faute de l'élaboration d'une théorie, de sorte que le régime parlementaire sous sa forme dualiste, ses virtualités et sa logique, n'étaient pas réellement compris[112]. Il devait d'ailleurs en être de même pour le personnel politique de la Révolution française, si l'on excepte quelques individualités notables telles que Mirabeau, averti par son atelier suisse, l'abbé Morellet et surtout Necker, instruit sur ce point par un séjour en Angleterre qui, sur ce sujet comme sur d'autres, fut déterminant. D'ailleurs, il est tout à fait remarquable de constater qu'en Angleterre même, la quasi totalité des traités de droit public publiés au début du XIXe siècle continuaient, tout en rendant compte du procédé chaque jour plus important de la responsabilité gouvernementale, à présenter le régime, sur le plan de la théorie, sous la forme du gouvernement mixte et, par conséquent, à reconnaître *de jure* au monarque un droit de veto absolu. Les Américains ne doutaient pas par exemple que le monarque put faire usage de son veto en cette fin de siècle alors même qu'il était sur le plan de la pratique tombé en désuétude[113].

---

[112] Relisons Bryce à ce sujet: "En 1787", a-t-il affirmé, "au moment où la Convention se réunit à Philadelphie, le système de gouvernement par les cabinets n'était pas encore mûr en Angleterre: il l'était même si peu que l'on n'était pas encore fixé sur sa nature véritable". Voy. *La République américaine*, Paris, Giard et Brière, 1900, T. I, pp. 272-273. Le jugement porté est si juste qu'Ellis Stevens avait éprouvé le besoin de le citer *in extenso* dans son livre, *Les sources de la constitution des Etats-Unis étudiées dans leurs rapports avec l'histoire de l'Angleterre et de ses colonies*, Paris, Guillaumin, 1897, p. 149.

[113] Ainsi, Hamilton notait-il dans *Le Fédéraliste* qu' "un très long temps s'est écoulé depuis que le veto de la Couronne a été exercé. (...) de ce qu'il pourra n'être que rarement exercé, il ne s'ensuit pas qu'il ne le sera jamais". N° LXXIII, p. 614. Dans le même sens, voy. J. Adams, *Défense des constitutions américaines*, op. cit., T. II, p. 233. En Angleterre même, ce point était toujours disputé. Ainsi,

Par conséquent, le vice de la classification de Bagehot réside dans un anachronisme, puisqu'elle postule que les constituants de 1787 se sont déterminés en fonction d'un modèle qui ne prendra réellement corps et qui ne sera théorisé que par la suite:

> «Les Américains de 1787», affirmait-il en effet, «*croyaient copier la constitution anglaise, mais ils ont fait le contraire*. Le gouvernement américain est le type des gouvernements *composites*, dans lesquels l'autorité suprême est divisée entre plusieurs corps politiques et plusieurs fonctionnaires. Le gouvernement anglais est, au contraire, le type des gouvernements *simples* dans lesquels l'autorité souveraine sur toutes les questions est confiée aux mains des mêmes personnes. D'après la constitution anglaise, *l'autorité suprême appartient à une chambre des Communes* qui vient d'être renouvelée par l'élection»[114].

L'erreur commise par Bagehot est manifeste: elle a consisté à caractériser le régime anglais, pris comme modèle par les *Pères Fondateurs*, selon sa réalité du dernier tiers du XIXe siècle, et non selon celle qui était la sienne au XVIIIe. C'est peu dire que la qualification de gouvernement *simple* donnée par Bagehot au régime anglais aurait laissé perplexes les publicistes, toutes nationalités confondues, du XVIIIe siècle, pour lesquels ce gouvernement, en réalité archétype du «gouvernement compliqué», participait du régime mixte en raison de la distribution du pouvoir législatif entre trois organes partiels de législation. Répétons-le, c'est en des termes très spécifiques que se posait pour ces derniers la question constitutionnelle. L'alternative était la suivante: ou bien

---

Georges III, par exemple, avait toujours veillé à convaincre chacun qu'il était toujours titulaire du *veto* et qu'il n'hésiterait pas à l'employer si besoin était. La lettre qu'il écrivit en ce sens en 1774, adressée à Lord North, exprimait fermement sa position: "J'espère", représenta-t-il à son correspondant, "que la Couronne pourra toujours, dans l'une comme dans l'autre chambre du parlement, rejeter un bill, et je ne consentirai jamais à employer une expression quelconque qui tendrait à établir que la Couronne n'usera dans aucun cas du droit de refuser son assentiment". Cité par E. Stevens, *Les sources de la constitution des Etats-Unis*..., op. cit., note 1 p. 159. Ce n'est pas pour rien que dans la décennie quatre-vingt-dix, ceux que l'on devait appeler les "jacobins anglais", en raison de leur sympathie pour le courant français éponyme, devaient à titre de revendication prioritaire réclamer l'abolition du droit de *veto* dont le monarque était toujours titulaire.

[114] Op. cit., pp. 322-323. Nous avons vu ce que l'on entendait par "gouvernement simple" au XVIIIe siècle.

l'établissement de la séparation absolue des pouvoirs fondée, d'une part sur un parlement monocaméral doté de l'intégralité de la fonction législative et, d'autre part, sur un organe exécutif, de préférence collégial, nanti de façon exclusive de la totalité de la fonction exécutive; ou bien la balance des pouvoirs avec distribution du pouvoir législatif entre différents organes, dont l'un pouvait être l'organe exécutif. Les Américains, nourris de principes *whigs*, ont choisi la seconde branche de l'alternative. De la sorte, si les publicistes de la fin du XIXe siècle devaient opposer les régimes anglais et américain, les publicistes du XVIIIe, quant à eux, les faisaient correspondre sous le rapport d'une distribution des pouvoirs publics fondée sur la balance des pouvoirs et proscrivant le monopole de la fonction législative au profit d'un seul organe.

C'est d'ailleurs précisément ce que devait soutenir, vingt petites années après la parution de *la constitution d'Angleterre*, Henry Summer Maine, professeur à Cambridge, quant à lui auteur d'*Essais sur le gouvernement populaire*[115]. Naturellement, Maine avait lu Bagehot[116], et, précisément, nous sommes en notre particulier convaincu qu'une grosse part de son projet consistait à réfuter l'analyse et la classification proposées par le célèbre journaliste, tant ces dernières sont présentes en filigrane et méthodiquement invalidées. C'est donc en tant qu'écrites par un auteur qui se posait au principal en contradicteur de Bagehot qu'il faut lire les lignes qui suivent:

> «...j'ai entrepris», expliquait en effet Maine, «la critique et l'analyse de la constitution des Etats-Unis, *sujet qui semble prêter à la diffusion de beaucoup d'erreurs*». «J'espère montrer», poursuivait-il, «que la constitution des Etats-Unis est colorée tout entière par des idées politiques d'origine anglaise, et qu'elle n'est en réalité qu'une version de la Constitution britannique, *telle que celle-ci devait apparaître aux yeux d'un observateur intelligent durant la seconde moitié du siècle dernier*». Or, avançait Maine, la preuve essentielle de cette parenté réside en effet dans la «législature à deux chambres (, laquelle) témoigne clairement de la filiation de la Constitution fédérale américaine par un original britannique, comme elle trahissait auparavant la même généalogie pour les constitutions coloniales antérieures. Si nous

[115] Traduits en français en 1887, ils étaient composés à l'origine d'une série d'essais publiés pour la première fois dans la *Quarterly Review* en avril 1883, janvier et avril 1884, avril 1885.

[116] *Essais sur le gouvernement populaire*, Paris, Ernest Thorin, 1887, pp. 298-300.

pouvions concevoir un architecte politique s'efforçant de construire, au XVIIIe siècle, une nouvelle Constitution, dans l'ignorance du parlement britannique, ou avec le propos délibéré de n'en tenir aucun compte, on peut imaginer qu'il eût organisé sa législature avec une chambre, ou trois, ou quatre; mais il est des plus improbables qu'il l'eût construite avec deux»[117]. De la sorte, poursuivait-il en des termes capitaux qui sont tous applicables à Bagehot, «il est probable qu'aucun étranger, sauf un Anglais, ne saurait pleinement comprendre la constitution des Etats-Unis, bien», précisait-il, «qu'un Anglais lui-même incline souvent à croire qu'elle représente une innovation politique beaucoup plus originale qu'elle ne l'est en réalité, *et à négliger de la comparer aux institutions anglaises d'il y a cent ans*». Car en effet, «la constitution des Etats-Unis est une version modifiée de la Constitution britannique. *Mais la Constitution britannique qui lui a servi de modèle était celle qui existait entre 1760 et 1787.* Les modifications introduites ont été celles, et celles là seulement, que suggéraient les nouvelles conditions d'existence des colonies américaines désormais indépendantes. Les circonstances excluaient un roi héréditaire, et elles excluaient, en outre, une noblesse héréditaire»[118].

Ainsi, le rapprochement des livres respectifs de Bagehot et Maine est des plus instructifs. Alors que le premier ne voyait dans le régime américain que le «système rival» du gouvernement britannique, et éprouvait de ce fait le besoin d'élaborer pour lui une catégorie générique propre, en l'espèce celle du gouvernement présidentiel par opposition au gouvernement de cabinet, le second, prenant le contrepied, l'envisageait comme puîné «coloré(...) tout entier(...) par des idées politiques

[117] Maine tenait beaucoup à cette idée -et de même à la formule qui la mettait en forme et qui n'était pas de lui-, avec juste raison au demeurant, puisque c'est affirmer en d'autres termes que les Etats-Unis devaient leur bicamérisme non en raison de la forme fédérale de leur Etat mais à cause de leur culture politique britannique. C'est le motif pour lequel il devait l'utiliser dans une autre étude, intitulée *La démocratie en Amérique*, publiée dans le *Nineteenth century* de mars 1886, et reproduite en annexe de l'édition française de ses *Essais*: "La Constitution américaine", était-il écrit à des fins de confirmation, "est manifestement anglaise; ceci pourrait se prouver -comme le remarque M. Freeman- par ce fait seul qu'elle s'est bornée à prendre deux chambres, au lieu d'une, ou trois, ou davantage, pour structure normale d'une assemblée législative" Op. cit., chap. I, p. 26. Maine disait juste, mais nous remarquerons seulement qu'établir une chambre, ou bien trois ou quatre -comme ce fut le cas en Suède au XVIIIe siècle-, n'avait pas du tout la même signification pour les publicistes du Grand siècle, puisque c'était dans le premier cas opter pour l'unité et dans le second pour la balance.

[118] *Essais sur le gouvernement populaire*, op. cit., pp. 7, 290, 314, 346, 351.

anglaises» et se focalisait sur le bicamérisme comme marqueur de la «filiation». En ce sens, cette controverse, malheureusement passée inaperçue chez les historiens du droit, symbolise ce moment critique où, dans l'histoire constitutionnelle, une théorie nouvelle a émergé pour effacer bientôt la précédente[119].

Preuve supplémentaire, s'il en fallait une, du tronc commun propre aux deux régimes, rien ne s'opposait en réalité à ce que le régime américain subisse une évolution analogue à celle du régime anglais qui le mena au parlementarisme par la transmutation de la procédure de l'*impeachment*.

La pratique, en effet, aurait pu contredire l'esprit premier de la constitution et rendre politiquement responsable le président devant les chambres. Ainsi, dans le dernier tiers du XIXe siècle, Andrew Johnson, démocrate du sud, qui avait succédé au président Lincoln assassiné, créa une sorte d'état de contention entre le Congrès à majorité républicaine et lui-même par le recours réitéré au *veto* portant sur des lois d'inspiration radicale dirigées contre les Etats vaincus du sud. En effet, sa politique d'apaisement et de réconciliation pensée dans la fidélité à Lincoln engendra la véhémence de la majorité congressionnelle, renforcée par les élections de 1866, et qui, à la première occasion, déclencha l'*impeachment*. Le prétexte fut trouvé en 1868, à l'occasion de la révocation du secrétaire à la guerre, Edwin Stanton. En effet, à l'origine, la constitution avait laissé dans l'ombre le point de savoir si le président était tenu de recevoir l'agrément sénatorial en cas de destitution d'un fonctionnaire fédéral, sachant que cet agrément était indispensable pour sa nomination[120]. En 1789, le Congrès avait décidé, ainsi que Washington l'y invitait, que puisque le président était pénalement responsable, on ne pouvait le forcer de se servir d'agents qui n'avaient plus sa confiance. Rompant avec ce système, le Congrès vota en 1867 le *Tenure of Office Act*, jugé inconstitutionnel par le président en tant qu'il soumettait toute

[119] Emile Boutmy fut sans doute le premier publiciste français à participer de ce mouvement, malheureusement irrépressible jusqu'à nos jours, ainsi que l'on peut en juger à la lecture de ses *Etudes de droit constitutionnel. France, Angleterre, Etats-Unis*, Paris, Plon, 1888. Ayant lu Bagehot, (voy. p. 146 et p. 162), il s'en prend à Maine, qu'il ne comprend pas, ne sachant pas qu'il existait une intelligence première du régime américain, distincte de celle de Bagehot et incompatible avec elle (voy. pp. 332-345).

[120] Selon Hamilton s'exprimant dans *le Fédéraliste*, "le consentement (du sénat est) nécessaire pour destituer aussi bien que pour nommer". *Le Fédéraliste*, n° LXXVII, op. cit., p. 636.

révocation à l'assentiment du sénat, lequel était nécessaire aux yeux des parlementaires en vertu d'une application stricte du principe de parallèlisme des formes[121]. Sitôt donc la révocation de Stanton opérée, le président, accusé le 3 mars par la chambre basse, fut jugé le 26 de ce mois par le sénat au sein duquel une voix manqua pour atteindre la majorité constitutionnelle des deux tiers. S'il en avait été autrement, ou si à la manière de Walpole en 1742, Johnson avait préféré se démettre préventivement de ses fonctions pour ne pas encourir la sanction, le régime aurait pu prendre un tour parlementaire, facilité par la rédaction de l'article 2 section 4 de la constitution qui autorise la mise en œuvre de la procédure pour «trahison, concussion ou autres crimes et délits». En effet, on le voit, cette clause, par sa relative indétermination, laisse aux parlementaires une certaine latitude dans l'appréciation du fait pénalement répréhensible. Depuis lors, le régime ayant peu à peu acquis au long de l'histoire sa stabilité, il a longtemps paru peu probable qu'un tel précédent se réalise à nouveau, même si Nixon a tenté de le faire croire lorsque, le 8 août 1974, il justifia sa démission, consécutive au vote par la commission judiciaire de la chambre basse de la recommandation d'une mise en jugement par la chambre des représentants, par la perte d'un soutien politique assez fort pour lui permettre de poursuivre son mandat.

Mais, la procédure d'*impeachment* récemment déclenchée à l'encontre du président William Jefferson Clinton a marqué la résurgence de ce type d'interrogation dans la réflexion de la doctrine américaine, au point d'avoir constitué un moment son thème majeur. Ainsi en atteste cette version, très pessimiste, proposée par Fred Greenstein, professeur d'Histoire à Princeton, s'adressant à un lectorat français:

> «...le vote de l'*impeachment* du président», a-t-il estimé, «peut graduellement conduire à une situation dans laquelle, si une majorité du Congrès se sent assez forte pour s'opposer au président, elle pourrait essayer de le renverser. On aboutirait à une situation rappelant celle de votre IVe République avec l'introduction du multipartisme, une rotation rapide à la tête de l'exécutif. L'*impeachment* risque alors de devenir une routine»[122].

De même, Ezra Suleiman, professeur de science politique à Princeton, s'est inquiété de la possibilité d'un tel inflechissement du régime:

> «Les questions soulevées par la destitution possible du président Clinton et la méthode utilisée pour y parvenir posent (...) des problèmes d'ordre constitutionnel» a-t-il récemment écrit. «Les Etats-

---

[121] Ce texte devait être abrogé le 3 mars 1887.

[122] Entretien accordé au journal *le Monde*, 8 janvier 1999, p. 3.

Unis, en effet, n'ont pas un système politique qui permet les changements de gouvernement entre les élections. C'est le caractère en quelque sorte inflexible du système présidentiel. En destituant le président pour des motifs qui ne touchent pas à ses fonctions, les républicains ne sont-ils pas en train de renverser la logique même du suffrage universel et de réaliser ce que certains constitutionnalistes considèrent comme l'équivalent d'un *coup d'Etat légal*[123]? En modifiant et en abaissant les critères justifiant un *impeachment*, les représentants ne sont-ils pas en train d'ouvrir la voie à des comportements incompatibles avec l'esprit du système politique américain; par exemple permettre qu'une majorité parlementaire se débarasse d'un président qu'elle n'aimerait pas»[124].

---

[123] Souligné par l'auteur.

[124] *Le Monde*, 29 décembre 1998, p. 10. Relevons d'emblée à ce propos que le professeur Suleiman ne peut reprocher à qui que ce soit une "modification" et un "abaissement" des "critères justifiant un *impeachment*", puisque, ainsi que nous venons de le relever, la section 4 de l'article 2 ne les donne pas. Dès lors, le seul point sur lequel les juristes puissent s'accorder, c'est que l'organe doté en cette matière par la constitution d'un droit d'interprétation simple, à savoir la chambre des représentants, a jugé que de tels critères existaient en l'espèce, puisqu'elle vota deux articles de destitution, l'un pour "parjure" et l'autre pour "obstruction à la justice". De la sorte, il est revenu à la chambre haute, présidée par le *chief justice* de la cour suprême, dotée quant à elle d'un pouvoir d'interprétation authentique de la constitution, de juger s'il y avait, ou non, dans cette espèce, un ou des critères justifiant la destitution du président des Etats-Unis. Voilà le seul point objectif, et le reste relève de la subjectivité de chacun. A ce sujet, certains épisodes qui se sont déroulés à l'occasion de cette procédure sont très instructifs et démontrent que le champ du possible peut toujours être élargi. Ainsi, au sein même du Congrès, afin de préserver le Président, les démocrates ont naturellement critiqué une procédure *d'impeachment* qu'ils estimaient dénaturée en procédure à caractère politique. David Bonior par exemple, *chief whip* des démocrates à la chambre basse, a manié ce thème: "Nous ne pouvons laisser les républicains", a-t-il déclaré, "parvenir au moyen de l'*impeachment* à ce qu'ils n'ont pu obtenir par les urnes", *Le Monde*, mardi 22 décembre 1998, p. 3. De ce fait, ils ont menacé les républicains de prendre date, ce qui marque bien l'importance des précédents dans l'évolution de tout régime, lesquels peuvent assez rapidement suivant les cas engendrer des coutumes constitutionnelles ou des conventions de constitution. En ce sens, Charles Schumer, représentant démocrate de New York, agita, à mots couverts, la menace: "je crains", dit-il, "que lorsqu'un républicain sera à la Maison blanche, les démocrates ne lui rendent la pareille", idem, p. 4. D'autre part, lors des débats, deux autres types de sanction ont été proposés, qui apparaissent comme des *ersatz* ou succédanés de mise en cause politique. Ainsi certains républicains ont proposé une simple "constatation des faits", dénuée d'effets juridiques, rejetée par les démocrates de même que par les républicains les plus engagés contre Clinton, et de plus jugée inconstitutionnelle

Cet épisode est venu à propos pour nous rappeler que chaque régime politique a sa vie propre, et qu'en l'espèce, le régime américain aurait pu connaître au cours de son histoire un cours comparable à celui du régime britannique. Ainsi, que ce serait-il passer par exemple si le mouvement réel qui prit corps pendant la présidence de Harding (1921-1923), en vue d'obtenir pour les membres du cabinet le droit de paraître au Congrès et ainsi de pouvoir directement et en personne y défendre la politique de l'exécutif, avait abouti? Cela n'aurait-il pas facilité la revendication ultérieure de la possibilité de renverser collectivement les

---

par la doctrine. D'autre part, des démocrates ont milité un temps, officiellement à titre de solution bipartisane, pour un "vote de censure", sorte de blâme à caractère moral sans conséquence juridique lui aussi. Fait très remarquable, les républicains ont, à l'origine, refusé ce type de solution car ils avaient encore l'espoir de voir la procédure d'*impeachment* aboutir grâce à des défections dans le camp démocrate. Pour ce faire, ils se prévalurent précisément du caractère du régime, fondé ont-ils dit sur la séparation absolue, et qui de ce fait à l'inverse de ce qui est possible en régime parlementaire ne pouvait pratiquer ce type de procédure. Henry Hyde, républicain de l'Illinois et président de la commission des affaires judiciaires de la chambre des représentants, adversaire juré de Clinton, s'était abrité derrière ce type d'argument: "...les *défenseurs* du président", fit-il observer, "proposent de nouvelles solutions, comme une motion de censure du Congrès. (...). Mais, de par la Constitution, nous n'avons pas l'autorité de punir le président. Cela s'appelle la séparation des pouvoirs". (ibid.). On sait qu'au fur et à mesure que l'acquittement du président devenait de plus en plus probable, certains républicains ont regretté de n'avoir pas accepté à temps ce type de solution, présentée primitivement, rappelons-le, par le camp adverse, comme bi-partisane. A ce sujet, il faut être conscient qu'aussi bien la "constatation des faits" que la "motion de censure" auraient pu être mises en œuvre par le sénat, à la condition qu'il se soit dégagé en faveur de l'une ou de l'autre une majorité au sein de cet organe doté en cette matière par la Loi fondamentale du 17 mai 1787 d'un droit d'interprétation authentique de la constitution.

Il est à noter que le régime politique russe a lui aussi récemment fait l'objet d'une tension du même type, c'est-à-dire d'une tentative de transmutation de la procédure d'*impichment*, selon l'orthographe russe, en vote de censure politique. Cette dernière, engagée en août 1998, a pris fin le 15 mai 1999, puisqu'il ne s'est trouvé aucune majorité -fixée en l'espèce à 300 voix sur 450- au sein de la *Douma*, chambre basse du parlement, pour voter l'un des cinq chefs d'accusation présentés par la commission de destitution. Précisément, la seule lecture desdits chefs suffit à illustrer le caractère politique de l'entreprise: "destruction de l'Union soviétique", "assaut contre le parlement", "génocide contre le peuple russe", "destruction de l'industrie militaire et de l'armée", et enfin "déclenchement de la guerre de Tchétchénie".

Secrétaires du Président? La vie propre d'un régime est plus imaginative que le concept élaboré pour en rendre compte.

De fait, du point de vue de l'organisation des pouvoirs publics, les régimes américain et britannique ont longtemps été associés en raison du dénominateur commun de la balance des pouvoirs, avant d'être disjoints et mis en opposition sous l'effet d'une classification nouvelle. Celle-ci ne devait être opératoire qu'au tout début du XXe siècle.

B) Une notion tardive dans l'histoire de la théorie du droit.

Fautive dans son élaboration, la notion de «régime présidentiel» -par la force des choses puisqu'elle ne pouvait de ce fait être revendiquée et appliquée par les constituants de 1787- n'a de plus fait autorité que sur le tard. Ce n'est guère qu'à la toute fin du XIXe et au début du XXe siècles qu'elle est devenue pour les juristes le vocable et le concept au moyen desquels on caractérisait désormais ce régime. H. Taÿ, dans son étude intitulée *Le régime présidentiel et la France*, a signé à ce sujet des pages très précises, desquelles on n'a pas tiré les conséquences nécessaires[125].

Les preuves de cette réception tardive sont nombreuses. Ainsi, un auteur aussi distingué qu'A. Batbie, publiant de 1862 à 1868 son *Traité théorique et pratique de droit public et administratif*, n'était toujours pas en possession de la division tripartite, aujourd'hui classique, distinguant les régimes présidentiel, parlementaire et d'assemblée[126]. De même, le publiciste belge Emile de Laveleye, faisant paraître en 1892 *Le gouvernement dans la démocratie*, faisait participer quant à lui le régime américain des «régimes parlementaires», le régime parlementaire étant celui par lequel «un pays se gouverne lui-même»[127]. Mais le plus significatif reste sans doute l'étude d'Adolphe de Chambrun, intitulée *Le pouvoir exécutif aux Etats-Unis,* imprimé en 1876 à l'occasion du

---

[125] Voy. *Le régime présidentiel et la France*, Paris, L.G.D.J., 1967, *Introduction*, pp. 1-25. Récemment, Mme Geneviève Gondouin est venue rappeler ce point: "Selon M. H. Tay", a-t-elle fait remarquer, "la définition du régime présidentiel apparaît dans le vocabulaire juridique français vers la fin du XIXe siècle. Une fois introduite, elle ne subira guère de variations". Voy. "Propos sur la France et le régime présidentiel", *Revue du Droit Public*, 1998-2, p. 374.

[126] *Traité théorique et pratique de droit public et administratif*, Paris, Cotillon, T. I, p. 33. Pareillement, dans ses *Vues sur le gouvernement de la France*, ouvrage saisi en 1861 chez l'imprimeur et publié en 1870, de Broglie calquait son interprétation du régime américain sur celle des publicistes du XVIIIe, et n'évoquait en rien un quelconque régime ou gouvernement présidentiel. Voy. *Vues...*, Paris, M. Lévy, 1870, notamment pp. 285-286-287 et 293.

[127] *Le gouvernement dans la démocratie*, Paris, F. Alcan, T. II, p. 94.

centenaire de la Déclaration d'indépendance, précieuse en ce qu'elle est un des rares travaux portant spécifiquement sur les Etats-Unis parus à cette époque, et dans laquelle la dénomination de régime présidentiel n'apparaît jamais car, précisément, son auteur s'était formé à la lecture du *Fédéraliste* et continuait à penser prioritairement en termes de distribution de la fonction législative entres plusieurs organes, de sorte qu'il employait à dessein l'expression de «pouvoirs coordonnés». Pour ne prendre qu'un exemple, il parlait du droit de *veto*, que le président, disait-il, pouvait «exercer dans le cas où les chambres voteraient des lois qu'il jugerait lui-même dangereuses ou inconstitutionnelles», dans les termes suivants:

> «*Les motifs qui ont déterminé les constituants à conférer au chef du pouvoir exécutif une part aussi grande d'autorité législative*, ont été exposés de la manière suivante par les auteurs du Fédéraliste: La propension, ont-ils dit, que montre le pouvoir législatif à empiéter sur les droits et à absorber les pouvoirs des autres départements (est considérable); on a fait aussi remarquer combien la délimitation des droits et prérogatives de chaque branche du gouvernement était insuffisante, et combien il était nécessaire de donner à chacune d'elles des armes constitutionnelles pour sa défense. De ces principes incontestables découle la nécessité de conférer à l'exécutif un droit de négative absolu ou qualifié sur les actes de la Législature; sans l'un de ces deux moyens de défense, il lui serait absolument impossible de résister à ces attaques. Des résolutions successives pourraient le dépouiller graduellement de son autorité; un seul vote pourrait tout lui enlever; alors les attributions législative et exécutive se concentreraient rapidement dans les mêmes mains. Mais le droit de veto sera ausi employé dans un but différent: il donne une garantie de plus contre le vote de lois mauvaises; il place une barrière autour du corps législatif; il met la communauté en garde contre l'esprit de faction. L'avantage du veto ne résulte pas de ce que l'on suppose une vertu supérieure au pouvoir exécutif, mais bien de ce que le pouvoir législatif n'est pas infaillible. En conférant ce droit au Président, la constitution entend lui donner d'abord les moyens de se défendre; en second lieu, elle assure à la société une chance de plus contre l'adoption d'une loi mauvaise»[128].

Cela étant posé, l'essentiel de notre propos à ce moment de notre étude sera pour démontrer que les auteurs anglo-saxons ont de fait continué durant la majeure partie du XIXe siècle à définir le régime américain en termes de *checks and balances* et de division de l'organe législatif, sans jamais faire référence à la notion de gouvernement ou

---

[128] A. de Chambrun, *Le pouvoir exécutif aux Etats-Unis*, Paris, E. Thorin, 1876, pp. 114, 117, 118-119.

régime présidentiel. Un rapide survol du siècle atteste cela. Ainsi, par exemple, James Kent, ancien magistrat puis professeur de droit au Columbia College, auteur de *Commentaries on American Law* qui furent le produit de ses cours magistraux et dont la première édition parut en 1828, analysait le régime américain sur cette base. Comme beaucoup à son époque, il était imbu des enseignements du *Fédéraliste* qui occupait dans sa propre réflexion une place prépondérante, puisqu'il trouvait ce traité supérieur aux productions des Machiavel, Montesquieu, Locke et autres Burke, au point d'affirmer que «no constitution of government ever received a more masterly and successful vindication». De ce fait, sa propre analyse en était démarquée:

> «The division of the legislature into two separate and independent branches», écrivait-il, «is founded on such obvious principles of good policy, and is so strongly recommended by the unequivocal language of experience, that it has obtained the general approbation of the people of this country. One great object of this separation of the legislature into two houses, acting separately, and with co-ordinate powers», précisait l'auteur, «is to destroy the evil effects of sudden and strong excitement, and of precipitate measures, springing from passion, caprice, prejudice, personnal influence and party intrigue, and which have been found, by sad experience, to exercise a potent and dangerous sway in *single assemblies*». Le principe posé, il en venait à son illustration: «The legislatures of Pennsylvania and Georgia», faisait-il observer, «consisted originally of a single house. The instability and passion which marked their proceedings were very visible at the time, and the subject of much public animadversion; and in the subsequent reform of their constitutions, the people were so sensible of this defect, and of the inconvenience they had suffered from it, that in both States a senate was introduced. No portion» concluait-il alors en se référant expressément à la *Défense des constitutions américaines* de John Adams qui traitait longuement de ce thème, «of the political history of mankind is more full of instructive lessons on this subject, or contains more striking proof of the faction, instability, and misery of states, under the dominion of a single *unchecked assembly*, than that of the Italian Republics of the middle ages. (...). They were all alike ill constitued, with a single *unbalanced assembly*»[129].

---

[129] Voy. James Kent, *Commentaries on American Law*, New-York, Clayton, 1836. Pareillement, son analyse du droit de *veto* conditionné était de facture classique: "This qualified negative of the president upon the formation of laws", notait-il, "is, theoretically at least, some additional security against the passage of improper laws, through prejudice or want of due reflection; *but it was principally intented to give to the president a constitutional weapon to defend the executive*

De même, il est indispensable d'évoquer l'étude du publiciste britannique Hugh Seymour Tremenheere, publiée en 1854 et intitulée *The Constitution of the United States compared with our own*, qui établit précisément une identité entre les régimes américain et britannique sur le plan de la distribution des pouvoirs publics. En effet, aussitôt après avoir relevé qu'il existe en Angleterre un «mélange des trois pouvoirs», l'auteur poursuivait en ces termes:

> «This same blending of these three powers exists also in a similarly limited and useful manner in the constitution of the United States; and», ajoutait-il, «its a point which has been defended by all the ability of the authors of *the Federalist*, and the Framers of the constitution». De ce fait, opinait-il, il y a une «partial participation of each in the powers of the other, and a system of checks and balances, as we in England happily possess in our own constitution and which that of the United States has sought to follow as for us circumstances permitted». De ce fait, c'est précisément en raison de ce principe d'organisation général que Tremenheere précisait que le sénat américain dérivait non de la forme fédérale de l'Etat mais des nécessités de la balance puisque, expliquait-il, «the policy of making an upper house, or senate, a part of the constitution of the united States, is justified by precisely the same arguments that are used in this country in favour of the existence of the House of Lords as an integral part of our constitution»[130].

---

department, as well as the just balance of the constitution, against the usurpations of the legislative power''. Idem, pp. 239-240.

[130] H.S. Tremenheere, *The constitution of the United States compared with your own*, London, John Murray, 1854, pp. 59, 64, 69. De la même façon, voy. Lord Brougham, homme politique et publiciste anglais, auteur d'un traité en 3 volumes intitulé *Political Philosophy* dans lequel d'une part il traite conjointement des constitutions anglaise et américaine au chap. II du T. II intitulé *Of Balances and Checks* et dans lequel d'autre part il écrit le passage suivant: "... the constitution of England and the United States, in both of which *the checks of the three members of the legislature* ...", Londres, 1843, Chapman and Hall, T. II, p. 15. On pourra de même se reporter à toute une série de travaux réputés en leurs temps et participant d'une même conception dans laquelle n'apparaît jamais la notion de régime présidentiel, savoir Nathaniel Chapman, *Principles of Government*, 1833, (New York, da Capo Press, 1970); Henry Baldwin, *A general view of the origin and nature of the Constitution and government of the United States*, 1837, (New York, Da capo press, 1970); l' *Histoire de l'origine, de la formation et de l'adoption de la constitution des Etats-Unis*, Londres, 1854-1860, (qui devait rapidement passer pour une référence); John King, *A Commentary on the Law and True Construction of the Federal Constitution*, 1871, (Littleton, Fred B.

Au regard de l'ensemble de ces travaux et de la permanence de la ligne analytique qui les structure, on voit combien l'exercice de Bagehot fut constitutif d'une rupture radicale. Un autre ouvrage devait compter pour beaucoup dans ce basculement: il s'agit du *Congressional Government* de Woodrow Wilson. En effet, cette thèse de doctorat publiée en 1884, bientôt traduite dès 1900 en France, devint rapidement, aux Etats-Unis de même que dans notre pays, une référence de principe[131]. Or, elle faisait participer l'architecture institutionnelle américaine de la séparation absolue. Cela s'explique: en effet, Wilson pensait, à tort, que jusqu'alors le régime américain n'avait pas fait l'objet en doctrine d'un examen assez approfondi, de sorte qu'il entendait renouveler son étude. Précisément, c'est en ayant notamment à l'esprit le livre de Bagehot qu'il avait lu de façon très précise qu'il rédigea son travail, ce qui explique la communauté d'analyse[132]. Dès lors, le pli était pris et le terme de régime présidentiel devait gagner à lui les esprits. Non pas, toutefois, sans quelques dernières interrogations. Ainsi, Duguit, qui joua lui-même un rôle de premier plan dans le fait de désigner par l'expression de gouvernement présidentiel le régime politique des Etats-Unis, releva parallèlement que la constitution américaine, «qu'on nous présente toujours», dit-il, «comme fondée sur le dogme de la séparation des pouvoirs, ne fonctionne normalement que grâce à la *part qu'elle donne au chef du pouvoir dit exécutif dans la confection des lois*, à la *brèche* qu'elle apporte à ce fameux principe»[133].

En définitive, la notion de régime présidentiel, conçue dans la seconde moitié du XIXe siècle et popularisée lentement, a été conceptualisée par son auteur Bagehot sur la base d'une erreur radicale

---

Rothman, 1985) et enfin Samuel Freeman Miller, *Lectures on the Constitution of the United States*, 1893, (Littleton, Fred B. Rothman, 1980).

131 Ce pour quoi Joseph Barthélémy le qualifie dès 1906 "d'ouvrage classique". Voy. "La condition actuelle de la présidence des Etats-Unis d'Amérique depuis les ouvrages de Bryce et de Woodrow Wilson", *Revue politique et parlementaire*, n° 140, T. XLVII, 10 février 1906, p. 277.

132 L'influence de Bagehot sur Wilson était telle que le futur président des Etats-Unis était convaincu que le le système politique américain devait être restructuré sur le modèle du cabinet britannique. Déjà, en 1879, il avait publié un article intitulé *Le gouvernement de cabinet aux Etats-Unis* dans lequel il exposait ses propositions de réforme constitutionnelle.

133 *Traité de droit constitutionnel*, Paris, Fontemoing, 1911, T. I, p. 410. Cela le conduit à placer le droit de *veto* au premier rang des prérogatives de l'exécutif: voy. ses *Etudes de droit public*, Paris, Fontemoing, 1903, T. II, pp. 356-357.

d'analyse de la Constitution américaine telle qu'elle se présentait primitivement au XVIIIe siècle. Ainsi, si à la fin du XIXe siècle le gouvernement américain -gouvernement présidentiel- devait être opposé au gouvernement anglais -gouvernement de cabinet-, il en était tout autrement au XVIIIe, puisqu'alors le gouvernement américain -balance des pouvoirs- était opposé au gouvernement anglais -balance des pouvoirs avec gouvernement mixte- sous le rapport du principe de légitimité, mais non sous celui de la distribution des pouvoirs publics.

De fait, le code génétique de la constitution de 1787 est irréductible à la notion de régime présidentiel qui emporte prioritairement celle de séparation fonctionnelle, puisqu'il est à l'inverse fondé sur la notion de *checks and balances*, c'est-à-dire de la balance des pouvoirs qui, au XVIIIe siècle, était le principe antagoniste de celui de la spécialisation. Cela explique qu'au XVIIIe siècle et durant la majeure partie du XIXe, la théorie juridique des régimes politiques, tant dans sa version anglo-saxonne, nous venons de le voir, que française, ce sera l'objet de notre prochain développement, ignorait la notion de «régime présidentiel» qui, à l'inverse, est considérée aujourd'hui, en relation avec celles de «régime parlementaire» et de «régime d'assemblée» ou «conventionnel», comme l'un des trois critères essentiels d'identification et de classification des constitutions. De ce fait, le régime américain était à cette époque caractérisé en référence à un autre critère, qui, nous le savons, était celui de la balance des pouvoirs. Autrement dit, il était systématiquement évoqué comme exemple d'un régime républicain dans lequel aucun organe ne détenait l'intégralité de la fonction législative. Nous avons vu que les publicistes de la Révolution américaine pensaient ainsi. Nous allons donc voir à présent que les publicistes de la Révolution française firent de même, et que par conséquent, s'inspirer du régime américain ou s'en autoriser signifiaient pour eux militer en faveur de la balance ou de l'équilibre des pouvoirs. Démontrer ce point nous est nécessaire à un double titre: en premier lieu, il est impératif de l'établir à titre préliminaire pour nous permettre de montrer ensuite qu'une telle influence a précisément joué en l'an III lors de l'instauration de la balance des pouvoirs par la constitution du 22 août 1795. En second lieu, c'est sur la base de la théorie du droit public telle qu'elle fut codifiée au XVIIIe siècle et qui devait subsiter *ne variatur* dans la première moitié du XIXe que les publicistes de la Deuxième République définirent à leur tour le régime américain.

§ II) La République américaine, exemple archétypique d'un régime politique fondé sur la tripartion du pouvoir législatif pour les publicistes de la Révolution française.

En effet, les publicistes français, pleinement conscients de ce que les Etats-Unis avaient pris pour modèle le régime anglais, eurent une intelligence précise des deux vagues du constitutionnalisme américain et de leur signification juridique. Ainsi, ils analysaient les constitutions des Etats indépendants comme participant de la balance des pouvoirs assise sur le bicamérisme (A), et la constitution fédérale du 17 mai 1787 comme ressortissant à la balance des pouvoirs articulée, suivant la majorité des auteurs, sur la tripartition du pouvoir législatif (B). De ce fait, ils caractérisaient la doctrine institutionnelle américaine en matière d'organisation des pouvoirs publics comme un plaidoyer en faveur de la distribution de la fonction législative entre au moins deux organes partiels de législation: c'était là sa spécificité. Cette analyse ne devait subir aucune variation durant tout le long de la Révolution du fait de l'immutabilité pendant cette période de la théorie juridique des régimes politiques.

A) Les constitutions des treize Etats indépendants d'après la doctrine française.

Ce constat fut dressé en premier lieu relativement aux constitutions des Etats indépendants[134]. La première condamnation de

[134] Dès 1783, le duc de la Rochefoucauld d'Enville en fit une traduction, commentée aussitôt dans les périodiques. Il s'agit des *Constitutions des treize Etats-Unis de l'Amérique*, dénué de tout commentaire, mais assorti de notes terminologiques. Deux versions incomplètes, relatives aux constitutions rédigées avant 1777, avaient paru en 1778 et 1779 sous le titre de *Recueil des lois constitutives des colonies anglaises confédérées sous la dénomination d'Etats-Unis de l'Amérique septentrionale.* L'instigateur des trois éditions était Franklin, ce dont chacun était conscient. Il avait obtenu de Louis XVI -et contre le sentiment de Vergennes- que, sans les approuver, la censure les laissa circuler et ne s'opposa pas à leur vente clandestine. Puis Jean-Nicolas Démeunier fit de même dans quatre tomes de l'*Encyclopédie méthodique* parus de 1784 à 1788. Il y adjoignit, en vérité sous la direction de Jefferson, ses propres commentaires. En effet, désireux de présenter sous un jour favorable les Etats américains indépendants, Démeunier avait convaincu le ministre de la Confédération à Paris de lui faire un résumé des diverses constitutions. Jefferson s'exécuta à plusieurs reprises, jusqu'à perdre patience, car le Français désireux de faire œuvre personnelle retranchait et ajoutait sans cesse au manuscrit. Précisément, la dernière version émanée de Jefferson, Humphreys et Lafayette, fut refondue par

cette sorte d'alignement des institutions américaines sur le précédent anglais, laquelle devait rapidement acquérir une force symbolique certaine et devenir une référence, figura dans la *Lettre à Price* écrite le 22 mars 1778 par Turgot, physiocrate latitudinaire mais partageant avec ce courant une hostilité de principe envers la balance des pouvoirs, qu'ils désignaient à l'ordinaire du terme de «contre-forces»[135]. Estimant en effet, que l'Amérique était en position d'établir une constitution où l'Homme serait gouverné par la nature, la raison et la justice, il déplorait qu'elle s'en fût écartée par l'adoption du principe de la balance qu'il ne pouvait dissocier de l'esprit et de la logique du gouvernement mixte:

> «Je ne suis point content, je l'avoue, des constitutions qui ont été rédigées jusqu'à présent par les différents Etats américains» devait-il confier à son correspondant. «Je vois dans le plus grand nombre l'imitation sans objet des usages de l'Angleterre. Au lieu de ramener toutes les autorités à une seule, (celle de la nation), l'on établit des corps différents; un corps de Représentants, un Conseil, un Gouverneur; parce que l'Angleterre a une chambre des Communes, une chambre haute et un roi. On s'occupe à *balancer* ces différents pouvoirs, comme si cet *équilibre des forces*, qu'on a pu croire nécessaire pour balancer

---

Démeunier, qui publia en 1790 une édition séparée intitulée *L'Amérique indépendante*.

Parallèlement, les institutions des Etats indépendants d'Amérique furent en France un sujet très commenté au long des années quatre-vingts. On citera à titre principal l'étude de Mably, *Observations sur les Etats-Unis d'Amérique*, composée par une série de lettres datées de juillet et août 1783 et adressées à John Adams, qui, en l'espèce, n'était pas demandeur; de même de la main de Brissot de Warville, son *Examen critique des voyages dans l'Amérique septentrionale de M. le Marquis de Chastellux*, Londres, 1786; et surtout, en association avec le suisse Etienne Clavière, *De la France et des Etats-Unis*, paru en 1788, et qui eut un succès éditorial certain.

[135] Turgot exprima sans réserve cette répulsion dans une lettre adressée à l'un des principaux Economistes, Dupont de Nemours. "N'allez pas vous imaginer", lui représenta-t-il, "que j'approuve les constitutions républicaines. Je ne crois pas qu'il en ait jamais existé une bonne et je suis de l'avis des économistes que l'état de guerre intérieure et ce qu'on appelle contre-forces ne vaut rien". Voy. *à Dupont*, 21 juin 1771, in G. Schelle, *Œuvres de Turgot et documents le concernant*, Paris, F. Alcan, 1919, p. 488. Sur l'incompatibilité radicale revendiquée par les physiocrates entre leur propre doctrine et la balance des pouvoirs, voy. notre article, ''La doctrine physiocratique du contrôle juridictionnel de la loi positive'', in D. Chagnollaud (dir.), *Les origines du contrôle de constitutionnalité des lois en France*, Paris, éditions Panthéon-Assas, à paraître.

l'énorme prépondérance de la royauté, pouvait être de quelque usage dans les Républiques fondées sur l'égalité de tous les citoyens; et comme si tout ce qui établit différents corps n'était pas une source de divisions. En voulant prévenir des dangers chimériques, on en fait naître de réels»[136].

Cette *Lettre* de Turgot devait sur le fait connaître une grande notoriété et acquérir un statut de référence, et ce, nous le verrons, jusque sous la Deuxième république. En effet, les partisans de l'unité législative devaient s'en réclamer sans cesse, et le premier à le faire dans le cadre du débat français fut le comte de Mirabeau, qui dès 1785 publia ce morceau et s'en autorisa pour juger défavorablement le constitutionnalisme américain naissant:

> «l'immortel Turgot l'a dit dans sa lettre», écrivit-il ainsi en s'adressant aux Américains. «Trop souvent en traçant vos législations, les formes du gouvernement anglais se sont présentées à votre esprit» leur fit-il observer. «Ce qui convient à l'Angleterre n'est plus fait pour vous. *Point de balance des pouvoirs. Point de constitutions compliquées*»[137].

---

[136] *Lettre au Docteur Price*, in Mirabeau, *Considérations sur l'ordre de Cincinnatus*, Londres, Johnson, 1785, pp. 189-190-191. Cette *Lettre* a une histoire précise. Richard Price, en effet, avait publié en 1776 ses *Observations on the nature of civil liberty*, bientôt augmentées d'*Additional Observations* (1777). A l'occasion d'une nouvelle édition livrée en 1778, il sollicita Franklin de bien vouloir en remettre un exemplaire au publiciste français, lequel, accusant réception, rédigea de ce fait cette *Lettre*. En l'espèce, Turgot avait demandé à Price de ne pas la rendre publique afin de ne pas susciter des remous politiques, mais, à la suite du décès du ministre français, Price jugea la pièce essentielle au débat intellectuel et, entendant la publier, obtint, grâce une nouvelle fois à l'entremise de Franklin, l'agrément de Dupont de Nemours. De fait, la *Lettre* fut reproduite par ses soins sous forme d'un appendice à son nouveau livre, *Observations on the importance of the American Revolution and the Means of making it a Benefit to the World*, dont l'édition *princeps* est de 1784. Il est à noter que Price était lui-même partisan du gouvernement mixte, mais réservait un rôle prépondérant à la branche populaire de l'organe législatif complexe. Par la suite, en tant que figure importante du groupe des *Dissenters*, il devait être tenu par Burke comme celui par lequel la Révolution française pourrait gagner l'Angleterre. Sur Price, voy. T. Roland, *Richard Price, philosopher and apostle of liberty*, London, 1924, et H. Laboucheix, *Richard Price théoricien de la révolution américaine* (...), s.l., Didier, 1970.

[137] Voy. *Considérations sur l'ordre de Cincinnatus*, op. cit., p. 326. (Ce livre est pour l'essentiel la traduction française d'un ouvrage américain d'Aedanus Burke dénonçant le retour dans son pays des mœurs aristocratiques). Sur le fond, ce trait

Précisément, c'est en grande partie pour faire pièce à Turgot, craignant qu'il ne fit en fonction de son prestige et de la qualité de son écrit des prosélytes en Amérique même, que John Adams donna sa *Défense des constitutions américaines*. Il s'en expliqua auprès d'un de ses correspondants, ne taisant ni son idéologie ni ses motivations:

«I have represented the British Constitution as the most perfect model that has yet been discovered or invented by human genius and experience, for the government of the great nations of Europe. It is a masterpiece. It is the only system that has preserved or can preserve the shadow, the color, the semblance of liberty to the people in any of the great nations of Europe», marqua-t-il d'emblée avant d'en venir à son ouvrage. «Let me give you» continua-t-il en effet, «a few hints of the history of my *Defence of the Constitutions of government of the United States of America*. In 1775 and 1776 there had been great disputes, in Congress and in the several States, concerning a proper Constitution for the several States to adopt for their government[138]. A Convention in Pennsylvania had adopted a government in one representative assembly, and Dr. Franklin was the President of that Convention. The Doctor, when he went to France in 1776, carried with him the printed copy of that Constitution, and it was immediately propagated through France that this was the plan of government of Mr. Franklin. In truth, it was not Franklin, but Timothy Matlock, James Cannon, Thomas Young and Thomas Paine who were the authors of it. Mr. Turgot, the Duke de la Rochefoucauld, Mr. Condorcet, and many others, became enamored

---

ne doit pas surprendre chez Mirabeau dont on sait qu'il se rallia à la balance lors des débats constituants, car il était encore en 1785 sous obédience physiocratique et ne devait se déprendre de cet héritage que peu à peu. Ajoutons sur ce thème que Jefferson également en vint à appeler les partisans de l'unité législative les "Turgotists", et Lafayette faisait de même: "Turgot, Franklin avaient été partisans de l'unité de chambre; beaucoup de leurs admirateurs éclairés avaient reçu cette impression" rapporta-t-il dans ses *Mémoires*, Paris, Fournier, 1838, T. IV, p. 200. D'après John Adams, Turgot avait exclusivement lu les constitutions de New-York, du Massachusetts, du Maryland et de la Pennsylvanie, et son intention était de censurer les trois premières, qui participaient de la balance, sur le modèle de la dernière qui ressortissait à la spécialisation. Cette attention portée par Turgot aux institutions américaines ne devait jamais se démentir puisque, peu avant sa mort, il commença un ouvrage intitulé *Réflexions sur la situation des Américains Unis* dans lequel il entendait fixer les principes sur la base desquels la nouvelle République avait avantage à s'organiser: voy. G. Schelle, *Œuvres de Turgot et documents le concernant*, op. cit., T. V, p. 650.

[138] Rappelons en effet que le Congrès continental avait recommandé le 15 mai 1776 aux assemblées et conventions coloniales d'instituer des gouvernements aptes à assurer le bonheur et la sécurité de leurs mandants.

with the Constitution of Mr. Franklin. And in my opinion, the two las owed their final and fatal catastrophe to this blind love. In 1780, when I arrived in France, I carried a printed copy of the report of the Granc Committee of the Massachusetts Convention, which I had drawn up and this became an object of speculation. Mr. Turgot, the Duke de la Rochefoucauld, and Mr. Condorcet and others, admired Mr. Franklin's Constitution and reprobated mine. Mr. Turgot, in a letter to Dr. Price, printed in London, censured the American Constitutions as adopting three branches, in imitation of the Great-Britain. The intention was to celebrate Franklin's Constitution and condemn mine. I understood it, and undertook to defend my Constitution, and it cost me three volumes»[139].

[139] Voy. *Letter to Samuel Perley*, 19 june 1809, in *The works of John Adams*, op. cit., T. IX, pp. 622-623. Adams ajoutait une précision: ''At the same time'', rapportait-il, ''every western wind brought us news of town and county meetings in Massachusetts, adopting Mr. Turgot's ideas, condemning my Constitution, reprobating the office of governor and the assembly of the Senate as expensive, useless and pernicious, and not only proposing to toss them off, but rising in rebellion against them. In this situation I was determined to (...) show to the world that neither my sentiments nor actions should have any share in countenancing or encouraging any such pernicious, destructive, and fatal schemes. In this view I wrote my *Defence of the American Constitutions*. I had only the Massachusetts Constitution in view, and such others as agreed with it in *the distribution of the legislative power into three branches, in separating the executive from the legislative power*, and the judiciary power from both. These three volumes had no relation to the Constitution of the United States. That was not in existence, and I scarcely knew that such a thing was in contemplation 'till I receive it at the moment my third volume was about to issue from the press. I had hardly time to annex it at the end'', idem, pp. 623-624. Précisément, un passage de la *Défense* établissait en termes explicites la nature du différend doctrinal propre aux partisans respectifs de l'unité législative et de la balance des pouvoirs: ''It is manifest that the best form of government is that which is compounded of all three'', affirmait ainsi l'auteur en désignant ainsi les formes simples de gouvernement que sont la monarchie, l'aristocratie et la démocratie. ''This is founded'', alléguait-il, ''not only in reason, but also in experience. (...). Lycurgus concluded that every form of government that is simple, by soon degenerating into that vice that is allied to it, must be unstable. The vice of kingly government is monarchy; that of aristocracy, oligarchy; that of democracy, rage and violence; into which, in process of time, all of them must degenerate. Lycurgus, to avoid these inconveniences, formed his government not of one sort, but united in one all the advantages and properties of the best governments; to the end that no branch of it, by swelling beyond its due bounds, might degenerate into the vice which is congenital to it; and that, while each of them were mutually acted upon by opposite powers, no one part might incline any way, or outweigh the rest; but that the commonwealth being equally poised and balanced, (...) acted by contrary

Condorcet, également, que l'on peut par ailleurs tenir par bien des côtés comme le disciple privilégié de Turgot, posait un constat analogue à celui du ministre français[140]. Caritat parlait en spécialiste, puisque plusieurs de ses écrits devaient avoir, directement ou indirectement, les institutions américaines pour sujet[141]. Or, l'ensemble de cette production tendait à stigmatiser la réception dans le droit public américain du principe anglais de la balance des pouvoirs[142]. Ainsi, écrivit-il dans son *Esquisse d'un tableau historique des progrès de l'esprit humain* à propos des constitutions des Etats indépendants,

> «nous tracerons le tableau de ces constitutions, nous montrerons ce qu'elles doivent aux progrès des sciences politiques et ce

---

powers, might long remain in the same situation''. Puis, ayant évoqué, à la suite de Sparte et Lycurgue, l'autorité de Rome et Polybe, il concluait en ces termes: ''Thus, (...) *you see that Polybius's opinion of different orders, checks, and balances, in a commonwealth, is very different from that of M. Turgot.* (...). The Constitutions of several of the United States, it is hoped, will prove themselves improvments both upon the Roman, the Spartan and the English commonwealths''. Voy. *A Defence*..., in *The Works of John Adams*, op. cit., vol. IV, pp. 435-436.

140 Lafayette avait en son particulier relevé chez Condorcet cette empreinte physiocratique: "... dans les *Lettres d'un Bourgeois de New-Heaven*", devait-il consigner, Condorcet soutint "les opinions *économistes* sur l'unité de la chambre". *Mémoires*, op. cit., T. IV, p. 208.

141 Voy. par exemple les deux opuscules suivants, à savoir *Influence de la Révolution d'Amérique sur les opinions et la législation de l'Europe* et *Lettres d'un citoyen des Etats-Unis à un Français, sur les affaires présentes*.

142 Ce qui était de notoriété publique des deux côtés de l'Atlantique. John Adams, nous venons d'en parler, le tenait pour l'un de ses principaux contradicteurs: "Mr. Turgot, the Duke de la Rochefoucauld, and Mr. Condorcet and others", témoigna-t-il, "admired Mr. Franklin's Constitution and reprobated mine". Voy. *John Adams to Samuel Perley, june 19, 1809*, in *The Works of John Adams*, op. cit., vol. IX, p. 623. D'ailleurs, c'est en réponse aux *Quatre lettres d'un Bourgeois de New Heaven* produites par Condorcet, et qui forment, nous allons le voir, un vigoureux plaidoyer en faveur de l'unité législative, que John Adams écrivit dans la *Gazette des Etats-Unis* une série d'articles qui devaient être regroupés par la suite sous le nom de *Discourses on Davila, a series of papers on political history by an american citizen*, in *Works*, op. cit. vol. VI, pp. 221-399. En l'espèce, Henrico Caterino Davila était un historien italien, auteur notamment d'une *Histoire des guerres civiles de France*, parue en 1630, et Adams prit précisément appui sur son œuvre pour tenter de démontrer que la Saint-Barthélémy était le résultat inévitable d'une organisation des pouvoirs publics non assise sur le principe de la balance des pouvoirs.

que les préjugés de l'éducation ont pu y mêler des anciennes erreurs, pourquoi, par exemple, le système de l'*équilibre des pouvoirs* en altère encore la *simplicité*...»[143].

Mais son étude majeure sur le constitutionnalisme américain fut ses *Quatre lettres d'un Bourgeois de New-Heaven sur l'unité de la législation*, sorte d'amplification de la lettre de Turgot à Price, et dont «l'objet principal», suivant les propres termes de Condorcet, ressortit à «l'inutilité et le danger de partager la puissance législative en différents corps»[144]. Car, en effet, c'était bien d'une œuvre de combat qu'il s'agissait, destinée dans l'esprit de Condorcet à prémunir les publicistes français d'une influence américaine dans le domaine, circonscrit, de l'aménagement des pouvoirs, influence d'autant plus puissante qu'elle était d'essence républicaine. Ainsi, représentait-il,

> «... l'utilité, la nécessité même de partager le corps législatif en trois parties, a été trop généralement soutenue pour ne pas mériter une discussion particulière». Précisément, Condorcet s'offrait de mener cette discussion à l'encontre des «ardents défenseurs de la division du pouvoir législatif en trois parties» pour lesquels «c'est de l'*équilibre*[145] de ces puissances que doit résulter (...) la paix et la liberté». A suivre leur raisonnement, «le motif le plus fort (...) allégué pour diviser le corps législatif, est la crainte qu'un corps unique ne s'emparât de la souveraineté (...). Dans le cas où le pouvoir législatif est divisé, chaque corps est le surveillant de l'autre, et peut s'opposer à ses usurpations, soit en lui refusant l'approbation nécessaire pour leur succès, soit en lui opposant l'opinion générale qu'il réveille et qu'il éclaire». Naturellement, Condorcet s'inscrivait en faux contre cette interprétation, et regrettait tant la trop grande influence que les termes «de contre-poids, d'équilibre» ont sur certains esprits, que le fait que «...les

[143] *Esquisse d'un tableau historique des progrès de l'esprit humain*, Paris, Flammarion, 1988, p. 234. Cet ouvrage, écrit d'août à octobre 1793, fut publié en 1795.

[144] Il y avait en effet chez Condorcet une volonté de prolonger la position de Turgot, qu'il connaissait parfaitement. Ainsi, dans la *Vie de Monsieur Turgot* qu'il rédigea en hommage à son maître, Condorcet évoquait précisément l'échange ''avec le docteur Price sur les principes de l'ordre social, ou sur les moyens de rendre la révolution de l'Amérique utile à l'Europe, *et de prévenir les dangers où cette république naissante était exposée*''. Plus loin, il confirmait que ''M. Turgot (...) craignait pour les Etats-Unis d'Amérique l'influence (...) des préjugés anglais, relativement à la constitution des Etats''. Voy. *Vie de Monsieur Turgot*, Paris, 1997, p. 134 et note pp. 169-170.

[145] Souligné par Condorcet.

hommes (...) admirent moins ce qui est *simple* que ce qui est *compliqué*», facilitant de ce fait l'entreprise des «politiques de profession (qui) sont intéressés à défendre tout ce qui est *compliqué*» car «plus une constitution est *compliquée*, plus elle offre de ressources aux intrigues et aux sophismes»[146].

Ainsi, en toute logique, Condorcet, tenu à l'époque par ses pairs publicistes comme «l'écrivain qui a donné les plus fortes raisons en faveur d'une seule chambre»[147], avait dès l'origine pris parti contre la balance des pouvoirs sur le mode américain, ou pour le dire autrement et suivant son propre vocabulaire, contre l'établissement de régimes républicains fondés sur plusieurs principes d'action. En cela, il cousinait sur le plan idéologique avec Franklin et cette part commune, en plus de l'estime qu'il lui portait, le détermina à rédiger son *Eloge* lorsque ce dernier vint à décéder. En vérité, l'hommage tourna au manifeste: la constitution de Pennsylvanie, lisait-on en effet,

> «fut en partie son ouvrage. Elle se distingue de la plupart des autres par une égalité plus grande, *et de toutes en ce que le pouvoir législatif y est confié à une seule chambre de représentants*. La voix de M. Franklin décida seule cette dernière disposition. Il pensait que les lumières devant naturellement faire des progrès rapides (...) il fallait

---

[146] *Quatre lettres d'un Bourgeois de New-Heaven sur l'unité de législation*, reproduites au T. IV des *Recherches historiques et politiques sur les Etats-Unis de l'Amérique septentrionale* de F. Mazzei, Paris, Froullé, 1788, respectivement pp. 350, 359, 363, 355 et 366, 351. Fillippo Mazzei, d'origine italienne et de culture française, établi en Virginie depuis 1773 et ami de Jefferson, partageait les convictions de Condorcet, ce qui explique la publication commune. (Sur Mazzei, voy. *Memoirs of the life and peregrinations of the Florentine Philip Mazzei, 1730-1816*, New-York, Columbia U.P., 1942). Un passage tiré de ses *Recherches historiques* rend bien les motifs qui ont porté les différentes assemblées constituantes des Etats d'Amérique à consacrer le bicamérisme: "Plus une machine est compliquée, plus elle est sujette à se déranger'', a-t-il écrit. ''D'après ce principe'' témoigna-t-il, "la Pennsylvanie a confié la puissance législative à un seul corps (...). Les autres Etats ont pensé que toute assemblée pouvait se laisser conduire par le caprice et les passions, comme un individu, que par cette raison elle devait avoir un frein. (...). Après avoir balancé tous les avantages et désavantages de chaque méthode, les onze Etats ont pensé que la meilleure était de diviser la puissance législatrice en deux corps différents". Op. cit., T. I, pp. 193-194-195.

[147] Ainsi qu'il est dit à juste titre dans *Le Patriote français, journal libre, impartial et national (...) dirigé par J.P. Brissot de warville*, n° XXXVII, 8 septembre 1789, p. 3.

(...) favoriser les moyens de perfectionner la législation, et non les entourer d'obstacles étrangers (...). Il savait qu'une *constitution compliquée* peut convenir à un peuple que des circonstances passagères ont entraîné vers la liberté sans l'aimer ou sans la connaître, mais qu'une *constitution simple* est seule digne d'un peuple où l'amour de la liberté est le premier sentiment de tous les citoyens, et l'étude de ses principes le premier usage de leur raison. M. Franklin n'ignorait pas qu'on peut trouver dans la forme des délibérations d'une seule assemblée tout ce qui est nécessaire pour donner à ses décisions cette lenteur, cette maturité, qui répond de leur vérité et de leur sagesse; au lieu que l'établissement de deux chambres ne fait éviter des fautes nouvelles qu'en perpétuant les erreurs établies. L'opinion contraire à la sienne», ajoutait Condorcet avec un accent typiquement physiocratique, «tient à cette philosophie décourageante qui regarde l'erreur et la corruption comme l'état habituel des sociétés, les moments de vertu et de raison comme des espèces de prodiges qu'il ne faut pas espérer de rendre durables. Il était temps qu'une philosophie à la fois plus noble et plus vraie présidât aux destins de l'espèce humaine»[148].

---

[148] *Eloge de M. Franklin lu à la séance publique de l'Académie des sciences, le 13 novembre 1790*, Paris, Pyre, 1791, pp. 24-25. Au demeurant, Condorcet correspondait avec Franklin, et il ne manqua pas de ce fait de critiquer auprès de lui la constitution fédérale au point de souhaiter dès 1788 la convocation, qu'il espérait prochaine, d'une nouvelle convention. Ainsi, écrivit-il à ce partisan emblématique de la séparation absolue des pouvoirs, "I have seen your new federal Constitution, and the speech pronounced by you on that occasion. If it was impossible to obtain any thing better, we must regard it as among the necessary evils, and hope that the opposition will be strong enough to require a few years hence a new Convention. I see with pain", continuait-il en pensant manifestement au procédé de la balance, "that the *aristocratic spirit* seeks to introduce itself among you in spite of so many wise precautions". Voy. *Letter from M. de Condorcet, Paris, 8 July* 1788, in *The Complete Works of Benjamin Franklin...*, New York, Putnam's sons, 1888, vol. X, p. 1. Condorcet savait en effet que Franklin était en porte-à-faux avec la convention fédérale, acquise à la balance des pouvoirs. D'ailleurs, il en rendit compte dans son *Eloge*: ''M. Franklin fut un des membres de la Convention'' rapporta-t-il. ''Il vit avec peine la pluralité vouloir donner une forme *compliquée* à une assemblée (...), établir d'inutiles *contrepoids* à une autorité (...), investir enfin un président, déjà trop accrédité peut-être par la longue durée de ses fonctions *d'un droit négatif* qu'il est toujours dangereux de confier à un seul homme, et qu'il est inutile de lui donner, parce qu'un tel pouvoir ne peut servir ni à maintenir l'unité dans les lois, ni à produire l'activité dans l'exécution. *mais c'était un dernier hommage que l'Amérique rendait à son insu aux préjugés de la mère-patrie* (...). Il signa donc; mais, dans un discours plein de modération et de finesse, il avertit qu'il avait cru devoir faire à l'unanimité le sacrifice de son opinion''. Voy. *Eloge de M. Franklin*, op. cit., p. 34. En vérité, si, comme on le voit, les analyses de Franklin et Condorcet se superposaient, c'est

B) La constitution fédérale américaine d'après la doctrine française.

La constitution fédérale du 17 septembre 1787 fut justiciable de l'application des mêmes critères[149]. Les Français purent en tout premier lieu se persuader du caractère du régime américain par les analyses émanées des juristes de ce pays dont ils pouvaient prendre connaissance lors de la traduction de leurs œuvres. Ainsi, dans sa *Défense des*

---

qu'ils participaient tous deux bien que de façon différente d'une sensibilité physiocratique. Suivant Dupont de Nemours, Franklin était même ''un des plus habiles adeptes de cette science sublime'' (*Ephémérides du citoyen*, 1768, vol. VII, pp. 32-33). Grimm pensait de même, lui qui recensa ''dans un manuscrit de M. le docteur Franklin les principes (...) auxquels se réduit le système économiste'' et en dressa la liste, voy. *Correspondance littéraire, philosophique et critique de Grimm* (...), Paris, Furne et Ladrange, 1830, T. X, pp. 238-242. Cette parenté explique par exemple que Barbeu-Dubourg veilla à l'insertion dans les *Ephémérides* de certains écrits à caractère économique de Franklin et que Dupont de Nemours, voulant que soit traduite et publiée en Amérique une étude intitulée *Sur les principes et le bien des Républiques en général* s'adressât à lui à cette fin: voy. la réponse de Franklin, en date du 9 juin 1788.

Pour en terminer avec les constitutions des Etats indépendants, précisons que Démeunier, quant à lui, notait que "la constitution de la Grande-Bretagne a servi de modèle aux constitutions américaines" et que "l'abolition de la puissance royale exceptée, leur gouvernement se trouve à peu près calqué sur celui de la Grande-Bretagne". Voy. *L'Amérique indépendante*, op. cit., respectivement T. I, p. 43 et T. II, p. 40. Hamilton lui-même avait parlé de "modèles réduits de la constitution anglaise". Cité par G.S. Wood, op. cit., p. 239.

[149] On doit noter toutefois à ce sujet que les débats constituants américains furent en fait pauvrement rapportés par les journaux français, ainsi que l'ont établi M.F et P. Toinet. Voy. "la presse française et la constitution américaine en 1787", in *L'Amérique et la France: deux révolutions*, textes réunis par E. Marienstras, Publications de la Sorbonne, 1990, pp. 31-41. *Le Fédéraliste* quant à lui fut traduit en français en 1792, puis republié en l'an III. On sait à ce propos que ce terme de fédéraliste, qui aux Etats-Unis qualifiait un partisan d'un gouvernement central fort, était employé en France dans son sens opposé, ce qui ne manquait pas de créer des contresens. Beaucoup savaient en revanche que l'on devait aux Américains les termes ''convention'' et ''législature'', qui devaient être fréquemment employés dans le débat français. Ainsi, Mirabeau pouvait écrire, à la suite du serment du jeu de paume, que ''l'Assemblée nationale (est) ce que les Américains et les Anglais appellent Convention, c'est-à-dire un corps de citoyens commis pour proposer une Constitution...'', (*12e Lettre du comte de Mirabeau à ses commettants*), tandis qu'il était expliqué dans *Le Patriote français* que ''législature, qui est un mot de fabrique américaine, signifie assemblée législative; et c'est le sens qu'on lui a donné en le naturalisant en Français'': voy. *Le Patriote français (...) dirigé par J.-P. Brissot de Warville*, n° XXXVI, 8 septembre 1789, note 1 p. 1.

constitutions américaines, John Adams présente *in fine* la constitution du 17 septembre 1787, telle qu'elle sera présentée à la ratification des Etats comme une preuve de l'excellence de son système. Ce texte, dit-il en effet, «me prouve que mon travail et mes recherches n'ont pas été totalement infructueux pour mon pays»[150]. Cette remarque, de la part d'un des principaux thuriféraires américains du régime britannique et de la balance des pouvoirs, et adversaire résolu de la séparation absolue, était en soi très significative.

De même, un autre livre, *l'Examen du gouvernement d'Angleterre comparé aux constitutions des Etats-Unis*, qui eut une grande notoriété dans la France pré-révolutionnaire, présente le projet américain comme un appendice du gouvernement à l'anglaise[151]. Dans cet

---

[150] Op. cit., T. II, p. 423. Nous avons vu que nombre de ses compatriotes pensaient de même. Ainsi, écrivant à Price, Rush estimait que cet ouvrage avait "semé d'excellents principes parmi nous", voy. M. Farrand, *The Records of the Federal Convention of 1787*, op. cit., vol. III, p. 33. On notera à ce propos qu'Adams devait estimer dans son autobiographie que ses œuvres, à savoir *Thoughts on Government*, *Discourses on Davila* et la constitution du Massachusetts, à l'élaboration de laquelle il prit une part importante, avaient contribué à produire la constitution des Etats-Unis et à inspirer les écrits de Publius. Voy. *The Works of John Adams*, op. cit., T. III, p. 23, et T. IV. p. 293.

[151] Dans sa version française, le titre complet du livre donne en quelque façon le sommaire et la tonalité de l'ouvrage: *Examen du gouvernement d'Angleterre comparé aux constitutions des Etats-Unis, où l'on réfute quelques assertions contenues dans l'ouvrage de M. Adams, intitulé "Apologie des constitutions des Etats-Unis", et de celui de M. DeLolme intitulé "De la constitution d'Angleterre"*. Ce travail, dont la version originale date de 1787, est signé *par un cultivateur du New-Jersey*, et l'*Avertissement* l'attribue précisément à William Livingston, gouverneur de l'Etat du New-Jersey. En fait, la doctrine anglo-saxonne s'est partagée quant à cette attribution. Ainsi, beaucoup, tel C. Beard par exemple, ont effectivement crédité William Livingston de ce livre, voy. *Une relecture économique de la constitution américaine*, (1913), Paris, Economica, 1988, note 48 p. 212. D'autres ont cru pouvoir évoquer le nom de John Stevens: voy. A.D. Turnbull, *John Stevens, an American record*, New-York, 1928. A présent, il semble bien que Stevens en ait été l'auteur: on lira à ce sujet les éléments très précis collationnés par Richard P. McCormick, *Experiment in independence: New Jersey in the Critical period, 1781-1789*, New Brunswick, 1950, pp. 278-279, et voy. également A. Koch, "The contest of democracy and aristocracy in the American Enlightment", *Studies on Voltaire and the Eighteenth century*, 1963, 27, p. 1017. La version française de ce livre, parue en 1788, fut augmentée de notes, d'un volume important, écrites par Condorcet, Dupont de Nemours et Mazzei, tous trois partisans de la séparation absolue des pouvoirs, ce dont témoignent leurs propres annotations et commentaires: voy. par exemple la

ouvrage, Stevens se récrie en effet contre ce qu'il estime être le suivisme dont les constituants ont fait preuve à Philadelphie, et lui-même, favorable à l'attribution au pouvoir exécutif et au pouvoir judiciaire d'un droit négatif, jugeait que le président, le président de la cour suprême et le ministre des finances devaient siéger au sein d'un conseil de révision chargé d'examiner les lois du Congrès, et déplorait de ce fait l'absence de la prise en compte par le texte d'une telle disposition. De fait, sa démonstration établissait bien la correspondance des institutions américaines avec le principe de la balance des pouvoirs: ainsi, disait-il,

> «la sécurité des libertés d'un peuple ou d'un Etat repose entièrement sur une délégation adéquate du pouvoir. Les divers pouvoirs qui composent le gouvernement doivent être répartis de façon à ce qu'aucun individu ou groupe d'individus ne détienne une part plus importante qu'il n'est absolument indispensable pour l'administration dudit gouvernement (...). Le peuple a toujours été et sera toujours incapable de conserver l'exercice du pouvoir entre ses mains; il est forcé de le déléguer ailleurs (...). Mais l'expérience démontre qu'un gouvernement par représentation, composé d'une seule chambre de représentants, est dans une certaine mesure sujet aux mêmes inconvénients qu'une pure démocratie; quelques individus incitent la majorité à adopter des lois contraires au bien public, sans autre but que d'encourager leurs noirs desseins. L'ajout d'une autre branche législative empêche une telle évolution, chaque chambre indépendante se chargeant de contrôler son homologue; mais cet expédient s'est révélé totalement inefficace. Si le pouvoir législatif, même divisé en deux chambres distinctes, est laissé sans aucun contrôle, il empiètera inévitablement sur l'exécutif et le judiciaire (...). Comme les préjugés l'emportent toujours plus ou moins dans les gouvernements populaires, il apparaît indispensable de conférer un moyen de contrôle à un pouvoir qui ne soit pas directement dépendant de l'humeur du peuple, afin d'endiguer le torrent et d'empêcher les méfaits que les passions aveugles et les passions partisanes risqueraient de provoquer. Le pouvoir exécutif et le pouvoir judiciaire doivent naturellement disposer d'un tel moyen de contrôle sur la législature; ils doivent être aussi indépendants que possible afin de pouvoir exercer pleinement ce rôle bénéfique (...). Bien que nos gouvernements soient encore si jeunes, les exemples ne manquent pas de l'ascendant qu'exerça une telle soif

---

note * reproduite p. 58, où ces derniers déclarent inviter "le lecteur à examiner attentivement la forme de constitution d'un corps législatif unique, proposée par le citoyen de New Heaven dans ses *Lettres au citoyen de Virginie*". Notons enfin que c'est Mazzei qui contacta ses pairs français pour mener à bien cette entreprise éditoriale.

redoutable de pouvoir dans plusieurs législatures; les pouvoirs exécutif et judiciaire doivent donc impérativement disposer d'une exclusive pour se défendre contre les empiètements de la législature».

Ainsi, l'auteur réprouvait le type de balance instituée par le texte, mais non le principe même de la balance qu'il souhaitait voir établie d'une manière différente, de sorte qu'en dernière instance sa réflexion était tout à fait défavorable au réquisit de la spécialisation. Cela était tout à fait contraire à l'optique des glossateurs français qui en tenaient précisément pour ce dernier aménagement. Sous forme d'une note, Mazzei gourmanda Stevens:

> «Il a toujours existé et il existe encore, parmi mes concitoyens», se désolait-il, «une erreur dangereuse. La prévention pour l'ancienne constitution[152], cette prévention enracinée depuis longtemps, a fini par ériger en axiome l'idée de sa prétendue perfection, en sorte qu'au lieu de regarder ce faux principe comme la source des maux actuels, on a cru les voir dans les articles où l'on s'en est écarté. Le cultivateur du New-Jersey a le premier combattu cette erreur. *Il n'a pas hésité de relever ouvertement les défauts qu'ensuite il approuve et admet dans la constitution fédérative, comme si cette constitution n'était pas au fond le même système* (...). Il est inconcevable que le cultivateur du New-Jersey qui a si bien tourné en ridicule le système des *balances*[153], et qui a condamné si justement le combat des pouvoirs armés les uns contre les autres, n'ait pas fait attention à l'*équilibre* imaginaire, ainsi qu'au contraste des pouvoirs qui se trouvent dans la constitution proposée». Mazzei, pour appuyer son propos, cite alors un passage de Stevens pour mieux le réfuter: ''je fus vraiment surpris, dit cet auteur au sujet des parties qui composent la constitution anglaise, qu'il soit venu dans l'idée de MM. Adams et Delolme, et de plusieurs autres, d'élever un temple à la liberté avec de tels matériaux''. «Mais», reprend Mazzei, «*en quoi diffèrent les principes sur lesquels repose la constitution dont il s'agit?*»[154].

---

[152] Il faut comprendre ici le ''préjugé favorable'' envers la constitution anglaise.
[153] Sur ce point, Mazzei adultérait la pensée de Stevens.
[154] *Examen du gouvernement d'Angleterre comparé à celui des Etats-Unis*, Paris, Froullé, 1789, p. 232, note 28 et note *. Par cet exemple se manifeste le caractère très particulier de la version française du livre de Stevens. En effet, nous l'avons dit, les auteurs français n'avaient en définitive traduit ce livre que pour le présenter comme un manifeste en faveur de l'unité législative et la séparation absolue des pouvoirs. Or, ce faisant, ils prenaient appui sur un auteur qui, s'il critiquait la Loi fondamentale américaine, n'en était pas moins un partisan authentique de la balance des pouvoirs. De là cette distorsion entre l'analyse de Stevens et celle, présentée sous forme de notes longuement développées, des

Ainsi Mazzei englobait dans une même réprobation tant la lettre de la constitution fédérale que celle de la proposition de Stevens, en ce qu'elle reposait dans les deux cas sur le principe de la balance des pouvoirs. D'ailleurs, dans le même esprit et pour faire bonne mesure, les auteurs des notes dénoncèrent le pouvoir trop étendu accordé au président et reproduisirent à cette fin l'acte de ratification de la Virginie, dans lequel les représentants de cet Etat précisent les diverses modifications qu'ils désirent que le Congrès prenne en compte lorsque, en vertu de la nouvelle constitution, il s'assemblera pour la première fois. Dupont, Condorcet et Mazzei soulignaient en effet que cet acte de ratification «est celui qui nous a paru le plus énergique et le mieux développé». Son point VII est rédigé ainsi: «tout pouvoir de suspendre les lois, ou d'en arrêter l'exécution, en vertu de quelque autorité que ce soit sans le consentement des représentants du peuple dans le corps législatif, est un attentat à ses droits et doit être rejeté»[155]. Cette clause visait en réalité la possibilité d'un contrôle judiciel de la loi, dont l'idée était présente dans le débat américain, mais, en l'espèce, les esprits français y avaient également vu un appel énergique à la proscription du veto présidentiel.

Ne se limitant pas à prendre connaissance des traductions des livres anglo-saxons, les juristes français élaborèrent eux aussi des analyses très précises du régime américain. Ainsi, dès novembre 1788, Rabaut Saint-Etienne, avait clairement établi la consanguinité des régimes anglais et américain[156]. Militant en faveur de l'établissement en France d'un régime mixte, il enjoignait sa patrie de suivre l'exemple anglais et américain:

Français, qui trahissaient l'esprit premier du livre. Précisément, sur la base d'une prise en considération exclusive des commentaires des publicistes français, l'*Examen* fut rapidement cité en référence par les partisans de l'unité de chambre. Le moindre ne fut pas Sieyes, en l'espèce dans la troisième édition de *Qu'est-ce que le Tiers-Etat?*

[155] Idem, p. 272.

[156] *A la Nation française, sur les vices de son gouvernement; sur la nécessité d'établir une constitution; et sur la composition des Etats-Genéraux*, s.l., novembre 1788. Cet opuscule anonyme est attribué à Rabaut par Barbier et il en est de même dans le catalogue de la Bibliothèque nationale. Ce rapprochement fait toutefois problème car les prises de position qui figurent dans ce livre, toutes favorables à la balance et plus encore au gouvernement mixte, sont inconciliables avec l'ensemble de celles développées par ce publiciste tant dans ses autres écrits qu'à l'occasion des débats constituants.

«...du consentement unanime de tous les philosophes, de l'aveu des plus grands écrivains, et des hommes d'Etat les plus habiles», déclarait-il, «la seule forme de gouvernement qui puisse procurer (d)es avantages aux hommes est cette constitution mixte, qui a élevé la nation anglaise a un si haut degré de gloire et de prospérité: constitution sublime qui, en faisant concourir à la législation tous les citoyens, par leurs représentants, soumet toutes les volontés particulières à la volonté générale, et qui, *en divisant le pouvoir législatif en trois branches, fait servir l'une d'elles à maintenir la balance entre les deux autres*. Elle seule peut raffermir efficacement la puissance royale, et donner au pouvoir exécutif, toute la force dont il a besoin. *Les Etats-Unis d'Amérique*», ajoutait-il, «*semblent nous indiquer la route que nous devons suivre*, et offrent à nos provinces privilégiées un grand exemple à imiter. (... Dans la Convention de Philadelphie en effet), la constitution anglaise, perfectionnée à quelques égards, mais *dont le point principal de la division du pouvoir législatif en trois parties a été soigneusement conservé, a été unanimement adoptée*». Il y a donc aux Etats-Unis, concluait-il, une constitution «mixte, et c'est dans ce sens que nous la proposons pour exemple. Le pouvoir législatif est divisé entre une chambre des représentants, un sénat et un président: et ce président, sans avoir le nom de roi, a, de fait par la loi, les pouvoirs les plus étendus; son autorité est presque égale à celle du roi d'Angleterre»[157].

[157] *A la nation française*, op. cit., pp. 29-32. On relèvera de surcroît que Rabaut, qui propose, en plus d'un pouvoir législatif tripartite, l'initiative législative concurrente entre les parlementaires et les ministres, une procédure d'*impeachment* contre ces derniers, et la reconnaissance au roi d'un droit de dissolution, affirme tout uniment que "les trois puissances législative, exécutrice et judiciaire sont soigneusement distinguées, et ne sont pas confiées aux mêmes personnes", idem, p. 40. C'est précisément que, comme un certain nombre de publicistes du XVIIIe siècle, il conçoit la règle de séparation des pouvoirs comme une règle de non-cumul.

D'autres exemples de ce type, tous aussi instructifs et émanant d'auteurs divers peuvent être cités. Ainsi le cardinal La Luzerne, député du clergé aux Etats-Généraux et favorable à ce que la noblesse et le clergé forment une chambre et le Tiers-Etat une autre, publia précisément à l'ouverture de ces Etats-Généraux un manifeste intitulé *Sur la forme d'opiner aux Etats-Généraux*. La référence américaine y est maniée d'une façon comparable: "...il s'agit de prouver", tenta-t-il de convaincre, "qu'il est utile à une Nation de ne pas confier son sort à une seule assemblée, et que son intérêt exige que les discussions soient faites séparément dans deux assemblées différentes. L'exemple des deux chambres du parlement d'Angleterre, et l'utilité dont elles ont été plusieurs fois l'une à l'autre, pour réformer leurs délibérations, prouve cette vérité. Nous avons un autre exemple plus récent encore et aussi frappant'', ajoutait-il: ''les Etats-Unis d'Amérique, ce peuple nouveau, qui, dès sa naissance, attire les regards de l'univers, et qui montre autant de sagesse dans les moyens qu'il emploie pour conserver sa liberté qu'il a déployé de courage pour la conquérir, les Etats-Unis établissant la constitution la plus républicaine qu'ils pussent imaginer, *n'ont pas voulu déposer la totalité du pouvoir dans une seule assemblée*. Ils ont formé le Congrès en deux chambres, composées de membres différents...". Op. cit., s. l., 1789, pp. 10-11. Pareillement, Calonne, prenant position par voie écrite dans le débat qui prenait corps, opta pour une tripartition du pouvoir législatif, et s'appuya, entre autres, pour ce faire, sur le prototype américain: "C'est ce qu'on appelle en Angleterre, et dans les écrits des plus grands publicistes, *la balance des trois pouvoirs*", argumenta-t-il, "sans laquelle ni monarchie tempérée, ni république plus ou moins participante d'aristocratie ou de démocratie, ni gouvernement mixte quelconque, ne sauraient prospérer. Le principe de cette vérité est sensible", poursuivit-il, "car si dans un Etat où la souveraineté est partagée, il n'y avait que deux pouvoirs, soit celui du roi et celui de la nation, soit celui des grands et celui du peuple, ils tendraient sans cesse à empiéter l'un sur l'autre, et s'entrechoqueraient continuellement, jusqu'à ce que l'un des deux fût écrasé. Il en faut donc un troisième pour modérer les prétentions respectives, et tenir la balance. C'est la réaction de ces trois pouvoirs", précisait Calonne pour lequel la séparation des pouvoirs est manifestement une règle de non-cumulation, "qui est le lien de tous les gouvernements où le souverain ne réunit pas dans sa main la puissance législative et exécutrice, c'est-à-dire l'autorité entière". Ainsi, confirmait-il, l'exemple de l'Angleterre sert "à prouver de plus en plus la nécessité des trois pouvoirs balancés l'un par l'autre, pour former un bon gouvernement mixte: *nécessité à laquelle les Etats-Unis de l'Amérique viennent de rendre hommage*, en s'adaptant, autant qu'il leur est possible, *une constitution imitative* de celle de l'Angleterre, malgré les conseils plus philosophiques que politiques que leur avait donnés M. Turgot (dans sa) Lettre au docteur Price". Voy. C.A. de Calonne, *Lettre adressée au roi par M. de Calonne, le 9 février 1789*, Londres, T. Spilsbury, pp. 30 et 32. Enfin, la même logique était à l'œuvre dans un écrit anonyme intitulé *Matériaux pour l'édifice de la constitution française*: "L'histoire des gouvernements anciens et modernes" pouvait-on y lire, "démontre que la meilleure forme de gouvernement connue jusqu'à présent, est celle mêlée de Monarchie, d'Aristocratie et de Démocratie". En effet, ajoutait-il, il "est conforme à la nature, à la raison et à la loi de l'institution de la société, que tous les hommes qui la composent puissent participer au pouvoir public qui les unit et les enchaîne tous. Et néanmoins la Démocratie, ou la volonté du peuple, qui est celle du bien public, doit emporter la balance dans toutes les résolutions (...). Tel est le gouvernement adopté par l'Angleterre, lors de la révolution de 1688, qui fut opérée par la seule force de la raison humaine, sans effusion de sang; et c'est de ce gouvernement que se sont rapprochés les Etats-Unis de l'Amérique, dans celui qu'ils viennent d'adopter, après une longue et sérieuse délibération". Voy. *Matériaux pour l'édifice de la constitution française*, s.l.s.n., mars 1789. Bref, on le voit, on reliait sans peine les institutions américaines à leur matrice anglaise, à l'image, par exemple, de Charles de Casaux qui relevait également "l'organisation mixte si vantée de l'Angleterre, dont l'Amérique

Par ailleurs, au sein même de la Constituante, la référence au constitutionnalisme américain fut excipée, toujours, bien entendu, en rapport avec son principe directeur, la balance. Ainsi, par exemple, les Monarchiens ne devaient pas se limiter à l'invocation de la seule matrice anglaise et firent de ce fait une utilisation réelle des institutions politiques républicaines des Etats-Unis pour démontrer la nécessité de construire un régime politique fondé sur la balance des pouvoirs. Bergasse, entre autres, dans un discours intitulé *Manière dont il convient de limiter le pouvoir législatif et le pouvoir exécutif dans une monarchie*, discours non prononcé mais dont le texte fut distribué aux députés, y eut recours:

> «Je sais», fit-il observer à ses collègues, «que vous n'aimez pas qu'on vous cite l'expérience des autres peuples, je sais que déjà nous nous croyons assez sages pour nous passer de modèles et n'emprunter que de nous-mêmes les maximes que nous devons suivre. Cependant», poursuivait-il, «souffrez que je vous invite à jeter les yeux (...) sur les institutions qui régissent aujourd'hui l'Amérique anglaise. Les hommes qui ont travaillé à ces institutions ne sont pas, quoiqu'on dise, des hommes ordinaires: mieux que nous ils savaient comment il faut entretenir et conserver la liberté, mieux que nous ils savaient ce qui la préserve et ce qui la détruit, et voyez avec quelle attention *ils se sont rapprochés de la constitution d'Angleterre pour tout ce qui concerne la distinction et la limitation des pouvoirs*. Voyez comme partout *ils ont divisé le corps législatif en deux chambres*, et attachez-vous de plus à remarquer les diverses précautions qu'ils ont prises afin que l'esprit d'une chambre ressemblât le moins qu'il serait possible à l'esprit de l'autre, et que la loi, effet d'une passion, d'un mouvement inconsidéré dans la première, ne fût pas encore l'effet du même mouvement, de la même passion dans la seconde. Ce n'est pas tout», continuait-il, «et je dis en second lieu que non seulement il importe, afin que la puissance législative soit contenue dans ces bornes naturelles, que le corps législatif soit divisé en deux chambres, mais qu'il faut de plus que le prince ou le dépositaire du pouvoir exécutif ait une influence décidée sur les résolutions du corps législatif. (...). Il faut donc», résumait-il de

---

voulut trop, peut-être, se rapprocher'', conscient qu'il était que leur point commun résidait dans la distribution du pouvoir législatif entre plusieurs organes. ''Tout le monde'', écrivait-il en effet, ''sent la nécessité d'un modérateur; quelques Anglais enthousiastes et quelques Français imitateurs'', précisait-il, ''prétendent qu'il ne peut se trouver que dans deux chambres indépendantes l'une de l'autre; les Américains l'ont vu dans leur sénat''. Voy. respectivement *Questions à examiner avant l'assemblée des Etats Généraux*, s.l.n.d., p. 61 et *Lettre de M. de Casaux à M. *** sur le partage proposé de l'Assemblée nationale en deux sections*, Paris, Veuve Lezay, 1791, p. 4.

ce fait, «afin que le pouvoir législatif ne soit que ce qu'il doit être, pour qu'il n'envahisse pas le pouvoir exécutif, qu'il y ait dans le corps législatif une chambre qui ait un intérêt constant à garantir le pouvoir exécutif, mais il importe encore que le pouvoir exécutif ait un moyen de se garantir qui lui soit propre»[158].

Ainsi, nombre des partisans de la division de l'organe législatif faisaient valoir que les Américains, publicistes éprouvés, ne concevaient pas que la séparation des pouvoirs puisse être sauvegardée dans le cadre de l'unité législative. Sallé de Choux, élu dans le Berry, s'employa à le démontrer:

> «Si (...) vous ne limitez pas la puissance législative confiée à (une) Assemblée», prévint-il, «vous la verrez bientôt embrasser les différents pouvoirs qui constituent le gouvernement politique (...). *Le seul moyen de limiter le pouvoir législatif, c'est de le diviser*: car alors chaque partie, pouvant être arrêtée par l'autre, limite réellement sa puissance et l'arrête quand elle veut s'agrandir. Ainsi en Angleterre, le Roi et le parlement sont parties constituantes de la législature; ainsi dans les Etats-Unis de l'Amérique, le Congrès ou corps législatif est formé de deux chambres, le Sénat et les Représentants, et il faut le concours des deux pour l'établissement d'une loi. Ils ont senti, ces peuples sages», concluait-il, «que sans cette division, une chambre unique de législature courrait à grands pas vers le despotisme»[159].

Ainsi, dès l'entame de la Révolution française, le régime américain participait au principal des gouvernements assis sur un pouvoir législatif complexe, critère en fonction duquel on le définissait. Dès lors, il dérogeait au principe défendu par les partisans de l'unité législative et de la spécialisation. C'est la raison pour laquelle Suard, se reportant à

---

[158] Archives parlementaires, 1ère série, annexe à la séance de l'Assemblée nationale du 22 septembre 1789, T. IX, pp. 115-116. Lafayette, qui se caractérisait lui-même, et à juste titre, comme "imbu des idées et des expériences américaines", (*Mémoires*, op. cit., T. IV, p. 200), avait organisé lors des débats constituants une réunion chez Jefferson afin que ce dernier plaide la cause du bicamérisme auprès des principaux chefs de courant. Il rapporte l'épisode en ces termes: "Lafayette leur donna rendez-vous chez M. Jefferson. Mounier, Lally et quelques autres, auraient voulu une pairie anglaise. Duport, Lameth et Barnave, d'accord avec la généralité du parti populaire et des héritiers de l'opinion de Turgot et de Franklin, voulaient une chambre unique. Lafayette, *fort des expériences américaines*, penchait pour deux chambres électives et temporaires". (Idem, T. II, pp. 298-299).

[159] Sallé de Choux, *Du veto royal*, Paris, Baudouin, 1789, pp. 3-4.

l'époque à laquelle le livre de Brissot avait paru, caractérisa la posture idéologique de ces derniers en ces termes:

> «... la démocratie américaine n'était pas même assez pour eux», se souvenait-il, «car *la division du corps législatif des Etats-Unis* était pour nos révolutionnaires une imperfection qu'ils se gardaient bien d'imiter»[160].

Précisément, compte tenu de ces éléments, les débats constituants de l'an I, relatifs tant au projet de constitution girondin que montagnard, devaient traduire une hostilité de principe envers ce régime américain fondé sur la balance des pouvoirs. Anarchasis Cloots, par exemple, eut des mots définitifs:

> «Quant à la formation du gouvernement», déclara-t-il à la tribune, «il n'y a pas un seul Français qui ne rejetât avec indignation le régime américain. La souveraineté du peuple homogène ne saurait admettre la bascule anglaise, ni aliéner le veto le plus mitigé». Puis encore: «Montrez-moi deux chambres dans la nation et je vous accorderai deux chambres dans la constitution. Un peuple homogène doit avoir une représentation homogène»[161].

En d'autres termes, le régime américain, bien que républicain, n'était pas dissocié de sa matrice anglaise, et encourait le même type de rejet. En retour, les publicistes, peu nombreux à ce moment au sein de la Convention, qui ne se satisfaisaient pas d'une assemblée unique et qui jugeaient l'institution du droit à réclamation inopérante *de facto*, tentèrent de s'autoriser du texte de 1787 pour prouver que République et balance des pouvoirs ne s'excluaient pas par nature. C'est sur ce mode que Bacon

---

[160] *Lettre sur la constitution et le commerce des Etats-Unis*, in *Mélanges de littérature*, Paris, Dentu, an XII, T. III, p. 170. Brissot, nous l'avons dit, avait en effet écrit un *Examen critique des voyages dans l'Amérique septentrionale de M. le Marquis de Chastellux* puis, avec Clavière, *De la France et des Etats-Unis*.

[161] Archives parlementaires, 1ère série, 26 avril 1793, T. 63, pp. 394 et 392. Louis-Guillaume Otto, par la suite comte de Mosloy, qui résida en Amérique en qualité de diplomate de 1779 à la fin de l'année 1792, rapporte à ce sujet la réaction qui fut celle en 1792 du ministre plénipotentiaire Genet face au bicamérisme américain: ''Dans ses conversations particulières'', indiqua-t-il, ''le Ministre trouva étrange et tyrannique l'établissement sage et intéressant d'une seconde chambre législative''. Cette anecdote traduit bien l'incompatibilité des principes et des sensibilités. Voy. *Considérations sur la conduite du gouvernement américain envers la France, depuis le commencement de la Révolution jusqu'en 1797*, Princeton, Princeton U.P., 1945, p. 12.

(père), auteur d'un *Examen impartial des bases de la nouvelle constitution présentée le 15 février 1793* argumenta:

> «Peuple français», déclara-t-il, «je ne cesserai de vous répéter que vous vous exposez au plus grand des malheurs en donnant l'existence à une assemblée unique, si vous n'établissez pas un régulateur ou un surveillant qui ne soit pas aussi vague que l'opinion de vingt-cinq millions d'individus (...). Notre honneur, notre gloire exigent impérieusement que nous soyons républicains, ou républicains ou déshonorés à jamais (...). On ne peut donc pas vous proposer le régulateur d'une constitution mixte[162]; mais celui de l'Amérique septentrionale se présente à votre invitation. Ces républicains» précisait en effet l'auteur, «ont établi deux assemblées, dont les membres sont élus par le peuple, dont les pouvoirs sont égaux, et dont la surveillance est réciproque. La loi ne sort jamais toute faite de la discussion d'une seule assemblée; elle est le résultat d'une plus grande réunion de lumières; aussi le peuple américain le reçoit avec confiance et avec sérénité. Cette manière de faire une loi a aussi des inconvénients, cela est vrai; mais celle qu'on propose a le plus grand de tous, celui de vous exposer au despotisme. Peut-être pourrait-on imaginer un troisième pouvoir, qui n'aurait point le caractère odieux de la royauté, et qui corrigerait ce que deux assemblées, égales en autorité, offriraient de dangereux pour la liberté. Je laisse à nos députés le soin de chercher le mode le plus convenable; mais je persiste à croire que nous n'aurons pas de constitution stable et digne de toute notre confiance, tant qu'on n'y aura pas introduit un régulateur quelconque»[163].

Sensiblement à la même époque, Barnave, dans *De la Révolution et de la Constitution*, tentait de circonscrire et d'expliquer les causes de l'échec de la constitution du 3 septembre 1791. Pour ce faire, il rapportait ce texte à sa catégorie générique, celle de la balance des pouvoirs, à laquelle il rattachait également les institutions politiques des Etats-Unis:

> «L'objection qui se présente la première», écrivait-il en effet, «et qui est si fréquemment répétée aujourd'hui qu'une profonde ignorance préside à toutes ces discussions, c'est que la constitution (de 1791) était composée de parties incompatibles destinées à se combattre, et par conséquent à se détruire, argumentation qui peut également s'appliquer à tous les gouvernements mixtes, c'est-à-dire aux seuls

---

[162] Sous-entendu de la constitution anglaise.

[163] Archives parlementaires, 1ère série, annexe à la séance du 29 avril 1793, T. 63, pp. 603-604.

gouvernements libres qui soient sur la terre[164]. Ceux qui ne peuvent concevoir qu'un roi et une assemblée nationale puissent exister ensemble, doivent avoir de la peine à comprendre comment à Rome la liberté subsista au milieu des débats du sénat et du peuple; comment l'Angleterre, à l'abri d'une constitution où trois pouvoirs se balancent et se combattent, est devenue le pays le plus florissant; comment les Etats-Unis, enfin, ont cru devoir *introduire dans leur législation le concours de trois pouvoirs rivaux*. Il n'est pas douteux que ces sortes de gouvernement ne soient plus agités que ceux qui reçoivent l'impulsion d'une force unique[165], ou prédominante; mais cette lutte de pouvoirs, qui est le principe de leurs agitations, est aussi le premier principe de la liberté; il ne suffit pas que les pouvoirs de diverse nature soient séparés et remis à des dépositaires distincts; *si la puissance législative n'est divisée*, elle domine nécessairement toutes les autres, les change et les (illisible) à son gré, et suffit pour constituer le despotisme»[166].

La Révolution française terminée, Chas et Lebrun arrivèrent aux mêmes conclusions:

> «La constitution des américains», écrivirent-ils dans le cadre de ce qui se voulait un éloge, «renferme les véritables principes qui doivent régir les sociétés politiques; la séparation des pouvoirs y est fixée d'une manière précise, et *la balance formée dans la législation par trois branches égales et indépendantes* contient tous ces pouvoirs dans leurs limites constitutionnelles. Toute constitution qui n'aura point pour base la division des pouvoirs, périra (...). Cette constitution américaine, sage dans toutes ses parties, a revêtu le magistrat chargé du pouvoir exécutif de l'Union d'une grande force: *elle l'associe à la puissance législative...*»[167].

---

[164] En marge de son manuscrit, Barnave a écrit cette observation: "Autrement exposer cette dissertation. Les uns ont attaqué la nature de la constitution, monarchique et *balancée*; les autres la manière dont cette constitution avait été organisée".

[165] Ces termes, on le voit, sont ici forts proches de ceux que Condorcet employa en février 1793 au sein de la Convention.

[166] *De la Révolution et de la Constitution*, P.U. de Grenoble, 1988, p. 164. Selon M. Gueniffey, ce livre fut entrepris en prison à la fin de l'année 1792 et terminé au mois de mai 1793: voy. pp. 31-32.

[167] J. Chas et Lebrun, *Histoire politique et philosophique de la Révolution de l'Amérique septentrionale*, Paris, an X, p. 414. C'est donc en toute logique qu'il est rendu hommage dans ce livre, d'une part à Adams, qui a fait preuve du "génie du législateur puisqu'il a trouvé dans la séparation et la balance des pouvoirs les véritables maximes qui assurent la liberté et le bonheur des peuples", et d'autre part aux auteurs du *Fédéraliste*, puisque "MM. Madusson (sic), Hamilton et Gay

(sic) sont profonds dans leur style, savants dans leurs recherches, et lumineux dans l'explication et le développement de leurs principes...". Voy. pp. 440-441. On relèvera pour finir que, puisque ces auteurs affirment que la constitution américaine participe de la séparation des pouvoirs tout en faisant parallèlement du président de l'Union un colégislateur, c'est qu'à leur sens la dite séparation des pouvoirs correspondait à une règle de non-cumul.

Il va sans dire que l'exégèse du régime américain devait perdurer à l'identique jusqu'à l'avènement de la Deuxième République. On peut se reporter en ce sens à l'œuvre de deux des publicistes les plus distingués de la première moitié du XIXe siècle. Ainsi, Sismondi, dans son *Examen de la constitution française* paru en 1815 et mis sur le métier pour défendre l'Acte additionnel aux Constitutions de l'Empire, texte dont le grand mérite était, à ses yeux, de reposer sur l'équilibre et la balance des pouvoirs, prit appui, entres autres, sur l'architecture institutionnelle du 17 septembre 1787 pour accréditer l'idée qu'il existait une sorte de droit constitutionnel commun aux peuples libres dont l'essentiel ressortissait à la tripartition du pouvoir législatif: de la sorte, argumentait-il, "pour qu'un projet de loi soit converti en loi, il faut incontestablement, en Angleterre, en Amérique, en France, partout, qu'il obtienne la sanction de *toutes les branches de la législature, celle surtout du gouvernement* qui doit le faire exécuter". Voy J.C. de Sismondi, *Examen de la constitution française*, Paris, Treutell et Wurtz, 1815, p. 66. De même, la référence à un morceau écrit en 1822 par Pellegrino Rossi, intitulé *Du gouvernement parlementaire*, est riche d'enseignements. En effet, cette étude fut conçue par son auteur comme une sorte de défense et illustration du principe du bicamérisme, motif pris de ce que la division du pouvoir législatif lui semblait indispensable à la séparation des pouvoirs: ainsi, disait-il de façon banale pour un publiciste favorable à la balance des pouvoirs, "il est à peine nécessaire de prouver que l'institution d'une chambre haute est indispensable à la défense du pouvoir exécutif. Une assemblée nationale, dont toute la force serait concentrée dans une chambre unique, ne saurait trouver de résistance légale capable de l'arrêter dans ses usurpations. Elle tomberait sur le pouvoir exécutif avec toute la fougue de son mouvement et l'énormité de son poids. Que n'écraserait-elle pas?". Or, pour démontrer ce qu'il tenait pour un axiome, Rossi se reportait de façon très appuyée à l'exemple américain, en plus du visa traditionnel fait aux institutions anglaises, ce qui lui permettait au surplus de s'arrêter sur la consanguinité des deux régimes: "Une expérience moins frappante peut-être que celle de l'Angleterre, mais très rassurante", notait-il dans cet esprit, "nous est offerte par les Provinces Unies de l'Amérique septentrionale. Non seulement dans la Constitution fédérale, mais dans le plus grand nombre des constitutions particulières des Etats, *on découvre une imitation évidente du système anglais*. L'assemblée législative est presque partout divisée en deux chambres, dont l'une est appelée quelquefois chambre haute, le plus souvent Sénat". Observons en effet, poursuivait-il, "que chez la nation qui en apparence pouvait le mieux s'en passer (car dispensée d'une noblesse), chez une nation, qui, surtout victorieuse d'une lutte sanglante contre l'Angleterre, paraissait devoir être très disposée à mépriser et à repousser les

Ainsi, ni les publicistes de la Révolution française ni ceux de la Deuxième République ne devaient rattacher le régime politique américain au cadre conceptuel du «régime présidentiel». En effet, un tel cadre n'existait pas puisque sa génération est postérieure. En outre et surtout, ce cadre, en ce qu'il repose sur la notion de séparation fonctionnelle, était par essence incompatible avec leur propre interprétation de ce régime qui, à leur sens, reposait à l'inverse sur le principe antagoniste de la balance des pouvoirs, qu'il soit entendu plus particulièrement à l'anglaise et à la française pour signifier la distribution de la fonction étatique suprême, c'est-à-dire législative, entre au moins deux organes partiels de législation, ou à l'américaine, pour signifier alors la distribution de chaque fonction étatique entre plusieurs organes.

De la sorte, sous la Révolution Française et sous la Deuxième République, faire l'objet dans le domaine de l'organisation des pouvoirs publics d'une influence américaine signifiait, au principal et de façon très précise, être disposé sous l'effet de l'enseignement dont était porteur le constitutionnalisme américain à ne pas attribuer le monopole de la fonction législative à un seul organe, quelle que soit la nature de celui-ci.

Ce point étant acquis, notre propos consiste à démontrer qu'une telle influence s'est produite en l'an III, puisque la constitution du 22 août 1795 a opté pour la balance des pouvoirs en instituant dans l'ordre législatif le conseil des Cinq cents et le conseil des Anciens et que l'enseignement républicain américain a joué en ce sens. A l'inverse, une

---

institutions de ses anciens maîtres, chez une nation enfin où la question des deux chambres a été vivement agitée par des hommes du premier mérite, et où le système d'une chambre unique fut, pendant quelque temps du moins, défendu par Franklin, *c'est la constitution anglaise qu'on retrouve, c'est son système des deux chambres qui y est presque universellement consacré*. On sourira, peut-être, de pitié", ajoutait-il enfin, en prenant soin de bien séparer gouvernement mixte et balance des pouvoirs, "en pensant à la différence qu'il y a entre la chambre des pairs d'Angleterre et les sénats américains. (…). Il nous suffit de rappeler que, sur chaque projet de loi, il y a aux Etats-Unis, comme en Angleterre, une double discussion par deux corps distincts et indépendants, et qu'il suffit, au pouvoir exécutif, du veto du sénat pour paralyser tous les projets des représentants, sans qu'il ait besoin de déployer une résistance directe". Voy. P. Rossi, *Du gouvernement parlementaire. Assemblée législative-division en deux chambres*, in *Mélanges d'économie politique, d'histoire et de philosophie*, Paris, Guillaumin, 1857, T. II, pp. 193, 137-138, 140 et 140 note 1. Voy. également Honoré Torombert, *Principes du droit politique mis en opposition avec le Contrat social de J.-J. Rousseau*, Paris, Rey et Gravier, 1825, pp. 302-303.

telle influence fut absente en 1848 puisque la constitution du 4 novembre consacre le principe de l'unité législative, de sorte que l'on commet une sorte de solécisme dans le raisonnement en soutenant que les constituants de la Deuxième République ont voulu imiter les Américains. Nous verrons en effet qu'ils avaient au contraire pleinement conscience de rompre avec eux et que telle était leur volonté essentielle, puisque précisément la référence américaine, omniprésente lors des débats, fit sur le fond l'objet d'une récusation permanente, portée de surcroît avec virulence.

Première Partie: L'an III, moment américain de la Révolution française.

«*La Convention, écoutez bien, la Convention, éclairée à la fin par six années d'anarchie, de convulsions intestines, de passions, de fureurs et d'incroyables cruautés pour n'arriver qu'à des ruines, la Convention, déjà mûrie par trois ans de malheurs et de sa propre expérience, la Convention proclame la nécessité de deux chambres législatives et la balance des pouvoirs*»
Charles Dupin, Assemblée nationale constituante, 26 septembre 1848, *Compte rendu des débats de l'Assemblée nationale constituante*, T. IV, p. 297.

«*...les Américains, que nous prenons en modèle, dans notre constitution ...*»
Gazette Française, n° 1274, 11 messidor an III-29 juin 1795, p. 3882.

La constitution de l'an III est un texte qui participe d'un compromis entre partisans de la séparation absolue et adeptes de la balance des pouvoirs. A celle-ci était empruntée la nécessité d'un organe législatif complexe afin d'empêcher l'érection d'une chambre unique dotée de l'entièreté de la fonction législative. De celle-là découlait l'impossibilité faite à l'organe exécutif de participer à la législation en tant qu'organe partiel. Pour autant, l'esprit des institutions ressortit prioritairement à la balance des pouvoirs, car dans la vision des Thermidoriens, au sens large du terme, c'est-à-dire de la presque totalité de la Convention et de la doctrine du moment, ce texte consacre au principal le rapport de consubstantialité entre la séparation des pouvoirs et le bicamérisme. En d'autres termes, il traduit au principal la conviction que la séparation des pouvoirs est irréalisable en dehors du bicamérisme qui, de ce fait, en est la condition essentielle. A ce titre précis, les débats du printemps et de l'été de 1795 sont le moment américain par excellence de la Révolution française puisque, en partie sous la force de l'exemple de 1776 et de 1787, les conventionnels érigèrent le bicamérisme en garantie de la séparation des pouvoirs.

A bien y regarder, le mouvement d'idées en ce sens avait pris corps fort peu après Thermidor. Ainsi, lorsque, en novembre 1794, Barrère sollicitait la mise en exercice de la constitution de l'an I tout en interdisant qu'

> «une seule ligne de cette constitution républicaine, palladium de nos libertés et caution des droits de l'homme» fût modifiée, il notait parallèlement en manière de dénonciation que, déjà, «quelques politiques vant(aient) la prééminence de la constitution anglaise et *les bienfaits de la constitution américaine*», et en imputait la cause à «l'intérêt des anciennes castes privilégiées et des ambitieux de tous les partis, qui trouveraient dans une constitution modifiée *un sénat ou une chambre des représentants*»[1].

C'était dire, avec un tour polémique, qu'à l'exemple des institutions anglo-saxonnes, certains étaient convaincus de la liaison intime entre la séparation des pouvoirs et la division de l'organe législatif, puisqu'une chambre unique, dotée du monopole de la fonction législative, mise en face d'un organe exécutif subordonné, aurait tôt fait de s'attribuer sa fonction. Ces quelques politiques devinrent la majorité, et ce qui était gardé *in petto* fut bientôt formulé publiquement, à la suite précisément de

---

[1] *Moniteur*, T. XXII, 26 Brumaire an III-16 novembre 1794, p. 504 et p. 503.

l'échec des deux insurrections jacobines des 12 Germinal (1er avril 1795) et 1er Prairial (20 mai 1795), qui furent de véritables émeutes de la faim auxquelles les adversaires de la réaction thermidorienne tentèrent de donner une direction et des buts politiques. Le mouvement populaire brisé, ses chefs annihilés, les Tables de la Montagne pouvaient à présent être ouvertement dénoncées: «Il y a six mois» put désormais écrire en Prairial, Bresson, député à la Convention, «c'était un crime d'attaquer la constitution de 1793, aujourd'hui ce n'est pas même une vertu»[2].

En effet, dès le 30 avril 1795, soit le jour même de sa rentrée au sein de la Convention, Lanjuinais -qui allait être au sein de la commission des Onze un des membres les plus actifs-, avait le premier, à l'occasion d'un discours qui obtint les plus vifs applaudissements, donné le ton de ce qui allait devenir rapidement une analyse rebattue et le signe distinctif de la nouvelle pensée institutionnelle:

> «...*il n'y aura jamais de réelle séparation dans les pouvoirs*», prévint-il, «tant qu'il n'y aura pas de constitution, tant qu'elle ne sera pas en activité, j'ose ajouter, *tant que la puissance législative ne sera pas elle même divisément exercée*. Parlons sans détour», poursuivait-il, «et disons tout haut ce qui se dit au moins à voix basse dans toute la République; il nous faut bien moins des lois organiques de la constitution, qu'une constitution même (...). Ce sera peu encore qu'elle existe et qu'on l'exécute, *si par elle le corps législatif n'est pas lui-même divisé. Il n'y a que ce moyen d'arrêt, il n'y a que ce moyen de salut. Pure illusion de l'esprit que d'imaginer un pouvoir exécutif réellement distinct, avec une assemblée législative, qui délibérant dans un seul corps, sera toujours sans règles et sans limites*, où rien n'est capable d'arrêter les impulsions dangereuses que peut lui donner un génie habile, ambitieux et pervers. Placez le pouvoir exécutif au-dedans ou au-dehors d'une telle assemblée, il succombera toujours devant elle et devant ceux qui sauront acquérir de la prépondérance. Voilà ce que nous atteste l'expérience des siècles, à laquelle se joint notre expérience de cinq années»[3]. Le *Moniteur* donne une version différente mais tout aussi significative: «...Il faut absolument», déclara Lanjuinais à ses pairs, «séparer le pouvoir législatif du pouvoir exécutif, ou bien nous n'aurons jamais de liberté. Il n'y aura jamais séparation des pouvoirs tant que nous serons sans constitution (...). Mes collègues, j'insiste sur

---

[2] *Réflexions sur les bases d'une constitution par le citoyen ***, présentées par Bresson*, Paris, imprimerie nationale, an III, p. 3.

[3] Lanjuinais, *Opinion sur le gouvernement provisoire de la République*, Paris, imprimerie nationale, floréal an III, p. 2. Eu égard en effet à l'importance déterminante des propos tenus par Lanjuinais, son discours devait être rapidement imprimé et faire l'objet d'une publication.

la séparation des pouvoirs, parce que l'expérience de cinq années a dû nous apprendre que s'il n'y a pas de *contrepoids* dans le gouvernement, il perd son *équilibre*, et que tout est confondu; parce que l'expérience de cinq années a dû nous apprendre qu'il n'y aura jamais de véritable liberté, que les délibérations du corps législatif ne seront jamais marquées du sceau de la sagesse qui doit les caractériser, *tant qu'il ne sera composé que d'une seule section*, qu'il ne formera qu'un tout», ce à quoi Audouin répliqua: «Voilà les deux chambres»[4].

---

[4] *Moniteur*, T. XXIV, 14 Floréal-3 mai 1795, p. 352. Cette prise de position devait avoir un effet symbolique et pratique considérable, si bien que dans le mois qui suivit, Bresson, quant à lui favorable à la tripartition et qui naguère avait été décrété d'arrestation pour avoir protesté contre la journée du 31 mai 1793, reproduisit sur la page de garde de son livre, en manière d'épigraphe, cette citation de Lanjuinais. C'était rendre hommage à celui qui avait le premier formulé au sein de la Convention la doctrine nouvelle qui allait s'emparer rapidement de la très grande majorité des esprits et donner sa caractéristique à l'an III. De la même façon, l'auteur, resté anonyme, de l'ouvrage intitulé *De l'équilibre des trois pouvoirs politiques, ou lettres au représentant du peuple Lanjuinais, sur son opinion de diviser le corps législatif en deux sections*, mit également en exergue, et pour l'en féliciter, l'opinion de Lanjuinais "en faveur du système de l'équilibre des pouvoirs, résultant de l'identité des intérêts...", témoignant lui aussi de l'impact considérable de l'initiative prise par le conventionnel. Voy. *De l'équilibre des trois pouvoirs politiques*, Paris, Desbrière, an III, p. 1. Il est à noter à ce sujet que Félix Faulcon devait en 1798 s'attribuer le mérite d'avoir appelé, avant tout autre en l'an III, à l'instauration de deux chambres: "Ah!", témoigna-t-il. "Je me féliciterai toujours d'avoir, le premier, osé affronter le préjugé contraire (au bicamérisme) qui avait dominé jusque-là, lorsque dans le mois de germinal de l'an III, j'écrivis à la commission des Onze tout récemment formée, pour l'inviter *à partager le corps législatif en deux sections*: ma lettre fut imprimée le 10 floréal dans la *Gazette française*, et les raisons que j'exposais parurent frapper tous les bons esprits". Voy. *Mélanges législatifs, historiques et politiques pendant la durée de la constitution de l'an III*, Paris, Henrichs, an IX, vol. II, n° 44, 13 ventôse an VI, p. 113. En effet, à la date du decadi 10 Floréal an III, soit le mercredi 29 avril 1795, la *Gazette française* avait publié son plaidoyer contre l'unité législative rédigé dans les termes suivants: "Je demande que le corps législatif soit séparé en deux fractions indépendantes l'une de l'autre" affirmait-il avec force. Puis, se défendant "de vouloir ressusciter la noblesse héréditaire pour en former l'une des deux fractions législatives", il donnait les raisons qui déterminaient sa position: "Je veux", disait-il, "que la constitution républicaine tende le plus possible à assurer le repos et la félicité de mon pays (et) j'ai la conviction intime que la mesure la plus efficace pour y parvenir *est de diviser le corps législatif.* (...). J'en reviens donc toujours", poursuivait-il, "à l'indispensable nécessité du *balancier législatif*, et je dis qu'il y a bien des manières de le former par le moyen de représentants nommés égalemment par le peuple. (...). N'est-il pas évidemment démontré par les grands

Il était donc dans l'ordre des choses que la nouvelle Charte, cette *constitution de la peur* selon le mot de Pierre Gaxotte, consacra le bicamérisme, puisqu'elle fut l'œuvre d'une assemblée dégrisée et mue par un empirisme certain au point qu'un Larevellière-Lépeaux put au sein de l'Assemblée avancer sans être contredit qu'«en fait d'institutions politiques, c'est toujours le résultat qu'il faut examiner»[5]. Dans cette disposition d'esprit, elle assimila l'unité législative, c'est-à-dire le monocamérisme, à la confusion programmée des pouvoirs, et envisagea la division en deux chambres de l'organe législatif comme la condition *sine qua non* de la séparation. De ce fait, Boissy d'Anglas, rapporteur, au nom de la commission des Onze, du projet de constitution, vint spécialement auprès des membres de la Convention consacrer expressément -non toutefois sans s'abstraire d'une certaine ambiguïté sur laquelle nous reviendrons- l'excellence du principe de «la balance des pouvoirs». Indiscutablement, un cours nouveau venait d'être dessiné, et bientôt, Barrère, *ex-ante* «l'Anacréon de la guillotine», soucieux d'un retour en grâce et décidé à épouser l'esprit du temps, sacrifiera au nouveau dogme et, en l'an V, donnera un panégyrique de la constitution puis dissertera, en publiciste averti au demeurant, sur Montesquieu[6].

En définitive, les députés de la Convention, chahutés pour la plupart d'entre eux par la Terreur, ont entendu se rédimer par la balance des pouvoirs assise sur le bicamérisme, jugé indispensable à la séparation des pouvoirs et à la stabilité de la Loi fondamentale. C'est là, en fait de distribution des pouvoirs publics, le principal enseignement que l'on retire des débats constituants. Dans ce qui doit être analysé, pour partie, comme une véritable reconsidération de la part des publicistes français des institutions indispensables à un régime politique correctement réglé, il est manifeste que la leçon américaine, favorable à l'institution de la balance

---

exemples de l'histoire, *qu'un corps législatif unique ne manque jamais de prétexte pour usurper tous les pouvoirs*?". De ce fait, concluait-il, "pour assurer à jamais le repos de la France et l'existence des citoyens, il faut une garantie plus solide que celle d'un corps législatif unique...". Voy. la *Gazette française*, n° 1215, pp. 3654-3655. C'est donc un fait que l'article de Faulcon, qui à son dire frappa les esprits, fut publié le 29 avril, soit la veille du discours de Lanjuinais. En vérité, ces deux sources ont pour intérêt de marquer de façon assez précise le moment de la ré-émergence dans l'espace public de la doctrine des deux chambres conçues comme indispensables à la séparation des pouvoirs.

[5] *Moniteur*, T. XXV, 23 Messidor, pp. 218-219.

[6] Voy. respectivement *De la pensée du gouvernement*, Genève, France, pluviôse an V, et *Montesquieu peint d'après ses ouvrages*, Suisse, France, an V.

sur un mode républicain, a eu un effet réel (**Chap. I**). Néanmoins, cette greffe doctrinale, opérée sur une culture politique frottée de rationalisme et portée puissamment à l'idéal d'unité sociale, devait pour une part faire l'objet d'une réinterprétation et d'une tentative de dépassement. Plus que tout autre, Joseph Emmanuel Sieyes devait militer, non sans contradictions, pour cette singularité, sans toutefois, et cela est très significatif, être suivi par ses pairs (**Chap. II**).

CHAPITRE Ier: La balance des pouvoirs par le bicamérisme, institution commune aux peuples libres.

Ainsi, plus qu'à tout autre moment de la Révolution française, l'an III fut un épisode politique dominé par une rhétorique favorable à la balance des pouvoirs, dans laquelle se résorba l'essentiel du discours des Thermidoriens (**§ Ier**). Ce faisant, ces derniers s'autorisaient expressément du précédent américain, voulant marquer de ce fait qu'il aurait été impolitique de ne pas s'inspirer tant de la doctrine des *Pères Fondateurs* que de l'expérience politique des Etats-Unis, laquelle établissant et conservant une liberté réglée n'avait pas été affectée par un quelconque phénomène peu ou prou comparable à la Terreur (**§ II**).

§ Ier) Le bicamérisme, clef de voûte de la constitution du 22 août 1795.

La division de l'organe législatif passa donc pour la grande recette politique du moment. Toutefois, si cette division s'entendait pour la quasi unanimité des publicistes de l'institution du bicamérisme (A), elle ne pouvait être étendue à la tripartition du pouvoir législatif malgré l'action menée en ce sens par une forte minorité (B).

A) La consécration de la dualité des chambres.

Pour que le bicamérisme fut institué, les Thermidoriens durent se déprendre d'une prévention. En effet, jusqu'alors, l'érection d'une seconde chambre, en ce qu'elle semblait nécessairement porteuse d'une distinction des qualités des membres des deux chambres, évoquait dans leur esprit le risque de l'avènement d'un corps aristocratique. Précisément, cette certitude mécanique attachée au bicamérisme, par essence producteur d'ordres, fut surmontée sous l'action d'une nécessité fondamentale, à savoir l'impossibilité d'assurer la séparation des pouvoirs sans recourir à ce procédé. L'an III est de ce point de vue l'aboutissement d'une mutation de la théorie politique française, qui, dans un premier mouvement, avait prioritairement envisagé le bicamérisme comme l'expression institutionnelle de l'inégalité juridique avant que de le concevoir par la suite, de façon quasi exclusive, comme un élément constitutif de la séparation des pouvoirs et le gage de la modération de la loi. Lenoir-Laroche, dans un essai destiné à convaincre des avantages de la tripartition publié alors qu'il n'était encore question que de compléter par des lois organiques la constitution de l'an I, a retracé avec rigueur les étapes de cette évolution et sa signification. Cette synthèse historique vaut la peine d'être citée avec exactitude[7]:

> «La question de l'unité ou de la division du corps législatif», représentait ce partisan du bicamérisme, «n'a jamais été discutée d'une manière calme et profonde dans aucune assemblée nationale. Une prévention excusable ne permit pas à la Constituante de l'aborder. Frappées des inconvénients de la délibération par ordres, les Communes ne virent et ne durent voir de salut pour la France que dans la réunion des parties qui constituaient les Etats généraux. Cette réunion effectuée, toute idée de division en chambre haute et en chambre basse ne parut être que le rétablissement, sous une autre forme, de la délibération par ordres[8]. Les Mounier, les Lally, les Bergasse», poursuivait Lenoir, «essayèrent en vain leur variante de la chambre haute; c'étaient toujours la noblesse et le clergé que l'on apercevait sous ces déguisements, et avec eux l'éternelle alliance du pouvoir royal. L'unité du corps législatif fut plutôt proclamée que discutée; et lorsque sur la fin de la session, Buzot voulut proposer de diviser le corps législatif en deux sections, toutes les anciennes craintes se réveillèrent, et l'on entrevit alors la résurrection de la noblesse et du clergé que l'on venait d'effacer de l'organisation sociale[9]. En 1793», reprenait Lenoir-Laroche se reportant

---

[7] D'autant qu'elle émane d'un publiciste averti. En effet, Lenoir-Laroche (1749-1825), avocat de formation, élu le 3 mai 1789 député du Tiers aux Etats Généraux, avait été au sein de la Constituante un partisan déterminé de l'institution de deux chambres. Un temps ministre de la police sous le Directoire, il devait reprendre ses fonctions de professeur de législation à l'école centrale du Panthéon avant d'être élu aux Anciens en l'an VI, ce qui lui valut de faire partie de la commission intérimaire prise au sein de cette chambre lors de l'élaboration de la constitution de l'an VIII.

[8] Rabaut Saint-Etienne devait employer des termes similaires pour expliquer qu'à la suite notamment de la controverse sur le thème de la délibération par ordre au sein des Etats Généraux, instituer une seconde chambre aurait paru rétrograder pour la majorité des constituants: ''la majorité des députés des communes'', considéra-t-il, ''ne voyait dans la chambre haute que le refuge constitutionnel de l'aristocratie et la conservation du système féodal''. Voy. *Précis de l'histoire de la Révolution française*, Paris, Servier, 1827, L. IV, p. 210.

[9] Lenoir fait ici référence à l'initiative prise le 21 mai 1791 au sein de la Constituante par François Buzot, concertée avec Pétion et Brissot, et qui, tout en s'inscrivant dans le respect du principe de l'unité de chambre, visait à tempérer la puissance d'une chambre unique. Suivant cette proposition, lorsque la majorité de l'Assemblée nationale l'exigerait, l'assemblée serait divisée en deux sections "formant deux fractions égales d'un tout homogène", dans lesquelles les députés seraient répartis par tirage au sort. En cas de différent entre les deux sections, une troisième et ultime discussion s'ouvrirait huit jours après au sein de l'assemblée

générale statuant à la majorité. De ce fait, ainsi qu'il fut relevé dans un journal, cette proposition "réunissa(i)t tous les avantages du système des deux chambres sans en avoir les inconvénients", (Voy. *Les Révolutions de Paris*, n° 98, p. 332), ce que comprit bien de Virieu qui en séance demanda "la question préalable sur le projet de M. Buzot, parce qu'il nous éloigne de l'institution des deux chambres". Cette réaction était fondée et d'ailleurs Brissot, l'un des initiateurs, tint à préciser dès le 22 mai dans *La Patriote* que "ce plan n'a aucune analogie avec la chambre des pairs de Londres. Ces deux sections", ajoutait-il, "n'ont pas même d'analogie avec les sénats d'Amérique...". Néanmoins, il est significatif de constater que beaucoup de députés ne le comprirent pas ainsi, en ce qu'à l'inverse ils y virent un acheminement vers les deux chambres. Le député sans doute le plus représentatif de ce courant fut Salle qui rédigea spécialement une *Opinion contre la division du corps législatif en deux sections*, à l'effet d'être prononcée lors de la reprise de la discussion qui, au final, ne vint pas. Fait intéressant, Salle voyait dans cette proposition une manière de s'aligner sur les institutions américaines, ce qu'il réprouvait: "parce qu'on tient à d'anciennes idées, parce qu'on est plein de systèmes, pris dans les gouvernements, soit républicains, l'Amérique, soit monarchiques, l'Angleterre, qui n'ont rien de commun avec la France", objecta-t-il, "on vient nous proposer des moyens étrangers de garantie pour des institutions qui peut-être peuvent suffisamment se garantir par elles-mêmes". De la même façon, c'est à nouveau l'Amérique qu'il privilégiait lorsqu'il présentait le fondement sur lequel les adversaires du monocamérisme s'appuyaient. Ainsi, écrivit-il, résumant leur argumentaire, "les délibérations d'une chambre unique pourraient être précipitées, nous dit-on, et compromettre de cette manière la constitution; *il y a deux sections du corps législatif en Amérique* et l'on s'en trouve bien: la majorité a quelquefois tort, il lui faut *un contrepoids*". Voy. *Opinion de M. Salle...*, *Archives parlementaires*, 1ère série, T. XXVI, annexe à la séance du 21 mai 1791, pp. 275-276. C'est donc en raison de cette assimilation, fautive, du projet de Buzot à une consécration du bicamérisme que la Constituante, toujours hostile dans son ensemble à un tel dessein malgré une évolution sensible, évacua le dit projet sous couvert d'un ajournement.

Au final, il importe de relever que Buzot restait à ce moment partisan de l'unité, mais organisée. Il semble que ce soit seulement après avoir été décrété d'arrestation le 2 juin 1793 qu'il versera dans le camp des bicaméristes, ce dont témoignent ses *Mémoires*, précisément rédigés peu avant son suicide lors de sa proscription. C'est alors seulement qu'il s'autorisa de l'exemple américain: Une "erreur (...) funeste, (...) difficile (...) à déraciner des cœurs français", lit-on en effet dans ce testament politique, "parce qu'on lui doit en quelque sorte la révolution elle-même, c'est de repousser la division du corps législatif en deux corps séparés et indépendants. (...). Il me semble", poursuivait l'auteur, "que la division du corps législatif est de la nature même du gouvernement représentatif". Or, faisait-il observer, "de tous les écrivains politiques, il n'en est point qui aient approfondi le système des gouvernements fédératifs et représentatifs avec autant de sagacité et de sagesse que les Américains. On peut voir dans leurs ouvrages sur le fédéralisme" -il faut comprendre sans doute *le Fédéraliste*- "et d'autres de ce aux débats constituants relatifs au projet de constitution girondin «Condorcet, ne se dissimula point les dangers que couraient la liberté publique et les droits individuels, si l'on ne les mettait pas à l'abri des erreurs dans lesquelles une assemblée nombreuse pourrait être entraînée par la précipitation, par la prévention, ou même par l'excès de son zèle», et l'auteur de citer alors Condorcet dans son rapport de février 1793: "On a plus d'une fois proposé, dit le rapporteur, pour remédier à ce danger qui a frappé tous les esprits, de partager une assemblée unique en deux sections permanentes qui délibéreraient séparément. Dans le cas où les opinions seraient divisées, ces sections se réuniraient pour prendre une détermination finale, ou bien on obtiendrait le résultat du vœu général de la majorité, en comptant les voix pour ou contre dans l'une et l'autre section. On a proposé encore d'accorder à un corps séparé, le droit d'examiner les décisions de l'assemblée des représentants, et d'exposer les motifs de son refus d'adhésion dans un temps déterminé, après lequel sur une nouvelle discussion, l'assemblée donnerait une décision définitive". Condorcet», jugeait alors Lenoir, «ou plutôt le comité par sa bouche, convint que ces moyens n'ont rien de contraire à la liberté, ni même à l'unité du pouvoir. Cependant le comité n'osa proposer ni l'un ni l'autre (...). Les préventions étaient extrêmes (...). *Ainsi*», considérait-il, «*la question la plus importante à la liberté publique et individuelle, au repos et à la stabilité du gouvernement et de l'ordre social, n'a pu trouver encore des circonstances favorables pour être envisagée froidement sous le rapport de ses avantages et de ses inconvénients*».

Précisément, tout le propos de Lenoir était d'inviter à cette réflexion et de faire prendre conscience que, jusqu'alors, l'on n'avait pas considéré avec suffisamment d'attention que dans le cadre du schéma de la séparation absolue des pouvoirs, la hiérarchie des fonctions entraîne celle des organes, de sorte que la constitution d'un organe législatif unique dote celui-ci d'une puissance formidable et onéreuse à l'organe exécutif:

> «On a cru longtemps», écrivait-il en ce sens, «qu'il y avait séparation effective et suffisante des pouvoirs, lorsque la puissance qui fait les lois et celle qui les exécute, ne se trouvaient pas réunies dans le même individu ou dans le même corps. *C'est une erreur*: il est bien vrai que ces pouvoirs agissent séparément, mais il s'en faut que leur force soit égale. Dans tout gouvernement, l'autorité qui veut sera toujours supérieure à celle qui obéit, et qui est chargée de faire obéir les autres. *La véritable puissance réside dans le corps législatif.* C'est de lui qu'émanent tous les mouvements de la puissance exécutrice; celle-ci ne

---

genre, combien ils avaient médité cette forme de gouvernement moderne". Voy. *Mémoires sur la Révolution française*, Paris, Pichont et Didier, 1828, chap. II, pp. 154-155.

peut être considérée comme puissance que relativement à l'action qu'elle exerce sur les gouvernés; mais dans ses rapports avec le corps législatif, *elle n'a qu'une existence subordonnée*; et si l'action qu'elle reçoit et qu'elle transmet, lui arrive avec une direction fausse ou oppressive, elle n'a par devers elle aucun moyen de la redresser, ou d'en arrêter les effets. Il y a autorité arbitraire, absolue, et par conséquent susceptible de dégénérer en tyrannie, toutes les fois que les pouvoirs sont concentrés dans les mains d'un seul, et que son bon plaisir est la règle unique de sa volonté; *il y a*», ajoute-t-il en formulant en quelque sorte ce qui devait être le paradigme de l'an III, «*autorité arbitraire, absolue, et susceptible de tyrannie, toutes les fois que le plus dangereux des pouvoirs*[10] *est dans les mains d'un seul corps, qui peut dire aussi: tel est notre bon plaisir*».

Ce que voulait signifier Lenoir, c'est que la séparation stricte est un modèle fruste, en ce qu'il laisse une chambre unique en état, d'une part de légiférer contre les intérêts des gouvernés, et d'autre part de s'arroger les compétences exécutives. De ce point de vue, ajoutait-il, la distinction dans le cadre d'une constitution rigide entre pouvoir constituant et pouvoirs constitués n'offre aucune garantie en l'absence d'un quelconque organe chargé de sanctionner la non conformité de la loi à la constitution: en effet, écrivait-il,

«c'est avoir beaucoup fait sans doute pour les progrès de l'art social, que d'avoir fixé ces droits à des termes simples et incontestables. Mais ignore-t-on combien il est facile d'atténuer la Déclaration qui les énonce, et la constitution qui promet de les garantir, par l'influence d'une mauvaise législation? Les droits naturels et civils qui sont d'un besoin et d'un usage habituel pour le citoyen sont tous à la discrétion des lois. Celles-ci peuvent attaquer en détail et par cent moyens indirects, la liberté, la sûreté, la propriété, sans heurter avec violence la constitution, et en ayant même l'air de la respecter»[11]. Ainsi,

[10] C'est-à-dire le pouvoir législatif, seul détenteur au dire de Lenoir de la véritable puissance.

[11] C'est que, comme beaucoup à l'époque, Lenoir-Laroche n'envisage le contrôle de constitutionnalité des lois que dans le cadre d'un mécanisme distributif où chaque organe partiel de législation peut censurer les prétentions de l'autre soit en pure opportunité soit au regard du respect des droits inscrits dans la Déclaration ou du respect de l'organisation des pouvoirs publics qui figure dans la constitution. Un autre passage en atteste: "On a demandé par quel moyen constitutionnel on empêchera que le corps législatif n'usurpe les fonctions d'une convention, et ne vienne à changer la forme du gouvernement. *J'ai déjà répondu en partie à cette objection, par la division même du corps législatif en plusieurs branches*. L'extension de pouvoir, naturelle à une seule assemblée, éprouve plus d'obstacles, quand il y en a deux, et qu'à côté se trouve encore une troisième sentinelle", comprenons, le pouvoir exécutif doté d'un statut de colégislateur.

poursuivait-il, «tant que l'autorité législatrice ne sera exercée que par un seul corps, qui pourra tout ce qu'il voudra, il n'est aucun obstacle qui puisse l'empêcher de faire des lois mauvaises, arbitraires et oppressives. *Il n'en ait aucun non plus qui l'empêche de vider la constitution, de la changer, ou d'en suspendre l'effet.* Car n'ayant aucun *contre-poids*, aucune puissance qui le surveille ou le réprime, rien ne s'oppose à ce qu'il usurpe les fonctions d'une Convention, qu'il ne refasse les lois constitutionnelles chaque fois qu'un parti assez puissant voudra faire prévaloir un nouveau système d'organisation sociale, *et que même il finisse par envahir tous les pouvoirs* et se constituer en permanence. Il suffira de quelque moment de crise que l'on saura bien faire naître s'il n'existe pas. (...). *Supposez maintenant que la Convention eût été divisée en deux branches* dont chacune n'eût rien pu faire sans le concours et le vœu de l'autre, et voyez si ces factions, ces déchirements, cette audace des usurpateurs et cet envahissement de tous les pouvoirs auraient pu élever la tyrannie dans son sein». La constitution de 1793, concluait-il, «en instituant un corps législatif un et indivisible, n'offre aucune garantie ni pour lui-même, ni pour la liberté publique ni pour les droits des citoyens. (...). On sent que c'est avoir fait beaucoup, *et peut-être tout*, que d' (...) avoir combiné (le corps législatif) de manière que chacune des branches se serve réciproquement de conservateur»[12].

Cela étant posé, Lenoir-Laroche et les Conventionnels allaient devoir résoudre un problème qui leur apparut presque comparable à celui du cercle carré, et auquel, quelques années auparavant, les Américains avaient été eux-mêmes confrontés. Il consistait, dans leur souci de concevoir le bicamérisme comme une simple technique juridique, un

"L'intention", reprenait-il, "de changer de gouvernement ne pourrait se manifester que par un acte qui prendrait naissance dans une chambre. Cet acte porté dans l'autre éveillerait son attention, et il serait difficile qu'elle consentît à cette entreprise. Elle y consentirait que le pouvoir exécutif, qui a son existence politique et son intérêt à part, n'y consentirait pas lui-même". Op. cit., pp. 145-146.

[12] J.-J. Lenoir-Laroche, *De l'esprit de la constitution qui convient à la France, et examen de celle de 1793*; Paris, Agasse, an III, pp. 47–51, 54-55, 57, 145-146. Ce livre était par la force des choses l'un de ceux qui furent les plus en vogue à cette époque, au point de faire l'objet de notes de lecture dans de nombreux journaux, notamment dans *le Moniteur universel* où Trouvé estime nécessaire de le distinguer "parmi les ouvrages que l'amour du bien public a produits depuis quelques temps sur la constitution", en raison, d'un point de vue général, de ses "principes souvent incontestables", et d'un point de vue particulier de la concordance des vues qui y sont exprimées avec celles de Boissy, rapporteur de la commission des Onze, sur les dangers d'une chambre unique. Voy.; T. XXV, 17 Messidor-5 juillet, n° 287, *Mélanges*, pp. 129-130.

mode opératoire de la séparation des pouvoirs, à concilier l'institution d'une autre chambre avec le principe de l'égalité juridique. Sur cette base, Lenoir alla au plus simple:

> «Si malgré la leçon de l'expérience», reprenait-il, «l'on avait encore conservé quelque chose de ce préjugé contre les deux chambres, qui avait frappé tant d'esprits sous l'Assemblée constituante, il suffirait de faire remarquer qu'il s'agissait alors d'une constitution monarchique. On avait dû craindre l'énorme puissance qu'aurait acquise un roi héréditaire disposant de beaucoup d'emplois, et jouissant d'une liste civile de plus de trente millions, s'il se fût réuni avec l'une de ces deux chambres. Mais aujourd'hui que ce pouvoir formidable de la royauté ne subsiste plus, il n'est plus question que de donner au corps législatif une garantie de son indépendance, de sa liberté, et de la sagesse de ses résolutions, et à la nation elle-même une garantie que le corps législatif n'abusera pas de sa puissance pour opprimer la liberté. Or, un de ces moyens d'assurer cette double garantie, c'est la division du corps législatif (...). *Il faut donc*», poursuit ce partisan de la balance des pouvoirs, attestant ainsi que ce type de procédé est pleinement compatible avec le réquisit de l'égalité juridique, «*que les deux branches du corps législatif soient composées d'éléments égaux, quoique séparés, qu'elles soient soumises aux mêmes conditions d'éligibilité, que leurs fonctions soient égales, c'est-à-dire que les projets de loi puissent prendre naissance dans l'une comme dans l'autre, et qu'elles se servent réciproquement de modérateur*. Par là», opinait Lenoir-Laroche, «les rivalités disparaissent, et il n'y a plus qu'un effort mutuel d'émulation. (...). On ne donne ici aucune dénomination particulière aux deux branches de la législature. Toutes deux sont formées de représentants; toutes deux, dans notre plan, sont composées des mêmes éléments et soumises aux mêmes conditions; toutes deux peuvent être élues de la même manière; la distribution des représentants nommés par chaque corps électoral, se ferait par la voie du sort et immédiatement après leur nomination, de sorte que chacun saurait, avant de se rendre au point de réunion, à laquelle chambre il appartient. Si l'on appelle l'une des deux chambres législatives, chambre des représentants, et l'autre sénat, et que l'on établisse entre elles quelques différences, il est à craindre que l'une ne se regarde comme supérieure à l'autre, et qu'il ne se forme à la longue des familles sénatoriales qui auraient d'abord des prétentions personnelles et qui finiraient peut-être par devenir héréditaires, sinon par le droit, du moins par le fait. Ainsi», concluait-il, «les deux branches du corps législatif s'appelleraient première et seconde chambre des représentants»[13].

[13] Op. cit., pp. 132, 134-135, 141-142.

Cette simplicité fut tenue pour une manière de simplisme au sein de la commission des Onze et de la Convention qui, tout en respectant scrupuleusement le principe de l'égalité juridique des citoyens, voulurent toutes deux établir une balance qui ne soit pas purement nominale[14].

---

[14] La commission des Onze avait été nommée par la Convention le 4 floréal an III (23 avril 1795), en remplacement d'une première commission, dite "des Sept", nommée le 14 germinal et chargée de la "confection des lois organiques qui doivent mettre en activité la constitution démocratique de 1793". Munis à l'origine d'un mandat identique, c'est officiellement le 17 floréal (6 mai), que les Onze reçurent pour mission de rédiger le projet d'une nouvelle constitution. A ce propos, le décret du 28 germinal an III (17 avril 1795) invitait les particuliers à communiquer leurs projets et réflexions tant sur "les dispositions, le développement dont la constitution (de 1793) est susceptible, que sur la meilleure organisation du gouvernement". A la suite de cette invite, 942 envois parvinrent à la Commission, signés pour la plupart, et conservés dans leur très grande majorité aux Archives nationales sous le nom de *Papiers de la Commission des Onze*. Cet ensemble constitue un fonds précieux auquel il est indispensable de se reporter pour prendre la mesure des conceptions dominantes en l'an III en matière d'organisation des pouvoirs publics, et l'on ne s'étonnera pas, ainsi que nous le démontrerons, que ce soit celle de la balance ou équilibre des pouvoirs qui prime de façon indiscutable. Bien entendu, "balance des pouvoirs" signifiait toujours en l'an III, comme auparavant, "participation décisionnelle de deux organes au moins à la fonction législative". En atteste, par exemple, *Du gouvernement ou principes naturels pour le rendre aussi bon que solide*, de la main d'un dénommé Raymond Rozier. Les pouvoirs exécutif et législatif, expliquait ce dernier, "sont très distincts l'un de l'autre, et s'ils ne sont pas absolument incompatibles, ils ne doivent pas être absolument liés. Mais ils doivent l'être à certains égards pour entretenir cette correspondance, cette harmonie qui doit exister entre eux. En séparant ces deux pouvoirs sans aucune union qui les fait concourir au même but, on s'expose à voir naître parmi eux une mésintelligence très préjudiciable et très dangereuse. (...). Comment établir entre eux'', s'interrogeait-il sur ce fait, ''une même union, une même harmonie. *Il est des publicistes qui ont demandé pour cela une balance des pouvoirs. (...). Ils ont voulu deux ou trois pouvoirs ayant chacun certains degrés de puissance législative*". *Papiers de la commission des Onze*, C.228-n° 13.

La Commission des Onze comptait en son sein un personnel expérimenté et, pour l'essentiel, modéré. Expérimenté, puisque cinq de ses membres, à savoir Boissy-d'Anglas, Creuzé-Latouche, Durand-Maillane, Lanjuinais et la Revellière-Lépeaux avaient siégé à la Constituante. De plus, à cette époque, Thibaudeau avait accompagné son père, élu député, sur les bancs de la représentation nationale et pouvait de ce fait se prévaloir d'une connaissance précise de ces débats. Modéré, car six avaient été Girondins, dont celui qui devait être le premier artisan du texte, Pierre-Claude-François Daunou, au point d'être qualifié par La Revellière, admiratif de son industrie et de ses connaissances, de

Ainsi, le problème constitutionnel majeur de l'an III se posait dans les termes suivants: si les deux chambres devaient exprimer et défendre le même intérêt social, il n'en fallait pas moins qu'elles diffèrent par un ou plusieurs côtés pour assurer l'effectivité de la balance où chacune est le contrepoids de l'autre. Bresson, publiciste et député à la Convention nationale, devait fort bien posé les termes de ce que nous serions tenté d'appeler l'équation politique de l'an III:

> «J'ai tracé les avantages des deux chambres», écrivait-il dans un ouvrage-manifeste en faveur de la balance des pouvoirs. «Mais je conviens», observait-il, «qu'il est difficile de les combiner d'une façon conforme à nos principes d'égalité, parce qu'il faut, pour en obtenir le bien dont elles sont susceptibles, qu'elles aient de grandes différences entre elles. Une législature composée des mêmes éléments et partagée en deux chambres ne formerait pas deux pouvoirs. C'est cependant ce qu'il faut tâcher d'avoir, et ce qu'il n'est pas impossible de trouver»[15].

Le chemin était étroit car il fallait donc que certains attributs distinctifs existent, ayant pour effet d'individualiser les deux corps législatifs sans qu'ils soient pourtant de nature à les placer dans une rivalité perpétuelle. Bref, il fallait séparer sans éloigner, opposer sans confronter. On recherchait, singulière difficulté, une différence réelle qui ne fût pas une altérité, car comme le relevait un journal de l'époque, «s'il est avantageux que la position des législateurs soit différente, il serait funeste qu'elle fût ennemie. Diviser et unir, tel était le problème qu'il y

---

"vrai et seul rapporteur" (Voy. les *Mémoires de Larevellière-Lepeaux*, Paris, Plon, 1895, p. 235). Pour le reste les choses étaient en équilibre puisque Lesage et Boissy d'Anglas apparaissaient comme des royalistes constitutionnels, tandis que "Thibaudeau (figurait) la Montagne repentie (et) Berlier la Montagne toujours debout" selon la belle expression de F. Furet et D. Richet. (Voy. *La Révolution française*, Paris, Fayard, 1987, p. 311). Il est à noter que des personnes extérieures à la Commission furent admises aux séances dans le cadre d'une audition. Au rapport de Thibaudeau, ce fut le cas de Roederer; et ce fut également, suivant son témoignage propre, le cas du traducteur d'Adams, Lamare, auteur par ailleurs d'un très instructif *Equipondérateur* dont nous reparlerons; ce fut, enfin, le cas de Sieyes.

Le rapport de la Commission fut présenté à la Convention le 5 messidor (23 juin) par Boissy d'Anglas, et les débats engagés le 16 du même mois (14 juillet) se poursuivirent jusqu'au 30 thermidor (17 août). Voté le 5 fructidor (22 août 1795), le texte fut proclamé loi fondamentale de la République le 1er vendémiaire an IV, à la suite du référendum constituant du 20 fructidor (6 septembre 1795) qui donna 941 853 oui contre 41 892 non.

[15] *Réflexions sur les bases d'une constitution par le citoyen ***, présentées par Bresson*, op. cit., p. 13.

avait à résoudre, et pour y parvenir, il fallait que ceux que l'on éloignait par des fonctions diverses, fussent rapprochées par un intérêt commun»[16].

L'organisation arrêtée par la Convention participait de cette double exigence.

Le réquisit de l'unité sociale et de l'égalité juridique avait abouti à ce que les deux chambres soient élues au suffrage indirect par un corps électoral identique -afin qu'elles soient animées d'un même esprit et participent du même intérêt social-, le même jour -pour éviter les fluctuations de la volonté du corps électoral-, et pour une même durée de fonctions, soit trois ans[17]. Par ailleurs, afin de concilier la nécessité d'un esprit de suite, indispensable au travail de toute assemblée parlementaire, avec une garantie contre l'émergence d'un esprit de corps trop marqué, les deux assemblées étaient soumises au renouvellement annuel du tiers de leur effectif. Précisément, afin de manifester d'une manière symbolique ce choix d'une représentation d'un intérêt social unique par un double canal parlementaire, le texte de l'an III parle de deux *Conseils* et non de chambres pour bien marquer la différence de ces organes avec les assemblées britanniques perçues comme aristocratiques et porteuses d'intérêts sociaux spécifiques et distincts. Toutefois, si d'un point de vue substantialiste ce vocabulaire avait un sens et traduisait une spécificité réelle, il en était dépourvu du point de vue de la mécanique constitutionnelle et du mode de régulation des pouvoirs publics, puisque, conformément à la doctrine de l'équilibre et aux fins de préserver la séparation des pouvoirs, l'on avait en définitive institué deux chambres afin de priver tout organe du monopole de la fonction législative. C'est la raison pour laquelle nous verrons qu'en l'an III nombre de publicistes employaient indifféremment les deux termes, conseils ou chambres, ne distinguant pas ce qui n'avait pas à l'être.

En effet, la nécessité de la balance des pouvoirs avait mené à établir une chambre nombreuse, celle des *Cinq cents*, et une chambre dite des *Anciens*, restreinte à deux cent cinquante membres, étant entendu que la littérature révolutionnaire était pleine de l'idée que la difficulté

---

[16] Voy. *Quelques réflexions sur le corps législatif et le pouvoir exécutif*, in *les Nouvelles politiques nationales et étrangères*, 6 Thermidor-24 juillet 1795; n° 306, p. 1222.

[17] Le projet de constitution avait fixé le mandat à quatre ans. La Convention retrancha une année sans véritablement en débattre, conduite par le sentiment communément partagé à l'époque et intériorisé qu'un mandat trop long pouvait porter ses bénéficiaires à se distinguer au long cours des citoyens, et à créer ainsi un corps artificiel comparable à l'aristocratie.

d'obtention d'une décision sage et réfléchie croissait en proportion du nombre des membres de l'assemblée. Afin que la balance soit effective, les membres des deux conseils ne devaient pas présenter des qualités identiques, de sorte qu'ils étaient distingués par l'âge d'admissibilité, trente ans aux Cinq cents contre quarante aux Anciens, par leur situation matrimoniale, les célibataires ne pouvant postuler au conseil des Anciens car «suspects d'une jeunesse éternelle» selon le mot de Laboulaye, et enfin par la durée plus ou moins longue, dix ans contre quinze, de leur domiciliation sur le territoire de la République. On voit toutefois ici à quel point les constituants ont tenu à ce que les caractéristiques différentes des membres des deux chambres ne soient pas de nature à engendrer une différence d'intérêt social, mais simplement à produire un tempérament distinct entre une chambre jeune et entreprenante et un sénacle aguerri et stable. Thibaudeau relate qu'au sein de la Commission, Baudin, fixant ainsi l'intention du projet, avait, suivant le procédé d'une subsomption, présenté les Cinq cents comme «l'imagination» de la République et les Anciens comme «la raison»[18]. Les Onze approuvèrent cette spécification si bien que Boissy devait l'intégrer dans son rapport[19].

Or, il s'agit là d'un point capital, dont la signification est considérable en ce qu'il traduit un nouveau type de configuration de la balance des pouvoirs et l'aboutissement d'une évolution. En effet, dans le cadre du mode traditionnel de la balance des pouvoirs, chaque bassin de la balance, en d'autres termes chaque organe colégislateur figurait ou représentait une puissance sociale spécifique, à l'image de ce qui existait dans le gouvernement mixte britannique structuré sur l'opposition des intérêts propres à chaque classe sociale. Réprouvant ce type d'organisation, les républicains américains devaient s'en déprendre, d'abord timidement, en 1776, puisque dans certains Etats la chambre basse représentait le peuple tandis que la chambre haute représentait, le plus souvent, les propriétaires, puis, franchement, en 1787. En l'espèce, mis au pied du mur et se trouvant dans l'obligation de construire une balance en adéquation avec le principe de la souveraineté du peuple, les *Fondateurs* avaient trouvé, avec un grand soulagement, dans la forme fédérale de l'Etat, le critère d'une différenciation des deux chambres, lesquelles, pour autant, procédaient du peuple immédiatement ou médiatement. Les Français, enfin, peuple chez lequel l'idée de l'unité d'intérêt et de l'égalité juridique avait une résonance toute particulière en

[18] *Mémoires sur la Convention et le Directoire*, Paris, Ponthieu, 1827, p. 183. Au point d'ailleurs de vouloir que seuls quarante membres représentent cette raison.
[19] *Moniteur*, T. XXV, p. 99.

raison de la dimension sociale de leur révolution, furent confrontés à leur tour à cette difficulté de concevoir une balance des pouvoirs qui ne soit pas purement nominale, alors même que les députés des deux chambres devaient procéder d'un corps électoral identique. Or, ne disposant pas comme les Américains de ce que l'on pourrait appeler une solution de facilité, il ne leur restait guère qu'à s'appuyer sur les possibilités offertes par l'opération intellectuelle dite de subsomption afin de penser et de présenter les membres respectifs des deux conseils sous la catégorie d'une disposition d'esprit spécifique, tout cela afin de réintroduire entre eux une différence et présumer de ce fait une balance authentique. Bref, la subsomption, renvoyant ici aux diverses facultés ou opération de l'âme, apparaissait comme l'ultime support envisageable pour une balance des pouvoirs de type républicain.

Par ailleurs, outre le recours à cette figure de subsomption, les Français semblaient également faire œuvre personnelle sur un autre plan puisqu'on avait attribué aux deux Conseils législatifs, non des compétences concurrentes, mais des fonctions juridiques différentes. En effet, il était remis aux Cinq cents l'exclusivité de la proposition des lois sous la forme du vote d'une «résolution», adoptée après trois lectures successives séparées par un intervalle minimal de dix jours, tandis qu'il revenait aux Anciens, à la suite d'un débat structuré sur la base de trois lectures séparées par des intervalles de cinq jours, d'approuver ou de rejeter dans leur totalité les résolutions de leurs jeunes collègues, sans disposer d'un droit d'amendement afin qu'ils ne puissent s'attribuer *de facto*, compte tenu des possibilités indéfinies qu'offre cette dernière opération, l'intégralité de la fonction législative. Par ailleurs, le rejet d'une résolution emportait l'impossibilité d'une nouvelle présentation dans un délai d'un an compte tenu du fait que les deux assemblées étaient renouvelées par tiers annuellement. Il est difficile d'apprécier la raison précise pour laquelle on a opté dans le cadre de la balance des pouvoirs pour cette forme spécifique de rapports entre les corps délibérants, forme spécifique mais non originale il est vrai puisque pratiquée, avec des variantes, dans l'Antiquité à Sparte, Athènes et Rome, et depuis à Venise[20], à Genève[21] et dans l'Etat de Virginie[22]. On peut envisager

[20] Sur la constitution de Venise, voy. J.P. Balbo, *Constitutions républicaines du globe* ..., Paris, Benard, 1848, pp. 193-200.

[21] Nous renvoyons sur ce point à notre livre, *Jean-Jacques Rousseau, républicain sévère*, Paris, Honoré Champion, à paraître.

[22] En plus d'avoir été proposée, lors des débats constituants de 1789, par un des partisans les plus affichés de la balance des pouvoirs, le monarchien Clermont-

toutefois que des considérations tactiques, les mêmes qui par exemple avaient convaincu les Onze de nommer Boissy comme rapporteur de la commission auprès de la Convention afin de se concilier la bienveillance des royalistes, inclinaient les promoteurs de ce dispositif, afin cette fois-ci de se défendre sur leur gauche, à choisir un schéma qui n'évoque pas spontanément et trop puissamment le type anglo-saxon dans sa version anglaise ou américaine, où chaque chambre est dotée tant du droit d'initiative législatif que du droit négatif. Il est remarquable en tout cas de constater que, toujours bien entendu au nom de la balance et de l'équilibre des pouvoirs, cette forme d'organisation du bicamérisme fut maintes fois proposée dans les projets de constitution que les particuliers adressèrent à la Commission, sans doute en raison de ce même souci de marquer une spécificité française[23].

Tonnerre, qui, déjà, avait vu dans ce schéma un moyen de disjoindre la balance de sa matrice anglaise pour mieux en faire accepter le principe: "les représentants" avait-il argumenté à l'époque, "doivent toujours être en garde contre la précipitation, contre la séduction. De là, j'opinerai pour les deux chambres, sans que l'une eût droit de veto sur l'autre; le sénat sera chargé de l'examen, la chambre des représentants de proposer des lois". Voy. son Discours du 4 septembre 1789, *Archives Parlementaires*, 1ère série, vol. VIII, p. 574.

[23] Voy. par exemple *Quelques vues sur l'organisation d'un gouvernement républicain* de Berger (C. 228-n° 104), avec comme particularité qu'à la suite d'un troisième refus motivé du "sénat" composé de membres de plus de 50 ans acquittant une forte contribution, la "chambre des communes" aurait la faculté de présenter son texte au "conseil exécutif" qui statuerait en dernier ressort; de même le *Projet d'organisation d'une assemblée législative d'un peuple dont la constitution est faite* de Bastide (C. 228-n° 177), présentant une "section ou chambre de proposition" et une "section ou chambre de délibération"; pareillement les *Vues relatives soit à une nouvelle constitution, soit à ce qu'on nomme les lois organiques de la constitution de 1793* de Voirac (C. 228-N° 189), avec "deux sections ou chambres" comprenant des membres de plus de quarante ans élus par un corps électoral composé de propriétaires fonciers, "l'une chargée de la proposition et rédaction des lois, l'autre de leur examen, de leur vérification ou redressement dans tout ce qu'elles pourraient renfermer de contraire à l'intérêt social et aux principes de la constitution", précise l'auteur qui, on le voit, intègre, de façon banale pour un partisan de l'équilibre, un contrôle de constitutionnalité dans le mécanisme de la balance. Bien entendu, ce dispositif est dicté dans l'esprit de Voirac par la nécessité de la séparation des pouvoirs puisque "la réunion des pouvoirs dans les mains d'une seule assemblée représentative est un monstre politique qui ne fait que déguiser la tyrannie pour l'exercer plus vivement au nom du peuple". De ce fait, observe-t-il, la nécessité "de lui donner un *contrepoids* qui produira un effet salutaire amène (...) *tout naturellement la division du corps législatif en deux sections ou chambres*" -on notera pour le coup l'emploi

Ainsi, cette assemblée constituante établit deux chambres qui ne fussent pas rivales mais auxiliaires l'une de l'autre, dans l'idée que la seconde, animée par la représentation et la défense d'un intérêt social partagé avec la première, lui oppose toutefois une disposition d'esprit distincte, un esprit d'examen différent, et forme ainsi un conseil de révision de ses résolutions afin d'assurer le caractère de maturité de la loi et, surtout, de garantir la séparation des pouvoirs. En somme, un intérêt social commun était en définitive jugé compatible avec des principes d'action differents.

En séance, Thibaudeau devait résumer le sentiment dominant à cet égard:

> «*La division du corps législatif*» déclara-t-il, «je la considère (...) *comme la seule garantie raisonnable et possible* d'une constitution républicaine, de toute constitution (...). Je vois dans cette institution», poursuivit-il, «la sauvegarde de la liberté, *l'indépendance des pouvoirs*, lorsque les deux parties du corps législatif, sans avoir des intérêts opposés, sont dans une position différente qui ne leur permet pas de s'animer des mêmes passions, et qui empêche que les mêmes circonstances ne puissent les égarer toutes les deux en même temps. Or, c'est bien ce qui se rencontre dans le projet de la commission des Onze; les deux conseils ont bien le même intérêt, mais ils ont des différences telles que l'âge, le nombre, la dénomination, les fonctions; ainsi ils ne sont pas susceptibles de recevoir constamment la même impression». Plus encore, soucieux de convaincre l'auditoire que le bicamérisme trouvait sa justification fondamentale dans la nécessité de garantir la séparation des pouvoirs, il poursuivait en ces termes: «J'ai toujours

---

indistinct des termes "sections" et "chambres"; pareillement le *Plan de constitution française* de Bouillé (C. 228-n° 232), présentant un "sénat" qui accepte ou rejette; ou *Aux citoyens représentants du peuple, membres de la commission des Onze* de B***, citoyen français resté anonyme (C. 232), qui dans le dessein d' "ôter au corps législatif trop de force qui rompt (...) l'équilibre des pouvoirs, (et) *pour établir cet équilibre dans le corps législatif*", propose une 1ere, 2e et 3e sections composées d'un nombre égal de membres soumis aux mêmes conditions d'élection: "Celle-ci", précise-t-il, en manière, notons-le, d'avant coureur à l'an VIII, "aurait l'initiative exclusive des lois; celle-là la résolution exclusive des lois; l'autre enfin l'acceptation exclusive des lois"; et enfin le *Gouvernement républicain à donner à la France*, d'une main anonyme (C. 228-n° 119), dans lequel sont proposées une "chambre des communes" dotée du monopole de l'initiative et une "chambre des vieillards" qui exerce le droit de sanction, au motif que "sans l'établissement de deux chambres, on peut affirmer d'avance la destruction tôt ou tard de la constitution qui va s'établir et même de l'Etat".

pensé que le conseil des Anciens serait par ses attributs le gardien, le conservateur de la constitution, *le défenseur de la prérogative du pouvoir exécutif, et*», ajoutait ce membre des Onze, «*cette idée a constamment dirigé la Commission dans son travail;* nous avons toujours regardé le conseil des Anciens comme une barrière naturelle et nécessaire pour réprimer, par sa seule présence ou par le développement de sa puissance, la fougue du conseil des Cinq cents, et pour garantir le Directoire exécutif des atteintes qui lui seraient portées»[24].

Accusant le trait, Daunou, quant à lui, représenta aux conventionnels qu'il importait de bien comprendre que les auteurs du texte ont tenu à ce que les deux chambres ne soient pas identiques, précisément pour que la balance soit effective:

> «la commission» déclara-t-il aux députés afin de leur présenter le dessein des Onze, «a examiné si ces deux sections devaient être composées d'éléments entièrement homogènes, soit par le nombre de leurs membres, soit par la nature de leurs attributions, et elle s'est décidée par la négative (...). Ces deux conseils ont chacun un caractère qui leur est propre; l'un met dans le gouvernement un principe d'activité; l'autre un principe de sagesse»[25].

C'est donc sur ce caractère propre que reposait, à son sens, la balance des pouvoirs. L'argument fut consacré par le texte final, mais ne

[24] *Moniteur*, T. XXV, pp. 488-489. On trouve dans les *Papiers de la commission des Onze*, à la rubrique *notes envoyées à cette commission ou émanées d'elle* (C. 232), une pièce intitulée *Commission des Onze n° 906. Travail de la Commission. Avis sur la division du corps législatif.* Il ressort très clairement de cette lecture que dans l'esprit des commissaires la division du corps législatif était justifiée par le souci d'empêcher un organe unique doté de l'intégralité de la fonction législative de s'approprier la totalité des fonctions. De ce fait, c'est bien le pouvoir législatif et non le pouvoir exécutif qui était tenu de façon prioritaire comme dangereux pour la séparation des pouvoirs, ainsi que le prouve le texte suivant, tiré de la pièce ci-dessus référencée: "S'il est essentiel de limiter le pouvoir exécutif qui ne peut s'agrandir que progressivement, et d'une manière bien lente", est-il indiqué, "il ne l'est pas moins de limiter le pouvoir qui pour renverser les lois n'a besoin que d'un acte de sa volonté. (...). *La constitution doit légaliser en quelque sorte l'opposition qui se forme nécessairement entre les membres d'une grande assemblée*. En lui donnant un cours uniforme et constant, les factions partielles viendront s'absorber *dans les deux principales établies par la nature des choses*, et qui ne pourront combattre que pour le bien public". Ce passage, qui a son équivalent dans *le Fédéraliste*, atteste que les Onze tenaient le pouvoir législatif pour suspect.

[25] *Moniteur*, T. XXV, addition à la séance du 29 Messidor, p. 282.

convainquit certes pas la totalité des constituants, puisque, à l'inverse, certains ne virent là qu'un système nominal de balance des pouvoirs, car il leur semblait que ces deux assemblées n'étaient en réalité que des fractions d'un même pouvoir, que ces deux Conseils étaient certes deux par le local de leurs séances mais ne faisaient qu'un par la nature de leurs éléments et de leur organisation. *Bis repetita*, les mises en garde émanées naguère des Henry et autres Hamilton lors de la convention de Philadelphie semblaient trouver ici comme une amplification. Un Delahaye par exemple exprima avec force cette critique dans son *Opinion sur la nouvelle constitution proposée par la commission des Onze*: «Il doit se trouver entre les trois pouvoirs une forte opposition d'intérêts», objecta-t-il. «Or cette grande et salutaire opposition ne peut pas résulter de la différence des âges, mais seulement de la contrariété des intérêts», estimait-il, ce qui le conduisit à proposer l'érection d'une chambre de propriétaires face à une chambre de non-propriétaires. Ainsi, à nouveau, tout comme ce fut le cas quelques années auparavant en Amérique lors de la convention de Philadelphie et des conventions de ratification, certains éprouvaient des difficultés réelles à couper de façon radicale tout lien entre balance des pouvoirs et, disons, une conception qui se rapportait à la logique du gouvernement mixte entendu *latissimo sensu*, privilégiant des intérêts sociaux réellement distincts.

Sur ce sujet, notons que, pour l'essentiel, la pratique institutionnelle ne vérifia pas ce type de prévention et que la balance fut effective. Dès 1801, le témoignage de Lacretelle, un des premiers historiens du Directoire, en fit foi. Le conseil des Anciens, écrivait-il en effet,

> «prit, dès son origine un caractère de gravité qui honorait et protégeait la constitution. Il n'avait point d'initiative sur les lois; il sanctionnait ou rejetait les résolutions du conseil des Cinq cents. Il fit un usage assez fréquent et toujours heureux de ce *veto* qui dans d'autres temps», précisait-il en faisant référence au droit de *veto* suspensif attribué au monarque en 1789, «avait été si grossièrement interprété par l'ignorance populaire»[26].

[26] *Précis historique de la Révolution française. Directoire exécutif*, Paris, Treutell et Wurtz, 1806. T. I, p. 7. Charles Lacretelle, dit Lacretelle le jeune, s'était fait un nom en venant pétitionner à la barre de la Convention contre le décret des deux-tiers. Par la suite, acquis au royalisme, il prit les armes le 13 Vendémiaire et dut sa sauvegarde à Daunou, avec lequel il n'avait pourtant aucun lien, qui s'opposa à sa condamnation.

A la même époque, le publiciste comparatiste Delacroix concluait dans les mêmes termes en caractérisant de juste façon le dessein du constituant:

> «une justice qu'on ne peut pas refuser au conseil des Anciens», écrivit-il, «c'est qu'il a toujours su repousser, avec autant de prudence que de fermeté, les atteintes portées à cette Constitution, *mise particulièrement sous sa sauvegarde*. (...). L'expérience», précisait-il, «avait appris aux Français que ces règlements qui émanaient d'une seule assemblée (...) étaient souvent aussi désastreux qu'inconsidérés: (...) malgré cette aversion qu'ils avaient d'abord manifestée pour l'établissement des *deux chambres*, ils ont consenti à introduire *deux conseils* dans le corps législatif[27]: l'un que l'on appelait le conseil des Cinq cents, l'autre celui des Anciens. Le premier avait exclusivement la faculté de proposer la loi: il était la pensée du législateur; mais cette pensée pouvait s'évaporer devant la maturité du conseil des Anciens, qu'on pouvait appeler le jugement du législateur»[28].

Le fait est confirmé par la doctrine moderne. Ainsi Deslandres, par exemple, note que les deux conseils «entrèrent dans l'esprit des rôles qu'on leur avait assignés, d'imagination et de raison». En effet, les débats au conseil des Anciens étaient réputés plus sérieux et plus minutieux, comme en atteste par exemple la délibération du 19 frimaire an III, relative à l'emprunt forcé, plus approfondi qu'aux Cinq cents. Les Anciens disposaient d'ailleurs, en annexe des résolutions des Cinq cents, tant des documents que le Directoire avait adressés aux Cinq cents, que de la documentation réunie par ces derniers pour éclairer leur jugement. D'autre part, les Anciens s'interdirent de jouer le rôle d'une chambre d'enregistrement. Ainsi, ils refusèrent de délibérer dans la précipitation comme par exemple le 26 fructidor an IV où un texte à caractère financier leur étant parvenu avec retard, ils firent savoir à leurs collègues que deux jours étaient insuffisants pour se déterminer sur une résolution que les Cinq cents avaient eux-mêmes confectionnée sur deux mois. De plus, ils n'hésitèrent pas à signifier un désaccord lorsqu'ils l'estimaient fondé.

---

[27] On remarquera que, sous l'angle purement technique de l'organisation des pouvoirs publics et de la régulation du régime, Delacroix, par ailleurs admirateur des institutions américaines et partisan de la balance des pouvoirs, n'introduisait aucune distinction entre "deux chambres" ou "deux sections", car, précisément, de quelque nom qu'on les appelle, ces deux entités étaient destinées dans son esprit à garantir la séparation des pouvoirs.

[28] Delacroix, *Constitutions des principaux Etats de l'Europe et des Etats-Unis de l'Amérique*, Paris, Buisson, 1801, T. VI, pp. 41, 49-50.

Ainsi par exemple, ils rejetèrent une résolution substituant aux assignats dépréciés des cédules gagées individuellement sur tel ou tel bien national, de même que celle qui remettait en vigueur la loi du 9 Floréal an III contre les émigrés ou celle qui renouvelait contre les prêtres insermentés les lois de persécution[29].

De fait, la constitution du 5 fructidor an III avait institué une balance des pouvoirs afin de préserver la séparation des pouvoirs. Pour ce faire, il avait été établi deux conseils, équivalents fonctionnels de deux chambres. Cette équivalence, nous l'avons dit, était relevée par l'ensemble de la communauté des publicistes puisque les membres de la Convention aussi bien que les interprètes les plus autorisés de la constitution employaient indifféremment les deux termes lorsqu'ils désignaient les Cinq cents et les Anciens. Ainsi, par exemple, Erhmann, adepte de l'équilibre des pouvoirs au point, nous y reviendrons, de conduire au sein de la Convention l'offensive en faveur de l'attribution au Directoire d'un droit de *veto* conditionné, pratiquait ainsi:

> «Les amis de la liberté», déclara-t-il en effet à ses pairs assemblés, «reconnaissent principalement deux causes qui influent sur les décisions de l'assemblée. La première, *la principale*, a été sentie par la commission des Onze. C'est l'influence des chefs de faction et l'enthousiasme d'une grande assemblée, sans aucun *contre-poids*[30]; vous avez adopté», poursuivait-il, «sur sa proposition, la division d'un corps législatif en deux *chambres*, et les applaudissements de tous les Français, moins les ennemis de la République, ont déjà sanctionné cette mesure sage et politique»[31].

De même, Necker lui-même, véritable sectateur du régime britannique, créditait les Onze de ce qu'ils avaient consacré le principe de la dualité des chambres:

> «On reconnaîtra», écrivit-il dans la suite immédiate des débats constituants, «le mérite des hommes, qui, du sein des tempêtes et à la

---

[29] Sur ces sujets, voy. principalement M. Deslandres, *Histoire constitutionnelle de la France de 1789 à 1870*, pp. 373-374 et M. Bonnard, "Les pratiques parlementaires sous le Directoire", *Revue Française de Droit Constitutionnel*, 1990, 2, pp. 217-218.

[30] On comprend donc que le projet des Onze établissait un tel "contre-poids", c'est-à-dire selon la terminologie du XVIIIe, une balance ou un équilibre des pouvoirs.

[31] *Moniteur*, 30 Thermidor, T. XXV, p. 519.

proximité, pour ainsi dire, des idées les plus tyranniques, ont proposé, ont soutenu, ont su faire adopter un projet de constitution, où le pouvoir législatif, divisé en *deux chambres*, semble garantir l'empire français de ces résolutions (...) arbitraires et si souvent féroces qui ont caractérisé le règne de la Convention nationale»[32].

De fait, au XVIIIe siècle, le fait d'instituer dans l'ordre législatif deux organes, qu'on les appelle chambres ou conseils, et dont la participation décisionnelle était indispensable à la formation de la loi, équivalait au passage des tropiques, puisque, en fait de classification des constitutions, l'on passait de la catégorie de l'unité législative à celle de la balance des pouvoirs. Par conséquent, il faut redire ici qu'il ne faut pas trop accorder à cette dénomination spécifique de «conseil». Celle-ci fait sens en ce qu'elle traduit sur le fond l'idéal d'unité sociale caractéristique de la Révolution française et suivant lequel un peuple unifié en un seul et même intérêt doit normalement emporter une représentation parlementaire unique. Mais, considérée à présent sur le plan de la régulation des pouvoirs publics, elle est bien plutôt un paravent destiné à habiller ce qui,

---

[32] *De la Révolution française*, Paris, Maret, an V, T. II, pp. 119-120. (Ce livre dut avoir un réel succès puisqu'au rapport de Ginguené, écrivant à l'époque de sa publication, "depuis qu'il a paru, tout le monde en parle: il est chez tous les libraires et presque dans toutes les mains". Voy. *De M. Necker et de son livre intitulé "De la Révolution française"*, Paris, imprimerie des sciences et arts, an V, p. 6). Emanant de Jacques Necker, cette appréciation vaut certificat, puisqu'il était parmi les publicistes de renom de la fin du XVIIIe siècle certainement l'un des plus affichés en faveur de la balance des pouvoirs. De fait, sa doctrine tenait dans la formule qui suit: "il n'est point de liberté réelle", avait-il écrit, "s'il existe au milieu de l'Etat une autorité sans balance". Voy. *Du pouvoir exécutif dans les grands Etats*, in *Œuvres complètes de M. Necker*, Paris, Treutell et Wurtz, 1821, p. 275, livre dont le "véritable objet" avait noté Pierre Landes, consistait à vouloir "gagner des partisans au système des deux chambres", in *Réflexions sur l'ouvrage de M. Necker, intitulé "Du pouvoir exécutif"*, tirées du n° XIII de la *Correspondance politique de M. Landes*, p. 205. Necker, en effet, très marqué semble-t-il par son voyage en Angleterre réalisé en avril-mai 1776 (sur ce thème voy. Dominique-Joseph Garat, *Mémoires historiques sur la vie de M. Suard, sur ses écrits, et sur le XVIIIe siècle*, T. II, L. VII, p. 318), était un partisan inconditionnel du régime mixte britannique -dans lequel, plus que tout autre observateur continental, il avait perçu l'évolution vers un régime parlementaire dualiste-, au point que Ginguené pouvait en l'an V le juger "obstiné dans son anglicisme", in *de M. Necker...*, op. cit., p. 86. Cette inclination le portait à juger très favorablement le régime américain qu'il considérait comme la version républicaine du gouvernement monarchique britannique, ayant tous deux en commun le principe de l'équilibre des pouvoirs.

in fine, correspond à un alignement, manifeste de surcroît, sur les régimes anglais et américain[33]. En effet, il y avait assurément chez certains conventionnels une manière de pharisaïsme qui les portait à vouloir dissimuler la nature du revirement opéré en l'an III tant il est vrai que l'on ne se rend pas à Canossa la tête haute. Si l'on relevait, chez beaucoup, traumatisés par la Terreur, un état de contrition parfaite, d'autres participaient davantage de la condition d'apostats honteux, et, quoi qu'il en fût, une grande majorité s'accordait de part et d'autre à penser que la mission historique de la France consistait toujours à montrer le chemin, à frayer des voies et à remuer le monde. De fait, son génie tutélaire et sa magistrature ne pouvaient s'accommoder d'un suivisme trop marqué, fût-il seulement de l'ordre de la terminologie. L'Antiquité, bonne fille, fournit l'alibi et le moyen de se dédouaner, permettant aux Thermidoriens de ne pas configurer leurs assemblées sur un mode trop ouvertement anglo-saxon[34].

---

[33] D'ailleurs, ce procédé n'était pas nouveau puisque déjà, en 1789, le monarchien Mounier, s'employant à faire passer la pilule des deux chambres et proposant en l'espèce au nom du comité de constitution l'institution d'une chambre des Représentants et d'un Sénat, avait lui-même suggéré à ses pairs de substituer le terme de ''conseil'' à celui de ''sénat''. Ainsi, avait-il dit, ''si le nom de Sénat pouvait choquer, parce qu'il rappelle des corps aristocratiques, on devrait considérer que le sénat d'Athènes, et ceux des Etats-Unis d'Amérique, ont ennobli cette dénomination. D'ailleurs'', avait-il ajouté, ''il serait facile de substituer à ce mot le nom de *Conseil National*, ou de Chambre des Conservateurs, ou tout autre du même genre''. Voy. *Motifs présentés dans la séance de l'Assemblée nationale du 4 septembre 1789, au nom du comité de constitution, sur divers articles du plan du corps législatif, et principalement sur la nécessité de la sanction royale*, Versailles Baudouin, 1789, p. 6.

[34] En effet, il est vraisemblable que les Onze ont fait une forte utilisation du droit public de l'antiquité, en se reportant aux institutions politiques de Sparte, Athènes et Rome -lesquelles, il faut le noter, participaient toutes dans les classifications des publicistes du XVIIIe siècle de la catégorie de la balance des pouvoirs-, et ce tant au plan des mécanismes que des dénominations.

Ainsi, à Sparte, d'après les institutions qui furent fixées dès la fin du VIe siècle av. J.-C. dans la grande Rhètre, document bref, édictant dans une forme presque gnomique des règles d'organisation des pouvoirs publics et particulièrement de procédure législative, le *conseil des Anciens* ou *Gerousia*, composé de deux rois héréditaires et de 28 gérontes élus à vie, pris parmi les citoyens de plus de 60 ans et élus par acclamation par le corps entier des citoyens, disposait du monopole de l'initiative législative, et il revenait à l'*Apella*, c'est-à-dire l'assemblée des citoyens de plus de trente ans, les *Egaux*, réunie une fois par mois en plein air, de se déterminer pour ou contre la proposition émise sans pouvoir amender ni prendre l'initiative d'une quelconque action.

En définitive, à l'entame au sein de la Convention des débats constituants de l'an III, chacun savait déjà que le seul point qui serait hors de discussion et sur lequel l'accord se ferait spontanément était précisément l'institution de la balance des pouvoirs par le bicamérisme. Il restait uniquement à en déterminer les modalités, ce qui, au demeurant, n'était pas une tâche aisée. Lakanal devait d'ailleurs le dire en termes très nets: «Nos malheurs passés», représenta-t-il à ses collègues qui en étaient pleinement convaincus, «démontrent la nécessité de diviser le corps législatif en deux branches. Il ne peut plus être question ici que de rechercher le système de division le plus propre (à notre état)»[35]. S'il en était ainsi, si donc le rejet du monocamérisme était quasi unanime, c'était parce que chaque député était convaincu qu'en raison de la hiérarchie des fonctions un organe législatif unique avait la faculté de subvertir l'ordre constitutionnel, ainsi que Girod-Pouzol, se faisant le porte-parole de ses

---

De même, à Athènes, l'*Ecclesia* ou assemblée du peuple, qui réunissait l'ensemble des citoyens âgés de plus de dix-huit ans, ne pouvait débattre et voter que sur les questions mises à l'ordre du jour par les prytanes qui dirigeaient les débats, lesquels ne pouvaient le faire sans que le *conseil des Cinq cents*, c'est-à-dire la *Boulé*, composée de cinq cents membres choisis par tirage au sort parmi les citoyens d'au moins trente ans, ait préalablement voté un décret préliminaire, c'est-à-dire une proposition de loi appelée *probouleuma*, ou parfois *boulès psèphisma*.

Enfin, un schéma du même type structurait le régime de la Rome républicaine qui instituait ce genre de collaboration de sorte que la formule officielle de la cité était "le sénat et le peuple romain". En l'espèce, le sénat, composé de trois cents membres, exerçait à l'égard du peuple la *patrum auctoritas*, laquelle portait sur les *rogationes*, c'est-à-dire les projets de loi que les magistrats entendaient soumettre au vote des comices. De ce fait, aucun projet de loi ne pouvait être soumis aux comices avant d'avoir été discuté et approuvé par le sénat. Ce n'est donc qu'après l'avoir voté et éventuellement après avoir fait usage de son droit d'amendement que le sénat permettait au magistrat de le soumettre au vote populaire. En l'espèce, lorsqu'une assemblée comitiale était réunie, il n'y avait ni droit de discussion ni exercice du droit d'amendement, mais approbation ou rejection *in globo* d'un *rogatio*.

Ainsi, on le voit, tant le dispositif "propose-dispose", que les dénominations "conseil des Cinq cents" et "conseil des Anciens", ainsi que la distinction des assemblées suivant l'âge de leurs membres étaient pratiqués dans l'antiquité. De ce fait, Champagne, spécialiste d'Aristote, pouvait écrire à bon droit que "*La Politique* d'Aristote acquiert pour nous un nouveau degré d'intérêt, depuis que nous avons adopté un mode de gouvernement si rapproché de celui des anciens peuples de la Grèce". Voy. *La Politique d'Aristote ou la science des gouvernements*, Paris, Antoine Bailleul, 1797, p. II.

[35] *Moniteur*, T. XXV, 29 Messidor, p. 268.

pairs, l'affirma: «Nous avons tous senti», déclara-t-il en effet, «qu'une assemblée unique pouvait renverser la constitution (...), envahir tous les pouvoirs; c'est pour cela», conclut-il, «que nous avons voulu diviser le corps législatif en deux chambres»[36]. A notre sens, ces deux citations condensent en quelque sorte le message relatif aux institutions politiques des auteurs de la constitution du 22 août 1795, désormais rendus au principe de l'équilibre.

Ainsi, la quasi unanimité des esprits était acquise à la balance des pouvoirs sous la forme du bicamérisme. En revanche, la tripartition du pouvoir législatif impliquant l'association de l'organe exécutif devait être proscrite, mais non, cependant, dans le cadre d'un mouvement de rejet uniforme.

B) La question du *veto* du pouvoir exécutif

En effet, suivant la loi constitutionnelle du 22 août 1795, la fonction exécutive était attribuée au Directoire, composé de cinq membres élus par le conseil des Anciens sur la base d'une liste de nomination du décuple émanée des Cinq cents. Nommés pour cinq ans, les directeurs étaient renouvelés tous les ans par cinquième, tandis que, soumis au principe de collégialité, ils exerçaient leurs compétences collectivement, sans qu'aucune disposition de la constitution ne précise toutefois si les décisions arrêtées relevaient d'un vote acquis à la majorité ou à l'unanimité. Surtout, ils étaient pour l'essentiel destinés à promulguer les lois, et bien que le Directoire put, en tout temps, inviter, par écrit, le conseil des Cinq cents à prendre un objet en considération ou lui proposer des mesures -mais non des projets rédigés en forme de loi-, ils ne disposaient d'aucun droit de *veto*, fût-il de nature suspensive[37]. Deux

---

[36] Idem, 30 Messidor, p. 275.

[37] Néanmoins, deux prérogatives, inédites, témoignaient de la considération nouvelle dont bénéficiait le "pouvoir exécutif", expression bannie dans la constitution montagnarde. Ainsi, tout d'abord, le Directoire pouvait en vertu de l'article 131, et en engageant de la sorte pendant six ans sa propre responsabilité, procéder à un contrôle formel de constitutionnalité et vérifier le respect par les conseils de la procédure parlementaire. Cet article ne devait pas rester sans importance dans la pratique, puisque, selon G. Lefebvre, "le Directoire a eu telle ou telle velléité de ne pas promulguer". (Voy. *La France sous le Directoire 1795-1799*, Paris, éditions sociales, 1984, p. 60). D'autre part, pour la première fois, l'exécutif recevait suivant l'article 144 le pouvoir réglementaire dérivé, puisque le Directoire se voyait reconnaître le droit de "faire des proclamations conformes

causes essentielles expliquent l'option retenue d'une absence de participation à la législation de cet organe. En premier lieu, il sembla à une majorité, et c'était là un facteur essentiel, que le bicamérisme se suffisait à lui-même comme garantie de la séparation. Ainsi Thibaudeau, résumant une fois de plus le sentiment commun, estimait que la participation à la législation du pouvoir exécutif n'était pas nécessaire car, expliquait-il, «*je le crois suffisamment garanti par la division du corps législatif*, et par l'influence que doit lui donner cet article qui lui accorde de proposer en tout temps des mesures aux deux conseils, et de les inviter à prendre un objet en considération»[38]. En second lieu -et nous sommes ici à nouveau confrontés à l'indétermination de cette notion-, pour un certain nombre de constituants, le principe de séparation des pouvoirs était incompatible avec une telle participation, alors même que ses promoteurs, se référant à la règle négative, y voyaient une garantie indispensable à ce même principe[39].

---

aux lois et pour leur exécution". Sur ce sujet, voy. M. Verpeaux, *La naissance du pouvoir réglementaire: 1789-1799*, Paris, P.U.F., 1991.

[38] *Moniteur*, T. XXV, p. 489. On peut relever à ce propos que la pratique devait porter confirmation de la présomption de Thibaudeau suivant laquelle la faculté offerte au pouvoir exécutif d'inviter les conseils à prendre en considération un objet était de nature à l'établir *de facto* comme un colégislateur. Ainsi, Vaughan, observateur étranger écrivant en février-mars 1796, relevait en ce sens que le Directoire "a déjà rempli l'une des intentions de la constitution dans son organisation, en faisant sentir la nécessité de quelques lois, et cela avec tant de succès qu'on peut dire que la législature française a trois pensées, au lieu de deux". Voy. *De l'état politique et économique de la France sous la constitution de l'an III*, Strasbourg, Levrault, an IV, pp. 67-68, livre qui dut avoir une certaine publicité puisque P.L. Guinguéné y fait référence dans son *De M. Necker et de son livre intitulé: De la Révolution française*, Paris, imprimerie des sciences et arts, an V, note 1 p. 60. (Sur Vaughan, membre du parlement d'Angleterre, favorable à la Révolution française et installé en France, voy. le témoignage de l'abbé Grégoire, in *Mémoires de Grégoire*, Paris, éd. de Santé, 1989, pp. 66-67). De ce fait, l'idée commune suivant laquelle l'échec de la constitution de l'an III doit être imputé à une séparation trop rigoureuse entre les pouvoirs législatif et exécutif doit être amendée, puisque, en l'espèce, il n'en fut pas ainsi dans la pratique.

[39] Nous ne disons rien ce faisant des considérations toute d'opportunité qui ont façonné le vote de certains conventionnels, telles celles de certains royalistes disposés à voter contre toute forme de *veto* puisque déterminés à priver les institutions républicaines des mécanismes qu'ils percevaient comme indispensables à la stabilité de tout type de régime.

Néanmoins, il est tout à fait fondé de se demander si l'adoption d'un *veto* sur le mode américain n'était pas, *in fine*, le dessein caché d'une majorité des membres de la commission des Onze, ou tout au moins des plus influents d'entre eux. Cette interprétation a été proposée, avec beaucoup d'à propos nous semble-t-il, par M. Munteano[40]. Certes, ni le projet de constitution ni le discours préliminaire de Boissy ne consacrent ou ne font référence à un tel procédé, mais, selon M. Muntéano, «il est infiniment probable que le comité des Onze a réservé cette question pour ne point se rendre du premier jour suspect de royalisme devant la Convention et compromettre ainsi les chances du projet»[41]. C'est également notre conviction et nous pensons en trouver confirmation par une lecture attentive du discours préliminaire de Boissy[42]. En effet, un examen précis révèle qu'à aucun moment le rapporteur ne dit formellement qu'il est de toute impossibilité pour le pouvoir exécutif de sanctionner la loi. Si elle n'est pas retenue, cette éventualité n'est pas proscrite. La seule prohibition précise porte sur le droit d'initiative législatif: le Directoire, est-il fixé, «exécutera toutes les lois, mais il n'en proposera jamais aucune»[43]. Un sentiment d'opposition viscérale au *veto* de la part de la commission n'aurait-il pas dû conduire son porte-parole à évoquer dans un même rejet explicite droit d'initiative et sanction? Le témoignage de Larevellière-Lépeaux, membre de la commission, semble contredire une telle position puisqu'il précise que la proposition d'attribution du *veto* avait été émise en son sein par Daunou, père du texte, et par Lanjuinais, lesquels furent mis en minorité. Mais il indique lui-même que ce fut moins un refus de principe qu'un refus de circonstances: le projet de constitution, rapporte-t-il en effet,

> «n'était pas sans défauts, sans doute, mais pour juger sainement du mérite d'un ouvrage, il faut se reporter au temps où il a été fait. Il restait encore une très grande exagération dans les têtes, même dans celles d'amis sincères de la liberté. Le peuple de Paris était toujours prêt à s'insurger, et, dans toutes les séditions, le cri de ralliement était toujours: du pain et la constitution de 93! Nous avions à

---

[40] Voy. *Les idées politiques de Madame de Staël et la constitution de l'an III*, Paris, Les Belles Lettres, 1932.

[41] Idem; pp. 54-56.

[42] En plus du fait, auquel nous ne pouvons nous empêcher de donner une signification, que Roederer et Lamare, qui furent sans doute avec Sieyes les seuls intervenants extérieurs auditionnés par les Onze, étaient précisément des partisans, notoires à ce moment, de la tripartition du pouvoir législatif.

[43] *Moniteur*, T. XXV, p. 101.

craindre une opposition très vive des anarchistes de la Convention, encore nombreux, et furieux de leur prochaine nullité. (...). Enfin, la France (...) était dans une situation si effrayante que le retard d'un jour pouvait achever de la perdre. Qu'on pèse toutes ces circonstances et d'autres que j'omets encore, au milieu desquelles nous nous trouvions: on devra se sentir porté à une grande indulgence pour les fautes que nous avions faites», confiait-il en songeant manifestement au thème du *veto*. «Peut-être», concluait-il, «s'étonnera-t-on de ce que ce plan n'ait pas été plus défectueux»[44].

On peut donc penser que Daunou et Lanjuinais, de même que ceux qui dans leur for intérieur penchaient en ce sens, pénétrés de ces contraintes, s'en remettaient au débat de la Convention dont ils attendaient un effet comparable à celui d'un bac de décantation. Vraisemblablement, il leur a paru qu'une première phase, marquée dans l'opinion par la montée en puissance de l'idée du bicamérisme, pourrait être prolongée par une seconde favorable à l'admission au profit du pouvoir exécutif d'un certain type de *veto*, à charge pour eux de défendre le moment venu une telle disposition. Une première tentative, prématurée, intervint le 29 messidor sur l'initiative toute personnelle d'Eschassériaux aîné, lequel, affirmant que «la pondération du pouvoir qui fait les lois sera toujours le chef-d'œuvre de la législation» citait en exemple le dispositif américain. Le moment crucial vint en définitive tardivement, le 30 thermidor (17 août), soit à la fin de la seconde et dernière lecture du texte. Ehrmann en fut à l'origine:

> «il faut donc, de toute nécessité», représenta-t-il à ses collègues, «donner au Directoire un moyen constitutionnel par lequel il puisse mettre le corps législatif à même de suspendre ou de rectifier soit une loi entière, soit l'une de ses dispositions. Le moyen que je vous propose est simple et il a l'avantage d'avoir reçu le sceau de l'expérience de plusieurs années chez un peuple qui se connaît en liberté. Plusieurs Etats de l'Amérique l'ont trouvé si bon dans la

[44] *Mémoires de Larevellière-Lépeaux*, Paris, Plon, 1895, pp. 236-237. De plus, selon le propre témoignage de Lanjuinais, le courant favorable au sein de la commission au renforcement des prérogatives du pouvoir exécutif avait, du point de vue du nombre, une consistance certaine. Ainsi, déclara-t-il aux conventionnels, "de toutes les objections faites au projet des Onze, celle de la faiblesse du gouvernement me paraît la plus raisonnable. Je ne suis pas le seul membre de la commission", précisa-t-il alors "qui ait pensé que le pouvoir exécutif manquait de quelque influence sur la proposition de loi, ou des moyens de se défendre contre les attaques de la chambre des Cinq cents". *Moniteur*, T. XXV, 7 Thermidor, p. 343.

pratique que *les Etats-Unis (...) l'ont adopté avec empressement.* Les changements que je me suis permis d'y faire proviennent de la différence de notre position[45], et surtout» poursuivit-il en faisant manifestement référence à l'exposé des motifs de Boissy rythmé par l'expression récurrente de balance des trois pouvoirs, «des principes que vous avez adoptés dans votre plan de constitution»[46].

En l'espèce, Ehrmann proposait que le Directoire puisse ne pas exécuter le texte voté et le renvoyer, accompagné de ses observations, dans un délai de six jours aux Cinq cents, de sorte qu'il ne pourrait devenir une loi que s'il était voté dans chaque chambre par une majorité des deux-tiers. Devant le tumulte causé par cette proposition accueillie par des cris tels que «c'est le veto», «c'est un roi», Lanjuinais, en compagnie de Daunou, déclara l'appuyer, afin qu'elle puisse être débattue, et prit la parole[47]. Soucieux de convaincre, il essaya, afin de persuader ses pairs, d'atténuer la signification juridique de cette proposition tendant à établir le Directoire dans la fonction de co-législateur: «Faut-il donc avoir quelque courage pour exposer une théorie qui est celle du premier peuple libre de l'Europe?» interrogea-t-il d'emblée non sans quelque maladresse. Il était en effet maladroit de marquer le cousinage de cette proposition avec le code anglais quand on sait que la règle non écrite de ces débats constituants, et plus encore d'une bonne partie de la Révolution, permettait que l'on s'inspirât des institutions britanniques à condition que l'on n'avouât pas l'emprunt. L'habilité vint aussitôt atténuer l'effet: «ce n'est pas un veto que l'on vous propose, ou c'est tout au plus un veto

---

[45] En effet, Ehrmann exigeait le vote secret à la suite de l'opposition du *veto.*

[46] *Moniteur*, T. XXV, pp. 519-520. Le discours de Boissy recelait en effet une impropriété puisque dans sa bouche le projet des Onze était réputé participer de la balance des trois pouvoirs. Or, cela était inexact puisque, le Directoire étant subordonné, il n'y avait en l'état qu'une balance des deux pouvoirs, en l'espèce les Cinq cents et les Anciens. Il est remarquable de constater que les partisans de la tripartition du pouvoir législatif allaient aussi bien au-dedans qu'au-dehors de la Convention s'autoriser de cette contradiction pour enjoindre les conventionnels de faire correspondre la lettre de la constitution avec son exégèse officielle.

[47] Le fait que ce soit les deux principales figures de la Commission qui agissent ainsi a certainement dû convaincre l'assemblée que c'était en quelque façon la Commission qui s'exprimait. Lanjuinais, qui en outre était favorable à l'unité du pouvoir exécutif, avait déjà au demeurant voulu préparer les esprits puisqu'il s'était dans la séance du 7 Thermidor exprimé de façon à laisser entendre que le texte présenté par la Commission, précisément sur les rapports entre pouvoir exécutif et pouvoir législatif, ne reflétait pas fidèlement son état d'esprit: *vide supra*, note 44.

considératif; c'est le droit d'avertir le corps législatif que ses lois peuvent avoir des dangers; c'est le droit de l'inviter à les réfléchir davantage, en un mot ce n'est qu'un droit de remontrance. Je ne vois pas qu'une pareille précaution puisse choquer en rien les principes de la liberté»[48]. Malgré cette édulcoration, la proposition fut rejetée par le vote d'une question préalable sur l'initiative de Roux de la Haute Marne, appuyé par Hardy. Fait notable que nous avons déjà relevé, c'est au nom du respect du principe de la séparation des pouvoirs qui a son sens impliquait que l'exécutif ne puisse être colégislateur qu'Hardy motiva sa position: «On a sans doute oublié» déclara-t-il sous forme de mise en garde, «à quel malheur est exposé un peuple dans le gouvernement duquel *les pouvoirs ne sont pas séparés et distincts*»[49].

Ce faisant, la Convention se séparait de l'opinion avertie et de la presse, favorables quant à elle à cette attribution. Traduisant ce sentiment et parallèlement à l'offensive de certains membres de la Commission, des députés avaient entrepris de convaincre leurs collègues par le biais de publications personnelles, inspirées de la conviction d'associer plus ou moins le pouvoir exécutif à la confection des lois. En plus de Delahaye, on peut citer Lebreton, député d'Ille-et-Vilaine, qui proposait de substituer au conseil exécutif un président choisi dans le conseil des Anciens et élu par le parlement et/ou de communiquer les résolutions des Cinq cents «au Directoire qui s'expliquerait sur la possibilité d'exécuter la loi, sans ouvrir aucune opinion sur le fond de la loi» avant que le «conseil des vieillards» ne se prononce[50].

Mais, pour l'essentiel, hors la Convention, la figure principale qui organisa la campagne en faveur d'un *veto* à l'américaine, qu'elle appelait *réviseur*, fut Madame de Staël. Revenue à Paris depuis le 25 mai, récemment convertie à la République à la suite, semble-t-il, du 9 Thermidor[51], elle entendait toutefois en fidèle disciple de son père

[48] *Moniteur*, T. XXV, p. 520

[49] Idem. On peut tirer deux conséquences de cette appréciation portée par Hardy. La première est que la séparation des pouvoirs correspondait exclusivement dans son esprit à la notion de séparation absolue, et non à la règle de non-cumul. La seconde est que puisque le Directoire doté de ce type de *veto* serait, sur le plan juridique, un colégislateur, c'est donc qu'à son sens le président de l'Union américaine l'était également.

[50] Voy. *Idées constitutionnelles*, Paris, imprimerie nationale, Thermidor an III.

[51] Elle eut d'ailleurs, en réponse à une attaque, l'occasion de protester de ses convictions républicaines dans les *Nouvelles politiques nationales et étrangères*, dirigées par Suard, où convaincue de ce que la restauration de la royauté ne

promouvoir une République ayant tout de la monarchie constitutionnelle sauf le roi, et donc assise sur la tripartition: en d'autres termes, elle prônait le modèle américain. Précisément, elle exposa ses vues dans ses *Réflexions sur la paix intérieure*, composées sous l'impression des débats constituants, afin, précisa-t-elle, d'«essayer de montrer (...) qu'une république, modifiée sur les principes du gouvernement américain, pourra s'établir en France»[52]. Dans son esprit, outre le bicamérisme, cette référence emportait au profit du Directoire l'institution d'un *veto* conditionné: «Les constitutionnels, et avec eux les trois-quarts de la nation», fit-elle observer à cette fin, «pensent que le pouvoir exécutif a besoin d'indépendance pour oser montrer de la force, et qu'il lui faut une part quelconque dans la rédaction ou l'initiative de la loi, pour que l'exécution soit d'accord avec la pensée». De ce fait, l'exemple américain, devait, à ses yeux, être suivi:

> «le veto absolu», écrivait-elle en effet, «ne peut être accordé à un pouvoir exécutif républicain. Cette prérogative royale est une pompe de la couronne plutôt qu'un droit dont elle puisse user et, dans une constitution où tout est réel, la situation d'un homme arrêtant la volonté de tous est aussi invraisemblable qu'impossible. Mais», faisait-elle observer, «il est bien différent d'éclairer ou d'arrêter la volonté. Les connaissances que seul le pouvoir exécutif peut réunir sont nécessaires à la confection de la loi et s'il n'a pas le droit d'obtenir par ses observations la révision du décret qu'il croirait dangereux, s'il n'a pas ce droit dont le président est revêtu en Amérique, les lois seraient souvent inexécutables»[53].

De ce fait, elle fut, durant l'été de 1795, d'une activité inlassable. Elle donna à son domicile, rue du Bac, des dîners où étaient conviés des membres de la Commission et des conventionnels. La Revellière note que «la maison de Madame de Staël était le centre d'une coterie qui désirait beaucoup prendre une grande part aux affaires publiques, soit directement soit indirectement» et que lui-même opposa des refus successifs à ses

---

pourrait survenir que dans le cadre d'une guerre civile, elle affirmait que, dans les circonstances du moment, seul le gouvernement républicain pouvait donner du repos et de la liberté à la France. Voy. le n° du 15 Prairial-3 juin 1795, pp. 1019-1020.

[52] De ce fait, on comprend que de Staël, identifiant dans ce même livre "trois questions principales dans toutes les constitutions du monde", inclut parmi celles-ci celle de "la division du corps législatif". Voy. *Réflexions sur la paix intérieure*, in *Œuvres de Madame la baronne de Staël*, Paris, Lefevre, 1838, T. I, p. 114.

[53] Idem, p. 102 et pp. 104-105.

invitations[54]. Il reste, qu'au final, l'ensemble de cette activité devait restée stérile dans ses effets.

C'est la raison pour laquelle le projet de constitution et sa version finale encoururent les critiques, parfois virulentes, des partisans de la tripartition, qui ne concevaient pas que la séparation des pouvoirs puisse être réalisée et garantie sans la participation à la législation de l'organe exécutif. Vaublanc fut un de ceux qui présenta de façon très précise cette analyse:

> «On ne peut lire la partie du plan relative au pouvoir exécutif», disait-il, «sans s'apercevoir que vous l'avez considéré comme un pouvoir qu'il fallait craindre. Vous (...) ne lui avez donné aucun moyen de se défendre. (...). D'après *le principe de la balance des pouvoirs* que vous avez proclamé», poursuivait-il en visant le discours de Boissy et cherchant à en relever la contradiction que nous avons évoquée, «le pouvoir exécutif devrait être l'égal du pouvoir législatif». Il faut, argumentait-il, «donner au pouvoir exécutif toute la considération dont il a besoin. La puissance de faire les lois étant la plus éminente, le conseil d'Etat[55] ne peut avoir une véritable dignité qu'autant qu'il peut la soutenir et la défendre efficacement, en s'opposant à la loi qui lui paraît contraire à son existence, à sa considération. Ce n'est que dans cette opposition réelle qu'on peut trouver la balance que vous invoquez vous-même. Si le pouvoir exécutif», précisait-il en s'autorisant, à juste titre, de Montesquieu qu'il cite de façon littérale, «n'a pas le droit d'arrêter les entreprises du corps législatif, celui-ci sera despotique; car il pourra se donner tout le pouvoir qu'il peut imaginer, il anéantira toutes les autres puissances. Je prie de méditer cette réflexion»,

---

[54] *Mémoires*, op. cit., pp. 215 à 217. Voy. également le témoignage de Thibaudeau suivant lequel "on avait vu à Paris des femmes réunir chez elles l'élite des hommes aimables, des littérateurs et des savants; mais depuis la Fronde, aucune n'avait eu peut-être une influence politique aussi marquée". *Mémoires sur la Convention...*, op. cit., chap. XI, p. 134. On sait qu'elle adressa le 15 Thermidor (2 août) une lettre à Lanjuinais et il est possible qu'ils aient conversé les jours suivants. Dans ce courrier, elle ne fit certes pas référence au débat institutionnel, car elle s'adressait uniquement à Lanjuinais pour qu'il fasse rayer son père de la liste des émigrés, et l'informait qu'elle lui enverrait un émissaire dans cette perspective. Elle prit toutefois la peine, s'adressant donc à un homme politique qui ne faisait pas mystère de son inclination à la tripartition, qu'il était l'homme de France dont son père estimait le plus le courage et les opinions. Cette lettre est reproduite dans la *Correspondance générale de Madame de Staël*, Paris, J.J. Pauvert, T. III, 2e partie, pp. 33 et 34.

[55] C'est-à-dire le Directoire.

reprenait-il, «et si elle paraît juste, on en conclura que le conseil d'Etat ou le Directoire doit avoir le droit d'opposition. *Point de balance, si les pouvoirs ne peuvent s'arrêter réciproquement*; et vous avez dit vous-même que sans la balance des pouvoirs, il n'y avait point de vrai gouvernement. (...). Je (...) demande», s'interrogeait-il alors, «si, pour former une véritable constitution, il ne faut pas que chaque pouvoir puisse se défendre contre les entreprises des autres pouvoirs. Comment votre Directoire repoussera-t-il les atteintes portées à son existence (...)?. Il est moralement impossible que trois pouvoirs temporaires, renouvelés périodiquement et graduellement, puissent s'entendre et s'unir pour renverser la constitution dont ils tiennent leur puissance; il est au contraire très probable qu'un des pouvoirs tâchera d'élever son autorité sur les débris de celle des autres, s'il en a les moyens». Sur cette base, il invoquait à nouveau l'auteur de *l'Esprit des Lois*: «Pour former un gouvernement modéré dit Montesquieu, il faut combiner les puissances, les régler, les tempérer, les faire agir, donner pour ainsi dire un lest à l'une pour résister à l'autre. Tout ce que vous prescrivez de sage», ajoutait Vaublanc, «de raisonnable, n'aura de force qu'autant que la constitution sera maintenue. Pour la maintenir, il faut chercher la balance des pouvoirs, c'est vous-même qui l'avez dit. (...). Vous avez invoqué la balance des trois pouvoirs et vous avez appliqué d'une main timide ce grand principe»[56].

---

[56] Voy. *Réflexions sur le plan de la constitution, présenté par la commission des Onze, par l'auteur des Réflexions sur les bases d'une constitution*, Paris, Maret, 1795, pp. 22-23, 27, 29, 30-31, 37. Cet ouvrage, paru sans nom d'auteur, est attribué à Vaublanc par le *Journal de Perlet*, T. XVIII, n° 1032, 8 Thermidor-26 juillet, p. 426 tandis que Barbier, quant à lui, évoque certes Vaublanc, mais incline davantage vers le comte Louis-Philippe de Ségur (1753-1830), qui ayant pris part à la guerre d'Indépendance américaine, vécut pour l'essentiel dans la retraite pendant la Révolution. En fait, la lecture des *Mémoires de M. le comte de Vaublanc*, Paris, Firmin-Didot, 1857, convainc que l'auteur est bien Vincent-Marie Viénot, comte de Vaublanc (1756-1845). Celui-ci, élu à la Législative en 1791, avait siégé à droite, puis, caché sous la Terreur, devait évoluer dans les milieux favorables à la contre-révolution. Sur le fond, on voit très bien ici que l'auteur se plaît à exposer la contradiction qui existe entre le rapport de Boissy d'une part, qui, en toute rigueur intellectuelle, eût dû annoncé une constitution fondée sur la tripartition du pouvoir législatif, et d'autre part le texte même du projet qui ne consacre la balance des pouvoirs que par la voie du bicamérisme. Or, en agissant ainsi, il était tout à fait dans son droit de publiciste. Il existe d'ailleurs une sorte de répondant en langue anglaise, émané d'une main anonyme qui recourt au même procédé puisqu'il cite dans un premier temps un passage du discours de Boissy, qui dit-il, "forms an epoch in the history of the Revolution", pour s'étonner tout aussitôt de l'absence de sa traduction juridique dans le texte de la commission des Onze. Voyons d'abord l'extrait du rapport de Boissy: "Create, says (Boissy), a government which shall be firm without being

De même, Delahaye, député de la Seine inférieure, fit part de sa conviction que la division et la balance des trois pouvoirs était une seule et même chose:

> «Nous devons», estimait-il en effet, «un grand tribut de reconnaissance à la commission des Onze, pour avoir eu le courage de proclamer cette grande vérité: la garantie sociale ne peut exister que dans la division des pouvoirs. (...). Elle aurait pu même dire, *sans l'équilibre des pouvoirs*; car il ne suffit pas de leur division, ils ont besoin de mouvement; ils forment les parties élémentaires du corps politique et il ne faut pas que dans leur action l'un puisse l'emporter sur l'autre. Ces trois divers pouvoirs doivent avoir une force proportionnelle, pour être en état de résister l'un contre l'autre, en sorte que ne pouvant se coaliser parce qu'ils ont des intérêts opposés, ni s'isoler, parce qu'ils se neutraliseraient, mais obligés d'agir parce que leur existence dépend de leur action mutuelle, ils sont dans une *dépendance réciproque et une corrélation totale*[57] qui forment l'équilibre d'autorité nécessaire pour modérer celle du gouvernement, assurer le pouvoir législatif, et préserver de toutes atteintes l'ordre social et la liberté publique. Il serait superflu», poursuivait-il, «de démontrer davantage la nécessité de la division ou de l'équilibre des trois pouvoirs, après le profond discours du rapporteur de la commission des Onze, et le projet de constitution, qui n'en est que l'exécution; seulement j'ai du faire observer l'identité des expressions division et équilibre des pouvoirs. Division serait le corps politique sans activité, sans ressort ; équilibre le suppose en action: c'en est l'âme. Je pense, au reste, que par

---

dangerous. Combine its powers in such a manner, that, united, they shall produce good, and separated they shall no produce evil. Give to the Executive power such a force as shall cause it to be respected within and feared without". Sur cette base, l'auteur y va de son commentaire ironique, mais instructif: "After a so *exact definition of the British Constitution*", écrit-il, "one should perhaps have been tempted to believe that Boissy d'Anglas had that Constitution alone in view, and that after having thus faithfully traced the portrait from the original, he would, in the name of the Commission of Eleven, have proposed it, as model to the people of France". La suite se devine aisément: "Nothing like it" tranche le polémiste. En vérité, ce libelle provient d'un auteur, qui à l'image de bon nombre de ses compatriotes, ne pouvait comprendre que toute balance des pouvoirs, quelle que soit sa caractéristique technique, ne repose pas sur le gouvernement mixte. Il reste que son évocation du discours du rapporteur du projet de constitution de l'an III, sous l'angle d'une justification doctrinale des mécanismes directeurs de la tripartition anglaise, est tout à fait recevable. Voy. *The new era of the French Revolution; or observations upon the Constitution proposed in the Convention on the twenty-third of june, 1795*, London, Debrett, 1795, pp. 15-16.

[57] Nous retrouvons ici le thème de la dépendance dans l'indépendance.

le mot division, la commission des Onze entend ce que j'appelle équilibre. Or, c'est d'après la considération de la nécessité de l'équilibre des trois pouvoirs qu'il convient d'examiner la nouvelle constitution proposée». Sur ce, s'interrogeait l'auteur, «les trois pouvoirs sont-ils en équilibre, c'est-à-dire, sont-ils assez forts pour rester en présence et se balancer, sans qu'un ou deux périssent?». Constatant l'absence d'un droit de sanction au bénéfice du pouvoir exécutif, Delahaye répondait négativement à cette question et concluait: «Par cela seul, il me semble qu'il n'y a pas d'équilibre entre les trois pouvoirs[58], et que le Directoire exécutif se trouve exposé à être renversé, d'un moment à l'autre, par toutes sortes de prétextes. (...). Le pouvoir exécutif doit avoir pour lui-même, pour les deux sections législatives, et pour l'avantage de la République, le droit d'examiner la loi qu'il est chargé d'exécuter»[59].

C'est en des termes très voisins que le *Journal de Paris*, qui avait pour principal rédacteur l'Idéologue Roederer, se récria contre la prévention en défaveur du pouvoir exécutif qui, à son sens, caractérisait le projet de constitution, lequel instituait de ce fait «un fantôme de pouvoir exécutif», en raison, alléguait-il, de l'amalgame toujours opéré entre pouvoir exécutif et royauté:

«Eh bien! On a donc fait une troisième fausse couche!»[60], observait en pamphlétaire le rédacteur, qui donnait ses raisons: «L'organisation du pouvoir exécutif présentée dans le plan de constitution des Onze» affirmait-il, «nous paraît défectueuse et contraire aux vues sages qui ont dicté le reste du projet[61].(...). Le projet des Onze laisse le gouvernement sans défense devant ces moyens irrésistibles (...) qu'il attribue au corps législatif. Il réduit le gouvernement à recevoir en silence, à publier et à proclamer sans délai la loi (...). Le Directoire exécutif n'a pour aucune loi, pour aucun acte le droit d'opposition absolu, ni le droit d'opposition suspensif, ni le droit de représentation, ni le droit d'examen. Il serait obligé de porter sa voix au décret qui

---

[58] On comprend, une fois de plus, au vu de cet extrait que "l'équilibre" entre deux organes ou pouvoirs procède de leur participation décisionnelle à la fonction législative. En l'espèce, Delahaye constate en toute rigueur intellectuelle qu'il n'y a pas ici équilibre entre trois pouvoirs, conseil des Cinq cents, conseil des Anciens, et Directoire, mais seulement entre les deux premiers, puisque l'organe exécutif est privé d'un droit de sanction.

[59] Voy. *Opinion de J.C.G. Delahaye, représentant du peuple, sur la nouvelle constitution proposée par la commission des* Onze, Paris, imprimerie nationale, messidor an III, pp. 2-3-4-5-6.

[60] *Journal de Paris*, n° 285, 15 messidor-3 juillet, p. 1150.

[61] Idem, n° 289, 19 messidor-7 juillet, p. 1167. Les vues sages en question ont bien entendu trait au bicamérisme.

prononcerait sa destruction. (...). Il est donc prouvé que le gouvernement manque de garantie politique contre le pouvoir législatif. On nous dira peut-être», poursuivait le rédacteur, visant l'idée-force des débats de l'an III, suivant laquelle la garantie première, et plus encore suffisante, de la séparation des pouvoirs est la division en deux chambres du parlement, «*qu'il est préservé des entreprises de ce pouvoir, par l'organisation du corps législatif, qui est divisé en deux assemblées* (...)». Mais, estimait-il, «c'est une trop faible différence que celle de l'âge, quelle qu'elle soit, pour que la chambre, dite des Anciens, ait un caractère essentiellement distinct de celui de l'autre chambre. Il pourra s'établir sans doute un esprit de chambre particulier, dans chacun des deux conseils, comme dans ci-devant parlements il y avait l'esprit de la grand'chambre et l'esprit des enquêtes[62]. Mais», reprenait Roederer, «il y aura certainement aussi l'esprit de corps, dans lequel, comme au parlement, l'esprit de chambre ne manquera pas de se confondre au besoin. (...). On nous observera», continuait-il, établissant à nouveau que, dans l'esprit public du moment, les chambres hautes anglaise et américaine sont dans le cadre d'une balance des pouvoirs destinées à préserver le pouvoir exécutif, «que la chambre haute du parlement d'Angleterre, et le Sénat de la constitution américaine, sont pourtant des conservatrices bienveillantes et puissantes du pouvoir exécutif». A cet argument, l'auteur répliquait sans aucune démonstration «que l'une et l'autre ont tout à la fois grand intérêt et peu de difficulté à le défendre, ce qui est le contraire de notre institution. (...). Il n'y a donc rien à conclure de la protection donnée au conseil exécutif anglais et américain, par la chambre haute de leur corps législatif, en faveur de la garantie que le directoire exécutif proposé pourrait attendre du conseil des Anciens.[63]. (...). Une autre objection se présente contre nos principes relativement à la garantie politique du gouvernement. On nous dit: à force de soins pour le préserver des atteintes du corps législatif, vous le rendez dangereux pour celui-ci, et vous oubliez qu'il n'est pas moins important de garantir l'un que l'autre. Nous répondons (...) qu'investir le gouvernement des fonctions qui lui sont propres, et être en droit de les défendre contre des lois usurpatrices, *ce n'est que consacrer le principe de la séparation des pouvoirs, et empêcher leur cumulation qui serait tyrannie* (...). *La garantie de celui qui exécute contre celui qui commande ne peut être que dans la faculté de s'opposer à l'ordre*

---

[62] Roederer fait ici référence à la structure des parlements d'Ancien régime, dans laquelle on distinguait la grand-chambre, la chambre des enquêtes, celle des requêtes et la tournelle criminelle. Effectivement, on prêtait généralement à la grand-chambre, dans laquelle siégeait la totalité des parlementaires, un esprit d'indocilité envers le pouvoir royal plus manifeste que dans les autres formations, imputé à la présence en son sein des magistrats les plus jeunes. De fait, la royauté avait à l'occasion tenté de minorer son rôle en prenant des «édits de discipline».

[63] Ibid., n° 298, 28 messidor-16 juillet, pp. 1202-1203.

qui lui commanderait de périr, (...) *il est donc de la nature des choses que le pouvoir législatif soit toujours sollicité à la censure du pouvoir exécutif*»[64]. C'est la raison pour laquelle Roederer devait présenter *in fine* des *Amendements proposés au comité des Onze, pour la formation du gouvernement,* destinés à munir le gouvernement d'«un moyen de défense contre *les lois usurpatrices* (et) à cet effet lui attribuer le droit d'appeler de toutes les lois *qu'il croira contraires à la constitution,* et par conséquent la faculté d'examiner toutes les lois»[65].

Mais contrairement à ce que pourrait laisser penser cette dernière tonalité, les partisans d'une tripartition relevaient avec satisfaction l'institution de la balance des pouvoirs par le bicamérisme, quand bien même celle-ci n'était pas sans défaut aux yeux de beaucoup, ce qui, au final, devait les décider à soutenir le texte dans la perspective de son approbation populaire par voie de référendum constituant. Le *Journal de Perlet*, qui participait de cette tendance, pratiqua ainsi:

«La commission des Onze», était-il écrit, «a fait beaucoup pour donner une constitution à la France: elle s'est acquis des droits à la reconnaissance publique. (...Son plan) présente en effet plusieurs bases solides, *telle que la division du corps législatif en deux sections*». Pour autant, notait le rédacteur, certaines critiques devaient être émises: «Les deux sections du corps législatif *se balanceront-elles* assez sûrement?», s'interrogeait-il. «Composées d'éléments à peu près semblables, ne ressemblent-elles pas trop à deux fractions du même corps, ayant les mêmes intérêts, les mêmes passions, et étant par conséquent peu propres à s'éviter de mutuels écarts? Si elles se divisent, le conseil des Anciens, réduit à la sanction des lois, et ayant par conséquent l'odieux de tous les refus, sans avoir la gloire des sages propositions qu'il ne fera que ratifier, n'aura-t-il pas trop peu de considération? Si elles marchent d'accord, et qu'elles soient, comme le sont tous les corps, ambitieuses, comment le pouvoir exécutif se garantira-t-il de leur invasion combinée, puisqu'il n'a aucun moyen d'arrêter l'effet d'une loi consentie par les deux chambres, lors même qu'elle le dépouillerait de ses droits les plus évidents?»[66]. De plus, faisait-il observer, l'on est contraint de constater que «l'organisation du pouvoir exécutif, telle qu'elle est présentée par la

---

[64] Ibid., n° 299, 29 messidor-17 juillet, p. 1207. Voy. également la réaction de l'américanophile Lezay-Marnésia exprimée dans le *Journal de Paris* à la suite du refus de la Convention de voter l'amendement Erhmann, ce qui à ses yeux "expose un des pouvoirs aux invasions des deux autres (et) sous prétexte de les soustraire eux-mêmes aux siennes, le prive de ses moyens de défense...": "Sur le veto américain", *Journal de Paris*, 5 fructidor-22 août 1795.

[65] *Journal de Paris*, n° 302, 2 thermidor-20 juillet, p. 1219.

[66] *Journal de Perlet*, T. XVII, 10 messidor-28 juin, pp. 218-219.

commission des Onze, est la partie de son plan qui a éprouvé le plus de critiques, (mais, toutefois,) le reste de son travail, avec quelques additions qui y ont été faites, telle que celle des corps électoraux, a fait renaître dans le corps de tous les bons citoyens l'espérance de voir l'édifice social sortir enfin parmi nous de ses ruines. (Malheureusement,) le gouvernement a paru à beaucoup de personnes éclairées mal divisé, faible, sans consistance, sans moyens de résistance contre les usurpations du corps législatif...»[67]. Précisément, consigne le journaliste se reportant aux débats constituants, Erhmann, frappé par ce fait, a voulu y remédier mais sa proposition fut rejetée par des sophismes. Le fait est regrettable car l'enjeu de sa proposition était considérable: «Il s'agissait de savoir si, pour affranchir le pouvoir exécutif de la dépendance servile où il est placé à côté du corps législatif, on lui accorderait au moins le droit d'observation sur ceux des décrets qui pourraient lui paraître ou opposés au bien de l'Etat, ou entièrement inexécutables ou contraires à ses prérogatives constitutionnelles. *Ce droit existe en Amérique*, et doit se retrouver partout où on ne veut pas que le pouvoir exécutif puisse d'un moment à l'autre se trouver ou paralysé ou même supprimé par la volonté du pouvoir législatif presque essentiellement usurpateur et ambitieux comme tous les corps qui sont sans frein et sans contrepoids»[68]. Mais, malgré cela, concluait le rédacteur, marquant de ce fait la satisfaction que pouvait éprouver un partisan de la balance des pouvoirs à l'érection d'un parlement bicaméral, «tous les bons citoyens doivent donc se réunir pour sanctionner une constitution beaucoup meilleure que celles dont nous avons jusqu'à présent fait l'essai»[69].

Ainsi, la Convention s'en était remis au principe de la balance des pouvoirs, mais, optant pour une bipartition du pouvoir législatif, avait rejeté l'association au pouvoir législatif du Directoire. En regard, il y avait là, pour les partisans de la balance des trois pouvoirs, tant un motif de satisfaction que de frustration, ce que traduisit par exemple la *Gazette Française*, journal acquis à l'équilibre des trois pouvoirs. Le premier temps en effet était pour saluer le seuil franchi par l'assemblée constituante:

«*La division du corps législatif en deux parties est un de ces axiomes politiques qu'il est inutile de démontrer*» se félicitait en effet le rédacteur. «Loin de nous l'idée d'une pairie» précisait-il. «Les deux

[67] Idem, T. XVII, n° 1032, 8 thermidor-26 juillet, p. 425.
[68] Ibid., T. XVIII, n° 1055, 2 fructidor-19 août, pp. 81-82.
[69] Ibid., T. XVIII, n° 1064, 11 fructidor-28 août, p. 154.

sections de notre corps législatif seront également nommées par le peuple, et en même temps»[70].

Le second temps, en revanche, participait d'une tonalité critique:

«En général», opinait en effet l'auteur en visant la consécration du principe du bicamérisme, «toute la partie du projet qui a été écrite sous la dictée de l'opinion publique, est fondée sur des bases sages et durables; mais malheureusement», ajoutait-il aussitôt, «on y reconnaît encore l'esprit des circonstances (...). *Le pouvoir législatif en deux sections a obtenu les suffrages de tous les hommes éclairés*; *il n'en est pas de même de la formation projetée du pouvoir exécutif*; c'est toujours ce pouvoir, faible et impuissant contre les entreprises de l'ambition, ce pouvoir, qui n'est autre chose qu'un comité du corps législatif, un pouvoir qui n'a d'autre garantie de sa durée que son obéissance aveugle aux volontés des législateurs qui l'auront créé, et qui ont contre lui l'arme redoutable de l'accusation[71]; la convention se met déjà à la place du corps législatif, qui doit la suivre: elle n'envisage dans le pouvoir exécutif qu'un rival formidable; l'ancien régime avait ses préjugés, mais la révolution a aussi les siens: le plus grand et le plus funeste de tous, c'est celui de croire que le pouvoir exécutif peut devenir l'ennemi de la liberté. (...) comment pouvez-vous croire», concluait-il, «que le nouveau pouvoir exécutif, dénué de tous les attributs de la puissance[72], puisse survivre longtemps à son institution»[73].

Il reste que la constitution du 5 fructidor an III participait de la catégorie de la balance des pouvoirs, ainsi qu'en atteste un extrait du *Courrier universel du citoyen Husson*, à la date du 30 juillet, soit à un moment où le texte avait déjà sa configuration quasi définitive:

«...la convention», pouvait-on lire en effet, «éclairée par une longue et funeste expérience, (a) sent(i) la nécessité des *contreforces* politiques (...) en décrétant *deux chambres*[74]». De ce fait, était-il

[70] *Gazette française*, n° 1269, sextidi 6 messidor-mercredi 24 juin, p. 3864.

[71] Ce passage, qui a trait à la faculté pour le corps législatif de mettre en accusation les membres du Directoire exécutif devant la Haute Cour de justice, illustre ce que M. Troper a amplement démontré, savoir que sous la Révolution française la responsabilité pénale des membres de l'exécutif était utilisée au besoin par les parlementaires comme un mode de responsabilité à caractère politique, de sorte qu'il n'y avait pas de séparation personnelle des pouvoirs.

[72] Puisque n'ayant aucune part à la fonction législative.

[73] *Gazette française*, n° 1270, septidi 7 messidor-25 juin 1795, p. 3867.

[74] A nouveau, "chambres" est ici utilisé comme synonyme de "conseils".

affirmé, «elle s'est donné une garantie contre les invasions redoutables d'une seule»[75].

---

[75] *Courrier universel du citoyen Husson*, 12 thermidor-30 juillet, p. 3. On pourra se reporter à d'autres analyses faisant participer la Loi fondamentale du 22 août 1795 de la catégorie de l'équilibre des pouvoirs, toutes intéressantes en ce qu'elles émanent de publicistes venus d'horizons idéologiques divers. En ce sens, voy. par exemple *De la pensée du gouvernement*, de Barrère de Vieuzac, en quête de rachat, (Genève, France, pluviose an V, pp. V-VI), et François-Louis d'Escherny, *De l'Egalité*, Basle, J. Decker, 1796, T. II, pp. 462-463 et p. 465. Certaines, du fait de leur précision ou en raison de la qualité de leur auteur, méritent d'être distinguées.

Ainsi, François Denis Tronchet, par exemple, salua ce qui lui semblait être une reconnaissance différée de ses propres positions. En effet, ce publiciste qui avait en 1789 joué un rôle certain dans le cadre de l'organisation du pouvoir judiciaire, avait en revanche, sur le plan de l'économie générale des institutions, évolué à l'époque au sein de la minorité puisqu'il avait pris parti pour la dualité des chambres et l'attribution au roi du droit de *veto* absolu. De fait, élu quelques années plus tard aux Anciens par la Seine-et-Oise, ce partisan de la balance des pouvoirs devait marquer son accord avec les institutions de l'an III, puisque, observait-il, "...de grandes vues politiques, soutenues par l'expérience, ont conduit à diviser en deux parties le corps législatif...". Voy. le *Rapport fait par Fr. D. Tronchet, sur les difficultés qui ont été proposées le 16 floréal, relativement aux nouvelles rédactions des résolutions des 16 et 22 germinal, relatives, la première au régime hypothécaire, la seconde aux délits relatifs aux billets de la loterie nationale*, séance du 21 floréal an VI, Paris, imprimerie nationale, p. 7.

De même, dans ses *Considérations sur la France* parues en 1796, l'imprécateur Joseph de Maistre, réfugié à Lausanne, modéra un instant sa nature pour se féliciter de l'institution de deux conseils. Maistre, en effet, était partisan de la tripartition du pouvoir législatif. Il s'était notamment intéressé à la constitution anglaise lorsqu'il était à la loge de Chambéry et, comme beaucoup de Britanniques, employait l'expression "trois pouvoirs" pour désigner non les pouvoirs exécutif, législatif et judiciaire, mais les trois organes colégislateurs. En l'espèce, il estimait cette forme de gouvernement consubstantielle à la liberté: "... les trois pouvoirs", pensait-il en effet, "considérés d'une manière abstraite, se trouvent partout où se trouve la liberté sage et durable". "On les trouve surtout à Sparte", précisait-il, en "Angleterre" naturellement, et aux Etats-Unis également puisque, dit-il, "... sur le plan des trois pouvoirs qu'ils tenaient de leurs ancêtres, les Américains ont bâti, et n'ont point fait table rase comme les Français". C'est donc pourvu de ce système d'évaluation qu'il devait porter un jugement sur la Loi fondamentale du 22 août, somme toute conciliant en définitive en ce qu'il prenait favorablement acte de la division du pouvoir législatif: "Les plus grands ennemis de la Révolution française", estimait-il dans cet esprit, "doivent convenir avec franchise que la commission des Onze qui a produit la dernière constitution a, suivant toutes les apparences, plus d'esprit que son ouvrage, et qu'elle a fait peut-être tout ce qu'elle pouvait faire. Elle disposait de matériaux rebelles, qui ne lui permettaient pas de suivre les principes, *et la division seule des pouvoirs, quoiqu'ils ne soient divisés que par une seule muraille*, est cependant une belle victoire remportée sur les préjugés du moment". Afin de préciser au mieux son propos, de Maistre ajoutait à la suite du mot "muraille" une note de bas de page significative, rédigée en ces termes: "*En aucun cas, les deux conseils ne peuvent se réunir dans une même salle*. Constitution de 1795, tit. 5, art. 60". Ainsi, de Maistre, qui en tenait pour la division des trois pouvoirs, c'est-à-dire la tripartition du pouvoir législatif, relevait de manière positive l'érection d'un bicamérisme, tout en regrettant que chacune des chambres ne repose pas sur des intérêts sociaux distincts. C'était en d'autres termes signifier qu'il fallait savoir gré au régime de l'an III, quoique très imparfait, de s'être rapproché de ceux qui, tels l'Angleterre et les Etats-Unis, pratiquaient la division des trois pouvoirs, autrement dit la tripartition du pouvoir législatif. "... en sorte qu'à tout prendre", pouvait-il conclure, "celle des trois constitutions qui a compté le moins de fauteurs est celle d'aujourd'hui". Voy. *Considérations sur la France*, Genève, Robert Triomphe, 1968, respectivement p. 68, p. 104, p. 93 et note 14 p. 94, p. 99. Cinquante années plus tard, Edouard de Laboulaye, farouche partisan de la division de l'organe législatif, devait s'autoriser de cette analyse de Joseph de Maistre et l'approuvant, y ajouter ce commentaire: "De Maistre a raison: (...) les constituants de 1795 avaient l'expérience des dangers inévitables qu'amène une chambre unique". Voy. *Considérations sur la constitution*, Paris, Durand, Franck, 1848, chap. III, pp. 64-65.

Au demeurant, dans ses *Lettres d'un Bourgeois de New Heaven*, Condorcet, ayant visé l'hypothèse qui devait précisément se réaliser en l'an III, l'avait en l'espèce condamnée car participant précisément de la balance des pouvoirs: "Nous pourrons observer enfin", avait-il écrit, "que si l'on examine les diverses manières, dont le système de ces *législations composées* peut être formé, on trouvera dans chaque combinaison des vices particuliers qui la rendent défectueuses. *Supposons en effet que deux corps partagent la législation, qu'arrivera-t-il? S'ils sont égaux et distingués seulement par leurs fonctions*", ce qui est précisément le cas des deux conseils de l'an III qui, procédant du même corps électoral, se différencient par leur fonction respective, "ils formeront deux partis dans l'Etat, composés des hommes que leurs occupations ou leur intérêt rapprocheront plus ou moins de ces différentes fonctions". Voy. *Lettres...*, op. cit. pp. 357-358.

Enfin, on relèvera que les constitutionnalistes étrangers faisaient de même. Ainsi, par exemple, le Genevois et historien Francis d'Ivernois (1757-1842), primitivement disciple de Rousseau et condamné à l'exil le 21 novembre 1782, puis gagné au régime représentatif et à la réflexion politique anglaise, bref, à la balance des pouvoirs britannique, se félicitait de ce que les conventionnels aient jugé bon d'opter pour l'équilibre des pouvoirs en instituant le bicamérisme, mais estimait en retour qu'une erreur majeure avait été commise puisque le Directoire n'avait aucune part à la législation: "*En formant sur le modèle anglais les deux bassins de leur balance législative*", écrivit-il en désignant les

D'ailleurs, Barras, naguère Montagnard, puis de ceux qui précipitèrent la chute de Robespierre, et enfin Directeur dès 1795, a sur ce thème écrit des lignes d'un intérêt essentiel, en ce qu'elles nous renseignent tant sur l'évolution doctrinale de beaucoup de révolutionnaires que sur le caractère de leur œuvre constituante:

> «Un progrès incontestable des idées», consigna-t-il dans ses *Mémoires*, «qui heureusement commençaient à dominer et tendaient au retour de l'ordre, ce fut non seulement la division des trois grands pouvoirs législatif, exécutif et judiciaire, *mais la séparation du corps législatif lui-même en deux conseils*; on n'osait pas les appeler les *deux chambres*, à cause de la comparaison qu'on craignait d'en voir faire avec les deux chambres de l'Angleterre, regardées jusqu'alors, dans le langage populaire, comme type d'aristocratie. (...). Tout cela», poursuivait-il, «eût pu s'arranger parfaitement, si le pouvoir exécutif qu'on craignait même de désigner par son nom, eût été réellement engrené avec ces deux rouages de législation, si, pouvant faire des indications et des messages, il avait eu» précisait-il en évoquant vraisemblablement la prérogative de la sanction, «le droit de paralyser les mouvements irréguliers et d'empêcher les excentricités. Mais, sans rester sur les regrets qu'on peut donner, par suite de cruelles expériences résultant de cette lacune dans l'organisation des pouvoirs, et pour ainsi dire dans l'armement de la force exécutive, je ne puis laisser sans reconnaissance cette *disposition des hommes éclairés de la Convention qui leur fit consacrer le principe des deux chambres*, jusqu'alors inabordable, en raison de tous les préjugés révolutionnaires. C'était une des idées arrêtées par les publicistes philosophes, longtemps avant 1789,

---

Thermidoriens, "ces hommes d'Etat n'y ont oublié qu'une seule pièce, le balancier destiné à empêcher les oscillations des deux bassins, et à les tenir invariablement en équilibre. Ils ont perdu de vue que, *si les deux sénats britanniques en viennent si rarement à des démêlés*, c'est qu'ils ont au-dessus d'eux un Médiateur investi de toute l'autorité nécessaire pour les contenir dans de justes mesures, pour les empêcher d'empiéter l'un sur l'autre, pour les réconcilier si la zizanie se glisse entre eux; enfin, et sur toutes choses, pour séparer au besoin les athlètes, dès que leurs rivalités éclatent (...). La prérogative royale de dissoudre ce corps, et de rejeter ses projets de bills, voilà le vrai balancier qui empêche en Angleterre l'un des bassins de la balance de renverser l'autre. Voilà le véritable sceptre, et le sceptre tutélaire avec lequel le Modérateur suprême trace à chacune des deux chambres le cercle qu'elles parcourront, et dont elles savent fort bien qu'il pourra les empêcher d'en sortir". Voy. *Des révolutions de France et de Genève*, Londres, T. Spilsbury et fils, octobre 1795, p. 442, pp. 448-449.

puisqu'on en devait la pensée à *l'Esprit des lois* de Montesquieu près de quarante ans auparavant»[76].

Ainsi, la constitution du 5 fructidor an III ressortissait à la catégorie des régimes fondés sur la balance des pouvoirs, conjointement, par conséquent, avec le gouvernement des Etats-Unis d'Amérique. Si nous disons cela, c'est que précisément la référence américaine fut présente aux esprits des Thermidoriens lors de l'été 1795[77]. En effet, le débat de l'an III est bien le moment américain par excellence de la Révolution, parce qu'il fut dominé par l'affirmation, à présent presque incontestée, de l'incompatibilité radicale de la séparation des pouvoirs avec l'attribution à une chambre unique de la plénitude de la fonction législative, principe qui constitue précisément le *nucleus* de la pensée des Pères fondateurs, tout entière conjuguée sur le thème de la balance des pouvoirs. Les Anglais avaient déjà tout dit à ce sujet. Les Américains, précédant les Français dans la carrière, avaient quant à eux rattaché le principe juridique de la balance à l'égalité juridique. Condamnant le gouvernement gothique et se donnant pour objectif l'assainissement du régime anglais, ils avaient dévêtu la balance des pouvoirs de ses traditionnels attributs sociologiques pour n'établir qu'un mécanisme purement juridique, de sorte que les Thermidoriens ont pu exciper de ce précédent pour se défendre d'une inspiration aristocratique et traiter de la division du parlement sous un angle exclusivement technique.

§ II) L'empreinte américaine.

En 1795, le fait de se réclamer du modèle américain emportait celui d'être favorable à la tripartition du pouvoir législatif. En regard, il est clair que compte tenu de la non-attribution au Directoire d'un droit négatif, l'influence exercée ne fut que partielle, car incomplète, ainsi que les exemples précités de Germaine de Staël ou d'Erhmann l'établissent, puisque la très grande majorité de ceux qui plaidaient en faveur de l'attribution au Directoire d'un droit négatif s'autorisaient généralement de l'exemple du président de l'Union. Il reste, cependant, que cette

---

[76] *Mémoires de Barras, membre du Directoire*, Paris, Hachette, 1895, T. I, pp. 239-240.

[77] M. Gauchet a en son particulier déjà relevé ce phénomène puisqu'il a lui-même affirmé que "le débat de l'an III est le moment américain par excellence de la Révolution". Voy. *La révolution des Droits de l'Homme*, Paris, Gallimard, 1995, p. 268.

influence fut réelle et, peut-on affirmer, d'un poids non négligeable dans le cheminement intellectuel qui mena les Conventionnels à consacrer le bicamérisme (A). Par ailleurs, celui qui jusqu'alors était tenu aux Etats-Unis, de conserve avec Franklin, comme le partisan emblématique de l'unité législative, savoir Thomas Paine, devait lui-même en tant que membre de la Convention participer de ce Moment américain, en d'autres termes céder aux raisons traditionnellement alléguées, notamment par ses compatriotes, en faveur de l'institution du bicamérisme. Cette conversion, de par sa signification et sa force illustrative, a valeur de symbole et résume à elle seule la mutation de l'an III (B).

A) Le standard américain dans le débat français.

Tout comme cela était le cas lors des débats constituants de 1789-1791 et de l'an I, les institutions politiques des Etats-Unis d'Amérique ressortissaient pour la très grande majorité des publicistes de l'an III à la catégorie de la balance des pouvoirs, puisque assises sur une tripartition du pouvoir législatif[78]. En outre, l'autre caractère essentiel de

[78] Cela est très manifeste à la lecture des *Papiers de la commission des* Onze. Ainsi, par exemple, l'auteur des *Méditations de quelques vrais amis de leurs pays*, insista sur cette caractéristique. "Je vous adresse", écrivit-il en effet aux commissaires, "le résultat des méditations de quelques vrais amis de leur pays. Ils n'ont pas cru vous devoir développer tous les détails de l'organisation sociale, telle qu'ils la conçoivent; ils pensent qu'une constitution n'en doit être qu'une bonne analyse. Quant aux fonctions et aux rapports des principales parties, on ne les exprime pas ici, parce qu'ils se trouvent dans *la constitution américaine* qu'on regarde comme celle des institutions anciennes et modernes qui nous offre le plus d'exemples applicables à notre position". De là, il propose une "assemblée nationale", "composée d'un premier magistrat", c'est-à-dire d'un président élu pour six ans et doté d'attributions identiques à celles de son homologue américain, "d'un sénat et d'une chambre appelée comices", de sorte que l'auteur fait référence à "*l'équilibre* établi entre le premier magistrat, le sénat et les comices" lesquels forment "*trois parties intégrantes de la législature*". Voy. *Papiers de la Commission des Onze*, C. 228-n° 159. Dans le même sens, voy. Bouvier de l'Oise, lui-même partisan de la tripartition, et auteur d' *Idées relatives à la constitution*. Idem, C.229-n° 343. Par ailleurs, on ne peut, sur ce sujet, faire abstraction d'un ouvrage paru au début de l'année 1795 et émané d'un des publicistes français qui avaient le plus réfléchi sur la notion d'équilibre des pouvoirs, savoir Jean-Joseph Mounier. Celui qui avait été brocardé en 1789 par la foule parisienne sous le nom de "Monsieur Veto", réfugié depuis à Londres, fit en effet paraître dans cette ville son *Adolphe ou principes élémentaires de politique*, destiné selon lui à lutter contre l' "ignorance des vrais principes de l'ordre social", autrement dit à démontrer que "la liberté politique ne saurait exister sans une balance des pouvoirs": "On ne saurait nier", représentait-il à cet effet, "qu'en

ce régime résidait dans la connexion de cette balance avec l'égalité des droits[79]. Sur cette base, il est possible de décomposer l'influence américaine en trois éléments, distincts et complémentaires.

a) L'influence doctrinale.

Tout d'abord, c'est par sa doctrine que l'Amérique fut présente. *La Défense des constitutions d'Amérique* était à la mode, au point que John Adams était sans doute le publiciste le plus cité du moment. Dans son Discours préliminaire, Boissy d'Anglas lui-même participa de cette vogue en s'appuyant d'une citation d'

> «un des plus grands publicistes modernes, Samuel (sic) Adams (qui) a écrit qu'il n'était point de bon gouvernement, point de

---

confiant la puissance législative à une assemblée de députés, sans établir aucun corps pour contrebalancer ses forces et l'empêcher de réunir tous les genres de pouvoir, on a (...) le despotisme de cette assemblée ..." . De là découlait l'importance primordiale de "la théorie de la balance des pouvoirs" qui, notait le monarchien, "n'est ni de l'invention des Anglais, ni de celle de Montesquieu", puisque "de tous les temps et de tous les pays" ce qui, dans son esprit, renvoyait notamment aux institutions grecques de l'antiquité. Selon cette théorie, analysait Mounier, "la liberté politique n'est jamais plus parfaite que lorsque la souveraineté se trouve divisée; *lorsque le corps législatif est formé de trois parties distinctes*, ayant des intérêts particuliers et ne se conciliant que pour l'intérêt général, lorsqu'une seule de ces parties est chargée de faire exécuter les lois". Or, précisément, considérait-il, "les auteurs des constitutions américaines, quoiqu'ayant accordé trop d'influence à la démocratie, ont cependant tâché de prévenir l'arbitraire *en prenant pour guide la théorie que je viens de vous exposer*". "Les constitutions représentatives des Américains sont du moins, quoique très démocratiques" précisait-il plus loin, "*modérées par la division du corps législatif en plusieurs chambres, par le pouvoir du gouverneur et de son conseil*, par l'esprit de propriété et une aristocratie de richesse dans le sénat...". Voy. *Adolphe ou principes élémentaires de politique et résultats de la plus cruelle des expériences*, Londres, 1795, p. III, p. 100, p. 98, p. 99, p. 120.

[79] L'auteur, anonyme, de *L'équilibre des trois pouvoirs politiques*, tenant de la tripartition, releva ce point. Passant en revue les constitutions fondées sur l'équilibre, et ayant présenté en priorité celles de l'Antiquité, il eut ces mots: "On n'oublierait point la constitution anglaise longtemps admirée, *surtout celle des Etats-Unis de l'Amérique qui réunit à l'identité des intérêts les apparences de l'égalité des droits*". Voy. *De l'équilibre des trois pouvoirs politiques*, Paris, Desbrière, an III, p. 17.

constitution stable, point de protecteurs assurés par les lois, la liberté et les propriétés des peuples, sans la balance des trois pouvoirs»[80].

Nous l'avons dit, cet emprunt opéré par le rapporteur du projet de constitution n'allait pas sans problème, car toute l'œuvre de John Adams protestait de sa conviction qu'une balance binaire, obtenue soit par le bicamérisme, soit par le concours d'une chambre et de l'organe exécutif, était vicieuse par sa forme, car elle mettait face à face deux

---

[80] Moniteur, T. XXV, p. 100. C'est par méprise que Boissy fit référence à Samuel et non pas à son cousin John Adams. Samuel était à l'époque quasi inconnu des Français malgré son rôle historique qui lui valut de la part de Jefferson le nom de *pilote de la Révolution*. En effet, de conserve avec James Otis, il avait rédigé la première des déclarations des droits américaine, intitulée *Déclaration des droits des colons, comme hommes, comme chrétiens et comme citoyens* qu'ils présentèrent à l'assemblée des citoyens de Boston le 20 novembre 1772. En outre, avec son ami et cousin John, il avait, dès l'été 1775, composé un plan d'indépendance qui comportait l'établissement d'alliances avec des puissances étrangères, la création d'une confédération, et la formation de nouveaux gouvernements. Il est plus que probable que Boissy avait été abusé en ce sens par la lecture de Lezay-Marnésia qui, le premier, avait commis cette erreur en se référant "au célèbre Samuel Adams", ce qui témoigne précisément du succès et du poids des écrits de cet américanophile, partisan farouche de la balance des pouvoirs fondée sur la tripartition, dont nous serons amené à reparler. (Voy. *Qu'est-ce que la Constitution de 93*, Paris, Imprimerie de Migneret, an III, p. 6). Paradoxalement, la référence à Samuel eût été beaucoup plus fondée de la part d'un Thermidorien. En effet, si Samuel et John étaient tous deux favorables à la tripartition du pouvoir législatif, ce dernier l'entendait au sens de gouvernement mixte alors que Samuel ne le concevait que dans le cadre de la souveraineté du peuple. Ils s'opposèrent d'ailleurs sur ce point dans une correspondance échangée en 1790. Le vice-président des Etats-Unis ayant affirmé que le peuple avait la part essentielle de la souveraineté, signifiant par là qu'en tant que composante de la société et simple organe partiel de législation, elle ne lui était pas attribuée tout entière, le gouverneur du Massachusetts lui opposa que le peuple est titulaire de la totalité de la souveraineté et qu'il ne pouvait la partager, d'autant plus que Samuel Adams tenait la participation de la noblesse héréditaire au gouvernement comme un "solécisme politique". (Voy. *Four Letters being an interesting correspondence between those eminently distinguished characters, John Adams, late President of the United States, and Samuel Adams, late governor of Massachusetts, on the important subject of government*, in *The Works of John Adams*, op. cit., vol. VI, pp. 405-426, spécialement les troisième et quatrième lettres des 18 octobre et 20 novembre 1790). C'est précisément parce que John Adams était souvent perçu par un bon nombre de ses compatriotes comme un publiciste attaché aux formes traditionnelles du gouvernement mixte que Jefferson, sollicité à cette fin, refusa de traduire en français la *Défense des constitutions américaines*.

organes qui, surtout dans le second cas, étaient portés à s'opposer plus que de mesure pour en venir à nier leur légitimité respective, et que seule la présence d'un troisième organe partiel de législation pouvait modérer ce heurt frontal. Boissy, et la Commission avec lui, en affirmant que deux chambres qui légiféraient et un organe exécutif qui exécutait formaient une balance des trois pouvoirs, adultéraient délibérément d'une part la signification technique de ce dernier terme, et d'autre part le message d'Adams qui impliquait de façon rigoureuse la participation à la législation de l'organe exécutif. Quoi qu'il en soit, ce détour par l'une des figures emblématiques de la balance des pouvoirs et la revendication de son patronage étaient très lourds de sens[81].

b) L'influence du droit positif.

Ensuite et surtout, les institutions politiques tant des Etats fédérés que de l'Etat fédéral attestaient la possibilité, et plus encore la nécessité de conjuguer dans un Etat républicain le principe de l'égalité juridique et de la balance des pouvoirs. Dès lors, il était normal que cet exemple gouvernât l'esprit d'un grand nombre de conventionnels, et au premier chef celui des Onze, comme le précise l'un de ses membres, Thibaudeau:

> «L'Assemblée constituante», témoigna-t-il dans ses *Mémoires*, «en rejetant l'établissement des deux chambres, avait fait une innovation contraire aux doctrines des plus grands publicistes, consacrées par l'exemple de l'Angleterre, *et celui plus récent encore des Etats-Unis d'Amérique*. Cet essai avait été malheureux, car on ne pouvait méconnaître qu'il n'eût contribué à précipiter le renversement de la monarchie. *La commission n'avait pas la prétention d'être plus sage que les fondateurs de la République américaine*; la Convention était éclairée par sa propre expérience. *Le système des deux chambres* fut donc adopté presque unanimement [82]. Berlier seul ne fut pas de cet avis»[83].

---

[81] Etude de référence en l'an III, l'ouvrage d'Adams devait par la suite perdre ce statut au point que dans le dernier tiers du XIXe siècle un auteur anonyme pouvait parler d' ''un livre presque inconnu aujourd'hui, la *Défense de la constitution des Etats-Unis*''. Voy. *Les hommes de la Révolution par un publiciste: Turgot*, Paris, Baltenweck, 1876, p. 120.

[82] On relève ici que Thibaudeau n'hésite pas à employer le terme "chambres", précisément parce qu'il vise ici dans son propos leur rôle institutionnel en matière de stabilisation du régime, ce par quoi les "conseils" français s'apparentaient aux chambres anglo-saxonnes.

[83] Thibaudeau, *Mémoires sur la Convention et le Directoire*, op. cit., p. 182. Thibaudeau précise d'ailleurs que Berlier, qu'il qualifie de "petit montagnard

Ainsi, il est manifeste qu'il exista au cours des débats de l'an III une sorte de paradigme américain, qui plaidait en faveur de la balance des pouvoirs sur un mode républicain, et dont le poids fut sinon déterminant, tout au moins conséquent. D'ailleurs, Thibaudeau relate que, sitôt le principe du bicamérisme acquis, le premier mouvement de la commission fut pour désigner les chambres à la manière américaine:

> «On les nomma sénat et chambre des représentants» indiqua-t-il en effet, avant d'apporter la précision qui suit: «Le mot sénat ayant un son aristocratique, la convention appela *les chambres*, l'une conseil des Cinq cents, du nombre des membres dont il se composait, et l'autre conseil des Anciens, à cause de l'âge requis pour y entrer»[84].

Ce témoignage est très révélateur du processus intellectuel qui anima les commissaires. D'abord, dans un premier temps, on raisonna en publiciste et soucieux de doter la nation de la meilleure constitution envisageable eu égard au contexte, on estima qu'il fallait de toute nécessité diviser l'organe législatif afin d'assurer la stabilité du régime et de préserver la séparation des pouvoirs, et ce en partie sous la force de l'exemple américain au point que, compte tenu de ce *primum movens* l'on envisagea d'utiliser le vocabulaire des *Pères Fondateurs* pour nommer les chambres du parlement. Puis, dans un second temps, et ce de façon aussi nécessaire qu'avisée, l'aspect technique le cède à l'aspect politique, et l'on se démarque alors de la matrice afin que, tout en exprimant par ce biais une sensibilité différente faite de rejet instinctif de toute tonalité aristocratique, l'on prenne parallèlement soin, tout en ménageant son amour-propre d'auteur, d'accréditer l'idée d'une spécificité voire d'une irréductibilité françaises et de créer les conditions politiques optimales pour l'adoption du texte au sein de la Convention.

De ce fait, au sein de la Convention, il était naturel que Boissy se prévale de l'exemple américain pour convaincre que la stabilité de la constitution, c'est-à-dire le maintien en l'état de la séparation des pouvoirs, était liée au bicamérisme, lequel portait les institutions humaines, disait-il, à leur plus haut degré de perfection:

---

obscur", avait pour politique au sein de la commission de prendre le contre-pied de la majorité sur les sujets essentiels. On voit de ce fait combien le trait de MM. Furet et Richet suivant lequel Berlier figurait au sein de la commission "la Montagne toujours debout" est justifié.

[84] Idem, p. 182.

> «Presque toutes les constitutions de ce peuple, notre aîné dans la carrière de la liberté», déclara-t-il en se référant expressément aux Américains «*ont divisé le corps législatif*, et la paix publique en est résultée. La Pennsylvanie seule», précisa-t-il, «n'a voulu longtemps qu'une seule assemblée, et malgré la pureté des mœurs de ses habitants, la simplicité de leurs usages, la douceur de leurs vertus privées, des dissensions intestines l'ont divisée, et l'ont forcée d'imiter enfin l'exemple de ses co-Etats»[85].

C'est dire combien, les propos tenus au sein de la Convention par un Cambacérès par exemple, exprimaient un sentiment partagé: «La nécessité d'une division dans le corps législatif est généralement sentie», constata-t-il. «Tous les bons esprits» reprit-il, «la considèrent comme le palladium de la liberté. Il faut deux chambres», et de désigner alors «...les constitutions anglaise et américaine (comme) les seules que nous puissions consulter...»[86].

Si la référence américaine s'imposait si puissamment à l'esprit de la majorité des constituants, c'est qu'elle dissociait aristocratie et

---

[85] *Moniteur*; T. XXV, p. 98. Sur ce même sujet, nous avons relevé dans les papiers personnels de Daunou, des *Réflexions sur le gouvernement des Provinces-Unies de l'Amérique septentrionale*, fort tardives en l'espèce, puisque datées de 1816-1817, mais qui, nous en sommes convaincu, expriment pour une grande part un sentiment qui, déjà, en l'an III, habitait celui qui fut l'acteur privilégié de la conception du Texte du 22 août 1795: "Le plus grand événement du XVIIIe siècle", lit-on sous la plume de l'Idéologue, "a été l'indépendance des Etats-Unis de l'Amérique septentrionale. Tant d'efforts de l'esprit humain, tant d'études et de lumières n'ont encore abouti qu'à ce seul résultat politique. Mais il est d'une importance que nous ne pouvons pas encore apprécier; c'est peut-être le commencement d'une rénovation générale du système social sur la terre. Non seulement ces Etats-Unis se sont affranchis de la domination anglaise, ce qui est déjà pour eux et pour toute l'espèce humaine un avantage immense, mais les circonstances de leur insurrection leur ont à la fois imposé la nécessité et fourni les moyens de se donner *le meilleur gouvernement qu'on eût encore établi en aucun temps et en aucun lieu*". Voy. *Papiers Daunou*, T. XII, 21891, pièce 592. Rappelons qu'en l'an III les Etats-Unis étaient très prisés par les Idéologues, à telle enseigne que Volney, emprisonné pendant dix mois et jusqu'après le 9 Thermidor s'embarqua au Havre en 1795 visiter ''un peuple libre''. Envisageant d'écrire une étude politique sur ce pays, il aboutit au final à un *Tableau du climat et du sol des Etats-Unis d'Amérique*, dont seule l'introduction participe du projet primitif.

[86] *Moniteur*, T. XXV, p. 277.

bicamérisme, associait balance des pouvoirs et égalité juridique[87]. En effet, en 1787, les constituants américains avaient eux aussi été confrontés au problème de l'établissement des différences entre les deux chambres qui soient convenablement pesées pour ne pas nuire à l'unité d'intérêt et à l'harmonie indispensable entre elles, comme il était noté dans *le Fédéraliste*: «comme les combinaisons louches seront d'autant plus improbables qu'il n'y aura plus de différences dans l'esprit des deux corps, il sera politique d'établir entre eux toutes les différences qui s'accorderont avec l'harmonie qui doit exister dans toutes les mesures sages, et qui seront compatibles avec les principes élémentaires du gouvernement républicain» lisait-on en effet dans cet écrit de référence[88]. C'est dans cette optique que les caractères propres au sénat avaient été institués. Ainsi, il fallait avoir trente ans pour être Sénateur contre vingt-cinq pour être Représentant, car la mandat sénatorial avait une nature qui exigeait plus d'instruction et de stabilité dans le caractère, lesquelles pensait-on alors tout comme on le pensera en France en l'an III, venaient avec l'âge. De même, il fallait être citoyen américain depuis neuf ans pour être Sénateur contre sept pour être un Représentant, car tout membre de la chambre haute participant d'une certaine manière aux négociations avec les nations étrangères, devait être convaincu de s'être débarrassé d'une quelconque éducation étrangère. Le chiffre des sénateurs devait être peu élevé, car une assemblée nombreuse, où figurent en son sein par l'effet de masse des membres peu au fait des affaires, cède davantage à l'impulsion des passions ou incline plus à se soumettre à des chefs factieux. En outre, cette assemblée qui devait être dotée d'une certaine fermeté en tant que frein, devait pouvoir tirer son autorité d'un mandat d'une durée plus considérable -six ans- que celle impartie aux représentants -deux ans-. Enfin, la nomination de ses membres au suffrage indirect par le canal des législatures était le gage d'un choix éclairé. Il était donc entendu que la balance reposait sur un esprit de corps, sain et maîtrisé, et en aucun cas sur une représentation séparée d'intérêts sociaux distincts. De ce fait, un écrit américain, anonyme, paru en 1783, aux fins de réclamer une union

---

[87] Nous avons vu combien ce point était chose entendue pour les publicistes français. Barnave, par exemple, l'avait noté en mai 1792 dans ses *Réflexions politiques*: "On parle beaucoup", avait-il consigné sur le papier, "du rétablissement de la noblesse et de deux chambres. Ces idées sont-elles inséparables? Les Américains ne l'ont pas cru puisqu'ils ont proscrit toute noblesse, et que toutes leurs législatures sont divisées en deux chambres". *Réflexions politiques*, in *Œuvres de Barnave*, Paris, Jules Chapelle et Guiller, 1843, T. II, chap. V: *Système des deux chambres*, p. 38.
[88] Madison, op. cit., n° LXII, p. 516.

plus étroite entre les Etats américains indépendants et proposant en ce sens une certaine architecture institutionnelle, pouvait exprimer une conception socio-politique analogue à celle de l'an III:

> «The Congress», était-il précisé, «shall consists of two chambers, an upper ad lower house, or senate and commons, with the concurrence of both necessary to every act, and that every State send one or more delegates to each house. This will subject every act to two discussions before two distinct chambers of men equally qualified for the debate, equally masters of the subject, and of equal authority in the decision. *These two houses will be governed by the same natural motives and interest*, viz, the good of the Commonwealth and the approbation of the people whilst at the same time the emulation naturally arising between them, will induce a very critical and sharp fighted inspection into the motions of each other. Their different opinions will bring an conferences between the two houses, in which the whole subject will be exhausted in arguments pro and con, and shame will be the portion of obstinate convincted error»[89].

En considération de cela, un certain nombre d'auteurs français recommandaient en l'an III aux constituants de s'inspirer des mécanismes balancés des constitutions américaines, tout en concédant d'ailleurs pour une bonne part d'entre eux, il faut le noter, une inclination jumelle pour le modèle britannique, car ces régimes avaient en commun de pratiquer une tripartition fondatrice de la séparation des pouvoirs[90]. L'auteur qui

---

[89] Voy. *A Dissertation on the political Union and Constitution of the thirteen United States of North America which is necessary to their preservation and happiness, humbly offered to the public*, pp. 19-20.

[90] Très représentatif de cette tendance était le *Plan patriotique ou idée d'une bonne constitution républicaine en France*, envoyé à la commission des Onze par Bacon, qui cherchait à déterminer une constitution garantie "des atteintes qui lui seront portées par le corps législatif", en recourant pour ce faire au "système de la trinité des pouvoirs" afin précisément d'établir un "équilibre" salvateur. Or, et c'est en cela que ce type de production est intéressant et instructif, si Bacon entendait comme la quasi totalité des Thermidoriens ne pas enfreindre le dogme de l'égalité civile, il n'hésitait pas pour autant à se réclamer de l'exemple des institutions britanniques, qu'il entendait perfectionner et rationaliser: "O!", s'exclamait-il en ce sens, "que le gouvernement anglais est admirable malgré ses défauts!". "Oui", poursuivait-il, "je désire la chambre haute. Non cette chambre composée de membres héréditaires qualifiés milords, ducs, comtes, pairs du Royaume, telle qu'elle est actuellement en Angleterre; mais une chambre toute composée de républicains, de citoyens libres et égaux tels que vous et moi. (La noblesse n'étant plus,) il nous est donc maintenant possible de discuter sans

caractérisa le mieux ce courant américanophile, dont les prescriptions furent reprises, données sous forme d'extraits ou analysées dans de nombreux journaux, de sorte que ses écrits étaient en l'an III parmi les plus lus et commentés, fut Adrien de Lezay-Marnesia, dont, nous l'avons vu, Boissy s'était inspiré[91]. Toute sa pensée procède du constat que dans le cadre de la hiérarchie des fonctions, la séparation absolue met l'organe exécutif dans la dépendance du pouvoir législatif, en sorte que, *de facto*, dans le cadre de ce schéma, les pouvoirs seront inévitablement réunis. La participation à la législation de cet organe exécutif est donc indispensable car constitutive de la séparation des pouvoirs. Cette idée anime son premier manifeste, *Qu'est-ce que la constitution de 93*, paru après le 9 Thermidor mais à l'époque où il n'était encore officiellement question que de compléter par des lois organiques la constitution jacobine, de sorte que ne pouvant étudier directement cette constitution de façon critique sans encourir un possible désagrément pour sa personne, il prit le parti d'analyser celle de Pennsylvanie, émanée de Franklin, qu'il estimait être le patron sur lequel celle de 1793 a été grossièrement taillée, pour la comparer à celle du Massachusetts inspirée par John Adams[92]. En d'autres termes, on l'aura compris, il établissait un parallèle entre deux systèmes fondés, l'un sur l'unité législative, l'autre sur la balance des pouvoirs.

> «La loi», soutenait-il, «étant la seule force motrice et le principe unique de l'action du gouvernement, le pouvoir qui fait la loi est réellement le seul pouvoir dans l'Etat, d'où il s'ensuit (...que) la distinction des pouvoirs (...) que l'on regarde avec raison comme

---

préjugé cette question intéressante". Ainsi, Bacon indiquait sans hésiter la matrice anglaise de son propre plan, tout en rejetant, bien entendu, tout élément se rapportant au gouvernement mixte. En effet, poursuivait-il, "nous avons sur l'Angleterre le grand avantage de l'égalité civile. Il ne nous reste pour *surpasser* notre modèle, qu'à instituer comme elle un troisième pouvoir", lequel n'interviendrait dans le vote de la loi qu'en cas de désaccord entre les deux premiers organes législatifs partiels. Voy. *Papiers de la commission des Onze*, C-227 n° 30.

[91] Il était le fils de Claude-François marquis de Lezay-Marnésia, qui avait été élu en 1789 député de la noblesse aux Etats-Généraux et s'était réuni au Tiers dès le 25 juin. Découragé, il avait donné sa démission le 26 mai 1790 pour aller fonder une colonie en Amérique, entreprise dans laquelle il échoua. Adrien, quant à lui, soldat de formation et lié d'amitié avec Roederer, vécut de sa plume sous le Directoire avant de se rallier à l'Empire comme ministre plénipotentiaire en l'an XII, puis, de 1806 jusqu'à sa mort intervenue en 1814, comme préfet.

[92] John Adams, en effet, s'attribuait la paternité de cette constitution: voy. *The Works of John Adams*, op. cit., vol. XI, p. 470.

l'indispensable garantie de la liberté, ne peut exister, ou du moins subsister, *que par la division, non du pouvoir législatif, mais du corps dans lequel il réside.* (...) C'est sur les dépositaires, et non sur le dépôt lui-même, sur l'autorité et non sur le pouvoir, que doit tomber la division» précise Lezay avant d'ajouter à la manière de Montesquieu que «le pouvoir ne doit faire qu'un tout, mais confié à plusieurs corps qui, impuissants les uns sans les autres, ne peuvent rien que de concert». En effet, fait-il remarquer, «le pouvoir exécutif, comme son nom l'indique, ne doit qu'exécuter; le pouvoir législatif que vouloir: mais celui qui commande a réellement toute la puissance, il peut en abuser aussi bien qu'en user, puisque ses volontés, bonnes ou mauvaises, font également loi. Qui donc», s'interrogeait-il alors, «s'opposera au mauvais emploi qu'il pourrait faire de sa volonté?»

En l'espèce, répondait-il, la distinction entre le pouvoir constituant et les pouvoirs constitués, ou bien encore la rédaction d'une Déclaration des droits sont inopérantes, car elles restent des pétitions de principe en l'absence d'un organe spécialement désigné pour s'opposer à une violation du corps législatif unique. La solution réside donc à son sens dans la tripartition du pouvoir législatif et tout le propos de Lezay est de démontrer

«cette belle pensée, la plus importante découverte, si je ne me trompe, des Modernes en politique: que si la garantie de la liberté réside dans la distribution du pouvoir, *la garantie de cette distribution elle-même réside, et dans la division de la législature, et dans cette part passive de la puissance législative, j'entends le droit temporairement négatif, attribué au pouvoir exécutif*», c'est-à-dire, en d'autres termes, «*la distribution du pouvoir entre les mains de plusieurs corps*». A son sens, ce système est né il y a peu en Amérique du nord dans la constitution du Massachusetts et pour le présenter, il introduit «l'un des hommes les plus propres à développer les principes de la belle constitution du Massachusetts, celui qui y a eu le plus de part, le célèbre Samuel (sic) Adams» qu'il fait dialoguer avec Franklin. Adams présente donc ses principes suivant lesquels pour fonder la liberté il avait écarté toute forme simple de régime, à savoir la monarchie, l'aristocratie et la démocratie pure: «il fallut donc trouver une forme mixte, un ordre composite, qui assurant au peuple tous ses droits, le mît à même d'en jouir tranquillement (de sorte que) la puissance sera une, mais la volonté qui l'emploiera sera *complexe*»[93]. Cette position l'amena à émettre un jugement ambivalent sur le projet de la commission dans lequel il ne voyait «guère qu'une compilation de diverses parties des constitutions

[93] *Qu'est-ce que la constitution de 93?*, Paris, impr. de Migneret, an III, *Avant-Propos*, pp. V-VI-VIII, et pp. 5-6-7-9.

américaines et helvétiques, (qui) manque essentiellement d'ensemble et de génie». En effet, il condamnait en toute logique le refus d'attribution du *veto* au Directoire en plus de son principe de collégialité, alors que la séparation des pouvoirs ne peut être construite que sur la base inverse: «je soutiens que la liberté même sera sans garantie, tant que le pouvoir exécutif n'en aura pas en lui-même, et que, couvert de son *veto*, comme d'un bouclier impénétrable, *il ne pourra par la seule force de son veto repousser le décret qui porterait atteinte à ses prérogatives*, se défendre des invasions du corps législatif et lui barrer le chemin de la tyrannie, *en l'empêchant de confondre en lui-même tous les pouvoirs* (...). Car si la liberté publique est anéantie dès l'instant où tous les pouvoirs viennent à se confondre, *n'est-il pas évident que si le pouvoir exécutif n'est revêtu du droit d'opposer son veto à la loi qui le réunirait au corps législatif, celui-ci peut à chaque instant l'envahir, l'exercer*, et se constituer despote. Il résulte encore de cette inspection sur les lois attribuée au pouvoir exécutif, que passant à un triple tamis, elles seront à une triple probabilité plus parfaites, qu'assujetties à trois ancres, elles seront plus stables...». Bref, affirmait-il, «le droit de négation (attribué au pouvoir exécutif est indispensable) à la garantie de la liberté»[94]. En retour, notait toutefois ce partisan de la balance, «ce plan, tout défectueux qu'il puisse être, nous rapproche d'un très grand pas vers l'ordre, et surtout vers la liberté» en ce qu'il établit un corps électoral de propriétaires, et, bien entendu, le bicamérisme: «Oser asseoir le gouvernement sur la propriété, et la législature sur *deux chambres*[95], oser jeter tout à la fois les bases de l'ordre et de la saine liberté, c'est avoir bien plus fait que l'on n'osait attendre, et quelles que soient les imperfections de ce plan, on peut y voir déjà, comme dans ces informes constructions de Romulus les fondements de la ville éternelle»[96].

Il était logique en effet que dans un même mouvement un partisan de la tripartition condamnât l'absence du droit de sanction du pouvoir exécutif et se félicitât de la division du parlement en deux chambres, ou, autrement dit, qu'il réprouvât la concession faite aux partisans de la séparation absolue attachés à la non-participation à la législation de l'organe exécutif et qu'il saluât la reconnaissance d'une balance des pouvoirs par le refus de remettre le dépôt de la fonction

---

[94] *Qu'est-ce que la constitution de 95?*, Paris, impr. de Migneret, an III, chap. V, pp. 41-42, chap. VI, pp. 48-53.

[95] Fait intéressant, Lezay, gardien de l'orthodoxie de la balance des pouvoirs, et qui de plus réprouve la composition qu'il juge être uniforme des deux conseils, n'hésite pas cependant à les présenter comme formant "deux chambres", preuve que deux conseils équivalent dans son esprit à deux chambres sur le plan de la régulation institutionnelle du régime.

[96] *Qu'est-ce que la constitution de 95?*, op. cit., chap. I, p. 18, p. 13.

législative à un corps unique qui aurait tôt fait de s'approprier la fonction exécutive.

Le projet soumis en prairial à la commission des Onze par Louis Lefébure participe sensiblement des mêmes prémisses, en l'espèce celles d'un publiciste enjoué du constitutionnalisme américain. C'est celui d'un citoyen «hostile à la réunion de tous les pouvoirs», d'un partisan de la tripartition convaincu, par l'exemple conjugué des Etats-Unis et de l'Angleterre, de l'excellence de cette forme institutionnelle, et par ailleurs déterminé à lier le principe de la balance à celui de l'égalité juridique:

> «Dans mon projet», représente-t-il en effet, «le corps législatif, sans se déchirer, se partage en deux comités. L'un, formé par le rang inférieur de l'âge, est composé d'un sixième des représentants; l'autre, formé par les députés d'un âge supérieur, est composé des cinq-sixièmes restant, et je leur donne à tous deux réciproquement l'initiative et la sanction de toute espèce de loi (...). Pour donner le complément à cette mesure», poursuit-il, «il faut que le pouvoir exécutif puisse fournir ses observations relativement à ces mêmes lois qu'on le charge d'exécuter. Sur sa demande en révision, accompagnée de motifs, le corps législatif, réuni dans un bref délai, serait tenu de délibérer; et, dans ce cas, la loi ne pourrait plus se former que par les deux tiers des suffrages: cette idée n'est pas neuve, *la constitution des Américains nous en fournit le premier exemple*; l'heureuse expérience qu'ils en font encore ne doit pas être sans fruit pour nous. *Que les hommes qui regardent comme de vaines subtilités ces combinaisons (...) d'équilibre des pouvoirs sont peu capables de juger des questions d'économie politique et de gouvernement d'Etat!*[97] La plupart préfèrent, disent-ils, à la République, la monarchie, parce qu'ils croient ce système plus simple et que ces distinctions abstraites n'existent pas. (...). Invitons les seulement à examiner la forme constitutive de la France avant la Révolution; ils retrouveront en désordre (...) dans les diverses attributions des Cours souveraines, des Conseils, des Parlements, des privilèges de Provinces etc., toutes ces *balances de pouvoirs* malheureusement trop mal assorties, dont l'idée seule, *mieux appliquée dans la constitution américaine* et même dans celle de l'Angleterre, les effraye à voir transporter dans la nôtre. *Ils veulent bannir de la constitution française un équilibre de pouvoirs*». En réaction, notait-il, «mes efforts se sont appliqué à ne tirer que de la nature même des corps que j'instituais le principe de leur équilibre, et tous les moyens de conservation (...). J'ai tâché de faire un sage mélange des trois formes élémentaires de domination connues sous le nom de monarchique, aristocratique et

[97] Lefébure définit donc le régime américain en référence au critère de l'équilibre des pouvoirs.

démocratique, afin de les corriger, par leurs effets réciproques, en les combinant suivant leur nature. J'attribue donc à l'universalité des citoyens domiciliés, qui, par un travail régulier, ou un commerce fixe, ou une propriété foncière quelconque, se maintiennent indépendants, le droit inaliénable d'élire immédiatement leurs représentants, et d'indiquer leurs trois agents généraux[98]. J'attribue donc à l'élite présumée des Sages le droit de délibérer toutes les espèces de lois, mais si je divise le corps législatif en deux parts, afin de retrouver en lui-même son propre modérateur, du moins nulle distinction aristocratique de rang, de richesse, ni d'attribution exclusive, ne marque de son sceau réprobateur l'une de ces deux fractions, et n'en forme deux corps distincts. Le simple accident de l'âge se combinant avec la diversité du nombre, suffit pour assurer, soit aux talents exercés, soit à l'expérience acquise, un juste degré de prépondérance, en conservant aux vertus, par ce concours mesuré, leur légitime portion d'empire»[99].

---

[98] Les chambres et l'agence exécutive étant soumis à un renouvellement annuel par tiers.

[99] Louis Lefébure, dit Pot de fer, *Plan de constitution*, Paris, imprimerie des aveugles-travailleurs, an III, pp. 6-7-8-note *, pp. 9-10, pp. 16-17-18. On pourra également se reporter aux *Réflexions sur les bases d'une constitution, par le citoyen ***, présentées par Bresson*, que nous avons déjà évoquées. Son auteur en effet, partisan de la tripartition du pouvoir législatif, ne cessant de se référer aux "sages Américains" et de s'en réclamer, entendait démontrer que "certainement, jamais la folie et l'imbécillité n'imaginèrent rien de plus absurde qu'une *assemblée unique dépositaire du pouvoir législatif*", dénonciation qui à notre sens pourrait faire le slogan de l'an III. Sur cette base, il affirmait qu'il fallait "qu'aucune assemblée, comme aucun individu, ne puisse avoir la certitude de n'éprouver aucune opposition", ou, en d'autres termes, qu'il fallait "que toute autorité puisse être arrêtée par une autre autorité. (...). A toutes ces leçons, que vous donnent la nature des choses, l'expérience et Montesquieu qui n'a parlé que d'après elles", indiquait-il, "joignez les leçons de l'histoire, voyez tous les peuples libres, vraiment constitués, *obéir à trois pouvoirs*", c'est-à-dire à trois organes colégislateurs. "Depuis plus d'un siècle", reprenait-il, "l'Angleterre jouit de la plus grande prospérité à l'abri des trois pouvoirs, et toutes les déclamations récentes tant de fois répétées contre son gouvernement ne peuvent balancer aux yeux des personnes éclairées, ni le jugement de Montesquieu, ni ce qui nous est démontré par les faits". De plus, représentait-il, "ils se trouvent aussi dans la constitution générale des Etats-Unis, et dans celle de onze parties de l'Union. *Deux seulement, la Géorgie et la Pennsylvanie avaient une chambre unique*. Et remarquez qu'en 1790, la Pennsylvanie, éclairée par l'expérience, a créé un sénat. J'avoue", assénait-il alors, "que je ne connais rien de plus démonstratif que ces leçons de l'histoire". Puis, reprenant et précisant son propos, il disait devoir "examiner de quelle manière on peut composer le pouvoir exécutif", tout en signifiant que c'était "là la partie la plus difficile de la constitution": "c'est encore ici qu'il faut porter nos regards sur les sages Américains", indiquait-il à nouveau

c) L'exemple de la constitution de Virginie.

Enfin, c'est là une conjecture mais elle a une certaine assise, il est possible que la commission des Onze se soit plus précisément inspirée des institutions politiques de l'Etat de Virginie fondées sur bon nombre des principes qui devaient être consacrés en l'an III. Un article tiré de *la Sentinelle*, de la main de Louvet, membre de la commission des Onze, qui apparaît comme un plaidoyer en faveur du projet de constitution, et dans lequel l'auteur condamne la «toute puissance d'une assemblée unique (qui par nature) est essentiellement, uniquement révolutionnaire», nous autorise à le penser en raison de la relation que Louvet lui-même semble établir en ce sens. Selon le texte même de la constitution de cet Etat, il est établi un département de législation «formé de deux corps distincts, qui compose(nt) entre eux deux la législature complète», lesquels corps s'assemblent une ou plusieurs fois par an et forment l'Assemblée générale de Virginie. L'un des deux corps, la chambre des Délégués, se compose de deux représentants, francs-tenanciers, choisis annuellement par chaque comté; l'autre corps, le Sénat, renouvelable annuellement par quart, est composé de vingt-quatre membres élus pour quatre ans, francs-tenanciers également, et ayant plus de 25 ans. Toutes les lois sont proposées dans la chambre des Délégués dotée du monopole de l'initiative législative, et sont ensuite transmises au Sénat pour y être approuvées ou rejetées, ou pour y être amendées avec le consentement de la chambre des Délégués, à l'exception des *bills* de levée d'argent qui ne peuvent être modifiés par le sénat, mais qui doivent y être approuvés ou rejetés *in globo*. Le pouvoir exécutif était quant à lui confié à un gouverneur élu annuellement par les deux chambres, ce qui n'était aucunement perçu comme une contrariété au principe de la séparation qui était expressément consacré par l'article I[100]. Ce gouverneur ne peut conserver sa charge plus de trois années consécutives et ne pouvait dès lors être réélu qu'après avoir été hors de place pendant quatre ans. Il exerce la puissance exécutive de l'avis du conseil d'Etat, composé de huit membres pris dans le sein ou au dehors des assemblées et élus par elles à l'effet d'assister le gouverneur dans l'administration du gouvernement. Ces conseillers ne peuvent alors

---

car, estimait-il, "on ne peut donner cette dignité au conseil d'Etat, *qu'en lui accordant une part dans la législation, à l'exemple encore des Américains*". Voy. *Réflexions*..., op. cit., pp. 8, 10, 11, 13, 29, 31.

[100] Lequel est rédigé comme il suit: "Les puissances législatrice, exécutrice et judiciaire, formeront des départements distincts et séparés de manière que l'un des trois n'exerce jamais l'autorité qui devra proprement appartenir à l'autre; et la même personne n'exercera jamais d'emploi dans plus d'un de ces départements à la fois".

continuer à siéger dans les chambres et à la fin de chaque année, deux d'entre eux sont retranchés du conseil par un vote des chambres et ne peuvent être réélus pendant les trois années suivantes. Ainsi étaient consacrés les mécanismes de la dualité proposition/sanction, de la rotation ou renouvellement partiel des corps, et la non rééligibilité immédiate[101], soit bien entendu, des principes tirés de l'*Oceana* d'Harrington, un des bréviaires des publicistes américains, et qui se matérialisèrent, plus que partout ailleurs, dans la loi fondamentale de cet Etat[102]. Sur cette base, Louvet livra une appréciation très instructive:

> «nous ne nous arrêterions point à prouver», argumenta-t-il, «que le corps législatif a dû être partagé en deux sections, si cette division n'avait eu pour adversaire à la tribune de la Convention nationale un citoyen respectable par ses talents, par ses lumières, par des services distingués rendus à la philosophie et aux lettres[103]. (...). Les raisonnements du citoyen Deleyre, qui avaient été ceux de Nedham et de

---

[101] Dont le principe était consacré par l'article V de la Déclaration des Droits comme indispensable à la prévention de l'émergence d'un corps aristocratique. L'article est rédigé ainsi: "... devant supporter eux-mêmes les charges du peuple et y participer (afin que) tout désir d'oppression puisse être réprimé, (les représentants) doivent être, à des temps marqués, réduits à l'état privé, rentrer dans le corps de la communauté d'où ils ont été tirés originairement, et les places vacantes doivent être remplies par des élections fréquentes, certaines et régulières".

[102] James Harrington, nous le verrons plus avant, est un auteur d'une grande importance au regard de notre sujet.

[103] Louvet vise ici Deleyre, qu'il va nommer. Ce dernier, connu notamment pour avoir été un correspondant de Rousseau, en imposait beaucoup à ses pairs, comme le confirme l'appréciation portée par François de Pange, anciennement de la Société des Amis de la Constitution et par la suite proche de Madame de Staël: "Le seul homme", écrivit-il en août-septembre 1795, "qui ait soutenu dans la Convention *l'absurde système de l'unité du corps législatif* en est peut-être le membre le plus cultivé: de Leyre...". Voy. comtesse Jean de Pange, *Madame de Staël et François de Pange, lettres et documents inédits*, Paris, Plon, 1925, p. 140. Deleyre, en effet, au rebours de l'ensemble de ses collègues, se refusait à analyser le bicamérisme sous le rapport exclusif de la distribution des pouvoirs et de la garantie de la séparation, et n'y voyait surtout qu'un "séminaire d'aristocratie". Ce faisant, il ne pouvait accepter ce qu'il jugeait être, non sans raison bien évidemment, un alignement sur le constitutionnalisme anglo-américain: "l'Angleterre", reprocha-t-il à ses pairs, "vous insinue à votre insu *ses deux chambres* (, lesquelles) se heurteront sous le prétexte de *la balance des pouvoirs*". Bref, il regrettait que la constitution française s'imprégniât des "imperfections de la constitution anglo-*américaine*". *Moniteur*, T. XXV, pp. 276-277.

Turgot, sont réfutés fort au long de la *Défense des constitutions américaines*, par John Adams[104]; mais, en cette matière», poursuivait-il, «nous croyons qu'il faut écouter surtout l'expérience: or, il n'est point de peuple libre à qui elle n'ait enseigné quelquefois par des leçons bien terribles, *que le système des deux chambres*[105] est le seul où l'on puisse espérer des lois sages, une constitution durable, le maintien de la tranquillité publique et de la liberté individuelle. (...). Comment convient-il de constituer les deux sections du corps législatif?», s'interrogeait-il sur ce fait. «Tous les modes proposés jusqu'à ce jour, relativement à cette division, peuvent se réduire à trois systèmes généraux», précise alors Louvet qui va procéder à leur classement ordonné: «Le premier est de rendre les deux sections parfaitement homogènes, et quant à leur composition, et quant à leurs fonctions. Le second est de leur attribuer des fonctions semblables, en les différenciant dans leur composition seulement. Le troisième est de les différencier sous les deux rapports de fonctions et de composition», mode, précise-t-il, retenu par la Convention. «Dans les Etats-Unis de l'Amérique, il n'y a point de distinction d'ordres, et cependant, nous devons l'avouer, les deux chambres ont réciproquement les droits d'initiative, d'acceptation et de *veto*. Il n'y a d'exception que pour les *bills* d'argent dont la proposition est interdite au sénat. Telles sont, à cet égard, les dispositions que présentent la plupart des constitutions américaines; nous disons la plupart, car sans parler de celles où le pouvoir législatif est concentré dans un seul corps législatif, nous devons observer que dans quelques autres, par exemple dans celle de Virginie, *toutes les lois sont d'abord proposées dans la chambre des Délégués, et sont ensuite portées au sénat pour y être approuvées ou rejetées, ou pour y éprouver des changements avec le consentement de la chambre proposante*»[106].

---

[104] A nouveau, nous avons ici la preuve qu'un des membres de la commission des Onze avait fait son profit du livre d'Adams.

[105] Si l'on reprend la démonstration de Louvet depuis son origine, l'on voit que "le corps législatif (...) partagé en deux sections" tel qu'il apparaît dans le projet de constitution, participe sans réserve aucune du "système des deux chambres" propre aux peuples libres.

[106] Le dernier membre de phrase rendu en italique est souligné par l'auteur lui-même, ce qui, sans nul doute, est d'une importance considérable, car Louvet a voulu ainsi marquer la quasi identité institutionnelle entre la constitution de Virginie et celle de l'an III, toutes deux fondées sur le schéma "propose-dispose", type institutionnel possible de la balance des pouvoirs. Voy: *La Sentinelle* par J. B. Louvet (du Loiret), représentant du peuple; 11 thermidor-23 juillet, n° XXXVI et 12 thermidor-24 juillet, n° XXXVII. Souvenons-nous par ailleurs que Louvet, qui en l'an III considérait la division du parlement comme la clef de voûte de tout édifice institutionnel, s'était en 1789 opposé farouchement à ce procédé. Il avait alors, dans le cadre de son premier ouvrage politique, en l'espèce dirigé contre

Ainsi, indéniablement, l'an III avait pris un accent venu d'outre-Atlantique. En regard, on comprend les raisons pour lesquelles Paine, partisan notoire de l'unité législative, devait à l'occasion de ces mêmes débats épouser le mouvement général des idées pour se rapprocher ainsi des principes défendus par le gros des publicistes américains, que jusqu'alors il avait inlassablement critiqués.

B) La conversion de Thomas Paine.

Thomas Paine, en effet, devait lui-même se mettre au goût du jour, ce qui, en un sens, est tout dire[107]. Cette figure emblématique de la révolution américaine était principalement l'auteur du *Sens commun* publié en janvier 1776, le plus grand succès d'édition depuis l'invention de l'imprimerie selon son dire puisqu'il fut vendu à trois cent mille exemplaires sur une population d'à peine deux millions et demi d'habitants. Au cours des six mois qui avaient suivi, presque tous les adultes des colonies avaient lu ou entendu parler de ce manifeste anti-monarchique, qui parmi d'autres causes, donna le branle au mouvement d'indépendance. En cette même fin d'année, il avait contribué par son agitation à l'élaboration de la constitution de la Pennsylvanie, Etat où dominait la figure de Franklin avec lequel il était lié d'amitié. Or, nous l'avons dit, ces deux politiques avaient pour grande singularité dans le contexte américain de l'époque de promouvoir le principe de l'unité

Mounier, qui lui valut au demeurant d'être admis aux Jacobins, refusé le bicamérisme dans lequel il voyait l'instrument de la pérennité des ordres: "Deux chambres!", avait-il écrit à cette occasion. "Quand l'hydre de l'aristocratie", reprenait-il, "seulement étourdie d'un premier coup, menaçait d'écraser la partie naissante; quand la division des ordres n'était pas effacée jusque dans ses moindres traces; quand de gothiques préjugés subsistaient dans toute leur force; quand la philosophie n'avait pas encore intimement convaincu tous les hommes qu'il n'y a de véritable noblesse que celle du mérite et de la vertu: deux chambres!" . Voy. *Paris justifié contre M. Mounier*, Paris, Bailly, 1789, p. 9, brochure parue en réponse au manifeste de Mounier contre les journées des 5 et 6 octobre. Louvet est donc parfaitement représentatif de ce parcours intellectuel qui caractérise bon nombre des publicistes français de l'époque, lesquels, primitivement, en 1789, liaient indéfectiblement bicamérisme et aristocratie, pour en venir *in fine* en l'an III à ne pouvoir concevoir la séparation des pouvoirs sans la division en deux chambres du parlement. Bien entendu, ce cheminement avait sa cohérence puisqu'entre les deux termes la révolution de l'égalité civile avait été opérée et modifiait la façon d'envisager le problème constitutionnel.

[107] Sur Paine voy. entre autres J. Lessay, *Thomas Paine, professeur de révolutions, député du Pas-de-Calais*, Paris, Perrin, 1987, et B. Vincent, *Thomas Paine ou la religion de la liberté*, Paris, Aubier, 1987.

législative dans le cadre de la séparation absolue des pouvoirs, qui fut précisément consacré par cette constitution. Héritier pour une part des Niveleurs, Paine regardait à leur exemple en direction de l'âge d'or saxon, lequel, dans sa représentation des choses, avait été corrompu par la conquête normande, d'où dérivaient les institutions politiques britanniques dans la forme que l'on connaissait au XVIIIe siècle. Il appelait à un examen de celles-ci qui ne devaient pas être respectées pour leur antiquité, mais, à l'inverse, jugées et réformées sur la base de la raison. «Si elle avait dû ouvrir la voie à un système de gouvernement modelé sur le régime corrompu de la Grande-Bretagne», devait-il témoigner plus tard, «la pure et simple indépendance de l'Amérique ne m'aurait pas aussi ardemment et constamment intéressé qu'elle le fit. Ainsi que le montre (le *Sens commun*), proposer, puis instituer un système représentatif de gouvernement, tel fut le principe directeur qui me guida tandis que j'écrivais»[108]. Dans cet esprit, le programme institutionnel contenu dans son *Sens commun* se résumait pour l'essentiel dans l'instauration d'Etats républicains indépendants, dans l'élargissement du droit de vote, l'institution du monocamérisme et la tenue d'élections fréquentes[109].

Ce fut précisément pour répliquer à ce «météore désastreux»[110] que John Adams publia dès mars 1776 ses *Réflexions sur le gouvernement*

---

[108] Cité par B. Vincent, op. cit. pp. 105-106.

[109] *Le Sens commun*, Paris, Aubier, 1983, p. 63 et p. 119. Fait tout à fait remarquable, c'est pour illustrer son hostilité au gouvernement mixte établi sous la Restauration, qu'un éditeur français donnera en 1822 une nouvelle édition du *Sens commun*. Il s'en expliquait sans détours: "la constitution d'Angleterre, ou *gouvernement à trois pieds*, ayant été importé en France par la Charte de Saint-Ouen", confiait-il, "je me suis demandé plusieurs fois quelles garanties cette espèce de gouvernement pouvait offrir au peuple. Je me suis demandé s'il pouvait arriver que les trois forces constitutives de ce gouvernement se trouvassent une fois en *équilibre* parfait (...). J'ai pesé les raisonnements de Montesquieu, de Delolme, de Lally Tollendal, de Madame de Staël, partisans déclarés de la constitution anglaise. J'ai lu aussi Tacite, Machiavel, Filangiéri, Thomas Paine qui la réprouvent. Mais, avant de faire connaître mon opinion à ce sujet, ce qui serait peut-être dangereux dans ce moment-ci, j'ai cru devoir publier cet ouvrage", qui, à ses yeux, présentait en l'espèce l'avantage de propager "des idées saines". Voy. *Le Sens commun, adressé aux habitants de l'Amérique*, Paris, Poulet, 1822, *Préface de l'éditeur* pp. V-VI. S'il avait vécu, Paine aurait approuvé cette initiative.

[110] Voy. *Diary*, in *The Works of John Adams*, op. cit., vol. II, pp. 506-507: "in the course of the winter (1775-1776), appeared a phenomenon in Philadelphia, a disastrous meteor, I mean Thomas Paine", dit précisément Adams.

où il s'en prit directement et de front à l'institution d'une chambre unique recommandée par son adversaire[111]. Naturellement, ses principes avaient mené Paine à une opposition véhémente à la constitution fédérale de 1787 et à ses promoteurs. Il la condamnait pour sa tripartition du pouvoir législatif et l'unité du pouvoir exécutif, la pluralité au sein de cet organe lui semblant nécessaire ne serait-ce que pour habituer chacun à ne plus obéir à un seul homme. Ainsi écrivit-il, «as the Federal Constitution is a copy, though not quite so base as the original, of the form of the British Government, an imitation of its vices was naturally to be expected»[112]. Forçant le trait, il imputait la ratification de cet instrument «inconsistant» non à ses qualités propres, mais à l'absolue nécessité dans laquelle se trouvèrent les Américains de créer d'une façon ou d'une autre une autorité fédérale à laquelle lui-même agréait dans son principe[113]. De ce fait, à l'occasion d'une réponse apportée au printemps 1791 à un questionnaire préparé par Condorcet ou Lafayette, Paine devait en fait de distribution des pouvoirs publics fixé sa position de principe en réaffirmant son hostilité à la balance tant sous la forme de la participation à la législation de l'organe exécutif que sous celle du bicamérisme. A la question «si le

[111] Les deux hommes s'opposaient tant dans leurs principes que dans leur tempérament, et leur aversion mutuelle ne devait jamais se démentir. Paine a pu ainsi par la suite accuser Adams de n'avoir jamais considéré les origines de tout gouvernement et de n'être jamais remonté aux principes premiers. Voy. sa lettre à Georges Washington de juillet 1776, in *The Writings of Thomas Paine*, New York, G.P. Putman, 1894, T. III, p. 216; voy. également son commentaire peu amène sur la définition donnée par Adams de la République, caractérisée en l'espèce comme "un empire des lois et non des hommes". Cette définition est assimilée par Paine, qui ignore ici la filiation avec Harrington et par cette entremise, aux Anciens, à une justification de n'importe quelle loi, fût-elle tyrannique: *Thomas Paine to the citizens of the United States and particulary to the leaders of the federal faction*, idem, T. III, letter II, 22 novembre 1802, p. 385.
[112] *Letter to George Washington*, idem, T. III, p. 216.
[113] Idem, p. 213. Voy. également sa condamnation implacable des *Papiers du Fédéralisme* qui, licencieux et despotiques, constituent un déshonneur et une injure faite au pays: *Thomas Paine to the citizens...*, op. cit., letter I, 15 novembre 1802, p. 383. De ce fait, les partisans du régime américain et admirateurs du *Fédéraliste* ne le tenaient pas quitte. Ainsi, Gouverneur Morris par exemple, qu'Hamilton, conscient de sa valeur, avait sollicité en vain de collaborer aux *Papiers*, méprisait Paine auquel il concédait une faible pointure intellectuelle (voy. *Letters of Governor Morris*, New-York, Ch. Scribner's, 1888, T. I, pp. 286, 403, 515 et T. II, p. 48), autant qu'il condamnait son œuvre, ''la misérable constitution de Pennsylvanie'', qualifiée à l'occasion de ''constitution à la Don Quichotte'', idem, T. I, p. 38 et p. 198.

pouvoir législatif et le pouvoir exécutif (proposés dans le projet de constitution) ne sont pas trop *inégalement balancés*, s'il n'est pas à craindre que le premier n'envahisse le second» -ce qui prouve au passage que dans l'esprit de l'auteur de la question le texte de 1789 organisait bien, au plan des principes juridiques, une balance des pouvoirs, quoique déséquilibrée sur un plan politique-, Paine, qui ne s'y est pas trompé, répondit: «J'avoue que je ne trouve aucune justesse dans la comparaison d'un gouvernement et d'une balance. Qu'y a-t-il à balancer? Une balance entraîne nécessairement l'idée d'opposition. Cette métaphore vient je crois de l'Angleterre, la nécessité des circonstances l'y avait d'abord rendue exacte (...). Mais», poursuit-il à la façon d'un Turgot, «l'image d'une balance devient inconcevable dans un pays où tous les pouvoirs du gouvernement ont une origine commune. Dans ce cas l'idée des deux extrémités en opposition disparaît»[114]. Toutefois, à la question «s'il n'est pas à craindre que le corps législatif, composé d'une seule chambre, ne puisse s'abandonner à des mouvements trop impétueux et ne manque de frein», Paine, reconnaissant la puissance formidable attribuée de la sorte à une chambre, répondit préférer «que la législature fût partagée en deux sections au commencement d'une discussion (...). Si l'on divise la législature seulement pour la facilité des débats et non pour les délibérations», précisait-il, «on obtient alors de cette division tous les avantages d'une discussion à part, sans tomber dans les inconvénients des deux chambres»[115]. En d'autres termes, il s'alignait sur le système proposé dès 1789 par des partisans de l'unité, à savoir Dupont de Nemours et Sieyes, et à peu de choses près en mai 1791 par Buzot, consistant, tout en consacrant le principe de l'unité de décision, à diviser la discussion.

Les rigueurs de la Terreur l'amenèrent lors des débats constituants de l'an III à composer et à juger préférable l'institution de deux chambres dans lesquelles seraient répartis par la voie du sort des représentants élus de façon identique[116]. Mais Paine ne voulut pas

---

[114] "Réponse de Thomas Paine à quatre questions sur les pouvoirs législatif et exécutif, traduit sur le manuscrit par Condorcet", *Chronique du mois ou les cahiers patriotiques*, Mai 1791, p. 89.
[115] Idem, Juin, pp. 6-7. Pour l'ensemble du document, voy. Mai, pp. 85 à 89; Juin, pp. 3 à 8; Juillet, pp. 3 à 13.
[116] Rappelons pour mémoire que Paine avait dû venir se réfugier en France afin de ne pas encourir une condamnation prononcée par la Cour du banc du roi d'Angleterre, devant laquelle il avait comparu pour répondre de la publication en 1791 de son ouvrage *Les Droits de l'Homme*, manifeste qui constituait un vigoureux plaidoyer en faveur de la Révolution française. Considéré de prime

concéder sur ce point l'ampleur du revirement de sa doctrine, et distingua pour ce faire «les matières de principes» d'une part et «les objets d'opinions» d'autre part. Aux premières ressortissaient la proscription du gouvernement héréditaire, antinomique du gouvernement représentatif, et le respect de l'égalité du droit de suffrage, ce qui interdisait, par exemple, la réserve du droit de vote aux seuls propriétaires, et il faut convenir à ce sujet que ces deux éléments sont présents dans tous les écrits de Paine. Aux seconds le mode d'administration des différentes parties du gouvernement, c'est-à-dire, au premier chef, la structure du corps législatif:

> «En considérant», écrivit-il ainsi dans sa *Dissertation sur les premiers principes de gouvernement*, rédigée lors de la période d'élaboration de la constitution de l'an III, «le principe de l'égalité des droits comme la base de la révolution, et par conséquent de la

---

abord comme un Jacobin américano-anglais, il fut approché par ses homologues français, mais ce fut avec les Girondins qu'il se lia, notamment Danton et Condorcet. Il fut avec ce dernier, qui, à destination du public, traduisit à l'occasion certains de ses écrits, l'un des membres de la *Société républicaine*. Lors de la séance du 26 août 1792, il lui avait été déféré par l'assemblée législative en compagnie d'autres étrangers la qualité de citoyen français, au titre de défenseur de la liberté et bienfaiteur de l'humanité. Naturalisé, il fut élu à la Convention par quatre départements, donna sa préférence au Pas-de-Calais, puis siégea au comité des Neuf chargé de rédiger le projet de constitution. Mais son hostilité à la peine de mort l'avait déterminé à voter pour le bannissement et la détention du roi jusqu'à la paix, ce qui le désigna aux soupçons de Robespierre, d'autant plus qu'il s'abstint de siéger à la suite de l'épuration des Girondins dont le principe lui répugnait. Le 23 nivôse an II, ce dernier le fit exclure de l'assemblée en tant que citoyen d'un pays, l'Angleterre, en guerre avec la France, et il fut incarcéré pour dix mois à la prison du Luxembourg dont il sortit très affaibli et frappé d'un abcès au côté. Selon son propre témoignage, il ne dut la vie sauve qu'à une méprise d'un garde qui ne distingua pas sur la porte de son cachot la marque à la craie qui le destinait à l'échafaud. Ainsi, il rentra à la Convention le 13 frimaire an III, soit en décembre 1794. En son temps, Linguet, *ex ante* pourfendeur inlassable du régime d'outre-Manche, au sortir d'une incarcération qu'il subit de septembre 1780 à mai 1782, avait jugé tout bien pesé que la Bastille était "un excellent télescope pour apprécier l'Angleterre et ses lois". (Voy. *Annales politiques, civiles et littéraires du XVIIIe siècle*, janvier 1783, p. 2, et son étude intitulée *Angleterre*, idem, 1784, T. I, pp. 65-187, dans laquelle il juge ce régime comme étant le plus proche de la liberté et concède avoir changé d'opinion). Il est manifeste, à l'image de ce précédent, que le Luxembourg porta Paine à considérer différemment les avantages supposés de la balance des pouvoirs par le bicamérisme.

constitution, les règlements organiques, ou le mode d'après lequel les différentes parties du gouvernement seront disposées dans la constitution, dépendront (quant à eux) de l'opinion. Des plans différents seront sans doute proposés, et quoique l'expérience ne puisse pas encore faire distinguer le meilleur, *elle a du moins suffisamment démontré quel est le pire*. C'est bien certainement celui où les délibérations et les décisions seront sujettes à la précipitation et aux passions d'un individu». Or, faisait-il observer, «*Lorsque, la totalité de la législature ne formant qu'un corps est entassée dans une même chambre, elle ne présente en masse qu'un individu*. Dans tous les cas il est nécessaire d'avoir un corps délibérant en réserve. Il vaudrait mieux diviser les représentants, au sort dans deux chambres, *qui se censureraient et se corrigeraient réciproquement*, que de les réunir dans une chambre pour y délibérer tous ensemble. Le gouvernement représentatif n'est point essentiellement asservi à une forme particulière; le principe est toujours le même sous quelque forme qu'il soit modifié. L'égalité des droits de tous les individus est la racine d'où tout doit partir, et on peut arranger les branches de la manière que l'opinion présente, ou l'expérience future fera juger la meilleure».

Tout aussitôt, anticipant le reproche, qu'on ne pouvait manquer de lui faire eu égard à son équation personnelle, d'une inspiration tirée du bicamérisme anglais, Paine tint absolument à condamner la chambre des Lords et à rejeter toute correspondance avec l'exemple du régime britannique. Mais, par là-même, il établissait la part commune entre sa logique nouvelle et celle de ce régime, et son récri qui ne porte que sur l'hétérogénéité de la pairie rapportée au corps social, et qui parallèlement validait le mécanisme de la balance, était aussi de ce fait une sorte d'aveu:

> «Quant à la chambre des pairs, que Chesterfield a nommée l'Hôtel des incurables», disait-il ainsi en manière de défense, «c'est une excroissance née de la corruption, et, il n'y a pas plus d'affinité ou de ressemblance entre les différentes branches des corps législatifs émanées des droits du peuple et la susdite chambre des pairs, qu'entre un membre du corps humain et une excroissance ulcérée»[117].

---

[117] *Dissertation sur les premiers principes de gouvernement*, Paris, impr. de la rue de Vaugirard, an III, pp. 31-32-33. Dans ses *Mémoires*, Thibaudeau livre la teneur d'une lettre que Paine lui avait adressée le 18 prairial dans laquelle il proposait une synthèse de son propre ouvrage. Paine y confirmait son analyse: "Quant aux règlements organiques de la présente constitution", c'est-à-dire de la constitution du 24 juin 1793, "je conviens", confiait Paine "qu'ils me paraissent très fautifs. La totalité de la représentation, ne formant qu'une seule assemblée discutante et délibérante dans la même chambre, a les vices d'un individu. Elle agit avec passion, avec précipitation et par esprit de parti. Il vaudrait mieux sans doute que la représentation fût divisée au sort en deux chambres, et qu'elles se continssent et se censurassent réciproquement. Mais, dans tous les cas, la représentation ne doit

Ainsi Paine, qui dans sa patrie avait passé, à juste titre et de conserve avec Franklin, pour le coryphée de l'unité législative, dut subir hors de son pays la Terreur pour faire taire sa singularité et s'aligner sur le droit commun en quelque sorte de la pensée constitutionnelle américaine, pour laquelle la stabilité d'un régime politique et la préservation de la séparation des pouvoirs reposent sur la division du pouvoir législatif. De ce fait, c'est en grande partie en référence à l'institution de deux conseils qu'il devait se livrer à l'éloge du texte du 22 août 1795:

> «*A better organized Constitution has never yet been devised by human wisdom*» n'hésita-t-il pas à écrire. «It is, in its organisation, free from all the vices and defects to which other forms of government are more or less subject. I will speak first of the legislative body because the legislature is, in the natural order of things, the first power; the Executive is the first magistrate. *By arranging the legislative body into two divisions, as is done in the French Constitution*, the one, the Council of Five hundred, whose part is to conceive and propose laws, the other, a council of Ancients, to review, approve, or reject the laws proposed, *all the security is given* that can arise from coolness of reflection acting upon, or correcting the precipitancy or enthusiasm of conception and imagination. It is seldom that our first thought, even upon any subject, is sufficient just. The policy of renewing the legislature by a third part each year, though not entirely new, either in theory or in practice, is nevertheless one of the modern improvements in the science of government. It prevents, on the one hand, that convulsion and precipitate change of measures into which a nation might be surprised by the going out of the whole legislature at the same time, and the instantaneous election of a new one; on the other hand, it excludes that common interest from taking place that might tempt a whole legislature, whose term of duration expired at once, to usurp the right of continuance»[118].

---

avoir qu'une seule et même racine, et cette racine est l'égalité des droits. Si l'on y touche, adieu la Révolution". Voy. *Mémoires sur la Convention et le Directoire*, op. cit., chap. X, p. 115.

[118] *The Eighteenth Fructidor to the people of France and the French Armies*, in *The Writings of Thomas Paine*, op. cit., T. III, pp. 346-347. Dans les années qui suivirent, Paine, de retour en Amérique, modifia à nouveau sa conception et proposa dans ses écrits un système où chaque parlement monocaméral, élu pour deux ans, pourrait proposer des lois que le parlement suivant issu de nouvelles élections législatives devait accepter ou rejeter. Voy. en ce sens *Constitutions, governments and Charters*, 21 juin 1805, in *The Writings of Thomas Paine*, op. cit., T. IV, 467-469.

Ainsi, le printemps et l'été 1795 furent indiscutablement une période où les révolutionnaires français jugèrent avoir un bénéfice à tirer du droit constitutionnel américain et de la réflexion des publicistes de ce pays, au point que Thomas Paine, rattrapé par sa culture politique maternelle si l'on peut dire, devait un temps, et sur le sujet précis que nous avons abordé, cesser sa dissidence. Le poids de cette influence détermina les Conventionnels à opter pour le bicamérisme et à consacrer le principe de la balance des pouvoirs[119]. Rédigeant, dans la suite immédiate des débats constituants, précisément dès les derniers mois de 1795, *De la Révolution française*, Necker, à propos duquel nous avons déjà noté sa propre inclination en direction du régime américain, ne manqua pas de constater ce phénomène, de même qu'il indiqua ses limites[120]:

> «*On ne saurait douter*», écrivit-il de façon précise, «*que les auteurs de cette constitution n'aient rassemblé leurs regards sur un modèle connu, mais en cherchant à imiter le gouvernement suprême de l'Amérique*, ce gouvernement si bien concerté, ils ont altéré ses principaux traits. *Ils ont pris de lui les deux chambres*, mais», poursuivit-il en visant le conseil des Anciens, «l'état passif de l'une d'elles et son langage monosyllabique appartiennent à leur invention. Ils ont placé le pouvoir exécutif en dehors du pouvoir législatif, mais ils ont

---

[119] Cette analyse, cela vaut la peine d'être noté, était celle de La Fayette, ainsi qu'il l'écrivit dans ses *Mémoires*. Traitant en effet des débats constituants de 1789, il eut ces mots explicites: "...tandis que la constitution anglaise était proposée par un orateur des Communes, Mounier, et principalement soutenue par deux ou trois orateurs des Communes, Bergasse et Malouet, (...) *d'autres députés souhaitaient la forme américaine des deux conseils, dans le genre de celle qui a été établie par la constitution de l'an III*". Voy. *Mémoires*, op. cit., T. IV, p. 7. On peut vérifier, en se reportant à la suite du texte, que La Fayette, recourant à la formule "forme américaine des deux conseils", entendait par ce vocable deux chambres électives. Voy. idem, pp. 16-17.

[120] Etant étendu que le régime américain s'entendait à son sens d'une tripartition du pouvoir législatif, ainsi qu'il l'avait écrit antérieurement: "La constitution fédérative des Américains", lit-on en effet dans *Du pouvoir exécutif dans les grands Etats*, "a exigé le concours de trois volontés pour la confection des lois nationales; l'assentiment de la chambre des représentants, l'assentiment du sénat et la sanction du président (...); la nécessité de cette dernière condition", précisait l'auteur, "est la seule soumise à de certaines restrictions". Voy. *Du pouvoir exécutif dans les grands Etats*, in *Œuvres complètes de M. Necker*, Paris, Treutell et Wurtz, 1821, T. VIII, p. 404.

rejeté les prudentes connexions que les Américains avaient établies entre ces deux pouvoirs...»[121].

Cela est vrai, et Necker a par ces mots dressé un constat nuancé qui est pleinement justifié. Mais il reste que, fondamentalement, l'an III apparaît comme le moment américain de la Révolution française en raison de la réception par les Conventionnels -traumatisés par la Terreur et en quête fébrile d'une «constitution qui doit terminer toutes les inquiétudes» selon les propres termes de Boissy-d'Anglas[122]-, de l'anthropologie négative du pouvoir, caractéristique, selon la doctrine universitaire contemporaine, du constitutionnalisme américain. Dans ce cadre, la division de l'organe législatif, ou pour reprendre la terminologie du XVIIIe siècle, la balance des pouvoirs, qui pour les Américains constituait le dispositif institutionnel central de toute bonne distribution des pouvoirs publics, fut intégrée dans le droit public positif français[123].

«*Vous avez osé franchir le pas, vous avez eu l'heureuse hardiesse de diviser le corps législatif...*». C'est par ses mots, si lourds de sens, destinés à caractériser l'œuvre des constituants, que s'exprima Poultier, dans un opuscule intitulé *Du pouvoir exécutif*, imprimé, le fait est important, par ordre de la Convention nationale[124]. C'était dire en d'autres termes que dans le cadre du droit public du XVIIIe siècle l'institution d'une seconde chambre, ou conseil -peu importe le terme, répétons-le, sous l'angle technique de la régulation institutionnelle du régime-, équivalait au passage des tropiques, puisqu'elle faisait participer un régime, non plus de l'unité législative, mais de son opposite, la balance des pouvoirs. Ainsi s'explique l'appréciation suivante, portée par Germaine de Staël, lorsqu'elle eut connaissance, avant même sa présentation officielle, de certains principes consacrés par le projet de constitution: «C'est une *constitution en deux chambres*», dit-elle, «assez

---

121 *De la Révolution française*, in *Œuvres complètes de M. Necker*, op. cit., T. IX, p. 259.

122 *Moniteur*, T. XXV, 5 messidor, p. 81.

123 De là, l'appréciation, pour une fois bienveillante, portée sur la constitution du 22 août 1795 par Gouverneur Morris, dans une lettre destinée à Washington le 23 août: "vous aurez remarqué", lui fit-il observer, "que l'on essaie une constitution moins absurde que toutes celles dont les Français ont été jusqu'à présent affligés et tourmentés". Voy. *The Diary and Letters of Governor Morris*, op. cit., T. II, 116.

124 *Du pouvoir exécutif*, Paris, impr. nationale, Thermidor an III, p. 3.

tolérable, je crois, pour pouvoir s'améliorer par le temps»[125]. Cette caractérisation appelle deux commentaires: en premier lieu, de Staël, ayant précisément à l'esprit la fonction déterminante de la division de l'organe législatif dans le cadre de la séparation des pouvoirs, ne distingue pas «chambre» et «conseil»[126]. En second lieu, conformément au mode de classification des constitutions pratiqué au Grand siècle, elle fait participer la Loi fondamentale de l'an III d'une «constitution en deux chambres», par opposition, naturellement, le terme est ici implicite, à une constitution en une chambre[127].

---

[125] *A Ribbing*, 6 juin 1795, in *Correspondance générale*, T. III, 2e partie, Paris, J.J. Pauvert, 1974, p. 12. Rappelons que le projet d'acte constitutionnel préparé par la commission des Onze ne devait être présenté à la Convention que le 23 juin. Mais, déjà, au début de ce mois on en savait l'esprit, et plus encore quelques-unes de ses dispositions: voy. en illustration de cela, la *Gazette française*, à la date du 3 juin.

[126] Quelques jours auparavant, s'adressant au même correspondant, elle avait déjà utilisé le même terme: "Ce que je vous dis est tout à fait secret" avait-elle en effet écrit. "On va donner à ce pays un gouv(ernement) *où le corps législatif sera divisé en deux chambres*. Si l'on y joint la distinction de propriété", ajoute-t-elle en visant, en parfait accord avec l'esprit dominant du moment, un corps d'électeurs-propriétaires, "le gouv(ernement) sera excellent, et par conséquent durable". *A Ribbing*, 1er juin 1795, in *Correspondance générale*, op. cit., p. 10. D'ailleurs, dans ses *Réflexions sur la paix intérieure*, de Staël persistait à utiliser à l'issue des débats constituants le terme de "chambre". Ainsi, évoquant l'initiative malheureuse d'Erhmann, elle eut les mots suivants: "Le veto réviseur", écrivit-elle, "a produit dans la convention le même effet que la proposition de deux *chambres*, par M. de Lally, causa dans l'Assemblée constituante. Six ans de malheur ont fait adopter *cette dernière idée*. Est-ce au même prix que le pouvoir exécutif acquerra la force nécessaire au maintien du gouvernement, et par conséquent de la République?". Bref, pour Mme de Staël, l'institution des deux chambres, rejetée en 1789, avait à présent été acceptée en l'an III. Voy. *Réflexions sur la paix intérieure*, in *Œuvres de Madame la baronne de Staël*, op. cit., T. I, note 1, p. 105.

[127] Le projet de constitution rendu public, de Staël devait, auprès du même interlocuteur, confirmer ses propos précédents: "On vient de donner à la France", conclut-elle, "un projet de constitution vraiment *raisonnable*, et je suis bien convaincue que l'ordre et la liberté vont s'y établir" *A Ribbing*, 27 juin, idem., p. 22. Sans le savoir, de Staël avait utilisé ici le même adjectif auquel Larevellière-Lepeaux devait par la suite recourir pour caractériser l'œuvre de la commission: "Dès le premier jour de notre réunion", rapporta-t-il, "nous convînmes à la presque unanimité qu'il ne devait être question entre nous ni de lois organiques, ni de la constitution de 93, mais de préparer le plan d'une constitution *raisonnable*, aussi promptement qu'il serait possible, sans nuire à la perfection que nous étions capables de lui donner". Voy. ses *Mémoires*, op. cit., p. 229. On

De ce fait, il faut désapprouver l'analyse faite de la constitution de l'an III par la doctrine classique[128]. Selon cette école en effet, le bicamérisme institué serait un «acte gratuit» de même que le Texte de Fructidor serait dans son ensemble «dépourvu de signification théorique ou juridique». Or, la division de l'organe législatif, loin d'être gratuite, était en vérité fondatrice de la balance des pouvoirs, et donnait de ce fait au texte sa signification théorique selon laquelle, en l'espèce, il n'est, compte tenu de la hiérarchie des fonctions, de séparation des pouvoirs possible en présence d'un parlement monocaméral doté de l'intégralité de la fonction législative.

De même, il faut récuser le jugement selon lequel ce régime serait «sans racines historiques, sans répondant en droit comparé», puisque précisément les publicistes de l'époque percevaient, non une identité bien sûr, mais pour une part une homologie structurale avec le régime américain. Boissy d'Anglas l'avait dit: «puisque nous voulons devancer l'avenir, enrichissons-nous du passé» avait-il déclaré à ses pairs assemblés. «Nous avons devant nous», avait-il poursuivi, «l'histoire de plusieurs peuples; nous avons la nôtre»[129]. De l'histoire nationale récente, qui venait de constituer un épisode intime et tragique pour beaucoup de constituants, la Convention retint principalement la Terreur, à l'origine de laquelle on plaçait la Constitution Montagnarde -bien que restée inappliquée- considérée alors comme l'archétype des constitutions avec unité législative. De l'histoire des autres peuples, on retint de façon privilégiée celle des Etats-Unis d'Amérique, et ce depuis 1776, tout entière placée du point de vue des institutions sous le signe de la balance des pouvoirs. Précisément, on devait au principal en retirer l'idée selon laquelle une République où règne l'égalité civile devait reposer, pour être correctement constituée et réglée, sur le bicamérisme. De ce fait, c'est effectivement à bon droit que le rédacteur de la *Gazette française* pouvait se féliciter de l'effet produit sur les conventionnels par «...les Américains, que nous prenons en modèle, dans notre constitution ...»[130]. Cette

---

comprend aisément de ce fait que le caractère raisonnable de l'ouvrage procédait tant pour de Staël que pour Larevellière -et avec lui les membres de la commission- de l'institution de deux chambres.

[128] Dans un article intitulé "Actualité de la constitution de l'an III", *Revue Française de Droit Constitutionnel*, 23, 1995, pp. 483-502, M. Passelecq a précisément présenté de manière très claire sous forme de synthèse ordonnée les articulations principales de cette analyse. Les citations qui suivent en sont extraites.

[129] *Moniteur*, T. XXV, 5 messidor, p. 81.

[130] *Gazette française*, n° 1274, 11 messidor an III-29 juin 1795, p. 3882.

influence avait été rendue possible par le fait que, désormais, la culture politique française pouvait envisager une seconde chambre sans y voir nécessairement l'ombre portée de la noblesse. A ce sujet, rapportons-nous un instant à l'*Avis aux Français sur le salut de la patrie* publié en 1788 par Jérôme Pétion, écrit dans lequel celui qui devait être peu après favorable au sein de la Constituante au monocamérisme disait en l'espèce toute son hostilité à l'«idée de balance entre les pouvoirs». On y lit la chose suivante: «dans un Etat où tous les citoyens seraient égaux, *en Amérique* par exemple, (...) il y aurait beaucoup moins d'abus à diviser le corps législatif en deux chambres, parce qu'elles s'éclaireraient mutuellement, qu'elles ne pourraient être animées par aucun esprit de parti (...). Mais», ajoutait-il, «la France est bien éloignée de ce degré de liberté et d'égalité, et le bonheur de la nation exige que le corps législatif ne forme qu'une chambre où les trois ordres sont réunis»[131]. Or, précisément, en l'an III, la révolution juridique était accomplie et de fait on pouvait penser à présent la fonction institutionnelle d'une seconde chambre d'un point de vue technique. De surcroît il fallait, sinon clore la Révolution, tout au moins en maîtriser le cours, afin de se garantir d'un nouvel emballement de l'Histoire comparable à celui de la Terreur[132]. Il est écrit, dans l'*Adresse de la Convention nationale au peuple français* du 6 fructidor an III, composée à l'intention du corps électoral par les conventionnels pour le convaincre d'accepter par la voie du *referendum* constituant le projet de constitution, l'affirmation suivante: «Après de longs orages, vous allez fixer vos destinées en prononçant sur votre constitution. Depuis longtemps la patrie appelait, à grands cris, un

---

[131] *Avis aux Français sur le salut de la patrie*, Paris, 1788, pp. 93-94.

[132] Nous faisons tout à fait nôtre sur ce point l'analyse d'Edmond de Beauverger, publiciste écrivant au début du Second Empire, c'est-à-dire à un moment où la grammaire institutionnelle du XVIIIe siècle subsistait encore, bien que sur le point d'être perdue: "Au sein de l'Assemblée constituante", écrivit-il, "l'adoption du système anglais de la division parlementaire fut proposée et soutenue comme gage d'une délibération plus mûre, d'une pondération plus parfaite; mais l'exemple même de l'Angleterre, la part faite par elle dans ce système, au pouvoir aristocratique, excita la défiance d'un peuple à peine échappé du servage: l'unité l'emporta alors. En l'an III, on avait passé par une nouvelle tyrannie: celle d'une Assemblée toute puissante qu'envahissaient les factions. La division législative *se représenta* et fut acceptée, dégagée dans ses éléments de toute apparence aristocratique: l'âge et les attributions distinguèrent seuls les Conseils: l'initiative appartint à l'un; à l'autre, l'adoption. Le Directoire eut (...) l'avantage résultant toujours pour un troisième corps de l'Etat de la coexistence des deux autres, mais sans veto, même suspensif". Voy. *Des constitutions de la France et du système politique de l'Empereur Napoléon*, Paris, A. Franck, 1852, p. 19.

gouvernement libre qui trouva dans la sagesse des principes la garantie de sa durée. Vos mandataires ont-ils atteint ce but? ils le croient; ils en ont eu fortement le désir.(...) *la République* (...) *jusqu'à ce jour ne fut pas organisée*». C'était dire, avec d'autres mots, que jusqu'alors la République n'avait pas reposé sur des institutions participant de la balance des pouvoirs, et que la division de l'organe législatif en deux chambres, en tant qu'institution commune aux peuples libres, formait précisément la garantie essentielle du régime.

Cela étant posé, une question reste toutefois pendante. Faut-il excepter de ce mouvement général de contrition et de consécration de la balance des pouvoirs dans le cadre de l'égalité des droits et de l'unité d'intérêt celui qui, en l'an III, avant l'entame des débats constituants, était tenu de l'avis général comme le plus grand théoricien de la Révolution française et un publiciste hors de pair[133]?

---

[133] Au printemps de 1795, l'autorité et le magistère de Sieyes étaient au plus haut. Il jouissait alors, en fait de constitution, d'une réputation sans égal. Ainsi que le relate Thibaudeau, il "était dans l'opinion de la France et de l'Europe, l'homme le plus capable de constituer une nation. On le regardait comme le premier architecte politique. Les ennemis de la Révolution la lui attribuaient tout entière". *Mémoires sur la Convention et le Directoire*., op. cit., chap. XV, p. 177. Le premier mouvement de la commission des Onze fut donc de se tourner vers lui, d'autant que chacun était convaincu qu'il avait dans son portefeuille un projet rédigé article par article. Larevellière-Lépeaux rapporte qu'il prit l'initiative de persuader ses collègues de désigner Daunou pour se rendre auprès de Sieyes afin que ce dernier lui communique son plan que la Commission présenterait alors à la Convention avec la plus grande probabilité de succès, puisque "Sieyes s'était fait une telle réputation d'habileté dans les matières de gouvernement et d'organisation sociale, qu'à cette époque la majorité de la Convention et de la France aurait accepté de confiance tout ce qui serait émané de lui". *Mémoires de Larevellière-Lépeaux*, op. cit., p. 230. Cette démarche fut effectuée en vain car Daunou, dont par ailleurs la qualité de publiciste de valeur n'est pas à démontrée, fut éconduit en ces termes: "j'ai étudié profondément ces matières mais vous ne m'entendriez pas, je n'ai rien à vous communiquer...". C'est donc par cet épisode que commença la relation faite d'incompréhension mutuelle qui lors des débats constituants devait s'instaurer entre Sieyes et les membres de la Convention.

CHAPITRE II: Emmanuel-Joseph Sieyes entre rupture et continuité.

En l'an III, l'un des rares publicistes à se démarquer de la ligne idéologique du moment fut, de façon paradoxale, le membre le plus notoire de la Convention, à savoir Emmanuel-Joseph Sieyes. Ce dernier, en effet, devait monter à la tribune de l'assemblée constituante pour plaider contre le dogme, en d'autres termes pour condamner sans réserve le mécanisme de la balance des pouvoirs. Cette position singulière, celle du contre-pied, explique que Sieyes devait être fermement désavoué par ses pairs, qui, nous l'avons vu, ne pouvaient entendre cette tonalité critique.

Pour autant, nous voudrions démontrer que la singularité revendiquée et affichée par Sieyes n'avait pas cette ampleur et cette radicalité que son auteur a bien voulu lui prêter, car, ainsi d'ailleurs que certains de ses collègues devaient à juste raison le lui faire observer, son plan de constitution avait partie liée avec le mécanisme de la balance des pouvoirs, connexité que Sieyes s'est refusé à concéder en raison de ses antécédents et de son équation personnelle (**§ Ier**). En outre, si, dans un même mouvement toujours répété, Sieyes ne devait cesser de distinguer son propre système de celui de la balance des pouvoirs et condamner ce dernier, il reste que l'inflexion réelle de sa pensée opérée en l'an III devait beaucoup à l'influence de la doctrine du républicain anglais James Harrington, publiciste de renom acquis quant à lui au principe de la balance des pouvoirs (**§ II**). Ainsi, prendre la mesure de la différence, à la fois ténue et large, nous le verrons, qui devait séparer Sieyes de la Convention en ce mois d'août 1795 nous permettra d'être en possession d'une analyse plus fine encore de la pensée dominante du moment en fait d'institutions politiques. En d'autres termes, ce détour par Sieyes est indispensable pour évaluer la spécificité de la balance des pouvoirs à la française.

§ Ier: «Unité toute seule est despotisme, division toute seule est anarchie: division avec unité donne la garantie sociale»: le théorème de Sieyes.

Dès 1788, dans ses livres, puis en 1789 lors des débats constituants, Sieyes avait pris position contre le mécanisme institutionnel de la balance des pouvoirs et opté pour l'unité législative. Cette position était somme toute naturelle chez un penseur qui avait subi dans le domaine de l'organisation des pouvoirs publics la puissante influence des physiocrates, lesquels avaient fait du refus de l'équilibre des pouvoirs l'idée force de leur doctrine. Toutefois, au sens de Sieyes, si l'unité législative emportait nécessairement l'unité de décision, elle n'impliquait pas l'unité de discussion. En d'autres termes, si, conformément au principe de l'unité, le parlement unicaméral devait voter la loi à la majorité des voix, il pouvait, et plus encore devait lors de la discussion sur le texte être divisé en sections égales, afin de produire une délibération plus serrée et efficace. Cet axiome devait dans un premier temps structurer la réflexion du député de Paris, et faire sa particularité par rapport aux autres partisans de l'unité législative (A). Or, Sieyes devait en l'an III abandonner cette règle, et opérer une révision de son système, qui, toutefois, à l'en croire, se démarquait également des mécanismes de la balance des pouvoirs qu'il jugeait toujours aussi défavorablement (B). En réalité, si Sieyes était toujours en l'an III porteur d'une spécificité qui interdit de le faire participer à l'identique de la ligne idéologique commune aux conventionnels, il reste que son plan de constitution participait bien, suivant le mode de classification des régimes au XVIIIe siècle, de la catégorie de la balance des pouvoirs (C).

A) L'hostilité de principe de Sieyes à la balance des pouvoirs.

Sieyes est un malebranchiste en politique, ce qui donne à sa doctrine un tour rationaliste très marqué[134]. En des termes plus précis, il porte avec lui une part de l'héritage des physiocrates dont il est, même s'il serait fautif de le réduire exclusivement à cela, un épigone. En effet, sa formation intellectuelle fut grandement tributaire de leur enseignement: ainsi, il consacra plusieurs années au cours de la décennie soixante-dix à l'étude consciencieuse de leur doctrine, et pratiquait aussi bien les hérauts de l'Economie que les auteurs secondaires, tant à travers leurs livres qu'a travers l'organe officiel de l'Ecole, les *Ephémérides du citoyen.* Ses papiers personnels regorgent de citations et d'appréciations relatives à l'ensemble de ces écrits[135]. Cette réflexion sur ce fonds doctrinal eut pour premier aboutissement la rédaction des *Lettres aux Economistes sur leur*

---

[134] Sur Sieyes voy. principalement P. Bastid, *Sieyes et sa pensée*, Paris, Hachette, 1970; C. Clavreul, *L'influence de la théorie d'Emmanuel Sieyès sur les origines de la représentation en droit public*, thèse, Paris I, 1982 (solide étude qui, chose difficile, apporte des compléments au remarquable livre de P. Bastid); M. Forsyth, *Reason and Revolution. The political thought of the Abbé Sieyes*, New York, Leicester U.P., 1987; J.-D. Bredin, *Sieyes. La clé de la Révolution française*, Paris, Ed. de Fallois, 1988, et P. Pasquino, *Sieyes et l'invention de la constitution en France*, Paris, O. Jacob, 1998.
[135] Voy. *Papiers Sieyes*, notamment 284 AP/2.

système de politique et de morale, destinées à l'impression puisqu'elles obtinrent le 10 février 1775 l'approbation de la censure. Mais, en dernière instance, Sieyes ne se résolut pas à les publier, en raison semble-t-il de la démission de Turgot. Cet ouvrage est une réfutation systématique des analyses économiques de l'Ecole, mais il nous intéresse ici pour notre propos de noter que d'un point de vue socio-politique ce *corpus* doctrinal a, dans ses fondements beaucoup plus que dans sa construction juridique, considérablement imprégné Sieyes -sans doute plus sur le long terme que sur l'instant- au point de structurer les axes principaux de sa pensée.

Ainsi, outre qu'il y a trouvé son vocabulaire économique[136], il fut marqué par le holisme des physiocrates qui concevaient la science comme un tout[137]. Il partageait avec eux la même condamnation virulente de l'autorité prêtée aux faits et aux précédents, et se refusait à toute mise en concurrence entre les principes d'une part, et l'expérience d'autre part, puisque la tâche du philosophe consistait non à énoncer les faits sociaux mais à construire rationnellement le social[138]. De même, il était tout comme eux acquis au principe de l'extension en société du droit naturel, selon lequel l'homme en entrant en société ne fait pas le sacrifice de sa liberté puisque, bien au contraire, l'état social en étend et en garantit

---

136 Car s'il réfuta les physiocrates, il leur emprunta parallèlement leurs concepts en en redéfinissant certains, au point que, s'il put déclarer qu'il n'a trouvé pour l'essentiel chez Adam Smith que des confirmations et des développements de ses propres vues, c'est parce qu'il avait pratiqué les Economistes à l'égard desquels Smith lui-même acquitta sa dette. Sur ce sujet, voy. M. Dorigny, "La formation de la pensée économique de Sieyès d'après ses manuscrits (1770-1789)", *Annales historiques de la Révolution française*, n° 271, janv-mars 1988, pp. 35-59.

137 Rappelons que la notion fétiche d' "art social" si chère à Sieyes est déjà utilisée par eux (voy. par exemple la *Première introduction à la philosophie économique* de l'abbé Baudeau, Paris, Didot l'aîné, 1771, p. 23) et que bon nombre des propos de Sieyes sur ce thème figuraient en substance sous leur plume. Ainsi, par exemple, le propos suivant, tiré de *Qu'est-ce que le Tiers-Etat*, n'est en rien original rapporté aux écrits des physiocrates: "Jamais on ne comprendra le mécanisme social'', lisait-on, ''si l'on ne prend le parti d'analyser une société comme une machine ordinaire, d'en considérer séparément chaque partie et de les rejoindre ensuite en esprit toutes l'une après l'autre, afin d'en saisir les accords et d'entendre l'harmonie générale qui doit en résulter". Tout cela figure déjà chez les Economistes, penseurs résolument systémistes.

138 Ainsi un Le Trosne pouvait affirmer, au *8e Discours* de son *Ordre social*, comme le fera plus tard Sieyes, que "les gens les plus modérés croiront beaucoup faire de suspendre leur jugement, et d'en appeler à l'expérience. Mais la vérité'', objectait-il, ''ne peut-elle donc se prouver que par les faits? N'est-il aucun autre moyen de la discerner de l'erreur?".

l'usage[139]. De la sorte, l'ordre social était comme la suite et le complément de l'ordre naturel ce qui, dans cette logique, ne laisse pas de place pour une rupture entre état de nature et état social qui nécessiterait passation d'un contrat social[140]. Par ailleurs, c'est en partie sous leur influence qu'il se convainquit que l'efficacité économique et les nécessités de la division du travail commandaient le régime représentatif car cette analyse se trouve à l'état implicite dans l'œuvre de l'Ecole, et, bien entendu, n'échappait pas à une lecture réfléchie[141].

Enfin et surtout, ce point est essentiel pour notre propos, ils avaient en commun la certitude que la loi est un acte de connaissance qui traduit la rationalité immanente à la société et non un acte de volonté, qu'elle est dictée par l'évidence, la raison, qu'elle est de ce fait pour reprendre les termes de Dupont de Nemours, une législation et non une

---

[139] Lors des débats constituants, Mirabeau devait noter ce rapport de filiation: "tout est dans ce principe si élevé, si libéral, si fécond", devait-il témoigner, "que mon père et son illustre ami" -c'est-à-dire respectivement le Marquis de Mirabeau et Quesnay- "ont consacré il y a trente ans, que M. Sieyès a démontré peut-être mieux qu'un autre...".

[140] En outre, on peut noter que le projet de Déclaration des droits de Sieyes, lu à l'assemblée constituante les 20 et 21 juillet 1789, est caractéristique de la méthode physiocratique. En effet, cette déclaration s'ouvre par une "observation" méthodologique et se poursuit par une longue "exposition raisonnée" destinée à établir sa justification philosophique.

[141] Ainsi, pouvait-on lire chez le Marquis de Mirabeau, "il faut dans toute société que le plus grand nombre possible vaque à ses affaires particulières, parce que le bien général n'est que cela. Tout bon gouvernement consiste à ce qu'il y ait le moins d'affaires publiques possibles, et que les affaires privées se fassent bien; et la Démocratie fait affaire publique de tout. Les passions juridiques y prennent la place et l'empreinte des sollicitudes domestiques". A l'inverse, estimait-il, ''Dans un Etat agricole, (...) chacun veut vaquer à ses affaires propres, qui l'occupent assez, et résigne volontiers toute admission au maniement de la chose publique, pourvu qu'on la tienne en paix et en sûreté''. Voy. respectivement le *Supplément à la théorie de l'impôt*, La Haye, F. Gosse, 1776, pp. 263-264 et l'*Eloge de l'abbé de Saint-Pierre*, f° 22, p. 4. En regard, Sieyes s'inscrivait dans une même continuité lorsqu'il affirmait que ''le régime représentatif n'est pas seulement nécessité par l'étendue du territoire et le nombre des habitants. Dans tous les cas, même dans celui du plus petit territoire, il est certain qu'il y a tout à gagner pour le peuple à mettre en représentation toutes les natures de pouvoirs dont se compose l'établissement public''. Voy. Boulay de la Meurthe, *Théorie constitutionnelle de Sieyes* (...), Paris, P. Renouard, 1836, pp. 5-6.

légis-faction[142]. Dans ce cadre, l'office du législateur consistait à transcrire le droit naturel dans le droit positif, et non à créer celui-ci par un acte de volonté discrétionnaire. Or, précisément, ce caractère invalidait à leur sens toute construction juridique fondée sur le gouvernement mixte et la balance des pouvoirs, formes institutionnelles jugées impropres à produire un énoncé normatif rationnel puisque reposant selon eux sur la rivalité des organes partiels de législation porteurs d'intérêts particuliers, irréductibles les uns aux autres. Ainsi, la dénonciation systématique du principe des «contre-forces», selon la terminologie spécifique employée par les Economistes, avait passé à l'identique chez Sieyes dont l'œuvre doctrinale dépose en matière d'organisation des pouvoirs publics contre la balance des pouvoirs[143].

Cette inclination qui gouverna toutes les interventions de Sieyes dans le débat constitutionnel du début de la Révolution française[144], fut toutefois affectée par ses soins d'un complément, qui atteste que Sieyes n'était pas insensible aux inconvénients que comportait l'institution d'une chambre unique. De ce fait, il vint à formuler, entre autres le 7 septembre 1789 au sein de l'assemblée constituante, un principe auquel toute sa doctrine répondra avec constance et suivant lequel «ce qui fait l'unité et l'indivisibilité de l'assemblée, c'est l'unité de décision, ce n'est pas l'unité de discussion»[145]. Sieyes en effet, déterminé à concevoir des conditions

---

[142] Avec cette différence, essentielle, que pour Sieyes, à la différence de la plupart des physiocrates orthodoxes, la souveraineté de la raison n'était pas contradictoire avec la souveraineté de la nation.

[143] Sur ce sujet, nous renvoyons à notre article ''La doctrine physiocratique du contrôle juridictionnel de la loi positive'', in D. Chagnollaud (dir.), *Les origines du contrôle de constitutionnalité des lois en France*, Paris, éditions Panthéon-Assas, à paraître. Sieyes, on le sait, éprouvait une véritable répulsion pour le gouvernement anglais, qu'il avait exprimée notamment aux chapitres VI et VII de *Qu'est-ce-que le Tiers Etat?*, respectivement intitulés *On propose d'imiter la constitution anglaise* et *Que l'esprit d'imitation n'est pas propre à nous bien conduire*. Une formule, tirée de ses *Papiers*, résume sa position. Ecrite sur un feuillet ayant pour titre *contre la balance anglaise*, elle est rédigée ainsi: "la balance constitutionnelle des trois états ressortit à l'ignorance". Voy. 284 AP/3, dossier 2, 1.

[144] Avec toutefois l'exception notable, et à vrai dire incompréhensible au regard de l'appareil théorique de Sieyes, du *Projet de constitution soumis à l'Assemblée nationale par M. l'abbé Sieyes*, reproduit dans les *Archives parlementaires*, 1ère série, T. VIII, pp. 424-427, dans lequel le pouvoir législatif est conféré à un parlement bicaméral, et ce conjointement avec le roi.

[145] *Archives parlementaires*, 1ère série, vol. VIII, p. 597.

structurelles destinées à permettre la qualité de la délibération, avait dans l'esprit une assemblée nationale composée de 648 membres, distribuée en trois sections, la première à hauteur de 216 députés, dénommés «ruristes», car élus par les citoyens des campagnes, la deuxième à hauteur de 216 députés élus dans les villes, et à ce titre, «urbistes», et la troisième enfin comptant en son sein 216 «humanistes», en d'autres termes des députés représentant les arts et les sciences. Autant que l'on puisse en juger, car Sieyes a été avare de détails sur ce point, ces trois sections ne devaient jamais se réunir, puisque chacune devait discuter et voter séparément, tandis que le décompte des voix était fait *in fine* non par section mais calculé sur l'ensemble des députés composant l'assemblée. Aussi, si matériellement le vote était effectué à l'intérieur des sections, seule l'assemblée votait, en définitive, la loi, conformément au principe de l'unité législative. Dans ses papiers personnels précisément, Sieyes a consigné un ensemble de remarques sur ce type d'organisation qui prouvent combien il était désireux de se défendre de toute tentative d'amalgame que l'on serait tenté d'opérer entre son système et tout autre système participant de la balance des pouvoirs:

> «Ce n'est pas l'opposition des intérêts qui m'indique où je dois prendre la séparation des trois chambres», expliquait-il, «ce ne sont pas les trois intérêts, mais les trois travaux qui me fournissent une division». Plus loin, il ajoutait: «je ne veux pas que le corps législatif soit une somme de plusieurs touts (...), je veux que ce soit un tout composé de plusieurs parties». Plus encore, sur un autre feuillet significativement intitulé *contreforces*, il précisait le trait: «Si ma division tirée uniquement de l'ordre naturel», écrivait-il, «ressemble au plan des contreforces, ce n'est pas ma faute, *mais au fond rien de commun. (...). Nos Economistes ont assez prévenu ces idées pour ne voir dans mon ouvrage que le système des contreforces*»[146].

S'il ne devait pas être entendu en 1789, Sieyes, soucieux semble-t-il de prévenir toute proposition d'institution du bicamérisme de la part du comité de révision, devait resservir au mois de juin 1791 ce type de

[146] *Papiers Sieyes*, 284 AP/5, dossier 1.7. Tout cela, naturellement, parce qu'au sens de Sieyes parlant ici en parfait physiocrate, "dans le système de l'équilibre, il y a une guerre civile permanente fondée sur la nature des pulsions humaines". Voy. 284 AP/5, dossier 1. 11, 2e chemise. Il est à noter que le 4 septembre 1789, Dupont de Nemours avait lui aussi proposé un mécanisme analogue (*Archives parlementaires*, 1ere série, vol. VIII, p. 573), ce qui n'est pas indifférent au regard tant de la parenté idéologique des deux hommes, que, nous le verrons, de la position, elle aussi décalée, qui devait être celle de Dupont en l'an III.

proposition, tendant à diviser l'assemblée en sections lors des délibérations. Pour ce faire, il rédigea une *Déclaration volontaire proposée aux patriotes des quatre-vingt-trois départements, ce 17 juin 1791*, dans laquelle il développait une logique identique à celle qu'il avait défendue trois années auparavant. Plus qu'en tout autre occasion, il utilisa toute la nuance d'esprit dont il était capable pour convaincre chacun que son initiative était celle d'un partisan déclaré de l'unité législative, refusant en raison de cet attribut tout dispositif institutif d'un équilibre des pouvoirs, fondé par conséquent sur la distribution de la fonction législative entre deux organes au moins. Dans cet esprit, il stigmatisait, en guise de propos liminaire,

> «ces faux amis de la Patrie (...) aussi aisés à reconnaître au goût qu'ils ne peuvent dissimuler pour le système *des deux chambres*, et pour je ne sais quel plan de *contres-forces* à l'anglaise»[147]. A l'inverse, faisait observer Sieyes, son initiative respectait, et plus encore se réclamait des «deux points fondamentaux» indispensables «au succès de la révolution et à l'établissement de la constitution», à savoir «égalité des droits; *unité de chambre*», sur la base desquels il proposait une «déclaration faite dans cet esprit» dont l'essentiel était présenté en ces termes: «...le corps des représentants», était-il écrit, «étant essentiellement un ne peut pas se diviser de manière à former plusieurs touts ou chambres exerçant un veto l'un sur l'autre, (...) qu'on attribue à ces chambres les mêmes ou différentes fonctions relativement à la loi». En effet, selon son propre plan, il ne serait attribué «à ces deux sections ou comités, aucun droit, aucun caractère *qui tende à les confondre avec le système des deux chambres*, et qu'ainsi, par exemple, les deux sections n'auraient point de veto l'une sur l'autre; qu'établies pour discuter et délibérer séparément, elles ne pourraient jamais se considérer comme formant deux touts, deux corps à part, mais seulement *comme deux fractions d'un tout unique*; que par conséquent il ne pourrait être permis ni à l'une ni à l'autre de prendre une résolution ou un vœu à la majorité, que les suffrages devraient, de toute nécessité, y être comptés individuellement...». «Et», continuait Sieyes dans le dessein de ne laisser place à aucune ambiguïté, «pour éviter toute obscurité dans ce point, que je regarde d'une suprême importance, je répète que s'il venait à être décrété par la constitution, que les députés discuteront et délibéreront en deux sections, bien entendu *homogènes*[148], placés dans deux lieux séparés, *le principe fondamental de l'unité de chambre* exige que l'unique et véritable majorité qui seule fait la loi, ne se compose

[147] On retiendra à nouveau la permanence de l'emploi d'une terminologie propre aux Economistes.
[148] Souligné par Sieyes.

point des vœux partiels ou sectionnaires pris à la majorité, mais de la balance des suffrages individuels recueillis sur la totalité des votants dans les deux sections…». De là, la *Déclaration* s'achevait sur une sorte de serment rédigé comme il suit, et qui, espérait Sieyes, serait de nature à susciter et emporter l'adhésion des partisans d'une chambre unique: «Après avoir ainsi reconnu les caractères essentiels qui distinguent *le système inconstitutionnel des deux chambres*, de celui des *deux sections ou comités homogènes d'une chambre unique*, je déclare que je m'opposerai de toutes mes forces à toute tentative qui serait faite pour établir en France plusieurs chambres législatives, soit qu'on voulût leur assigner les mêmes fonctions, ou des fonctions différentes»[149].

---

[149] *Déclaration volontaire proposée aux patriotes des quatre-vingt-trois départements, ce 17 juin 1791*, Paris, imprimerie nationale, pp. 6, 10, 11-12. Voy. également dans les *Papiers Sieyes*, sous la cote 284 AP/4, le dossier 13, tout entier consacré à cette *Déclaration*. Les suites réservées à ce manifeste méritent d'être rapportées. Ce document, en effet, à l'instigation, sinon à la rédaction duquel Condorcet avait été associé, était destiné à circuler à travers le pays afin que le plus grand nombre d'électeurs y donnent leur adhésion, d'où son titre spécifique. Déjà, il avait été signé par une quarantaine de personnalités en vue à Paris lorsque Varennes survint. Dès lors, il devait être envisagé en très mauvaise part, par les Jacobins notamment qui y virent une entreprise tendant à l'introduction subreptice et inavouée du système anglais, si bien qu'il devint urgent pour la plupart des signataires, recourant à différents prétextes, de se récuser, ce que Boissy d'Anglas, par exemple, ne fut pas le dernier à faire. Plus encore, le "procès" de Sieyes fut instruit et jugé lors des séances tenues les 19 et 20 juin par la Société des Amis de la Constitution. Salle, privé de son effet un mois plus tôt contre le projet Buzot, se souvint alors de ce qu'il avait projeté de dire et posa au procureur de céans, affligeant à Sieyes ce qu'il avait primitivement destiné au membre de la Gironde: vitupérant "cet écrit (qui) ne va pas moins qu'à détruire la constitution", puisque roulant "tout entier sur l'acceptation des deux chambres dans la législature", il assimila Sieyes à l'américain La Fayette: "Dès Versailles", affirma-t-il, "j'ai vu M. Syeis (sic) désirer les deux chambres, et parmi les premiers signataires est M. La Fayette *passionnément épris du système de séparation des deux chambres qu'il a vu, dit-il, établi avec succès en Amérique dans des constitutions tout à fait républicaines*". Sieyes, présent, eut beau dénoncer les "folies que vient de débiter M. Salle", la cause était entendue. Il ne devait d'ailleurs pas être présent le lendemain pour entendre Voidel déclarer qu'il lui semblait "qu'on cherchait à amener, d'une manière assez adroite, la division du corps législatif", ni Danton l'assimiler à nouveau à Lafayette, dont l'ambition était que "vers la fin de la constitution, sans rappeler le système de M. Mounier, on représentât quelque chose d'équivalent". Voy. le *Journal des débats de la Société des Amis de la Constitution séante aux Jacobins de Paris*, 1791, n° 12: pp. 2,3,4 et n° 13: p. 2. Par le fait, cet épisode devait considérablement marquer Sieyes et le détermina à prendre, un temps, du retrait, de sorte qu'il s'abstint de

Ainsi, Sieyes, au regard du sujet qui nous occupe, se positionna lors des débats constituants de 1789-1791, puis de ceux de 1793, en fonction d'un principe directeur qui peut être rendu de la façon suivante: mû par un puissant tropisme physiocratique qui le portait à refuser tout dispositif participant de la balance des pouvoirs, il était partisan d'une chambre unique. Toutefois, à la différence de la très grande partie des tenants de l'unité législative, il estimait indispensable de diviser la chambre en sections homogènes lors des délibérations. Cela, à son sens, ne contrevenait pas au principe de l'unité de chambre, puisque celui-ci était fonction de l'unité de décision, non de l'unité de discussion. C'est donc au regard de cette conception première qu'il nous faut juger d'une éventuelle évolution de Sieyes lors des débats constituants de 1795.

B) Le plan de constitution de Sieyes en l'an III

En l'espèce, ce sont ces mêmes matrice et atavisme physiocratiques qui façonnent le discours de Sieyes prononcé le 2 Thermidor à la Convention, discours qui fut le grand moment -mais non pas le moment représentatif et caractéristique- des débats constituants, par ailleurs assez ternes. C'est en effet en étant intimement convaincu que les vérités morales sont susceptibles de la même connaissance et évidence que les propositions de géométrie que l'Abbé prit la parole: «rien ne doit se faire arbitrairement», fit-il observer aux constituants, «car rien n'est arbitraire dans la nature morale et sociale pas plus que dans la nature physique. Malheur aux hommes, malheur au peuple qui croient savoir ce qu'ils veulent quand ils ne font que de vouloir!»[150]. Pour autant, cet ancrage ne l'a pas dispensé de consacrer, si l'on se reporte tant au mode de classification des constitutions en usage au XVIIIe siècle qu'à la théorie du droit, un des modes possibles de la balance des pouvoirs.

En effet, en l'an III, le souci fondamental qui gouvernait l'esprit de Sieyes était, à la suite de la domination jacobine, de présenter un système qui garantisse le constitutionnalisme contre la subversion exercée au nom de la volonté générale et qui assure la stabilité d'une constitution fondée sur la séparation des pouvoirs. Or, à son sens, le projet des Onze n'y tendait pas: «je crains», déplora-t-il, «qu'(il) n'est pas le degré de solidité nécessaire pour se garantir, et avec lui l'ordre public, d'un nouveau choc révolutionnaire. Voilà le motif qui m'amène à la tribune»

---

participer réellement aux débats constituants de l'été 1791 et défendit mollement ses conceptions en l'an I.

[150] *Moniteur*, T. XXV, p. 292.

indiqua-t-il. Les dispositions proposées, estimait-il en effet, «ne sauraient rassurer les amis de l'ordre social»[151].

S'il en était ainsi, c'est que le texte de la commission ne correspondait pas au critère de la juste caractérisation de la séparation des pouvoirs, lequel était présenté selon la formule suivante:

> «En fait de gouvernement, et plus généralement en fait de constitution politique, unité toute seule est despotisme, division toute seule est anarchie: division avec unité donne la garantie sociale sans laquelle toute liberté n'est que précaire». Sieyes poursuivait: «Je ne demande votre attention», précisait-il, «que sur une partie de l'établissement central. La question est de savoir comment on y divisera les pouvoirs. La règle que j'ai énoncée en commençant nous répond: divisez pour empêcher le despotisme, centralisez pour éviter l'anarchie. (...). Quand peut-on réussir? lorsque l'on sait accorder en politique l'unité avec la division»[152].

Voilà, d'une certaine manière, le théorème de Sieyes, le théorème de la séparation des pouvoirs constitutive de la liberté. Il reste que sa compréhension fait problème[153]. Notons d'emblée que ce théorème concerne le seul ordre législatif, c'est-à-dire l'organisation de l'organe législatif, car Sieyes, qui distingue dans la constitution, autrement dit dans l'organisation de ce qu'il appelle l'établissement public central, la partie qui donne la loi et la partie qui l'exécute, précise bien que son théorème ne porte «que sur une partie de l'établissement central», à savoir la première, la partie législative.

Sur cette base, Sieyes s'explique: «je ne connais que *deux* systèmes de division des pouvoirs», dit-il: «le système de l'équilibre et celui du concours, ou en termes à peu près semblables, le système des contre-poids et celui de l'unité organisée». Ainsi, il séparait deux dispositifs institutionnels, à savoir celui de «l'équilibre» ou des

---

[151] Idem, p. 291.

[152] Ibid., pp. 291-292.

[153] Ce discours a dû laisser perplexes un certain nombre de conventionnels. Il est très long et mal structuré, il sollicite sans cesse une attention soutenue et présente des formules sibyllines. En outre, selon les témoignages du temps, Sieyes était un piètre tribun. Son ton était monocorde, sa voix faible et peu audible. Or, on ne peut véritablement maîtriser son argumentaire qu'en en lisant la transcription écrite, le crayon à la main de surcroît, ce que purent faire par la suite les plus intéressés puisque le discours fut publié. Les autres formèrent vraisemblablement leur jugement sur la base des quatre articles, très clairs quant à eux, donnés en conclusion.

«contrepoids» d'une part, et celui du «concours» ou de «l'unité organisée» d'autre part. Ce dernier, ainsi qu'il le précise par la suite, est le sien, et doit être strictement distingué d'un autre système, celui de «l'action unique»[154]. Cette prémisse est fondamentale. Plusieurs conséquences en découlent, qu'il nous faut analyser pour restituer la structure de la pensée de Sieyes.

1. Sieyes discrimine trois modes distincts d'organisation des pouvoirs publics: celui de la balance des pouvoirs, qu'il appelle conformément à l'usage le système de «l'équilibre» ou des «contre-poids»; puis le sien, celui du «concours», de «l'unité organisée» ou bien encore de «l'unité d'action»; et enfin celui de «l'action unique».
2. Seuls les deux premiers, a pris soin de préciser Sieyes, celui de la balance et celui de l'unité d'action, participent de la division des pouvoirs. Le troisième, celui de «l'action unique», n'y participe pas. Or, par action unique, Sieyes entend le dispositif de la séparation absolue des pouvoirs, c'est-à-dire celui de l'unité législative dans le cadre de laquelle une chambre unique dotée de l'intégralité de la fonction législative (initiative et vote) fait face à un organe exécutif doté de l'intégralité de la fonction exécutive[155]. Ce n'est pas un système de séparation des pouvoirs, car l'organe législatif nanti de la fonction suprême peut par le vote d'une loi s'attribuer les fonctions du pouvoir exécutif ou même mettre fin à l'existence de cet organe. Sieyes improuve et désavoue ici la position classique des partisans d'un parlement monocaméral qui estimaient pour l'essentiel que la distinction entre pouvoir constituant et pouvoirs constitués était une garantie suffisante de la séparation des pouvoirs, puisque la chambre législative, simple pouvoir institué, était tenue de respecter la norme constitutionnelle supérieure qui attribuait la fonction exécutive à un organe distinct.

On comprend ainsi la première proposition de son théorème selon laquelle «unité toute seule est despotisme». C'est ici l'unité législative sous sa forme classique qu'il condamne, car, participant de la confusion des pouvoirs, elle mène au despotisme. Ce faisant, sur ce point précis, Sieyes participe pleinement de l'esprit de l'an III qui a jugé incompatible séparation des pouvoirs et unité législative.

---

[154] *Moniteur*, T. XXV, p. 292.

[155] Il est vraisemblable qu'en faisant référence au terme "d'action unique", Sieyes avait pris modèle sur le rapport de Condorcet de février 1793. On sait à ce sujet l'estime d'ordre intellectuel que chacun avait pour l'autre ainsi que leurs contacts fréquents.

3. Le système de la balance ou de l'équilibre des pouvoirs, participe à l'inverse du précédent de la division des pouvoirs -laquelle ce faisant correspond à une règle de non-cumul puisqu'elle autorise la participation à la fonction législative de l'organe exécutif-. A nouveau, on constate ici le seuil franchi par Sieyes, qui confie -pour la première fois- percevoir une différence de nature entre la séparation absolue des pouvoirs et la balance des pouvoirs, puisque l'un tend à la confusion et l'autre à la séparation des pouvoirs. Cette distinction explique d'ailleurs que malgré son opposition au projet de constitution, Sieyes reconnaissait certaines qualités à ce dispositif fondé sur la balance des pouvoirs: «je me plais à rendre hommage au plan de votre commission» indiqua-t-il en ce sens. «*Il a réuni, plus qu'aucun autre, de bonnes institutions*; il s'avance plus qu'aucun autre sur la véritable ligne»[156]. Toutefois, indique Sieyes parlant sur ce point dans la continuité de ses écrits et prises de position antérieurs, le procédé de la balance ne doit pas être retenu. Il s'agit, dit-il, d'un système où on se donne «deux ou trois représentants pour exercer la même fonction identique», c'est-à-dire la fonction législative: «il se vante alors de n'être pas tombé dans l'inconvénient d'une action unique, qui, à la vérité, serait le despotisme tout pur[157]». Or, objecte Sieyes, qui fondamentalement perçoit la réception de la balance des pouvoirs dans la pensée politique française comme le résultat d'un phénomène d'acculturation et n'est pas éloigné de tenir les conventionnels pour des apostats, ce système n'est pas recevable, et ce pour deux motifs. En effet, dit-il, ou bien, en premier lieu, la balance est effective auquel cas il s'établit «dans le système de

---

[156] Une preuve supplémentaire de ce qui précède peut être rapportée. En effet, au rapport de Larevellière-Lépeaux, la commission, une fois son projet achevé, missionna à nouveau Daunou auprès de Sieyes afin que ce dernier fît part de son appréciation, et le cas échéant, indiquât certaines révisions. Tout cela procura en définitive à Sieyes une nouvelle occasion d'exprimer sa morgue, mais, également, de délivrer une mention passable au travail de la commission: "Hein! Hein! Il y a de l'instinct!" concéda-t-il en effet. "Ce travail n'est pas mauvais" observa-t-il dans la suite immédiate. "A tout prendre", poursuivit-il, "parmi les constitutions établies, *il n'y en a peut-être pas d'aussi bonnes que celle-ci*. Mais il y aurait néanmoins bien des observations à faire et ce n'est pas encore là ce qu'il faut". Cette anecdote est rapportée par Sainte-Beuve à l'article *La Fayette* écrit en août 1838, inséré dans les *Portraits littéraires*, Paris, Didier, 1852, T. II, pp. 184-186. Voy. également les *Lundis*, T. V, pp. 189-216, travail paru le 9 décembre 1851.

[157] *Moniteur*, T. XXV, p. 293. On voit bien ici que l'action unique dont il s'agit est une action d'essence législative.

l'équilibre (...) une guerre civile permanente entre la représentation populaire et le pouvoir exécutif», de même que les «deux chambres (se trouvent continuellement) en contre-action». En d'autres termes, chaque organe partiel de législation, mû par la défense de l'intérêt propre à la puissance sociale qu'il incarne ou représente, ignore l'intérêt général et le bien public, et se trouve placé dans un rapport de contention vis-à-vis de tout autre organe partiel. Ou bien, en second lieu, poursuit-il, la balance est nominale de sorte que se reconstitue *de facto* l'action unique sous l'effet d'un phénomène de corruption que Sieyes considère comme inhérent à tout dispositif balancé[158]: «que les amateurs les plus passionnés du système anglais, par exemple», déclare-t-il, «nous disent si le roi n'est pas le maître absolu des deux chambres du parlement»[159], et Sieyes de poursuivre par un passage remarquable où il détermine d'une part que les Etats-Unis ont également un régime fondé sur la balance et d'autre part et surtout que la balance des pouvoirs peut être pratiquée en dehors de son support traditionnel qu'est le gouvernement mixte: «je ne parle point», reprend-il en effet, «de ce qu'il y a de superstitieux et de déshonorant pour l'humanité dans l'institution d'une chambre nobiliaire et d'une chambre théocratico-royale. Ces vices, profondément enracinés, odieux à tout ce qu'il y a d'esprits libres sur la terre, *n'appartiennent pas à la nature même du système des contre-poids: ils ne se retrouvent point dans celui qui est établi en Amérique* (...). *Il suffit d'observer que le système de l'équilibre, fût-il composé de contre-poids homogènes, n'en vaut pas mieux*...»[160]. Bref, la balance des pouvoirs, associée avec le gouvernement mixte comme en Grande-Bretagne, ou non comme aux Etats-Unis ou dans le plan de la commission des Onze, est condamnable car elle introduit au cœur de la combinaison le principe du conflit entre organes partiels de législation, alors qu'ils devraient concourir au même but, aller dans la même direction. Pour frapper l'imagination, Sieyes reprend ici à son compte le trait de Franklin, l'apôtre américain de

---

[158] Ce faisant, Sieyes reprenait un argumentaire et un ton amplement utilisés tant dans les notes ajoutées à l'édition française de l'*Examen du gouvernement d'Angleterre* que dans le rapport de Condorcet de février 1793.

[159] *Moniteur*, T. XXV, p. 293.

[160] Ce passage est du plus haut intérêt puisqu'en définitive Sieyes nous donne sa définition du régime américain comme étant celui d'un "système de l'équilibre (...) composé de contre-poids homogènes". De plus, si Sieyes insistait de cette façon sur son rejet de ce dernier système, c'était parce qu'à son sens, comme au sens de l'ensemble des membres de la Convention, le plan des Onze y participait.

l'unité législative: «On en a fait une juste comparaison», dit-il en effet, «en disant que ce sont deux chevaux attelés à la même voiture, que l'on veut faire tirer en sens contraire; ils demeureront sur la place malgré leurs coups de collier et leurs trépignements si le cocher royal ne monte sur le siège pour les mettre d'accord; mais nous ne voulons pas de cocher royal»[161].

On comprend dès lors la deuxième proposition du théorème selon laquelle «division toute seule est anarchie». Il s'agit de la prohibition de la division du parlement en deux chambres, notamment sous sa forme classique, chacune d'entre elles étant dotée du droit d'initiative et de négative et devant voter le même texte en termes identiques, de sorte que, c'est essentiel dans la pensée de Sieyes, la décision est divisée entre deux assemblées.

4. Le seul système recommandable de division des pouvoirs est celui de «l'unité d'action», qui, dit-il, est destiné à être dans un premier temps celui des Français, puis, en tant que «système naturel», celui «de tous les peuples éclairés et libres». Ici se situe une innovation fondamentale dans l'histoire du droit constitutionnel du XVIIIe siècle. Alors que l'ensemble des publicistes pratiquaient un mode de classification binaire des constitutions, à l'identique de celui présenté par Condorcet à la Convention en février 1793, Sieyes innovait quant à lui et optait pour un mode trinaire. En vérité, d'après son auteur, ce troisième terme, le «concours» ou «unité organisée», n'était pas un simple complément, mais bien plutôt le signe de l'achèvement de la science politique. Il ne faut pas s'y tromper: Sieyes, à ses propres yeux, propose plus qu'un avenant à la classification des constitutions: il en propose une reformulation, porteuse de l'achèvement de la science politique -puisque telle était son ambition-, ce dont l'Histoire, à son sens, le créditera[162]. On relèvera ici de la part de Sieyes une maladresse de vocabulaire qui n'a pas dû faciliter la compréhension immédiate de ses principes par ses auditeurs. En effet, il désigne également son système de l'«unité organisée» du terme de système du «concours». Or, cette terminologie était de façon très banale utilisée

[161] *Moniteur*, T. XXV, p. 293.

[162] Nous faisons référence ici à l'appréciation confiée par Sieyes au publiciste suisse Etienne Dumont suivant laquelle la politique est une science qu'il disait avoir achevée. En vérité, Sieyes s'exprimait sur ce point comme sur beaucoup d'autres avec cette disposition d'esprit dogmatique propre aux physiocrates qui, au dire d'une de leurs jeunes recrues, La Vauguyon, prétendaient eux aussi proposer un mode de gouvernement destiné à ''durer autant que le monde''. Voy. les *Ephémérides du Citoyen*, mars 1768, p. 207.

et revendiquée par les partisans de la balance qui marquaient par là que les différents organes partiels de législation «concourent» à la production d'un même acte juridique. Pour preuve, Boissy d'Anglas lui-même l'avait utilisée dans son rapport entièrement fondé sur la notion de balance des pouvoirs[163]. Pour le coup, comme nous nous en expliquerons, cette maladresse nous paraît porteuse du sens caché et de la véritable nature juridique du dispositif de Sieyes. Celui-ci est le suivant: il institue dans l'ordre législatif deux «tribunes», «juries» ou bien encore «ateliers» de proposition, c'est-à-dire des organes distincts nantis du droit d'initiative législatif et chargés d'exprimer l'ensemble des besoins du peuple. Il s'agit tout d'abord du *tribunat*, corps de représentant au nombre de trois fois celui des départements, délibérant en public et chargé en outre de recevoir les pétitions, et ensuite du *gouvernement*, corps composé de sept représentants, qui exerce -à huis clos- cette fonction d'initiative en plus de celle d'exécution des lois. Ces deux organes, par leurs caractéristiques différentes, sont censés couvrir l'ensemble des besoins sociaux. Parallèlement, il est institué sous le nom de *législature* un corps de représentants, au nombre de neuf fois celui des départements et qui de ce fait forme le corps le plus nombreux, avec mission spéciale de juger et prononcer sur les propositions du tribunat et sur celles du gouvernement. L'organe à l'origine de la proposition plaide sa cause devant le corps législatif tandis que l'autre tribune de proposition lui réplique, de sorte que s'engage entre eux un débat de nature contradictoire qui précède le vote final des seuls députés de la législature.

On comprend donc la troisième et dernière proposition du théorème selon laquelle «division avec unité donne la garantie sociale (...). Divisez pour empêcher le despotisme, centralisez pour éviter l'anarchie». Par «division», Sieyes entend l'attribution des fonctions juridiques différentes, que sont le droit d'initiative d'une part et le vote final d'autre part, à des organes distincts; et par «unité» il entend de façon stricte et limitative, autant que traditionnelle chez lui, unité de décision, laquelle ressortit à la compétence exclusive d'un seul organe, en l'espèce

---

[163] *Moniteur*, T. XXV, p. 101. Les exemples que l'on pourrait citer en ce sens sont innombrables. Ainsi, pour n'en retenir qu'un, rappelons que Mounier lui-même caractérisait précisément un régime correctement réglé par "le *concours et la balance* de plusieurs autorités pour ralentir les décisions et les faire précéder d'un long examen pour assurer la prééminence de l'intérêt général sur les intérêts privés". Voy. *De l'influence attribuée aux philosophes, aux francs-maçons et aux illuminés sur la Révolution de France*, Tubbingen, J. G. Cotta, 1801, p. 115.

la *législature*, de sorte que la décision est centralisée à la différence du procédé de la balance des pouvoirs où elle est exercée concurremment par les organes partiels de législation[164].

C) La nature du système de Sieyes .

Ainsi, entre le moment 1789-1791-1793 d'une part, et le moment 1795 d'autre part, Sieyes avait franchi un pas. En effet, caractérisant, dans sa *Déclaration volontaire*, son procédé de division de la discussion parlementaire au sein d'un parlement monocaméral doté de l'initiative et du vote, il y voyait «deux sections ou comités homogènes d'une chambre unique». Prônant à présent en l'an III le système du «concours», Sieyes indiqua lui-même qu'il ne s'agissait plus de deux sections ou comités homogènes d'une chambre unique, mais bien de trois composants distincts, qui concourent par des fonctions distinctes à la formation de la loi. Il y a donc, de par l'aveu même de Sieyes, un franchissement, de sorte

---

[164] Ses *Papiers* personnels, (284 AP/5, dossier 2.4., feuillet intitulé "3 systèmes"), plus explicites d'une certaine façon, confirment cette interprétation:

- "Système de l'équilibre = 2 ou 3 actions (...) en tensions ou en *contre-actions*". A cette lecture, on comprend qu'il y a deux actions lorsque le parlement est bicaméral et trois lorsque l'organe exécutif est lui aussi colégislateur. On relèvera de ce fait à nouveau la concordance de cette terminologie avec celle de Condorcet qui parlait des constitutions à plusieurs principes d'action.
- "Système d'unique action = le despotique en révolution". Sur un autre feuillet, Sieyes, qui n'avait pas oublié ses échecs passés et ne tenait pas quitte ceux des partisans d'une chambre unique qui n'avaient pas voulu au début de la Révolution entendre ses mises en garde, a noté: "Si l'on avait voulu en 1789 s'occuper de l'organisation du corps chargé de voter la loi, (...) nous n'aurions pas connu tous les dangers, approuvé tous les malheurs, suite inévitable de ce défaut d'organisation. Dans un corps unique et seul maître, la majorité (écrase) la minorité...". En d'autres termes, Sieyes regrettait que ses initiatives prises en 1789 et 1791 tendant à diviser l'assemblée unique en respectivement trois ou deux sections homogènes lors de la discussion n'aient pas abouti, et il imputait à ce refus la faillite du principe de l'unité législative. Voy. 284 AP/5, dossier 2.3., feuillet intitulé "organisation législative".
- "Système d'unité, (...) unicité d'action ou organisation d'actions en pluriel; toutes les actions s'y trouvent sans confusion, sans dissociation, *sans contre-action*. Mais toutes les parties sont organisées de manière à former un tout; puisqu'il y a unité de but, il doit y avoir unité de marche, unité de volonté. *Avant le moment* (...) *de la décision, il est indifférent qu'il n'y ait unité* (...) Unité d'action ne signifie pas qu'il n'y ait qu'une action, mais que l'action est une".

que l'on doit distinguer en ces matières un premier Sieyes et un second Sieyes. Il reste à l'analyste à s'interroger sur la signification et la nature de ce franchissement.

Notons d'emblée, ce point est fondamental, qu'au vu des éléments apportés par Sieyes, les Thermidoriens jugèrent devoir inscrire le dispositif institutionnel de «l'unité organisée» dans la catégorie de la balance des pouvoirs. Cela s'explique aisément, puisqu'ils appliquèrent pour en juger la définition commune de la balance, celle propre à tout un siècle, d'après laquelle la balance est constituée lorsqu'un organe unique ne dispose pas, de façon exclusive à tout autre, du droit d'initiative et de vote de la loi, en d'autres termes lorsqu'un organe unique n'est pas attributaire de l'intégralité de la fonction législative. Or, c'était le cas en l'espèce puisque les ateliers de proposition qu'étaient le gouvernement et le tribunat ne disposaient que d'un droit d'initiative concurrent tandis que la législature, privée de ce droit, bénéficiait en revanche, et ce de façon exclusive, du droit de vote, de sorte qu'aucun organe ne pouvait seul porter la loi. Ils avaient en cela pris Sieyes au mot, lequel indique lui-même dans son discours du 2 Thermidor, et en y insistant de surcroît, que la législature est constituée de façon à ce qu'elle «ne puisse jamais rendre un décret du propre mouvement». De même, dans une pièce tirée de ses *Papiers*, dont par conséquent les conventionnels n'eurent pas connaissance, écrite en l'an III et intitulée *Bases de l'ordre social ou série raisonnée de quelques idées fondamentales de l'état social et politique*, Sieyes mit également en exergue cette caractéristique essentielle: «Il est aujourd'hui généralement reconnu», peut-on lire, «que les grands pouvoirs constitués, doivent aussi être séparés; mais on ne sent pas assez le besoin de rendre l'exercice de leurs différentes fonctions incompatibles dans la même personne. Ce mélange entraîne une partie des inconvénients que l'on a voulu éviter par la division». Puis, introduisant sur ce fait son propre système, il le caractérisait en ces termes: «*Le pouvoir législatif n'est pas confié à la seule chambre des députés*» disait-il, ce qui précisément, pour tout publiciste du XVIIIe, est la définition même de la balance des pouvoirs. «On a senti le besoin», poursuivait-il «de le diviser lui-même en trois parties. Le chef de l'Etat, le sénat, et la chambre des députés[165]: *aucune de ces trois branches ne peut se dire séparément corps*

[165] Lesquels deviendront respectivement, lors de la présentation à la Convention de son plan, le gouvernement, le tribunat et la législature.

législatif, aucune se croire législateur, ou représentant législatif. Ces qualités sont indivises et n'appartiennent qu'à la réunion des trois»[166].

De ce fait, Thibaudeau, lui même partisan décidé, nous l'avons vu, de la logique de la balance, identifia et nomma sans détours en réponse à l'Abbé le caractère principiel de son système, et lui représenta qu'en contradiction avec son rejet véhément de la balance, il avait lui-même produit un système qui ressortissait à l'équilibre:

> «Pour prévenir la confusion ou l'usurpation des pouvoirs», fit-il observer, «il faut donner à ceux qui les exercent des moyens tellement suffisants pour résister aux tentatives dirigées contre eux, qu'ils soient forcés à se respecter mutuellement par le sentiment de leur force et de leur dignité. Il faut», poursuivait-il, «que dans l'organisation du gouvernement chacune de ses parties soit établie et posée de manière à retenir toutes les autres dans leur place; il faut, pour ainsi dire, opposer l'ambition à l'ambition (...). On appellera cela», reprit-il, «si l'on veut, *de l'équilibre* et par conséquent la pierre philosophale en politique. *Mais le système du concours des pouvoirs présenté par Sieyes comme une nouveauté n'est pas autre chose, quoi qu'il en dise, et ce n'est pas la peine de discuter pour des mots.* (...) alors», concluait-il, «*peu m'importe qu'on appelle cela équilibre ou concours, puisque, quelque nom qu'on lui donne la chose est la même*»[167].

Pareillement, Faure, député de la Seine inférieure, ne vit comme différence entre le plan des Onze et celui de Sieyes qui ressortissaient tous deux à son sens à la balance, que le fait que dans le premier cas le *veto* appartenait à l'organe le moins nombreux, savoir le conseil des Anciens, tandis qu'il était échu dans le second au plus nombreux, la législature: ainsi, dit-il, «la seule différence qu'il y a entre le *veto* de Sieyes et celui de la Commission des Onze, c'est que Sieyes le met entre les mains du plus grand nombre»[168]. De même, on peut se reporter également à une contribution, très intéressante en ce qu'elle procède d'une inspiration distincte de celle de la plupart des conventionnels, en ce qu'elle émane à la différence des précédentes d'un émule des physiocrates, résolu à réciter le *credo* et qui, tout en distinguant Sieyes comme le seul publiciste du moment à pouvoir discerner les vrais principes constitutifs de la science politique, lui reproche parallèlement cet emprunt à la doctrine de la

---

[166] *Papiers Sieyes*, 284 AP/5, dossier 1 (6).
[167] *Moniteur*, T. XXV, p. 488.
[168] *Au représentant Sieyes, sur un projet de constitution*, par P.J.D. Faure, député de la Seine inférieure, imprimé par ordre de la Convention nationale, Paris, impr. nationale, Thermidor an III, p. 3.

balance des pouvoirs. Il s'agit de Vinceslas Jacquemont, futur membre du Tribunat, et auteur de *Lettres critiques sur le projet de constitution*, rédigées afin de démontrer que la constitution n'était

> «point encore celle que *l'ordre naturel* indique», puisque participant d'une «construction gothique. (...) des historiens à gage», expliquait en effet ce publiciste qui disait vouloir combattre les principes fondamentaux sur lesquels la commission des Onze s'était appuyée, «exaltent comme le chef-d'œuvre de la législation, je ne sais quelle *balance des pouvoirs, des contre-poids*, une foule de rouages postiches qui cachent une monarchie tempérée aux yeux de l'Angleterre prête à se croire républicaine. *Partout*», ajoutait-il en attestant par ces mots la réalité de l'influence sur les esprits du régime politique des Etats-Unis d'Amérique, «*l'Amérique nous est offerte comme l'école*, où le reste de l'Europe doit apprendre désormais quelles sont les institutions destinées à rendre les humains solidement libres et heureux. *Comment nos législateurs se seraient-ils défendus de jeter leurs regards sur ces Etats, et de chercher les bases de la constitution de la France parmi celles sur lesquelles ils pouvaient croire que reposaient la tranquillité et la prospérité de ces peuples?* (...) J'aurai occasion», poursuivait-il alors, «de prouver la vérité de plusieurs principes que Sieyes a établis dans son discours du 2 thermidor à la Convention. Il paraît être celui à qui il est donné de réformer enfin ce fatras d'idées incohérentes qui nous tient lieu de science politique, et de construire le système social sur ses véritables bases». Mais, ne pouvait toutefois s'empêcher d'ajouter cet auteur à l'endroit du député de la Sarthe, «il découvrira par la suite de ses méditations (...) que plusieurs de ses idées actuelles, *surtout celles sur le gouvernement, ne sont point encore dégagées de tout alliage*»[169].

---

[169] Voy. *Lettres critiques sur le projet de constitution présenté à la convention nationale de France par sa commission des Onze*, Paris, d'Anjubault, an III, p. 5, et note 1 p. 66. Il est utile, sur ce thème de la spécificité en l'an III de ceux qui participaient peu ou prou d'une sensibilité physiocratique, de se reporter à *l'Alter Ego*, peut-on dire, de Sieyes en cet été 1795, savoir Pierre Samuel Dupont de Nemours, qui se situait alors dans la continuité tant de son engagement physiocratique que de la rédaction des notes destinées à la traduction française de *l'Examen du gouvernement d'Angleterre*. Car en effet, Dupont, à l'image de Sieyes, se refusait à souscrire au nouveau discours des conventionnels. Comme signe de cette improbation, il mit sur le métier deux ouvrages, porteurs d'une même démarche critique. Ainsi, ses *Observations sur la constitution proposée par la commission des Onze*, lui permirent de dire tout le mal qu'il pensait du plan des commissaires. Mais, d'une manière plus fondamentale, c'est dans son travail, légèrement antérieur, intitulé *Du pouvoir législatif et du pouvoir exécutif convenables à la République française* qu'il devait expliciter les fondements de

son opposition. Il y prônait, dans le prolongement de sa prise de position des débats de 1789, un sectionnement d'une chambre unique de manière à distinguer en son sein une "chambre de préparation" et un "comité de discussion". En d'autres termes, il préconisait "deux sections d('une) assemblée nationale UNIQUE" (l'emploi des lettres capitales, fait hautement symbolique, est de l'auteur). La chambre de préparation, composée des deux-tiers de l'ensemble des députés, devait avoir pourvu à trois lectures successives d'un texte pour que celui-ci soit arrêté en tant que projet. Dès lors, il était porté, sous forme écrite et motivée et aux fins d'adoption, au comité de discussion, lequel était formé des députés les plus expérimentés puisque bénéficiant de l'exercice de plusieurs mandats parlementaires antérieurs. En cas de désaccord sur le texte ou du vote d'amendements, un renvoi était ordonné, les *seniores* prenant soin de joindre une opinion écrite et motivée. Au final, si au bout de trois navettes de ce type, pratiquées par conséquent avec production de mémoires à chaque stade, le désaccord persistait, on procédait à la réunion des deux portions afin que le texte soit arrêté à la majorité des voix. D'une phrase d'ailleurs, Dupont donnait l'essentiel de son propos: "il ne faut point de veto. Il ne faut pas deux chambres" posait-il. "Il faut que toutes les décisions soient définitivement prises en commun". De la sorte, il disait son refus catégorique de tout procédé constitutif de la balance des pouvoirs, ce qui, naturellement, le conduisait, entres autres, à réserver son jugement sur le régime américain. Celui-ci, en effet, ne respectait pas le principe de la séparation absolue. Ainsi, écrivait-il, "on n'a cessé jusqu'à ce jour de répéter: séparez les pouvoirs. C'est de leur opposition, de leur balancement que naîtront la liberté générale et la prospérité publique; la réunion des pouvoirs est le despotisme. Cette maxime", poursuivait-il, "appuyée du suffrage de Montesquieu, de l'exemple de l'Angleterre, et même de celui des Etats-Unis de l'Amérique, est devenue un axiome". Or, représentait-il aux tenants de ce discours, "l'on a (...) dans les gouvernements qu'on offre pour modèles, entremêlé ces fonctions, *en donnant au pouvoir exécutif une part dans le pouvoir législatif, et au pouvoir législatif, une part dans le pouvoir exécutif ou administratif*". C'est la raison pour laquelle, Dupont, conscient au demeurant du poids pris par l'exemple américain dans le débat français, s'attachait à convaincre que beaucoup feraient mieux d'en rabattre dans l'expression de leur admiration, compte tenu de la nature réelle de ce régime: "Les Etats-Unis d'Amérique", marqua-t-il en ce sens, "nation anglaise, parlant anglais, nourrie de livres anglais et de préjugés anglais, ces Etats, nos respectables alliés, *ont imité la constitution d'Angleterre, en la perfectionnant un peu.* Leur gouvernement est le plus sage de ceux qui existent aujourd'hui, je dirais même de ceux qui ont existé jusqu'à présent. Mais il ne s'en suit pas qu'il soit le meilleur gouvernement possible; encore moins qu'il fût bon pour nous. Chez ces peuples flegmatiques, l'opposition des intérêts peut avoir moins de danger que chez notre impétueuse nation. (...). Il ne faut pas oublier", poursuivait-il, que cette constitution "n'a pas le suffrage de Franklin, ni celui de Turgot, ni ceux de Jefferson, de Madison" -on ne sait, quand à ce dernier nom, ce qui a motivé l'erreur grossière de Dupont- "de Livingston. Son expérience d'un petit nombre d'années ne prouve rien. Il faut

Ce faisant, à quel facteur imputer cette différence d'interprétation entre le gros des députés et Sieyes? Précisément, à l'inadéquation partielle de leurs systèmes conceptuels respectifs. Les Conventionnels, en effet, avaient été frappés par le fait que la Législature ne pouvait prendre de décret de son propre mouvement, puisque privée du droit d'initiative, de la même façon que les ateliers de proposition ne pouvaient légiférer puisque ne disposant pas du droit final de décision. De ce fait, appliquant les outils conceptuels ordinaires, ils concluaient en toute logique à la balance des pouvoirs. Sieyes, en revanche, appliquait son propre code conceptuel, croyant pouvoir l'imposer à ses collègues. Dans ce cadre, il se reportait au principe suivant lequel l'unité de chambre est fonction de l'unité de décision, lequel principe se vérifie dans son plan, puisque seule la législature vote la loi. De la sorte, il s'estimait autorisé à considérer que son système ne participe pas de la balance des pouvoirs, qui, à son sens, s'entendait d'un partage de la décision entre deux ou trois organes distincts[170].

---

attendre un siècle. Encore au bout de ce temps", concluait ce physiocrate invétéré, "faudra-t-il juger par la raison qui ne trompe point, plus que par l'expérience qui est toujours douteuse...". Voy. *Du pouvoir législatif et du pouvoir exécutif* ..., Paris, Du Pont, an III, p. 64, pp. 78-79; note 3, p. 86. Dupont devait d'ailleurs persévérer dans ce jugement somme toute négatif porté sur le régime américain, puisque, dans une correspondance tardive, datée du 12 mai 1816 et adressée à Jefferson, il confirmait tout à fait les brusqueries employées en son temps dans la version française du livre du cultivateur de New Jersey: "Vous êtes une nation anglaise. Vous n'aspiriez lors de votre révolution qu'à vous élever à la constitution anglaise" écrivit-il en effet à son correspondant en manière de reproche. "Et", développait-il, "si le parlement britannique avait voulu vous permettre d'avoir aussi un parlement, ce que le roi et ses ministres voulaient assez, vous n'auriez pas eu de révolution; vous seriez encore les sujets du roi d'Angleterre. Si Washington n'avait pas été un homme vertueux, et dont la vertu a été aidée, (...) vous auriez eu un roi et des pairs. C'est le regret de n'être pas des pairs qui a semé la graine de vos Fédéralistes". Voy. G. Chinard, *The Correspondance of Jefferson and DuPont de Nemours*, New York, Burt Franklin, 1971, pp. 260-261.

[170] Il convient sur ce point de se reporter à un document de grand intérêt tiré des *Papiers* de Sieyes, intitulé *Préface des 4 à 5 conférences que j'ai eues avec le Comité des Onze dans les 1ers jours de Messidor, l'an 3, au sujet de la C*(onstitutio)*n*, coté 284 AP/5 dossier 1 (3). Sieyes, en effet, qui consignait donc dans ce morceau la nature des échanges qu'il eut avec ses interlocuteurs du comité de constitution, y oppose très nettement son propre schéma à celui des commissaires, qu'à l'inverse il fait pleinement participer du système des contrepoids et de la balance des pouvoirs: ''Une législature décide sur tout et pour tout'', disait-il ainsi à propos de son système, ''il suffit que le cas lui soit proposé

Ce différend, d'ordre juridique, se doublait en outre d'une incompréhension relative à la spécificité revendiquée sur le fond par Sieyes, devant laquelle ses pairs, non sans raisons, restaient circonspects. Sieyes, en effet, faisait procéder la supériorité de son système du fait qu'il était de nature à intégrer dans la loi positive le droit naturel, règle de raison, contrairement au dispositif de la balance des pouvoirs, qui, au mieux, ne pouvait aboutir qu'à un texte participant d'un compromis approximatif entre organes partiels de législation tirant à hue et à dia. Afin d'exprimer au mieux sa conception, le député de la Sarthe développa une analogie ou comparaison entre les fonctions juridictionnelles et celles du législateur puisqu'il assimilait la Législature à un tribunal, devant lequel les deux juries de proposition, savoir le gouvernement et le tribunat, interviendraient comme deux plaideurs, de sorte que, au final, la Législature -composée d'un nombre à peu près égal d'hommes voués aux trois grands travaux, aux trois grandes industries qui composent une société qui prospère, à savoir l'industrie rurale, l'industrie citadine et celle qui a pour objet la culture de l'homme- jugerait en tant que cour suprême entre les propositions du tribunat et celles du gouvernement. Ainsi, faisait-il observer,

> «Ne croyez pas que le tribunal législatif soit non plus d'une nature différente des tribunaux judiciaires. Tous puisent leur décision dans une autorité supérieure, les uns dans le code des lois positives, la législature dans le livre plus ancien et plus complet des lois naturelles, car rien n'est arbitraire».

Soit, mais, en l'espèce, les conventionnels devaient tenir tout cet appareil théorique pour une pétition de principe, dénuée pour le coup du moindre mode opératoire. Sieyes en effet semblait supposer une pierre philosophale qui transmute le plomb en or, savoir les membres de la Législature -à l'origine hommes situés pourrait-on dire, puisque distingués en ruristes, urbistes et humanistes- en sages aptes par nature à transcrire le droit naturel dans le droit positif. Car en effet, il leur revenait le rôle primordial et privilégié de trancher le contentieux inévitable car naturel

---

par le tribunat ou le gouv(ernen)t. Car suivant la décision il forme l'unité, c'est-à-dire exciter l'harmonie g(énér)ale, le lien supérieur et central où toute difficulté peut être levée et par conséquent où toute espèce de cas peut être portée. *Vous*'', poursuivait-il en s'adressant à présent aux membres de la commission des Onze, ''*dans vos systèmes de goths à contrepoids*, vous laissez plusieurs points isolés, vous présentez des parties du bâtiment inachevé, le sommet n'est pas couvert, *vous croyez avoir une balance*, vous n'avez que des bassins, elle n'est pas finie''.

dans l'état social entre les gouvernants, représentés par le gouvernement, et les gouvernés, représentés par le tribunat, pour la prise des décisions communes. Or, cela impliquait que la Législature puisse s'abstraire de toute prédétermination idéologique ou sociologique afin de juger, en raison, grâce à leurs capacités analytiques non corrompues par les passions, les propositions respectives émanées des deux ateliers de proposition, lesquelles pouvaient être contradictoires, puisque, disait Sieyes, évoquant la fonction des deux ateliers, «l'existence de deux partis semblables ou analogues à ceux que l'on connaît ailleurs sous les noms de parti ministériel et parti de l'opposition est inséparable de toute espèce de système représentatif». Or, Sieyes n'indiquait pas sous l'effet de quel facteur spécifique il en serait ainsi et taisait le *modus operandi*. Certes, les députés procédaient d'un suffrage à deux degrés, procédé traditionnel chez Sieyes et propre pensait-il à distinguer au final les plus capables. Mais, précisément, il en était de même dans le projet des Onze, de sorte que cette procédure ne pouvait produire des effets dans le système de Sieyes qu'elle ne produirait pas dans celui des commissaires. On relèvera d'ailleurs que pour l'analyste d'aujourd'hui la Législature, dans la composition souhaitée par Sieyes, évoquerait bien davantage en priorité l'idée d'une représentation corporatiste et ce faisant partisane. En outre, sur un autre plan, le processus d'élaboration de la loi défendu par Sieyes ne différait pas radicalement de ceux que l'on trouvait dans les régimes honnis structurés sur la balance des pouvoirs. En effet, à tout prendre, est-ce que la procédure britannique ou américaine, dans le cadre de laquelle une procédure de navettes entre les deux chambres avait lieu, doublée si nécessaire par la réunion d'une commission paritaire, ne multipliait pas les discussions et l'échange d'arguments avant que la décision finale ne fût prise, d'autant que le débat parlementaire s'accompagnait tout au long d'un débats d'idées mené en parallèle dans la presse? De même, en Grande-Bretagne, la présence des ministres siégeant en tant que parlementaires dans leur chambre d'origine, et exerçant de ce fait l'initiative législative, ne permettait-elle pas aux députés et lords de disposer des arguments du gouvernement et de lui porter l'objection dans le cadre d'un débat contradictoire avant de se prononcer? Enfin, le constituant américain n'avait-il pas été sensible à l'idée que le président puisse plaider sa cause devant les parlementaires, en disposant à la section 7 de l'article I de la constitution qu'il devait accompagner l'opposition du *veto* de l'exposition par voie écrite de ses objections?

Bref, tant sur le plan juridique que politique, l'initiative de Sieyes avait semblé plus polémique que constructive. Par ces motifs s'explique en partie le premier échec du député de la Sarthe, lequel devait en appeler un second. En effet, -et les propos qui suivent sont d'une grande utilité pour nous aider à comprendre le mode de pensée spécifique des publicistes du XVIIIe siècle et leur intelligence propre des régimes politiques, distincte, on ne le dira jamais assez, de celle qui est la nôtre aujourd'hui-, la proposition faite par Sieyes d'instituer une jurie constitutionnaire avec, entre autres, «mission spéciale de juger les réclamations contre toute atteinte qui serait portée à la constitution» devait être rattachée elle aussi par la plupart des conventionnels à la catégorie de la balance des pouvoirs et, dans le cadre de cette interprétation, être refusée[171].

---

[171] En effet, pour Sieyes, la garantie du constitutionnalisme ne reposait pas uniquement sur le système du "concours" mais requérait deux autres éléments, présentés dans son discours du 2 Thermidor: en premier lieu, il fallait élaborer une notion réfléchie de la souveraineté, qui jusqu'alors avait été erronée en raison de la transposition en faveur du peuple tant de la souveraineté royale absolue et illimitée d'Ancien régime que de la souveraineté absolue et illimitée à la façon de Rousseau. Or, représentait Sieyes, la souveraineté du peuple est par essence limitée, puisque lors de la création de l'association politique les individus n'ont pas délégué tous les droits à la communauté laquelle ne peut donc exercer en retour un pouvoir total sur les citoyens, en sorte que la ré-publique ne peut être une ré-totale. En second lieu, c'était là l'objet d'un autre type de garantie, Sieyes proposait d'instituer une jurie constitutionnaire, dont nous allons parler. De fait, il faudrait, si l'on avait la volonté, qui n'est pas ici la nôtre, de présenter l'ensemble de la pensée de Sieyes, traiter conjointement des thèmes de l'unité organisée, de la souveraineté et de la jurie car Sieyes était un systémiste qui ne conçut pas qu'on puisse supprimer ou modifier un élément de son système sans de ce fait altérer la cohérence de l'ensemble et compromettre son équilibre général. Cela signifie aussi que Sieyes aurait jugé inopérante, car instable et heurtée, la coexistence entre une assemblée unique dotée de l'intégralité de la fonction législative et une jurie chargée de la conservation de la constitution.

Précisément, la jurie constitutionnaire se présentait comme un organe composé de 108 membres, lesquels, renouvelés par tiers chaque année, étaient élus par la jurie elle-même, sur la base des membres sortant des conseils. Sieyes, qui n'aimait guère Rousseau -en partie parce qu'il ne l'avait que médiocrement compris-, mais l'ayant lu avec attention et notamment ses *Considérations sur le gouvernement de Pologne et sur sa réformation projetée*, avait repris de lui l'idée essentielle au Genevois d'un *cursus honorum* et, sous cette influence, présentait la jurie comme le terme naturel d'une carrière politique exemplaire, le poste auquel on ne pourrait accéder qu'à la suite d'un parcours irréprochable et qui contraignait ainsi les députés ambitieux à être vertueux: "qu'on y regarde l'entrée dans le jury constitutionnaire, à la fin de la carrière législative", précisa-t-il en effet, "comme un objet d'émulation, comme un témoignage sensible des services

Ce fait ne doit pas étonner. En effet, nous l'avons dit, les partisans de la balance des pouvoirs affirmaient que l'un des avantages essentiels de l'équilibre réside dans le fait qu'il permet un contrôle de la constitutionnalité des lois, puisque un organe partiel de législation peut refuser de souscrire à un texte voté par un autre organe partiel soit pour des motifs tirés de l'opportunité politique, soit pour des motifs tirés de l'inconstitutionnalité du texte en débat. De ce fait, les garanties sont prises dans le cadre du procès de formation de la loi, dans le cadre du mécanisme distributif par conséquent, et peuvent à ce titre être qualifiées de garanties internes ou endogènes[172]. Dans le cadre du projet de la commission des Onze, ce sont les Anciens qui étaient précisément destinés à l'exercice de ce contrôle de constitutionnalité, ainsi que Daunou lui-même l'avait expliqué à la tribune: «Le Conseil des Anciens, composé d'hommes expérimentés», avait-il signifié, «aura pouvoir de défendre la constitution contre l'amour des innovations. S'il rejette une loi, ce sera celle qui, sous une apparence populaire, *renfermera des dispositions*

---

rendus à la patrie dans ce poste de confiance", de sorte qu'il s'agissait en définitive d'une "récompense tout à fait républicaine". Trois missions étaient attribuées à la jurie. En premier lieu, elle prononçait en tant que tribunal de cassation dans l'ordre constitutionnel sur les violations ou atteintes faites à la constitution dont la garde lui était remise. D'autre part, elle devait s'occuper des vues qui lui paraissaient propres à perfectionner graduellement l'acte constitutionnel et la déclaration des droits de l'homme, en d'autres termes proposer d'éventuelles révisions de la constitution. Enfin, le dixième au moins de ses membres, pris au sort, devaient former le jury d'équité naturelle et, agissant comme supplément de juridiction naturelle aux vides de la juridiction positive devaient prononcer sur les demandes officielles qui lui seraient portées par les divers tribunaux, à l'effet d'avoir un arrêt d'équité naturelle sur les cas qu'ils déclareraient n'avoir pu juger, faute de loi positive qui pût s'appliquer, ou ne pouvoir juger que contre leur conscience, d'après le texte seul de la loi. Nous ne traiterons quant à nous de la jurie que dans son rôle de tribunal de cassation dans l'ordre constitutionnel. De ce fait, qu'il nous soit permis de préciser qu'il existe sur ce thème de la jurie un travail remarquable, malheureusement trop peu connu en l'état, ce qui est très regrettable: voy. Bruno Nicolle, *Aux origines du contrôle de constitutionnalité: la jurie constitutionnaire de Sieyès*, mémoire de D.E.A., Paris X-Nanterre, 1990.

[172] Voy. par exemple l'analyse de Necker, *Du pouvoir exécutif dans les grands Etats*, in *Œuvres complètes de M. Necker*, Paris, Treuttel et Wurtz, 1821, T. VIII, p. 54.

inconstitutionnelles (...). Ce conseil aura pour devise: la constitution, toute la constitution, rien que la constitution»[173].

---

[173] *Moniteur*, T. XXV, p. 282. Dans le cadre de la constitution du 3 septembre 1791, c'était le roi doté d'un droit de *veto* suspensif qui était destiné à exercer ce contrôle de constitutionnalité. Thouret avait dès 1789 marqué ce point dans son propre projet de constitution dont nombre de dispositions devaient en dernière instance s'apparenter au texte final. En effet, dans un paragraphe précisément intitulé *Moyen de garantir la Constitution malgré l'unité de l'Assemblée nationale*, il développait les arguments suivants: ''L'unité de l'Assemblée'', exposait-il, ''ne présente aucun danger pour l'exercice de la législature sur tous les objets communs et ordinaires, qui ne touchent point aux bases de la constitution''. En revanche, considérait-il, ''c'est pour la sûreté de la Constitution que les mouvements partiaux et précipités d'une assemblée unique sont réellement à craindre, mais le moyen exposé (plus avant) ne peut-il pas y remédier *aussi solidement que la double chambre*, sans avoir aucun de ses inconvénients (car, en l'espèce) la Constitution est mise (...) sous la garde du roi, et (...) sa Majesté est spécialement autorisée d'employer pour sa conservation le moyen exprimé ci-après'', à savoir le *veto*, car, précisait Thouret, ''le Roi fait partie du corps législatif; (...) sa sanction est nécessaire pour l'établissement des lois''. Voy. *Analyse des idées principales sur la reconnaissance des droits de l'homme en société, et sur les bases de la* constitution, Paris, Baudouin, 1789, pp. 7, 14-15-16 et 23. De là découlera la controverse relative à la légitimité des *veto* qui par leur usage devaient entraîner en 1792 la chute de la royauté, ce dont rend bien compte le texte suivant, d'une main anonyme: "quelques uns", rapportait l'auteur, "excusent le veto prononcé sur les deux décrets les plus importants à la sûreté et à la tranquillité de l'Etat, *parce qu'ils contiennent des dispositions inconstitutionnelles*. On réprouve un article en chacun de ces deux décrets, et l'on dit que le roi a été obligé de mettre son veto sur le tout, à cause de la généralité des termes de la formule de la sanction et du veto, mais", objectait-il, "le décret des émigrés et celui des prêtres réfractaires *ne sont pas universellement reconnus comme inconstitutionnels*; les motifs de les juger valables sont très puissants". Voy. *La vérité sur la constitution...*, Paris, Choudrillié, 1792, note f, p. 32. De ce fait, le général Dumouriez, auteur d'une étude intitulée *De la république*, terminée en décembre 1795, pouvait confronter le mode de contrôle arrêté en 1791 à celui de l'an III pour conclure à la supériorité de ce dernier: "Les fonctions des deux conseils sont très distinctes", disait-il. "*L'attribution du Conseil des Anciens est de veiller sur l'intégrité de la constitution*, et de ratifier par sa sanction les nouvelles lois qui seront proposées par le conseil des Cinq-cents. Ce veto est sage, parce qu'il ne sert point l'ambition particulière, parce qu'il reste entre les mains du Souverain, qui est le peuple, au lieu que dans la constitution de 1791", poursuivait-il en visant le droit de sanction imparti au monarque, "il était attribué précisément au pouvoir qui en abusant de cette faculté pouvait devenir oppresseur". Voy. *De la République*, in *Recueil de traités politiques*, Hambourg, Hoffmann, 1797, T. II, p. 80. Au demeurant, on trouve dans le *Traité de l'esprit*

En contrepoint, les régimes qui reposent sur l'unité législative sont, par nature, dépourvus de ce type de garantie interne en raison de l'existence d'un organe législatif unique. Précisément, Thibaudeau, ardent défenseur de la balance, exprima cette idée lors des débats lorsqu'il déclara que la constitution «de Pennsylvanie qui avait consacré l'unité du corps législatif n'avait pas les mêmes garanties intérieures»[174]. En effet, les partisans de l'unité législative en tenaient quant à eux pour une garantie de type externe ou exogène, savoir la distinction entre le pouvoir constituant et les pouvoirs constitués, ce qui impliquait, disaient-ils, que le pouvoir législatif, pouvoir institué, n'était pas compétent pour modifier l'état des procurations constitutionnelles, raisonnement que les partisans de la balance des pouvoirs tenaient pour une pure pétition de principe en l'absence, précisément, d'un organe chargé d'exercer la police des frontières normatives.

De ce fait, puisque le texte des Onze était pourvu d'une garantie endogène dans le cadre de la balance des pouvoirs, un très grand nombre de conventionnels ne voyaient pas l'utilité de l'institution d'une jurie qui, superfétatoire en quelque sorte, faisait double emploi. Eschasseriaux aîné, quant à lui favorable à la jurie, résuma ce sentiment: «On a fait une objection principale», dit-il à ses collègues. «On a dit que la constitution ayant ses garanties dans elle-même, il était inutile de lui en créer en dehors»[175]. Illustrant de ce courant, Louvet (de la Somme) parlait quant à lui de «superfétation à la fois inutile et dangereuse» et s'en expliquait: «Vous avez», dit-il, «une législature divisée en deux chambres, dont l'une discute, propose et rédige, et l'autre seulement examine; et je crois que dans cette organisation, dans ces fonctions bien séparées des deux chambres, *vous avez la plus forte garantie qui puisse exister de la*

---

des sociétés nationales d'Urbain-Firmin Piault, contribution présentée, tardivement, à la commission des Onze, le 16 messidor, et publiée en l'an VIII, une formule qui traduit bien la superposition du procédé de contrôle de constitutionnalité sur celui de la balance des pouvoirs. En effet, favorable à la tripartition du pouvoir législatif, cet auteur écrivait, à propos des trois organes colégislateurs qu'il présente, la chose suivante: "le conseil d'intendance, le conseil d'équité, le conseil d'administration déclarent sur les décisions qui leur sont constitutionnellement envoyées, *que le contrat social et la constitution du gouvernement permettent ou défendent la décision proposée*". voy. U.F. Piault, *Traité de l'esprit des sociétés nationales*..., Paris, Pernier, an VIII, p. 451.

[174] *Moniteur*, T. XXV, p. 488.

[175] *Moniteur*, T. XXV, p. 482.

rigoureuse observance de la constitution»[176]. Dès lors, la conclusion était inévitable, et Thibaudeau, l'un des députés les plus en vue dans le cadre de la discussion s'offrit de la donner: «Le conseil des Cinq cents», déclara-t-il, «a seul le droit de proposer les lois, c'est dans ce corps que réside exclusivement le principe du mouvement et de l'action du corps législatif. *S'il fait une proposition attentatoire à la constitution*», continua-t-il, «*le conseil des Anciens est là pour le rejeter. Le jury constitutionnaire est donc inutile*»[177]. Lesage (d'Eure et Loir) confirma: «Il n'y a ni liberté publique ni liberté individuelle là où les pouvoirs sont confondus. C'est du pouvoir législatif que la liberté a le plus à craindre» dit-il en manière d'introduction. «Pour moi», précisa-t-il, «je crois que *vous avez un conservateur suffisant de la constitution dans la division du corps législatif en deux chambres*»[178].

Ce mode de raisonnement collectif explique, *in fine*, le sort réservé à l'initiative de Sieyes, puisque la Convention devait rejeter la proposition à l'unanimité[179]. Le 18 thermidor, Sieyes, préfigurant une formule qu'à peu de choses près on devait lire quelques années plus tard sous la plume du *chief-justice* Marshall à l'occasion de l'arrêt *Marbury v. Madison*, s'interrogeait en ces termes: «Une constitution est un corps de lois obligatoires, ou ce n'est rien; si c'est un corps de lois, on se demande où sera le gardien, où sera la magistrature de ce code?»[180]. Les

---

[176] *Moniteur*, T. XXV, pp. 480-481.

[177] *Moniteur*, T. XXV, p. 487.

[178] *Moniteur*, T. XXV, p. 494.

[179] Ibid., p. 495. De façon plus large, c'est cette même disposition d'esprit et l'application de cette grille d'analyse qui expliquent que toutes les tentatives - amorcées dès l'an I et dont la jurie de Sieyes est l'exemple le plus achevé- tendant à l'institution d'un pouvoir "conservateur" de la constitution, ou pour reprendre le terme de M. Gauchet, d'un "tiers-pouvoir", ont échoué. De ce fait, il fallut attendre l'échec de la constitution du 22 août 1795 pour que cette conception soit considérée plus favorablement. (L'expression "tiers-pouvoir" est tirée du livre *La révolution des pouvoirs* (...), Paris, Gallimard, 1995).

[180] A vrai dire, plutôt que de préfigurer Marshall, il n'est pas impossible que cette tournure se ressentait de la lecture faite par Sieyes du *Gouvernement des Féliciens*, ouvrage paru en 1792 de la main du physiocrate Mercier de la Rivière, lequel, ayant évolué sur certains points, ne retranchait rien au réquisit qu'il avait maintes fois exposé de l'établissement d'un corps de magistrature chargé du contrôle de constitutionnalité de la loi ordinaire, mécanisme qu'il justifiait en ces termes: ''Je ne puis donc raisonnablement vous parler du pouvoir législatif'', écrivait-il, ''qu'en le considérant dans une société formée par une Constitution, et comme étant une des institutions essentielles de cette société: cela posé, je vous

conventionnels, gagnés au principe et à la logique de la balance des pouvoirs, lui répondirent que le corps chargé de la conservation de la constitution -lequel par ailleurs, ne l'oublions pas, disposait de façon complémentaire du droit d'initiative dans le cadre du pouvoir constituant dérivé- était le conseil des Anciens[181].

Plus encore, nombre d'entre eux, en plus de refuser la jurie, estimaient que Sieyes n'avait fait somme toute que de proposer un échelon, une division supplémentaires dans le cadre de la balance des pouvoirs, la jurie apparaissant comme un organe législatif supplémentaire dotée elle aussi, comme les autres conseils, d'un droit de sanction. C'est ainsi que Thibaudeau, par exemple, l'avait compris: «*N'est-ce pas aussi un droit de sanction qu'on attribue au jury constitutionnaire?*», s'était-il interrogé. «N'est-ce pas dénaturer toute votre constitution», avait-il expliqué, «et transporter par le fait dans ce jury *les fonctions que vous avez voulu attribuer au conseil des Anciens*, qui dès lors devient inutile ...»[182]. Lambert, député de la côte d'Or, pensait de même puisqu'il voyait dans la jurie la «troisième branche de la législature» et, de façon plus précise un «corps tout puissant, qui aurait le veto en dernier ressort...»[183]. Or, la majorité ne voyait pas l'utilité d'un droit de sanction supplémentaire et la minorité pensait que s'il avait fallu doter un autre organe d'un droit de sanction, il eût mieux valu que ce fût le pouvoir exécutif. Précisément, Adrien Lezay-Marnezia pensait de cette façon, ainsi qu'il l'écrivit dans un article intitulé *Sur le jury constitutionnaire de Sieyès*:

---

dirai que bien loin d'y figurer comme un pouvoir indépendant de la Constitution, il doit lui être entièrement subordonné, attendu que c'est d'elle qu'il tient toute son autorité; que jamais elle n'a entendu ni pu entendre lui donner le pouvoir de la détruire; qu'elle ne l'a même institué que pour trouver en lui un Organe et un Défenseur''. Bref, concluait-il, ''s'il était libre au pouvoir législatif de changer la Constitution, il n'y aurait point de Constitution''. Voy. *L'Heureuse Nation, ou gouvernement des Féliciens*, Paris, Creuze, 1792, T. II, pp.402-403 et sur ce même sujet voy. M. Lahmer, ''La doctrine physiocratique du contrôle juridictionnel de la loi positive'', op. cit.

181 D'une manière certaine, ce point est une preuve supplémentaire de ce que Sieyes ne peut, et ce malgré l'évolution indéniable de sa doctrine à ce moment, être identifié en l'an III aux partisans ordinaires de la balance des pouvoirs, puisque ces derniers se satisfaisaient pleinement d'un contrôle de constitutionnalité organisé dans le cadre de l'équilibre des pouvoirs.

182 *Moniteur*, T. XXV, p. 487.

183 *Lambert, député de la côte d'Or à ses collègues sur l'acte constitutionnel présenté à la Convention nationale par la commission des Onze, le 5 Messidor, l'an III*, Paris, impr. nationale, Thermidor an III, pp. 5-6.

la garantie «de la constitution même contre les infractions des divers pouvoirs qui la composent» développa-t-il, «ne peut, sans aucune exception, résulter que de la combinaison des pouvoirs entre eux; eux seuls peuvent se contenir, parce qu'au-dessus d'eux il n'y a plus rien. *Dans un ordre de choses*», continuait-il, «*où les deux branches de la législature et le pouvoir exécutif seraient réciproquement doués de l'initiative et du veto, seule hypothèse où il puisse exister une garantie réelle, j'aperçois clairement comment chaque pouvoir se garantit lui-même, et par suite tous les autres. Comme toute proposition a besoin, pour devenir loi, de sa sanction, et que la loi seule peut produire un acte, on pense bien qu'il la refusera à celle qui lui porterait atteinte, et en ce point déjà la constitution ne peut être violée*»[184]. Par ailleurs, ajoutait-il, «pour revenir à cette institution dans son rapport avec la constitution (...), je vois qu'elle n'est dans la première attribution, celle du jury de cassation, *qu'une troisième chambre, et pour mieux dire une arrière chambre des Anciens, qui jette son veto*, comme l'autre jette le sien, mais avec cette différence que celle-ci ne frappe de nullité que la décision d'un seul corps, tandis que l'autre peut annuler celle des deux»[185].

En définitive, Sieyes était de par sa philosophie générale en porte à faux avec l'esprit du moment. Il faut bien comprendre que ces débats constituants furent, sans commune mesure avec les précédents, empreints d'un empirisme, d'un pragmatisme manifestes. Plus encore, au-delà du réalisme, une réelle amertume avait pris corps, qui limitait d'autant les ambitions et le goût pour des constructions trop ambitieuses. Une illustration parlante de cette distance entre Sieyes et les conventionnels réside, par exemple, dans le jugement porté par Faure sur la proposition de la jurie constitutionnaire. On voit, à sa lecture, combien le malentendu est patent et le différend irréductible:

«Qui composera le jury dont il s'agit?», s'inquiéta-t-il en effet. «Où sont les hommes dignes d'occuper un tribunal qui jugera sur l'équité naturelle?[186] Quels sont les mortels qui ont le vrai tact du juste

---

[184] "Sur le jury constitutionnaire de Sieyes", *Journal de Paris*, 22 Thermidor-9 août 1795, p. 1239.

[185] Idem, *Journal de Paris*, 23 Thermidor-10 août 1795, p. 1303.

[186] On peut comprendre ici la circonspection de Faure qui participait d'une génération d'hommes qui, sous l'Ancien régime, avaient souhaité que "Dieu nous délivre des jugements en équité du parlement" et qui pouvaient légitimement craindre que sur ce point l'histoire vienne à balbutier, ce dont Sieyes aurait dû être conscient s'il n'avait manqué de sensibilité politique.

et de l'injuste? Il nous en faut cent huit, et Diogène avec sa lanterne n'en a pas trouvé un seul. (...). La philosophie», reprit-il, «considère les hommes tels qu'ils devraient être; mais le législateur voit les hommes tels qu'ils sont. (...). Il ne nous reste plus qu'à supposer dans le jury, dans les cent huit membres, une force de raison qui n'est pas dans la nature humaine. Quelle que soit l'excellence de votre choix», concluait-il en traduisant l'état d'esprit de la majorité, «contentez-vous des précautions sages de la commission des Onze». C'est précisément ce que firent les conventionnels[187].

Ces mises en garde, il importe de le noter, étaient somme toute assez congruentes avec certains passages du *Fédéraliste* exprimant précisément cette anthropologie négative ou pessimiste à laquelle nous avons précédemment fait référence. Jugeons-en:

> «N'avons-nous pas déjà reconnu», avait écrit en effet Hamilton, «le caractère illusoire et extravagant de ces vaines théories qui nous ont flattés de l'espoir d'être exempts des imperfections, des faiblesses, des dangers communs à toutes les sociétés, sous toutes les formes de gouvernement? N'est-il pas temps de s'éveiller du rêve trompeur de l'âge d'or, et d'adopter, pour principe de notre conduite politique, que nous, comme tous les autres habitants du globe, nous sommes bien éloignés de l'empire heureux de la parfaite sagesse et de la parfaite vertu?»[188].

En regard de cette sensibilité qui faisait une ligne de pensée, Sieyes contrastait jusqu'à se détacher irrésistiblement de l'esprit propre aux membres de la Convention. La gangue physiocratique qui modelait sa conception politique faisait de lui un sujet décalé, enfermé dans une sorte de despotisme de l'évidence qui paraissait anachronique à des députés commotionnés par la Terreur et auxquels il semblait que c'était faire beaucoup, et peut-être l'essentiel, que de s'en remettre aux leçons tirées

---

[187] *Sur le jury constitutionnaire, proposé par Sieyes et la commission des Onze*, Paris, impr. nationale, fructidor an III, pp. 1, 3, 9. On trouve de nombreuses expressions de cet état d'esprit propre aux membres de la convention. Ainsi P.J. Audouin par exemple, rappelait qu' "... il faut faire les lois pour les hommes tels qu'ils sont, et non tels que les suppose une imagination rétrécie, bouillante ou trop isolément vertueuse". Voy. *Un mot sur les lois constitutionnelles*, Paris, imprimerie nationale, prairial an III, p. 3. Poultier, quant à lui, s'attachait à convaincre qu' "il ne s'agit pas de chercher aujourd'hui ce qui est mieux, mais ce qui est bon. Le mieux se fera par la suite". Voy. *Du pouvoir exécutif*, Paris, imprimerie nationale, le 6 thermidor an III, p. 1.
[188] *Le Fédéraliste*, op. cit., n° VI, p. 39.

de l'expérience. Le dogmatisme et l'incandescence rationaliste de ses principes indisposaient le gros des députés pour lesquels pragmatisme et empirisme étaient les maîtres mots, au point que l'on peut parler d'un véritable prosaïsme thermidorien. En définitive, Sieyes parlait Raison à des hommes qui venaient de subir la Terreur, qu'ils considéraient pour la presque totalité d'entre eux comme la plus grande déraison, ou peu s'en faut, de l'Histoire[189]. Il s'agissait à présent pour eux de se prémunir contre ce type de négation du constitutionnalisme. La technique était connue et éprouvée, c'était celle de la balance des pouvoirs: on s'en tiendrait là et toute critique trop appuyée contre elle ne pouvait être tenue que comme une boursouflure de l'esprit, d'autant que la balance avait été épurée puisqu'assise sur l'unité d'intérêt et l'égalité des droits. Par ces motifs, le parcours de Sieyes en l'an III est celui d'un échec en ce que ce logicien ne réussit pas à marquer de son empreinte le texte en débat. Tout juste pourrait-on le créditer d'avoir en retour influencé la propre conception de cette partisante inconditionnelle de la balance des pouvoirs qu'était Mme de Staël.

Cette dernière, en effet, si l'on en juge par ses notes destinées à la préparation de son livre *Des circonstances actuelles qui peuvent terminer la Révolution*, livre rédigé en 1798 mais gardé en portefeuille, avait vu dans le discours du 2 Thermidor une expression d'un système fondé sur la balance des pouvoirs. La référence se présente comme il suit:

> «Sieyès. Divisez pour empêcher le despotisme, centralisez pour empêcher l'anarchie. (...). Distinguer l'unité d'action de l'action unique, mettre la proposition d'un côté et la décision de l'autre. (...). Le corps le plus nombreux ne proposera rien et décidera. Proposition sera séparée de la délibération. Faire un tableau des divers avantages des constitutions grecques, r. l. a. am. et de celle de Sieyès»[190].

En l'espèce, *r.* est mis pour romaine, *l.* pour lacédémonienne, *a.* pour anglaise, *am.* pour américaine, soit un ensemble de constitutions ayant pour commun dénominateur de participer de la balance des pouvoirs. On le voit, cette partisante invétérée de la tripartition tenait donc

---

[189] Pour s'en convaincre, on lira par exemple les *Mémoires pour servir à l'histoire de la Convention nationale*, par Daunou.

[190] *Des circonstances actuelles qui peuvent terminer la Révolution*, Genève, Paris, Droz, 1979, p. 396. La citation prise dans toute son extension englobe d'autres aspects du discours du 2 Thermidor, ce qui prouve que Mme de Staël l'a étudié avec attention.

le système de Sieyes pour un type possible de la balance des pouvoirs qu'il convenait de rapporter aux autres pour juger de sa spécificité, de ses avantages et de ses inconvénients.

Précisément, ayant opéré ce travail de réflexion, il est probable, mais sur ce point notre certitude n'est pas pleine et entière, que Mme de Staël ait été influencée dans sa propre conception de la balance par le discours du 2 Thermidor, et qu'elle ait fait son profit de certains éléments de la pensée de Sieyes. Cette dernière était à la recherche, dès avant les débats constituants, d'un mode d'organisation des pouvoirs publics qui ne fût pas conflictuel ainsi qu'en atteste une lettre adressée le 21 prairial an III (9 juin 1795) à Roederer:

> «On parle beaucoup de division des pouvoirs», écrivit-elle à son correspondant, «et c'est peut-être leur union qui est le problème le plus difficile. Un pouvoir exécutif qui n'a aucun rapport avec la confection des lois est naturellement l'ennemi de ceux qui lui imposent des décrets qui contrarient et ses vues et ses moyens d'exécution. On a senti par cette raison la nécessité de donner au Roi la sanction». Mais, observa-t-elle, «il est impossible d'accorder une si grande influence à un pouvoir exécutif républicain. Ne faudrait-il pas alors choisir les ministres parmi les représentants du Sénat? Ils auraient plus de considération en réunissant les deux titres; ils se mêleraient à la discussion et comme en Angleterre, ils auraient l'avantage d'avertir des difficultés d'exécution qui s'opposent aux lois que l'on proposerait. Dans l'Assemblée constituante, il est arrivé vingt fois qu'on décrétait en finances, à la guerre, etc., une chose tout à fait impossible, et qu'une simple objection d'un ministre aurait absolument empêchée. (...). A cette idée, le premier mot que l'on oppose, c'est la confusion des pouvoirs, parce qu'une phrase tout apprise est généralement répétée. Mais est-ce qu'il y a de la confusion des pouvoirs en Amérique et en Angleterre parce que les ministres sont en même temps représentants du peuple? L'opposition, le choc des pouvoirs prépare l'envahissement de l'un des deux, et c'est en les réunissant qu'ils se maintiennent»[191].

On retrouve ici en vérité l'une des idées fondamentales de son père, fortement marqué par son voyage en Angleterre, selon laquelle l'attribution à l'organe exécutif d'un droit de sanction n'est plus vital lorsque les ministres, pris dans les chambres et bénéficiant de ce fait de la qualité de parlementaire exercent de ce fait le droit d'initiative législatif,

---

[191] *Correspondance générale*, Paris, J.J. Pauvert, 1974, T. III, 2e partie, pp. 15-16-17.

dirigent *de facto* les débats, de sorte que, la législation étant votée d'une manière certaine dans le cadre de leur patronage et avec leur consentement, le monarque n'a plus de motifs à user du *veto*. En d'autres termes, Necker, plus que tout autre en France, avait compris la logique, à l'œuvre en Angleterre sous forme d'une évolution institutionnelle irrépressible, qui devait conduire le régime fondé primitivement sur la tripartition du pouvoir législatif dans le cadre d'une balance des pouvoirs à se transmuter en un régime parlementaire sous sa forme dualiste.

Le problème est de savoir si c'est sous l'empire de cette influence paternelle ou de celle de Sieyes que de Staël donna sa définition de la balance des pouvoirs qui figure en ces termes dans *Des circonstances actuelles*:

> «Un penseur éloquent l'a dit: c'est à l'union des pouvoirs qu'il faut tendre, et l'on confond sans cesse la séparation nécessaire des fonctions avec une division des pouvoirs qui les rend forcément ennemis les uns des autres».

A s'en tenir à cette expression première de la définition, on incline davantage vers la première solution, et c'est d'ailleurs l'opinion d'Henri Grange, qui quant à lui ne fait jamais référence à Sieyes, et pour lequel il ne fait pas de doute que le penseur éloquent dont il est question est Necker[192]. Cette présomption se renforce en considération du fait que pour préparer son livre, de Staël prit des notes tirées du dernier livre de son père paru à l'époque, *De la Révolution française*, publié en 1797. Une de ces notes se présente ainsi:

> «Mon Père: Principale idée que, dégoûtés d'avoir trop confondu, on a trop divisé les pouvoirs, partout ailleurs entremêlés comme dans un être l'imagination, la raison et la volonté»[193].

---

[192] Henri Grange, *Les idées de Necker*, Paris, Klincksieck, 1974, p. 227.

[193] *Des circonstances actuelles qui doivent terminer la révolution*, op. cit., p. 398. Cet extrait renvoie au passage suivant de Necker: "On avait réuni, confondu tous les pouvoirs dans l'organisation monstrueuse de la Convention nationale, et par un autre extrême, moins dangereux sans doute, on n'a voulu conservé entre eux aucune des affinités que le bien de l'Etat exige (...). Si l'auteur de la nature n'avait pas mis plus de relation, plus d'intimité entre l'imagination, le jugement et l'action de la volonté que les législateurs de la France n'en ont établi entre le Conseil des jeunes gens et le Conseil des anciens, et plus particulièrement entre l'autorité législative et le pouvoir exécutif, l'homme eût été un être fort bizarre, et qui n'aurait jamais rempli sa destination".

Mais le second moment détourne de cette première impression par l'utilisation de termes et d'arguments tirés du discours du 2 Thermidor:

> «la balance des pouvoirs, en renvoyant encore à l'auteur que j'ai cité, n'est pas un poids contre l'autre, ce qui, autrement dit, signifierait un équilibre des forces qui existerait sans cesse à se faire la guerre pour obtenir un avantage décidé. La balance des pouvoirs, c'est la suite des combinaisons qui les amène à être d'accord, et l'opinion publique, dans toute sa force peut, seule, dans un gouvernement libre, forcer l'un des deux pouvoirs à céder à l'autre, si par malheur ils différent»[194].

Cela d'autant plus, que, presque aussitôt après, de Staël fait référence à la jurie[195], ce qui tend bien à prouver qu'elle développait sa propre réflexion en référence à celle de Sieyes[196].

C'est donc dans cet esprit, c'est-à-dire dans le souci de constituer un ensemble d'organes qui concourent tous au même but dans le cadre de relations harmonieuses, que de Staël proposait des réformes institutionnelles fondées, pour l'essentiel, sur trois principes:

- Tout d'abord, faire en sorte, afin d'éviter une rivalité excessive entre organes, que les représentants n'exercent pas uniquement au long de leur carrière une seule fonction, mais les exercent successivement. C'est ainsi que les Anciens, nommés à vie, dans le dessein de leur conférer un surcroît d'autorité dans leur tâche de conservation de la constitution,

---

194 Op. cit., pp. 179-181.

195 "le véritable jury constitutionnel", écrit-elle, "c'est le seul pouvoir supérieur à tous les autres, la volonté du peuple exprimée par de nouvelles élections".

196 Madame de Staël fait référence à Sieyes à trois autres reprises: sur le thème de la représentation politique (p. 17); sur celui de la jurie (p. 162); et enfin, p. 281, où elle le compte, en compagnie de Condorcet, Roederer, Godwin et Constant, parmi les hommes qui avancent l'époque où la certitude s'emparera de la science politique, c'est-à-dire où la méthode géométrique sera appliquée à cette science. Au demeurant, à en croire le témoignage de Gouverneur Morris qui relate un dîner tenu en janvier 1791 au domicile de Mme de Staël, l'admiration qu'elle portait à Sieyes était déjà manifeste à cette époque. Ainsi, avait rapporté avec irritation le publiciste et diplomate américain, "l'abbé Sieyes est là et disserte avec beaucoup de suffisance sur le gouvernement, méprisant tout ce qui a été dit ou chanté avant lui sur ce sujet et Mme dit que ses écrits et opinions marqueront une nouvelle ère de la science politique, comme ceux de Newton dans la physique". Voy. G. Morris, *The diary and letters of Governor Morris*, op. cit., T. I, p. 376.

d'autant qu'ils se voyaient attribuer les compétences de la jurie, devaient être recrutés parmi les Cinq cents. De même, les membres du Directoire devaient être pris dans le sein du Conseil des Anciens, et devaient réintégrer ce même conseil à leur sortie de charge.
- Ensuite, assurer la participation à la législation du pouvoir exécutif, en attribuant au Directoire un droit de veto suspensif d'une session à l'autre afin qu'il ne soit pas contraint d'exécuter un décret qu'il désapprouve. En outre, et l'on retrouve sur ce point l'influence paternelle, elle estimait qu'on évitait les inconvénients d'attribuer ou non au Directoire le droit d'initiative législatif en lui permettant de choisir ses ministres parmi les députés: «Ils discuteraient alors dans le sein même du conseil (des Cinq cents) les décrets nécessaires à l'administration, ils y porteraient des connaissances que seul peut donner l'exercice du gouvernement. (...). Mêlant ensemble les individus, sans cesser de distinguer les pouvoirs, vous aurez un ensemble de gouvernement toujours d'accord au lieu d'avoir créé deux corps sous les armes»[197].
- Enfin, instituer l'arbitrage du corps électoral qui tranche le litige et rétablit l'harmonie, en reconnaissant au Directoire le droit de dissolution à l'encontre du conseil des Cinq cents. De Staël imputait en effet les événements du 18 fructidor à l'absence de ce moyen de régulation: «Le 18 Fructidor», écrivit-elle, «c'est le droit de dissoudre le parlement d'Angleterre, violemment exercé parce qu'il n'existait pas un moyen légal et qu'il n'y en avait une nécessité positive»[198]. Dans la même logique, elle estimait nécessaire que le Directoire, s'il était déjugé à la suite de l'usage de son droit de *veto* suspensif ou du droit de dissolution, soit tenu de démissionner, afin, précisément, que l'harmonie entre le pouvoir exécutif et le pouvoir législatif soit rétabli.

Ainsi, les réactions des contemporains de Sieyes, en l'espèce celles des conventionnels et de Mme de Staël, qui toutes faisaient participer son système de celui de la balance des pouvoirs, constituent un élément très significatif et que l'on ne peut ignorer. De la sorte, bien qu'il s'en défendit, et bien que cette dénégation soit porteuse de sens et ne doit pas de ce fait être éludée tant la spécificité de Sieyes est certaine, il reste que ce dernier a développé en l'an III une pensée à tout le moins travaillée par la balance des pouvoirs. Cette caractéristique s'accuse d'autant plus lorsque l'on sait que Sieyes a intégré dans sa propre réflexion un certain nombre d'éléments tirés de l'œuvre de James Harrington.

---

[197] Op. cit., p. 191.
[198] Idem, p. 179.

§ II) Emmanuel-Joseph Sieyes considéré d'après son rapport doctrinal avec James Harrington.

En effet, il est possible d'affirmer sans contredit que Sieyes a été sensiblement influencé par le républicain anglais James Harrington, adepte notoire d'un certain type de balance des pouvoirs, à laquelle il consacra de larges développements dans son œuvre doctrinale. Cette influence, qui porte sur les aspects les plus essentiels de la pensée politique de Sieyes, joua tant en l'an III (A), qu'en l'an VIII (B), de sorte qu'elle imprégna de façon définitive l'œuvre du publiciste français.

A) Le «*Franco-Océana*» d'Emmanuel-Joseph Sieyes.

«Avant la Révolution française», a écrit François Guizot, la Révolution anglaise «était le plus grand événement que l'Europe eut à raconter»[199]. Or, disant cela, cet éminent spécialiste de l'histoire politique britannique évoquait non pas la *Glorieuse Révolution* de 1688-1689 mais celle, à notre sens bien plus féconde et cruciale, de 1640-1660, dite révolution puritaine ou *Grande Rébellion*, laquelle, en effet, constitue indéniablement un moment essentiel et par bien des aspects fondateur du constitutionnalisme moderne. Or, dans ce cadre, l'un des publicistes les plus remarquables et les plus importants de cette période séminale fut James Harrington (1611-1677), figure doctrinale de principe en son temps et ce jusqu'au XVIIIe siècle. Le magistère intellectuel qu'on lui reconnaissait alors et son influence considérable sur les esprits et la science politique du temps ne devaient avoir d'égal que le profond oubli dont il fera l'objet au XIXe siècle. Mais, entre temps, l'Angleterre, les Etats-Unis et la France avaient été marqués de son empreinte. En effet, ses compatriotes Locke, Shaftesbury, William Penn, Bolingbroke, Hume, Catherine Macaulay, Algernon Sidney, Henry Neville, Temple, Defoe, Halifax, Dryden, Marvell et autres Hutchinson ont puisé à divers titres dans ses ouvrages et vulgarisé des aspects essentiels de son enseignement. De même, outre-Atlantique, John Adams en fit un de ses maîtres à penser -ce qui, en soi, suffirait à nous convaincre qu'Harrington était acquis au principe de la balance- et le cite avec prodigalité, et il eut sans doute sa part à la proposition émise en 1779 aux fins de substituer au nom de l'Etat du Massachusetts celui d'Oceana. Chez nous, enfin, il sembla moins en crédit puisque Montesquieu le condamne dans *l'Esprit des lois* d'une formule assassine, mais en laissant entendre toutefois qu'il s'agissait d'un

[199] *Histoire de la Révolution d'Angleterre depuis l'avènement de Charles Ier jusqu'à sa mort*, Paris, Masson, 1850, T. I, *Préface*, p. III.

esprit fort à défaut d'être juste[200]. En vérité, en raison de la qualité et de l'impact de la doctrine de l'écrivain du Rutland, la bonne intelligence tant de la constitution de l'an III que de certaines orientations de Sieyes suppose la connaissance préalable de ce *corpus* républicain anglais qui, n'en doutons pas, fit souche un siècle et demi plus tard dans la thématique républicaine française.

a) La distribution des pouvoirs publics dans l'*Oceana*.

L'œuvre majeure de Harrington est le *Commonwealth of Oceana*, qui se présente sous la forme d'une utopie. Ce genre était prisé à l'époque car il permettait de proposer à mots plus ou moins couverts des plans de constitution les plus hardis et le plus souvent assez précis. En l'espèce, Harrington avait feint une île imaginaire, *Océana*, mais c'est bien de l'Angleterre dont il était question de sorte que sous des noms d'emprunt perçait l'identité des personnages politiques et intellectuels de l'époque. Ce livre, publié en octobre ou novembre 1656, était sur le métier depuis sept années, précisément depuis l'exécution de Charles Ier, et l'avènement en 1653 du Protectorat devait persuader son auteur d'entamer la rédaction proprement dite pour dénoncer le nouveau cours du régime. Il exprime donc la problématique institutionnelle des années 1649-1656, époque où l'Angleterre était précisément dans l'attente d'une constitution définitive, ou, à tout le moins, d'un Règlement qui puisse stabiliser la République. L'*Océana* était donc à dessein destinée à servir de programme pour fonder un nouveau système et Harrington, qui avait de ce fait travaillé dans l'esprit d'un jurisconsulte, escomptait, sans grandes illusions toutefois, que Cromwell, lassé de l'échec de ses propres entreprises -1656 est une de ces années où le doute et le découragement s'emparèrent de beaucoup d'esprits en raison de la succession de convulsions politiques ininterrompues depuis 1642- se rendrait à la raison de ce plan, qui, au demeurant, lui était dédié dans le souci d'en garantir la parution.

Dans les lignes qui suivent, nous ne dirons pas tout de la très riche doctrine d'Harrington qui entendait faire de la réflexion politique une discipline rigoureuse, et de ce fait nous nous en tiendrons aux aspects

---

200 "Harrington, dans son Océana", a écrit le Magistrat en forme de conclusion du chap. VI du L. XI, "a examiné quel était le plus haut point de liberté où la constitution d'un Etat peut être portée. Mais on peut dire de lui, qu'il n'a cherché cette liberté qu'après l'avoir méconnue, et qu'il a bâti Chalcédoine ayant le rivage de Byzance devant les yeux". Par ailleurs, Montesquieu le cite dans la liste des législateurs qu'il dresse au chap. XIX du L. XXIX en compagnie d'Aristote, Platon, Machiavel et More.

de son œuvre qui concernent *stricto sensu* l'organisation des pouvoirs publics. Dans ce cadre, ce républicain condamnait sans réserve la tripartition du pouvoir législatif propre à la monarchie mixte anglaise, qu'il nommait, par une formule destinée à un grand avenir sous la Révolution française, «la balance gothique». Toutefois, procédant ainsi, Harrington n'en devait pas moins produire le plaidoyer sans doute le plus argumenté et le plus achevé en faveur de la balance des pouvoirs par le bicaméralisme qui fut composé aux XVIIe et XVIIIe siècles, ce qui est lourd de sens et de conséquences puisqu'il s'agit en définitive d'une légitimation républicaine de la balance des pouvoirs. En effet, Harrington avait dans l'esprit une constitution qui tout en préservant les acquis de la guerre civile serait de nature à protéger la République des dangers de la démocratie pure fondée sur l'unité législative. En d'autres termes, il voulait selon sa formule favorite sortie en droite ligne de ses lectures des Anciens pour lesquels elle était une sorte de lieu commun, repris à ce titre par Montesquieu et Rousseau, «un gouvernement de la loi, non un gouvernement des hommes». De ce fait, dans le cadre d'une distinction qui structurait l'ensemble de sa pensée, Harrington faisait le départ entre ce qu'il appelait la *prudence ancienne*, dont il fallait s'inspirer, et la *prudence moderne*, qu'il rejetait:

> «Le gouvernement», avançait-il sur cette base, «pour le définir de jure, ou selon l'ancienne prudence, est un art par lequel une société civile est constituée et maintenue sur des bases de droits et *d'intérêts communs*; le gouvernement, pour en donner la définition de facto, ou conformément à la prudence moderne, est un art par lequel un homme, ou quelques hommes, soumettent une ville ou une nation, et la conduisent selon leur *intérêt particulier*».

Sur le plan des institutions politiques, le droit commun de cette prudence ancienne consistait, au sens d'Harrington, dans la coordination d'un sénat d'une part, qui disposant du droit d'initiative législatif discute et propose, et d'autre part du peuple, réuni en un même lieu, qui dispose en attêtant la loi, sans toutefois pouvoir discuter du projet ou l'amender. Pour démontrer cela, Harrington s'appuyait principalement sur les régimes des Hébreux, de Sparte, de Rome et d'Athènes, mais s'autorisait également de l'œuvre de Machiavel qui, à ses yeux, fut le premier Moderne à renouer l'Ancienne prudence, et du gouvernement de Venise. Sur cette base, il apparaissait que l'Ancienne prudence ne souscrivait pas à la tripartition du pouvoir législatif avec participation de l'élément royal, de sorte qu'il existait une opposition de principe irréductible entre celle-ci et le gouvernement britannique du roi en son parlement:

«J'entends par prudence ancienne», précisait-il à cette fin, «la politique d'une république et par prudence moderne celle d'un roi, des seigneurs et des communes. (...). Cette politique d'un roi, des lords et des communes», poursuivait-il, «ne vient point de la prudence de nos ancêtres, mais de la nécessité de leur balance».

En contrepoint, Harrington proposait une République fondée sur le principe de la souveraineté populaire, dans laquelle l'ensemble des magistrats émanent de l'élection de sorte qu'il n'y avait pas de place pour un élément de nature héréditaire. Toutefois, dans le contexte des années 1640-1660 en Grande-Bretagne, la singularité de sa réflexion politique procédait d'un autre point, et suppose, pour être entendue, la connaissance de cette conviction essentielle chez Harrington selon laquelle il existe dans l'ordre humain une aristocratie naturelle diffusée par Dieu. Les hommes, en effet, lui apparaissaient très inégaux sous le rapport de l'entendement, de la sagesse et de la vertu, de sorte que la nature avait distingué un petit nombre, qui formait une aristocratie naturelle, et la multitude. Il ne pouvait de ce fait y avoir de régime parfait que fondé sur cette distinction naturelle qui devait être prolongée dans l'ordre politique, et plus précisément être institutionnalisée dans le cadre de la puissance suprême, c'est-à-dire dans le cadre de la procédure législative. En conséquence, il était nécessaire d'ériger deux chambres dont chacune constituerait soit l'organe de l'aristocratie naturelle, soit de la multitude. Mais, plus encore, les membres de chacune de ces deux entités étant distincts par leurs attributs inégaux, devaient exercer au sein du processus législatif une fonction étatique différente pour le commun profit de l'ensemble. Ainsi, il revenait aux meilleurs, dotés des capacités supérieures, d'être l'organe de pensée de la République. Leur supériorité leur donnait le droit, et plus encore l'obligation de conduire la multitude, c'est-à-dire d'être son conseiller à l'image du père pour ses enfants, et d'exercer à ce titre l'initiative législative qui est pour eux comme un droit naturel, et qui est la phase la plus importante du processus législatif. En regard, le commun du peuple était en mesure de découvrir des choses auxquelles il n'aurait pu penser de son propre mouvement et/ou serait éclairé sur certains objets. Précisément, le peuple serait quant à lui l'organe de volonté de la République et serait chargé de déclarer si la proposition émise est conforme à son intérêt, c'est-à-dire à l'intérêt dominant dans la République. Doté de capacités inférieures, il ne devait prendre aucune part à l'élaboration intellectuelle du projet et ne pouvait donc en être à l'origine, en discuter, ou bien encore l'amender, car impropre à cette série de tâches. En conséquence, le parlement d'*Oceana* devait être bicaméral avec une chambre haute qui dispose du monopole tant de l'initiative législative que du droit de discussion, et une chambre basse compétente pour agréer ou rejeter les propositions qui lui sont faites, sans pouvoir les amender. Dans cette configuration, l'acte législatif parfait apparaissait comme le résultat d'une relation harmonieuse entre la pensée et la volonté de la République, sa sagesse et son intérêt. Ainsi, un gouvernement des lois serait institué puisque le peuple ayant déclaré la loi conforme à son intérêt se soumettrait naturellement à la règle juridique.

Sur la base de cette prémisse, le dispositif institutionnel proposé par Harrington se décomposait comme il suit: dans l'ordre législatif, un sénat composé d'un petit nombre -300 membres au plus-, représentant la sagesse de la République, a pour fonction exclusive de débattre et proposer la loi. Il revient à une assemblée, dénommée *la Prérogative*, composée d'un grand nombre -1050 membres- représentant les intérêts du peuple, d'accepter ou de rejeter ces propositions sans la possibilité d'en débattre ou de les amender d'aucune façon. Un délai de six semaines est requis entre la résolution du sénat et le vote de l'assemblée populaire afin que le sujet puisse être considéré, et que s'engage dans le pays un débat informel et préalable, nécessaire à une décision réfléchie. Dans ce cadre, Harrington considérait les votes de cette assemblée comme une sorte de *referendum* indirect, à l'imitation des démocraties directes antiques.

Ces deux assemblées sont élues, au scrutin secret, de façon concomitante par un corps électoral identique. Celui-ci est composé de l'ensemble des «hommes libres» ou «citoyens», c'est-à-dire de ceux qui peuvent subvenir à leurs besoins par leur propre industrie, âgés de plus de trente ans et dénommés à ce titre «Anciens». Les serviteurs, c'est-à-dire les travailleurs salariés et les domestiques, auxquels sont apparentés ceux qui ont dilapidé le revenu familial ou ont été bannis de l'armée, sont de ce fait exclus du droit de suffrage. Ainsi, les pauvres n'avaient pas accès à la capacité politique qui était le fait de la *gentry*, c'est-à-dire les propriétaires terriens, des francs-tenanciers et des commerçants. Ceux-ci élisaient leurs représentants au scrutin indirect à trois degrés, afin que par épurations successives les plus capables des candidats soient sélectionnés. De plus, les «citoyens» étaient distingués, sur la base de l'évaluation de leurs biens, en deux groupes, les «cavaliers» et les «fantassins». Les premiers devaient leur qualification à la possession d'une propriété, en terres, en biens meubles ou en argent, dont ils tiraient une rente de cents livres par an. Précisément, l'ensemble des sénateurs ainsi que les trois septième des membres de la chambre des députés étaient tirés de l'ordre des cavaliers, de sorte que la sagesse était conçue comme une qualité immanente aux propriétaires fonciers. Enfin, au sein des deux assemblées, le mandat est de trois ans, et en vertu du principe dit de rotation, un tiers des membres de chaque chambre est renouvelé annuellement, en plus du fait que tout magistrat ne peut à la sortie de son office se représenter à l'élection pendant une durée égale à celle de son mandat[201].

La fonction exécutive, enfin, est attribuée à un organe collégial composé de quatre comités, savoir le conseil d'Etat, le conseil de guerre, le conseil des religions et le conseil de commerce. Ces conseils, dont les membres pris dans le sein du sénat sont élus par lui pour un an, sont, dit Harrington, «les sources naturelles qui font dériver le cours des affaires vers le sénat», ce qui signifie qu'ils ont un droit d'initiative législatif. Leurs opinions écrites forment la base de départ du débat au sénat et des conseillers peuvent même venir en séance défendre leur projet. En plus de cela, ils sont bien entendu chargés d'exécuter la loi, et les magistrats sont à ce titre pénalement responsables afin de s'assurer de leur soumission aux lois et de la rectitude de l'exécution.

Habité, donc, par la pensée politique des Anciens et celle de la renaissance italienne, Harrington était en considération de cela un partisan convaincu de la balance des pouvoirs. Mais cette dernière était chez lui d'une nature particulière et dotée d'une signification propre. De fait, Harrington ne présentait pas une balance des pouvoirs traditionnelle où chaque organe partiel de législation représente une classe sociale distincte, car, à son sens, le bicaméralisme devait exclusivement correspondre à la traduction institutionnelle de la distinction entre la sagesse et l'intérêt: ainsi, le sénat représentait la sagesse propre aux individus les plus distingués et l'assemblée les intérêts de corps de la nation. La loi découlait en définitive de l'intérêt puisque l'ensemble des institutions devaient correspondre à l'intérêt dominant, mais cet intérêt devait être éclairé en sorte que la sagesse doit proposer et l'intérêt tester, apprécier cette recommandation sur la base du critère de l'utilité. Ainsi, dans sa

---

201 Sur ce point, Harrington, en quête de principes rigoureux sur lesquels on puisse fonder une science politique, avait été inspiré par les travaux de William Harvey qui, peu auparavant, avait découvert la circulation du sang et en avait décrit les mécanismes dans un livre intitulé *An Anatomical Disquisition of the Motion of the Heart and Blood in Animals*, paru en 1628. Harrington avait en quelque sorte établi une analogie entre cette circulation du sang et la rotation des magistratures, qu'il concevait pareillement comme un principe d'hygiène politique. Ce principe de rotation était très important dans sa pensée. Bolingbroke, qui possédait parfaitement la doctrine d'Harrington, l'avait noté, et le présentait comme "the very essence of Harrington's Oceana". Voy. *The Crafstam*, n° 402, 16 mars 1734, cité par I. Kramnick, *Bolingbroke and his circle*, Cambridge, Harvard university press, 1968, p. 29.

république, les deux chambres procédaient du peuple et le sénat ne formait pas un ordre séparé d'avec lui, puisqu'élu par lui dans le même temps que l'élection des députés: la république ne consistait qu'en un seul ordre, celui du peuple. C'était là toute la différence avec la monarchie mixte établie en Angleterre qui présentait trois ordres antagonistes, le roi, la noblesse et les communes, avec une division continuelle entre la chambre des pairs et le peuple. Ainsi, Harrington semblait opposer une logique de coopération à une logique de compétition qui engendre la rivalité et le conflit, et l'essentiel de son propos fut précisément, tout en se fondant sur le mécanisme de la balance des pouvoirs, de mettre fin à ce type d'antagonisme:

> «Il n'y a pas de question plus noble et utile en politique», dit-il à ce sujet, «que celle élevée par Machiavel. Elle consiste à savoir s'il était possible de trouver quelque moyen par lequel on eût détourné cette inimitié qui subsista toujours entre le peuple de Rome et le sénat. Personne», affirmait alors Harrington d'une façon telle qu'elle démontre qu'il s'agit là du cœur de sa doctrine, «n'est plus intéressé que nous à cette question»[202].

En effet, à son sens, le gouvernement mixte traditionnel de la Grande-Bretagne était condamnable car, fondé sur des intérêts différents et non sur un intérêt unique, il créait et entretenait une opposition et un rapport de force constants entre les différents ordres, rendant instable ce type de régime, lequel ne pouvait produire la liberté politique:

> «Nos politiques gothiques», protestait-il sans détour, «me semblent plutôt avoir inventé quelque nouvelle munition ou poudre à canon, dans leur parlement et leur roi -duo fulmina belli-, qu'un gouvernement. (...). Cette aigreur et cette jalousie continuelle sous l'empire alternatif d'un prince et du peuple sont dangereux à la moindre étincelle» ajoutait-il[203].

En fait, il lui semblait que ce régime était une sorte de précipité instable car la coexistence dans un rapport d'altérité entre les deux états que sont une noblesse héréditaire et le peuple est facteur de divisions et établit une inégalité au profit de la noblesse, arc-boutée sur son propre intérêt. A l'inverse, dans une république, l'intérêt est commun car elle est

---

[202] *Océana*, Paris, Belin, 1995, p. 372. Sur la réponse à apporter, Harrington se séparait de Machiavel puisque ce dernier jugeait cette compétition et cette agitation inhérentes à toute république et indispensables au maintien de la liberté.
[203] Idem, p. 363.

formée d'un seul ordre, de sorte qu'il n'y a pas de place, ainsi qu'il est d'usage dans la logique propre du gouvernement mixte, pour des intérêts de classes distincts qui se font mutuellement contrepoids, pour des prétentions différentes émondées les unes par les autres, car il ne s'agit pas d'opposer des intérêts particuliers à d'autres du même type, mais d'instituer un mécanisme propre à produire un acte législatif rationnel:

> «Ce qui est ainsi proposé», disait-il à ce sujet, «par l'autorité (...) du sénat, et décidé par (...) le peuple, est établi par tous, et devient une loi, qui, quoique les hommes ne soient pas infaillibles, est cependant de l'espèce de loi la plus infaillible»[204].

Seule, en définitive, la balance de la sagesse et de l'intérêt placés dans une relation de continuité et non d'opposition pouvait produire cet énoncé rationnel. Harrington, dans un court texte militant publié le 21 juillet 1659 soulignait ce point:

> «The true form of the democracy of free State», était-il affirmé, «consisted especially in this, that as to lawgiving, *the wisdom of the nation propose, and the interest of the nation resolve*»[205].

Telle était donc la spécificité de la balance des pouvoirs proposée par Harrington. Elle n'était dans son esprit que la traduction juridique et institutionnelle d'un phénomène naturel, à savoir la distinction du petit nombre et de la multitude, et toute République correctement réglée devait reposer sur cette relation particulière, spontanée et adéquate, existant entre l'aristocratie et la démocratie tirées d'entre le peuple, relation d'égalité entre des personnes dont les mérites sont inégaux. De la sorte, la sagesse et l'intérêt de la République, mis correctement en rapport, engendraient de façon certaine le bien public. En d'autres termes, il semblait à Harrington que la seule façon d'assurer la prise en compte de l'intérêt commun dans l'ordre politique et d'établir un empire des lois et non pas d'individus, était de faire participer à la législation les deux ordres constitutifs de la société que sont l'aristocratie naturelle et le commun du peuple, d'une manière conforme à leurs qualités propres, qui

---

[204] *Prérogative*, in *Oeuvres politiques de Jacques Harrington*, Paris, Quatremere, an III, T. II, p. 219.

[205] *A Discourse showing that the spirit of parliaments, with a council in the intervals, is not to be trusted for a settlement: lest it introduce monarchy and persecution for conscience;* reproduit in J.G.A. Pocock, *The political works of James Harrington*, Cambridge university press, 1977, pp. 747-753.

pour être inégales, sont complémentaires et nécessaires l'une à l'autre, afin de former une harmonie. Dans l'*Oceana*, Harrington s'est expliqué à ce sujet dans un passage capital, destiné par ailleurs à une célébrité certaine au XVIIIe siècle. Ainsi, disait-il, le moyen d'aboutir à la prise en compte de l'intérêt commun est

> «connu mêmes des petites filles, ce moyen n'étant que ce qu'elles pratiquent en divers cas. On a donné à deux petites filles», expliquait-il, «un gâteau à partager entre elles. Afin donc que chacune puisse avoir ce qui lui revient, l'une dit à l'autre: partagez et je choisirai; ou, je partagerai et vous choisirez. Ce point une fois convenu entre elles, c'en est assez: car si celle qui partage le fait inégalement, elle y perd, en ce que l'autre prend la meilleure part; c'est pourquoi elle divise également, et elles ont toutes deux ce qui leur appartient. Ô profondeur de la sagesse de Dieu, qui sait s'énoncer avec la plus grande force, par la bouche de deux faibles enfants! deux petites filles paisibles découvrent ce qui fait le sujet des disputes des plus grands philosophes, et même tout le mystère d'une République, qui ne consiste qu'à faire les parts ou qu'à choisir[206]. Dieu», poursuivait-il, «si ces ouvrages sont bien compris, *n'a pas laissé beaucoup à disputer aux hommes sur la question de savoir qui choisira et qui partagera; il les a distribués pour jamais en deux ordres, dont l'un a le droit naturel de partager, et l'autre celui de choisir*».
>
> En effet, continuait-il, «prenons un certain nombre d'hommes, vingt, et formons-en aussitôt une République. Vingt hommes, s'ils ne sont pas tous des idiots, et peut-être, s'ils le sont, ne pourront demeurer ainsi longtemps ensemble; il y aura bientôt une telle différence entre eux, qu'un tiers sera plus sage, ou moins fou que tout le reste. Les six qui composeront ce tiers, s'en étant quoique légèrement aperçus, semblables aux cerfs qui ont le plus haut bois, conduiront tous les autres. Car, tandis que les six discourent et argumentent ensemble,

---

[206] Cette parabole des deux petites filles a toute son importance. En effet, John Adams devait dans sa *Défense des constitutions américaines* faire longuement référence à Harrington, faisant de lui l'antipode des Nedham et Turgot et présentant son œuvre comme la réfutation la plus autorisée de la thèse des partisans de l'unité législative jugée incompatible avec la séparation des pouvoirs. C'est la raison pour laquelle il donna de larges extraits de *l'Oceana* et, précisément, retranscrivit la parabole. Petite cause grands effets, l'invocation de cette métaphore allait devenir en grande partie par l'intermédiaire d'Adams le schibboleth des adversaires de l'unité législative. La citer, s'y référer correspondait désormais à affirmer l'incompatibilité de nature entre l'attribution exclusive à un seul organe de l'intégralité de la fonction législative et le principe de la séparation des pouvoirs. Voy., par exemple, en ce sens, U.F. Piault, *Traité de l'esprit des sociétés nationales*, Paris, Pernier, an VIII, note 1 p. 81.

tandis qu'ils font voir leur supériorité, les quatorze autres découvrent des choses auxquelles ils n'avaient jamais songé ou sont éclairés sur différentes vérités qui les avaient d'abord inquiétés. C'est pourquoi dans ces matières d'intérêt commun de difficulté ou de danger, ils ont recours à ces six hommes, comme des enfants à leur père; et l'influence acquise ainsi par les six, dont la supériorité de connaissances devient l'appui des quatorze autres, est l'autorité des Pères. *Ce ne peut être là*», avançait Harrington, «*qu'une aristocratie naturelle que Dieu lui-même a répandue parmi les hommes*, afin que le peuple ait, non seulement une obligation positive, mais encore un intérêt naturel de faire usage de ses *guides* (…). Les six obtenant donc l'approbation des autres, forment le sénat, non de droit héréditaire, ou par celui de leur fortune (…) mais par élection, à cause de l'excellence de leurs qualités qui servent à augmenter l'influence de leur vertu ou de leur autorité, et à conduire le peuple. Les fonctions du sénat ne sont donc pas d'être les commandants, mais les conseillers du peuple; ce qui convient le plus à des conseillers est de débattre d'abord et de donner ensuite leur avis dans l'affaire qu'ils ont débattue; de là les décrets du sénat ne sont jamais des lois, ni appelés ainsi mais *senatus-consulta*. Après les avoir mûrement formés, il est de son devoir de les soumettre au peuple *ferre ad populum*. Le sénat n'est donc qu'un corps qui débat les intérêts de la République. Mais débattre c'est discerner, et faire une différence entre des choses qui, étant semblables, ne sont point les mêmes; ou c'est séparer et peser telle raison à l'égard de telle autre, ce qui est diviser.

Le sénat ayant divisé, qui choisira?», s'interrogeait sur ce fait Harrington. «Demandez», répondait-il, «aux deux petites filles: car si celle qui a fait les parts eut encore eu le choix, il n'eût guère été plus fâcheux pour l'autre en ce cas de ne point partager du tout, et il eût mieux valu pour elle conserver tout le gâteau afin qu'étant forcée de donner à choisir, elle eût pu faire le partage en conséquence. C'est pourquoi donc, si le sénat a un plus grand pouvoir que celui de diviser, la République ne peut jamais être égale. *Dans une République qui ne consiste que dans un simple conseil*, il n'y a rien à choisir que ce qui a été partagé; d'où il suit qu'*un tel conseil ne manque jamais d'être factieux et agité*, ne se trouvant de copartageants au gâteau qu'au milieu des sénateurs eux-mêmes».

Par conséquent, considérait-il, «il n'y a d'autre remède que d'avoir un autre conseil pour choisir. La sagesse de quelques-uns peut être le flambeau de tous, mais l'intérêt de quelques-uns n'est pas l'intérêt de tous ou d'une République. Puisque donc nous avons accordé que la raison était l'intérêt, le petit nombre ne doit pas choisir de peur d'éteindre son flambeau. Mais comme un conseil divisant renferme la sagesse de la République, de même un conseil choisissant doit être formé de l'intérêt de la République. *Comme la sagesse d'une république est dans l'aristocratie, son intérêt de même est dans tout le corps du peuple*, et dans le cas où la République consiste dans une nation trop considérable pour être assemblée en corps, ce conseil doit être composé de représentants aussi également choisis qu'il est possible et constitués de sorte qu'ils ne puissent jamais céder à aucun autre intérêt que celui du peuple (...).

Diviser et choisir», pouvait alors conclure Harrington, «*dans le langage d'une République, c'est débattre et résoudre. Tout ce qui, sur le débat des sénateurs, est proposé au peuple, et décidé par lui, est intitulé auctoritate patrum et jussu populi, par l'autorité des pères et par le pouvoir du peuple, dont le concours fait la loi*»[207].

Ainsi, au final, Harrington avait entrepris de restaurer à l'usage du système représentatif des Modernes tous les éléments fondateurs de l'Ancienne prudence en fait d'institutions politiques. Cela emportait, en premier lieu, l'institution de la balance des pouvoirs avec une chambre qui discute et propose et la seconde qui dispose, de sorte que les phases de conception et d'adoption d'un texte législatif étaient clairement distinguées. Un extrait tiré de *The Humble Petition of divers Well affected Persons*, du 6 juillet 1659, l'établissait de stricte façon: «There is no security», était-il écrit, «if that Supreme Authority be settled in any one single assembly whatsoever, *that shall have the entire power of propounding, debating and resolving Laws*». En second lieu, cela impliquait les principes de rotation, de non-rééligibilité immédiate, auxquels il devait ajouter celui de l'élection des représentants au scrutin indirect, soit un ensemble de dispositions qui marqueront rapidement les esprits et seront adoptées de façon plus ou moins complète par les révolutionnaires Américains et Français.

b) Sieyes à l'école d'Harrington.

Précisément, compte tenu de ces éléments, il appert qu'une part importante de la doctrine d'Harrington en fait de constitution a passé chez Sieyes. Les historiens Clapham et Russel-Smith, frappés par l'analogie entre les schémas du pouvoir législatif des deux auteurs, ont les premiers établi cet emprunt[208].

Des éléments objectifs tirés des archives personnelles de Sieyes que les deux professeurs n'avaient pu consulter en leur temps viennent étayer cette affirmation. Ainsi, une pièce titrée *Harrington*, non datée,

---

[207] *Oceana*, op. cit., pp. 244-247.

[208] Voy. J. H. Clapham, *The Abbe Sieyès. An Essay in the politics of the French Revolution*, London, P.S. King and son, 1912 et H.F. Russel-Smith, *Harrington and his Oceana. A study of a 17th century utopia and its influence in America*, Cambridge, Cambridge U.P., 1914.

mais que les réalisateurs de l'inventaire des *Papiers Sieyès*, MM. Marquant et Fourtoul, estiment être de 1795 ou peu auparavant, contient de brèves citations ou idées tirées des écrits du républicain anglais. Parmi celles-ci, figure, le fait est hautement significatif eu égard à notre sujet, la parabole des deux petites filles se partageant le gâteau[209]. Une autre pièce laisse présumer, sans qu'on puisse rien conclure avec certitude, que Sieyes avait déjà pratiqué Harrington avant même la Révolution française. En effet, le nom du théoricien britannique figure dans son *Projet de bibliothèque ou bibliographie* daté de 1770, composé de deux cahiers. Le premier recueil contient une préface où Sieyes expose la nature de son projet: «J'ai voulu», écrit-il, «me faire un catalogue des livres dont je pourrai composer ma bibliothèque si je deviens jamais assez riche pour m'en former une (...). Je ne fais pas un traité de bibliographie», poursuit-il, «je ne m'attache qu'aux livres *vraiment utiles et que je voudrais acquérir*»[210]. Ainsi, Sieyes considérait l'*Oceana* d'Harrington comme une référence de principe, indispensable à la formation et à la réflexion de tout publiciste, et sur ce point nous ne sommes pas éloigné de penser que l'épigramme de Montesquieu avait fait son effet sur Sieyes, comme sur d'autres au demeurant. De ce fait, ces éléments plaident à notre sens en faveur d'une lecture précoce par Sieyes de l'œuvre d'Harrington, dès avant 1789 par conséquent, et ce d'autant plus que la *Défense des constitutions d'Amérique*, dont l'édition en langue anglaise date de 1787-1788, est pleine de références au Républicain anglais qu'Adams porte très haut, de sorte que ce livre constitue lui aussi un puissant appel en faveur de la lecture de l'*Oceana*[211].

---

[209] Elle est très brève et se présente ainsi: "demandez aux deux petites filles: si celle qui a fait les parts en (illisible) le choix...". Voy. 284 AP/5, dossier 1-1, chemise intitulée: *Réflexions morales. politiques. littéraires.*

[210] Voy. 284 AP/1, dossier 3, au verso du feuillet 243.

[211] Le fait que Sieyes ne se soit jamais expressément réclamé de James Harrington, ou déclaré s'en être inspiré importe peu. D'une façon générale, Sieyes n'indiquait jamais ses sources, d'une part parce que cela se faisait peu au XVIIIe siècle et d'autre part parce que la suffisance était dans son caractère. Harold Bloom a relevé que les poëtes s'abstiennent le plus souvent de reconnaître leur dette envers d'illustres prédécesseurs compte tenu du besoin fondamental qui est le leur d'affirmer leur propre individualité (voy. *The anxiety of influence. A theory of poetry*, Oxford, Oxford, U.P., 1973). C'est peu dire qu'il en va de même pour les grands théoriciens. D'ailleurs, aveuglé par un désir actif de singulariser le plus possible la pensée politique française, Sieyes prêtait à celle-ci des réalisations qui ne lui revenaient pas. Ainsi, dans ce même discours du 2 Thermidor, il déclara contre toute vérité qu' "une idée saine et utile fut établie en 1788; c'est la division du pouvoir constituant et des pouvoirs constitués. Elle comptera parmi les

Plus encore, deux éléments d'ordre analytique établissent l'emprunt conceptuel et doctrinal de Sieyes. En premier lieu, on sait que Sieyes avait proposé, la première fois dans ses *Vues*, une division

---

découvertes qui font faire un pas à la science; *elle est due aux Français*", et il est vraisemblable au demeurant que, dans son for intérieur, Sieyes s'attribuait plus qu'à tout autre les mérites de cette découverte. Naturellement, La Fayette devait rétablir la chronologie et faire justice de cette prétention infondée: "Qui ne sait" devait-il s'emporter dans ses *Mémoires*, "que plus de deux ans avant 1788, les Américains, non seulement avaient eu cette idée, mais l'avaient appliquée dans des conventions d'Etat; que les constitutions de ces divers Etats furent changées et rechangées par des pouvoirs constituants séparés des pouvoirs constitués; que la constitution commune et fédérative de 1787 fut aussi faite par une convention nationale, et que, non seulement cette idée ne fut point une découverte des Français qui en parlèrent en 1788, mais que les Français bien loin de faire faire sur ce point un pas à la science, l'ont plutôt fait rétrograder par le mélange des fonctions constituantes et législatives dans l'assemblée constituante et dans la convention nationale, tandis qu'en Amérique elles ont toujours été distinctes". La Fayette, *Mémoires...*, op. cit. T. IV, pp. 35-36. (La *notice sur la vie de Sieyes*, de laquelle est tiré cet extrait, a été écrite entre 1797 et 1800). On notera qu'Edouard de Laboulaye, qui, nous le verrons amplement, connaissait parfaitement l'histoire et le droit américains, ne devait pas manquer de s'appuyer sur ce passage pour confondre Sieyes et affirmer pour sa part que "c'est aux Etats-Unis que nous avons emprunté les constitutions écrites, les déclarations des droits, l'idée du pouvoir constituant et le nom même des conventions, c'est-à-dire des assemblées qui sont spécialement chargées de faire et de réviser les constitutions". Voy. *Du pouvoir constituant*, in *Questions constitutionnelles*, Paris, Charpentier, 1872, p. 381 et p. 397. En fait, dès 1793 dans son *Esquisse d'un tableau des progrès de l'esprit humain*, Condorcet avait avec sa probité intellectuelle ordinaire déclaré vouloir montrer dans son livre "comment les républiques américaines ont réalisé cette idée, alors presque nouvelle en théorie, de la nécessité d'établir et de régler, par la loi, un mode régulier et possible pour réformer les constitutions elles-mêmes, et de séparer ce pouvoir de celui de faire les lois". Voy. *Esquisse...*, op. cit., Paris, Flammarion, 1988, p. 234 et déjà, en des termes similaires, *Eloge de M. Franklin*, op. cit., p. 23. Bien entendu, les Américains se reconnaissaient une paternité dans ce domaine: voy. à ce sujet B. Baylin, *The Ideologicals Origins of the American Revolution*, Cambridge, Belknap press, 1968, p. 190. De la même façon, ils insistaient sur le fait que l'idée de la soumission du législateur à la constitution leur était due: voy. par exemple l'intervention, très précise dans son argumentation, de Wilson au sein de la convention de ratification de l'Etat de Pennsylvanie, in J. Elliot, *The Debates in the several States conventions...*, op. cit., T. II, p. 432. Relevons pour clore ce sujet que ces thèmes furent en réalité agités dès la Révolution de 1640-1660, et que les républicains anglais disaient eux-mêmes avoir été tributaires dans leur propre réflexion de celle des Monarchomaques.

administrative du royaume en départements uniformes afin de briser la mémoire des vieilles provinces féodales. Or, Harrington avait lui-même proposé en son temps une division de son pays en cinquante *tribes* d'une superficie approximativement égale[212]. Fait remarquable, la *Gazette française*, devait relever la parenté:

> «Sa nouvelle division de la France», était-il écrit à propos du schéma de Sieyes, «idée heureuse en effet pour désorganiser sûrement la monarchie, se présentait à tous ceux de ce parti comme l'unique moyen de braver les résistances qui pouvaient naître dans les anciennes provinces, de la part des anciens employés du gouvernement dans toutes les classes, selon la maxime *divide et impera*. Il existe d'ailleurs un modèle très connu de cette opération, proposée en Angleterre dans des circonstances exactement semblables à celles où nous nous sommes trouvées. Dans l' *Oceana* d'Harrington, qui n'est que le plan d'une République offert à Cromwell, l'auteur divise l'Angleterre de la même manière, en supprimant la division par comtés. Il fait des districts, des precincts, des hundred, qui correspondent à nos départements, à nos cantons, à nos municipalités»[213].

---

[212] MM. Clapham et Russel-Smith estiment de ce fait que Sieyes a lu Harrington dès avant 1789. Voy., respectivement, *The Abbe Sieyès*, op. cit. p. 32 et *Harrington and his Oceana*, op. cit., p. 207. Harrington s'était en l'espèce, comme pour la plupart des autres éléments fondamentaux de sa pensée, inspiré de l'exemple antique et précisément de la réforme menée à Athènes par Clisthène, aboutissant à la division de l'Attique en une centaine de dèmes (communes) et à la réorganisation des tribus, dont le nombre était porté de 4 à 10, selon une répartition territoriale. De la même façon, Rousseau sous l'effet du même exemple historique, recommandait à l'intention des Corses une division administrative en douze circonscriptions à peu près égales (voy. *Œuvres complètes*, Paris, Gallimard, 1964, T. III, p. 910). Ainsi, Sieyes, si volontiers méprisant à l'égard de l'autorité des précédents historiques, exhumait, à son insu, sous l'influence de la médiation d'Harrington, un principe conçu et appliqué dès l'Antiquité.

[213] Le propos de l'auteur de cet article était de rabaisser Sieyes, dont la réputation de grand théoricien de la Révolution était alors faite, plus bas que terre, voulant toucher ainsi la Révolution elle-même. Ayant relevé que les titres ordinaires de Sieyes étaient d'avoir inspiré les Droits de l'Homme et proposé tant la jurie que la division de la France en départements égaux, il objectait, en plus de l'emprunt inavoué ci-dessus énoncé, que les droits de l'homme étaient inscrits dans les préambules de toutes les constitutions américaines et que le plan de la jurie était un "galimatias", avant de conclure en ces termes: "d'après ces rapprochements, il est difficile de ne pas regarder Sieyes comme plagiaire dans les prétendues inventions qui devaient le faire passer à la postérité comme un génie créateur". L'ensemble de la citation est rapportée à dessein dans ses *Mémoires* par Morellet, peu suspect de sympathie à l'égard de Sieyes. En effet, en 1789, Morellet devenu

En second lieu, Sieyes est tenu par l'un de ses exégètes les plus autorisés, P. Bastid, comme «le grand théoricien du renouvellement partiel»[214]. Sieyes estimait en effet que le renouvellement intégral du personnel politique lors des élections pouvait engendrer des bouleversements et des ruptures alors que le renouvellement partiel assure la continuité et la modération de la législation. C'est ainsi que dans les *Vues* et le *Tiers-Etat*, il estimait qu'il était expédient, afin que le corps législatif soit au fait des besoins et des dernières opinions du peuple sans, pour autant, que la stabilité de l'assemblée soit menacée, que les députés soient renouvelés annuellement par tiers. L'Abbé s'en tint toujours à ce système, modifiant simplement la proportion en l'an VIII puisqu'il prescrivit un renouvellement par quart. Corollairement à cela, il en tenait pour le principe de non rééligibilité immédiate des députés afin que certains d'entre eux ne s'approprient pas *de facto* la fonction législative, mais restent exclusivement des détenteurs temporaires de celle-ci. Or, nous le savons, c'est bien plutôt Harrington qui fut le théoricien de ces questions et le premier à juger ces procédés indispensables, et le fait que Sieyes ait fixé dans ce domaine ses propres principes dès 1789 démontre à nouveau que, dès cette époque, l'œuvre politique de l'Anglais lui était d'une grande familiarité.

Ainsi, au seuil de la Révolution française, Sieyes avait emprunté à l'une des figures intellectuelles majeures de la Révolution anglaise de 1640-1660 le principe et la justification doctrinale du découpage administratif du territoire en circonscriptions égales, du renouvellement partiel du corps législatif et de la non rééligibilité immédiate des représentants. Amplifiant ce mouvement, il devait en l'an III s'inspirer des

---

l'ami et le défenseur de Necker avait fait parvenir le 14 février au Maréchal de Broglie une lettre qui fut publiée le 4 août de la même année sous le titre de *Lettre écrite à l'occasion de l'ouvrage intitulé: Examen du gouvernement d'Angleterre*, livre que Sieyes, nous l'avons vu, ayant à l'esprit les notes ajoutées par les auteurs français, citait précisément en référence dans la troisième édition du *Tiers-Etat*, le qualifiant "d'excellent ouvrage" qui remplissait "son vœu". Morellet y discutait exclusivement de ces fameuses notes en s'inscrivant en faux contre leur esprit, car s'il convenait lui-même que les institutions anglaises n'étaient pas sans défauts, il estimait pour autant qu'on ne pouvait condamner une constitution par le seul fait qu'elle ne fût pas parfaite. Morellet voyait donc Sieyes comme un homme animé par un esprit de système. Malgré ce fait, il devait paraître en 1822 une édition du *Tiers-Etat* et de l'*Essai sur les privilèges* annotée, sans tour polémique, par Morellet.

[214] P. Bastid, *Sieyes et sa pensée*, Paris, Hachette, 1970, p. 408.

enseignements de Harrington pour l'organisation du pouvoir législatif. Cette correspondance fut au demeurant relevée sur le moment même, et par l'un des publicistes le plus autorisés à le faire, à savoir le traducteur de *l'Oceana*, P. F. Henry, qui en son particulier n'hésita pas à placer Sieyes, qu'il admirait, dans l'orbite d'Harrington[215]. Pour le démontrer, Henry devait d'abord condamner le dispositif de la constitution de l'an III suivant lequel l'initiative législative était attribuée à l'assemblée populeuse, ce qui à son sens contrevenait de façon rédhibitoire à la doctrine d'Harrington:

> «Nous sommes aussi éloignés des principes d'Harrington», faisait-il observer, «que celui-ci l'est quelquefois de ceux de Montesquieu. Harrington», poursuivait-il, «s'est occupé surtout à chercher ce qu'il nommait une bonne aristocratie, et à trouver les moyens de donner à la loi toute la perfection qu'on doit en attendre. Son système sur la partie législative de la République est fondé sur la raison éternelle, sur l'expérience de toutes les Républiques, et l'autorité des plus grands philosophes. Voici quel est, dans cette question, le résultat de la politique: «le sénat délibère et propose, le peuple, ou l'assemblée populaire, décide, et le magistrat exécute». Cette marche est naturelle et simple, quoique ce ne soit point celle qu'on vient de prendre. La Convention nationale a bâti son édifice sur un tout autre plan mais ce plan, quel est-il? N'est-ce pas celui d'un théâtre? Harrington, au contraire, a bâti un temple. C'est dans le sanctuaire de ce temple qu'il fallait discuter la loi. C'est sur la partie, dite de la scène, qu'elle le sera

---

[215] La traduction de l'*Oceana*, ainsi que des œuvres complètes d'Harrington, fut publiée en l'an III, dans la suite immédiate des débats constituants: voy. *Œuvres politiques de Jacques Harrington*, Paris, Leclere, Quatremere, an III, 3 tomes. C'est précisément cette traduction qui vient récemment d'être rééditée: voy. *Oceana*, Paris, Belin, 1995. Malheureusement, la *Préface* de Henry n'a pas été reproduite, alors même qu'elle est, pour le sujet qui nous occupe, pleine d'enseignements. Ainsi, par exemple, Henry précise que son intérêt pour Harrington et l'idée d'une traduction lui sont précisément venus de la lecture de la *Défense des constitutions américaines* de John Adams, ce qui d'une part confirme à nouveau le statut de livre de référence qui, en l'an III, était celui de ce traité écrit à l'appui du principe de la balance des pouvoirs, et d'autre part démontre que l'ouvrage d'Adams fut sans doute le canal privilégié de la vulgarisation d'Harrington. D'autre part, il est à noter, comme preuve supplémentaire de l'intérêt suscité à l'époque par Harrington, qu'en ce même an III de la République, et là aussi postérieurement aux débats constituants, une des œuvres du républicain anglais, à savoir ses *Aphorismes politiques*, fit l'objet d'une traduction et d'une publication séparées sur l'initiative de P. Fr. Aubin: voy. *Aphorismes politiques*, Paris, Didot jeune, l'an III.

dans la nouvelle constitution; l'une doit être le fruit de la sagesse et de l'expérience; l'autre sera incohérente et funeste; elle sera le fruit de l'enthousiasme, des passions et du délire, si ce n'est de l'intrigue et de la corruption»[216].

Ainsi, Henry dénonçait par ces mots l'attribution au conseil des Cinq cents, c'est-à-dire à l'élément populaire et à l'assemblée la plus nombreuse, de l'initiative législative, phase la plus essentielle à ses yeux et, plus important, à ceux d'Harrington, ce qui avait conduit ce dernier à en confier l'exercice à un sénat considéré comme la *major pares*, d'où ce parallèle entre le sanctuaire d'un temple, lieu de sagesse et de réflexion, et la scène d'un théâtre, lieu de déclamation, d'agitation, où les sentiments sont outrés jusqu'à l'emportement. Henry devait d'ailleurs confirmer et expliciter sa réprobation dans une très factuelle *Histoire du Directoire exécutif*, parue en 1801: «la constitution de l'an III était trop imparfaite», confirma-t-il, «pour qu'il fût possible d'en effacer les défauts. C'étaient les ressorts qui, dans la machine politique, sont continuellement en jeu, qui étaient les plus défectueux: l'initiative et la rédaction. Ces deux parties importantes de la formation de la loi, étaient livrées aux délibérations tumultueuses d'une assemblée essentiellement agitée. La sagesse, privée du conseil, était réduite à la négative et le plus souvent au silence. Les hommes les plus instruits» devait-il conclure, «délibéraient le moins; et ceux dont les passions étaient le plus à redouter, avaient le plus de moyens de s'y livrer»[217]. Ce faisant, en disciple avisé, Henry traduisait tout à fait sur ce point fondamental la pensée d'Harrington, qui tenait ce mécanisme pour essentiel à la cohérence de son système et qui avait condamné en termes exprès son inversion: «Les matières civiles», avait-il représenté, «doivent être longuement débattues, examinées; elles exigent de la prudence, de la patience; et toutes ces qualités se trouvent plus facilement réunies dans un petit nombre de têtes sages, que dans un jeune homme que la vigueur et la témérité de l'âge rendent plus capable d'agir que de délibérer»[218]. Par conséquent, Henry était autorisé à dénier au texte de Fructidor le patronage d'Harrington dans la mesure où celui-ci faisait de l'élément aristocratique la pierre angulaire de son système et ne se serait jamais résolu à accorder l'initiative législative à l'élément populaire. Mais, pour notre part, nous ferons observer que *lato sensu*, et sur un plan strictement juridique, le texte de l'an III consacre, conformément à

---

[216] *Océana*, in *Œuvres politiques*, op. cit., T. I, *Préface*, pp. IX-X.
[217] *Histoire du Directoire exécutif depuis son installation jusqu'au 18 Brumaire inclusivement*, Paris, Buisson, an IX, p. 435.
[218] *Discours sur la monarchie*, in *Œuvres politiques*, op. cit., T. III, p. 288.

l'enseignement d'Harrington, la dissociation de la proposition et de la résolution pour en faire le mécanisme ordonnateur de la balance des pouvoirs[219]. En outre, on pourra noter que les constituants ont été sensibles aux raisons qui militaient en faveur de l'attribution de l'initiative au corps le moins nombreux puisqu'ils ont retenu cette option dans le cadre de l'exercice du pouvoir constituant dérivé où l'initiative fut remise aux Anciens, marquant par ce fait que si en matière de législation ordinaire l'exercice de l'initiative devait être exercé par l'élément politique jugé par ses qualités le plus propre à entreprendre puisque figurant «l'imagination», il devait en matière constitutionnelle être utilisé de façon plus circonspecte, et de ce fait échoir à la «raison».

Quoi qu'il en soit, au sens de Henry, la constitution du 5 Fructidor an III ne pouvait se prévaloir de l'*imprimatur* de Harrington. A l'inverse, affirmait-il, Sieyes, quant à lui, participait bien de l'école harringtonienne: «Un plan, à peu de choses près, semblable à celui d'Harrington», opinait-il en effet, «a cependant été offert à nos législateurs, *et par le plus profond d'entre eux*[220]. Ce plan n'a point été admis, et ne devait point l'être, car nous avons eu depuis la révolution trop d'orateurs, de comédiens politiques et charlatans, pour que le plan du théâtre ne fut pas préféré»[221]. C'est qu'en l'espèce, Sieyes avait pris soin d'attribuer la décision à ce qu'Henry percevait comme l'élément populaire, c'est-à-dire à la *législature* composée d'un nombre élevé de députés, alors que le droit d'initiative était échu à deux organes restreints sous le rapport du nombre.

Ainsi, l'*Océana* fut pour partie dans nos murs en l'an III. Bien entendu, il y avait loin de 1656 à 1795, et entre temps la réflexion politique avait marché. Mais il reste que notre droit constitutionnel positif tel que codifié en l'an III, de même que la doctrine de Sieyes ne sont pas sans rapport avec la formalisation propre à Harrington. Ce dernier avait été convaincu sa vie de théoricien durant que ses prescriptions seraient reprises et consacrées: «If this age fails me» devait-il écrire en 1659 dans

---

[219] D'ailleurs, Aubin, qui nous l'avons dit devait donner une édition séparée des *Aphorismes* d'Harrington, en était pour sa part convaincu. Ainsi, à la suite d'un certain nombre de sentences précisément destinées à établir l'exigence impérieuse d'un sénat et d'une assemblée populaire, il éprouva le besoin d'insérer cette note: "N'est-ce pas, sous un autre rapport, ce que nous voyons aujourd'hui en France?". Voy. la note 1 à l'aphorisme 81, reproduite p. 240.

[220] Nous avons vu à quel point Sieyes était tenu en l'an III par ses pairs publicistes comme le plus fameux d'entre eux.

[221] *Océana*, in *Œuvres politiques*, op. cit., T. I, *Préface*, p. XI.

un livre intitulé *Art of Lawgiving*, «the next will me do justice». Précisément, ce n'est pas le moindre des constats que de relever que ce devait être l'auteur emblématique de *Qu'est-ce que le Tiers Etat* qui, tout en gardant sa spécificité, devait valider ce pronostic, matérialisant ainsi le fil d'Ariane qui relit la *Good old Cause*, c'est-à-dire la Révolution de 1640-1660, à la Révolution française. De la sorte, si Sieyes-le-Moderne a vu plus loin que Harrington-l'Ancien c'est aussi parce qu'il est monté sur ses épaules[222].

---

[222] D'une façon générale, Sieyes aurait pu relever la proximité de la démarche d'Harrington avec la sienne. Ce dernier se considérait en effet moins comme un philosophe que comme un spécialiste de la science politique et par bien des côtés il raisonnait en logicien voulant façonner le réel et répugnant à le suivre. Cette prétention scientifique avait sans doute de quoi retenir l'attention de celui qui se flattait d'avoir achevé la science politique et pour qui la saine politique n'est pas la science de ce qui est mais de ce qui doit être. Toutefois, les deux épistémologies n'étaient pas identiques puisque, dans son effort dirigé vers une science de la société, Harrington avait développé une théorie essentiellement historique de la politique, alors que l'art social de Sieyes n'incorporait pas ce matériau. En effet, Sieyes avait tenu, comme d'autres au XVIIIe siècle, à étendre la méthode scientifique héritée du XVIIe et constituée dans le cadre des sciences physique et astronomique, à l'étude de l'Homme vivant en société afin de constituer une sorte de physique sociale comme on dira au XIXe siècle. Ce faisant, cette science nouvelle nécessitait dans son esprit l'emploi de notions rigoureuses qui, estimait-il, faisaient précédemment défaut. C'est ce qui explique son goût prononcé pour les néologismes. C'est ainsi que l'on attribue généralement à Auguste Comte l'invention des termes "sociologie" et "sociocratie". Or, ceux-ci figurent déjà dans les Papiers de Sieyes: voy. AP 284/3, Dossier 1.3, Feuillets non numérotés, 3e feuillet.

Néanmoins, cette intention scientifique, analogue à défaut d'être identique, devait d'ailleurs être relevée, et brocardée, par l'un des plus puissants et fameux publicistes-libellistes de la fin du XVIIIe siècle. Il revint en effet à Burke dès 1796 de les réunir dans une même réprobation en stigmatisant leur propension à l'esprit de système. Il le fit dans sa *Letter to a noble Lord* qui constitue une manière de suite à ses *Réflexions sur la Révolution française* puisqu'il y dénonce ce qui constituait à son sens le fanatisme et la métaphysique des philosophes et géomètres modernes: "L'ambition ", écrivit-il en effet pour les caractériser et les condamner, "s'est soudainement emparé d'eux; ils en sont enivrés; elle les a rendus intrépides à l'égard du danger qui peut en résulter pour autrui ou pour eux-mêmes. Ces philosophes ne considèrent pas plus les hommes dans leurs expériences, qu'ils ne considèrent les souris dans une machine pneumatique, ou dans un récipient de gaz méphitique. Quelqu'opinion que Milord puisse avoir de lui-même, ils n'ont pas (...) d'égards pour lui et pour tout ce qui lui appartient (...). Les possessions territoriales de milord sont douées d'un attrait irrésistible pour une expérience agraire. Elles insultent directement les droits de

B) La constitution de l'an VIII, ou les «bavards et les muets» justifiés par la balance des pouvoirs.

Ce faisant, la Constitution de l'an VIII qui procède, dans son premier jet, d'une inspiration due à Sieyes participe également de la balance et donc de la séparation des pouvoirs. En effet, le fait est clairement établi, Sieyes mit la première main au plan de constitution, avant que Bonaparte, animé par d'autres mobiles, y mît la sienne et ne dépossède de son bien le théoricien aussi hardi dans les idées que timide dans la lutte. Voyons le détail.

Le coup d'Etat ayant été consommé, la loi du 19 Brumaire, entre autres dispositions, ajournait le corps législatif pour trois mois, étant précisé que chacune des deux assemblées nommerait préalablement en son sein une commission intérimaire de vingt-cinq membres. Ces deux commissions étaient chargées, outre de statuer sur toutes les matières

---

l'homme. Elles sont plus vastes que le territoire de plusieurs républiques de la Grèce, et sans comparaison, plus fertiles que beaucoup d'entre elles. Il y a maintenant des républiques en Italie, en Allemagne et en Suisse, qui ne possèdent rien de semblable à un domaine aussi spacieux et beau. Il y a dans les arpents de ce seul duc de la marge pour les expériences analytiques de sept philosophes sur les sept différentes formes de républiques imaginées par *Harrington*. Jusqu'ici ces terres ont été absolument stériles pour la spéculation, propres seulement à engraisser des taureaux, et à produire du grain pour la bière, afin d'épaissir encore plus l'entendement grossier des Anglais. *L'abbé Syeyes* (sic) a des cases entières de pigeonniers remplies de constitutions toutes faites, étiquetées, assorties et numérotées, appropriées à toutes les saisons et à toutes les fantaisies, les unes ayant la pointe où devait être la base, les autres la base où devait être la pointe; celles-ci sans ornements, celles-là garnies de fleurs; quelques-unes distinguées par leur simplicité, d'autres par leur complication; les unes couleur de sang, d'autres *boue de Paris*; les unes avec des directoires, les autres sans direction; les unes avec des conseils des anciens et des conseils de jeunes barbes, d'autres sans conseils du tout; quelques-unes où les électeurs choisissent les représentants, d'autres où les représentants choisissent les électeurs; quelques-unes en habits longs, d'autres en habits courts; quelques-unes en pantalons, d'autres sans culottes; quelques-unes avec cinq qualifications; d'autres tout à fait indéterminées; en sorte qu'aucun amateur de constitution ne peut sortir de sa boutique les mains vides, pourvu qu'il désire un modèle de pillage, d'oppression, d'emprisonnement arbitraire, de confiscation, d'exil, de jugement révolutionnaire et d'assassinat prémédité et légalisé, sous quelque forme qu'on puisse les offrir. Quel dommage'', concluait-il, ''que les progrès de la philosophie expérimentale fussent arrêtés par le monopole de Milord! Tels sont les sentiments de ces docteurs; c'est moi qui l'en assure; tel est leur langage quand ils osent parler; tels sont leurs procédés, quand ils ont les moyens d'agir''. Voy. la *Lettre du très honorable Edmond Burke, à un noble Lord*..., s.l.s.d., pp. 62 à 65.

urgentes dans les domaines de la législation, de la police et des finances, d'apporter les changements à la constitution «dont l'expérience avait fait sortir les vices et les inconvénients». Précisément, la commission des Cinq cents avait le droit d'initiative tandis que celle des Anciens était destinée à ratifier les dispositions émises. Toutefois, ces deux commissions ne pouvaient délibérer «qu'avec la proposition formelle et nécessaire» de la commission consulaire exécutive, créée par cette même loi et composée de Sieyes, Ducos et Bonaparte. Il ne s'agissait pas de rompre avec l'ordre constitutionnel antérieur, mais bien de corriger la constitution de l'an III afin de donner à la France un gouvernement qui eût plus d'unité et de force. Plus largement encore, il fallait conserver les acquis de la Révolution, et dans cet esprit, la loi constitutionnelle du 19 Brumaire devait imposer au constituant huit principes. Or, bien entendu, à côté de l'affirmation de la souveraineté reconnue au peuple français, de la forme républicaine du gouvernement, du système représentatif, du respect de la liberté, de l'égalité, de la sûreté et de la propriété, figurait à l'article 12 le réquisit de «la division des pouvoirs». C'est donc dans cet esprit que la tâche fut entreprise, tâche dont les deux commissions devaient se décharger au profit de deux sections. Daunou, Cabanis, Boulay de la Meurthe, Lucien Bonaparte, Chazal, Marie-Joseph Chenier et Chabaud-Latour formaient celle des Cinq cents; Lenoir-Laroche, Garat, Loussat, Lemercier et Régnier celle des Anciens. Plus encore, toutes deux se tournèrent d'un même mouvement vers Sieyes que l'on tenait, davantage qu'en l'an III si cela fut possible, comme le grand législateur, qui de plus avait certainement un projet de constitution par devers lui. Il n'en était rien et Sieyes dut le dicter à Boulay sur l'insistance de ce dernier[223].

---

[223] Il existe trois sources concordantes sur lesquelles on peut se fonder pour rendre compte du projet de Sieyes:

- La première est une pièce tirée de ses propres archives, intitulée *Observations constitutionnelles dictées au citoyen Boulay de la Meurthe, membre de la commission législative des Cinq cents, dans les derniers jours de Brumaire de l'an VIII, et qu'il m'a rendues après les avoir fait transcrire*. 284 AP/5, dossier 2, pièce 7. Sur la première page du manuscrit figure la mention suivante: "Rien n'est plus incomplet et fautif que ce canevas dicté à la hâte. C'est d'après ces idées qu'a été décrite la constitution adoptée avec apparence de satisfaction, changée ensuite, altérée de plus en plus et abolie enfin successivement".
- La deuxième est la présentation faite par Boulay, augmentée de ses commentaires. Voy. *Théorie constitutionnelle de Sieyès. Constitution de l'an VIII. Extraits des Mémoires inédits de M. Boulay de la Meurthe*, Paris, P. Renouard, 1836.

Or, à cette époque, Sieyes se situait toujours dans la continuité de l'an III.

Ainsi, ayant identifié deux types d'intérêts et de besoins sociaux spécifiques, il attribuait concurremment le droit d'initiative législatif à deux organes distincts, porteurs chacun d'un type spécifique de besoins et d'intérêts sociaux. Le premier était le *tribunat*, chambre législative composée d'autant de membres qu'il y avait de départements, chaque département ayant son représentant, afin que les intérêts de chaque partie de la nation soient connus, protégés et défendus. La mission des tribuns consistait à exposer les besoins et soutenir les intérêts du peuple et ils étaient de ce fait indéfiniment rééligibles afin d'acquérir sur le long terme les compétences indispensables pour l'exercice de cette fonction capitale et dans le dessein de permettre aux plus capables d'exercer sans interruption cette fonction. Le second organe était le *gouvernement*, porteur de ses intérêts propres, et composé de deux consuls, l'un pour l'intérieur, l'autre pour l'extérieur, assistés chacun, outre de ministres et d'une chambre de justice politique, de leur conseil d'Etat qu'ils présidaient et dont ils nommaient les membres, conseil chargé de rédiger les projets de loi.

Il revenait ensuite au *jury législatif*, composé de quatre cents membres élus dans les départements, renouvelé chaque année par quart, d'accepter ou de rejeter les propositions émises. Ce corps ne pouvait donc légiférer *motu proprio*, «car», pensait l'Abbé en des termes rebattus par Harrington, «c'est précisément cette faculté indéfinie, qui faisait des assemblées autant de foyers d'activité funeste, où l'irréflexion, la précipitation, l'effervescence et le choc des passions agitaient tous les esprits, et faisaient prendre des déterminations dont la plupart étaient dangereuses ou inutiles»[224].

Le tribunat et le conseil d'Etat disposaient au sein du jury législatif d'une tribune, afin de soutenir leurs prétentions respectives et se porter la contradiction dans le cadre d'un débat qui précéderait le vote des députés. Ce débat contradictoire était essentiel pour Sieyes qui le présentait en des termes analogues à ceux employés en l'an III:

> «On sait», disait-il, «que la tendance naturelle du gouvernement est d'augmenter sans cesse ses attributions et ses prérogatives, et de demander toujours au-delà de ses besoins; au lieu que celle du peuple est de refuser toujours, ou du moins de n'accorder

---

- La troisième est la relation faite au *Moniteur universel*, à la date du 10 Frimaire an VIII.

[224]Voy. Boulay, *Théorie constitutionnelle de Sieyès*, op. cit., p. 22.

jamais que le moins possible; de sorte qu'il doit y avoir une opposition habituelle entre les orateurs des deux tribunes. Il y a donc débat, il y a plaidoirie devant le corps législatif; il faut donc que celui-ci ait la contenance et l'impartialité d'un jury ou d'un tribunal de juges; il faut qu'il écoute en silence les deux parties; et comme il ne doit avoir d'autres règles de décision que l'intérêt public, il accordera au gouvernement tout ce qui est nécessaire à ses légitimes besoins, et conservera au peuple la plus grande étendue possible de liberté et de ressources».

Les deux consuls étaient nommés et révocables *ad nutum* par le *grand Electeur*, désigné lui-même à vie par le *collège des Conservateurs* et doté d'attributions spéciales et limitées qui pour l'essentiel se résument à la représentation de la France dans ses relations avec les Etats étrangers, ce qui en l'espèce n'impliquait pas même le commandement des armées ou la négociation des traités, mais l'unique représentation envers eux de l'unité, de la dignité et de la grandeur de la France. Les membres du tribunat et ceux du jury législatif étaient nommés par le collège des Conservateurs composé de cent membres nommés à vie, inviolables et insusceptibles d'être portés à une autre fonction publique et dont la principale fonction était de maintenir la constitution en l'état, soit en statuant sur les difficultés d'application et les conflits de compétence, soit en réprimant les atteintes qui pourraient lui avoir été portées. Ce collège agissait à la suite d'une saisine sur la base d'une dénonciation ou d'une plainte, soit de la part du gouvernement, soit de la part du tribunat qui, tous deux, avaient également leur tribune près du collège, car ce n'est qu'à la suite du débat qui avait lieu entre les orateurs que les Conservateurs pouvaient prononcer leur jugement. Enfin le collège pouvait *absorber*, c'est-à-dire nommer en son sein tout individu -dont le Grand Electeur- qui représenterait une menace pour la stabilité et la pérennité des institutions. Sieyes, résumant ses principes, faisait participer son système de la séparation des pouvoirs, alors même qu'il n'y avait pas de séparation fonctionnelle en raison de l'attribution au gouvernement d'un droit d'initiative législatif, et de séparation matérielle du fait de la présence au sein du jury législatif des membres du conseil d'Etat qui débattaient avec les membres du tribunat. Ainsi, prononça-t-il, «la garantie de l'ordre social est dans l'établissement public*; la garantie de la liberté civile est dans la véritable division des pouvoirs;* la garantie de ces pouvoirs les uns à l'égard des autres est dans le collège des Conservateurs, magistrature suprême et nécessaire pour le maintien de la constitution»[225].

---

[225] Cité par Boulay, op. cit., p. 41.

Le plan répugna à Bonaparte, hostile au Grand Electeur qu'il apparentait à «un cochon à l'engrais», et dans lequel il voyait une institution à laquelle il était promis et destinée à le neutraliser, attendu qu'en plus d'être dénué de pouvoir il pouvait être «absorbé» et mis hors du jeu politique. Il entreprit donc de réunir les deux sections, bientôt élargies aux deux commissions, et en dix ou douze soirées le texte fut remanié conformément aux vues du jeune général qui mena les débats à sa main. On travailla sur deux textes, celui de Sieyes et celui, concurrent, de Daunou, lequel fut désigné comme rédacteur de la version finale. Bonaparte ouvrait la discussion sur chaque article et, habile et persuasif, réussit à prendre indifféremment dans les deux projets ce qui lui convenait, et surtout à faire avaliser l'attribution exclusive au gouvernement du droit d'initiative législatif, ce qui ne fut pas condamné comme contraire au dogme de la séparation des pouvoirs par les commissaires, et alors même que la discussion fut toujours marquée au coin de cette notion de séparation des pouvoirs -imposée nous l'avons dit par la loi constitutionnelle du 19 Brumaire- ainsi que l'atteste cette intervention de Boulay faite à l'occasion d'une des séances: il est admis dans le texte, analysait-il,

> «le dogme fondamental de la souveraineté du peuple, mais en reconnaissant, ce qui est évident, que le peuple français ne peut exercer cette souveraineté qu'en déléguant l'exercice des pouvoirs dont elle se compose. *Nous reconnaissons encore que ces pouvoirs doivent être divisés et confiés à des mains différentes*, qu'ils doivent se renfermer dans les limites qui leur sont assignées, mais agir librement dans la sphère de ces limites, et c'est dans cette organisation que nous croyons qu'existe la meilleure garantie de cette liberté d'action. Voilà ce que nous cherchons à établir, mais d'une manière plus précise et plus stable qu'on ne l'avait fait jusqu'à présent»[226].

Ainsi, en instituant un organe législatif complexe tel que composé du gouvernement, détenteur exclusif du droit d'initiative, d'un Tribunat discutant les projets de loi et votant sous forme de voeu l'adoption ou le rejet, et enfin d'un corps législatif statuant sans aucune discussion de la part de ses membres sur les projets de loi débattus devant lui par les orateurs du Tribunat et du gouvernement, la constitution de l'an VIII participait d'une part de la balance des pouvoirs et d'autre part de la séparation des pouvoirs entendue comme une règle de non-cumul. De la sorte, l'analyse de la doctrine classique suivant laquelle la réalité du

---

[226] Idem. p. 66.

régime échappe totalement au concept de la séparation des pouvoirs porte à faux[227]. A preuve, dans son dernier ouvrage, *Dernières vues de politique et de finance offertes à la nation française*, publié en 1802 et donné en manière de testament politique, Necker lui-même prit acte de ce que le texte de la constitution établissait sur le plan des principes juridiques un équilibre, et relevait dans ce cadre «trois corps destinés à faire *contrepoids* dans la *balance des pouvoirs*»[228]. Simplement, le vieux publiciste, qui à en juger par la lecture de ses œuvres complètes semblait ne pas connaître Harrington[229], fidèle à l'hortodoxie de la balance à la mode monarchique anglaise et dérouté par le polycamérisme, en désapprouvait en termes sévères l'économie générale. Ainsi, regrettant que le texte de Frimaire ait pris modèle sur celui de l'an III quant à l'organisation du corps législatif, il concluait: «c'est en tout cas de la bizarrerie, et la considération n'en vient point»[230]. Au demeurant, cette balance qu'il jugeait plus théorique que réelle, lui semblait viciée par le monopole de l'initiative législative attribuée au gouvernement, lequel menait à son sens à la dictature. Disant cela, Necker exposait le principal

---

[227] On trouve un très bon exposé de ce type d'analyse sous la plume de C. Goyard, ''Constitution de l'an VIII'', in J. Tulard (dir.), *Dictionnaire Napoléon*, Paris, Fayard, 1989, pp. 494-498.

[228] *Dernières vues de politique et de finance offertes à la nation française*, Paris, 1802, p. 64.

[229] Sa fille, quant à elle, cite son nom à une reprise au détour d'une analyse, mais sans que l'on puisse toutefois en tirer la certitude qu'elle l'ait lu. L'extrait est le suivant: "Harrington, Sidney, etc., indifférents aux questions théologiques, s'efforcèrent de rattacher les esprits aux principes de la liberté, et leurs efforts ne furent pas entièrement perdus pour la raison". Voy. *De la Littérature*, 1ere partie, chap XVI: *De l'éloquence et de la philosophie des Anglais*, Paris, Flammarion, 1991, p. 269.

[230] *Dernières vues*..., op. cit., pp. 138-140. Notons que dans ce livre rédigé en grande partie aux fins de présenter un projet de constitution applicable à la France, Necker s'appuyait ostensiblement de l'exemple des institutions politiques des Etats-Unis d'Amérique et proposait une tripartition du pouvoir législatif, le "gouvernement" disposant à l'égard des textes votés par les deux "conseils" -c'est le terme employé- un droit de *veto* conditionné sur le mode américain. "Je propose une imitation exacte de la constitution américaine", écrivait-il, et donnait ses raisons: "Voyez comme en Angleterre la volonté du prince s'unit aux statuts des deux chambres" faisait-il observer. "Nous avons déjà rapporté sur le même sujet" poursuivait-il, "l'exemple de l'Amérique, et l'on sait que, dans toutes les républiques, soit de l'antiquité, soit des temps modernes, le gouvernement a concouru à l'établissement des lois, ou par son initiative, ou par son assentiment, ou par une association active et modifiée de différentes manières". Voy. pp. 165 et 167-168.

grief qui fut dans un premier temps opposé à la constitution. On pouvait s'autoriser en ce sens de la quasi totalité de la doctrine publiciste du XVIIIe siècle qui proscrivait un tel procédé et réservait cette prérogative aux chambres législatives. Montesquieu et Delolme avaient insisté sur ce point. Le gouvernement, eût-il une structure collégiale, n'était pas perçu comme apte à juger des besoins sociaux spontanés, à les exprimer, non plus qu'à résister à la tentation de les éluder au profit de ses propres intérêts. Si, pour beaucoup, il n'y avait que Bonaparte dans la constitution, c'était en grande partie en considération de cette disposition. Par conséquent, si *de jure* la balance des pouvoirs était attestée, elle ne restait au sens de beaucoup que nominale, et passait précisément pour le commode alibi d'une concentration des pouvoirs réalisée *de facto*[231].

Ainsi, en l'an III, l'abbé Sieyes, commotionné lui aussi par la Terreur en tant que phénomène négateur du constitutionnalisme, avait remis son ouvrage sur le métier et, travaillant sur les matériaux de l'*Océana* qui lui étaient familiers depuis le début de la Révolution avait recommandé de distribuer selon un mode précis les fonctions de conception et d'adoption d'un texte de loi entre différents organes législatifs. Ce faisant, tout en étant lui-même un adversaire résolu et constant de la doctrine de l'équilibre des pouvoirs ce qui eut pour conséquence de ne pas le faire participer de la tonalité américanophile propre à l'an III, et tout en sachant ne pas s'aligner point par point sur sa propre référence privilégiée qui n'était autre que James Harrington, il introduisait par la bande dans sa doctrine politique des éléments participant de la balance des pouvoirs. Cela explique que la constitution de l'an VIII, qui bien qu'échappant à son auteur primitif trouve certains de ses fondements dans le *corpus* doctrinal de l'Abbé révisé depuis 1795, participe juridiquement de la catégorie de la balance des pouvoirs.

---

[231] De ce fait, les partisans du nouveau régime eurent à cœur de répondre sur ce point. Voy. par exemple *Du pacte social ou examen raisonné de la constitution de l'an VIII*, Paris, Bacot, an VIII. Son auteur, le citoyen Gilbert, médecin de son état et ancien administrateur de l'Ille-et-Vilaine, conscient de ce que "le danger de cette initiative dans les mains du gouvernement est un des grands moyens des adversaires de la constitution de l'an VIII", entreprit de démontrer qu'au vu de l'expérience constitutionnelle récente, la réserve du droit d'initiative à l'avantage du pouvoir exécutif apparaissait comme le mode le plus efficace de sa nécessaire participation à la législation.

Conclusion de la Première Partie.

Certes, nous l'avons vu, l'an III a innové et exprimé une spécificité. Mais, en retour, nous avons aussi constaté qu'il n'a pas créé *ex nihilo*, qu'il n'y eut pas, si l'on veut bien replacer ces débats constituants dans une perspective historique intégrant les expériences étrangères, de phénomène de rupture, mais bien plutôt un aboutissement. Sieyes lui-même, bien que moins disposé que tout autre à reconnaître ses propres emprunts, n'échappait pourtant pas à cette posture tant il avait su trouver dans le passé un ensemble de matériaux sur la base desquels il construisit sa propre doctrine. Par ce fait, il faut prendre garde à ne pas trop accuser le caractère original de l'an III. Auparavant, des précédents avaient eu lieu, des avant-coureurs avaient surgi, de sorte que bien avant l'an 1795, le procédé «propose-dispose» était utilisé comme un mode possible de structuration et d'effectuation de la balance des pouvoirs, de même que bien avant 1795 l'on avait imaginé et souhaité l'institution de deux conseils ou chambres qui procèdent tous deux du peuple.

Déjà, en effet, tout cela n'avait pas été inconnu sous la Grande Rébellion, dans le cadre de laquelle les Anglais avaient tenté de vider la balance des pouvoirs de l'opposition des intérêts. Pour nous en convaincre, reportons-nous un instant aux écrits d'un des républicains les plus en vue de cette période, savoir Edmund Ludlow, dont les *Mémoires* constituent l'un des documents les plus précieux sur cette époque[232]. Passant en revue les nombreux plans de constitution proposés en 1659 à la suite du décès d'Oliver Cromwell et de l'échec de son fils Richard, Ludlow notait en ce sens, afin de caractériser cette efflorescence que

> «les sentiments étaient alors fort partagés au sujet de la réforme du gouvernement qu'on devait établir». Puis, précisant son propos, il relatait que certains «disaient que ce serait un très grand bien pour le public qu'il y eût *deux conseils choisis par le peuple*, l'un composé d'environ trois cents, *qui n'eût que le pouvoir d'examiner les lois et de les proposer*, et l'autre d'environ mille conseillers, *qui*

---

[232] Ludlow (1617-1692), qui avait combattu le roi dans l'armée parlementaire, fit précisément partie du tribunal qui condamna Charles Ier. Républicain intransigeant, il se détacha de Cromwell dès l'accession de ce dernier au pouvoir, et du fait de son statut d'opposant ne put reprendre une influence politique qu'en 1659. Sorte de républicain emblématique, il dut se résoudre à s'exiler en Suisse lors de la Restauration.

auraient pouvoir de décider souverainement, et dont la troisième partie sortirait tous les ans, et serait incontinent remplacée»[233].

Ludlow disait vrai et parlait ici en historien scrupuleux. Ce type de proposition était alors dans l'air du temps compte tenu de la conjonction d'inspirations d'émanation niveleuse et harringtonienne. D'ailleurs, Antoine Boulay de la Meurthe, élu aux Cinq cents en 1797, et, en l'espèce, l'un des seuls publicistes français à écrire sur la Révolution de 1640-1660 avant que Guizot ne traite le sujet de façon supérieure et plus complète, devait reconnaître à sa façon l'antériorité du précédent britannique. Il le fit dans son *Essai sur les causes qui en 1649 amenèrent en Angleterre l'établissement de la République*:

> «... je ne pense pas», représenta-t-il en des termes auxquels nous souscrivons pleinement pour notre part, «qu'on pût indiquer aucun peuple, soit ancien, soit moderne, chez qui il y ait jamais eu plus de lumières politiques qu'il y en avait alors en Angleterre. (...) il suffit», poursuivait-il, «de jeter un coup d'oeil rapide sur les écrits, les mémoires et les discussions de ce temps, pour être convaincu que la théorie des gouvernements, et surtout celle du gouvernement représentatif, la distribution et *la balance des pouvoirs*, tous les grands principes de la liberté publique et particulière, y étaient parfaitement connus. Outre», continuait-il, «les divers plans de constitution qui furent successivement adoptés, on voit que dans les comités on en avait proposé beaucoup d'autres. Les uns ne voulaient qu'une seule assemblée représentative; les autres voulaient qu'elle fût divisée en deux branches. Ceux-ci proposaient un conseil de personnes choisies, lequel eût la voix négative, le *veto* sur les résolutions de l'assemblée représentative. Ceux-là mettaient en avant l'idée d'un sénat composé de membres élus sous des conditions particulières, et faisaient partie du corps législatif. On proposa ensuite *un corps législatif composé de deux conseils, l'un des anciens, l'autre des jeunes, tous deux élus par le peuple; le premier de trois cents membres, chargé de préparer les lois*

---

233 *Mémoires de Ludlow*, Paris, Béchet, 1832, T. II, p. 238. On comptait au XVIIIe siècle deux éditions en langue anglaise des *Mémoires* de Ludlow, parues respectivement en 1698 et en 1751. Il existait également une édition française en trois tomes, publiés de suite sur les années 1699-1707 à Amsterdam. On relèvera que l'éditeur, Paul Marret, dit s'être résolu à publier le troisième tome en raison du succès rencontré par les deux premiers en divers endroits d'Europe. Notons enfin qu'un "républicain" anonyme devait en l'an II donner une synthèse, contestable sur certains points, de ces *Mémoires*: voy. l'*Histoire de la République d'Angleterre, d'après les Mémoires d'Edmond Ludlow... par un républicain*, Paris, bureau de l'imprimerie, an II.

et de les présenter à la sanction du conseil des jeunes, lequel devait être de mille membres, et renouvelé par tiers»[234].

La révolution de 1640-1660, déconsidérée, devait le céder, dans l'historiographie officielle britannique, à celle de 1688-1689, à l'inverse encensée et pourtant si terne, il faut le dire, au regard de sa devancière, tant la *Glorious Revolution* en effet ne soutient pas la comparaison sur le plan de la richesse conceptuelle, d'autant qu'elle n'est pas même rehaussée par la présence et l'expression d'un John Locke. Ce dernier, en effet, développa d'une part une argumentation -primitivement confectionnée lors de la Crise de Succession et destinée à celle-ci-marginale, non-représentative à ce moment de l'idéologie whig, et d'autre part ce corps de doctrine lockien apparaît infiniment moins novateur lorsqu'il est rapporté aux doctrines confectionnées lors de l'Interrègne auxquelles, précisément, il emprunte sur certains points. Il reste que, au tournant du XVIIIe siècle, David Hume sut oublier un instant cette propension fortement ancrée chez les publicistes britanniques, et faire son profit de la doctrine de Harrington pour aboutir à l'*Idée d'une République parfaite* qui par bien des aspects correspond à la lettre et l'esprit de l'an III, sans toutefois, bien entendu, s'y identifier en tous points. Rédigeant cette contribution, Hume s'était proposé de rechercher la forme républicaine de gouvernement «la plus parfaite de toutes» afin que, disposant d'un standard, il puisse recommander dans le même esprit certaines réformes prudentes mais réelles du gouvernement monarchique

---

234 *Essai sur les causes qui en 1649 amenèrent en Angleterre l'établissement de la République, sur celles qui devaient l'y consolider; sur celles qui l'y firent périr*, Paris, Baudouin, an VII, seconde partie, chap. IX, pp. 57-58. Ainsi que cet extrait le fait sentir, Boulay avait lu, entre autres, Ludlow. Relevons par ailleurs que Boulay avait notamment entrepris d'écrire son étude afin de mettre en perspective les révolutions anglaise et française, de noter les rapprochements et analogies possibles. C'est en ayant à l'esprit cette disposition propre à l'auteur qu'il faut prendre connaissance de la façon dont il caractérise, fort judicieusement au demeurant, *L'Humble Pétition et Avis*, en d'autres termes la constitution écrite votée le 30 mars 1657 qui établissait, en plus des Communes, une seconde chambre dénommée *Autre Chambre*: "Ce plan", soulignait-il, "présentait une innovation importante: depuis longtemps, on sentait l'inconvénient d'un parlement composé d'une seule chambre, mais l'idée d'une seconde chambre avait toujours été repoussée comme analogue à la chambre des pairs, et propre à faire revivre l'oligarchie nobiliaire. Dans cette circonstance, le préjugé se tut devant la raison, et on stipula l'existence d'une *Autre chambre* chargée de réviser les décisions de la première, de les approuver ou de les rejeter". Idem, troisième partie, chap. III, p. 84. Le parallèle avec l'an III, quoiqu'implicite, est frappant.

britannique de façon à ce que celui-ci se rapproche davantage du modèle en question. Pratiquant ainsi, il entendait se reporter à l'*Oceana*, à son sens le seul modèle recevable de république, puisqu'il ne nécessitait pas à la différence d'autres projets une réforme considérable des mœurs[235]. De ce fait, l'œuvre doctrinale d'Harrington, à laquelle il rendait hommage non sans esprit critique, constituait la base de sa propre spéculation politique, ce qui, quant aux caractères essentiels de son propre système, emportait deux conséquences fondamentales: en premier lieu, il reposait sur la balance des pouvoirs puisque, affirmait l'auteur, «tout gouvernement libre doit être composé de deux conseils, l'un restreint, l'autre élargi, ou, en d'autres termes, d'un sénat et du peuple»; en second lieu, ces deux conseils procédaient d'un corps électoral identique. Nous ne dirons rien sur le détail, en l'espèce complexe et, pour tout dire, alambiqué, du processus législatif et des rapports institutionnels entre les deux chambres, pour en venir à l'essentiel, savoir le fait que les représentants et les sénateurs étaient élus dans le cadre d'un système à deux degrés par un corps électoral exclusivement composé de propriétaires. Pour faire simple, disons que dans le cadre d'un territoire divisé en cent comtés, chaque comté comptant lui-même cent paroisses, les propriétaires fonciers, à la campagne, et les propriétaires de biens immobiliers, à la ville, jouissant tous deux d'un certain revenu, devaient se réunir chaque année dans leur paroisse pour élire un député, lui-même, bien entendu, propriétaire de son état. Puis les représentants désignés se réunissaient au sein de leur comté respectif pour élire par comté dix magistrats et un sénateur, tous propriétaires, et respectivement destinés à siéger au sein du conseil élargi et au sein du conseil restreint. Ainsi Hume escomptait assainir en quelque sorte le mécanisme de la balance des pouvoirs, en faisant en sorte que les deux organes partiels de législation, participant du même intérêt social -celui des propriétaires, tout comme, *mutatis mutandis* en l'an III- mettent fin à leur rapport d'altérité. Il s'en expliquait très précisément:

> «Le pilier du gouvernement britannique», dit-il, «est l'opposition des intérêts; celle-ci cependant, bien qu'utile dans l'ensemble, engendre continuellement des factions. Dans le plan que je viens de tracer, elle offre tous les avantages et aucun inconvénient».

[235] On relèvera ici la seconde originalité dont faisait preuve Hume, puisque, écrivant en 1752, il était parmi les publicistes de l'époque le seul de son état à juger la république instituable dans un grand Etat, la plupart la réservant à des Etats de faible dimension.

Bref, poursuivait-il, «l'égalité naturelle de la propriété favorise la liberté (et) la différence de l'intérêt est supprimée»[236].

Sur cette base, prenant en compte à présent le champ du possible, Hume proposait d'amender le régime britannique afin que les deux chambres ne soient plus l'une vis-à-vis de l'autre dans une position de contention implicite ou larvée, afin par conséquent qu'elles soient désormais placées dans une position de coopération, non plus d'antagonisme. A cette fin, serait électeur des députés de la chambre des Communes, tout propriétaire possédant une propriété d'une valeur de deux cents livres. D'autre part, la chambre des Lords verrait quant à elle le nombre de ses membres porté à trois cents ou quatre cents unités, les sièges n'étant plus héréditaires mais attribués à vie, et, de plus, devrait pouvoir élire ses propres membres, aucun député de la chambre basse n'étant admis à refuser un siège qui lui serait offert. Ce mécanisme attestait la volonté de Hume d'effacer, à tout le moins d'atténuer les disparités sociologiques des membres des deux chambres et de les réunir sur un même intérêt, d'autant que les meilleurs députés des Communes seraient dans sa logique amenés à intégrer la chambre haute, et à en former l'élément numérique et politique prépondérant, bref à imprimer à cette chambre la tonalité idéologique propre aux propriétaires-électeurs. «Par ces moyens», indiquait-il, «la chambre des Lords serait entièrement constituée d'hommes dont le crédit, la compétence et l'attachement à la nation seraient exceptionnels»[237].

Notons, enfin, que les Américains également avaient eux-mêmes élaboré une constitution proche, dans ses fondements, de celle de l'an III. Il s'agit de la constitution de l'Etat de Virginie, dont on sait déjà qu'elle pratiquait le mécanisme «propose-dispose», ce qui, nous en avons rendu compte, n'avait pas échappé à Louvet de Couvray. En plus de cela, les deux chambres en présence, à savoir la chambre des Délégués et le Sénat,

---

236 *Idée d'une République parfaite*, in *Discours politiques*, Mauvezin, Trans-Europ-Repress, 1993, pp. 239 et 242.

237 Ce titre de Hume devait semble-t-il être peu connu en France, malgré sa traduction opérée dès 1755 par les soins de l'abbé Le Blanc: voy. les *Discours politiques de M. Hume*, Dresde, Michel Groell, 1755, T. II, pp. 213-249, et particulièrement les notes de bas de page dans lesquelles l'abbé Le Blanc s'arrête sur la filiation avec Harrington. On relève toutefois certains compte rendus, tel celui figurant dans le *Dictionnaire universel* (...) *ou bibliothèque de l'homme d'Etat et du citoyen* de Jean-Baptiste Robinet. Voy. le T. IV, article *Angleterre*, pp. 616-617.

se différenciaient uniquement en ce que le sénateur représentait un district plus étendu et plus peuplé que celui d'un délégué: bref, comme en l'an III, les deux bassins du parlement représentaient le même intérêt social. Cette balance des pouvoirs articulée sur la représentation d'un même intérêt social détermina Jefferson, habitué à un mode plus traditionnel, à porter la critique:

> «Le sénat», regretta-t-il, «est, par sa constitution, *trop homogène* avec la chambre des délégués: les uns et les autres, *choisis par les mêmes électeurs, à la même époque et dans la même classe d'hommes, ont à peu près les mêmes intérêts et les mêmes vues.* Cependant, lorsque la constitution distribue les pouvoirs à différents corps, elle a pour but que tous les intérêts et tous les principes aient des défenseurs. (...). Dans quelques Etats d'Amérique», reprenait-il, «les délégués et les sénateurs sont regardés, les premiers comme représentant les personnes, ceux-ci comme représentant les propriétés. Mais chez nous la richesse et le talent donnent des droits égaux à être choisi pour membre de l'une et de l'autre chambre. Nous ne tirons donc pas de la distinction de ces deux corps les avantages qu'un mélange convenable de personnes, de principes et d'intérêts différents pourrait nous donner, et qui servent à compenser les inconvénients dont leur combat peut être suivi»[238].

On le voit, la constitution du 22 août 1795 vint après un certain nombre d'autres essais, réalisés dans d'autres pays, et qui, s'apparentant sur certains points au texte des conventionnels, peuvent être tenus pour des épures. Dans cet esprit, afin par conséquent de replacer la constitution de l'an III dans une continuité historique tout en distinguant ses caractères propres, bref, afin de tenter une synthèse de l'ensemble des thèmes que nous avons abordés dans notre étude, il nous semble indispensable de nous reporter au publiciste Lamare, traducteur de John Adams selon son

---

[238] *Observations sur la Virginie*, Paris, Barrois, 1786, pp. 250-251. Par la suite, Jefferson devait juger de façon bien plus positive ce type d'organisation. Ainsi, en 1823, c'est lui-même qui devait représenter aux publicistes européens que pour "éviter qu'une chambre soit tentée de revendiquer la supériorité sur l'autre et qu'elle s'érige en ordre privilégié, *ne serait-il pas mieux de choisir en même temps et de la même façon, un corps assez nombreux pour être réparti par tirage au sort dans deux chambres séparées*, agissant avec autant d'indépendance que les deux chambres en Angleterre, ou dans nos gouvernements, et de mêler les noms de leurs membres pour les répartir à nouveau au hasard tous les quinze jours?". Voy. *Jefferson to A. Coray, 23 oct. 1823*, in *The Writtings of Thomas Jefferson*, Washington, 1905, vol. XV, pp. 485-486.

propre témoignage[239], et auteur en son particulier de *L'équipondérateur ou une seule manière d'organiser un gouvernement libre*. Cet essai, achevé en ventôse, fut enregistré à la date du 22 floréal par la Commission des Onze[240] et imprimé en messidor par son ordre, ce qui, détail important, nous le verrons par la suite, témoigne de l'intérêt pris à sa lecture par les commissaires, d'autant plus que, cela n'est pas rien, son auteur fut, nous le savons, auditionné par cette même commission.

Cette contribution -que l'on pourrait croire avoir été spécialement écrite pour figurer un jour dans une étude de droit constitutionnel relative à la constitution de l'an III- proposée aux commissaires avait, au dire même de Lamare, en l'espèce partisan de la tripartition du pouvoir législatif, pour dessein exclusif de les convaincre qu'

> «il n'y a qu'une seule manière d'organiser un gouvernement libre, et (...) *cette manière unique est l'équilibre ou la balance des pouvoirs*»[241].

Or, soulignait l'auteur, la balance des pouvoirs était un objet conceptuel distinct de celui du gouvernement mixte, compatible de ce fait avec le principe de l'égalité juridique:

> «...on doit observer», précisait-il à cette fin, «que la royauté et la noblesse ne sont nullement nécessaires pour la formation de l'équilibre (...) *il n'y en a pas en Amérique libre*[242]. (...) il est possible, aisé même (...), de séparer l'abus de la chose. Il s'ensuit», poursuivait-il en traduisant de la sorte la conviction collective la plus caractéristique

---

239 Voy. *l'Equipondérateur...*, Paris, imprimerie nationale, Messidor an III, note 1 p. 6. Toutefois, selon Charles A. Rochedieu, auteur d'une *Bibliography of French translations of English works*, Chicago, U. of Chicago Press, 1948, le traducteur serait Leriguet, qui fut notamment l'un des co-auteurs de l'*Histoire de la Révolution de 1789 et de l'établissement d'une Constitution en France*, Paris, Clavelin, 1790-1803, 20 vol.

240 Voy. C. 227-n° 31.

241 Bien entendu, Lamare, publiciste solide, employait ces termes en toute rigueur intellectuelle et suivant l'usage commun au XVIIIe siècle. Il en précisait d'ailleurs la signification: "...le jeu perpétuel de (...) trois pouvoirs, qui s'épient, se surveillent, se servent mutuellement de *contre-poids*", ajoutait-il en effet, "est ce que les publicistes ont appelé l'équilibre des pouvoirs". De la sorte, il représentait qu' "il ne faut pas confondre cette distinction de trois pouvoirs de gouvernement avec cette autre division, également adoptée par plusieurs publicistes, des pouvoirs législatif, exécutif et judiciaire". Voy. *l'Equipondérateur*, op. cit., p. 1, p. 7, et note 1 p. 7.

242 On comprend donc d'emblée que les institutions politiques américaines participent de l'équilibre des pouvoirs.

de l'an III, «*que le système de l'équilibre est parfaitement compatible avec l'égalité démocratique*». D'ailleurs, insistait-il à nouveau, «*Les Américains libres*, dont j'aime à retracer les institutions, parce que j'en ai vu l'effet, *ont bien senti la force de ces raisons* (...) lorsqu'ils ont opposé dans leur législature l'utile prudence d'un sénat à l'utile ardeur de leur conseil de représentants. C'est aussi, d'après la même conviction que j'ai imprimé en 1790, 1791 et 1793, que notre législature devait être formée de deux conseils *égaux*[243]; je le répète en 1794: puissé-je être enfin entendu».

Plus encore, prétendait Lamare, le principe d'égalité juridique était comme l'assiette la plus appropriée pour la mise en œuvre d'un mécanisme de balance des pouvoirs, puisque les organes partiels de législation étaient de ce fait soustraits à une logique de confrontation dans le cadre d'un antagonisme irréductible et, à l'inverse, placés dans une logique de coopération:

> «On doit observer encore que, dans notre système de parfaite égalité», spécifiait-il en effet, «les oppositions seront moins fortes et conséquemment le frottement moins rude que dans ceux où l'on a fait coagir un corps de nobles et un corps de plébéiens; il y aura nécessairement entre ces deux conseils beaucoup plus de points de contact, ce qui ne peut jamais être un mal. Dans les circonstances ordinaires, les trois pouvoirs marcheront de front, dans le même sens, et il y aura alors entre eux *unité d'action*[244]. Ce n'est que dans les instants difficiles que l'opposition doit se former».

Par ailleurs, Lamare se réfère au procédé propose-dispose, qu'il valide en tant que mode possible de la balance des pouvoirs, et évoque celui qui en doctrine passait pour son principal promoteur, savoir James Harrington. Le passage qui suit revêt de ce fait une importance certaine, puisqu'il signifie, possiblement, que par le truchement de la contribution de Lamare, la commission des Onze avait pu avoir connaissance de l'œuvre du républicain anglais:

> «La liberté d'une nation», lisait-on à ce sujet, «consiste à ne pouvoir être assujettie qu'à des lois qu'elle aura consenties. Or l'énoncé même de ce principe ne suppose-t-il pas évidemment une double action? Et qu'on ne dise point que c'est une subtilité de mots. Une nation ne fait

---

[243] Souligné par l'auteur

[244] On le voit, "l'unité d'action" que Sieyes croyait réservée de façon exclusive à son seul système, était au sens de Lamare, comme au sens de la majorité des conventionnels, tout à fait compatible avec un mécanisme de balance des pouvoirs, dont le but pouvait également être l'obtention de l'unité ultime du pouvoir. C'est que ce système était prioritairement destiné à jouer comme une garantie de la séparation des pouvoirs, non pas à introduire une diversité de vues irréductible en matière économique et sociale.

point faire des lois, elle ne peut que les consentir; encore faut-il pour cela qu'elle soit peu nombreuse. Ce principe suppose donc d'une part l'action première d'inventer, de discuter, de rédiger et de proposer la loi; de l'autre, celle de l'entendre, de l'examiner, de l'admettre ou de la rejeter. Un publiciste anglais», -«*Harrington's Oceana*» est-il spécifié en note- «appelle cette double action débattre et résoudre. Je l'appellerai, pour plus de clarté, proposition et décision. *La théorie n'est pas nouvelle; le sénat propose, le peuple décide*»[245].

Puis, revenant sur sa proposition d'une tripartition du pouvoir législatif, Lamare a ces mots:

«Supposons que nous ayons adopté cette organisation, *le lendemain nous disons aux Américains libres: c'est votre gouvernement, amis, que nous avons choisi*; aux Anglais: nous avons le vôtre, à la royauté près, à la noblesse près, que nous ne voulons plus, que nous ne pouvons plus avoir».

Cette appréciation, nous espérons l'avoir démontré, ne pourra étonner. Lamare signifiait par là que dans l'hypothèse où un mécanisme de balance des pouvoirs serait institué sur fond d'unité d'intérêt et d'égalité des droits, le nouveau régime participerait, au plan de la classification juridique, de la catégorie des régimes fondés sur l'équilibre des pouvoirs, à l'image de ceux des Etats-Unis d'Amérique et de Grande-Bretagne. Précisément, la contribution de Lamare, enregistrée par la commission le 22 floréal, en d'autres termes à la mi-mai, fut, sur son ordre, imprimée. Le livre sortit en messidor, c'est-à-dire au mois de juillet, soit à un moment où le projet émané des Onze avait été rendu public et, favorablement accueilli, était débattu en séance au sein de la Convention. De ce fait, Lamare jugea devoir augmenter sa littérature initiale d'un *post-scriptum* rédigé en ces termes:

«La Commission des Onze vient, à son immortel honneur et à ma grande joie, de poser les bases d'un gouvernement sage et *fortement équilibré*»[246].

En d'autres termes, nous l'avons compris, Lamare, constatant l'institution du bicamérisme sous une forme spécifique qu'il avait lui-même jugée favorablement, et bien qu'il fut lui-même en bon disciple

---

[245] A ce sujet, nous avons la conviction, laquelle ne reposant sur aucune preuve n'en est pas moins ferme dans notre esprit, que l'érudit Pierre Claude François Daunou, principal architecte du texte de Fructidor, connaissait Harrington et sa doctrine.

[246] *L'équipondérateur ou une seule manière d'organiser un gouvernement libre*, par Lamare, de la commission de l'instruction publique, imprimé par ordre de la commission des Onze, Paris, Imprimerie nationale, messidor an III, pp. 22, 60-61, 7, 16, 67 et *post-scriptum*.

d'Adams favorable à une tripartition du pouvoir législatif, donnait acte à la Commission et félicitait celle-ci d'avoir proposé un régime participant de la balance des pouvoirs.

Ainsi, en l'an III, les conventionnels, qui pour une bonne part avaient été malmenés sous la Terreur, en l'espèce selon Boissy d'Anglas «la plus exécrable tyrannie dont les annales du monde aient pu conserver la mémoire»[247], entendaient placer définitivement les institutions républicaines françaises dans le cercle constitutionnel et ne plus en sortir. Par ces motifs s'explique leur forte inclination pour la balance des pouvoirs par le bicamérisme, inclination que le fin publiciste Armand Carrel devait caractériser de façon avisée en écrivant que «le principe du partage de la législature en deux conseils ou assemblées fut la conquête du 9 Thermidor»[248]. Or, nous l'avons vu, cette technique était rebattue dans les écrits anglo-saxons et de plus consacrée par le droit constitutionnel anglais et américain. En ce sens, les révolutionnaires français de cette époque sont des légataires qui ont incorporé dans leur propre construction institutionnelle une technique éprouvée, de sorte que, compte tenu de ce mode commun de régulation des pouvoirs publics, le régime de l'an III est de moitié avec ses correspondants d'outre-Manche et d'outre-Atlantique. En revanche, la constitution du 22 août 1795 se singularise par un *ethos* spécifique qui procède de l'axiologie propre à la Révolution française, et qui donne son trait particulier à cette balance des pouvoirs à la française, balance gallicane pourrait-on dire afin de mieux marquer son originalité qui tient au refus catégorique d'une représentation différenciée d'intérêts distincts, de façon à ce que les organes partiels de législation ne puissent s'aheurter les uns aux autres mais soient disposés dans une suite harmonieuse où chaque organe ait une fonction propre dans le cadre d'un processus graduel de confection de la loi. Précisément, dans l'*Introduction* à *De l'influence des passions sur le bonheur des individus et des nations*, Germaine de Staël, qui assure qu' «il faut que cette révolution finisse par le raisonnement ...», a, traduisant l'esprit dominant, caractérisé de manière détaillée la nature de cette balance gallicane, qu'elle voulait, sous un angle substantialiste, irréductible au standard primitif anglais articulé sur les intérêts de classes, tout en voulant conserver les avantages dudit système en termes de régulation des pouvoirs:

---

[247] *Moniteur*, T. XXV, p. 83.

[248] *Le National*, 28 février 1832, in *Œuvres politiques et littéraires d'Armand Carrel*, Paris, F. Chamerot, 1857, T. III, p. 65.

«Certains», représenta-t-elle, «se fondant sur l'exemple romain ou anglais, pensent que la *balance de(s) intérêts opposés* pouvait seule donner de la stabilité aux gouvernements». Or, fit-elle observer, «on pourrait opposer à leurs raisonnements que la principale cause de la destruction de plusieurs gouvernements a été d'avoir constitué dans l'Etat *deux intérêts opposés*: on a considéré comme le chef-d'œuvre de la science des gouvernements de mesurer assez les deux actions contraires, pour que la puissance aristocratique et celle de la démocratie se *balançassent*, comme deux lutteurs qu'une force égale rend immobiles[249]. En effet, le moment le plus prospère dans tous ces gouvernements est celui où cette *balance*, subsistant d'une manière parfaite, donne le repos qui naît de deux efforts contenus l'un par l'autre; mais cet état ne peut être durable. (...). Ainsi l'on a vu la république romaine déchirée (...). On dira», poursuivait-elle, «qu'en Angleterre il y a trois intérêts, et que cette combinaison plus savante répond de la tranquillité publique. Il n'y a jamais trois intérêts dans un tel gouvernement; les privilégiés héréditaires et ceux qui ne le sont pas peuvent être revêtus de noms différents; mais la division se fait toujours sur ces deux bases (...). Ne serait-il pas possible que le genre humain, témoin et victime de ce principe de haine, de ce genre de mort qui a détruit tant d'Etats, parvînt à trouver la fin du combat de l'aristocratie et de la démocratie, et qu'au lieu de s'attacher à la combinaison d'une balance qui, par son avantage même, par la part qu'elle accorde à la liberté, finit toujours par être renversée, on examinât si l'idée moderne du système représentatif n'établit pas dans le gouvernement *un seul intérêt*, un seul principe de vie, en rejetant néanmoins tout ce qui peut conduire à la démocratie pure?». En d'autres termes, de Staël souhaitait que la balance ayant la coopération pour fin puisqu'assise sur l'unité d'intérêt se substitue à la balance traditionnelle, contentieuse par sa nature, puisque porteuse d'intérêts destinés à se heurter: «Ne serait-il pas possible», s'interrogea-t-elle en ce sens, «que la division des pouvoirs donnât *tous les avantages et aucun des inconvénients de l'opposition des intérêts*[250]; que deux chambres, un directoire exécutif, quoique temporaire, fussent parfaitement distincts dans leurs fonctions;

---

[249] Sur la foi de cette formule, nous croyons percevoir à nouveau l'influence du discours de Sieyes en date du 2 Thermidor, dans sa partie où il s'inspire de Franklin, lequel craignait l'inertie d'un système où chaque puissance sociale dispose d'un droit d'empêcher, au rebours d'un Montesquieu par exemple qui, quant à lui, y voyait un concert conduit à aller de l'avant.

[250] On comprend que l'avantage visé ici est celui qui résulte d'un système dans lequel, aucun organe n'étant pourvu de l'intégralité de la fonction législative, il ne peut être attenté à la séparation des pouvoirs.

que chacun prît un parti différent par sa place, mais non par esprit de corps, ce qui est d'une tout autre nature»[251].

Bref, les Américains avaient eu pour ambition le perfectionnement de la balance des intérêts héritée de leurs cousins britanniques. Les Français, poussant d'un cran, devaient quant à eux tendre à sa transmutation. Dans les deux cas, le travail de recomposition passait par un stade de décomposition de la référence anglaise primitive, mais non pas de négation pure et simple.

De la sorte, il nous semble que si l'on dispose l'ensemble de ces données sur une même ligne d'évolution, il en résulte un segment qui, jalonné par trois blocs historiques distincts, aurait pour origine la balance anglaise et pour fin la balance gallicane, avec pour moyen terme la balance américaine, chaque stade marquant une redéfinition des matériaux sur lesquels repose le principe de la balance des pouvoirs. En effet, au gouvernement mixte anglais où chaque organe partiel de législation correspondait à une puissance sociale distincte avait succédé la balance des pouvoirs à l'américaine, à présent connectée au principe de la souveraineté populaire mais ayant pour fond la pluralité des intérêts sociaux qu'on ne cherchait pas à éluder. Survint alors la balance gallicane, laquelle, travaillée plus que tout autre par le réquisit de l'unité d'intérêt et de l'égalité des droits, reposait, faute de pouvoir s'autoriser d'un fondement sociologique à l'anglaise ou d'un subterfuge commode à l'américaine, sur le procédé de la subsomption[252]. Au final, il y avait loin,

---

[251] Il va de soi que la logique exposée par Mme de Staël n'est possible que sur la base d'un électorat censitaire restreint, propre par sa ténuité à assurer l'expression d'un intérêt unifié. Précisément, la fille de Necker ne jurait que par les électeurs-propriétaires, qu'elle jugeait aptes à sélectionner dans le cadre d'élections à deux degrés une aristocratie du talent destinée à composer les conseils.

[252] Benjamin Vaughan, dont nous avons déjà parlé et qui avait été membre du parlement d'Angleterre, écrivant en grande partie pour juger précisément de la constitution de l'an III par rapport aux précédents anglais et américain, avait en son temps relevé cette transformation qu'il considérait comme très positive et distingué les stades d'évolution: la "législature britannique a trois parties", écrivait-il. "Ces trois branches ont effectivement *trois intérêts de corps, distincts* ...". En regard, l'Amérique se distinguait par le principe de représentation du peuple qu'elle avait consacré: "les législatures américaines", poursuivait-il en effet en visant tant les constitutions des Etats fédérés que celle de l'Etat fédéral, "sont en général composées de deux parties, et de deux seulement. Mais", précisait-il, "quoique toutes leurs constitutions veuillent qu'il n'y ait pas de mélange de pouvoirs, il arrive cependant dans quelques-unes que la branche exécutive se trouve, ou incorporée dans une de ces parties, ou investie de quelque

d'une certaine façon, entre le canevas, soit le gouvernement anglais, et l'œuvre dernière, soit la constitution de l'an III: la valeur ajoutée participait pleinement quant à elle de la culture et de l'expressions politiques françaises. Toutefois, cela étant posé, il faut être conscient que si cette présentation des choses a sa cohérence, en ce qu'elle traduit une tendance réelle, car lourde et structurelle, il n'en reste pas moins qu'elle procède pour une part d'une certaine réification, puisque, analysée dans le détail, elle ne présente pas en réalité du point de vue chronologique une parfaite linéarité. En effet, nous l'avons dit, la «Grande Rébellion» de 1640-1660 -avec, en son sein et entre autres, Harrington- avait la première tenté, sous l'angle de la balance des pouvoirs, le bicamérisme sans opposition d'intérêts sociaux et pratiqué l'exercice de subsomption[253].

Ainsi, immuable et changeante, puisque immuable en sa définition juridique suivant laquelle aucun organe ne peut légiférer exclusivement à tout autre, et changeante au regard de son support, la balance des pouvoirs dans sa version nationale ou gallicane faisait l'objet d'un phénomène singulier, puisqu'on pouvait privilégier, à titre d'interprétation, soit son essence permanente, en l'espèce celle de technique de régulation du régime, soit sa nature transmutée irréductible à présent à sa matrice anglaise. De la sorte, on mesure le chemin parcouru

---

droit pour régler la manière de la convocation ou de la séparation de toutes les deux; ou elle est autorisée à suspendre, quand elle le juge à propos, l'exécution d'une loi nouvelle, jusqu'à ce qu'elle ait été reproduite, par une majorité des deux-tiers au moins, dans chacune des deux chambres". Cela posé, il y avait une évolution car "les législatures américaines diffèrent essentiellement de celles de la Grande-Bretagne, *en ce que chacune de leurs branches sont immédiatement ou médiatement représentatives*, et aussi parce qu'elles sont en général élues pour de courtes périodes". Toutefois, notait Vaughan, on n'avait pas coupé radicalement avec la référence anglaise puisque "quelques unes des législatures américaines diffèrent de celles de la France, en ce qu'elles ont quelque tendance à établir une distinction de classes, ou ordres de personnes". Dès lors, la spécificité française était distinguée puisque "la constitution française établit dans la législation, *non pas deux intérêts opposés*, mais deux pensées distinctes, l'une d'invention, l'autre d'examen". En cela, estimait-il, "la constitution française (...) se meut avec sûreté; elle n'a pas à corriger les écarts de corporations hostiles; mais elle commence, comme elle finit, ayant le peuple seul en vue. *Elle a un seul intérêt dans deux positions*, un seul esprit avec deux yeux, ou plutôt avec deux organes de la vue". Voy. *De l'état politique et économique de la France sous sa constitution de l'an III*, op. cit., pp. 15-16, p. 14, p. 96.

[253] Quant à l'importance décisive du procédé de subsomption chez Jean-Jacques Rousseau, qu'il nous soit permis de renvoyer à notre livre *Jean-Jacques Rousseau, républicain sévère*, à paraître aux éditions Honoré Champion.

depuis le temps où il semblait étrange à un Turgot qu'on parlât de balancer les pouvoirs chez un peuple d'égaux, dans un régime sans roi et sans noblesse.

Ainsi, l'an III fut, aux conditions que nous avons spécifiées, le moment américain de la Révolution française, en raison de la distribution de la fonction législative entre deux organes partiels de législation. Certes, si «moment» il y eut, il fut empreint d'une certaine relativité. Ainsi, on ne trouverait pas à cette époque un publiciste français ayant à l'endroit du régime américain une disposition d'esprit identique à celle qu'au XIXe Charles de Rémusat développera en direction du régime britannique, lui qui écrivit que «le rêve de (s)a vie (était) le gouvernement anglais dans la société française». De même, ce moment ne peut être comparé, du point de vue de l'intensité et de l'ampleur, au «moment anglais» relevé par certains relativement à la période 1814-1848[254]. Le phénomène est ici beaucoup plus circonscrit et limité. Il n'en est pas moins réel et mérite d'être coté.

A l'inverse, en consacrant le principe de l'unité législative, les républicains de 1848 devaient quant à eux clairement condamner la référence américaine, puisque, tout comme sous la Révolution française et sous les Chartes, le régime politique américain participait pour les publicistes de l'époque de la balance des pouvoirs, c'est-à-dire précisément du principe qui, lors de la période fondatrice de la Deuxième république fut le plus discrédité en ce que, plus que tout autre, il semblait contenir et symboliser l'ordre ancien abattu par Février.

---

[254] Ainsi, Pierre Rosanvallon par exemple, discerne durant cette période de la monarchie parlementaire "le moment anglais de l'histoire française", producteur des formes pratiques de la démocratie libérale, telles la responsabilité ministérielle, le rapport entre les chambres, l'initiative, le droit de dissolution, qui, aujourd'hui encore, forment l'armature de notre démocratie parlementaire. Voy. "Le roi et la République", *L'Histoire*, n° 184, janvier 1995, p. 125.

Deuxième partie:
La constitution du 4 novembre 1848 ou le rejet du constitutionnalisme américain.

«*J'ai les oreilles rebattues de pondération, d'antagonismes, d'équilibres et d'équilibristes*»
Cormenin, *Petit Pamphlet sur le projet de constitution*, Paris, août 1848, p. 16.

«*Nous sommes en France, nous constituons la République française, nous agissons sur un pays qui a ses mœurs, son caractère personnel: nous n'avons à le costumer ni à l'américaine ni à l'anglaise*»
Marrast, *Rapport fait au nom de la commission de constitution.* Assemblée nationale constituante, séance du 30 août 1848.

Suivant la doctrine classique, les constituants ont imité en 1848 le régime américain dans ses fondements principaux: «Selon l'interprétation la plus courante et la plus vraisemblable», a ainsi écrit M. Cadart résumant l'essentiel de cette position officielle, l'Assemblée constituante «a voulu construire un régime présidentiel *ressemblant* au système américain»[1]. En effet, M. Gicquel par exemple note que «...la constitution du 4 novembre 1848 (...) établit, dans son ensemble, un régime présidentiel *inspiré* des Etats-Unis»[2] et pareillement M. Linotte affirme que «la constitution de 1848 instaure un régime présidentiel à l'américaine»[3]. Déjà Bagehot, en parfaite cohérence avec son propre système conceptuel, avait établi ce type de correspondance puisqu'il estimait en 1869, à l'heure par conséquent de la réforme du Second Empire, que «...si la France adopte une constitution nouvelle, il faudra qu'elle évite cette faute commise en 1848, qui consiste dans la juxtaposition d'un pouvoir exécutif et d'un pouvoir législatif tout à fait indépendants l'un de l'autre. Les Américains seuls», concluait-il, «peuvent marcher avec un pareil système...»[4].

Or, cette analyse repose sur une erreur de principe et prête aux hommes de 1848 un dessein qui n'était pas le leur, et que, plus encore, ils rejetèrent. Seule, pour l'essentiel, Mme Odile Rudelle, se fondant sur certaines appréciations très négatives portées à cette époque sur les institutions politiques des Etats-Unis, s'est inscrite en faux contre cette version communément partagée, mais l'emprise sur les esprits de la notion de régime présidentiel est telle que le dogme n'a pas été ébranlé[5].

---

[1] *Institutions politiques et droit constitutionnel*, 2e éd., Paris, L.G.D.J., 1979, T. II, p. 797.

[2] *Droit constitutionnel et institutions politiques*, 11e éd., Paris, Monchrestien, p. 516.

[3] *Les constitutions françaises*, Paris, MA éditions, 1986, p. 40.

[4] *La constitution anglaise*, op. cit., *Introduction à l'édition française*, pp. II-III.

[5] Voy. "La France et l'expérience constitutionnelle américaine: un modèle présent, perdu, retrouvé", in M.-F. Toinet (dir.), *Et la constitution créa l'Amérique*, PU de Nancy, 1988, pp. 35-52, et précisément pp. 39-43 sur la constitution de 1848. Auparavant, l'étude, déjà ancienne, de E.N. Curtis, *The French Assembly of 1848 and American Constitutional Doctrines*, New-York, Longmans, 1918, avait conclu dans le même sens, mais, semble-t-il, n'a guère été lue. De même, voy. plus récemment J.C. Lamberti, "Tocqueville et la constitution de 1848", *Commentaire*, printemps 1984, vol. 7, n° 25, pp. 141-151, qui rompt avec le dogme. Pour ce qui est des juristes, on relève uniquement en ce sens le constat dressé par R. Romi, "L'influence de la constitution des Etats-Unis sur l'élaboration de la constitution de 1848", *Les petites Affiches*, n° 108, septembre 1989, pp. 14 -18.

En effet, en 1848, conformément à ce qui avait été fixé au XVIIIe siècle, la classification reçue des constitutions reposait toujours sur la dualité unité législative-balance des pouvoirs, et l'émergence réelle, observée lors de la pratique institutionnelle des Chartes, d'un régime parlementaire dualiste, n'entamait pas, sur le plan de la théorie juridique des régimes, ce duopole. De la sorte, les traits fondamentaux de chaque régime étaient définis par rapport à cet axe directeur, c'est-à-dire en fonction de la structure et composition du pouvoir législatif. Dans ce cadre, le mono ou le bi-camérisme d'une part, et l'attribution ou non au pouvoir exécutif d'un droit de veto d'autre part, constituaient les critères déterminants en fonction desquels on définissait et classait les régimes politiques. En considération de cela, la constitution des Etats-Unis, dont la caractéristique institutionnelle fondamentale reposait aux yeux de tous sur la dualité de ses chambres, participait de la catégorie de la balance des pouvoirs, car l'on savait toujours, tout comme au XVIIIe siècle, et ainsi que nous en ferons la démonstration, que le bicamérisme avait outre-Atlantique valeur d'axiome politique indépendamment de son rapport avec la forme fédérale de l'Etat. De plus, on relevait la dotation faite au président de l'Union d'un droit de veto conditionné. Si, à la différence des juristes de la Révolution française -c'était là la seule disparité notable-, la quasi-totalité des publicistes du moment ne considéraient plus qu'il s'agissait d'une attribution juridique de nature législative, ils n'en relevaient pas moins qu'elle permettait au président de s'opposer à toute loi attentatoire à ses prérogatives constitutionnellement définies, et qu'ainsi elle faisait de lui un «contre-poids» au parlement.

Par conséquent, si, en 1848, les constituants français avaient, comme il est affirmé, imité le régime américain ou s'en étaient inspiré de façon siginificative, ce qui dans les deux cas eût impliqué un emprunt déterminé par rapport aux critères principaux de ce régime, la Loi fondamentale du 4 novembre aurait présenté comme dispositions essentielles un parlement bicaméral et un droit de veto suspensif, lequel, qu'on le conçût comme une participation effective ou non à la législation, devait avoir comme particularité de ne pouvoir être surmonté que par l'expression au sein du parlement d'une majorité qualifiée. Or, ce sont précisément les deux éléments qui font défaut à un texte consacrant, au rebours, le principe de l'unité législative. Ce caractère n'est pas sans signification: il a tout au contraire valeur de récusation et de désaveu du constitutionnalisme américain.

Pour le démontrer, nous fixerons d'abord l'état de la théorie du droit public en 1848 articulé sur l'opposition unité-balance et les raisons dirimantes pour lesquelles la constitution française ne pouvait, compte tenu du contexte politique, participer à l'image de celle des Etats-Unis de l'équilibre des pouvoirs (**Ch. I**er). Puis, nous analyserons les débats constituants afin d'établir que les députés français avaient clairement conscience de repousser les deux éléments significatifs du régime américain lorsqu'ils se déterminèrent contre toute forme de bicamérisme et de *veto* conditionné, dispositions qu'ils considéraient comme incompatibles avec le *syllabus* républicain du moment (**Ch. II**). Enfin, afin de trouver une ultime confirmation de notre thèse, nous nous reporterons à l'œuvre doctrinale de «l'école américaine» qui, défaite au sein de la Constituante, exprima par le canal de l'imprimé ses motifs d'opposition au Texte du 4 novembre et les raisons pour lesquelles l'ingéniérie institutionnelle américaine lui semblait supérieure dans ses principes recteurs (**Ch. III**).

CHAPITRE Ier) L'état de la théorie du Droit public français en 1848.

Sous la Deuxième République, la classification commune des régimes politiques était demeurée inchangée depuis la Révolution française et avait pour critère de principe la structure du pouvoir législatif. Ainsi on distinguait sur la base de ce référent les régimes avec «unité législative» lorsqu'une assemblée était attributaire exclusif de la fonction législative, par opposition aux régimes où cette fonction était répartie entre au moins deux organes législatifs partiels dont le concours était indispensable pour former un acte législatif parfait, et qui participaient quant à eux de la «balance», ou bien encore de l'«équilibre» ou de la «pondération» des pouvoirs. Des trois derniers termes, celui de «pondération» s'était substitué insensiblement à ceux de «balance» et d'«équilibre», lesquels au XVIIIe étaient les plus courants, pour devenir à présent le plus usité, mais sans toutefois les occulter[6]. De plus, dans cette catégorie des régimes reposant sur la pondération des pouvoirs, on qualifiait de «gouvernement» ou «régime constitutionnel» la forme institutionnelle qui par l'association à la législation de l'organe exécutif était fondée sur la tripartition du pouvoir législatif, chaque organe partiel de législation étant destiné à représenter un principe spécifique parmi les

[6] Voy. par exemple l'emploi incessant de ce terme dans *De la ploutocratie ou gouvernement des riches*, écrit rédigé pour dénoncer le régime politique de la Monarchie de Juillet, paru en 1843 dans la *Revue indépendante* et réimprimé sous forme de livre en 1848. Son auteur était le socialiste utopique Pierre Leroux, cofondateur en 1824 du journal *Le Globe*, publiciste destiné à être membre de la Constituante en tant que député de la Seine, élu entre Thiers et Victor Hugo. Ainsi s'explique le fait qu'au sein de cette Constituante, Martin (de Strasbourg), faisant référence à la culture politique acquise par les constituants lors des années passées sous les régimes politiques des Chartes, exemples typiques de la pondération des pouvoirs, s'exprime en ces termes: "N'avons nous pas été tous élevés à l'école de la pondération des pouvoirs?'', déclara-t-il, ''n'avons-nous pas vécu pendant plus de trente ans sous l'empire, sous l'impression de toutes ces doctrines?". Voy. le *Compte Rendu des séances de l'Assemblée nationale constituante*, (désormais C.R.), T. III, p. 701. Pour autant, le terme de balance des pouvoirs restait bien présent. Comme illustration possible, on peut précisément se référer à l'article *Balance des pouvoirs* du *Dictionnaire général de la politique* de Maurice Block, publié une première fois en 1863-1864 puis à l'identique en 1873-1874: "Cette expression", était-il spécifié, "a été souvent employée dans le langage politique du temps de la Restauration et même après". Voy. Paris, O. Lorenz, 1873-1874, T. I, p. 172.

principes monarchique, aristocratique et démocratique[7]. En considération de tout cela, le pouvoir législatif était en quelque sorte le pouvoir critique, puisque de la détermination de son ou de ses attributaires dépendait la qualification du régime, ce dont chaque député était conscient. Ainsi, au sein de la Constituante, et alors même que la discussion ne portait que sur

---

[7] C'est la raison pour laquelle, au sein de la Constituante, Morin (de la Drôme), prenant acte de ce que le projet de constitution consacrait le monocamérisme, fit observer que l'assemblée ainsi structurée "absorbe à elle seule le pouvoir législatif naguère partagé entre les trois branches du gouvernement constitutionnel". Au demeurant, inquiet face à cette perspective, il releva qu'on n'avait pas ce faisant chercher de modèle "par delà les mers", c'est-à-dire ni en Grande-Bretagne, ni aux Etats-Unis. (C.R., 4 septembre 1848, T. III, pp. 767-768). De la sorte, l'expression "les trois pouvoirs" était ambivalente -ainsi qu'elle l'était déjà aux XVIIe et XVIIIe siècles-, puisqu'elle pouvait désigner aussi bien les pouvoirs législatif, exécutif et judiciaire que les trois organes co-législateurs. Ainsi dans le *Code des codes*, paru en 1835, les auteurs du *Code constitutionnel*, à savoir Odilon Barrot, le Duc de Bassanot, Pagès, Chasles, Teste, Vivien, Crémieux et Balson, dont certains allaient siéger à la Constituante, relevaient cette caractéristique pour s'en irriter: "La Charte", lisait-on, "constitue les trois pouvoirs de l'Etat : Pouvoir législatif, pouvoir exécutif, pouvoir judiciaire. C'est par abus que l'on désigne sous ce nom: les trois pouvoirs, le Roi, la Chambre des pairs, la Chambre des Députés. Ce sont les trois branches du pouvoir législatif; réunies, elles composent ce pouvoir. (...). Le roi et les deux chambres ne forment pas trois pouvoirs, mais trois branches d'un seul pouvoir: le pouvoir législatif. Cette locution, trois pouvoirs, appliquée au Roi et aux deux chambres, est vicieuse". (Voy. A. Crémieux et V. Balson, *Code des codes*, Paris, bureau central, 1835, T. I, p. XII, p. XII note 1 et p. 41 note dd.). Plutôt que vicieuse, elle était surtout usuelle, et elle fut précisément usitée au sein de la Constituante, par exemple par Rolland lors de son rapport sur le projet de décret relatif aux incompatibilités entre le mandat de représentant du peuple et les fonctions publiques salariées, présenté à ses pairs le 30 mai 1848: ainsi, fit-il observer en évoquant les Chartes afin de justifier pour l'avenir un certain régime d'incompatibilité pour empêcher la corruption des députés par l'exécutif, "...dans le système de pondération constitutionnelle où le roi, l'un des trois pouvoirs, dominant de fait le deuxième pouvoir, la chambre des pairs, il fallait bien, pour sauver quelques vestiges de la liberté, veiller au moins à ce que le monarque ne s'emparât point encore, par ses fonctionnaires, du troisième pouvoir, la chambre élective...". C'est la raison pour laquelle le *Dictionnaire général de la politique* de Maurice Block faisait à l'article *Séparation des pouvoirs* référence à cette ambivalence: "La séparation des pouvoirs est le principe fondamental du système constitutionnel" était-il indiqué. "On compte généralement trois pouvoirs: législatif, exécutif, judiciaire. Quelquefois, on a parlé du roi, de la Chambre des pairs et de la Chambre des députés comme de trois pouvoirs". Op. Cit., T. II, p. 928, signé M(aurice) B(lock).

le mode de nomination des membres de la commission de constitution, Lherbette prit le parti d'anticiper et évoqua les «questions les plus importantes» dont l'Assemblée aurait sous peu à connaître.

> «Je ne veux pas, comme l'Assemblée le pense bien, les discuter» précisa-t-il. «J'en indique seulement deux principales: aura-t-on ou n'aura-t-on pas plusieurs chambres législatives? Le pouvoir législatif sera-t-il concentré en une seule main ou divisé en plusieurs?»[8].

De la même façon, un fin publiciste tel Barthélémy Saint-Hilaire put lors des débats affirmer, ce dont chacun convenait, que la «question» de la structure du pouvoir législatif «est sans contredit (...) la plus essentielle de toutes»[9]. Tout cela explique que le thème traité le plus au long dans le *Rapport fait au nom de la commission de constitution* rédigé par Marrast est sans contredit celui de la structure de l'organe législatif.

C'est donc dans le cadre de cette option de principe articulée sur la dualité unité-pondération que les constituants allaient devoir se déterminer. Dès le 24 mai, Odilon Barrot présenta de façon précise au sein de la commission de constitution les deux branches de l'alternative, d'une manière qui, rapportée à celle de Condorcet s'exprimant au sein de la Convention, nous apprend combien les fondements théoriques de la discipline du droit public, sur lesquels les publicistes du XVIIIe travaillaient, avaient passé à l'identique chez leurs héritiers du premier versant du XIXe :

> «Nous ne sommes aujourd'hui, et depuis longtemps même, nous ne sommes qu'une démocratie» fit-il observer sous forme de propos liminaire. «Cette démocratie», poursuivait-il, «il faut l'organiser fortement de façon à satisfaire au double besoin de la liberté et de la sécurité. *Pour faire cette organisation, il y a deux systèmes. L'un*», précisait-il «*ne veut qu'une assemblée*. Je conviens que ce système paraît plus logique, il est unitaire, uniforme, il séduit au premier coup d'œil mais il ne nous donne pas de suffisantes garanties. Notre centralisation est immense et me paraît nécessaire dans une certaine mesure; notre esprit français (...) est ardent et prompt, notre tempérament est vif, nos habitudes sont pleines d'impétuosité, nous ne savons ni calculer ni attendre. Avec de pareilles dispositions, et avec notre centralisation excessive, toutes les passions de la démocratie viendront se concentrer dans une assemblée unique qui, irrésistiblement,

---

[8] C.R., 12 mai 1848, T. I, p. 136.
[9] Idem, T. IV, p. 326.

sera entraînée à abuser de son pouvoir. A cette assemblée», exposait-il alors en introduisant de ce fait le second système, «il faut donc un frein (...). A côté de cette force extrême», faisait-il en effet valoir, «il faut une force qui la maintienne et lui fasse *équilibre* car c'est une loi (...) que toute force qui n'a pas d'équilibre s'anéantit et se perd. Cette force», observait-il, «ne peut se trouver que dans une autre chambre. Voyez d'ailleurs les précédents qu'offre le monde politique. Il n'y a point d'exemple d'une assemblée unique, il n'y en a point d'autre que la Convention et les hommes de la Convention instruits par l'expérience ont jugé qu'il était indispensable de créer deux chambres. La constitution de l'an III péchait par les détails, mais elle était bonne dans son ensemble. La division des pouvoirs qu'elle consacra n'est pas le produit des circonstances, elle est née de l'expérience. *L'Amérique*», ajoutait-il par ailleurs, désignant ainsi dès l'abord le modèle politique caractéristique de la pondération des pouvoirs, «qui était dans des conditions heureuses pour faire une bonne constitution, *a repoussé un pouvoir unique* (...). La République américaine trouvait des prédispositions heureuses dans sa situation même. D'une part le pouvoir suprême était décentralisé et d'autre part elle trouvait dans son origine anglaise des habitudes traditionnelles de respect pour le droit qui l'entraînaient à résister au pouvoir. Malgré ces freins qui étaient autant d'obstacles à l'entraînement d'une assemblée unique, *le pouvoir législatif a été divisé en deux branches qui s'équilibrent l'une l'autre*». De fait, concluait-il en des termes, répétons-le, que Condorcet n'aurait pas désavoués, «*toute la question consiste à choisir entre le système d'équilibre et le système d'unité logique*»[10].

Précisément, la Constituante opta pour le système d'unité législative et non pour celui de la pondération, auquel, ainsi que Barrot l'avait établi sous forme de principe, était rattaché le régime des Etats-Unis d'Amérique.

En effet, la constitution du 4 novembre 1848 participe, selon la classification de l'époque, de l'unité législative et de la séparation absolue des pouvoirs. Dans ce cadre, le pouvoir législatif était attribué dans sa plénitude à une assemblée unique, permanente de son état, renouvelable intégralement et composée de 750 membres élus pour trois ans au suffrage universel masculin direct et au scrutin départemental. Dans l'esprit des

[10] On comprend bien ici que l'équilibre dont il est question est de nature interne entre les organes législatifs partiels. De la sorte, dans la séance du lendemain, Barrot pourra déclarer: "...avec deux chambres, vous équilibrez les pouvoirs...". Pareillement, dans la séance du 26 mai, Tocqueville devait, de façon plus ramassée, exposer sous forme de principe la dualité unité-pondération.

constituants, deux types de garanties avaient été instituées afin d'empêcher les délibérations précipitées et leur suite probable, c'est-à-dire l'adoption de textes insuffisamment travaillés. En premier lieu, aucun projet de loi[11] ne pouvait être voté définitivement qu'après trois délibérations menées à des intervalles qui ne pouvaient être moindres de cinq jours. Toutefois, l'assemblée, en votant l'urgence, était libre de se soustraire à ce cours procédural ordinaire, ce qui, aux yeux des partisans de la pondération, frappait d'inefficacité le procédé retenu, qu'au surplus ils tenaient pour négligeable. En second lieu, on avait considéré favorablement l'institution d'un conseil d'Etat conçu, au bénéfice tant de l'exécutif que de l'assemblée, comme un organisme de conseil et de préparation du travail législatif. Toutefois, les conseillers d'Etat, indéfiniment rééligibles, qui pouvaient être pris dans le sein de l'Assemblée nationale et étaient nommés par elle pour six ans, n'avaient juridiquement aucune part à l'exercice de la fonction législative, puisque ils étaient seulement consultés sur les projets de loi du gouvernement, qui, d'après la loi, devraient être soumis à son examen préalable, et sur les projets d'initiative parlementaire que l'Assemblée, de par une appréciation discrétionnaire, lui aura envoyés, ce qui impliquait qu'elle pouvait ne lui en adresser aucun. Parallèlement, le pouvoir exécutif était délégué à un président de la République élu pour quatre ans au suffrage universel direct, et rééligible après un intervalle de quatre années[12]. Ce président, pénalement responsable de ses actes devant la Haute Cour de justice, ne pouvait dissoudre ou proroger la chambre, et bien que pouvant présenter, chaque année à l'Assemblée nationale, par un message, l'exposé de l'état général des affaires de la République, il ne disposait pas d'un droit de sanction des lois. On lui avait toutefois reconnu la faculté, dans le délai de promulgation fixé à trois jours pour les lois d'urgence et à un mois pour les autres, de demander, par un message motivé, une nouvelle délibération, elle même close par un vote à la majorité simple, comme dans le cas de la délibération précédente. Le président était assisté par des ministres, qu'il nommait et révoquait. Ses actes, hors ceux relatifs aux dites opérations, devaient être contresignés par eux, et par eux il avait le droit de faire présenter des projets de lois à l'Assemblée nationale. Par ailleurs, le texte n'instituait ni une séparation personnelle, ni une

[11] Le texte ne distingue pas "projet" et "proposition" de loi.

[12] Toutefois, dans l'hypothèse où aucun candidat n'obtiendrait plus de la moitié des suffrages exprimés et au moins deux millions de voix, l'Assemblée nationale devait élire le président à la majorité absolue et au scrutin secret, parmi les cinq candidats éligibles qui ont obtenu le plus de voix.

séparation matérielle des pouvoirs, ce qui, à cette époque, ne contrevenait pas au principe dit de «la séparation absolue des pouvoirs». Ainsi, les ministres, qui avaient entrée dans le sein de l'assemblée nationale et étaient entendus toutes les fois qu'ils le demandaient, étaient politiquement responsables devant la chambre[13]. En effet, l'absence d'une disposition expresse accordant à l'assemblée le droit de renverser le ministère ne signifiait pas que les ministres ne fussent pas politiquement responsables[14]. Le problème était plus d'ordre politique que juridique, et tout comme sous les Chartes où la norme juridique n'avait pas accordé à la chambre basse le droit de révocation politique du ministère, il était entendu que les parlementaires, disposant de moyens indirects, pouvaient contraindre les ministres à démissionner soit par le «refus de concours» soit par la mise en accusation, dans le cadre d'une responsabilité générale entendue comme l'obligation faite au ministère de se retirer si la majorité parlementaire est hostile, et ce indépendamment d'un support textuel. Il s'agissait donc d'une question de pur fait, et c'est d'ailleurs ainsi que, la constitution mise en œuvre, le ministère Barrot devait l'entendre. De la sorte, pouvait conclure le 26 octobre au sein de la Constituante Dupin de la Nièvre, «...la constitution nouvelle (...) établit une séparation totale entre le pouvoir exécutif et le pouvoir législatif...»[15].

En contrepoint de cette architecture institutionnelle qui reposait sur l'unité législative, s'érigeait l'exemple de la constitution américaine, à laquelle fut dévolu tout au long des débats constituants le statut de contre-modèle, puisque fondée sur le principe concurrent de la pondération.

Que le régime américain participait de la pondération des pouvoirs était, en doctrine, un lieu commun, tant les publicistes étaient unanimes sur ce point, et cela en l'absence, rappelons le, d'une théorie du

---

[13] Ainsi que M. Troper en a apporté la démonstration dans *L'histoire constitutionnelle française et la séparation des pouvoirs*, Paris, LGDJ, 1980. Voy. Iere partie, Titre II, chap. II: *La responsabilité des ministres de la IIe République*, pp. 93-101. On notera à ce sujet que l'on ne peut de ce fait faire participer le régime de 1848 de la catégorie du "régime présidentiel" qui suppose de façon impérative une séparation personnelle des pouvoirs.

[14] Si l'article 68 mentionnait bien une responsabilité, il n'en précisait pas la nature et semblait renvoyer de ce fait à l'article 98 qui évoquait exclusivement une procédure à caractère juridictionnel devant la Haute Cour de justice ou les tribunaux ordinaires. Toutefois, on relève que dans le *Rapport fait au nom de la commission de constitution*, Marrast avait précisé que "si la direction de l'administration lui déplaît, (l'assemblée) renverse les ministres".

[15] C.R., T. V, pp. 112-113.

«régime présidentiel» qui n'existait pas encore, et qui, au surplus, devait le jour venu être élaborée sur le fondement d'une erreur de principe. Quatre auteurs ont pu, à ce titre, servir, selon une intensité différente, de précepteurs. Ce furent, suivant l'ordre de parution de leurs écrits, Achile Murat[16], Michel Chevalier[17], Alexis de Tocqueville bien entendu[18] et Guillaume Poussin[19]. La lecture comparée de ces livres aboutit à un constat précis, univoque dans sa signification. Le régime américain vaut d'abord par l'érection de deux chambres, indispensables en elles-mêmes à la préservation de la séparation des pouvoirs, ainsi que l'affirma Chevalier au cœur de la période d'élaboration de la constitution de 1848:

> «Chez nous», observait-il, «le système des deux chambres paraît aujourd'hui être peu en faveur dans le sein de l'assemblée. (...Or) les Américains les plus éclairés proclament tous que *la division en deux du pouvoir législatif est la pierre angulaire de leur édifice politique*. Quand il n'y a qu'une chambre dans un Etat, disent-ils, elle a une puissance tellement prépondérante que le pouvoir exécutif dominé n'a qu'à se prosterner devant ses volontés et ses caprices même insensés»[20].

---

[16] Le prince Murat était l'auteur d'une *Esquisse morale et pratique des Etats-Unis de l'Amérique du Nord*, Paris, Grochard, 1832, ainsi que de l' *Exposition des principes du gouvernement républicain, tel qu'il a été perfectionné en Amérique*, Paris, Paulin, 1833.

[17] Sur Michel Chevalier, voy. R. G. Mahieu, "Michel Chevalier (1806-1879)", in *Michel Chevalier, Lettres sur l'Amérique du Nord*. Extraits, Princeton, 1944, pp. V-XVII. Polytechnicien, Saint-simonien et à ce titre directeur du *Globe*, Chevalier séjourna en Amérique de 1833 à 1836. Nommé en 1840 au Collège de France à la chaire d'Economie politique, il devait être élu député en 1845. Il est principalement l'auteur des *Lettres sur l'Amérique du nord*, Paris, C. Gosselin, 1836, 2 vol., et signa tout au long de l'année 1848 dans le *Journal des débats* une série d'articles relatifs aux institutions politiques américaines.

[18] Auteur du magistral *De la démocratie en Amérique*, paru en deux tomes en 1835 puis en 1840. Nous citerons d'après l'édition de Paris, Gallimard, 1992, 2 vol.

[19] Poussin, Guillaume-Tell de son prénom, Français d'origine, avait reçu la nationalité américaine après avoir servi pendant vingt ans aux Etats-Unis en qualité d'ingénieur militaire. Fort de cette expérience, il rédigea les *Considérations sur le principe démocratique qui régit l'Union américaine et de la possibilité de son application à d'autres Etats*, Paris, Gosselin, 1841. Il devait par ailleurs représenter la France à Washington du 3 juin 1848 au 8 septembre 1849.

[20] Michel Chevalier, *Journal des Débats*, 11 juillet 1848. On pourra également se reporter au chapitre IX de l'*Exposition* où Murat présente avec insistance les avantages du bicamérisme sur le monocamérisme.

En outre, dans cette même optique, le veto conditionné était indispensable car il permet au président «de refuser sa sanction aux lois qui pourraient détruire l'indépendance que la Constitution lui a laissée»[21], en plus de permettre de s'assurer qu'il exécute avec toute la conviction nécessaire une mesure à laquelle il aura agréé[22]. Tocqueville lui-même présente les mêmes arguments lorsque, ce fait capital doit être noté à sa juste mesure, il décrit l'aménagement des pouvoirs publics dans le cadre, non de l'Etat fédéral, mais des Etats fédérés, c'est-à-dire indépendamment de l'influence structurelle de la forme composée de l'Etat:

> «Par la division du corps législatif en deux branches», explique-t-il à l'adresse de ceux qui en France ne pouvaient se résoudre à dissocier bicamérisme et aristocratie, «les Américains n'ont donc pas voulu créer une assemblée héréditaire et une autre élective (...). Diviser la force législative, ralentir ainsi le mouvement des assemblées politiques, et créer un tribunal d'appel pour la révision des lois, tels sont les seuls avantages qui résultent de la constitution actuelle de deux chambres aux Etats-Unis. Le temps et l'expérience ont fait connaître aux Américains que réduite à ces avantages, la division des pouvoirs législatifs est encore une nécessité de premier ordre. Seul, parmi toutes les Républiques unies, la Pennsylvanie avait d'abord essayé d'établir une assemblée unique. Franklin lui-même, entraîné par les conséquences logiques du dogme de la souveraineté du peuple avait concouru à cette mesure. On fut bientôt obligé de changer de loi et de constituer les deux chambres; le principe de la division du pouvoir législatif reçut ainsi sa dernière consécration. *On peut donc désormais considérer comme une vérité démontrée*», affirmait de la sorte Tocqueville, «*la nécessité de partager l'action législative entre plusieurs corps*». En outre, rapportait-il, «le magistrat suprême, qu'on nomme le gouverneur, est placé à côté de la législature comme un modérateur et un conseil. Il est armé d'un veto suspensif qui lui permet d'en arrêter ou du moins d'en ralentir à son gré les mouvements»[23]. De plus, traitant plus loin de la constitution fédérale, il était amené à mettre davantage en exergue l'importance du *veto*: «...le président», écrivait-il en effet, «est armé d'un veto suspensif qui lui permet d'arrêter à leur passage les lois qui pourraient détruire la portion d'indépendance que la constitution lui a laissée. Il ne saurait pourtant y avoir qu'une lutte inégale entre le président et la législature, puisque celle-ci en persévérant dans ses desseins est toujours maîtresse de vaincre la résistance qu'on lui oppose,

[21] Poussin, *Considérations*...; op. cit., p. 59.
[22] Voy. Murat, *Esquisse morale et pratique*..., op. cit., chap. XI, p. 251.
[23] *De la démocratie en Amérique*, op. cit., T. I, chap. V, pp. 85-86.

mais le veto suspensif la force du moins à retourner sur ses pas; il l'oblige à considérer de nouveau la question, et cette fois, elle ne peut plus la trancher qu'à la majorité des deux tiers des opinants»[24].

[24] Idem, T. I, chap. VIII, p. 123. Ce faisant, Tocqueville semble considérer que le président n'est pas au plan juridique un co-législateur: "S'il (...) est bien l'exécuteur (de la loi)", précise-t-il, ''il ne concourt *pas vraiment* à la faire, puisque, en refusant son assentiment, il ne peut l'empêcher d'exister. (...). Le président est placé à côté de la législature comme un pouvoir inférieur et dépendan*t*". (Ibid., pp. 125-126).

Ainsi Tocqueville avait dans son œuvre maîtresse, d'une part très précisément privilégié le bicamérisme et le droit de *veto* conditionné comme critères du régime américain, d'autre part marqué sans réserve son inclination pour cette forme institutionnelle. Il devait d'ailleurs en 1847, dans son *Rapport sur "De la démocratie en Suisse" de M. Cherbuliez*, réaffirmer avec force cette préférence, et opposer le constitutionnalisme américain, pris comme expression de la pondération, au constitutionnalisme des cantons suisses reposant sur l'unité et vanté par le publiciste Cherbuliez, de la même façon, qu'une année plus tard, il devait, tant au sein du comité de constitution qu'au sein de la Constituante, s'autoriser pour les mêmes motifs de la logique institutionnelle américaine contre le projet de constitution de Marrast. Ainsi, écrivait-il en forme de dénonciation de la construction institutionnelle des cantons suisses qui, sous l'apparence et sous l'invocation nominale de la séparation des pouvoirs renvoyait à son sens à la confusion, ''tous les pouvoirs législatifs que le peuple n'a pas retenus dans ses mains, il les a confiés à une seule assemblée, qui agit sous ses yeux et en son nom. *Dans aucun canton, la législature n'est divisée en deux branches*; partout elle se compose d'un corps unique; non seulement ses mouvements ne sont pas ralentis par le besoin de s'entendre avec une autre assemblée, mais ses volontés ne rencontrent même pas l'obstacle d'une délibération prolongée. La discussion des lois générales est soumise à de certaines formalités qui prolongent, mais les résolutions les plus importantes peuvent être proposées, discutées et admises en un moment, sous le nom de décrets. Les décrets font des lois secondaires quelque chose d'aussi imprévu, d'aussi rapide et d'aussi irrésistible que les passions d'une multitude. En dehors de la législature, il n'y a rien qui résiste. *La séparation et surtout l'indépendance relative des pouvoirs législatif, administratif et judiciaire en réalité n'existent pas*. Dans aucun canton, les représentants du pouvoir exécutif ne sont élus directement par le peuple. C'est la législature qui les choisit. Le pouvoir exécutif n'est donc doué d'aucune force qui lui soit propre. Il n'est que la création et ne peut jamais être que l'agent servile d'un autre pouvoir. A cette cause de faiblesse s'en joignent plusieurs autres. Nulle part le pouvoir exécutif n'est remis à un seul homme. On le confie à une petite assemblée, où sa responsabilité se divise et son action s'énerve. *Plusieurs des droits inhérents à la puissance exécutive lui sont d'ailleurs refusés. Il n'exerce point de veto ou n'en exerce qu'un insignifiant sur les lois*. (...). M. Cherbuliez'', poursuivait Tocqueville dans sa dénonciation, ''pense que les institutions imparfaites que possèdent les cantons suisses, sont les seules que la démocratie puisse suggérer ou veuille souffrir. La comparaison que je vais faire prouvera le contraire, et montrera comment, du principe de la souveraineté du peuple on a pu tirer ailleurs, avec plus d'expérience, plus d'art et plus de sagesse, des conséquences différentes. Je prendrai pour exemple l'Etat de New-York, qui contient à lui seul autant d'habitants que la Suisse entière. (...). Quoique la puissance législative ne puisse pas plus qu'en Suisse se soustraire à la direction de l'opinion publique, elle est organisée de manière à résister à ses caprices. Aucune proposition ne peut devenir loi qu'après avoir été soumise à l'examen de deux assemblées. Ces deux parties de la législature sont élues de la même manière et composées des mêmes éléments; toutes deux sortent donc également du peuple, mais elles ne le représentent pas exactement de la même manière: l'une est chargée surtout de reproduire ses impressions journalières, l'autre ses instincts habituels et ses penchants permanents. A New-York, la division des pouvoirs n'existe pas seulement en apparence, mais en réalité. La puissance exécutive est exercée, non par un corps, mais par un homme qui seul en porte toute la responsabilité et en exerce avec décision et avec fermeté les droits et les prérogatives. (...). Il n'a pas seulement le nom du pouvoir exécutif, il en exerce les prérogatives naturelles et légitimes. (...) *le véto qu'il peut opposer aux volontés de la législature, sans être absolu est pourtant efficace*. (...). Maintenant, qu'on examine cette constitution dans les moindres détails, on n'y découvrira pas un atome d'aristocratie. Rien qui ressemble à une classe, pas un privilège, partout les mêmes droits, tous les pouvoirs sortant du peuple et y retournant, un seul esprit animant toutes les institutions, nulles tendances qui se combattent: le principe de la démocratie a tout pénétré et domine tout. *Et pourtant*'', concluait-il, ''*ces gouvernements si complètement démocratiques ont une assiette bien autrement stable, une allure bien plus paisible et des mouvements bien plus réguliers que les gouvernements démocratiques de la Suisse*.''. Voy. le *Rapport sur "De la démocratie en Suisse" de M. Cherbuliez*, in *De la Démocratie en Amérique*, Paris, Pagnerre, 1850, T. II, pp. 441 à 446.

Bien entendu, de tous les livres relatifs aux institutions politiques des Etats-Unis auxquels nous venons de faire référence, celui de Tocqueville, en plus d'être incomparable -ce dont convenaient les spécialistes: voy. M. Chevalier, *La liberté aux Etats-Unis*, Paris, Capelle, 1849, p. 5-, fut le plus influent. Au demeurant, à l'heure des débats constituants, le prestige intellectuel de Tocqueville devait s'avérer bien réel. De ce fait, lorsque le 17 mai 1848 eut lieu au sein de la Constituante l'élection, à la majorité absolue des votants, des dix-huit membres de la commission de constitution, il fut le seul à obtenir dès le premier tour une telle majorité en compagnie de Cormenin, Marrast, Lamennais, Vivien et Dufaure: voy. C.R., T. I, pp. 292-293. D'autre part, il fut fait plusieurs fois référence à son livre au cours des débats: voy. par exemple de Kerdrel le 9 octobre sur le thème de la réélection du président: C.R., T. IV, p. 746; Duprat et Jouin le 19 octobre lorsqu'il fut question de la centralisation administrative: C.R., T. IV, pp. 996, 999 et 1001; ou bien encore en 1851, lors du débat sur la révision constitutionnelle: voy. Dufaure, 18 juillet 1851, T. XVI, p. 99.

Mais cet exposé des sources doctrinales serait incomplet si l'on omettait de citer la traduction française, publiée en 1843, du livre de Joseph Story, *Commentaries on the Constitution of the United States*, dont l'édition américaine était vieille de dix ans[25]. On y trouve une exposition rigoureuse des principes cardinaux du régime américain:

> «Dans l'établissement des gouvernements libres» y lit-on, «la division entre des fonctionnaires différents des trois pouvoirs du gouvernement, l'exécutif, le législatif et le judiciaire, a été une idée favorite de nos hommes d'Etat; et l'on a regardé comme un principe très important que ces pouvoirs devaient toujours être séparés et distincts. Aussi le retrouvons-nous rappelé avec insistance dans les chartes des différents Etats, (de même que la constitution des Etats-Unis a) placé en des mains différentes les pouvoirs législatif, exécutif et judiciaire». Toutefois, poursuivait l'éminent juriste, «quand nous parlons de la séparation des trois grands départements du gouvernement, et que nous soutenons que cette séparation est indispensable à la liberté publique, *nous entendons cette maxime dans un sens limité*. Ainsi, *nous ne voulons pas affirmer qu'ils doivent être tenus entièrement séparés et distincts sans le moindre lien de connexion ou de dépendance l'un avec l'autre. Notre véritable pensée*», dit alors Story caractérisant, ce point est fondamental, la conception américaine de la séparation des pouvoirs, qui, ainsi que l'on peut le constater, est distincte de la formulation de la séparation absolue, «*est que la totalité des pouvoirs de l'un de ces départements ne doit pas être confiée aux mêmes mains qui possèdent la totalité des pouvoirs d'un autre département*[26]. C'est cette confusion qui serait subversive des principes d'une constitution libre»[27]. Sur cette

---

[25] Juge à la cour suprême des Etats-Unis, professeur à Harvard, Story était à son époque une grande figure intellectuelle dans son pays: voy. en ce sens l'*Avant-propos* de Paul Odent à l'édition française et l'étude de J. McClellan, *Joseph Story and the American Constitution*, University of Oklaoma Press, 1990, dans laquelle Story est présenté comme un des juristes américains les plus accomplis, cité de ce fait dans la jurisprudence de la cour suprême. C'est en raison de ce statut que Tocqueville le cite à plusieurs reprises dans son livre, se conformant de la sorte à l'usage américain. L'ouvrage de Story, une fois traduit en français, devait faire l'objet d'un bref compte rendu dans la *Revue des deux mondes*. Son auteur, présenté comme "le guide de tous les jurisconsultes américains", et réputé avoir "fait pour le droit politique américain ce que William Blackstone a fait pour les lois anglaises", est de ce fait qualifié de "Blackstone américain". Voy. *Revue des deux mondes*, 14 octobre 1843, pp. 327-328.

[26] Nous reconnaissons là, bien entendu, une formulation tirée, sans la moindre modification, du *Fédéraliste*, et qui ressortit à la règle du non-cumul.

[27] *Commentaire sur la constitution des Etats-Unis*, Paris, Joubert, 1843, points 268-269-270, pp. 237-238.

base, bicamérisme et droit de veto de l'exécutif constituent des articulations essentielles au système: «L'utilité», poursuit Story, «de la division du pouvoir législatif en deux branches ayant chacune un droit de veto sur l'autre est admise à présent par tous les esprits réfléchis. Mais cette division n'a pas de tout temps rencontré cette approbation; elle est même encore à présent combattue quelquefois, par des esprits spéculatifs et des hommes de cabinet. On a néanmoins fait remarquer que dans la science politique, il n'y avait peut-être pas de maxime plus importante et qui exerçât une plus grande influence sur les opérations du gouvernement»[28]. Suivent alors de longs développements démonstratifs de ce que l'érection d'une seconde chambre s'oppose aux atteintes à la séparation des pouvoirs et prévient une législation précipitée et oppressive. Ces mêmes raisons concourent à doter du veto le pouvoir exécutif: «D'abord, le pouvoir législatif a une tendance nouvelle à empiéter sur les droits et à absorber les pouvoirs des autres branches du gouvernement. La délimitation entre les pouvoirs, écrite seulement dans la constitution, serait insuffisante pour protéger le pouvoir exécutif qui est le plus faible. On devait donc lui donner une arme défensive, et cette arme est le veto, sans lequel le pouvoir serait peu à peu dépouillé de sa force et réduit à n'être qu'un vain titre». En outre, «le veto est important comme garantie contre l'adoption de mesures irréfléchies ou inopportunes. C'est un frein salutaire à la législation…»[29].

Ainsi, la doctrine publiciste de la première moitié du XIXe siècle, formée par l'étude de celle de la fin du XVIIIe, établissait sans la moindre ambiguïté les Etats-Unis d'Amérique comme un régime construit sur le principe de l'équilibre des pouvoirs, formule institutionnelle élaborée pour interdire au profit d'un seul organe le monopole de la fonction législative. De la sorte, les Etats-Unis participaient au regard de la grille de classification des régimes, qui opposait frontalement pondération et unité, de la catégorie de la balance, et, par le fait, ce point est fondamental, conjointement avec le régime britannique et les Chartes. Il s'agissait là, précisément, du motif puissant, et à dire vrai dirimant, en raison duquel le constituant ne pouvait se doter de références américaines, car ce régime renvoyait en ligne droite aux institutions britanniques et aux Chartes proscrites par Février. En effet, les mécanismes de pondération, caractéristiques du régime américain, avaient contre eux le lourd arrière-train de leur mise en œuvre monarchique, anglaise et française, ce qui constituait un puissant motif d'invalidation. La répulsion que les Chartes suscitaient, emportait, faute d'un esprit de nuance traditionnellement peu

---

[28] Idem, point 240, p. 275.

[29] Ibid., points 459 et 460, pp. 373-374.

observable dans la suite immédiate des mouvements révolutionnaires, la condamnation du régime de Washington, apparenté aux variantes européennes car ayant en partage la balance des pouvoirs comme mécanisme régulateur. Le fait que les régimes français et anglais renvoyaient à des principes de légitimité différents de celui de la République américaine -et cela quand bien même la Charte de 1830 consacrait le principe de la souveraineté nationale-, et qu'ils présentaient une composition sociologique de la chambre haute distincte de celle du sénat américain, était de peu de poids face à cette sorte de syncrétisme qui prévalait alors. De la sorte, lorsqu'un Philippe Michaud écrivait dans son *Essai sur les Constitutions françaises comparées*, paru en 1848, que les Chartes «partent du même principe: le pouvoir législatif doit être divisé, et rêvent la même chimère: l'équilibre ou la pondération des pouvoirs»[30], cette réprobation s'appliquait potentiellement tout autant au régime américain régulé par ce même principe.

Ainsi le sort était jeté, car le constitutionnalisme de 1848 devait essentiellement s'élaborer contre le principe de pondération. A ce sujet, très significative et annonciatrice était la tonalité d'une des publications relatives au droit public et à la science politique les plus importantes parue dans ces années, à savoir le *Dictionnaire politique*, publié une première fois en 1842 puis reproduit tel quel en 1848[31]. Ecrit par une collectivité de publicistes, dont un bon nombre siègeront à la Constituante, et introduit par une contribution de Garnier-Pagès le jeune, cet ouvrage, qui se voulait l'expression de la propagande républicaine et qui allait rapidement acquérir un statut de référence, constitue dans les années 1840, et doit être étudié comme tel, l'avant-coureur de l'esprit de Quarante-huit en fait de distribution des pouvoirs publics[32]. Or, l'hostilité à la pondération forme comme la colonne vertébrale du livre et lui façonne sa posture intellectuelle. Illustre ce fait l'article *Equilibre*, qui vaut bien une sorte d'épitaphe républicaine aux Chartes: «La balance ou pondération des pouvoirs», peut-on lire, «est le principe des gouvernements constitutionnels: l'équilibre est le résultat de cette pondération. Et comme la balance des pouvoirs est une chimère, l'équilibre est nécessairement

---

[30] *Essai sur les constitutions françaises comparées*, Lyon, de Boursy, 1848, p. 36.

[31] Et à nouveau, compte tenu du succès éditorial, en 1857, 1860 et 1868.

[32] Pagnerre, présentant le volume, précise qu'il a été écrit par des publicistes qui "tous, reconnaissent pour dogme fondamental le principe de la souveraineté nationale, (...) source de toute certitude morale et politique" et qui d'autre part font de "la démocratie (...) le point de départ de toutes les les productions contemporaines de l'esprit humain, le but de tous les efforts intelligents...". p. IX.

une chimère aussi. De ceci, l'histoire d'Angleterre et la nôtre, depuis vingt-cinq ans, nous offrent des preuves sans réplique»[33]. Le rédacteur de l'article *Balance des pouvoirs* donna plus d'extension à ce thème:

> «Dans cette espèce de gouvernement mixte, dont la Charte (de 1814) fut le symbole», faisait-il observer, «les législateurs improvisés eurent la singulière fantaisie de partager ce qui, de sa nature, est essentiellement indivisible, le pouvoir. Un lambeau fut placé à droite, un lambeau à gauche, un lambeau au milieu. La royauté prit sa part, l'aristocratie la sienne, la bourgeoisie la sienne. De cet amalgame naquit le gouvernement représentatif, composé du roi et des deux chambres. Un système qui créait des fractions de souveraineté devait avoir pour base l'antagonisme, et les trois pouvoirs furent institués, non pas pour s'entraider, mais pour se combattre. Toutefois, comme on ne voulait pas que l'un l'emportât sur l'autre, on essaya de leur donner des forces égales et de les maintenir en équilibre. *C'est cette théorie burlesque qui fit inventer les mots de Pondération ou Balance des pouvoirs*. (...). C'était méconnaître les lois les plus simples, non seulement du gouvernement, mais de la physique. (...) le système représentatif eût été le système de l'immobilité si, dès les premiers jours, le pouvoir royal n'eût, par ses usurpations, rendu illusoire cette prétendue Balance des pouvoirs. Ceci était, d'ailleurs, une conséquence obligée. (...). *La Balance des pouvoirs*», concluait-il, «*n'est qu'une mystification politique*»[34].

L'article *Pondération* était à l'unisson, et témoignait de surcroît de la conviction qui était celle de ces publicites qui étaient appelés à dominer idéologiquement les débats constituants de 1848, que la balance des pouvoirs était organiquement liée à la logique du gouvernement mixte, laquelle était incompatible avec une société désormais et à jamais régie par le principe de l'égalité juridique et qui présentait une unité d'intérêt: ainsi, lisait-on,

> «...le système de la Pondération ou de la balance des pouvoirs (...) est déjà fort ancien. Quelques auteurs, dit Aristote, prétendent que

---

[33] Idem, pp. 373-374.

[34] Ibid., p. 140, signé E(lias) R(egnault), lequel, rédigeant l'article *Constitution*, n'est pas moins virulent: "Le grand vice de la Constitution anglaise", précise-t-il, "est de ne reposer sur aucune théorie, de n'être qu'un rassemblement de faits (...). Cette absence de toute théorie suffirait seule à la condamnation de la constitution anglaise, quand même elle ne contiendrait pas un élément de dissolution et d'anarchie auquel on a donné le nom ridicule de balance des pouvoirs". (Voy. pp. 274-275).

la constitution parfaite doit réunir les éléments de toutes les autres, et c'est à ce titre qu'ils vantent celle de Lacédémone, où se trouvent combinés les trois éléments de la monarchie, de l'oligarchie et de la démocratie. (...). Mais il est certain que s'il a convenu à Lacédémone, il ne convient point, par cela même, aux pays qui ne sont point socialement constitués sur le modèle de cette infiniment petite portion de la Grèce. Dans les sociétés antiques, les diverses classes de citoyens étaient soigneusement délimitées: aujourd'hui, au contraire, il n'y a plus ni esclaves ni plébéiens. Tous les Français, dit la Charte, sont égaux devant la loi. La Pondération, qui est logique, qui est nécessaire entre les éléments divers, *n'est donc pas logique, n'est pas possible entre des éléments identiques et qui se confondent dans une indivisible unité*. Que signifie dès lors cette imitation surannée qui se rencontre dans la plupart des modernes constitutions? Cela signifie que les anachronismes sont de toutes les époques, que la politique n'en est point exempte et que la logique prévaut partout difficilement»[35].

Ainsi, 1848 devait apparaître comme la traduction institutionnelle et l'aboutissement d'un mouvement doctrinal virulemment hostile à toute forme d'expression juridique rattachée à la balance des pouvoirs. Or, chacun savait que le régime anglais avait génui le régime américain et la monarchie limitée française, qui tous trois procédaient de l'équilibre ou de la pondération des pouvoirs, et formaient de ce fait, et malgré des différences considérables que nous avons relevées, une sorte de continuité: bicamérisme et droit de veto de l'exécutif en constituaient le dénominateur commun, lequel était inacceptable pour une majorité des constituants français. La double proposition émise pendant les débats d'une transmutation, sur le modèle américain, tant de la seconde chambre aristocratique en une seconde chambre républicaine et du veto absolu en un veto limité, ne fut et ne pouvait être d'aucun effet, car, au sens de cette majorité, elle ne rompait pas avec le régime combattu sur les barricades. C'eût été, en acceptant ces modifications, renouer avec le régime précédent contre lequel on s'inscrivait, de façon irrésistible, en réaction. Cela était pleinement logique puisque le régime américain n'était au fond que le puîné de cette constitution anglaise, dont parallèlement la Restauration et la Monarchie de Juillet s'étaient inspirées. Ce compagnonnage embarassant discréditait le régime américain derrière lequel se profilaient le système anglais et les Chartes, et précisément les partisans de l'unité allaient avoir beau jeu d'identifier le régime des *Fondateurs* à un régime abhorré, le régime anglais, ou failli, la Monarchie

[35] Ibid., p. 731, signé E.D., c'est-à-dire soit E. Duchatelet ou, plus vraisemblablement, E. Duclerc, rédacteur de l'article *Pouvoir*.

de Juillet, pour mieux le perdre. Le poids de l'ombre portée de ces derniers fut trop lourd pour un régime dont le caractère authentiquement républicain ne parvenait pas à dissimuler aux yeux des Français cette part commune définie comme la consécration de la balance des pouvoirs. Dans cette optique, le principe institutionnel américain se résorbait dans le principe institutionnel anglais et orléaniste. Adopter celui-là, c'était rendre vie à celui-ci. Un journal radical du temps, traduisit ce sentiment répandu:

> «Just as England was quoted to us when it was desirable to prove the excellence of the constitutional monarchy, now the United-States are cited, where in some respects the spirit of the mother country lives again in republican institutions *and where the two-chamber system is in vogue*. Does it not seem that one would thus indirectly renew imitation of the English, proscribed by the February revolution, by placing that imitation under the authority of the name and the example of the american Republic?»[36].

Chevalier confirme: «Le système des deux chambres, chez nous, a contre lui une grande difficulté. On le signale comme une invention anglaise, et il n'en faudra pas davantage probablement pour le ruiner dans l'opinion». De fait, il déplorait «la facilité avec laquelle l'opinion populaire s'excite chez nous contre tout ce qui est anglais». C'est la raison pour laquelle Cormenin, qui devait présider la commission de constitution jusqu'au 19 juin, eut beau jeu de retracer la généalogie afin de discréditer l'exemple américain: «il ne faut pas s'y méprendre», dit-il, «l'origine d'une seconde chambre est purement aristocratique et de fabrique anglaise (...) il ne faut pas éternellement alléguer l'exemple des Etats-Unis d'Amérique, colonie anglaise qui reproduisait quasi machinalement les usages et les formes de la mère patrie»[37]. Significative de ce point de vue fut l'interprétation donnée le 14 avril 1848 par le journal *La Liberté* dans un article intitulé *La Constitution sur le métier*. En effet, rendant compte de l'élaboration du projet de constitution, le rédacteur suspectait Cormenin de ne pas soutenir un bicamérisme d'inspiration américaine, donc républicaine, motif pris de ce qu'il ne voulait pas encourir le risque d'être identifié par l'opinion publique comme un publiciste influencé par le constitutionnalisme britannique. Ainsi, sachant que le juriste-pamphlétaire était favorable à un exécutif collégial, à l'image du

---

[36] Cité par N.H. Curtis, *American constitutional doctrine and the French Assembly of 1848*, New York, Columbia University, 1917, p. 275. L'auteur n'indique pas la référence du journal.
[37] Cité par Chevalier, *Journal des débats*, 11 juillet 1848, s.p.

Directoire de la constitution de l'an III, le journaliste s'emportait contre lui en ces termes:

> «Mais», observait-il, «cette constitution confiait le pouvoir législatif à deux assemblées; M. de Cormenin n'en propose qu'une seule. *Pour ne point paraître un adepte de l'école anglaise, il rejette l'un des éléments essentiels de la constitution des Etats-Unis.* Un homme aussi éclairé que lui ne peut se dissimuler qu'une assemblée dont l'omnipotence est sans contre-poids, est trop souvent disposée à se laisser aller à tous les entraînements de la colère et de la passion, et que rien ne peut prémunir contre le danger des délibérations précipitées. Aux objections puisées contre dans ordre d'idées, et qui lui ont paru capitales, il a répondu, dit-on, que l'esprit public en France est prévenu contre tout ce qui, de près ou de loin, semblerait rappeler un conseil des Anciens, un sénat, une chambre des pairs. Il revient donc au principe d'unité qui prévalut sous l'Assemblée constituante».

En vérité, Cormenin, nous le verrons, était depuis des années l'un des partisans du monocamérisme les plus déterminé qui soit, et les motivations qui lui sont prêtées en l'espèce sont grossièrement fausses. Mais, ce qui importe, c'est que ce passage rend fidèlement compte d'une conception des choses, banale à l'époque, à savoir de l'assimilation faite entre les régimes anglais et américain, pour le préjudice de ce dernier qui ne pouvait de ce fait constituer une référence porteuse. C'était là, un sentiment très répandu, résumé d'une traite par le rédacteur, quant à lui favorable au régime américain, d'un article intitulé *Etudes sur la constitution*, inséré dans l'*Ere nouvelle* du 31 juillet 1848: «...On repousse les deux chambres comme importation anglaise...», affirma-t-il en effet. Parallèlement, le publiciste Clarigny, auteur dans *Le Constitutionnel* d'un article intitulé *Des institutions républicaines en France et aux Etats-Unis*, insistait quant à lui sur l'obstacle constitué par les Chartes à l'adoption d'un bicamérisme, pourtant justifié par l'excellence du régime des *Pères fondateurs*. En effet, dit-il, la division du parlement en deux chambres «a contre elle, il ne faut pas se le dissimuler, les circonstances au milieu desquelles s'élabore notre future constitution, et le préjugé créé par l'état d'impuissance où était tombée la dernière chambre des pairs, institution bâtarde qui n'avait aucun des éléments nécessaires à la vie d'un corps politique. (...). Nous oublions que l'insuccès d'une chambre viagère, nommée par le monarque et dans une dépendance forcée du pouvoir exécutif ne préjuge rien contre la division du pouvoir législatif»[38].

Ainsi, dans la représentation dominante, les Chartes, la Grande-Bretagne et les Etats-Unis formaient un bloc, celui des institutions politiques fonctionnant sur le mode de la pondération des pouvoirs, et l'on se refusait à les dissocier, et ce malgré les différences de principe qui, sous d'autres angles, les opposaient[39].

De fait, l'esprit de 1848, en matière d'organisation des pouvoirs publics, tient dans la conviction, puissante jusqu'à en être invincible, que la pondération renvoyait à un moment daté de l'histoire constitutionnelle, à présent irrémédiablement dépassé, et que la constitution à donner à la

---

[38] *Le Constitutionnel*, 24 juin 1848. Si Clarigny jugeait le bicamérisme indispensable, c'est qu'il était un partisan déclaré de la séparation des pouvoirs: "Il faut", écrivait-il, "que la délégation de souveraineté nationale ait pour effet de séparer les trois pouvoirs et de donner à chacun d'eux une existence indépendante et une énergie propre. (...). Il importe donc de s'attacher fortement au principe tutélaire de la division des pouvoirs". Cela le conduisait, en tant que représentant de "l'école libérale", à condamner dans un même mouvement "l'école centraliste" adepte de la séparation absolue des pouvoirs, et "l'école démagogique" adepte du régime d'assemblée, et à proner en retour l'imitation de la constitution américaine, qui a le mérite de donner aux trois pouvoirs une existence non seulement distincte mais indépendante. Idem, 10 juin 1848.

[39] Naturellement, ce type de rapprochement était pareillement pratiqué par les publicistes anglophones. Ainsi, écrivant en 1834, un juriste britannique s'attachait précisément à juger des évolutions constitutionnelles enregistées sous la Monarchie de Juillet par rapport à ses équivalents américain et anglais, et sur cette base, il croyait pouvoir enregistrer un mouvement partant d'une logique du gouvernement mixte à l'anglaise vers la balance des pouvoirs à l'américaine: la constitution anglaise, relevait-il en effet, "has however, as unquestionably formed the ground-work of those more formal political creations now existing in France and the United States; and it is the highest compliment ever paid to the Brithish Constitution, that interpreted by such men as Franklin, Washington, Jefferson, Paine, Hamilton and Adams, it became a basis for the magnificent and sublime structure of the Federal Republic. The French Charter was the work of statesmen, to say the least of them, only partly honest, and to say best of them, only partly wise. If, therefore, they copied some of the vices as well as the virtues of the English government, the example is as much less meritorious as the ressemblance is more striking. It is most important, however, to observe, that the French nation, by destroying the hereditary peerage, and substituting a House of peers for life, chosen by the King and his ministers, have shewn a tendency to copy the American institution of the Senate of the United States, rather than the English House of Lords". Voy. James Mather, *The Constitution of Great Britain, France and the United States of America*, London, Ellingham Wilson, 1834, p. VII.

France, expression d'une philosophie nouvelle, avait en retour pour fonction de matérialiser cette rupture sur laquelle nul ne pourrait revenir, puisqu'intrinsèque au mouvement de l'Histoire. Au sein de la Constituante, Leblond traduisit cet état de pensée:

> «Messieurs», déclara-t-il, «vous avez (...) rejeté un système qui vous était présenté, et qui consistait à maintenir deux chambres délibérantes pour le pays. *En repoussant la pensée des deux chambres, vous avez certainement voulu faire une chose nouvelle et rejeter des doctrines qui ne sont plus applicables aujourd'hui.* Vous avez très bien compris (...) qu'il n'y avait plus nécessité de pondération puisqu'il n'y avait plus qu'un pouvoir unique (...) il n'y avait plus nécessité d'établir *un équilibre*»[40].

Ce faisant, les Etats-Unis n'étaient plus une référence politique dont ils fallait s'inspirer, mais, à l'inverse, dont il fallait se déprendre. Principe de progrès du temps de son avènement, le régime américain était à présent, du fait de la marche de l'histoire, grévé d'une charge négative jusqu'à en être dévalorisé. Plus encore, sa dépréciation était telle aux yeux des plus farouches partisans de l'unité qu'ils le croyaient promis, une fois consolidé le nouveau régime de 1848 et son attrait devenu irrésistible, à la poubelle de l'Histoire. Les débats constituants furent l'expression fidèle de cette antipathie, d'autant plus réelle que les tenants de l'unité avaient perçu qu'en tant que République fondée sur la souveraineté du peuple, les Etats-Unis apparaissaient pour les constituants acquis à la pondération comme la seule référence désormais possible, la seule qui soit encore politiquement opposable et efficace, en un mot la dernière chance offerte à la doctrine de l'équilibre des pouvoirs. Du fait de ce rapport de consubstantialité, le refus du bicamérisme et de toute sorte de *veto* en tant que mécanismes producteurs de la pondération signifia pareillement le refus d'une inspiration américaine, et ce d'autant plus que ces deux dispositifs furent proposés et défendus sur la base, quasi exclusive, de l'exemple des institutions américaines[41].

---

[40] C.R., 6 octobre 1848, T. IV, p. 677.

[41] Le processus constituant devait, à compter de l'élection de l'Assemblée opérée le 23 avril au suffrage universel masculin direct, couvrir un peu plus de six mois. Les 17 et 18 mai, une commission de constitution composée de dix-huit membres fut élue afin de préparer le projet de constitution, lequel, dans sa première version, fut présenté à l'Assemblée par Marrast le 19 juin (C.R., T. II, pp. 38-43). Ce texte, conformément à un décret rendu le 2 juin par la Constituante, fut distribué aux quinze bureaux de l'Assemblée, pour être examiné et discuté. A la suite de cet examen qui prit plus d'un mois, les bureaux déléguèrent un de leurs membres

auprès de la commission pour lui faire connaître les observations émises ainsi que pour lui présenter des propositions de modifications. De ce fait, du 24 juillet au 5 août furent organisées des conférences entre les délégués et les commissaires, sans que, conformément au décret, ne puisse s'établir entre eux un débat contradictoire, au grand regret des partisans de la pondération tels que Tocqueville, O. Barrot, Thiers et Duvergier de Hauranne, pour lesquels il eût été, estimaient-ils, un vecteur plus favorable à la prise en compte de leur position. Le projet de constitution fut remanié du 7 au 26 août par la commission, qui après avoir entendu les délégués des bureaux, arrêta seule le projet définitif. Sur la proposition de Coquerel, les commissaires s'étaient engagés à conserver le secret sur leurs délibérations, lesquelles ont été conservées en un procès-verbal rédigé par Woirhaye, secrétaire du comité. Ce procès-verbal est contenu en deux registres, l'un consacré aux débats du comité, l'autre aux observations des bureaux complétées par le travail de révision de la commission. (Ce document a été publié par P. Craveri, *Genesi di una Costituzione*, Napoli, Guida éditori, 1985, pp. 107-302, mais nous nous référons pour notre part au manuscrit original déposé aux Archives nationales). Le 29 août, Woirhaye, en raison de l'indisposition passagère de Marrast, donna lecture devant les députés du projet révisé de constitution, et le lendemain Marrast déposa son *rapport fait au nom de la commission de constitution* (C.R., T. III, p. 582 et pp. 595-606). Le débat public au sein de la Constituante, ouvert le 4 septembre, occupa 36 séances. Le 23 octobre, le comité se resaisit une dernière fois du texte pour y apporter des corrections, essentiellement d'ordre rédactionel, lesquelles furent portées le 31 octobre à la connaissance de l'Assemblée par la présentation par Marrast d'un rapport sur ces modifications (C.R., T. V, p. 223). La constitution, dans sa version définitive, fut votée le 4 novembre par 739 voix contre 30.

CHAPITRE II) La défaite de l'école américaine au sein de l'Assemblée nationale constituante.

Les débats constituants opposèrent en effet l'école française à l'école américaine, en d'autres termes les partisans de l'unité à ceux de la pondération. Par l'expression «école américaine», nous n'entendons pas induire l'idée, laquelle serait fausse, que chaque partisan de la pondération des pouvoirs s'était convaincu de la nécessité de l'adoption de mécanismes producteurs d'équilibre sur la base de la seule réalité américaine, ni même que les institutions des Etats-Unis étaient à leur sens, dans la classe de celles fondées sur la balance des pouvoirs, les meilleures qu'on puisse concevoir dans l'absolu. Nous voulons seulement marquer par cet emploi que, ainsi que nous l'avons déjà mentionné, le constitutionnalisme républicain américain fut, eu égard au contexte et au champ du possible, comme l'étendard derrière lequel les partisans de la pondération firent valoir leurs principes, en d'autres termes comme le grand véhicule de la revendication de l'impératif d'un régime balancé. De la sorte, ce sont les constituants eux mêmes, ainsi que les interprètes immédiats des débats s'exprimant sur le fait dans les journaux, qui les premiers traduisirent en ces termes la confrontation doctrinale majeure qui structura les discussions au sein de l'Assemblée.

L'aboutissement de cet antagonisme devait être la défaite, pleine et entière, de l'école américaine: le bicamérisme (**§ Ier**), non plus que toute forme de veto conditionné (**§ II**), ne furent acceptés. Les partisans de la pondération crurent pouvoir revenir sur ce choix primitif lorsque, en 1851, il devait être question de la révision de la constitution. Malgré une évolution significative des esprits qui rendait envisageable une telle perspective, cette entreprise avorta (**§ III**).

§ Ier) Le rejet de la pondération des pouvoirs fondée sur un parlement bicaméral.

> «*Disciple de l'école américaine, j'ai toujours pensé que le corps législatif devait être divisé en deux chambres*, avec des différences dans leur organisation; cependant (...) l'aristocratie, Messieurs, est un mauvais ingrédient dans les institutions publiques; j'exprime donc aussi fortement que je le puis mon vœu pour l'abolition de la pairie héréditaire...»[42].

---

[42] *Archives parlementaires*, 2e série, 7 août 1830, T. LXIII, p. 75.

C'est en ces termes, dénués d'équivoque, que Lafayette s'était exprimé le 7 août 1830 à la chambre des députés dans le cadre de la discussion de la proposition émise, à la suite des Trois Glorieuses, par le député Berard, et tendant à modifier la Charte du 4 juin 1814. Le vieux général, qui à l'égal de ce qu'il fut sous la Révolution française restait toujours l'un des tout premiers spécialistes français des institutions politiques des Etats-Unis, entendait par ces mots signifier deux choses, essentielles, lesquelles au demeurant apparaissaient complémentaires dans son esprit. La première, c'est que le fait de se réclamer des principes juridiques du constitutionnalisme américain, et ce faisant de participer de «l'école américaine» selon ses propres termes, emportait au principal pour tout publiciste d'être partisan du bicamérisme dans le cadre d'une balance ou pondération des pouvoirs. La seconde, c'est que cette balance des pouvoirs était disjointe du procédé du gouvernement mixte qui offrait un rôle institutionnel à l'aristocratie. Ces deux enseignements, parfaitement assimilés en France sous la Révolution -nous l'avons vu- et sous les Chartes, furent de la même façon connus, et par voie de conséquence exprimés, en des termes identiques par les constituants de 1848, et formaient de ce fait un chapitre fondamental et sans équivoque de leur grammaire politique[43].

Or, pour une raison sans réplique, le bicamérisme ne pouvait être consacré en 1848: en effet, les républicains de la veille en avaient depuis

---

[43] Comme illustration de ce fait, on peut se référer à nouveau au *Code constitutionnel* inséré dans le *Code des codes* publié en 1835. Sur l'ensemble des huit rédacteurs, quatre allaient devenir membres de la Constituante, à savoir Odilon Barrot, Pagès, Vivien et Crémieux. Or, ce qu'ils écrivaient sous la Monarchie de Juillet préjuge de la façon dont ils devaient analyser les institutions politiques des Etats-Unis sous la Deuxième République. Ainsi, il était écrit dans ce livre que "le souvenir des excès de la convention dicta la Constitution de 1795. (...). L'expérience avait prouvé la nécessité de diviser le pouvoir législatif en plusieurs assemblées. (...). Les avantages de deux assemblées sont peu contestés. L'exemple de l'Angleterre, notre aînée dans les formes constitutionnelles, celui des Républiques américaines, où les formes démocratiques ont reçu leur dernier développement, prouvent la nécessité de cette division". *Code des codes*, op. cit., T. I, L. III, p. 339 et p. 341. C'est la raison pour laquelle Coyteux, publiant à Bruxelles en 1853 *Des vrais principes sociaux et politiques*, devait se référer prioritairement aux Etats-Unis d'Amérique comme exemple d'un régime participant de "la doctrine de la pondération des pouvoirs" et souhaiter en tant qu'opposant au bicamérisme que cette référence américaine n'influence pas les esprits de façon déterminante.

des années rejeté implacablement le principe, et en retour faisaient du monocamérisme une institution républicaine par nature[44].

---

[44] Ainsi, sous le titre *Doctrines républicaines*, avait paru le 31 janvier 1833 dans le journal *La Tribune*, dont le rédacteur en chef était alors Armand Marrast, futur rapporteur du projet de constitution de 1848, un programme républicain sans équivoque sur ce point. Ainsi, lisait-on, "le pouvoir législatif réside dans cette représentation. Elle doit être unique, car la nation est une, et l'on ne comprend guère une volonté nationale coupée en deux. Il ne saurait donc y avoir utilement même deux assemblées législatives". (Voy. *Doctrines républicaines*, Paris, impr. de A. Mie, 1833, p. 7; et voy. du même Marrast *Les Funérailles révolutionnaires*, Paris, Pagnerre, 1848, écrites alors qu'il était membre du gouvernement provisoire, notamment p. 44). Rappelons en outre que Marrast avait été sous la monarchie de Juillet le principal animateur du journal d'opposition républicain *le National*, lequel, formant une manière de parti, était en 1848 majoritaire au sein de la commission de constitution. Ainsi, outre Marrast, on pouvait y rattacher Coquerel, Dornès, Martin, Pagès, Tourret, Vaulabelle et Woirhaye, et considérer Carbon et Cormenin comme des sympathisants. Cormenin précisément, quant à lui futur président épisodique du comité de constitution, avait lui aussi en son temps tracé le chemin: ainsi, dans sa *Lettre de M. de Cormenin sur la Charte et sur la pairie*, (Paris, Setier, 1831), -ne disant rien toutefois sur la participation du roi à la fonction législative- il se déclarait favorable à un parlement monocaméral délégataire de l'exercice de la souveraineté nationale. Derechef, dans la *Lettre sur le mode d'organisation de la pairie*, d'une année postérieure, (Paris, Setier, 1832), "se pla(çant) hors du terrain de la Charte", (p. 45), il réaffirma cette position, laquelle fut amplifiée dans son *Petit Pamphlet sur le projet de constitution*, (Paris, Pagnerre, août 1848).

Pour autant, il y avait eu débat sous la monarchie de Juillet au sein de la tendance républicaine, dans le cadre de laquelle les deux grandes figures favorables au bicamérisme étaient incontestablement La Fayette, nous l'avons vu, et Armand Carrel, lesquels s'autorisaient tous deux de la référence américaine ainsi que Cormenin devait en témoigner. En effet, écrivant en 1851 et revenant sur le processus constituant, ce dernier eut ces mots: il "surgit dans le sein de notre commission" rapporta-t-il, "l'une des plus grosses questions du pouvoir législatif. Aurait-on une ou deux chambres? Longtemps avant", précisa-t-il, "j'avais débattu cette thèse contre mes amis Lafayette et Armand Carrel, *tous deux épris des formes américaines*", voy. *Révision*, Paris, Pagnerre, 1851, p. 53. Carrel, en effet, fondateur en 1830 du *National* en compagnie de Thiers et Mignet, avait versé dans le républicanisme à l'occasion d'articles signés dans son journal les 3 et 5 janvier 1832 et tint cette ligne jusqu'à sa mort prématurée, intervenue en 1836 des suites de son duel avec Emile de Girardin. En effet, Carrel jugeait que la monarchie de Juillet avait une pente naturelle qui la menait irrésistiblement à la République, et qu'il fallait fonder celle-ci au plus vite et l'asseoir sur le principe de la balance des pouvoirs, précisément sur le modèle de sa correspondance américaine. Ainsi, écrivit-il dans cette perspective, "la constitution américaine ne

Bref, les républicains de la veille représentaient, et ce sur le mode comminatoire, l'unité législative comme le critère de la sincérité du ralliement à la République des républicains du lendemain, et seules l'acceptation et plus encore la promotion de cette structure vaudraient à

---

nous est point étrangère; elle est fille des doctrines françaises du XVIIIe siècle, heureusement combinées avec ce qu'il y a de raisonnable et de mieux éprouvé dans les institutions anglaises (...). Nous fîmes d'abord, d'après les idées de Turgot et des philosophes du XVIIIe siècle," poursuivait-il, "une constitution qui concentrait à la fois le pouvoir exécutif et le pouvoir législatif dans une seule assemblée. Cette faute devait conduire et conduisit à la dictature de la Convention, qui réunit les trois pouvoirs législatif, exécutif, judiciaire, et fut ainsi très constitutionnellement maîtresse de toutes choses en France, hommes et biens. De cette constitution, on s'éleva à celle de 1795, qui sépara les trois pouvoirs exécutif, législatif, judiciaire, et partagea le pouvoir législatif en trois branches. C'était s'approprier heureusement les principes anglais. Malheureusement, on n'osa aller jusqu'à l'unité et la responsabilité du pouvoir exécutif. (...). C'est cette mauvaise organisation du pouvoir exécutif qui a perdu la constitution de l'an III (...) et amené (...) la catastrophe du 18 brumaire. Mais au 18 brumaire, si l'on avait été plus éclairé ou mieux intentionné, on eût conservé la constitution de l'an III, qui était bonne, moins le pouvoir exécutif. Un peu moins du génie de César dans Bonaparte, un peu plus de la modération magnanime de Washington, et peut-être depuis trente-deux ans nous serions dans les principes et dans la pratique du gouvernement américain: or le gouvernement américain n'est que la réalisation des principes séparément professés par l'école française et par l'école anglaise. La Charte de 1830 a prétendu réunir aussi les principes des deux écoles: elle n'y a pas réussi, parce qu'elle a laissé subsister l'hérédité et l'inviolabilité en présence d'un principe bien plus puissant qu'elles, et qui tôt ou tard doit les dévorer l'un et l'autre. Ce principe c'est celui de la souveraineté nationale". Voy. *Le National*, 29 mai 1832, in *Œuvres politiques et littéraires d'Armand Carrel*, Paris, F. Chamerot, T.III, pp. 120-121-122, et dans le même sens l'article du 28 février 1832, idem, pp. 63-68. Ainsi, tout comme La Fayette, Carrel se proposait de gagner les républicains à la pondération en excipant du précédent américain, ce que devait noter un contemporain de sensibilité politique antagoniste, le publiciste Albert de Broglie, qui proposant une synthèse des idées politiques de Carrel releva qu'il "développ(ait) ses plans de constitution républicaine, visiblement empruntés à l'Amérique", allant même jusqu'à parler de "la république américaine de Carrel". Voy. "Armand Carrel et les controverses politiques avant et après 1848", *Revue des deux mondes*, 1er mai 1859, p. 43 et p. 25. En 1848, Carrel ne devait pas été oublié, au point que le gouvernement provisoire, en la personne de Marrast, lui rendit hommage le 2 mars 1848. "Ah! Si Carrel était là..." entendait-on alors (cité par L.Fiaux, *Armand Carrel et Emile de Girardin*, Paris, M. Rivière, 1911, p. 218). Il reste que, participant de l'école américaine au point de la symboliser auprès de ses pairs, Carrel, s'il avait vécu, aurait été désavoué lors des débats constituants.

ces derniers, après vérification, brevet de républicanisme authentique. En effet, ils percevaient le bicamérisme, fût-il présenté et défendu sur fond de souveraineté du peuple comme aux Etats-Unis, comme le cheval de Troie de la monarchie constitutionnelle au sein de la sphère républicaine, lequel gouvernement constitutionnel, de ce fait, immuable et changeant, serait en mesure par ce canal artificiel de se survivre à lui-même. En d'autres termes, les républicains de conviction y voyaient le moyen par lequel ils pourraient être dépossédés de l'acquis politique de Février, et une sorte de victoire posthume de la logique institutionnelle combattue sous le régime précédent par la voie des pamphlets. Le 25 mai, au sein de la commission de constitution, Martin (de Strasbourg) fit d'emblée comprendre que la transaction sur ce point n'était pas possible, pas même envisageable: «Le caractère français veut l'unité» déclara-t-il. «Ceux qui ne voulaient pas de République avant la révolution de Février veulent aujourd'hui deux chambres, parce que ce régime n'est pas un régime républicain». Par conséquent, compte tenu de ce qui était une donnée fondamentale du moment, le contexte politique militait fortement, et en réalité de façon invincible, contre l'institution de deux chambres: «...le système des deux chambres est un système perdu» déclara Marrast dans ce même comité. «Deux chambres dans une République, c'est un régime détestable que je ne comprends pas», ajoutait-il, et que ne comprirent pas davantage une majorité de députés au sein de la Constituante. C'est la raison pour laquelle la cause de l'unité contre celle du modèle américain fut irrésistible. En commission, 14 voix contre 3 furent recensées en faveur de la chambre unique, malgré les efforts de Tocqueville pour convaincre ses collègues que le bicamérisme n'emportait pas par nature un élément aristocratique[45]. En effet, rétorquant le 25 mai à Marrast, l'auteur de *De la*

[45] Dans ses *Mémoires*, Odilon Barrot précise que ce furent Tocqueville, Vivien et lui-même qui votèrent négativement. Voy. *Mémoires posthumes*, Paris, Charpentier, 1875-1876, T. II, p. 352. Dès le 25 mai en effet, Beaumont, partisan lui aussi du bicamérisme, avait annoncé aux autres commissaires qu'il cèderait, à l'heure du vote, à l'opinion publique. De cette manière, il tombait en quelque façon d'accord sur ce point avec Victor Considérant, quant à lui favorable à une chambre unique, et qui, dans la même séance, avait prévenu que le texte du comité ne devait pas être contraire à l'esprit public: "...ce qui doit dominer la question" avait-il dit, "c'est l'état présent du génie français. Le sénat, la chambre des pairs, une deuxième chambre, de quelque nom qu'on l'appelle, n'a jamais été entourée de considération, parce qu'elle n'est pas conforme à la disposition générale des esprits". En d'autres termes, comme put le dire devant la commision de constitution le délégué du 13e bureau, "il ne faut pas s'isoler du génie français qui est essentiellement unitaire". Tout cela autorisa Emile de Girardin,

démocratie en Amérique reprit l'enseignement développé dans ce maître-livre, et s'employa, l'exemple américain à l'appui, à opérer une double dissociation, d'une part entre bicamérisme et fédéralisme, celui-là ayant une justification indépendante et antérieure à celui-ci, d'autre part entre bicamérisme et inspiration anti-démocratique, celui-là n'étant pas le produit de celle-ci:

> «Je reconnais», concèda-t-il dès l'abord, «que la cause que je vais soutenir est perdue dans l'opinion (...). Dans le monde», poursuivit-il, «il n'y a eu d'ailleurs qu'une République démocratique, c'est celle des Etats-Unis, elle a deux chambres. Je ne me prévaux pas de la constitution des Etats-Unis, véritable œuvre d'art, dont on ne peut guères emprunter quelque chose» dit-il pour prévenir l'argument, qu'il sait infondé mais politiquement porteur, d'une explication exclusive du bicamérisme américain par la forme fédérale de l'Etat, «mais à côté de celle-là, il y a dans l'Amérique du nord trente Républiques qui sont dans une position semblable à la nôtre», c'est-à-dire celle d'un Etat unitaire. «Toutes», affirme-t-il avec vigueur, «ont deux chambres, *il n'y a pas un seul américain qui s'avise de penser qu'on pourrait marcher autrement.*(...). En Massachussets, en Pennsylvanie, on avait d'abord établi une seule chambre. Après treize ans d'essai et une dissension approfondie, la raison publique est revenue à la nécessité des deux chambres; cet exemple est frappant. Je crois que l'opinion d'une chambre unique si accréditée en France, provient d'un malentendu. On imagine que le système des deux chambres est une institution aristocratique parce qu'il donne l'expression à deux positions différentes du peuple. C'est une erreur. Je ne veux point d'aristocratie, je reconnais que notre société est profondément démocratique, et si l'on voulait y introduire, un seul élément, un atome d'aristocratie, ce serait un élément de ruine. Mais il faut que, comme en Amérique, les deux chambres représentent de la même manière par des moyens semblables les mêmes intérêts et les mêmes classes du peuple (...). Je suis convaincu», concluait-il sous forme d'une prédiction, «que la

---

observateur attentif des débats constituants à figurer le rapport de force politique en ces termes: "Le principe d'une assemblée unique l'a emporté dans quatorze bureaux sur quinze" constata-t-il. "Vous (il s'adresse à Cormenin) et M. Marrast vous vous en félicitez; M. Thiers et M. Duvergier de Hauranne s'en affligent. Qui a tort? qui a raison? Qu'importe. M. Thiers eût-il raison, que son opinion succomberait. Eussiez-vous tort, que votre avis prévaudrait". Girardin était lui-même favorable au monocamérisme, afin, précisait-il, d'écarter "toute complication", mais il insistait pour que l'assemblée soit peu nombreuse, c'est-à-dire composée de 360 à 380 membres. Voy. *Avant la Constitution. Précédé d'une lettre à Timon*, Paris, Michel Lévy frères, 1848, p 17.

République se perdra ou qu'elle arrivera au système des deux chambres».

Ce plaidoyer ne porta pas. Dans ses *Souvenirs*, le député de la Manche, insistant sur les implications du vote sur la forme du parlement, rendit bien le caractère de principe revêtu par ce débat. Stigmatisant, avec force excès à notre sens, ce qu'il estimait être la grande médiocrité des discussions menées au sein de la commission, il concèda seulement un échange de vues grave et de haute tenue, précisément celui qui

> «porta sur le système de la chambre unique. A vrai dire, les deux partis qui divisaient sourdement la Commission» rapportait-il en désignant par ces termes les partisans de l'unité et ceux de la pondération, faisant ainsi de ce thème la question institutionnelle essentielle, «ne s'abordèrent et ne ses saisirent que cette seule fois. Ce fut moins encore des deux chambres qu'il s'agit *que du caractère général qu'on devait donner au nouveau gouvernement: voulait-on persévérer dans le système savant et un peu compliqué des contrepoids*, et placer à la tête de la République des pouvoirs contenus, et par conséquent prudents et modérés? Ou devait-on entrer dans la voie contraire et adopter la théorie la plus simple, suivant laquelle on livre les affaires à un pouvoir unique, homogène dans toutes ses parties, sans barrière, par conséquent impétueux dans ses démarches et irrésistible? Tel fut le fond du débat. Cette question générale aurait pu se présenter à propos d'une foule d'autres articles[46], *mais était renfermée mieux que nulle part ailleurs dans la question particulière des deux chambres*»[47].

Ainsi, les débats en commission auguraient très nettement de ce que la construction institutionnelle de 1848 serait pensée contre le principe américain exposé en l'espèce par Tocqueville, en d'autres termes contre le principe de la balance des pouvoirs produite par le bicamérisme. Dans son rapport du 30 août, Marrast ne devait y voir qu'une «violence à la logique» et «un principe de désordre». De ce fait, au sein de la

[46] Tocqueville pense notamment à l'attribution au président d'un droit de veto conditionné.

[47] *Souvenirs*; IIe partie, XI, *Commission de constitution*, Paris, Robert Laffon, 1986, p. 829. Il est patent à la lecture de ce morceau que la dialectique compliqué/simple avait toujours cours. Pour preuve la *Lettre sur la Charte* écrite par Cormenin en 1831 et dans laquelle le juriste-pamphlétaire stigmatisait "la chambre des pairs (qui) embarasse, par la complication de ses rouages, l'unité de la machine politique". Voy. *Pamphlets anciens et nouveaux*, Paris, Pagnerre, 1870, p. 20.

Constituante, les partisans de la pondération savaient la cause entendue, mais ne devaient pas manquer de défendre leur conception.

En effet, le projet déposé à l'Assemblée et débattu en séance, Duvergier de Hauranne, appuyé par Rouher et Odilon Barrot, devait proposer sous forme d'un amendement de diviser la législature en deux chambres[48]. A nul autre moment mieux qu'à celui de la discussion qui s'ensuivit, n'apparut l'opposition de principe entre les écoles française et américaine. Précisément, Duvergier de Hauranne, prenant la parole pour défendre son option, et instruit par la première phase des travaux constituants menés au sein du comité et des bureaux, s'appliqua, afin de s'inscrire en faux contre la présentation faite par les républicains de la veille tendant à établir l'incompatibilité de nature entre la République et le bicamérisme, à accréditer l'idée que sous la Monarchie de Juillet les républicains se prononçaient en faveur d'une République à l'américaine, c'est-à-dire une République fondée sur la pondération des pouvoirs, faisant ainsi de la balance des pouvoirs le trait distinctif des institutions politiques des Etats-Unis. Ainsi, représenta-t-il,

> «pendant les cinquante années qui ont précédé la révolution de Février, la division du pouvoir législatif paraissait un principe définitivement acquis à la science politique, une vérité sur laquelle il n'y avait pas à revenir. Je ne parle pas des partisans de la monarchie

---

[48] De façon plus précise, il proposait, s'inspirant tant des Etats-Unis que de la constitution de l'an III, d'établir une chambre des Représentants détentrice exclusive du droit d'initiative législatif et un conseil des Anciens disposant du droit d'amendement. Procédant toutes deux du suffrage universel direct mais devant différer d'esprit et de caractère, la chambre basse était composée de 500 membres élus pour trois ans tandis que la chambre haute regroupait 300 membres ayant 35 ans révolus et élus pour six ans, avec un renouvellement du contingent par moitié tous les trois ans. Point important, au terme d'un désaccord prolongé constaté après deux refus de vote consécutifs de la part des Anciens, les deux chambres seraient, "dans certains cas déterminés" dont la nature n'est pas rapportée, réunies afin qu'une délibération et un vote en commun puissent avoir lieu. Notons que cette initiative de Duvergier de Hauranne était prévisible. En effet, ce dernier avait été le délégué du 14e bureau auprès du comité de constitution, lequel sur l'ensemble des 15 bureaux fut le seul, et de surcroît par une nette majorité, à se déterminer en faveur des deux chambres. Il avait pu ainsi stigmatiser "l'unité, (...), la simplicité que cherchent les partisans de la chambre unique", laquelle, à son sens devait inévitablement aboutir "au despotisme", et présenter en contrepoint de cette inspiration une proposition d'amendement du même type que celle qu'il devait défendre en séance publique.

constitutionnelle, qui étaient unanimes sur ce point; je parle, *dans le parti républicain même, des hommes les plus éminents*. "Ne croyez pas, disaient-ils, et ils me l'ont dit quelquefois à moi-même quand nous discutions cette question, ne croyez pas, si nous parvenons à fonder la République, que nous soyons assez enfants pour oublier les leçons de l'expérience et pour recommencer les fautes du passé. Nous reconnaissons que, sous la République, autant et plus peut-être que sous la monarchie, il est indispensable de modérer, de contenir, de tempérer le pouvoir dirigeant. Nous reconnaissons que l'unité absolue de ce pouvoir est incompatible avec la liberté. *Ce que nous voulons*, ce n'est pas la République de la Convention, *c'est une République américaine*, avec un président électif au lieu d'un roi héréditaire, avec une chambre de Représentants et un Sénat *qui se limitent mutuellement*. Ce système, ajoutaient-ils, *a tous les avantages sans aucun des inconvénients de la monarchie constitutionnelle*". Voilà quel était leur langage. Eh bien, comment se fait-il que des idées si universellement admises, si généralement professées, soient devenues tout à coup, au moins aux yeux de votre commission, de vieux préjugés indignes d'une sérieuse attention? Comment se fait-il que, de plein saut, et presque sans daigner s'en expliquer, *on déclare la division des pouvoirs législatifs incompatible avec la République*?». Sur ce fait, Duvergier entreprit alors de citer successivement Cormenin et Marrast, afin de tenter de faire apparaître la contradiction entre leur position du moment, et celle qui d'après lui, des années durant, avait porté les républicains français à se déterminer en faveur d'une inspiration américaine. Ainsi, reprit-il, «aux yeux de l'ancien président de la commission, ''les souteneurs des deux chambres ont épuisé, pour démontrer ce deux-là, l'histoire, la dogmatique, l'esthétique et le pathétique. Ils ont passé les mers; ils ont remué les paperasses d'Albion et désarticulé les Amériques''[49]. (...). Le Rapporteur, (quand à lui), ne dédaigne pas de discuter avec les souteneurs des deux chambres; cependant il trouve aussi fort mauvais qu'on passe les mers pour aller, soit en Angleterre, soit en Amérique. "La raison, dit-il, émigrée de Londres ou de Washington, est mauvaise par cela seul qu'elle vient de là"[50].(...). Je comprends», rétorquait alors

[49] Duvergier de Hauranne avait extrait cette citation du *Petit pamphlet sur le projet de constitution*, rédigé par Cormenin peu auparavant. Le passage exact est le suivant: ''Tant que l'Assemblée nationale n'aura pas dit sacramentalement avec moi: le peuple français délègue le pouvoir législatif à une assemblée unique, il faudra guerroyer avec les souteneurs des deux chambres. Deux! Ils ont épuisé pour démontrer ce deux là, l'histoire, la dogmatique, l'esthétique et le pathétique. Ils ont passé les mers, remué les paperasses d'Albion et désarticulé les Amériques". Voy. le *Petit pamphlet*, Paris, Pagnerre, août 1848, p. 15. Au demeurant, Timon avait tenu des propos similaires en commission.

[50] Cette formule provient du *Rapport fait au nom de la commission de constitution*, écrit par Marrast et lu par lui-même à l'Assemblée le 30 août.

Duvergier de Hauranne, «qu'on récuse l'exemple de l'Angleterre (car il s'agit d') un pays monarchique, un pays aristocratique; on le récuse, rien de plus simple. Mais, je vous le demande, n'est-il pas étrange que l'exemple de la République américaine, cet exemple si souvent cité par les républicains, soit devenu aujourd'hui, parce qu'il les gêne, l'objet de leurs sarcasmes et de leurs dédains[51]? N'est-il pas étrange qu'on nous permette à peine de venir modestement rappeler qu'*en Amérique, non seulement la République fédérale, la grande république, mais chacune des petites républiques dont se compose l'union, a cru nécessaire, indispensable de diviser le pouvoir législatif? N'est-il pas étrange que l'autorité du seul grand Etat moderne qui ait fleuri, grandi, prospéré sous la forme républicaine, soit ainsi écartée ou méconnue*? Quand à moi, n'en déplaise à l'ancien président de la commission et à son honorable rapporteur, je crois que *cette autorité est très considérable, et je prends la liberté de m'en prévaloir devant l'Assemblée nationale*[52]. (...). Il faut», concluait-il alors, «que nous donnions à la République une constitution viable, une constitution qui ait en elle-même certaines conditions de force, de durée. De ces conditions, la division du pouvoir législatif est, selon moi, la principale, la plus essentielle»[53].

---

[51] "Très bien!", rapporte de la part de certains députés le *Compte rendu*, marquant ainsi le poids d'un tel argument.

[52] C'est en considération de déclarations de ce type, et sous ce rapport, que nous pensons pouvoir employer le terme d' "école américaine".

[53] C.R., 26 septembre 1848, T. IV, p. 269 et p. 274. Charles Dupin, acquis lui aussi aux deux chambres, au motif qu'"avec des pouvoirs balancés, avec deux chambres législatives, vous aurez la modération, la prudence, la sagesse dans les lois; et (que) le pouvoir exécutif, éclairé (...) protégé, sera sauvé...", seconda sur ce plan Duvergier de Hauranne puisqu'il affirma en des termes analogues que les républicains de la veille avaient en effet pris position en faveur du constitutionnalisme américain fondé sur la pondération des pouvoirs: "Si le plus constant, le plus désintéressé, le plus illustre promoteur du gouvernement républicain, si Lafayette pouvait sortir de la tombe", fit-il valoir, "sa grande âme de citoyen serait heureuse de voir enfin proclamée la forme de gouvernement qu'il a défendue toute sa vie; elle se réjouirait en retrouvant au milieu de nous l'élite de nombreux patriotes qui se pressaient dans les salons de 1830, de 1831, de 1832, de 1833 et de 1834. Mais, s'il leur faisait cette question: vous approuviez alors la prudence intelligente des constitutions américaines; vous admiriez la sagesse de ces vingt-trois Républiques, dont chacune a deux chambres législatives, *comme en a deux la grande union qui les rallie en faisceau puissant et durable. Mes amis, votre sagesse va-t-elle donner à la France la même combinaison de pouvoirs* nécessaires à la vie d'un Etat constitutionnel? Républicains de la veille, que répondriez-vous à Lafayette?". Idem, pp. 298-299. De fait, les publicistes de l'époque savaient que le bicamérisme institué à Philadelphie répondait prioritairement à la thématique de la balance des pouvoirs et secondairement au fédéralisme, et qu'il ne tenait donc pas intimement à ce dernier facteur, surajouté.

Mais cette frange de publicistes plaidait en vain, et, au demeurant, Duvergier de Hauranne adultérait les faits puisque les républicains de la veille, nous l'avons vu, avaient constamment lors des années passées promu l'unité, laissant à La Fayette et à Carrel le soin d'incarner en leur sein une opposition respectée mais fort minoritaire. Précisément, répondant à Duvergier, Anthony Thouret devait réaffirmer l'hortodoxie: «il y a vingt ans», représenta-t-il, «que nous écrivons que l'existence d'une République est étroitement attachée à la constitution d'une assemblée unique nommée par le suffrage direct et universel». Pour faire bonne mesure, il s'en prit dans le même mouvement à «la maladie de la comparaison chez nos publicistes modernes» qui les conduit à comparer la France «à tous les pays de République pour lui prouver qu'elle doit *en constituer une mauvaise*». Ainsi, dit-il, on parle «de l'Amérique à propos de liberté» (...). Mais si la France et l'Amérique s'unissent dans leur amour de la souveraineté populaire», objecta-t-il, «doivent-elles s'unir *dans l'exercice de cette souveraineté* composée d'intérêts différents et quelquefois opposés?»[54]. On sentait en vérité la volonté pour les opposants à la dualité des chambres d'interdire à leurs adversaires politiques de s'autoriser de l'exemple américain, en définitive bien encombrant puisque qu'illustratif d'une balance des pouvoirs sur fond de souveraineté du peuple et de principe républicain. Or, un des enjeux du débat était précisément d'accréditer l'idée que, du point de vue des principes, République et balance des pouvoirs ne pouvaient se correspondre et s'excluaient réciproquemment. Dès lors, il était de toute nécessité d'expliquer la cause de la division du pouvoir législatif aux Etats-Unis par un facteur autre que celui de la pondération des pouvoirs. En conséquence, l'invocation de la forme fédérale de l'Etat américain, comme principe structurant et explicatif de toutes les spécifités institutionnelles de ce régime, et entre toutes, de celle du bicamérisme, apparut dans l'argumentaire de l'école française comme un *deus ex machina*, invoqué à dessein de façon systématique. Ce procédé, frappé au

---

Déjà, le publiciste L.-P. Conseil l'avait dit, avec d'autres, quelques années auparavant: ''Lorsque'', écrivait-il, ''la Convention de 1787 fut appelée à faire aux formes de (la confédération) les amendements dont l'expérience avait fait reconnaître la nécessité, le retour aux idées anglaises, et la disposition à se rapprocher du modèle britannique, exerçaient déjà sur les esprits une certaine influence. *Cette influence*'', relevait-il, ''*entra pour beaucoup dans la création d'une seconde chambre*''. Voy. *Mélanges politiques et philosophiques extraits des mémoires et de la correspondance de Thomas Jefferson, précédés d'un essai sur les principes de l'école américaine*, Paris, Paulin, 1833, p. 50.

[54] C.R.; T. IV, p. 276 et p. 275.

coin de l'opportunité et rendu nécessaire par les contraintes du débat politique, était destiné à opérer la résorption, dans le principe fédéral, de l'ensemble du constitutionnalisme américain afin de disqualifier son application à un Etat unitaire, et en l'espèce accréditer une sorte de rapport structurel et exclusif entre forme fédérale et bicamérisme d'une part, et forme unitaire et monocamérisme d'autre part. Lamartine, plus que tout autre, eut recours à ce procédé[55]. Ajoutant à cette réprobation de la balance formulée en des termes classiques, il certifia en effet au mépris de toute la culture politique du XVIIIe siècle, priée, sur le moment, de bien vouloir plier devant les impératifs d'une cause supérieure, que la division du pouvoir législatif procédait aux Etats-Unis d'un facteur unique, le fédéralisme:

> «...le sénat en Amérique», soutint-il effectivement, «représente le principe fédératif (...). *C'est là l'unique et seule cause de l'existence du sénat américain.* Ce n'est pas la démocratie, c'est la fédération qu'il représente; ce n'est pas la perfection de l'unité démocratique, c'est l'imperfection encore, c'est le défaut d'unité nationale, c'est une espèce d'anarchie prolongée encore après une formation si récente. Voilà l'origine, voilà la cause, voilà les motifs de l'existence des deux chambres en Amérique (...). Vous introduiriez» prévenait-il dans l'hypothèse de l'érection d'une seconde chambre, «une imperfection fédérale dans l'unité de la représentation de la France»[56].

---

[55] L'hostilité de Lamartine à la balance des pouvoirs était connue. Ainsi, il l'avait déjà exprimée un an auparavant dans son *Histoire des Girondins*: "Dans cette soit-disant balance du pouvoir", pouvait-on lire, "il y a toujours un poids qui l'emporte; l'équilibre est une chimère. S'il existait jamais, il ne produirait que l'immobilité". *Histoire des Girondins*, Paris, 1847, T. I, p. 442. Au sein de la Constituante, c'est dans les mêmes termes que Lamartine argumenta à nouveau contre ce "soit-disant équilibre dans les pouvoirs" et il se déclara contre la "combinaison de deux ou trois pouvoirs entre eux", "trois corps, pondérés l'un par l'autre, tâch(ant) de se concilier et de s'entendre". "Il faut savoir échapper à ses souvenirs", recommenda-t-il, "à ces conventions nominales du gouvernement représentatif d'autrefois, gouvernement de trois pouvoirs, gouvernement qui pouvait, qui devait avoir deux chambres dans la logique de ses institutions et de sa nature". C.R., 27 septembre 1848, T. IV, pp. 306, 307, 308-309.

[56] Idem, p. 307. Le *Compte rendu* fait état de "Très bien! Très bien" qui ponctuent la fin de ce passage. Encouragé par le résultat obtenu, Lamartine, favorable à l'élection directe par le peuple du président, et non sur un mode indirect comme aux Etats-Unis, entreprit à nouveau, de manière fort embrouillée et peu convaincante, de lier ce procédé à la forme fédérale de l'Etat. Voy., C.R., T. IV, p. 680

Trouvant la ficelle un peu grosse, les partisans de la dualité des chambres répliquèrent dans le dessein de rattacher la division du pouvoir législatif à sa matrice originelle de la balance des pouvoirs. Déjà, Lherbette, anticipant sur l'emploi qu'il savait certain de ce procédé dilatoire, compte tenu du fait que Marrast y avait eu recours aussi bien au sein de la commission que dans son rapport, avait lors de la séance précédente écarté ce type de corrélation:

> «Messieurs», avait-il déclaré solenellement, «la question que vous êtes appelés à résoudre en ce moment, celle de la concentration ou de la division du pouvoir législatif, de l'unité ou de la dualité d'assemblée, est sans contredit la plus importante de la constitution. (...). Le système des deux chambres», ajoutait-il, «est adopté en Angleterre et aux Etats-Unis; il l'était naguère encore en France. (...). On ajoute que cette institution anglaise et américaine des deux chambres doit être repoussée en raison des différences de situation; car elle a pour origine, prétend-on, en Angleterre, le principe aristocratique; aux Etats-Unis, l'imitation servile de la mère-patrie et le fédéralisme; en France, la monarchie constitutionnelle et le même esprit d'imitation. Dans ces assertions, rien d'exact. Non, en Angleterre, ce n'est pas uniquement le principe aristocratique qui a fait établir les deux chambres. Non, cette garantie n'a pas été aux Etats-Unis et en France le fruit d'une imitation servile, car les Etats-Unis et la France ont commencé par mettre en pratique le système opposé. C'est après quinze années d'expérience aux Etats-Unis, après plusieurs années en France, que le système d'une chambre unique a été abandonné, et si bien abandonné en Amérique, dans les Etats particuliers comme dans l'Union, *que le système contraire, celui de la dualité des chambres, y est passé en axiome, ne s'y discute même plus*. Non, ce n'est pas le principe de monarchie constitutionnelle ni celui d'aristocratie qui sert de base à la dualité des chambres; car elle existe aux Etats-Unis, où ne se sont jamais rencontrées ni Monarchie constitutionnelle, ni aristocratie. *Ce n'est pas non plus le fédéralisme*; car les deux chambres existent en Angleterre et ont existé en France, où il n'y a jamais eu de fédéralisme. Ce qui l'a fait admettre, c'est la volonté de donner aux diverses forces réelles du pays une représentation réelle, d'organiser un meilleur mode de délibérations, *et de sauvegarder l'indépendance et l'existence des divers pouvoirs*»[57].

---

[57] C.R., T. IV, pp. 280-281, 283. Précisément, Lherbette devait insister sur le fait que la distribution de la fonction législative entre au moins deux organes colégislateurs avait un rapport intime avec la séparation des pouvoirs, puisque de ce fait aucun organe, doté de la fonction juridico-politique suprême, ne pouvait voter des lois contraires à l'organisation des pouvoirs publics fixée par la constitution: "...du moment", poursuivait-il, "où vous admettez la nécessité de la séparation des pouvoirs, il faut les organiser de manière que l'un ne puisse pas

Saint-Priest, membre lui aussi de la Constituante, éprouva à son tour le besoin d'invalider ce type d'argument liant de façon exclusive sur le plan organique le bicamérisme au fédéralisme, et rédigea pour ce faire la *Question des deux chambres*, étude intitulée de la sorte, car, faisait-il observer, «la question de l'unité ou de la division du corps législatif me paraît si grave, que je considère la durée de la République comme liée à sa solution». S'autorisant des enseignements de Mounier et Lally-Tollendal, et donnant également des extraits du «remarquable rapport» de Boissy-d'Anglas, il prit à partie le comité de constitution qui «semble avoir négligé toutes ces leçons de notre histoire»:

> «Vous repoussez», dit-il en résumant les arguments développés par la commission, «toute assimilation avec l'Angleterre et les Etats-Unis et vous dites: La raison émigrée de Londres et de Washington est mauvaise, par cela même qu'elle vient de là. Singulier raisonnement! (...). Et quant aux Etats-Unis», poursuivait-il à juste propos, «il faut dissiper une confusion *à l'aide de laquelle* on voudrait repousser l'exemple si grave de cette République. Les Etas-Unis n'ont pas seulement deux chambres au sommet de leur union fédérative, mais ils ont si bien compris la nécessité de cette division du corps législatif, que chaque Etat y a sa double législature particulière, et apparemment il n'est pas question de fédération quand il s'agit d'un seul Etat. Bien plus, les villes principales de l'Union ont établi deux conseils pour régler leurs affaires administratives. Les plus grands publicistes américains sont d'accord sur ce principe. Adams a écrit ''qu'il n'est point de bon

---

absorber les autres. Or, s'il est unique, le pouvoir législatif absorbera les pouvoirs exécutif et judiciaire, ou", ajoute-t-il en évoquant implicitement l'hypothèse d'un coup d'Etat, "sera absorbé par le pouvoir exécutif. (...). Même, quand les deux chambres émanent d'une seule et même source, les résultats de la séparation du pouvoir législatif sont efficaces. Car elles peuvent être soumises à des modes différents de formation et d'existence, de manière à ce que, tout en ne représentant qu'un seul principe, l'intérêt général, elles en représentent chacune une partie différente, ou du moins les représentent sous des faces différentes. (...) Et même encore, les conditions de formation, de durée et d'action fussent-elles semblables pour les deux chambres; n'eût-on ainsi, pour rappeler une expression célèbre, que deux parties d'une même chambre, séparées par une cloison, cette cloison, je la réclamerais encore comme devant être d'un effet utile". Bref, estimait-il, "contre ces dangers, la seule barrière réelle, c'est la division du corps législatif en deux branches, et", précisait-il en anticipant sur le débat relatif aux articles concernant les attributions du président, marquant ainsi la relation entre bicamérisme et veto de l'exécutif, "au Président le veto suspensif avec renvoi à ces deux chambres, et obligation ensuite pour lui de se soumettre à leur volonté, manifestée par un mode que vous auriez à déterminer".

gouvernement, point de Constitution stable, point de protection assurée pour les lois, les libertés et les propriétés des peuples sans la balance des trois pouvoirs, deux législatifs et un exécutif''. M. Levingston (sic) a écrit la même pensée[58]. Consultez l'histoire des peuples anciens, vous y verrez que les Républiques qui se sont établies sur cette triple base, sur ce trépied de deux pouvoirs législatifs et d'un pouvoir exécutif, ont prospéré et duré, tandis que celles qui n'ont eu qu'une seule législature n'ont pas tardé à tomber dans la servitude. La commission croit trouver un remède à l'entraînement d'une seule assemblée, dans un conseil d'Etat auquel pourront être renvoyés les projets émanés de l'initiative parlementaire. D'abord ce renvoi sera facultatif, et dans les cas d'urgence, on n'en usera pas; ensuite est-il rien de plus singulier et de plus inouï que de faire contrôler l'iniative des membres du parlement par des hommes qui n'en font pas partie; enfin quelle force peut avoir un corps consultatif pour modérer l'impétuosité d'une assemblée qui représente et résume toute la souveraineté populaire.(...). En résumé», terminait-il, «la question peut se réduire à ceci: voulons-nous modérer la marche du char républicain afin de la rendre sûre et durable, établissons un double rouage législatif; veut-on au contraire en précipiter l'essor au risque de le faire briser en mille éclats, qu'on adopte une chambre unique»[59].

Mais, indépendamment du recours à des arguments de circonstance et de la valeur des réfutations qui leur étaient opposées, il était dit que l'idéologie de la pondération devait le céder à celle de l'unité. D'une certaine manière, les députés de 1848 raisonnaient à la façon de leurs homologues d'avant l'an III. Ils se refusaient en effet à considérer la division du pouvoir législatif du point de vue de la mécanique institutionnelle et en rapport avec la séparation des pouvoirs, pour n'y voir que le vecteur exclusif et puissant de l'aristocratie. Ainsi, appuyant Duvergier de Hauranne, Barrot avait dit approuver le principe de son

[58] Saint-Priest fait ici référence à l'*Examen du gouvernement d'Angleterre comparé aux constitutions des Etats-Unis* que John Stevens publia sous le pseudonyme de Livingston, et dont on a vu qu'il eut sa place dans le débat français de la fin du XVIIIe siècle.

[59] *Question des deux chambres*, Paris, E. Proux, 1848, pp. 3, 12-13, 14-15. On pourra également se reporter à L.-A. Brenet, conseiller à la cour d'Appel d'Amiens et auteur des *Lettres républicaines*, écrites pour dénoncer la consécration par le projet de constitution du monocamérisme et dans lesquelles il juge inopérant ce type de raisonnement (Paris, Lenoel-Herouart, 1848, passim.). De ce fait, dans son *Essai de Constitution républicaine*, Brenet regrette que, n'était le projet de Constitution, on aurait pu croire que ''dans un grand Etat, la division du pouvoir législatif entre deux corps distincts semblait un principe acquis à la société moderne''. (Voy. op. cit., Amiens, A. Caron, 1848, pp. 4-5).

amendement et voulut persuader qu'il était compatible avec le régime démocratique: «C'est le principe de la division du pouvoir législatif, de la modération de la puissance démocratique par la puissance démocratique, c'est (...) trouver dans la démocratie elle même l'élément modérateur de la démocratie» avait-il certifié[60]. Bref, il s'agissait pour lui d'accréditer l'idée qu'il n'y avait pas d'horizon constitutionnel possible, c'est-à-dire un système politique régulé par la règle de droit, avec un parlement monocaméral. Il ne pouvait convaincre, ainsi que Dupin (de la Nièvre), membre de la commission et s'exprimant en son nom le lui représenta: «Dans notre situation», fit-il observer en retour, «je ne crois pas à la possibilité de séparer utilement en deux chambres le pouvoir législatif. Je n'y trouverais pas ce contre-poids que l'on cherche, j'y verrais seulement un principe d'antagonisme. (...). Je ne conçois pas ce mécanisme de contre-poids modérateur avec des représentants homogènes élus par le suffrage direct et universel, et par conséquent avec un même esprit»[61]. L'inutilité du bicamérisme sous le rapport de la régulation institutionnelle étant une conviction majoritairement partagée, il n'apparaissait plus que

---

[60] C.R., 27 septembre 1848, T. IV, p. 314.

[61] Idem, p. 319. C'est donc en pure perte que certains publicistes s'étaient employés à concevoir des plans de constitution dont l'intérêt primordial gisait dans une tentative d'établir une balance des pouvoirs qui ne reposa pas sur un quelconque antagonisme social. S'inscrivit dans cette perspective un supérieur d'une société d'études, Paul Chantome, auteur d'un *Projet raisonné d'une Constitution française*, qui propose deux chambres, la première élue par tous les citoyens âgés de 45 ans et plus, la deuxième par tous les citoyens âgés de 21 à 45 ans, de façon à ce que, tout en "se balançant entre elles", elles ne reposent sur "aucune division, aucune jalousie sociale". Plus intéressant mais de même tendance fut le *Projet de Constitution* d'A. de Molènes, juge à Paris, destiné à mettre en exergue la relation de cause à effet entre bicamérisme et séparation des pouvoirs: "Voulez-vous sincèrement la stabilité?" demandait-il. "Ne créez pas un pouvoir législatif menaçant et tracassier, qui soit toujours prêt à blâmer, jalouser, écraser, le pouvoir exécutif. Une seule chambre serait dans ces conditions. Puissance réellement souveraine, comme représentant le peuple, elle supportera impatiemment, si nul contrepoids ne s'y oppose, le pouvoir exécutif, qui tremblera devant elle et s'anéantira. Le pouvoir législatif partagé entre deux chambres aurait une attitude tout autre". Dans ce but, il proposait une chambre basse composée de parlementaires âgés de 25 à 45 ans et une chambre haute acceuillant ceux de 45 ans et plus, et surtout, précisait la source de son inspiration, traduisant ainsi ce qui était à son sens le caractère distinctif de la constitution du 22 août 1795: "Voilà ma proposition", précisait-il en effet. "J'avoue qu'elle est presque une copie de la Constitution de l'an III, et que l'effort d'imagination n'est pas grand (...). Car j'ai vu fonctionner la Constitution de l'an III, et la France respirait. Le sanguinaire cauchemar de 93 avait disparu". Op. cit., p. 5 et p. 15.

comme le boulevard ouvert à la préservation des privilèges, et c'est à ce titre qu'il devait être récusé. D'une phrase, Flandin transcrivit le sentiment général:

> «...quand nous avons décrété l'unité du pouvoir législatif», résuma-t-il, «nous avons alors, cette fois, fermé la porte aux idées d'aristocratie, qui, plus tard, déguisées sous nos couleurs républicaines, auraient voulu prendre place dans la seconde chambre (...). En étant, et nous devions l'être, partisans d'une assemblée unique, nous avons fait preuve que nous avions éminemment en nous le sentiment républicain...»[62].

La défaite de l'école américaine fut de ce fait conséquente puisque l'amendement de Duvergier de Hauranne ne recueillit que 289 voix contre 530[63]. D'une certaine manière, Parieu résuma d'un trait

---

[62] Ibid., 5 octobre 1848, p. 648. Babaud-Laribière, écrivant dès 1850 une *Histoire de l'assemblée nationale constituante*, et quant à lui farouchement hostile au bicamérisme, mettait en exergue cette réalité: "On lui propose l'institution de deux chambres", rapporta-t-il à propos de la Constituante, "et sans hésitation elle la repousse, parce qu'elle comprend très bien que ce serait la restauration de l'aristocratie, et qu'elle n'a pas oublié non plus les dangers et les récents scandales de la chambre des Pairs". Paris, Lévy Frères, 1850, T. II, p. 104. Bien entendu, le souvenir des Chartes était en soi un repoussoir sans égal. Alcock, pourtant favorable à la pondération, en avait convenu: "l'exemple", déclara-t-il, "si déplorable des deux chambres, sous les derniers gouvernements, qui n'ont rien contenu, rien empêché, rien sauvé, a ruiné pour longtemps ce système dans l'esprit des peuples!". De la sorte, tout comme au sein de la commission de constitution, la seconde chambre, essentiellement "considérée comme un élément aristocratique", fut en raison de ce caractère tenue par le constituant Marcel Barthe, parlant pour la plupart de ses collègues, pour une "institution (...) antipathique au génie de la France". C.R., T. IV, p. 284.

[63] C.R., T.IV, p. 323. Toutefois, on releva sur le moment que le plafond atteint était plus élevé que ne l'aurait laissé penser la première phase des travaux constituants menée au sein du comité et des bureaux. Odilon Barrot en témoigna dans ses *Mémoires*: "Il faut reconnaître", nota-t-il, "que le bénéfice du temps était tout entier en faveur de cette opinion. Les nuages de cette fausse et dangereuse idéologie qui avait d'abord égaré tous les esprits s'évanouissaient peu à peu. Les formules dogmatiques et absolues de la logique rectiligne perdaient de leur prestige; l'empire des faits, des nécessités gouvernementales, commençait à se faire sentir; si on compare le chiffre respectable de 289 voix qui se prononcèrent dans l'Assemblée, à la suite de la discussion, en faveur des deux chambres, aux quelques voix à peine écoutées qui, soit dans la commission, soit dans les bureaux, s'étaient hasardées en faveur de cette thèse, on ne peut qu'être frappé du progrès qui se faisait dans les esprits: mais aussi on ne peut que regretter que de

telles questions n'eussent pas été renvoyées à des temps plus calmes". Op. cit., T. II, p. 424. Cela n'était toutefois pas de nature à consoler les partisans de la pondération. Les commentaires des deux plus prestigieux journaux liés à ce courant furent amers, mais par ailleurs instructifs. Ainsi, le 26 septembre, le *Journal des Débats* tenta d'expliquer le peu d'impact des arguments de Duvergier de Hauranne: Ils "n'ont qu'un tort", estimait-on, "c'est qu'ils sont vieux comme le bon sens, et qu'ils traînent notamment dans tous les publicistes de quelque renom depuis cinquante années. (...). C'est à vous de choisir. Vous pouvez aujourd'hui traiter de haut l'histoire et l'expérience, vous moquer de l'Angleterre et de sa prospérité de cent cinquante ans, *mépriser même l'exemple de la plus grande république du monde, de la république américaine*! (...) on n'a un gouvernement libre et durable, que ce gouvernement soit république ou monarchie constitutionnelle, qu'avec deux chambres". Le 6 octobre, *Le Constitutionnel* lui fit écho: "Dans la constitution de l'an III'', lisait-on, ''il y avait deux chambres. Dans notre constitution, il n'y en a qu'une. Or, entre deux chambres, et une seule chambre, il y a politiquement une distance, sinon infinie", écrivit le rédacteur doté du sens de l'allusion, "au moins une distance *aussi vaste que l'Atlantique*. Avec deux chambres, le pouvoir législatif n'opprime pas, ou ne peut que très difficilement opprimer le pouvoir exécutif, même quand celui-là nomme ce dernier. Il en est tout autrement avec une chambre unique. Elle est suzeraine, et le pouvoir exécutif qu'elle nomme n'est que son vassal".

L'institution du conseil d'Etat n'était pas davantage de nature à satisfaire les partisans de la pondération. Ainsi, le 14 octobre, *Le Constitutionnel* le qualifia de "véritable avorton législatif". En effet, cet organe, nous l'avons vu, n'avait aucune part à la fonction législative. Dupin, puis Vivien, s'exprimant tous deux au nom de la commission, avaient tenu à insister sur ce point: ce n'était "ni une seconde assemblée, ni un pouvoir modérateur, ni, en façon quelquonque, une partie du pouvoir législatif" avait fait observer le premier, tandis que le second assurait ses collègues que "la pensée de l'assemblée n'a point été, comme on lui en a fait le reproche, de créer une deuxième chambre sous le titre de conseil d'Etat; elle n'a pas voulu défaire ainsi, d'une manière détournée, le vote de l'assemblée, qui avait été son propre vote". (Voy. C.R., T. IV, respectivement p. 320 et p. 853). De ce fait, les partisans d'un équilibre authentique des pouvoirs n'y voyaient pas même un *erzatz*, ce qui détermina Sainte-Beuve, qui s'était inscrit comme orateur à l'occasion de la discussion de l'amendement de Duvergier de Hauranne pour en soutenir le principe, à proposer la suppression du chapitre VI du projet, relatif au conseil d'Etat, qu'il considérait comme "la fausse monnaie de cette deuxième chambre qu'(on n'a) pas voulu introduire dans la constitution". (Idem, 13 octobre 1848, T. IV, pp. 841-842). Effectivement, au vu des débats, on constate que de même que la faculté attribuée au chef de l'Etat de demander une nouvelle délibération était pour les constituants ce que l'on accorde quand on ne veut pas qu'il dispose d'un réel droit de *veto*, de même l'institution du conseil d'Etat sous la forme qui était la sienne était ce que l'on établit lorsque l'on ne veut pas d'une véritable seconde chambre. D'une façon générale, les publicistes de tout bord s'accordèrent rapidement à dénier au conseil d'Etat le l'intention fondamentale des constituants: «Qu'avez-vous voulu», leur dit-il, «lorsque vous avez écarté les deux chambres? vous avez voulu éviter (...) ces fausses doctrines d'équilibre qui n'ont jamais rien équilibré»[64]. C'était aussi écarter dans le même mouvement le régime politique des Etats-Unis, qui bien que d'essence républicaine, était comme enveloppé dans le discrédit qui frappait la doctrine de l'équilibre, et ce d'autant plus qu'il n'avait cessé durant les débats d'être invoqué à l'appui de la défense de cette doctrine[65].

---

caractère d'une véritable seconde chambre. Ainsi en jugea, par exemple, Emile de Girardin: "Tel qu'il est sorti des mains créatrices de la commission de constitution", apprécia-t-il, "nous doutons fort que le conseil d'Etat soit jamais un contre-poids suffisant pour tenir en équilibre l'Assemblée nationale. Ceux qui l'ont qualifié de sénat déguisé, en ont, à notre avis, considérablement exagéré l'importance". (Voy. *Avant la Constitution. Précédé d'une lettre à Timon*, op. cit., p. 65). Pour terminer sur ce point, il semble que l'idée d'un conseil d'Etat conçu comme un substitut à une seconde chambre avait germé assez tôt chez les républicains. Ainsi, une première ébauche, présentée comme une concession faite aux partisans d'un double degré de discussion, figurait dans le programme républicain rédigé en 1833 par Marrast: "Toutefois", était-il mentionné, "pour éviter encore soit les erreurs, soit les entraînements possibles d'une seule assemblée, les projets de loi devront être préparés, discutés, élaborés enfin par un comité d'enquête composé d'hommes spéciaux, réunissant tous les documents, toutes les vues d'améliorations, et les soumettant, sous l'oeil de la publicité, à toutes les méditations des citoyens. Ce comité formerait un conseil d'Etat organisé sur les bases les plus larges. Ainsi serait rempli le voeu de quelques bons esprits qui demandent les deux degrés de discussion". (Op. cit., p. 8).

64 C.R., 5 octobre 1848, T. IV, p. 659.

65 Cette invocation mécanique avait été relevée par l'ensemble de la presse. Ainsi on pouvait lire dans *Le Journal. Messager du matin* paru le 28 septembre 1848 un article intitulé *Les deux chambres aux Etats-Unis*, dans lequel il était affirmé que "*dans les bureaux, à la tribune, de l'Assemblée nationale, les adversaires de l'article de la constitution relatif à la création d'une chambre unique se sont continuellement appuyés de l'exemple des Etats-Unis pour défendre leur opinion et demander l'établissement de deux chambres*". Pareillement, *la Liberté. Journal des idées et des faits. Journal des peuples*, à la date du 5 mars 1848, développait l'appréciation qui suit: "Les partisans des deux chambres s'appuient sur l'exemple des Etats-Unis, dont la prospérité est flagrante. (...) nous ferons remarquer avec les défenseurs d'un pouvoir législatif unique, que ces doubles rouages sont *compliqués* et favorisent singulièrement le règne des bavards et des rhéteurs". De même, des années plus tard, dans son *Histoire parlementaire de la Seconde République*, étude achevée en 1890 et publiée en 1893, mais dont le projet initial remontait à 1869, Eugène Spuller devait noter cet aspect des choses: "Sur la question des deux chambres", rapporta-t-il, "au nom du principe métaphysique de l'unité du pouvoir législatif, Armand Marrast fut intraitable, se sentant soutenu

Finissons sur ce point par une référence très symbolique et très significative. Au soir du 4 novembre, le député Lubert, conscient que son attitude de refus manifestée lors du vote final à l'égard du texte de la Constitution le distinguait de la plupart de ses collègues acquis par conviction, ou pour un certain nombre d'entre eux -tel Tocqueville- par résignation, à la nouvelle Loi fondamentale, et éprouvant de ce fait le besoin de se justifier, pria le rédacteur du *Moniteur* d'insérer dans le compte rendu l'explication de son vote:

> «J'ai voté contre l'adoption de la nouvelle constitution.» déclara-t-il. En effet, précisa de la plus explicite et de la plus définitive des façons cet opposant irréductible, «je crois la stabilité, la prospérité de la République attachées à l'établissement de deux chambres, à l'instar des Etats-Unis»[66].

Ainsi, en 1848, se réclamer du modèle républicain américain ou plus simplement s'y référer impliquait, prioritairement, pour tout membre de l'Assemblée constituante, de promouvoir contre les partisans de l'unité législative la structure bicamérale du parlement, mécanisme structurel et générateur de la pondération ou équilibre des pouvoirs. Parallèlement, participer de l'école américaine emportait la volonté de mettre en état le président de défendre ses prérogatives constitutionnelles grâce à l'attribution, sur l'exemple de celui dont disposait le président de l'Union, d'un droit de *veto* conditionné, lequel, bien qu'il conférait une puissance politique effective, n'était pas analysé comme une prérogative à caractère législatif.

---

non seulement par Lamartine et les républicains, mais par d'anciens constitutionnels et parlementaires, tels que le procureur général Dupin et l'éminent avocat Dufaure. On eut beau rappeler que les républicains des Etats-Unis, Washington, Thomas Jefferson, Franklin, avaient reconnu la nécessité de diviser le pouvoir législatif en deux assemblées, et que *la Convention nationale avait imité les Américains en créant les deux conseils des Anciens et des Cinq cents*, l'assemblée unique fut adoptée". *Histoire parlementaire de la Seconde République*, Paris, Félix Alcan, 1893, pp. 202-203. Si l'on veut bien excepter l'erreur commise sur la pensée de Franklin, ce dernier extrait présente comme intérêt de rappeler d'une part que c'est en tant que républicains et non comme fédéralistes que les américains promouvaient les deux chambres, et que d'autre part les imiter devait aboutir à la division du pouvoir législatif.

[66] C. R., T. V, p. 308.

§ II) Le refus de l'Assemblée constituante d'une pondération des pouvoirs fondée sur l'octroi au pouvoir exécutif d'un droit de veto conditionné.

Sans aucun doute, il ne s'agissait pas là pour l'école américaine d'une disposition qu'elle soutint avec la même intensité que celle du bicamérisme. En effet, compte tenu du rapport des forces, les chances, minimes, en faveur de l'institution de deux chambres, étaient, chacun le savait, inexistantes quant à l'acceptation d'un *veto* suspensif. Dès lors, la revendication, si elle fut réelle, fut toutefois exposée et défendue avec moins de conviction et d'ardeur. En revanche, elle fut soulevée très tôt, et de surcroît sous l'angle d'une question de principe. Ainsi, le 5 septembre, lors par conséquent de la discussion générale sur le projet de constitution qui précéda l'examen par article, Alcock tint à faire valoir aussi bien que, d'une part, la séparation des pouvoirs commandait de doter l'organe exécutif d'un droit négatif afin de le mettre en état, en tant que contre-poids, de s'opposer à un texte susceptible de porter atteinte à son statut ou ses prérogatives, et d'autre part, que l'exemple des Etats-Unis devait convaincre les constituants de la nécessité de cette mesure, puisque jugée essentielle par les publicistes américains eux-mêmes:

> «...c'est une expérience éternelle, disent les publicistes», argumenta-t-il en ce sens, «que tout homme qui a du pouvoir est porté à en abuser; il va jusqu'à ce qu'on l'arrête. De là, la nécessité, proclamée par l'expérience et la sagesse des siècles, et reconnue par le projet, de la séparation des pouvoirs! Alors, le pouvoir arrête le pouvoir, le contient dans sa sphère, et y est contenu par lui! *Mais c'est d'une séparation réelle, sérieuse, qu'il s'agit, et non de la constitution de deux pouvoirs, dont l'un ne serait que l'accessoire, la dépendance du premier*, une ombre qu'il pourrait dissiper au moindre souffle! Le pouvoir législatif, armé du droit de proclamer la volonté nationale, et d'y soumettre tout homme et toute chose, est doué d'une incalculable puissance. Elle sera plus grande encore, si elle est concentrée dans une seule chambre; et, dans ce cas, la nécessité de fortifier le pouvoir exécutif, pour lui servir de contre-poids et de barrière, deviendra plus pressante! (...Face à) l'unité du pouvoir législatif, notre devoir est de créer en dehors un pouvoir fort, capable de le contenir, et de l'obliger à se renfermer dans sa sphère légale. C'est là une règle fondamentale: la concentration du pouvoir législatif dans une seule chambre exige que le pouvoir exécutif devienne encore plus concentré et plus fort, pour que la société ait réellement deux pouvoirs capables de *l'équilibrer* et de se servir de limites respectives. Sans cette condition, le despotisme saisira tôt ou tard la société, et la liberté y périra! (...) . Ainsi donc, admettons, je le

veux bien, un pouvoir législatif fort, unitaire, concentré, image saisissante et vraie de la souveraineté d'un grand peuple, digne et bienfaisant s'il reste dans sa sphère légale; mais pour l'y contenir, armons le pouvoir exécutif d'une grande énergie, pour qu'il puisse remplir sa mission sociale et neutraliser tout ce que l'autre pouvoir avait de dangereux! (...). Si cette chambre ne trouve pas en dehors d'elle un pouvoir résistant, une barrière, soyez-en sûrs, la liberté nous sera ravie.(...). Au lieu de chercher à diminuer les anciennes prérogatives du pouvoir gouvernemental, nous devrions chercher à les étendre. *Les Américains ont bien senti cette nécessité* (...). La loi de séparation des pouvoirs ne permet pas à l'exécutif de pénétrer dans la sphère de l'action législative et de l'enchaîner par un simple vote. Cependant, ce n'est pas violer le principe que de permettre au président d'en appeler à une seconde épreuve s'il croit la première décision contraire à l'intérêt public (...). L'assemblée n'en restera pas moins souveraine dans sa sphère légale; seulement des garanties plus grandes de calme et de modération seront assurées à sa seconde discussion. Les Etats-Unis, avec le sens pratique éminent qui les distingue, quoiqu'ils aient deux chambres, exigent, en cas de conflit avec le président, une majorité des deux-tiers de voix en faveur de la loi qu'il repousse. Il faut bien se pénétrer de la situation du chef du pouvoir exécutif vis-à-vis d'une chambre unique: elle pourrait en quelques jours décréter (l)'urgence et voter (...) les résolutions les plus graves que le pouvoir exécutif sera ensuite tenu de réaliser; elle peut ainsi», note-t-il pour siginifier que cette prérogative est nécessaire pour préserver le pouvoir exécutif et donc la séparation des pouvoirs, «l'entraver, le démolir en quelque sorte. (...). *Je sais bien que ces maximes fondamentales de contre-poids, de temps d'arrêt, nos grands penseurs du siècle les méprisent* (mais c'est) sauvegarder la liberté, que de fortifier le pouvoir exécutif en dehors de l'assemblée unique, et il n'est pas d'autres moyens possibles de la maintenir.(...). N'oublions pas qu'une chambre sans contre-poids tend fatalement à l'absolutisme (...). C'est de la pondération, de la séparation bien tranchée des pouvoirs que peut seul résulter cet état normal de santé politique qui est la liberté, la sécurité pour tous»[67].

Alcock et ses condisciples furent désavoués, et avec eux l'enseignement américain repoussé, puisque le président ne devait, péniblement, obtenir que le droit de solliciter une nouvelle délibération dans des conditions de vote identiques à la précédente. Toutefois, l'analyse des débats au sein du comité de constitution nous apprend que cette disposition fut obtenue par les partisans du régime américain, en réaction à l'intention première de la majorité de la commission qui n'envisageait pas même cette possibilité. Ainsi, lorsque le 31 mai

[67] C.R., T. III, pp. 785-786-787.

Cormenin résuma l'ensemble des dispositions relatives au Président, il lut un article, dont le paragraphe 8 était conçu ainsi: «Il promulgue les lois au nom du peuple français sans retard, suspension ni veto». Cette rédaction engagea Tocqueville, qui au demeurant avait été sur ce point précédé lors d'une séance antérieure par son ami Beaumont, à réclamer «un droit de représentation» pendant l'exercice duquel on dut surseoir à l'exécution de la loi, proposition adoptée par le comité. *Bis repetita*, le 14 juin, Beaumont, «revenant sur la (cette) discussion» est-il précisé dans le registre de la commission, «demande que l'on adopte un article qui donne au président de la République le droit de faire des représentations contre les lois qui lui sembleraient présenter des vices ou des inconvénients graves»: «la commission» lit-on, «après un long débat, adopte le principe ...». C'est donc bien sous l'action initiale, constante et conjuguée de Tocqueville et Beaumont, c'est-à-dire des deux publicistes les plus favorablement disposés parmi l'ensemble des commissaires envers le constitutionnalisme américain, que le projet de constitution devait reconnaître au président la faculté de demander une nouvelle délibération. Fins politiques, ils avaient opté pour une sorte de minimalisme, qui s'il leur répugnait *in abstracto* leur semblait toutefois être le seul mécanisme de nature à pouvoir être accepté par des constituants prévenus contre toute idée de frein et de contrepoids[68]. Le constat du député de la Manche s'avéra fondé: au sein de la Constituante, ce droit de *veto* du pauvre en

---

[68] Les observations des bureaux consécutives à la présentation de la première ébauche du projet de constitution entraînèrent deux modifications. En premier lieu, la rédaction originale portant que le président pouvait demander une nouvelle délibération s'il lui semblait que le texte soulevait des "objections graves" fut révisée au profit d'une rédaction plus neutre, tournée en ces termes: "le président peut par un message motivé demander une nouvelle délibération". Il avait semblé en effet aux délégués des bureaux que cette mention était trop dépréciative pour l'assemblée et son travail, à la manière si l'on veut un parallèle possible, dont la notion "d'erreur manifeste d'appréciation" de la jurisprudence du conseil constitutionnel a pu sous la Ve République heurter certains parlementaires. En second lieu, les partisans du veto conditionné obtinrent l'allongement du délai de promulgation pendant lequel le président put agir, puisque, fixé à huit jours dans le premier projet, il devait être porté, hors les cas d'urgence, à un mois par le second projet. Ainsi par exemple, fit observer Thiers, délégué du 3e bureau, "le délai de 8 jours donné au président pour former l'espèce de veto mentionné dans l'article 56 n'est pas assez considérable; mon bureau voulait un ou deux mois. Je crois qu'il faut pousser ce délai jusqu'à trois mois, il est bien de laisser au temps le moyen de changer les implulsions et de dégager les amours propres". L'action des partisans de la pondération au sein du comité et des bureaux eut donc sur ce point un impact, fût-il limité.

quelque sorte, dans lequel consistait la possibilité pour le président de demander une nouvelle délibération, fut validé, précisément en ce que, dans l'esprit du plus grand nombre, il s'agissait de la disposition concurrente de celle d'un droit de *veto* conditionné sur le mode américain. Celle-ci eût fait de lui, d'un point de vue politique, quelque chose dans l'ordre législatif, tandis que celle-là consacrait sa subordination. C'est donc ce qu'on accorda au président précisément parce qu'on ne voulait pas qu'il dispose d'une prérogative l'établissant comme contrepoids à l'assemblée. Sur cette base, Parieu put rendre compte de l'intention de la majorité:

> «Quel est (...) le pouvoir exécutif qu'on veut nous faire?» résuma-t-il. «Est-ce une espèce de roi constitutionnel, ayant un veto, ayant sa part dans le pouvoir législatif, pouvant, *comme le président d'Amérique*, dire au corps législatif: vous êtes la majorité, mais ce n'est pas assez; vous allez délibérer de nouveau, et vous prendrez votre décision à la majorité des deux tiers, c'est-à-dire que ma voix vaut à elle seule le sixième de la représentation nationale? Est-ce là le Président que vous voulez faire? *Non*. Le Président que vous voulez faire, c'est un simple quoique grand magistrat (...) qui doit (seulement) faire exécuter la loi, et obéir peut-être à la pensée contraire à sa propre conviction, *ce n'est point là un président demi-roi constitutionnel, comme celui qui existe en Amérique*. Non, c'est un premier magistrat de la démocratie, un chef qui exécute et qui ne délibère pas»[69].

Déjà, Tocqueville avait dit la même chose:

> «Dans la sphère législative», représenta-t-il, «le Président, tel que le projet de constitution l'établit, ne peut rien; il n'a ni le veto absolu du roi constitutionnel, *ni le veto suspensif du Président des Etats-Unis*. (Félix Pyat) le désignait comme le rival de l'Assemblée. Par le fait, il n'est que le simple exécuteur de ses lois, un pur agent de sa volonté, rien de plus, son bras (...). La République», avait-il conclu, «n'a qu'une tête: l'assemblée nationale; le chef du pouvoir exécutif n'est qu'un de ses agents»[70].

De ce fait, il faut bien comprendre que l'élection au suffrage universel direct du président de la République n'était pas destinée à lui conférer la puissance, mais à lui assurer son indépendance dans le cadre de la séparation des pouvoirs. En effet, pour les constituants, la puissance

[69] C.R., 5 octobre, T. IV, pp. 657-658.
[70] Idem, p. 653.

consistait dans la participation à la fonction suprême, la fonction législative, ce qui précisément était refusé à l'organe exécutif qui de ce fait était considéré comme subordonné. De là, le constat, à l'instant évoqué, établi par Tocqueville: «Voilà le pouvoir exécutif tel que le projet de constitution l'a établi: dans la sphère du pouvoir législatif, impuissance ...» disait-il[71]. Mais cet organe impuissant devait en revanche bénéficier des conditions structurelles de son indépendance, et c'était là la justification et l'utilité de l'élection par le peuple qui avait pour objet de conférer au président un principe de légitimité identique à celui de l'assemblée. De plus, une majorité de constituants considéraient qu'attribuer au législatif le droit de nomination de l'exécutif contrevenait au principe de la séparation des pouvoirs. Représentatifs de ce courant, Kerdrel estima que la nomination du président par l'assemblée serait «une brêche considérable» au «principe de la séparation des pouvoirs» et de ce fait «un pas vers la confusion des pouvoirs», tandis que Callet résuma en ces termes l'opinion générale: «Un des principes les plus sacrés de notre constitution, c'est la séparation des pouvoirs» déclara-t-il. «C'est pour donner à ce principe tutélaire plus d'autorité, plus de vie, que vous avez déféré à la nation le choix du président de la République»[72].

Toutefois, un courant non négligeable de la Constituante, favorable au régime d'assemblée, ne voulait pas davantage de l'indépendance que de la puissance du pouvoir exécutif, ce qui se traduisait en son sein par la revendication d'une élection du président par l'assemblée et non par le peuple, ou, plus encore, du refus d'un chef de l'Etat au profit d'un simple président du conseil révocable à discrétion. Cette mouvance ne pouvait se résoudre en effet à ce qu'à un organe subordonné, puisqu'exclu de l'exercice de la fonction législative, dispose parallèlement, d'une façon qui lui semblait contradictoire, de l'atout symbolique majeur conféré par le suffrage universel, qui pouvait inciter qui plus est le président à entrer en conflit avec l'Assemblée. Parieu exprima ce point: «... à ce pouvoir dépendant», objecta-t-il, «dans un certain degré, vous allez donner une source indépendante! Ah! je le comprends, au point de vue de la République américaine que je comparais tout à l'heure à la nôtre. Oui, pour résister à la représentation nationale; oui, pour l'obliger à une seconde délibération, avec une majorité plus

[71] Ibid.

[72] Ibid., respectivement T. IV, 25 septembre, p. 267 et T. V, 23 octobre, p. 23. Déjà, dès le 9 mai, à l'occasion du débat portant sur la constitution d'un pouvoir exécutif intérimaire, Odilon Barrot avait tenu à faire observer que l'exécutif devait procéder directement du souverain afin de bénéficier de l'indépendance dans le cadre de la séparation des pouvoirs. (Voy. T. I, p. 89).

grande, pour la *balancer avec un veto*, je le comprends, il faut avoir un mandat tiré du peuple, de la même source que celui de la représentation nationale...». Mais, précisément, faisait-il valoir, puisque les constituants ne voulaient pas intégrer le président dans une logique de pondération, il n'était pas nécessaire de créer des conditions statutaires en rapport. De là, il eut cette formule, promise à la postérité: «...vous allez lui donner, en quelque sorte, des racines de chêne pour mettre au-dessus une végétation de roseau! Vous êtes inconséquents!»[73].

En réalité, il existait au sein de la Constituante deux conceptions distinctes de «l'unité», terme qui en effet était à l'époque justiciable de deux acceptions. Par ce vocable, les partisans de la séparation absolue des pouvoirs entendaient «unité législative» tandis que les partisans du régime d'assemblée entendaient «unité du pouvoir» c'est-à-dire confusion des pouvoirs. Il est à ce propos utile de dire un mot de l'argumentaire présenté par cette dernière fraction de l'Assemblée pour défendre sa position de principe, puisque le choix des arguments fut quant à lui purement tactique et nous renseigne de ce fait sur le discrédit qui affectait de façon puissante le principe de pondération. Car en effet, les partisans de la confusion se donnèrent comme ligne de conduite d'assimiler pondération et séparation absolue, afin de faire peser sur celle-ci le discrédit de celle-là. En d'autres termes, ils présentaient la confusion des pouvoirs comme le stade ultime, et logique, du refus initial de la pondération des pouvoirs, et caractérisaient la séparation absolue comme une sorte de construction institutionnelle qui, dans son inspiration, participait toujours pour une part de la doctrine de l'équilibre[74]. Bref, ils reprochaient aux partisans de la

---

[73] C.R.; 5 octobre 1848, T. IV, p. 659.

[74] Hors de l'assemblée, Léonard Gallois devait rédiger en ce sens un libelle intitulé *Point de président. Lettre au ciyoyen Armand Marrast, rapporteur de la commission de constitution*, écrit le 22 septembre 1848. Il s'y définissait comme "l'homme des principes républicains démocratiques", ce qui, concrètement, signifiait qu'il était partisan d'un régime d'assemblée dans lequel la fonction exécutive serait attribuée à un comité exécutif pris au sein de l'assemblée unique. S'il distinguait Marrast des partisans de la pondération, il lui reprochait pourtant de ne pas penser le nouveau régime en termes d'une rupture totale avec la logique institutionnelle en usage précédemment: "J'entends ici les équilibristes, ces perruques politiques" écrivait-il de façon incisive. "Quand je parle de perruques politiques, soyez bien persuadé, citoyen Marrast, que je suis loin de faire allusion à un homme comme vous; je sais que vous avez tous vos cheveux, et que ces cheveux sont ceux d'un homme d'esprit. Je disais donc que les perruques politiques de toutes dimensions vont s'écrier que les combinaisons gouvernementales (que les partisans du régime d'assemblée réclament n'ont) pas

spécialisation de ne pas tirer toutes les conséquences logiques de la condamnation de la balance des pouvoirs et, ainsi, à leur corps défendant, de prolonger artificiellement ce système. Pyat, Martin (de Strasbourg), Bac et Grévy notamment, développèrent ce point, et ce fut notamment à l'occasion de la discussion consécutive au dépôt du fameux «amendement Grévy» que ces arguments furent agités[75]. Ce dernier, précisément, s'appliqua à tirer tout le parti possible du statut d'*horresco referens* dévolu à ce qu'il nommait lui-même le «système de la pondération et de l'équilibre»: ainsi, fit-il observer,

> «plus j'examine attentivement le jeu des institutions constitutionnelles et les faits historiques qui l'éclairent, plus je demeure convaincu que lorsque les publicistes du XVIIIe siècle et après eux l'école moderne qui a professé et appliqué leurs principes, ont considéré le gouvernement des trois pouvoirs comme un gouvernement de pondération et d'équilibre[76], et, par conséquent, comme une forme de gouvernement définitive et dernière, ils ont commis la plus grande erreur politique de ces temps-ci. Ils ont trouvé, en Angleterre, une nation à l'état de transformation politique, n'étant plus sous la monarchie absolue et n'étant pas encore en République; ils ont trouvé là une royauté, une aristocratie et une démocratie en présence, se partageant la souveraineté, et, par une suite nécessaire, le gouvernement. Leur erreur a été de croire que ces trois éléments formaient équilibre, et qu'il résultait de leur pondération une forme de gouvernement stable et pouvant être définitive. (...) . L'honorable M. Odilon Barrot invoquait, il y a quelques jours, (...) les leçons de l'histoire en faveur du système d'équilibre et de pondération. L'histoire! A chaque page elle nous montre l'antagonisme et le conflit organisés sous ces noms menteurs de

---

le sens commun, parce qu'elles ne renferm(...)ent pas la balance, la pondération, la séparation, l'équilibre des pouvoirs. Je comprends que l'on cherche à séparer, à balancer, à pondérer les pouvoirs lorsqu'il s'agit d'un de ces gouvernements bâtards appelés monarchies constitutionnelles, où tout est mensonge; mais à quoi bon pondérer les pouvoirs lorsque tous les pouvoirs publics, quels qu'ils soient, émanent du peuple, et qu'il les délègue à une assemblée unique?". Op. cit., Montmartre, Pilloy, p. 2.

[75] Le texte en était le suivant: "L'Assemblée Nationale délègue le pouvoir exécutif à un citoyen qui reçoit le titre de Président du conseil des ministres. Le Président du conseil des Ministres est nommé par l'Assemblée nationale, au scrutin secret et à la majorité absolue des suffrages. Le Président du conseil des Ministres est élu pour un temps illimité. Il est toujours révocable". Cet amendement devait être rejeté par 643 voix contre 158.

[76] Grévy entend par le vocable "trois pouvoirs" le roi et les deux chambres parlementaires.

pondération et d'équilibre. (...). Vous aviez à opter entre deux systèmes, le système du passé, celui de la division de la souveraineté en trois branches[77], et le système que j'appellerai le système du présent, ou au moins le système de l'avenir, le système de l'unité de la souveraineté. *Vous vous êtes prononcé contre le premier en repoussant la seconde chambre*; vous ne pouvez aujourd'hui, sans une inqualifiable conséquence, y revenir après l'avoir mutilé»[78].

Bref, élire un président au suffrage universel direct équivalait à s'inscrire dans une logique de pondération, quand bien même on en récusait le principe[79]. Saint-Gaudens, partisan de la séparation absolue, dénonça le stratagème, et rétablit la distinction de principe entre unité législative et pondération:

> «D'abord je crois que le système soutenu par l'honorable citoyen Bac repose sur une erreur capitale», rétorqua-t-il. «Cette erreur consiste à croire que nous voulons un pouvoir distinct et séparé, à cause du système de l'équilibre, de la pondération des pouvoirs; mais c'est la plus grande de toutes les erreurs. M. Grévy vous disait: votre système est le système des publicistes du XVIIIe siècle, c'est le système anglais, c'est le système que nos Chartes avaient voulu naturaliser en France. C'est là une grande erreur (...). Ne venez donc pas dire que, lorsque nous posons le principe de la souveraineté populaire, nous voulons rétablir ce système d'équilibre, de pondération dont, pour mon compte, je ne veux pas; que, lorsque nous voulons un pouvoir distinct et séparé du pouvoir législatif, nous voulons la pondération des pouvoirs, l'équilibre. Non, point de pondération; cette pondération est inutile; nous ne voulons qu'un pouvoir unique»[80].

Dufaure le seconda dans cette entreprise, ce qui au demeurant permit à ce dernier d'opposer une nouvelle fois les logiques institutionnelles française et américaine:

> «Il y a deux pouvoirs bien distincts», dit-il à son tour, «et je m'étonne qu'en confondant des choses absolument distinctes, on vienne nous parler de pondération des pouvoirs, d'équilibre entre les pouvoirs.

---

[77] En d'autres termes, le système de la distribution de la fonction législative, fonction suprême, entre trois organes partiels de législation dont le concours est indispensable à la formation de la loi.
[78] C.R., 6 octobre 1848, T. IV, pp. 671-672.
[79] Dans le même sens, voy. Félix Pyat, 5 octobre 1848, T. IV, p. 651, et Bac, 7 octobre, idem, p. 693.
[80] C.R., 7 octobre 1848, T. IV, p. 695.

L'honorable M. Saint-Gaudens a mieux répondu que je ne pourrais faire à cette objection tant répétée. On s'est trompé; c'est un anachronisme qu'on commet; on croit parler encore de la question des deux chambres que nous examinions l'autre jour». Toute la ressemblance entre le président et la chambre ajoutait-il, «ne tient qu'à leur origine, qu'à la source dont ils émanent; mais elle ne tient pas du tout à leur caractère et à leurs attributions. Ainsi, qu'on ne nous reproche pas, quand au fond on constitue un pouvoir qui a le même caractère que nous, *qu'on ne nous reproche pas d'être de je ne sais quelle école anglicane ou américaine; je ne sache pas que, ni en Angleterre, ni en Amérique, le système que nous proposons d'adopter ait été mis en pratique*»[81].

Dufaure disait vrai: Angleterre et Etats-Unis participaient de la pondération, le projet de la commission de constitution de l'unité législative. Ils ne pouvaient de ce fait être assimilés, ni même rapprochés[82].

«Point de bicamérisme, point de *veto* conditionné, point de pondération» eût pu être le sous-titre des débats constituants français de cette année 1848. Or, bicamérisme et *veto* conditionné étaient au principal en 1848 les deux critères par lesquels les constituants définissaient en priorité -tout comme leurs prédécesseurs lors de la Révolution française- le régime américain: de ce fait, «point de constitution imitée de celle des

---

[81] Idem, p. 704.

[82] Ouvrons ici une brève parenthèse. A la demande d'Ernest Charles Jones, leader chartiste et éditeur de l'hebdomadaire londonien *Notes to the people*, Marx devait faire paraître dans ce journal à la date du 14 juin 1851 une étude critique de la constitution de 1848. Commentant l'article 19 du chapitre III suivant lequel "la séparation des pouvoirs est la première condition d'un gouvernement libre", il devait nécessairement laisser percer son hostilité de principe envers un langage et un mécanisme juridique destinés à son sens à occulter la réalité des rapports de classes. Mais, pour ce qui nous occupe, il est intéressant de remarquer qu'il s'appropriait -sans que l'on puisse savoir si ce grand érudit avait connaissance des précédents en ce domaine-, contre les partisans de la séparation absolue, le thème de la supériorité de la *simplicité* des rouages institutionnels sur une construction *compliquée*, qui depuis l'origine avait toujours été un argument déterminant dont précisément les partisans de la séparation absolue avaient usé sans discontinuer contre les promoteurs de la balance des pouvoirs: "Nous tenons ici", écrivit-il de ce fait "la vieille marotte constitutionnelle. La condition d'un gouvernement libre, ce n'est pas la séparation, mais l'unité des pouvoirs. La machinerie gouvernementale ne saurait jamais être trop *simple*. C'est toujours l'art des coquins de la rendre *compliquée* et mystérieuse". Voy. *La constitution de la République française du 4 novembre 1848*, Paris, Sulliver, 1999, p. 70 .

Etats-Unis» est un autre sous-titre possible, car complémentaire et illustratif du premier. On constate ainsi que le critère d'un président élu au suffrage universel direct n'était pas invoqué au titre de critère essentiel de ce régime. En réalité, il ne pouvait l'être, et ce pour deux raisons fondamentales.

1) En premier lieu, parce qu'il était sans rapport essentiel avec le critère de principe de chaque régime, à savoir la forme ou structure de l'organe législatif, sur la base duquel on discriminait unité et balance des pouvoirs. Par conséquent, il n'aurait pu s'agir d'un critère premier, mais seulement d'ordre secondaire, et en l'espèce il ne devait être réévalué et changer de statut que dans le cadre de l'avènement, postérieur, de la notion de «régime présidentiel»[83].

2) En second lieu, parce qu'un tel critère ne pouvait exister en 1848 puisque le régime américain présentait à cette époque, conformément à la lettre de la constitution et à la réalité institutionnelle et politique du moment, un président procédant non du suffrage direct mais indirect.

En effet, si la référence américaine avait dû prévaloir quant au mode de nomination du président, elle eût dû emporter une élection au suffrage indirect, puisque c'est systématiquement et exclusivement à l'appui de ce système que le régime américain fut cité lors des débats. Ainsi, dès le 15 juin, Tocqueville avait au sein du comité de constitution proposé un système de grands électeurs, «quelque chose», fut-il amené à préciser, «d'analogue à ce qui se passe en Amérique». Le débat s'engagea alors sur ce que les commissaires appelèrent «le système de nomination *à deux degrés* proposé par M. Tocqueville», lequel n'obtint en tout et pour tout que quatre suffrages. Ainsi, dès l'entame, il apparut que la proposition d'une élection au suffrage universel direct aurait contre elle le type institutionnel américain et ses défenseurs[84]. Les débats au sein de la

---

[83] Rappelons en effet que de nos jours, l'élection du chef de l'Etat au suffrage universel et, surtout, l'absence de responsabilité politique du gouvernement devant le parlement forment pour la doctrine classique les deux critères essentiels qui caractérisent le régime présidentiel américain: en ce sens, voy. par exemple Ph. Ardant, *Droit constitutionnel et institutions politiques*, Paris, les cours du droit, 1982-1983, pp. 392-393, et B. Jeanneau, *Droit constitutionnel et institutions politiques*, Paris, Dalloz, 1975, pp. 84-85. On peut noter à nouveau à ce sujet que la constitution de 1848 ne correspond pas au second critère puisque, ainsi que nous l'avons mentionné, les constituants n'ont pas rejeté expressément l'idée d'une responsabilité politique du gouvernement.

[84] Toutefois, la référence américaine influa sur deux points précis puisque c'est à la suite d'un plaidoyer en commission du même Tocqueville que d'une part l'exigence d'une majorité absolue fut retenue pour l'élection au suffrage universel

Constituante attestèrent cela, et l'intervention d'un Parieu par exemple en est illustrative:

> «On a beaucoup parlé», fit-il observer, «*uniquement même parlé de l'Amérique, à l'occasion des deux chambres*. Permettez-moi», ajoutait-il, «de la citer à l'occasion de la question que nous discutons ici (...), celle de l'élection directe ou indirecte du Président.(...). Les Américains ne pensèrent pas que ce fût le suffrage universel direct qui dût présider d'une manière normale à la nomination du président de la République; ils portèrent leurs regards plus loin, et ce fut par l'élection à deux degrés (...) qu'ils organisèrent l'élection du président de la République»[85].

---

direct, et que d'autre part, dans l'hypothèse où aucun candidat n'obtiendrait plus de la moitié des suffrages exprimés, et au moins deux millions de voix, il reviendrait à l'Assemblée nationale d'élire le Président de la République, à la majorité absolue et au scrutin secret, parmi les cinq candidats éligibles qui ont obtenu le plus de voix.

[85] C.R., 5 oct. 1848, T. IV, p. 657. On retrouve le même argument chez un Grévy, partisan emblématique du régime d'assemblée, et de ce fait farouchement hostile à tout ce qui était de nature à doter le président d'un statut protecteur. Lui aussi rappela que la prise en compte des "exemples des républiques qui nous entourent" devait conduire à repousser la voie de l'élection directe puisque celle-ci n'avait été privilégiée nulle part: "Il n'y en a pas une, pas une seule dans laquelle le pouvoir exécutif soit délégué directement par le peuple. Aux Etats-Unis, qu'on nous propose sans cesse pour modèle, le président de la République n'est pas nommé directement par le peuple; il est nommé par voie indirecte, par une délégation plus ou moins compliquée, selon les circonstances. Ainsi, ce prétendu principe de l'élection directe serait une nouveauté dans l'histoire, une nouveauté dans le monde". Idem, 6 oct., T. IV, p. 671. Tout cela était conforme à l'enseignement de la doctrine. Pour preuve, on lisait par exemple dans *l'Histoire des Etats-Unis de l'Amérique septentrionale* d'Arnold Scheffer, publiée en 1825, qu'il existait "une élection à trois degrés pour le pouvoir exécutif". Op. cit., Paris, Raymond, 1825, p. 225. Il convient d'ailleurs de se souvenir à ce sujet que c'est en vain que James Wilson, de Pennsylvanie, avait lors des débats constituants de Philadelphie proposé l'élection du président au suffrage universel direct. Finalement, la Convention parvint à un accord qui prévit que le législatif de chaque Etat désignerait un nombre de grands électeurs présidentiels en nombre égal au total des sénateurs et des représentants de l'Etat au Congrès. Au final, depuis 1787, une seule évolution notable avait été enregistrée à ce sujet. En effet, les parlements d'Etat restaient libres de fixer le mode de désignation des grands électeurs, de sorte qu'à l'origine les grands électeurs n'étaient que très rarement élus au suffrage universel. Ce sont alors le plus souvent les législatures d'Etat qui les nommaient. Or, depuis 1828, la majorité des Etats avait désormais recours à l'élection au suffrage universel des électeurs présidentiels.

D'ailleurs, un épisode bien précis des débats constituants démontre très précisément un tel fait. Ainsi, le 9 octobre, les députés Ternaux et Lacrosse déposèrent un amendement tendant à l'élection du président au suffrage universel à deux degrés sur la base d'un collège de grands électeurs au nombre de 18000, lesquels ne pouvaient recevoir de mandat impératif. Or, à l'appui de leur dispositif, ils devaient s'autoriser de l'exemple des Etats-Unis d'Amérique. Ainsi Lacrosse parla dans les termes suivants:

> «Je me permets de qualifier de préjugé cette antipathie qui se manifeste contre un système auquel les Etats-Unis d'Amérique doivent depuis soixante ans un si magnifique développement»[86]. Si bien qu'en retour, les opposants à ce type de mesure, tel Flocon, devaient se déterminer contre «l'élection du Président à deux degrés à la façon américaine»[87].

Sur la foi de l'ensemble de ces éléments, J.B. Duvergier, auteur d'une *Constitution de la République française, annotée*, publiée en 1849 résuma de la sorte le débat: les partisans de l'élection du président par l'assemblée, écrivait-il, faisaient valoir «que jamais, soit aux Etats-Unis, soit en France, un choix aussi important n'avait été confié à l'élection directe». De même, les partisans de l'élection par le suffrage universel direct faisaient observer «que sans doute le système d'élection directe était nouveau, mais qu'il n'en résultait nullement qu'il fût inférieur à l'autre; qu'aux Etats-Unis, l'élection à deux degrés n'avait pas toujours fait arriver le plus digne...»[88].

---

[86] C.R., T. IV, p. 729.

[87] Idem, p. 699.

[88] *Constitution de la République française, annotée*, Paris, 1849, p. 25 note 1. Lors du débat sur la révision de la constitution qui se tint en juillet 1851, Tocqueville devait à nouveau argumenter contre ce mode d'élection au suffrage universel direct, en des termes qui valent, quant à notre présente démonstration, une conclusion: "Cela" déclara-t-il, "je ne crains pas de le dire, ne s'est jamais vu chez aucun peuple de la terre. Le seul pays au monde qui présente quelque chose d'analogue est l'Amérique. Mais voyez la prodigieuse différence! En Amérique, le suffrage direct et universel est la loi commune; on n'a introduit qu'une seule exception à ce grand principe, elle s'applique précisément à l'élection du président. Le président des Etats-Unis d'Amérique émane aussi du vote universel, mais non directement. (…). Dans ce pays on n'a pas osé confier l'élection du représentant du pouvoir exécutif au hasard du vote direct et universel. (…). Si ", concluait-il, "les dangers du vote universel et direct, en pareille matière, ont ému les législateurs des Etats-Unis, combien ne doivent-ils pas nous frapper

Ainsi, il est fautif de soutenir que l'on a instituer en 1848 un président élu au suffrage universel direct conformément à l'exemple américain[89]. De plus et surtout, l'institution de la présidence n'était pas considérée comme l'élément archétypique du régime américain, puisque pour tout publiciste il ressortissait par sa nature première et essentielle à la catégorie des régimes fondés sur la pondération des pouvoirs.

En définitive, la constitution du 4 novembre 1848, fondée sur l'unité législative, fut votée par la majorité des membres de l'Assemblée nationale constituante, au détriment de ceux, qui, en son sein, partisans d'une référence au modèle américain caractérisé par les *checks and balances*, militaient en faveur d'une division du pouvoir législatif conformément au principe de l'équilibre ou pondération des pouvoirs. Minoritaire et discréditée en 1848, l'école américaine crut un temps, lors de la tentative de révision constitutionnelle de 1851, pouvoir réformer selon ses principes les institutions. Cette initiative devait échouer, mais elle fut l'occasion de réaffirmer une nouvelle fois l'incompatibilité de nature entre les textes du 17 septembre 1787 et du 4 novembre 1848.

§ III) Le débat de juillet 1851 sur la révision constitutionnelle comme ultime recours de l'école américaine.

Le 21 mai 1851, les députés Moulin et Morin proposèrent à l'Assemblée législative la nomination d'une commission chargée d'examiner les demandes de révision de la constitution[90]. Ils entendaient de la sorte donner un prolongement à une campagne de pétitions déposées en ce sens et tendant, afin de permettre la rééligibilité de Louis Napoléon Bonaparte, à l'abrogation de l'article 45. En effet, les partisans du

---

davantage...". *Compte rendu des séances de l'Assemblée nationale législative*, (désormais C.r.), T. XV, p. 427.

[89] De même que la disposition d'une non-rééligibilité immédiate fut pensée contre l'exemple américain: en ce sens, voy. De Kerdrel, C.R., T IV, 9 octobre 1848, p. 746, et lors des débats de révision, Dufaure, C.r., T. XVI, 18 juillet 1851, p. 102. Sur cette base des critères secondaires, il reste toutefois qu'il existe, relativement notamment au statut et à l'organisation du pouvoir exécutif, certaines analogies entre les textes de 1787 et 1848. D'ailleurs, certains publicistes de l'époque en firent le recensement: voy. Gabriel Charavay, *Le projet de Constitution jugé au point de vue démocratique*, Paris, 1848, et Berriat-Saint-Prix, *Théorie du Droit constitutionnel français*, Videcocq, 1851-1853.

[90] C.r., T. XIV, pp. 168-169.

président en exercice se montraient soucieux de lui assurer une réelection immédiate prohibée par l'article 45, et, subséquemment, de prévenir une sorte de vacance du pouvoir augmentée d'un boulversement politique puisque, conformément au calendrier initial, l'assemblée devait être renouvelée le 29 avril 1852, pour se réunir le 28 mai, tandis que parallèlement l'élection présidentielle devait avoir lieu le deuxième dimanche de ce mois. De ce fait, l'appareil d'Etat s'était activé afin de promouvoir cette opération: ainsi dans un premier temps, les conseils généraux, qui procédaient du suffrage universel, furent saisis de cette question par l'intermédiaire des préfets, et cinquante-deux d'entre eux demandèrent la révision, puis, dans un second temps, au printemps 1851, des pétitions furent envoyées par le ministère, à charge pour ses agents de les faire signer par les citoyens dans chaque département de sorte que, du 5 mai au 24 juillet 1851, 16 000 environ furent réunies, portant à peu près 1 500 000 signatures, si bien qu'au final l'assemblée législative ne pouvait restée étrangère à ce mouvement[91].

Le 22 mai, le principe d'une telle commission fut accepté[92], laquelle rédigea un rapport lu en séance le 8 juillet et concluant par une majorité de 9 contre 6 en faveur de la révision totale dans le cadre de la procédure visée à l'article 111 de la constitution[93]. La discussion à l'assemblée eut lieu du 14 au 19 juillet, et s'il se trouva une majorité de 446 députés -contre 278- déterminés à engager une telle révision, leur chiffre était toutefois inférieur à celui de la majorité constitutionnelle des trois quarts des suffrages exprimés qui était requise, laquelle, en l'espèce,

---

[91] Sans compter que ce débat avait également lieu par voie de presse. Ainsi, par exemple, le monarchiste Albert de Broglie signa le 15 mai 1851 dans la *Revue des deux Mondes* un article intitulé *1852 la révision de la constitution*, dans lequel il relevait entre autres que le texte de 1848 avait "sacrifié" l' "équilibre des pouvoirs". Voy. *Revue des deux Mondes*, 1851, T. X, p. 608. En effet, dès 1848, dans un article titré *De la constitution nouvelle au point de vue de la situation politique*, il avait déploré que le président ne soit pas doté du "veto royal, qui, en l'associant au pouvoir législatif, lui donnait quelques moyens de se défendre contre ses envahissements" en plus d'être laissé "sans l'intermédiaire, sans l'élément pacificateur d'une seconde chambre conservatrice, (et par conséquent) en présence des usurpations instinctives et involontaires d'une assemblée nationale". Voy. *Revue des deux mondes*, 1er sept. 1848, T. XXIII, p. 632 et 636.

[92] C.r., T. XIV, p. 194. Cette commission était composée de Montalambert, Moulin, Dufour, Jules Favre, de Mornay, de Tocqueville, Berryer, de Corcelle, de Broglie, Charras, de Melun (nord), Cavaignac, Odilon Barrot, Charamaule et Baze.

[93] Ibid. T. XV, pp. 424-430.

correspondait au chiffre de 543 voix, de sorte que le pouvoir constituant dérivé ne put agir.

Ainsi, ce point est connu, l'initiative d'une telle entreprise était bien le fait des partisans du président de la République en exercice et pour son profit exclusif. Toutefois, il n'en est pas moins vrai que les tenants de la pondération s'engouffrèrent dans la brèche de la révision ouverte par les bonapartistes. En effet, les adeptes de l'équilibre des pouvoirs attendaient leur heure. Depuis 1848, ils avaient dans l'idée que la République ne trouverait pas son assiette en dehors de l'institution des deux chambres et qu'une révision était à terme inévitable, une fois la réformation de l'esprit public acquise. Ainsi, dès le 25 mai 1848, c'est au stade même de l'élaboration du texte au sein de la commission de constitution, que Coquerel avait exposé cette conviction:

> «Les deux chambres sont l'institution que la théorie et la raison semblent approuver davantage», avait-il fait observer, «mais nous avons contre nous le torrent de l'opinion publique que la révolution de Février a creusé et auquel il est sage de céder en ce moment». Mais, avait-il aussitôt ajouté, «ce qui est sans contre-poids ne peut conserver son équilibre, (et) il est probable qu'on reviendra au système des deux chambres, mais aujourd'hui cela n'est pas possible, de sorte qu'il faudrait combiner la nécessité actuelle d'une chambre unique avec *la facilité du retour aux deux chambres*. Le chapitre ''De la révision de la constitution'' devrait être écrit de façon à pouvoir revenir sans révolution au système des deux chambres» concluait-il[94].

C'est précisément parce qu'ils avaient connaissance de ce projet d'une révision constitutionnelle à terme qui animait les défenseurs de la doctrine de l'équilibre, que les partisans de l'unité devaient fixer la majorité de révision aux trois quarts des suffrages exprimés, ce qui, ainsi que les partisans d'une majorité des deux-tiers l'avaient déclaré lors des débats, rendait toute tentative de l'ordre de l'impossible, ainsi qu'en témoignera précisément l'épisode de 1851. Une des raisons, au demeurant, de cet échec, fut que certains des partisans de l'institution du bicamérisme se déclarèrent pour autant hostiles à toute révision, soit parce qu'ils fixaient comme préalable impératif la restauration du suffrage

[94] La constitution votée et les dés jetés, le rédacteur du *Constitutionnel* exprima un point de vue identique dans la livraison du 5 novembre 1848: "Respectons la constitution; pratiquons là (...)" écrivit-il à l'adresse de ses lecteurs. Mais, ajoutait-il, "modifions là pour l'améliorer, *lorsque le temps en sera venu*. Voilà ce qu'il y a de mieux à penser et à dire après le vote d'aujourd'hui".

universel auquel la loi du 31 mai 1850, restreignant le droit de suffrage, avait porté atteinte, soit, pour les plus nombreux dit du «parti des implacables», qu'ils considéraient qu'une révision ne pourrait profiter qu'aux légitimistes ou aux bonapartistes, mais non pas aux orléanistes ou aux républicains. Si donc la totalité des promoteurs de la balance des pouvoirs ne s'engagèrent pas en ce sens, à l'image des orléanistes de la tendance Thiers, il n'en reste pas moins que ce processus de révision fut l'occasion pour une part considérable des partisans de la pondération de remettre en cause l'option primitive du texte de 1848 et de lui substituer une logique d'équilibre, conformément à l'exemple américain[95]. D'ailleurs, de façon très symbolique, et le fait ne pouvait échapper à quiconque, il était revenu à Tocqueville, membre de la commission de révision, de donner lecture aux députés du rapport élaboré par les commissaires, lesquels, dans leur majorité, considéraient que le mauvais fonctionnement des pouvoirs publics tenait aux vices de la constitution et non aux hommes, ce qui autorisa le député de la Manche à affirmer que la critique la plus importante «faite à la constitution (...) porte sur l'origine, la nature, les relations des deux grands pouvoirs qui font les lois et les appliquent»[96].

Au cours des débats en assemblée, l'intervention d'Odilon Barrot, qui, nous l'avons vu, avait été en 1848 l'un des principaux défenseurs du bicamérisme, fut très illustrative de ce courant de députés radicalement critiques à l'égard des options fondamentales de la constitution, et qui entendaient refonder le régime sur des canons contraires, américains en l'espèce:

> «La République est sortie, pour ainsi dire, toute armée du cerveau de quelques hommes qui l'avaient rêvée dans le silence de leur

---

[95] On comptait même désormais des députés qui, initialement hostiles aux deux chambres et à l'exemple américain, s'y référaient à présent. André-Marie Dupin, dit Dupin aîné, membre de la commission de constitution, était de ceux-là, de sorte que dans son édition de la *Constitution de la République française*, parue dès janvier 1849, intégrait la perspective d'une possible révision avec la référence américaine en toile de fond. Ainsi, écrivit-il, "quand on révisera la constitution, si l'état des esprits et la situation des choses permettent d'introduire, *comme aux Etats-Unis*, une seconde chambre sous le nom de sénat, on fera à ce sénat une position mieux dessinée (que celle du conseil d'Etat), en lui donnant une intervention plus nette et plus efficace dans les affaires". Voy. *Constitution de la République française*, Paris, Videcocq, 1849, p. 78.

[96] C.r., 8 juillet 1851, T. XV, p. 424.

cabinet, en dehors de toute pratique et de toute expérience» fit-il observer, avide de saisir l'opportunité politique qui se présentait. «De tous côtés de cette assemblée» poursuivait-il, «nous avions jugé, qualifié ce gouvernement à deux, ce duel permanent entre deux pouvoirs n'ayant aucun moyen ni de prévenir les conflits ni de les vider. (...). De notre côté, nous disions: le pouvoir exécutif en face d'une assemblée unique, c'est le conflit organisé; il faut parer à ce conflit, il faut au moins l'atténuer; pour cela, il faut diviser le pouvoir législatif en deux assemblées, il faut armer le pouvoir exécutif de certaines attributions, pour, si le conflit s'élève, le vider pacifiquement. Notre opinion n'a pas prévalu (alors même que) l'expérience nous apprend que les pouvoirs législatif et exécutif ont des points de contact nécessaires...»[97].

De fait, les partisans du *statu quo* et de la conservation en l'état de l'économie générale des institutions ne furent pas dupes du dessein général qui animait un nombre important des révisionnistes. C'est la raison pour laquelle le général Cavaignac, farouche partisan de l'unité législative, put déterminer de façon précise l'objectif de ceux pour lesquels le texte primitif de la constitution restait entaché du péché originel caractérisé par une défiance à l'égard du modèle américain. Ainsi, déclara-t-il,

> «on nous demande la révision, *parce qu'on n'est pas satisfait d'une seule chambre; on veut en créer une seconde*. A cette occasion, je ne rentrerai pas dans la discussion déjà ouverte, il y a trois ans, ici, *sur le principe de la pondération des pouvoirs, sur cet exemple des Etats-Unis d'Amérique*». En effet, poursuivit-il, en faisant part du motif, à ses yeux dirimant, pour lequel une révision de ce type devait être combattue, «il y a pour nous, pour repousser la seconde chambre, une raison déterminante, capitale, souveraine. (...). Nous voulons que la conservation et la consolidation de la république restent confiées à l'énergie et à la puissance concentrées d'une seule et unique assemblée»[98].

Pareillement, les légitimistes, favorables au principe d'une révision totale de la constitution en ce qu'ils y voyaient une opportunité en faveur du rétablissement de la monarchie, comprirent rapidement le danger d'une réforme partielle selon la référence américaine qui,

---

[97] Idem, 19 juillet 1851, T. XVI, p. 110.

[98] Ibid.,14 juillet 1851, p. 21. Cormenin n'était pas moins déterminé, et rédigeant au même moment un manifeste, prédisait que "ce mécanisme d'un pouvoir législatif à deux chambres périra en Europe et en Amérique. Il n'a pas de raison d'être" assurait-il. Voy. *Révision*, Paris, Pagnerre, 1851, p. 55.

possiblement, pouvait aboutir à assurer stabilité et pérennité à la République et ainsi différer ou rendre plus improbable encore toute possibilité de restauration. C'est la raison pour laquelle ils s'employèrent à discréditer l'établissement institutionnel américain afin de ruiner le statut de standard qu'il avait acquis dès 1848, et qui s'était renforcé depuis compte tenu des difficultés de nature institutionnelle qui affectaient la Deuxième République. C'est le légitimiste Berryer, qui en 1848 avait été le délégué du 15ᵉ bureau auprès de la commission, qui fut plus particulièrement chargé de porter la contradiction aux républicains et orléanistes partisans de la révision suivant un modèle américain, et auxquels, présentant l'essentiel de leur dessein, il s'adressa en des termes marqués par l'emploi d'arguments peu rigoureux au fond, puisque sa stratégie était certes de parler en faveur de la révision mais exclusivement dans le dessein de rétablir la monarchie, seul régime, estimait-il, conforme au génie français:

> «Que voulez-vous pour (la France)?» s'interrogea-t-il. «*Le gouvernement américain*. Sauf quoi? (...) sauf la fédération, c'est-à-dire sauf ce qui en est la base[99]. Supprimez la fédération des Etats (...) et je défie le gouvernement américain de subsister un seul jour. Ainsi, vous voulez donner un gouvernement qui serait, dites-vous, selon vos vœux, qui est celui dont la forme vous plaît, que vous acceptez pour votre avenir, et vous l'empruntez à un peuple bien jeune encore (...). Vous comparez ces deux Etats; vous allez chercher pour nous un modèle de République chez une nation qui est placée dans des conditions toutes particulières, et vous arrachez précisément de la constitution que vous nous offrez ce qui en est la base: la fédération (...). Votre type de république américaine ne peut être appliquée à la France; c'est une utopie»[100].

Ainsi Berryer avait repris à son compte un procédé déjà éprouvé avec succès en 1848, par Lamartine notamment: de même qu'il s'agissait alors de lier de façon consubtantielle bicamérisme et fédéralisme pour faire ressortir en contrepoint la relation inverse entre Etat unitaire et monocamérisme, de même il s'agissait à présent, dans un mouvement général d'indistinction, de lier l'architecture du régime américain, pris cette fois-ci dans son ensemble, à sa forme fédérative. Mais ce qui importe

---

[99] On voit très bien s'esquisser ici une présentation de nature systémiste du régime américain, système fédéral dont toutes les parties seraient combinées en fonction de cette nature essentielle, et duquel par conséquent on ne pourrait détacher et privilégier le moindre élément sans le rapporter à cette nature spécifique.
[100] Ibid., 16 juillet 1851, p. 56.

ici pour notre propos, indépendamment de l'argumentation toute d'opportunité du bouillonant Berryer qui en tant qu'ex-constituant avait conservé le souvenir de l'efficacité produite en 1848 par ce procédé, c'est de relever la présentation de l'objectif politique que se fixaient de nombreux députés soucieux de redonner une assise au régime, et pour lesquels le modèle américain présentait, en tant que source d'inspiration privilégiée, bien des avantages.

En cela, l'épisode de la révision, avortée, de la constitution, de l'été 1851, doit également être analysé sous l'angle d'une tentative de réforme du régime sur le mode américain, quand bien même il ne s'agissait pas là du mobile premier pour lequel cette procédure fut entreprise ni de l'enjeu essentiel en fonction duquel les députés déterminèrent leur position, accaparés qu'ils étaient par le problème Louis-Napoléon Bonaparte. De ce fait, si 1848 et 1851 consacrent tous deux le refus de la greffe américaine, la différence essentielle réside dans le fait qu'entre temps une évolution subite des esprits s'était réalisée réhabilitant la doctrine de la pondération des pouvoirs, et subséquemment son illustration américaine.

En définitive, l'école américaine fut défaite par deux fois au sein de la constituante et de l'assemblée législative, mais ne devait jamais cesser d'utiliser les ressources du débat public par voie d'imprimés pour développer sa doctrine et marquer son opposition irréductible à la logique institutionnelle consacrée par la Loi fondamentale de 1848, qu'elle considérait comme détestable et impropre à constituer un régime stable.

CHAPITRE III) L'opposition doctrinale de l'école américaine à la constitution du 4 novembre 1848.

Cette opposition, exprimée sans aucune concession, a pour trait remarquable dans l'exposition de son *corpus* d'être conforme à l'identique aux observations présentées au cours des débats constituants, témoignant ainsi de l'homogénéité et de la cohérence de l'école américaine. Elle a en outre pour avantage d'être précise dans son argumentation, puisque l'on comptait parmi les partisans du régime américain certains des plus remarquables publicistes de l'époque. Sur cette base, il ressort une nouvelle fois que le régime politique des Etats-Unis d'Amérique, participant de la catégorie des régimes avec pondération des pouvoirs, était défini de façon principielle par son mécanisme de distribution du pouvoir législatif entre au moins deux organes, par opposition aux gouvernements avec unité législative dont la Loi fondamentale de 1848 était l'une des expressions possibles, et par voie de conséquence condamnable par nature. Nous illustrerons ce fait en deux temps. Le premier sera pour l'exposition de ce thème par des publicistes qui étaient sans renom en 1848, mais qui avaient tous une connaissance précise des institutions américaines, et une réflexion sur celles-ci. Cela nous permettra de prendre connaissance d'une sorte de pensée moyenne, au sens de commune, partagée par ses analystes, et de constater la régularité des arguments employés. Par contraste, nous nous reporterons également à l'analyse développée par l'une des plus grandes figures intellectuelles françaises du XIXe siècle, François Guizot, dans l'œuvre duquel le régime américain occupe une place significative et instructive (**§ Ier**). Le second temps sera consacré tout spécialement, en raison de la présence permanente dans ses écrits de la référence politique américaine, à celui dont un de ses contemporains, Edmond Schérer, a pu dire «que l'américanisme était pour lui comme un tic intellectuel», à savoir Edouard de Laboulaye (**§ II**).

§ Ier) Des Etats-Unis d'Amérique, ou de la pondération des pouvoirs en République.

«bicamérisme + *veto* suspensif = constitution du 17 septembre 1787». Telle était l'équation américaine pour les publicistes français en cette année 1848, et tel était parallèlement le mot d'ordre pour ceux qui parmi eux souhaitaient que les institutions républicaines françaises participent d'une logique identique de pondération des pouvoirs.

Les exemples en ce sens sont nombreux, et l'on peut d'entrée se reporter à la contribution de J. Magne, qui dès 1848 avait rédigé une étude dont le titre est explicite: *Esquisse d'une Constitution. Ce que la France républicaine pourrait, avec avantage, emprunter aux institutions des Etats-Unis*. Or, comment s'en étonner, cet auteur, qui, le fait vaut d'être noté, se prévaut d'une connaissance pratique des institutions américaines acquise lors d'un long séjour, recommande un régime dont les caractéristiques principales sont un parlement bicaméral et un président doté d'un droit de *veto* conditionné. De plus, à l'appui de son plaidoyer, il développe une justification dont on pourrait croire qu'elle fut écrite au XVIIIe siècle tant elle apparaît classique dans sa composition, puisque tous les arguments utilisés participent du fonds doctrinal commun des partisans de la balance des pouvoirs tel qu'il était présenté au Grand siècle:

> «...il ne suffit pas», dit ainsi cet auteur qui est conscient d'exprimer une position doctrinale dévalorisée, «de reconnaître en principe la nécessité de (la) division (des pouvoirs); il faut encore s'attacher à la faire passer dans la Constitution, non seulement en apparence, en déterminant bien exactement les fonctions de chaque pouvoir, mais en réalité, en égalisant autant que possible leur force respective. Sans ces précautions, le plus fort empièterait graduellement sur les plus faibles, et finirait bientôt par détruire l'équilibre. *Dans une organisation républicaine, le pouvoir législatif est le premier et le plus important de tous*. C'est, à proprement parler, la pensée du corps social, la manifestation de sa volonté; tandis que les deux autres n'en sont que l'application. (...). Avec cette prépondérance que lui assure la nature même des choses, le pouvoir législatif ne saurait manquer d'absorber promptement les deux autres dans sa sphère d'action -absorption qui (...) serait le despotisme- *si l'on n'avait soin de le diviser en plusieurs corps séparés et de soumettre même, au moins conditionnellement, ses actes ordinaires à l'approbation du pouvoir exécutif*. De là», statue-t-il, «résulte clairement *la nécessité de deux chambres et l'utilité du veto*». Le principe posé, Magne se justifie, et en premier lieu argumente en faveur du bicamérisme: «Le premier motif militant en faveur de la division du corps législatif en deux chambres séparées», reprend-il, «se tire donc de la nature même des choses, c'est-à-dire de la nécessité d'affaiblir celui des trois pouvoirs qui, par excès de force, menace constamment d'absorber les deux autres. Le monde moral, comme le monde matériel, est sujet aux lois de la pondération. Or ici, pour maintenir l'équilibre entre les pouvoirs, il faut absolument affaiblir au moyen d'une division le corps législatif, sous peine de le voir promptement concentrer toute l'autorité dans ses mains. Deux chambres, d'ailleurs», poursuit-il en ayant également à l'esprit en plus

du texte américain l'exemple de la constitution de l'an III, «surtout si l'on prend la précaution de leur donner une organisation distincte, soit par l'âge différent de leurs membres, soit par le mode d'élection, soit par une légère variété dans leurs fonctions respectives, soit par toutes ces choses à la fois, deux chambres, dis-je, sont le meilleur préservatif contre l'entraînement des passions et contre l'influence désastreuse que cet entraînement pourrait exercer sur la législation, et en général sur la direction des affaires publiques». Objecterait-on, dit l'auteur, l'inadaptation d'un parlement bicaméral aux situations de crise et son incapacité à prendre des mesures urgentes, l'expérience apporterait à son sens un démenti: «...l'épreuve en est faite aux Etats-Unis par une longue et décisive expérience», lit-on sous sa plume. «Jamais les deux chambres n'y ont empêché, n'y ont retardé même, l'adoption des mesures urgentes. il y a plus: loin de perdre du terrain, le système des deux chambres en a considérablement gagné avec le temps. Plusieurs Etats de la confédération n'avaient dans l'origine qu'une chambre unique (...); mais peu à peu tous en sont venus, sauf, je crois, une seule exception, à reconnaître les avantages supérieurs de deux chambres et à diviser en conséquence leur corps législatif», ajoute-t-il en distinguant de la sorte fédéralisme et bicamérisme. Le bicamérisme justifié, Magne plaide alors en faveur du *veto*: «Mais», considère-t-il, «en restreignant le pouvoir exécutif dans ses limites, il convient de lui donner un droit de veto conditionnel ou suspensif. Il peut arriver, même avec la division du corps législatif, que l'on adopte une loi contraire à la constitution ou manifestement hostile à l'intérêt public. Un veto qui forcera le pouvoir législatif à examiner de nouveau la question en prenant en considération les raisons qui militent contre la loi, sera d'une utilité incontestable. Il faut seulement qu'il puisse être écarté si les trois-cinquièmes des membres des deux chambres persistent, après nouvel examen, à voter la loi; car la volonté d'un homme ne saurait prévaloir, après tout, contre la volonté contraire d'une majorité prononcée des deux branches du corps législatif. Dans ces limites, le droit de veto est, dans les mains du pouvoir exécutif, une arme utile sans pouvoir être dangereuse (...); cette faculté peut prévenir une inconstitutionnalité[101], une injustice ou un acte d'oppression de la minorité par la majorité»[102].

Pareillement, c'est en ayant à l'esprit un projet du même type qu'Abel Rendu, membre de plusieurs sociétés savantes, lecteur scrupuleux

[101] Nous retrouvons exprimée dans ce passage une idée chère aux partisans de la balance des pouvoirs et suivant laquelle ce procédé permet un contrôle de constitutionnalité.
[102] *Esquisse d'une constitution. Ce que la France républicaine pourrait, avec avantage, emprunter aux institutions des Etats-Unis*, Paris, Dondey-Dupré, 1848, respectivement pp. 4-5-6 et 21-22.

de Tocqueville et de Story au point, relativement à ce dernier, de faire d'un passage extrait du *Commentaire* l'épigraphe de son propre livre, rédigea un travail intitulé *Les deux Républiques ou Etats-Unis et France*, daté de 1850, et qui, en dernière analyse, apparaît, de la part d'un auteur qui se prononce par ailleurs en faveur d'une révision constitutionnelle, comme une critique de la constitution du 4 novembre 1848 menée par un publiciste gagné aux principes américains. Toute sa démonstration, en effet, tend à prouver

> «qu'une assemblée unique envahissante et usurpatrice de sa nature, conduit inévitablement au despotisme par l'anarchie, que la séparation des pouvoirs et la division de l'autorité législative sont les lois historiques qu'on ne saurait méconnaître, et qu'un pouvoir exécutif, un, fort, stable et franchement national, c'est-à-dire sorti des entrailles du pays, est le premier besoin de la France. Et cependant, le croirait-on? Non seulement ces conséquences logiques qui ressortent avec tant d'évidence des traditions, des moeurs et des faits, ont été ignorées ou méconnues par la Constitution de 1848, mais encore les principes les plus élémentaires de la science constitutionnelle ont été par elle mis en oubli. Parlons d'abord du pouvoir législatif. *L'exemple de l'Amérique* et notre propre expérience lui recommandent *l'institution des deux chambres*; que fait-elle? Elle emprunte aux Constitutions révolutionnaires de 1791 et de 1793 le système d'une assemblée unique, système bon tout au plus pour un fait passager, mais nullement pour une situation normale, régulière. Et encore, cette assemblée unique, sans contrepoids d'aucun genre, sans frein qui arrête ses entraînements, est déclarée permanente, c'est-à-dire condamnée éternellement à faire ou à défaire des lois. (...). Mais», ajoutait-il à ce premier jet, «ce n'était pas assez d'avoir limité le pouvoir exécutif dans sa durée (...); nos constituants l'ont restreint dans son autorité, comme s'ils étaient désireux, avant tout, de le rendre impuissant, même à faire le bien (...). Ainsi, le Président ne participe en rien au pouvoir législatif, et l'Assemblée nationale reste livrée à elle-même, libre dans tous ces mouvements d'impatience, de colère ou d'enthousiasme. Que peut le Président vis-à-vis d'elle? Il doit promulguer ses résolutions dans un délai fatal, et pendant la durée de ce délai, il a seulement le droit de réclamer de l'Assemblée un nouvel examen. Mais quel sera le résultat de cette délibération nouvelle, sinon la confirmation de la résolution déjà prise? Notre Constitution n'exige pas, en effet, *comme celle des Etats-Unis*, que cette délibération ait lieu aux deux tiers des voix, dans deux assemblées, après discussion dans chacune d'elles. Un second vote, de la même majorité qui a déjà adopté la première résolution, ou même d'une majorité moindre, d'une simple majorité, suffit. Voilà quel compte notre Constitution veut qu'on tienne de l'opinion du chef du pouvoir exécutif, de celui qui par ses fonctions est si bien placé pour

connaître le fort et le faible de certaines mesures législatives. (...). Ainsi, le Président, celui qui par son origine est au moins l'égal de la majorité de l'Assemblée, s'il ne lui est supérieur, doit, dans son impuissance, exécuter les résolutions, fussent-elles inexécutables, de cette majorité, sans avoir le droit de la diriger ni de l'arrêter dans ses écarts; et, cependant, le Président est responsable et cette majorité ne l'est pas!» De fait, concluait-il, «il n'est pas un seul article de la Constitution de 1848, relatif à la présidence, qui ne témoigne des défiances de nos législateurs à l'égard du pouvoir exécutif»[103].

---

[103] *Les deux Républiques ou Etats-Unis et France*, Paris, Comon, 1850, pp. 44-45, 46, 48. Naturellement, ce ne sont pas là les seules expressions du "credo" américain qui parurent à l'époque. D'autres productions furent publiées, dont il est souhaitable d'extraire certains morceaux.

Intéressantes à ce sujet sont les *Quelques réflexions concernant la constitution qu'on élabore pour la France*, publiées le 14 mai 1848 dans le *Courrier de Nantes* et réimprimées sous forme d'opuscule en 1851. L'auteur en est Hyacinthe Colombel, président du tribunal civil de Nantes, favorable à la pondération. A ce titre, il regrette par exemple que la constitution "de 1791, ne voulut qu'une seule chambre législative. Elle n'avait pas assez de contrepoids, et faute d'une sage pondération, cette chambre unique se transforma en une convention dont la France n'a pas oublié le trop sanglant passage". A l'inverse, les Etats-Unis participent de cette pondération des pouvoirs, et Colombel souhaite de ce fait que la constitution de 1848 s'en inspire. Ainsi, dit-il, "le congrès américain compte (...) deux chambres législatives, et la République des Etats-Unis, nonobstant les inconvénients graves inhérents au système fédératif, marche dans les voies d'une prospérité toujours croissante. *Cet exemple ne devrait pas être perdu pour nous*. Effectivement, en passant par la filière d'une double discussion, les lois sont mieux épurées; elles en sortent plus parfaites''. De plus,observe-t-il, ''avec deux chambres législatives, on a moins à craindre que l'une d'elles, surveillée par l'autre, *ne cède à la tentation d'absorber tous les pouvoirs*...". Voy. *Quelques réflexions concernant la constitution*, Nantes Busseuil, 1851, p. 7.

Il faut dire un mot également de P. M. Le Mesl, maire de Paimpol et membre du conseil général des Côtes-du-Nord, auteur des *Considérations sur la partie du projet de constitution qui concerne l'organisation du pouvoir exécutif et du pouvoir législatif*, écrit très instructif dont l'épigraphe, qui pourrait avantageusement faire le titre d'un paragraphe d'un manuel de droit constitutionnel contemporain dans sa partie consacrée aux XVIIIe et XIXe siècles, est le suivant: "La pondération du pouvoir législatif ne peut s'accomplir que par la création d'un sénat". "J'ai remarqué dans le projet soumis à vos délibérations", écrit l'auteur, "une lacune déplorable que je vous prie instamment de combler. Je fais allusion à l'omission volontaire d'une troisième branche du pouvoir législatif, d'un sénat: je ferai tous mes efforts pour vous démontrer la nécessité de cette institution; *c'est l'unique but, ou du moins le but principal que je me propose*. Puissé-je l'atteindre. (...). La pondération du pouvoir législatif est une condition essentielle à notre forme de gouvernement. Aussi je ne comprends pas les motifs qui ont porté les législateurs à omettre dans le projet de constitution la création d'une troisième branche de ce pouvoir, absolument indispensable à sa pondération. (...). Un exemple assez récent *qui est connu de tout le monde, aurait dû être pris en sérieuse considération.* Les Etats-Unis de l'Amérique avaient aussi cru, dans l'origine, que l'on pouvait fonder un gouvernement démocratique sans *compliquer* les rouages du pouvoir législatif. L'expérience ne tarda pas à démontrer l'inanité de cette théorie, et la nécessité d'un sénat. Or, si un sénat a été jugé nécessaire en Amérique, chez une nation froide, sage, où les partis politiques sont inconnus, chez une nation qui n'est point tourmentée par les sectes socialistes, chez une nation enfin bien plus sincèrement patriote que la nôtre, comment peut-on hésiter à donner à notre avenir, si sombre et si mystérieux, ce gage de sécurité? La stabilité des institutions, la sécurité et la prospérité publiques, la liberté elle-même, sont vivement intéressées à cette division rationnelle. S'il n'y avait qu'une assemblée législative en présence d'un président, il y aurait entre eux des tiraillements continuels; conflits d'attributions, jalousie, envahissement: la discorde éclaterait et entraînerait à sa suite des malheurs inévitables. Il arriverait de deux choses l'une: que le pouvoir législatif absorberait l'autorité présidentielle, et nous aurions le plus mauvais des gouvernements possibles (...). Dans le cas contraire, le pouvoir exécutif, expression de la puissance, représentant la force, l'ordre et la stabilité, absorberait le pouvoir législatif (...). Je le répète, si l'on veut fonder un avenir prospère et durable, il faut profiter du flambeau de l'expérience et des lumières de la raison, qui projettent une vive clarté sur le sujet que j'agite. *Nous profiterons de l'exemple qui a été donné au monde par les Etats-Unis,* en constituant un sénat, sous peine de consumer nos efforts en essais infructueux, stériles et probablement désastreux. Le sénat sera l'une des pierres angulaires de l'édifice que nous voulons fonder, qui n'aura qu'une durée éphémère, s'il n'est point solidement construit. Le sénat de la République française devra être la reproduction du sénat américain. *Comme celui-ci, il devra participer à la fois au pouvoir législatif, au pouvoir exécutif et au pouvoir judiciaire.* (...). En finissant, j'insisterai de nouveau sur la nécessité de constituer le pouvoir régulateur et modérateur dont je vous entretiens. En dotant le sénat de la triple attribution que possède celui des Etats-Unis d'Amérique, vous donnerez un contre-poids indispensable au pouvoir exécutif et au pouvoir législatif, sans lequel l'équilibre de ces deux pouvoirs antagonistes sera souvent rompu au détriment de la nation". Voy. *Considérations...*, Paris, E. Thunot, 1848, pp. 3, 7, 8, 10.

Autre preuve de l'antinomie de la constitution du 4 novembre 1848 avec la constitution américaine, l'opuscule, imprimé le 10 avril 1848, au titre évocateur qui se suffit à lui-même, *Que préférer? une assemblée unique omnipotente, ou une législature composée d'une chambre des représentants, d'un sénat et d'un président?*. Son auteur se nomme Pitray. Il s'agit, d'après son propre témoignage, d'un habitant de Saint-Domingue réfugié aux Etats-Unis, dont il fut par là-même un citoyen pendant vingt-deux ans, ce qui explique sa connaissance précise des institutions de ce pays. Réintégré sur le tard dans sa qualité de Français, il devint

Ainsi, on le voit, les partisans du système politique américain avaient tous en commun deux choses: la première consistait à rattacher ce régime à la classe générique dite de la pondération des pouvoirs et subséquemment à faire du bicamérisme et du droit de *veto* conditionné les éléments les plus significatifs sur le plan conceptuel. La seconde à souhaiter que, sur la foi de cet exemple, les publicistes nationaux ne considèrent pas que le principe républicain et le principe de l'équilibre des pouvoirs ne se pouvaient regarder fixement. C'est pareillement ce que tenta d'accréditer Guizot.

François Guizot, en effet, opposa au texte de 1848 une hostilité de principe. C'était le moins qu'il pouvait faire puisque cette constitution qui selon lui «porterait le trouble dans la société la mieux réglée»[104] reposait précisément sur la logique politique et institutionnelle que

---

le maire d'un village de quatre cents habitants. Ecrivant avant même la nomination de la commission de constitution mais conscient de l'air du temps, cet auteur dénonce précisément le plan d'une chambre unique qui dotée du monopole de la fonction législative et qui nommerait un pouvoir exécutif collégial pris en son sein. Mais, ce qui importe, c'est qu'il expose l'argumentation typique d'un zélateur du pouvoir législatif tripartite, opposé à la séparation absolue qu'il ne distingue pas du régime d'assemblée, et qu'il s'appuie pour ce faire des institutions politiques américaines. Dans le droit fil de cette inspiration, voy. également, d'une main anonyme, la *République des Etats-Unis d'Amérique*, Paris, 1848, et enfin, un *Projet de Constitution par une représentant du peuple*, publié en 1848 par un auteur resté également anonyme, favorable à une tripartition du pouvoir législatif, et désireux de convaincre de l'impératif du bicaméralisme, d'autant que "l'expérience des Etats-Unis d'Amérique démontre la bonté de ce système".

Enfin, il est d'un intérêt certain de faire référence au *Cours de droit public et administratif mis en rapport avec la constitution et les lois nouvelles*, Paris, Joubert, 1850, de M.F. Laferrière. Ce juriste émérite, lecteur de Story et de "son excellent commentaire de la constitution des Etats-Unis" mit en effet de juste façon en perspective les régime républicains français et américain. "L'idée de l'unité", représentait-il, "a toujours beaucoup d'empire sur nous (...). Appliquée à la constitution du pouvoir législatif, elle avait contre elle deux exemples bien imposants. La France elle-même", écrivait-il en visant les Chartes, "et les Etats-Unis". Et Laferrière de souhaiter qu'en prenant pour modèle sur certains points la constitution américaine et la constitution de l'an VIII, "notre constitution pourrait s'affranchir de ses plus graves inconvénients: *l'unité d'une assemblée législative*, la faiblesse et l'instabilité du pouvoir exécutif". Op. cit., p. 132 et p. 252.

[104] Guizot, *Trois générations: 1789-1814-1848*, Paris, Lévy frères, 1863, *Préface*, p. 3. (La préface date de 1850).

l'ensemble de son œuvre théorique avait pour but de dénoncer et de combattre.

Guizot traitait du régime américain en publiciste averti. Il avait en effet produit un travail de recherche important sur les institutions politiques des Etats-Unis, qui s'il n'avait certes pas pas l'ampleur de celui consacré à la Révolution anglaise de 1640-1660 était pour autant conséquent. Ainsi, en plus de connaître l'ouvrage de Story, c'était un lecteur minutieux du *Fédéraliste* qu'il tenait pour un traité fondamental[105]. C'est en considération de cela qu'il fut sollicité par l'éditeur Gosselin pour concevoir une édition française de la correspondance complète de Washington qui venait de paraître en langue anglaise. Il l'augmenta d'une introduction, rédigée en 1840 et admirée par Charles de Rémusat, dans laquelle il exprima une appréciation très favorable sur le constitutionalisme américain: ainsi, écrivait-il, «dans son organisation propre et intérieure, le gouvernement central fut bien conçu et bien *pondéré*; les droits et les rapports des divers pouvoirs furent réglés avec un grand sens et une forte intelligence des conditions d'ordre et de vitalité politique; du moins pour la forme républicaine et à la société à laquelle elle s'adaptait». Cela explique qu'il considérait très favorablement le principal rédacteur du *Fédéraliste*, lui reconnaissant toutes les qualités essentielles à un publiciste. L'éloge est en effet d'un seul bloc: «Hamilton», lit-on, «a droit d'être compté parmi les hommes qui ont le mieux connu les principes vitaux et les conditions fondamentales du gouvernement: non pas d'un gouvernement tel quel, mais d'un gouvernement digne de sa mission et de son nom. Il n'y a pas, dans la constitution des Etats-Unis, un élément d'ordre, de force, de durée, qu'il n'ait puissamment contribué à y introduire et à faire prévaloir»[106].

Si le panégéryque était conçu sans restriction, c'est que précisément, le régime américain, fondé sur la pondération des pouvoirs et de ce fait participant des «inspirations les plus sensées comme les plus pures qui aient jamais présidé à (l') œuvre (d'une assemblée constituante)», valait au sens de Guizot comme l'une des approximations possibles du type de régime qu'il promut inlassablement dans ses écrits

---

[105] D'après Esmein, "Guizot affirmait qu'au point de vue de l'application des principes élémentaires du gouvernement, il ne connaissait pas de meilleur ouvrage". Voy. la *Préface* au *Fédéraliste*, Paris, Economica, 1988, pp. VII-VIII. On trouve l'origine de cette affirmation dans les *Essais sur le gouvernement populaire* d'Henry Summer Maine, Paris, Ernest Thorin, 1887, p. 284.

[106] *Vie, correspondance et écrits de Washington*, Paris, Ch. Gosselin, 1840, T. I, p. CVIII et p. CXVII.

doctrinaux, lequel avait pour spécificité d'être fondé sur «la souveraineté de la raison»[107].

En effet, celui qui fut la principale figure intellectuelle des Doctrinaires prônait un système où la souveraineté serait, au sens premier du mot, délocalisée, c'est-à-dire non attribuée à une entité précise, enlevée de tout lieu, afin qu'aucun organe institutionnel ne puisse s'en prévaloir et agir en son nom[108]: «il n'y a point de souveraineté sur la terre» écrivait ainsi Guizot de façon définitive. S'il devait en être ainsi, c'est qu'à son sens la raison, la vérité et la justice ne résidaient nulle part complètes et infaillibles: nul homme, ni même nulle réunion d'hommes ne les possèdaient sans lacune et sans limites. De la sorte, nul pouvoir de fait n'étant infaillible, il n'en devait être aucun qui ait le droit d'être absolu, plus précisément de revendiquer la «souveraineté de droit». Précisément, «pour atteindre ce but», expliquait-il, «il est indispensable que le pouvoir de fait ne soit pas simple, c'est-à-dire qu'il ne soit pas attribué à une seule force (car) partout où la souveraineté de fait est unique, quelle que soit la force qui la possède, la souveraineté de droit est sur le point d'être usurpée» et, par là même, localisée. «La division de la souveraineté de fait», concluait-il, «est donc la conséquence nécessaire du principe que la souveraineté de droit ne peut appartenir à personne»[109]. En d'autres termes, cela signifiait que «le principe du système représentatif est la destruction de toute souveraineté de droit permanente, c'est-à-dire, de tout pouvoir absolu sur la terre, (...) de faire en sorte qu'un tel pouvoir n'existe nulle part». Or, faisait observer Guizot, «la division du pouvoir législatif en deux chambres a précisément cet objet. Elle est dirigée contre la facile acquisition de l'omnipotence de fait au sommet de l'ordre social, et par conséquent contre la transformation de l'omnipotence de fait en omnipotence de droit. Elle est donc conforme au principe fondamental du système représentatif, elle en découle nécessairement. (...). Loin donc que la division du pouvoir législatif soit une dérogation aux principes de la liberté politique, elle est au contraire en parfaite harmonie avec ses principes, et spécialement dirigée contre l'établissement du pouvoir

---

[107] Sur ce thème voy. Pierre Rosanvallon, *Le Moment Guizot*, Paris, Gallimard, 1985 et Lucien Jaume, "Guizot et la philosophie de la représentation", *Droits*, 15, 1992, pp. 141-152.

[108] Le terme est de Guizot lui-même qui écrit par exemple que "l'un des plus grands vices du régime féodal était de *localiser* la souveraineté...". *Histoire des origines du gouvernement représentatif en Europe*, Paris, Didier, 1851, T. II, 18e leçon, p. 299. Par conséquent, le terme de délocalisation ne doit pas être compris dans son acception actuelle qui vise le transfert d'un lieu à un autre.

[109] Idem, T. I, 8e leçon, pp. 121-122.

absolu»[110]. Ainsi, d'une part le régime représentatif reposait par nature sur le mécanisme de la balance des pouvoirs afin que la souveraineté soit délocalisée, et d'autre part c'était seulement dans le cadre d'une tripartition du pouvoir législatif que la production d'une norme législative conforme à la raison était possible, en d'autres termes que la souveraineté de la raison était effective, car «c'est seulement ainsi que le pouvoir de fait peut être contraint de chercher sans cesse la raison, la vérité, c'est-à-dire la règle qui doit présider à son action pour qu'elle soit légitime. (...). Il faut qu'en chaque occasion (les différents organes) découvrent la vérité qu'ils doivent proclamer loi. Isolés et distincts, ils ne sont encore qu'une multitude; lorsqu'après avoir délibéré et travaillé, ils se seront accordés dans une même idée, d'où sortira une même volonté, alors seulement l'unité véritable, qui réside dans la raison, se sera produite; alors il y aura présomption que le pouvoir de fait connaît et veut la règle légitime qui confère le pouvoir de droit»[111]. Ainsi, c'était seulement dans ce cadre que «le pouvoir de fait», en l'espèce un pouvoir législatif complexe composé de trois organes simples de législation, est amené «à devenir, autant que cela se peut, pouvoir de droit, (puisque) plaç(é) dans la nécessité de chercher constamment la raison, la vérité la justice, source du droit...»[112], si bien que Guizot pouvait écrire sous forme de synthèse que «la division du pouvoir central ou de la souveraineté de fait entre le pouvoir exécutif et deux chambres dérive (...) avec rigueur du principe fondamental du système représentatif»[113].

Pour nous résumer, Guizot avait placé l'ensemble de sa réflexion sous le flambeau de la triade «délocalisation de la souveraineté - souveraineté de la raison - tripartition du pouvoir législatif», avec en contrepoint son opposite «localisation de la souveraineté - pouvoir absolu - unité législative». De la sorte, il était logique qu'il vînt à opposer le régime des *Pères Fondateurs* à celui de la Deuxième République, en ce qu'ils participaient de principes directeurs antagonistes, puisque la Loi fondamentale de 1848 avait à son sens pour caractère principal de localiser la souveraineté, et d'instituer un pouvoir de fait absolu inapte à édicter un acte législatif conforme à la raison. Cela fut entrepris dans *De*

---

[110] Idem, T II, 18e leçon, pp. 305, 306, 308.
[111] Ibid., T. I, 8e leçon, pp. 122-123
[112] Ibid., p. 120
[113] Ibid., T. II, 18e leçon, p. 312. C'est la raison pour laquelle Guizot énumérant les trois conditions et formes essentielles du régime représentatif distingue "1° *la division des pouvoirs*; 2° l'élection; 3° la publicité". Idem, T. I, 8e leçon, p. 119.

la démocratie en France, étude rédigée en janvier 1849, et dans laquelle il dénonçait le texte du 4 Novembre:

> «Point de pouvoirs distincts et assez forts par eux-mêmes *pour se contrôler et se contenir réciproquement*» constatait-il. «Point de solides remparts à l'abri desquels les droits et les intérêts divers se puissent établir. Nulle organisation de garanties, *nul contre-poids de forces* au centre de l'Etat et au sommet du gouvernement. Rien qu'un moteur et des rouages, un maître et des agents. (...). Je rencontre ici», poursuivait-il, «l'idée la plus fausse, la plus funeste peut-être de toutes celles qui circulent de nos jours en matière d'organisation politique. C'est celle-ci: l'unité nationale entraîne l'unité politique. Il n'y a qu'un peuple. Il ne peut exister, au nom et à la tête du peuple, qu'un seul pouvoir». Or, faisait-il observer, si «l'unité sociale veut qu'il n'y ait qu'un gouvernement (,) la diversité des éléments sociaux veut que ce gouvernement ne soit pas un pouvoir unique. (...). Il y a dans la société des intérêts de stabilité et de conservation, des intérêts de mouvement et de progrès. (...). Tous les intérêts divers ont le même besoin et le même droit. (...). Si le sort des intérêts de stabilité et de conservation est remis tout entier aux chances de l'élection d'une assemblée unique, et de la discussion dans une assemblée unique qui décide seule et définitivement des choses, tenez pour certains qu'un jour donné, tôt ou tard, (...) ces intérêts seront sacrifiés et perdus». Or précisément, faisait valoir Guizot, cela est impossible en Angleterre, où les «trois pouvoirs constitutionnels[114] (...) sont capables de se défendre les uns des autres et de suffire chacun à sa mission». C'était également le cas «aux Etats-Unis», où «malgré la différence des situations, des mœurs, des institutions, Washington, Hamilton, Jefferson, Madison, en fondant une République, *ont reconnu et pratiqué les mêmes principes*. Eux aussi ils ont voulu, au sommet de l'Etat, *des pouvoirs divers*. Et pour que la diversité fût réelle, ils ont donné aux pouvoirs divers, aux deux chambres et au président, des origines diverses, aussi diverses que le permettaient les institutions générales et que l'étaient les fonctions»[115].

---

[114] C'est-à-dire la chambre des Communes, la chambre des Lords et le roi.

[115] *De la démocratie en France*, Paris, Victor Cousin, 1849, pp. 43, 109, 111, 113-114, 117-118. C'est la raison pour laquelle, dans *Trois générations: 1789-1814-1848*, Guizot pouvait écrire que "l'Angleterre et les Etats-Unis d'Amérique sont, dans les temps modernes et chrétiens, les deux nations qui ont le plus fortement conquis et possédé la liberté politique", (Paris, M. Lévy, 1863, p. 5).

Cette critique virulente portée par Guizot contre la constitution ne devait pas restée sans réponse. A ce sujet, il n'est pas inutile d'en distinguer deux, dont la lecture confirme que les Etats-Unis participaient, pour tout publiciste, de la pondération des pouvoirs, et ce à l'inverse du texte français répondant au critère de l'unité législative. Voyons d'abord à ce propos la réplique d'Emile

Dehais, très illustrative de l'esprit de 1848. "Cette constitution vous effraie", rétorqua-t-il, "parce que vous n'y voyez pas de *contre-poids* au centre de l'Etat et au sommet du gouvernement. Il est parfaitement vrai que ces *contre-poids* n'existent pas; mais, est-il nécessaire qu'ils existent? Est-il nécessaire que la volonté souveraine de la nation soit *contrebalancée*? Ne pouvons-nous vivre, enfin, qu'avec cette machine gouvernementale dite *système de pondération des pouvoirs*?". Certes, concèdait Dehais, les régimes anglais et américain sont fondés sur ce système, et ont été invoqués par les partisans de la pondération à l'appui de leur position. Ainsi, reconnaît-il, "*c'est à propos surtout de l'article de la constitution qui déclare la représentation nationale unitaire, que les adversaires de cette forme de gouvernement, que les partisans de la dualité se plaisent à citer l'exemple de l'Angleterre et des Etats-Unis*". Mais justement, à son sens, ces deux exemples étaient en porte à faux avec l'histoire, puisqu'un basculement irréversible venait de se produire, dont la constitution du 4 novembre 1848 était le produit direct: "Le moment arrive", dit-il en effet, "où telle formule d'école, dont l'adoption fut un progrès peut-être, doit, en vertu des mêmes lois, et par l'effet d'un progrès nouveau, disparaître à son tour, devant une règle claire et certaine, enfin reconnue. Or, l'une de ces formules, et des plus imposantes, c'est celle de pondération des pouvoirs; la règle qui lui doit succéder, c'est celle de la souveraineté nationale". Autrement dit, la pondération est indissolublement liée à l'*ethos* du gouvernement mixte et requiert de ce fait pour son bon fonctionnement une société hiérarchisée, ce qui répugne à un Etat régi par le principe fondamental de la souveraineté nationale, dans lequel seule l'unité législative est concevable. Ainsi, objecte-t-il à Guizot, "...là où il n'existe qu'une seule force pour exercer la souveraineté, pourquoi pondération? Pourquoi la souveraineté nationale se contrôlerait-elle (...)? A quelle force confier chez nous, Monsieur, ce pouvoir de pondération dont vous regrettez l'absence? Vous reconnaissez qu'il n'y a plus chez nous d'aristocratie...". Voy. *Du gouvernement de la France précédé d'une lettre à M. Guizot sur la démocratie*, Paris, Truchy, Ledoyen, 1851, pp. 63, 214, 65-66-67. Ainsi, Dehais, comme une majorité de publicistes en 1848, avait fait valoir que balance des pouvoirs et gouvernement mixte étaient les deux faces d'une même pièce, à présent démonétisée, et que l'exemple des Etats-Unis ne pouvait rien modifier à cette tendance structurelle. Bénédicte Noldran, écrivant sous le pseudonyme de Luc-Pierre Riche-Gardon, développa un point de vue comparable dans sa *Réponse à Monsieur Guizot sur la valeur de l'équilibre des pouvoirs et sur l'action de la pure démocratie*. Il voyait exclusivement dans le doublement de la représentation nationale le moyen institutionnel de la conservation des privilèges. "En un mot", concluait-il, "l'équilibre des pouvoirs ou les deux chambres, c'est la perpétuité, même en République, de la domination de l'oligarchie". Partant, il lui était nécessaire que l'exemple des institutions américaines, plaidant en faveur de cet équilibre, soit déprécié. Il s'y employa: "Quant aux Etats-Unis d'Amérique, cités comme un exemple dans votre lettre, Monsieur", objecta-t-il, "leurs conditions sociales sont trop différentes des nôtres *pour que nous ayons à nous inspirer de leurs moyens particuliers de gouvernement*. De plus, les Américains suivent une marche trop peu dirigée vers

Tous ces exemples concordants, émanant de publicistes plus ou moins notoires, à l'exception de Guizot, sont en eux-mêmes très probants. Toutefois, s'il n'en fallait citer qu'un seul, notre choix se porterait incontestablement sur Laboulaye, en raison tant de la précision que de la systématicité de son analyse relative à l'incompatibilité des textes de 1787 et 1848.

§ II) Edouard-René Lefebvre-Laboulaye, héritier des publicistes américains du XVIIIe siècle.

En effet, il n'est pas excessif d'affirmer que nul autre mieux qu'Edouard de Laboulaye, nommé dès mars 1849 au Collège de France et titulaire de la chaire de législation comparée, n'a analysé la contradiction de principe qui existait entre la Constitution de la IIe République et les institutions américaines. Son implication dans le débat était inévitable puisque cet apologète du régime américain, familier du *Fédéraliste*, lecteur de Story, devait être tout au long de la deuxième moitié du XIXe siècle l'un des tout premiers spécialistes français de ce régime[116]. Son opposition au code de 1848 fut rendue publique dès la parution du texte

l'ordre moral, tâche naturelle des sociétés modernes, pour que nous soyons disposés à les prendre complètement pour modèle". En fait, tout comme Dehais, Noldran estimait que le schéma institutionnel américain participait d'une phase historique révolue à jamais: "Il est d'ailleurs rationnel" ajouta-t-il, "que les démocraties qui se constituent après avoir eu sous les yeux l'exemple des Etats-Unis d'Amérique durant près d'un siècle, utilisent l'expérience faite par ces derniers pour réaliser *un progrès de plus*; c'est le devoir dicté par l'ordre providentiel. Quant aux oligarques, ils s'efforceront de préconiser les institutions favorables à leur domination, en Amérique comme en Angleterre: rien de plus naturel; ils défendent ainsi les intérêts de leur classe; mais la pure démocratie ne peut travailler qu'en vue du bien-être de la population tout entière".Voy. *L'anéantissement de la monarchie expliquée par M. Guizot en 1851, ou doctrine républicaine et doctrine monarchique comparées au point de vue de la justice et de la stabilité de l'ordre*, Paris, librairie républicaine de la liberté de penser, 1851, p. 25.

[116] Cette qualité que chacun lui reconnaissait lui valut de rédiger dans le *Dictionnaire général de la politique* de Maurice Block, auquel nous avons déjà fait référence, les développements relatifs aux institutions politiques américaines: voy. l'article *Etats-Unis, section Constitution*, T. I, pp. 932-940. On relèvera d'emblée que Laboulaye considère que le "droit de veto suspensif" dont bénéficie le président, et qu'il juge essentiel, ne fait pas de celui-ci, au plan juridique, un colégislateur.

de la commission, et ne devait jamais se démentir au point de devenir un axe fondamental et un thème récurrent de sa réflexion de constitutionnaliste[117].

Ainsi, dès qu'il eut connaissance du projet de constitution -qui, nous l'avons vu, devait passer pratiquement tel quel dans la version définitive de la constitution-, Laboulaye en dénonça la logique et l'inspiration dans un article paru en juillet 1848 dans la *Revue de législation* et lui opposa un contre-projet de sa main. Son propos était net et tranché puisqu'il opposait deux systèmes, à savoir l'un, révolutionnaire, celui de la commission, «l'autre, celui que je soutiens, que je nommerais volontiers *le système américain*»[118]. Laboulaye s'expliquait très précisément sur cette dichotomie: «Les questions qui nous partagent aujourd'hui», écrivait-il, «sont les questions mêmes qui divisèrent les fondateurs de la République américaine: la déclaration des droits, l'indépendance du pouvoir exécutif, le maintien du pouvoir législatif dans ces bornes hors desquelles il dégénère en insupportable tyrannie. Les solutions de Washington, adoptées par ses contemporains, ont fait la grandeur de l'Amérique». Or, déplorait-il, «ce sont cependant ces solutions que repoussent aujourd'hui nos constituants (qui inclinent vers) le despotisme d'une assemblée sans contre-poids»[119]. Dès lors, il disait vouloir rappeler le législateur au respect d'une tradition éprouvée car «la création d'une assemblée unique, fondée sur le suffrage universel et absorbant le pouvoir exécutif (est) l'installation du despotisme. (...). J'ai fait voir», poursuivait-il, «que nos législateurs avaient méconnu en ce point et les leçons de l'expérience et les désirs comme les besoins du pays. En tout ceci, je n'ai rien inventé, mais énoncé brièvement les opinions des vrais amis de la liberté, les faits acquis et constatés, qui aujourd'hui forment la science politique et qui sont considérés comme des axiomes de l'autre côté de l'océan»[120].

En effet, que proposait la Commission? Une «assemblée unique qui, si elle est acceptée, ramènera en France le plus effroyable des gouvernements»; un «président sans pouvoir, espèce de sergent aux ordres de l'assemblée»; enfin «un conseil d'Etat hybride, qui n'est ni un corps législatif, ni un tribunal, ni même un conseil...». Bref, «une assemblée

---

[117] Le recensement des œuvres de Laboulaye a été réalisé par Eugène de Rozière, "Bibliographie des œuvres de M. Ed. Laboulaye", *Nouvelle revue historique de droit français et étranger*, T. XII, 1888, pp. 771-821.

[118] *Revue de législation*, Juillet 1848, p. 115.

[119] Idem, pp. 7-8.

[120] Ibid., p. 111.

souveraine, plus absolue que Louis XIV, et un pouvoir exécutif étrangement énervé»[121]

De fait, que manquait-il à ce projet? l'essentiel. En premier lieu, une seconde chambre: «Comment», argumentait en effet Laboulaye, «assurer aux intérêts du pays cette représentation durable dont il a besoin, autrement que par l'établissement d'une seconde chambre, comme on l'a fait aux Etats-Unis? (…). L'élément le plus certain de la grandeur d'un Etat, c'est une seconde chambre peu nombreuse mais réunissant les plus grands noms du pays, ne se modifiant qu'insensiblement (…) pour contrebalancer l'assemblée rivale (…). Pas un Etat n'a joué un rôle dans l'histoire qui n'ait dû son importance à un sénat: Rome, Venise, Londres, les Etats-Unis sont les exemples assez éclatants de cette vérité, pour que toute démonstration soit ici superflue». «Le droit du peuple», concluait-il de ce fait, «est sauvegardé par l'institution de deux chambres mieux que de tout autre façon, car cette division est le moyen le plus sûr de prévenir les deux vices qui, en général, perdent les démocraties, l'usurpation d'une assemblée ou sa prévarication. Une seconde chambre est une des formes sous lesquelles s'exerce la souveraineté nationale, comment donc pourrait-elle être la négation de la souveraineté»[122]. En second lieu, un droit de *veto* limité au profit du président faisait défaut: «un président doit, en certains cas», affirmait-il en effet, «arrêter ou empêcher la décision de l'assemblée, sinon il n'est rien, et il est plus simple d'en revenir au gouvernement des comités. (…). Un président peut-il donc, comme un roi, contrarier indéfiniment la volonté nationale exprimée on le suppose par l'assemblée? Non, sans doute, et les constitutions sérieuses n'ont pas voulu du despotisme des majorités. (Le moyen le plus approprié) a été d'instituer une seconde chambre, ce qui assure à la discussion et au vote des lois un calme suffisant pour que les observations du président soient sérieusement examinées, longuement discutées, et que le véritable intérêt du pays se fasse jour. En accordant, *comme aux Etats-Unis*, un veto suspensif au président, avec renvoi aux deux chambres, en exigeant dans chacune d'elles une majorité des deux-tiers en faveur de la loi repoussée, on a concilié avec sagesse le droit suprême du législateur et la liberté nécessaire au pouvoir exécutif. Mais ce pouvoir, sans lequel il n'y a pas de gouvernement», s'indigne-t-il, «le projet fait-il autre chose que de le supprimer et de le placer dans l'assemblée, quand il soumet le président au caprice d'une chambre unique qui en trois jours peut décréter l'urgence, et voter deux fois la paix ou la guerre, à une seule voix de

[121] Ibid., respectivement pp. 68-69 et p. 71.
[122] Ibid., respectivement pp. 99-100 et p. 102.

majorité»[123]. En d'autres termes, «...la constitution (...) tout en proclamant la séparation des pouvoirs (...) anéantit l'autorité exécutive»[124]. Qui pis est, elle conduira par sa logique, ou bien plutôt par son absence de logique, à l'épreuve de force: «qui départagera cette assemblée, qu'on ne peut renvoyer par une dissolution devant le peuple, son juge suprême, et ce président soutenu, encouragé dans sa désobéissance par l'opinion publique, et qui, n'ayant pas même de veto pour refroidir la passion de la chambre, ne peut défendre ce qu'il croit l'intérêt du pays qu'en se révoltant?»[125].

En fait, comme tout partisan de la distribution du pouvoir législatif entre trois organes, Laboulaye estimait que la séparation absolue des pouvoirs aboutit *de facto* à un régime d'assemblée. Mais son inquiétude tenait aussi au fait que le projet de 1848 se complique de ce qu'il prévoit l'élection du chef de l'Etat au suffrage universel direct, et de ce qu'un président ne pouvant se satisfaire de la distorsion qui existe entre son mode prestigieux de nomination et de son absence de pouvoir se résoudra, selon ses propres termes, à un nouveau «18 Brumaire».

Tout cela le conduisait en dernière analyse à militer en faveur d'un projet de constitution[126] décalqué sur l'original américain, bien qu'il se défendait d'une imitation servile eu égard à la différence des conditions politiques et culturelles entre les deux pays. Y figurent un parlement bicaméral, composé d'une chambre des Représentants renouvelable intégralement et dont les membres ont un mandat de trois ans, et un sénat, représentant «la seule aristocratie que la France puisse accepter, celle du talent et de l'expérience», renouvelable par tiers et dont les membres sont élus pour 9 ans, et un président doté d'un droit de *veto* qui peut être surmonté par un vote émis dans chaque chambre à la majorité des deux-tiers. Voilà, en tout état de cause, quelle aurait été pour l'essentiel l'économie générale de la constitution de 1848 si ces promoteurs avaient, comme on l'a soutenu improprement, puisé leur inspiration à la source américaine.

---

[123] Ibid., pp. 93-94.
[124] Ibid., p. 105.
[125] Ibid., p. 70. Nous l'avons vu, Parieu voulant lors des débats caractériser l'illogisme de l'élection au suffrage universel direct d'un simple auxiliaire de l'assemblée, avait observé que l'on donnait ainsi au président des "racines de chêne pour mettre au-dessus une végétation de roseau". Ce faisant il s'était, avec d'autres, inquiété du fait que le président, qui obéit, tenait parallèlement de son élection une force morale qui permet d'imaginer la résistance.
[126] Reproduit en appendice, pp. 115 et s.

Cela n'étant pas le cas, Laboulaye fut de ceux qui, sans réserves aucunes, voulurent saisir en 1851 l'occasion de la tentative de révision constitutionnelle pour revenir sur les choix primitifs de 1848. Ainsi, confia-t-il dans une correspondance adressée à son collègue Bluntschli,

> «la révision de la constitution est pour nous le To be or not to be d'Hamlet»[127].

Voulant de ce fait peser sur les événements, il rédigea un opuscule intitulé *La révision de la constitution*, destiné à promouvoir la convocation d'une assemblée de révision dont le mandat, exclusif de l'exercice du pouvoir législatif ordinaire, eût consisté à proposer une nouvelle constitution soumise au vote du pays[128]. Il y dénonçait de façon véhémente et définitive

> «ces institutions mauvaises qu'on nous a si maladroitement imposées. (...). Ils ont été bien coupables ou bien faibles les législateurs de 1848, et l'histoire leur sera sévère», prédisait-il, car «une assemblée unique n'a jamais causé que désordre et malheur!». En contrepoint, demeurait l'exemple américain, dont il fallait s'inspirer de toute nécessité: «Qu'est-ce alors que les Etats-Unis, *fondés sur des principes contraires*, les Etats-Unis si florissants, si paisibles, depuis plus de soixante ans? (...). Ne m'accusez pas d'être impitoyable pour la constituante de 1848; l'histoire, qui commence pour elle, dira qu'elle a compromis pour longtemps la République et la liberté»[129].

---

[127] Cité par O. Motte, *Lettres inédites de juristes français du XIXe siècle conservées dans les archives et bibliothèques allemandes*, Bonn, 1990, T. II, pp. 1070-1071, et repris par V. Azimi, "La constitution et ses limites selon Edouard de Laboulaye", *R.F.D.C.*, 26, 1996, p. 263. Cet auteur émet par ailleurs le jugement suivant sur Laboulaye: " Qu'il n'ait pas saisi toute la portée de la constitution des Etats-Unis, ni décelé ses aspects anti-démocratiques, qu'il ait par une méthodologie inadéquate mis face à face une constitution fédérale et nos constitutions unitaires, que ses observations n'échappent pas toujours aux contradictions, ...". (idem, p. 245). Il n'y a en réalité rien de tel chez Laboulaye, et cette erreur d'appréciation procède du fait qu'il s'agit d'une analyse émanant d'un juriste contemporain qui a chevillée à l'esprit la référence doctrinale du régime présidentiel pour définir le régime américain, alors que Laboulaye avait celle de pondération des pouvoirs.

[128] Désireux de prouver l'esprit de suite qui était le sien, Laboulaye prit soin d'augmenter cet écrit d'un appendice dans lequel étaient repris des extraits de son article paru dans la *Revue de Législation* en 1848.

[129] *La révision de la constitution*, Paris, A. Durand, 1851, pp. 11-12, p. 13.

Dès le 4 décembre 1849, Laboulaye avait au demeurant donné comme une sorte d'avant-coureur à *La révision de la constitution*. Il avait en effet saisi l'occasion solennelle de son discours prononcé à l'ouverture de son cours de *Législation comparée* professé au Collège de France, à dessein intitulé *De la Constitution américaine et de l'utilité de son étude*, pour engager les esprits à envisager une refonte des institutions et convaincre chacun de l'utilité inestimable de l'étude des institutions américaines: «quand fut-elle jamais plus sensible», déclarait-il en effet à son auditoire, «qu'au moment où la France, étonnée du pas immense et subit qu'elle a fait dans la carrière de la démocratie, s'arrête comme incertaine, et cherche en tâtonnant les bases durables de son nouveau gouvernement? Quel spectacle plus instructif, quel exemple plus touchant que celui d'une nation de race européenne, dont les idées et les besoins sont les nôtres, et qui a résolu le problème en 1787, le jour même où nous nous sommes mis à poursuivre, au travers de dix révolutions, cette solution qui toujours nous échappe, et qui peut-être est près de nous, nous obstinant, si j'ose emprunter la spirituelle expression de Montesquieu, nous obstinant à bâtir Chalcédoine quand nous avons le rivage de Byzance devant les yeux?». Ainsi, Laboulaye posait en axiome l'irréductibilité du moment 1787 à celui de 1848, puisque précisément, écrivait-il en des termes qui sont au cœur de notre sujet et qui en constituent la synthèse,

> «les constituants de 1848 ont daidaigné l'expérience américaine (en ce qu') ils ont rejeté la division du pouvoir législatif...».

En d'autres termes, point de référence américaine possible en dehors de l'institution d'un sénat: «Ce sénat», précisait-il en effet, «dont nous n'avons pas voulu pour des raisons toutes politiques, toutes du moment, et en le considérant seulement comme un pouvoir législatif, ce sénat, je vous le montrerai, est la pierre angulaire de la constitution américaine; c'est là qu'est la véritable force, la force régulatrice du gouvernement; et si la république dure aux Etats-Unis, c'est au sénat qu'elle le doit; sans lui, il y a longtemps qu'une lutte eût décidé entre le président et l'assemblée. Nous avons repoussé cette institution comme aristocratique; mais, pour moi, je ne connais pas d'institution plus républicaine que celle qui, aux Etats-Unis, a déjà plus d'une fois sauvé la République»[130]. Plus encore, en réalité, la balance des pouvoirs par le bicamérisme lui apparaissait comme un mécanisme indispensable à toute

[130] *De la Constitution américaine et de l'utilité de son étude*, Paris, Hennuyer, 1850, respectivement pp. 6, 21 et 22.

sorte de régime. De ce fait, et bien qu'elle ait un sens réel, la distinction entre République et monarchie était à son sens secondaire par rapport à la *summa divisio* qui structurait le droit constitutionnel et qui discriminait l'unité législative de la balance des pouvoirs. Dans ce cadre, République et monarchie pouvaient aussi bien l'une que l'autre participer du «gouvernement constitutionnel», c'est-à-dire d'une forme institutionnelle fondée sur la distribution de la fonction législative entre au moins deux organes partiels de législation. De la sorte, Laboulaye pouvait dans *De la révision* établir une correspondance de genre entre le régime républicain américain et les Chartes:

> «La République de la Révolution et de la charte de 1848», faisait-il observer à chacun, «la République avec une seule assemblée a fait son temps (...). Si la République veut être acceptée par la France, il lui faut une organisation nouvelle. (...). Il faut qu'elle devienne une République constitutionnelle, c'est-à-dire une République avec des pouvoirs définis et modérés, une République comme est celle des Etats-Unis». Il s'agissait là, à son sens, d'un but qui pouvait rallier tous les partisans de la pondération des pouvoirs et d'une «liberté réglée», qu'ils soient royalistes ou républicains: «Il se fera donc, par la force des choses», estimait-il, «un rapprochement, un amalgame entre les diverses fractions de l'opinion monarchique et de l'opinion républicaine. (...). Il faut donc nécessairement que les légitimistes ou les républicains avancés se transforment avant l'élection, et qu'à la monarchie constitutionnelle vienne s'opposer la République constitutionnelle. Ce sont, du reste, deux formes de gouvernement bien plus voisines qu'on ne pense, comme on peut s'en assurer en comparant la Belgique et les Etats-Unis, deux formes de gouvernement qui ont partout réussi, et assez parfaites pour que la théorie, qui d'ordinaire devance la pratique, n'ait pas encore trouvé mieux. Dans le régime constitutionnel, république ou monarchie, les diversités du détail vont à l'infini, mais il y a trois règles fondamentales qui le caractérisent, trois règles qui ne sont que la consécration du grand principe de la séparation des pouvoirs, proclamé par notre constitution qui n'y a rien compris. Ces trois règles, que les sages de 1848 ont dédaigneusement rejetées après trente ans d'heureuse expérience, sont la division du pouvoir législatif - car sans division, il absorbe tout le gouvernement-, l'indépendance du pouvoir exécutif, l'indépendance du pouvoir judiciaire. Elles sont, on peut le dire, l'essence de tout gouvernement libre, l'âme de toute république qui n'est pas une confusion ou une tyrannie; elles sont toute la constitution américaine, à qui nous avons tout pris, hors ce qui fait son principe et sa vie. Si l'on veut une République que le pays adopte et qui vive, c'est à ces trois règles qu'il faut nécessairement revenir. Ainsi donc, selon moi, les partis sérieux seront nécessairement ramenés à se

grouper autour de la monarchie et de la république constitutionnelles. L'expérience, qui a dissipé bien des illusions, amènera plus d'un légitimiste à la royauté constitutionelle et plus d'un républicain désabusé à la forme américaine». «Permettez-moi», poursuivait-il, «de terminer (...) par une comparaison des deux systèmes, celui auquel (...) nous condamne la Constitution, *celui que j'emprunte à la sagesse de la liberté américaine, et qu'avait adopté l'expérience des conventionnels de l'an III*[131]. (...). Ce que je veux, c'est que ma patrie n'use plus plus ses forces en de stériles émotions, tandis qu'en avant de nous, et non moins libres, la Belgique, l'Angleterre, l'Amérique, heureuses sous un gouvernement constitutionnel, font d'immenses progrès en industrie, en commerce, en améliorations de toute espèce. (...). Sans formes constitutionnelles, la liberté est menacée et se perd par excès; avec la séparation des pouvoirs, sa durée est certaine, et ses bienfaits assurés, quel que soit le nom du gouvernement»[132].

---

131 Tout comme les partisans du modèle américain au sein de l'assemblée constituante de 1848, Laboulaye considérait que la constitution de l'an III qui participait de la balance des pouvoirs en raison de son bicamérisme méritait d'être distinguée. Ainsi estimait-il, "après les événements de Thermidor, la France accablée, fatiguée, choisit pour lui faire une constitution des gens honnêtes et d'un courage éprouvé, Daunou, Boissy d'Anglas, noms restés chers au pays. La constitution de 1795 ou de l'an III, est, de toutes celles que nous avons eues, la plus sage à tout prendre, celle où les pouvoirs sont le mieux agencés. Le malheur fut qu'on n'osa pas faire un pouvoir monarchique...". (Voy. *Histoire politique des Etats-Unis*, Paris, Durand, 1866, T. III, p. 14). Il devait réaffirmer ce point de vue dans l'*Avertissement* qu'il rédigea en tant qu'éditeur des *Œuvres complètes* de Montesquieu, qu'il connaissait parfaitement et qu'il savait partisan dans le chapitre VI du Livre XI de *L'Esprit des Lois* du gouvernement mixte anglais fondé sur la tripartition du pouvoir législatif: "La constitution de l'an III, *imitée de la constitution des Etats-Unis*" écrivait-il marquant ainsi l'emprunt de la division du pouvoir législatif, "remet en faveur les idées de modération. Montesquieu revient à la mode; c'est la grande autorité du jour; on publie six éditions de ses œuvres en quatre ans. (...). La Charte lui donne raison; le régime constitutionnel est tout entier dans le fameux chapitre *de la Constitution d'Angleterre*. La théorie des trois pouvoirs défraye pendant quinze ans la politique libérale". (voy. *Œuvres complètes de Montesquieu*, Paris, 1875, pp. II-III).

132 *La révision de la constitution*, op. cit., pp. 110, 112 et 115. Laboulaye n'était pas le premier parmi les partisans de l'équilibre des pouvoirs à développer ce type de position, qui, au contraire, était assez répandue depuis la fin du XVIIIe siècle au sein de cette famille de pensée, et qui explique, pour une part, le parcours sinueux de certains agréant tantôt à la monarchie tantôt à la République. Ainsi, pour prendre un exemple fameux, si Constant opéra un rapprochement à tout le moins inattendu avec Napoléon et rédigea *la Benjamine*, il reste que l'Acte

La révision avortée, le régime emporté par un coup d'Etat, Laboulaye renouvela ses attaques à son encontre dans son *Histoire politique des Etats-Unis*, parue en trois tomes successifs de 1855 à 1866, où il s'exprima sans détours, présentant les Américains comme ayant «poussé beaucoup plus loin la science du politique», et enjoignant les Français «d'aller à leur école»[133]. La réprobation à l'égard du régime de novembre 1848, coupable d'être négateur du constitutionnalisme américain est portée à son faîte, au point que, paraphrasant Montesquieu, il regrette que les Français se soient obstinés à bâtir Chalcédoine quand ils avaient le rivage de Byzance, c'est-à-dire les Etats-Unis, sous les yeux[134]. Car en effet, «les constituants de 1848 ont dédaigné l'expérience américaine», pour aboutir à une «constitution impossible»[135] : «c'était ne pas voir ce qui crève les yeux» faisait-il observer. «En mettant en présence un pouvoir exécutif et un pouvoir législatif que rien ne tempérait, parce qu'ils étaient absolument séparés, on les jetait l'un sur l'autre comme deux locomotives qu'on mettait sur la même voie, en face l'une de l'autre, en déclarant qu'elles ne se heurteront pas»[136]. De plus et surtout, l'absence de bicamérisme rendait *de facto* la séparation des pouvoirs impossible, car écrivait celui qui sans aucun doute devait être le juriste de la seconde moitié du XIXe siècle le plus averti de la façon dont les publicistes du XVIIIe concevaient la séparation, il s'agit là de

> «*...deux questions qui se tiennent beaucoup plus étroitement qu'on ne le croit d'ordinaire*, et qui en Amérique ne soulevèrent pas de difficultés: c'est la division des pouvoirs et le partage du corps législatif»[137].

Autre point significatif, il s'étendait davantage sur le thème de la consubstantialité des régimes anglais et américain, relevant ainsi combien l'avènement du régime américain marqua une étape fondamentale dans la dissociation entre la balance des pouvoirs et le gouvernement mixte. «La constitution américaine», écrivait-il en ce sens sous forme de principe, «est une fille de la constitution anglaise...»[138], puis en venait au détail:

---

additionnel aux Constitutions de l'Empire reposait sur le principe de la balance des pouvoirs que Benjamin Constant ne devait jamais cesser de promouvoir.

[133] *Histoire politique des Etats-Unis*, Paris, Durand, 1866, T. III, p. VI.

[134] Idem, T. I, p. 3.

[135] Respectivement T. I, p. 22 et T. I, Préface, p. II.

[136] T. III, p. 313.

[137] Idem, p. 288

[138] Idem, T. I, p. 58.

«La constitution des Etats-Unis ne serait pas anglaise d'esprit? Elle est complètement anglaise, il est impossible de la comprendre si on ne connaît pas les institutions de la Grande Bretagne. La forme de cette constitution, l'idée de cette constitution, les garanties en faveur de la liberté, tout cela est du droit anglais. Le bill de 1689, le palladium des libertés anglaises est reproduit dans la constitution de 1787. Le jury, la défense orale, la liberté de la presse, tout cela, ce sont les libertés anglaises acceptées, conservées par l'Amérique. La division des pouvoirs est une importation anglaise, l'indépendance du pouvoir judiciaire, c'est encore une chose qui n'existe qu'en Angleterre et en Amérique»[139]. Bien entendu, ce n'est pas que Laboulaye ignorait les grandes différences qui existaient entre les deux pays, mais elles étaient d'ordre social et ne concernaient pas l'aménagement des pouvoirs publics au sens strict, entendu au point de vue des principes: «Mais, dira-t-on, s'il en est ainsi, votre démonstration va trop loin. Vous nous prouvez que les Américains sont des Anglais; à quoi bon alors étudier la constitution américaine? C'est la constitution anglaise qui nous touche; il faut étudier les sources, les origines. (...). J'ai dit que dans la constitution américaine, il n'y avait rien qui ne fût anglais, mais je n'ai pas dit que ce soit la constitution anglaise transportée en Amérique. C'est que les Américains ont laissé beaucoup de choses en Angleterre, et ils ont bien fait de les y laisser. Ils n'ont pas eu à emporter un moyen âge génant, des formes qui pouvaient empêcher leur développement. Ils ont laissé à l'Angleterre sa royauté féodale, son aristocratie et son église établie. Ce sont là les grandes différences entre l'Angleterre et l'Amérique»[140]. C'est dire que «l'Amérique comprend la liberté tout autrement que ne le fait la France: au fond, c'est la liberté anglaise; mais comme aux Etats-Unis, il n'y a ni aristocratie, ni formes gothiques pour l'envelopper, on en voit mieux toute la simplicité et toute la grandeur»[141].

---

[139] Ibid.

[140] Ibid., p. 60.

[141] Ibid., T. I, Préface, p. VII. Acquis jusqu'à la fin de sa carrière politique au régime américain, Laboulaye, élu en novembre 1872 membre de la commission des Trente, devait défendre ce même modèle lors de l'élaboration des lois constitutionnelles de la IIIe République: sur ce thème, voy. O. Rudelle, op. cit., pp. 44-49. Déjà, dès juin 1871, il avait tenu dans *La question des deux chambres* à dénoncer "la passion de l'unité (qui) est la maladie française", en contrepoint du "système américain". En d'autres termes, il opposait "l'unité du corps législatif" à la française à un schéma de type américain qui répond quant à lui à l'impératif de "balancer les pouvoirs" et dans lequel tout se "ramène à un même principe: la limitation du pouvoir législatif. Cette organisation si bien conçue", expliquait-il,

"remplacez-là par l'omnipotence d'une assemblée unique, aussitôt toutes les garanties disparaissent, la liberté est perdue". En effet, poursuivait-il, les Américains ont "appris de bonne heure à se défier du seul pouvoir qui dans une République peut entreprendre sur les libertés et les droits des citoyens: ce pouvoir est celui des assemblées. Toutes les constitutions américaines, on ne l'a pas remarqué, sont des barrières opposées à l'usurpation du pouvoir législatif; toutes les constitutions françaises sont des batteries dirigées contre le pouvoir exécutif". C'est ainsi que "*le partage du pouvoir législatif entre deux assemblées est un article de foi aux Etats-Unis*, ou, pour mieux dire, c'est une vérité d'expérience qu'on ne discute même plus; mais ce n'est pas seulement pour modérer une chambre par l'autre qu'on a établi cette division, *c'est aussi pour assurer l'indépendance du pouvoir exécutif*". De plus, les Américains "*entendent également que le président ou le gouverneur force les chambres à respecter la constitution*. Loin de se défier du *veto* présidentiel, ils le regardent comme un appel à l'opinion qui permet au pays de faire connaître et prévaloir sa volonté. C'est ainsi qu'en pratiquant franchement le grand principe de la division des pouvoirs, ils ont fait de la liberté un bienfait, de la souveraineté du peuple une vérité". Dès lors, interroge Laboulaye, "comprend-on maintenant que la question des deux chambres n'est pas un de ces problèmes indifférents qui comportent plus d'une solution? C'est la question même de la liberté. (...). On peut affirmer que la division du pouvoir législatif est une loi nécessaire, une condition de la liberté qu'aucun peuple, aucun siècle ne viole impunément". Voy. *Questions constitutionnelles*, Paris, Charpentier, 1872, respectivement pp. 347, 349, 341, 341-342-343, 345, 334. Précisément, ce dernier livre, recueil de plusieurs études, s'ouvre sur une préface rédigée en novembre 1872, où, fidèle à sa ligne de conduite fixée de façon irrévocable depuis 1848, Laboulaye oppose l'école révolutionnaire française, toujours à l'œuvre, estime-t-il, en cette fin de siècle, à l'école américaine. Il y ébauche une manière de testament politique: "J'ai été élevé", résume-t-il, "dans une *école* où l'on enseigne depuis longtemps les conditions de la liberté. Les principes reçus aux Etats-Unis, les vérités conquises par l'expérience américaine greffée sur l'expérience anglaise, sont le démenti formel des principes et des idées qui sont le symbole de l'école révolutionnaire" (pp. III-IV). Suit un tableau conçu pour faire ressortir l'opposition terme à terme des deux doctrines, et qu'il faudrait citer *in extenso*. Retenons simplement ce passage: "Il faut (...) deux chambres pour maintenir l'indépendance du pouvoir exécutif" et la conclusion: "...on voit qu'en France et en Amérique la langue politique n'est pas la même". Précisément, Laboulaye s'offrait de les rendre plus consonnantes: "Le moment approche", écrivait-il, "où la France sera forcée de s'occuper d'une constitution. Dans la presse ou à la tribune je défendrai les principes, je soutiendrai les vérités pour lesquels je combats depuis un quart de siècle. Serai-je plus heureux qu'en 1848?". Il le fut en effet, car ce publiciste dont on peut dire que le mot d'ordre eût pu être sa vie durant "prière de déposer un sénat le long de nos constitutions", prenant une part réelle à l'élaboration de la constitution de 1875 (voy. J. de Soto et A. Febvre "Edouard de Laboulaye", *Revue Internationale d'histoire politique et constitutionelle*, T. V, 1955, avril-

Emile Boutmy a pu dire de Laboulaye qu'il a apporté dans l'étude de la constitution américaine «l'esprit qui avait animé Fénelon dans la conception de sa merveilleuse Salente»[142]. Cela est vrai et explique la dimension apologétique de ses écrits. Mais plus encore nous semble-t-il, il importe de relever qu'il a étudié, compris et promu cette constitution à la façon d'un publiciste du XVIIIe siècle, dont plus que tout autre juriste et politologue français du dernier tiers du XIXe il connaissait les conceptions politiques et juridiques, ce qui explique qu'il ne devait rien concéder à la notion de régime présidentiel qui, de façon concomitante, prenait son essor pour bientôt déclasser puis effacer la notion antérieure, et banale en son temps, de régime politique fondé sur la balance ou la pondération des pouvoirs. En ce sens, avec la disparition de Laboulaye, c'est d'une certaine façon un chapitre fondamental de la doctrine politique du XVIIIe et de la première moitié du XIXe qui a perdu un de ses interprètes les plus autorisés.

Un dernier mot, qui n'est pas le moindre, est nécessaire sur ce thème: en effet, si l'érection en 1848 du régime républicain français en contrepoint du régime républicain américain fut en France, à cette époque, un constat dressé par tous les publicistes, elle était de même analysée comme telle outre-Atlantique. Ainsi, le petit-fils de John Adams, imbu des principes de son grand-père et éditant précisément à partir de 1850 ses œuvres complètes -qui sont en définitive celles d'un publiciste qui restera dans l'histoire comme l'un des plus ardents promoteurs de la balance des pouvoirs-, ne manqua pas de relever l'incompatibilité de nature entre balance et unité législative, en d'autres termes entre la doctrine républicaine française du moment et le constitutionnalisme américain du siècle précédent:

> «Yet» écriva-t-il sous la forme d'une note de bas de page, «the brief experience already had of the constitution of 1849 (sic), once more attempted to be founded upon that motion of Mr. Turgot, all his life combated by Mr. Adams, of a simple government, organized in a single legislative chamber and an executive head, again illustrates the ever-reviving nature of the difficulties growing out of *unbalanced systems*. The statesmen of France have not yet ventured to claim durability for

---

juin, p. 114), est depuis tenu en doctrine comme l'un des "pères spirituels" de la Constitution de 1875. (voy. J. Gicquel, *Essai sur la pratique de la Ve République*, Paris, L.G.D.J., 1977, p. 57).

[142] E. Boutmy, *Taine, Schérer, Laboulaye*, Paris, A. Colin, 1901, p. 113.

> any form of government that has thus for been adopted after their favorite theory of simplicity, and unity, and centralization»[143].

---

[143] Reproduit dans John Adams, *The Works of John Adams*, op. cit., vol. VI, p. 393. Cette dialectique Adams/Turgot, dont nous avons vu qu'elle était rebattue au XVIIIe siècle, se perpétua au XIXe. Elle est ainsi présente dans l'analyse de Chevalier, qui plaidant pour l'adoption du bicamérisme remarque que sa défaveur remonte à Turgot, dont l'objection à ce système avait été réfutée par Adams. (Voy. le *Journal des Débats*, 11 juillet 1848). De même, Charles de Rémusat, qui avait lu Lafayette, attribuait également l'établissement d'une chambre unique, qu'il considérait comme une erreur grave, à l'autorité conjuguée de Rousseau et de l'Ecole de Turgot, instruite, pour cette dernière, par Franklin.

Bien entendu, à l'instar du petit-fils d'Adams, la doctrine anglo-saxonne était dans sa quasi unanimité hostile par principe au texte de 1848, doté du statut de contre-modèle. A ce sujet, la lecture de la *Letter to the Marquess of Lansdowne on the late Revolution in France*, est riche d'enseignement. Son auteur, Lord Brougham, dont nous avons déjà parlé, formé à la doctrine du gouvernement mixte, fit en l'espèce office d'organe d'expression de la culture juridico-politique anglaise sur ce thème. En effet, Henry Brougham, ex chef des whigs, résidait en France depuis treize ans et s'estima dans l'obligation de rédiger un pamphlet contre la révolution de Février sous forme d'une lettre à son ami le marquis de Lansdowne. Cette étude, écrite en septembre 1848, fut augmentée d'une nouvelle préface en janvier 1849 et publiée la même année. Son propos était net: "...contrary", lacha-t-il, "to the advice of all men who possessed the least claim to be consulted, with the single and marvellous exception of my learned friend, M. Dupin, one chamber alone has been established" (p. VI)..Or, partisan d'un "mixed government", Brougham jugeait la seconde chambre indispensable car "the second chamber, like every constitutional check, (...) operates like a safety valve to the machine, and prevents explosion". (Voy. notamment ses arguments présentés pp. 62 à 71). De plus, à l'appui de sa position, il citait l'exemple romain et athénien, et naturellement, américain, puisque comme tout publiciste de son époque il qualifiait le régime des Etats-Unis non pas, et pour cause, de régime présidentiel, mais de régime fondé sur la balance des pouvoirs et inspiré de celui de Grande-Bretagne. Fait intéressant, Brougham encourut la censure de J. Stuart.Mill qui la même année répliqua dans la *Revue de Westminster*, après avoir, dès 1828, en réponse à Walter Scott, publié dans cette même revue une étude sur la Révolution française. L'objet de la controverse portait évidemment sur le principe même de la balance des pouvoirs, qui sorte de dogme outre-Manche avait pour puissant et quasi unique détracteur Bentham et son école. C'est la raison pour laquelle Brougham s'était déjà, antérieurement à 1848, au tome II de sa *Political Philosophy* publié en 1843, inscrit en faux contre ce courant (voy. pp. 5-6 notamment) et avait récidivé dans sa *Lettre*: "It is a fundamental error" estimait-il, "in the theory of Mr. Bentham and his school, that there can be no mixed form of government, and they deride the notion of a constitution in which the different powers are balanced" (p. 46). Conséquemment, John Stuart Mill, en disciple illustre qu'il était, ne pouvait pas

Conclusion de la Seconde Partie.

En définitive, pour les Américains de 1787, le principe républicain emportait la balance des pouvoirs conçue comme garantie fondamentale du respect des procurations constitutionnelles attribuées à chaque pouvoir; à l'inverse, il reposait pour les Français de la Deuxième République sur l'unité législative considérée comme le gage de tout progrès politique et social: on retrouve ainsi opposés terme à terme balance et unité, soit les deux principes antagonistes du droit constitutionnel de cette époque, en pleine conformité avec la classification héritée du XVIIIe siècle, puisque, précisément, en matière de droit constitutionnel, 1848 est sur le plan de la classification conceptuelle la queue de la comète, c'est-à-dire un appendice de la taxinomie du XVIIIe. De ce fait, 1787 et 1848, pris comme deux blocs constitutionnels, se heurtent de front sur le thème de l'aménagement des pouvoirs publics: le premier ne conçoit pas la République sans la balance ou pondération, le second n'imagine pas la République sans la spécialisation et l'unité législative. Il y avait là une contradiction de principe, ressentie comme telle par les Quarante-huitards, violemment hostiles dans leur majorité à «l'école américaine», coupable de renvoyer à un stade dépassé, et dévoyé, de l'histoire des régimes politiques, puisque le régime américain avait précisément en commun avec les Chartes, définitivement honnies, ce principe de la balance des pouvoirs. C'est dire qu'il n'y avait rien en commun entre une constitution française où «l'Assemblée demeure maîtresse de tout le système politique» et apparaît comme «la seule expression vraie et complète de la souveraineté du peuple»[144], et une

---

ne pas s'opposer à Lord Brougham, dont il déplorait qu'il fût favorable "à ce vieil expédient des deux chambres législatives", au motif qu' "il faut nécessairement dans la société un principe d'opposition, un contre-poids au pouvoir prépondérant dans l'Etat". Précisons, dans le souci d'être complet sur cette controverse, que le texte de J. S. Mill fut publié en français en 1875 sous le titre *La Révolution de 1848 et ses détracteurs*, Paris, Germer Baillière. Le traducteur et préfacier en était le futur président de la République Sadi Carnot, qui avait agi ainsi dans un but politique, puisqu'il entendait s'appuyer de J.Stuart Mill pour réhabiliter tant la révolution française et, singulièrement, l'action et la personne de son grand-père Lazare Carnot, que la révolution de 1848. L'extrait donné en français est reproduit aux pp. 114-115.

[144] Selon les expressions tirées respectivement des rapports de Marrast du 30 août et du 31 octobre 1848.

constitution américaine «fondée sur l'incorporation totale ou partielle d'un certain nombre de souverainetés distinctes»[145].

[145] Hamilton, *Le Fédéraliste*, op. cit., n° LXXXII, p. 684. Bien entendu, cette appréciation portée par Hamilton, ainsi que l'on pourra s'en assurer en se reportant au texte, ne ressortit pas au thème de la distribution de la souveraineté entre l'Etat fédéral et les Etats fédérés, mais à celui de la distribution des pouvoirs entre les organes du gouvernement central.

CONCLUSION GENERALE

Au terme de cette étude, nous sommes en mesure de résumer l'essentiel des propositions que nous entendions démontrer:

1. La constitution fédérale des Etats-Unis d'Amérique du 17 septembre 1787, repose quant à son mécanisme directeur sur les *checks and balances*, opposite de la séparation fonctionnelle, et participait conséquemment pour les publicistes du XVIIIe siècle de la balance des pouvoirs, soit qu'elle soit analysée comme instituant une tripartition du pouvoir législatif, soit une bipartition. De ce fait, la notion de régime présidentiel qui répond prioritairement au critère d'une séparation fonctionnelle ne peut être appliquée au texte élaboré à Philadelphie. C'est d'ailleurs une notion tardive, proposée dans le dernier tiers du XIXe siècle et qui ne sera véritablement opératoire qu'au début du XXe, et dont l'application au *forceps* à la pensée juridique des publicistes américains de l'époque fondatrice dénature leur *corpus* doctrinal et le rend informe. En effet, cette notion ne conserve rien du *nucleus* de la pensée constitutionnelle américaine du XVIIIe siècle, qui, en l'espèce, correspond à la conviction que tout régime politique correctement réglé trouve sa garantie dans un organe législatif complexe, et plus largement dans la distribution d'une même fonction entre différents pouvoirs. En d'autres termes, il ne subsiste rien dans la notion de régime présidentiel de celle de balance des pouvoirs, «théorie favorite du XVIIIe siècle» selon l'appréciation portée par Guizot lui-même, et notion par l'intermédiaire de laquelle des générations de publicistes ont qualifié le gouvernement des Etats-Unis d'Amérique. Il est donc nécessaire d'exhumer cette notion de balance des pouvoirs afin qu'elle prenne désormais la place qui lui revient dans les manuels de droit constitutionnel, et se souvenir qu'elle tint pour de nombreux juristes, des décennies durant, en tant que mécanisme de garantie de la distribution des pouvoirs, un rôle que l'on peut comparer aujourd'hui à celui que tient pour la majorité de la doctrine le contrôle de constitutionnalité comme garantie de l'Etat de droit.
2. Dans ce cadre, la structure bicamérale du Congrès ne doit pas son origine à la structure fédérale de l'Etat, mais à la conviction partagée par la presque totalité des publicistes américains de la fin du XVIIIe siècle que, compte tenu de la hiérarchie des fonctions étatiques, l'unité législative est inconciliable avec la séparation des pouvoirs, et que de ce fait l'organe législatif doit être divisé selon le principe de la balance des pouvoirs dont le mécanisme de base était constitué

prioritairement par l'institution du bicamérisme. La forme fédérale de l'Etat, intrinséquement porteuse de la distinction entre la population de l'Union d'une part et les Etats fédérés d'autre part, offrit un support nouveau, un mode d'effectuation inédit au principe cardinal du constitutionnalisme américain, permettant ainsi une solution avantageuse au délicat problème de la conception d'une balance sur fond de souveraineté populaire, problème auquel, quelques années plus tard, devaient se heurter en France les Thermidoriens.

3. Précisément, en raison de la réception du principe de la balance des pouvoirs fondée sur l'institution de deux chambres dans le cadre d'une culture politique animée plus que tout autre par le principe antithétique de l'unité législative, l'an III est le moment américain de la Révolution française. Il ne s'est pas agi à cette époque pour nos publicistes d'imiter le modèle des *Pères fondateurs*, car il y eut bien plutôt de leur part l'expression d'une volonté de dépassement, mais ils trouvèrent outre-Atlantique l'exemple d'une République fondée sur la balance des pouvoirs, et en retirèrent un double enseignement: d'une part, cela établissait la compatibilité pleine et entière du principe de la balance avec le principe républicain, compatibilité récusée jusqu'alors par un courant doctrinal puissant dans notre pays, qui, privilégiant l'exemple anglais, se refusait à dissocier bicamérisme et aristocratie, division du parlement et gouvernement mixte; d'autre part, ils liaient dorénavant, ainsi que l'histoire américaine le prouvait, la stabilité institutionnelle et la préservation de la séparation des pouvoirs à ce mécanisme de division du pouvoir législatif.
4. Enfin et conséquemment, les constituants de 1848, majoritairement acquis au principe de l'unité législative, n'ont pas tenté d'imiter les institutions américaines ou même de s'en inspirer, mais ont rejeté ce modèle, expressif selon leur code conceptuel hérité du XVIIIe siècle d'un schéma de pondération des pouvoirs, au point, lors des débats, de faire de ce refus le *delenda Carthago* du moment. «L'idée fondamentale des hommes de 1848», a écrit en forme de synthèse Paul Bastid, «était d'assurer la prépondérance du pouvoir législatif, incarné dans une chambre unique»[146]. Or, l'idée fondamentale des hommes de 1787 était d'empêcher la prépondérance d'une telle chambre unique. De là, répétons-le, une différence de nature entre deux *ethos* institutionnels, laquelle différence composa l'enjeu politique majeur des débats constituants de la Deuxième République

[146] P. Bastid, *L'avènement du suffrage universel*, Paris, P.U.F., 1948, p. 62.

qui consacrèrent l'opposition irréductible entre une école française, majoritaire, et une école américaine, qui en dernière analyse fut impuissante à marquer le texte de son empreinte. La constitution du 17 septembre 1787 d'une part, et celle du 4 novembre 1848 d'autre part, formaient pour les juristes de l'époque deux paradigmes antithétiques qui ne devaient être confondus que lors de l'émergence, postérieure, du concept de régime présidentiel, et ce malgré le fait que ce dernier ne corresponde pas au substrat juridique d'aucun de ces deux régimes, puisque le gouvernement américain ne participe pas de la séparation fonctionnelle et que le gouvernement français ne ressortit pas à la séparation personnelle des pouvoirs.

Ces quatres propositions supposent, pour être acceptées, une détermination exacte du mode de classification des constitutions, tel qu'utilisé depuis le siècle des Lumières jusqu'à la Deuxième République. Or, ce dernier n'est plus celui dont nous disposons aujourd'hui car le droit constitutionnel a subi à la fin du XIXe siècle une véritable transmutation de sa syntaxe, rendue inévitable par l'évolution des régimes. Ainsi, à la classification des régimes politiques en usage au XVIIIe siècle et familière encore dans la première moitié du XIXe, fondée sur l'opposition entre la balance ou pondération des pouvoirs d'une part et l'unité législative ou spécialisation d'autre part, s'est substituée la classification contemporaine axée sur la dualité régime présidentiel-régime parlementaire. L'erreur doctrinale commise aujourd'hui, constitutive d'une uchronie, consiste à appliquer de façon systématique cette dernière classification aux régimes élaborés lors de la phase précédente et à prêter de ce fait aux publicistes de cette époque des outils conceptuels qui n'étaient pas les leurs: de cette faute de principe et de ce syncrétisme découlent des contresens rhédibitoires. En d'autres termes, la classification «régime présidentiel-régime parlementaire», indépendamment des critiques qu'on peut lui opposer quant à sa cohérence même[147], nous est à présent tellement familière qu'on en oublie qu'elle est datée, et qu'elle ne peut de ce fait rendre compte de l'ensemble de la pensée constitutionnelle depuis les Révolutions américaine et française[148].

---

[147] Voy. sur ce point R. Moulin, *Le présidentialisme et la classification des régimes politiques*, Paris, L.G.D.J., 1978, et M. Troper, "De la classification en droit constitutionnel", *Revue du droit public*, 1989, pp. 945 et s.

[148] Nous avons pu voir à ce sujet combien la notion de "régime présidentiel" est tardive. De même, si celle de "régime parlementaire" fut en usage dès le début du XIXe siècle, elle devait garder, pour longtemps, une signification différente de celle appliquée de nos jours, laquelle n'émergea distinctement que dans le dernier

quart du XIXe siècle. En effet, ce terme était alors le plus souvent pris pour synonyme de "régime représentatif" ou "gouvernement constitutionnel", c'est-à-dire d'un régime fondé sur la pondération des pouvoirs. Ainsi, dans son *Histoire du gouvernement parlementaire en France 1814-1848*, dont le premier tome parut en 1857, Prosper Duvergier de Hauranne traitait en réalité de la "*Constitution pondérée*" (voy. Paris, T. I, p. 68 et p. 69), ce par quoi il entendait un régime fondé sur la balance des pouvoirs. C'est la raison pour laquelle en 1848, Lord Brougham pouvait s'enorgueillir de ce que la "parliamentary constitution", ce par quoi il entendait "gouvernement représentatif", existait depuis des siècles en Grande-Bretagne (voy. *Letter*, op. cit., pp. 39-40 et 44). Sensiblement à la même époque, Montalembert, publiant en décembre 1852 *Des intérêts catholiques au XIXe siècle*, faisait part, au chapitre VII intitulé "Du gouvernement *représentatif*, et des reproches qu'on lui adresse", de l'ambivalence de la notion de régime parlementaire: "On avait essayé, dans ces derniers temps", précisait-il, "d'établir des distinctions assez spécieuses entre le système représentatif ou constitutionnel et le système parlementaire. On semble y avoir renoncé. (...). Si dans ce qui va suivre je me sers quelquefois de la dénomination *assez équivoque* de système parlementaire, c'est pour ne pas décliner la lutte avec les publicistes qui attaquent sous ce nom le gouvernement représentatif lui-même. Mais'', poursuivait-il, ''avant d'entrer dans le détail, voyons en quoi consiste l'essence de ce genre de gouvernement. Un gouvernement parlementaire, constitutionnel ou représentatif, signifie aujourd'hui un gouvernement *contrôlé* et *contenu* (souligné pal l'auteur). *Or, sous des formes diverses, ce genre de gouvernement a existé de tout temps et partout où le despotisme n'avait pas tout absorbé*. (...). Il consiste essentiellement dans la division des pouvoirs et dans leur contrôle réciproque (...). Ce système de contrôle exige naturellement l'intervention efficace des représentants du pays dans la confection des lois et dans le vote de l'impôt. Là où ce contrôle est sérieux et respecté, là où cette intervention est active mais disciplinée, le gouvernement parlementaire existe réellement." (voy. *Des intérêts catholiques*, Paris, Jacques Lecoffre, 1852, pp. 139-140). De la sorte, il parle indistinctement de "...gouvernement représentatif ou parlementaire...", de "...système constitutionnel ou parlementaire", (idem, ch. VIII, p. 161). Ce phénomène devait se prolonger jusquà la fin du XIXe siècle, puisque, par exemple et ainsi que nous l'avions déjà noté, le publiciste belge Emile de Laveleye, publiant en 1892 *Le gouvernement dans la démocratie*, rangeait quant à lui le régime américain parmi les régimes parlementaires, le régime parlementaire étant celui par lequel "un pays se gouverne lui-même", op. cit., Paris, F. Alcan, 1892, T. II, p. 94. On voit ici combien l'histoire constitutionnelle -c'est là un des intérêts majeurs de cette discipline- révèle qu'il n'y a pas d'universalité des concepts dans le temps et l'espace, et qu'il n'y a en l'espèce aucune sorte d'immutabilité. De la sorte, c'est adultérer la réalité et produire des simplismes que d'éluder ce fait.

Afin d'illustrer ce propos et de l'appuyer, il nous apparaît par ailleurs comme possible, nécessaire et souhaitable, dans la suite de la thèse de M. Bacot intitulée *Carré de Malberg et l'origine de la distinction entre souveraineté populaire et souveraineté nationale*, Paris, C.N.R.S., 1985, de faire un travail de déconstruction des notions de souveraineté nationale et populaire analogue à celui que nous venons de faire pour celles de régime présidentiel et de régime parlementaire appliquées au XVIIIe et à la première moitié du XIXe. Pour dire la chose en peu de mots, on est en effet puissamment frappé, à la lecture des écrits de l'époque, par deux éléments qui s'imposent à l'analyste sous la forme du constat. En premier lieu, il s'agit de l'utilisation indistincte et jugée comme équivalente des notions de souveraineté populaire/souveraineté nationale faite par de nombreux publicistes de l'époque, l'alternance régulière observée de ce point de vue dans un même texte étant de surcroît souvent dictée par le souci d'ordre purement stylistique de l'auteur d'éviter la répétition à l'identique, incessante, d'un même adjectif. L'une des manifestations des plus significatives, et parallèlement des plus embarrassantes pour la doctrine classique, de cette indistinction foncière réside dans la Déclaration des Droits de l'Homme et du Citoyen de la constitution montagnarde, laquelle pose en son article 23 que "la garantie sociale (...) repose sur la souveraineté *nationale*" et en son article 25 que "la souveraineté réside dans le *peuple*". Cela explique, par exemple, que l'auteur anonyme du remarquable *De l'équilibre des trois pouvoirs* paru en l'an III, se livrant à l'analyse de ce même texte, puisse écrire, sans se contredire, afin de relever et de stigmatiser les vices qu'ils juge inhérents à cette Déclaration, qu'il en existe précisément un "dans l'expression de la garantie sociale, en ce que l'on la fait reposer sur la souveraineté *nationale*, la souveraineté *nationale* sur la constitution, la constitution sur un corps législatif unique, maître de tout faire, de renfermer dans une boîte la sainte constitution, de susprendre la souveraineté *du peuple*...". Voy. *De l'équilibre des trois pouvoirs politiques, ou lettres au représentant du peuple Lanjuinais*, Paris, Desbrière, an III, p. 193. De même, on relève ce même type d'utilisation indistincte dans le texte de la constitution du 5 fructidor an III, lequel dispose en son article II que "l'universalité des citoyens français est le souverain" tandis qu'il est spécifié dans l'article 52 que "les membres du corps législatif ne sont pas représentants du département qui les a nommés, mais de la *Nation* entière". D'ailleurs, les débats constituants de l'an III présentent un élément hautement significatif dont la prise en compte suffit à elle seule à invalider l'analyse de la doctrine classique, puisque Sieyes lui-même, c'est-à-dire l'apologiste et le théoricien le plus achevé du régime représentatif, y précise qu'il se réclame de la souveraineté du peuple, fait important s'il en est d'autant qu'il répugnait à l'ordinaire à employer le terme même de "souveraineté", absent par exemple de *Qu'est-ce que le Tiers-Etat?*. En effet, précisa-t-il le 2 thermidor, alors même que tout son propos tendait à affirmer que la souveraineté n'est point illimitée, "*remarquez que c'est bien de la souveraineté du peuple que je parle, car s'il en est une, c'est celle-là*". Bref, il ne s'agissait pas pour lui de nier le principe de la souveraineté du peuple et lui substituer le principe de la souveraineté nationale, mais, le consacrant et le faisant sien, convaincre simplement son auditoire que "la souveraineté *du peuple* n'est point illimitée". Or, si l'on applique à Sieyes, autrement dit, selon la formule de Mirabeau, à "l'homme qui a révélé au monde les véritables principes du gouvernement représentatif" (Archives parlementaires, 1ère série, T. XV, 20 mai 1790, p. 625), les conséquences qui découlent pour tout publiciste du fait d'avoir consacré le principe de la souveraineté populaire, il s'ensuivrait que d'après sa doctrine l'électorat doit être considéré comme un droit et non comme une fonction, ce qui exclut toute limitation à son exercice et postule le suffrage universel; que la représentation est conçue comme un pis-aller qui doit être corrigé par le recours au référendum et aux différents procédés de démocratie directe; et enfin que le mandat des élus est considéré comme particulier, c'est-à-dire exprimant la la volonté d'un groupe déterminé de citoyens, en l'espèce les électeurs d'une circonscription, et impératif, c'est-à-dire limité aux consignes et instructions des électeurs. Ce serait là un bien singulier Sieyes dont la figure aurait échappé à ses interprètes les plus autorisés. Réaffirmons-le, c'est en grand nombre que l'on recense, tout au long de la Révolution, des exemples d'emploi indistinct: voy. par exemple, Thouret, juriste consommé, qui écrivit dans une même phrase que ''les pouvoirs publics émanent tous du *peuple* (et que) c'est dans la *Nation* que réside essentiellement le pouvoir constituant'', in *Analyse des idées principales sur la reconnaissance des droits de l'Homme en société, et sur les bases de la Constitution*, Paris, Baudouin, 1789, p. 5; de même voy. *Opinion de M. Grégoire, député de Nancy, sur la sanction royale*, Paris, 1789, p. 2 et *Opinion de M. Voidel sur la sanction royale*, Paris, Baudouin, 1789, pp. 2-3. En second lieu, et cela explique le point précédent, ces notions ne faisaient l'objet d'un essai de présentation conceptuelle que de façon extrêmement rare: pour quelques publicistes travaillant en logicien et passant les notions qu'ils utilisaient par l'étamine, combien d'autres incapables de préciser la signification précise du terme employé! Au demeurant, il faut bien comprendre que "le peuple" n'était pas un être réel, mais, comme "la nation", une notion entièrement construite par le droit dans le cadre d'une latitude idéologique certaine. Les exemples précités sont lourds de sens et démontrent que ces notions n'avaient pas la charge théorique que lui a accordée par la suite la doctrine classique. Il est possible de démontrer ce que tel ou tel auteur entendait sous la Révolution par souveraineté nationale ou populaire -bien qu'encore une fois le nombre d'études de l'époque relatives à ce thème est, répétons le, fort modeste, pour ne pas dire plus-, mais nous tenons pour un pur "constructivisme" et une erreur du point de vue de la méthode historique le fait d'affirmer que l'ensemble des publicistes de la fin du XVIIIe siècle entendaient à l'identique telle chose par souveraineté nationale et telle autre par souveraineté populaire. Il faut dans ce domaine faire preuve d'un minimalisme et renoncer à une présentation générale, de même pour 1848, sauf à dire précisément qu'il ne s'agit pas là de notions univoques, ni même souvent, distinctes, puisque prétextes à des constructions institutionnelles, qui, tant du point de vue du principe de légitimité, de définition et de calibrage du corps électoral et enfin d'organisation des pouvoirs publics, ne se différenciaient pas. L'opposition terme à terme souveraineté populaire/souveraineté nationale a pour elle sa parfaite symétrie et la clarté consécutive à une présentation sur le mode binaire. L'enchaînement des binomes électorat droit/électorat fonction, éléments de démocratie directe/régime représentatif et mandat impératif/mandat représentatif a

De ce point de vue, l'étude de la constitution de 1848, qui relève d'une époque pas même charnière puisque le binôme régime parlementaire-régime présidentiel n'était pas encore reçu au titre de cadre conceptuel et n'était pas davantage à l'état de réelle gestation, est d'une irremplaçable utilité car, sorte de point critique, elle constitue une rigoureuse preuve par 9 de l'affirmation selon laquelle au XVIIIe siècle le cadre de pensée et de classification des constitutions renvoyait à une dialectique unité-balance. On ne peut être que frappé par le grand nombre d'éléments dont dispose à notre époque l'analyste de cette période, recourant tant aux débats parlementaires qu'aux écrits périphériques, pour comprendre que le régime américain participait pour les juristes et politistes de la Deuxième République des régimes avec pondération des pouvoirs, et se caractérisait de ce fait au principal par son mécanisme de distribution de la fonction législative entre deux organes au moins. Or, depuis le début de notre siècle, les interprètes successifs, prisonniers de la notion de régime présidentiel et plus largement participant de la doctrine

---

de quoi frapper et, malheureusement, séduire l'esprit. Mais cette opposition souffre toutefois d'un vice certain: elle est erronée et relève d'une construction *a posteriori* qui institue de façon arbitraire et historiquement fausse une théorie du droit public fictive. C'est la raison pour laquelle nous sommes pour notre part en plein accord avec l'appréciation portée par P. Pasquino par exemple, dans son étude intitulée *Sieyes et l'invention de la constitution en France*, qui dit faire "abstraction, dans ce chapitre (III), de la distinction, pour l'essentiel sans fondement, entre souveraineté nationale et souveraineté populaire", op. cit., Paris, O. Jacob, 1998, note 1, p. 212.

L'un des maîtres des études juridiques, Carré de Malberg, a fixé en termes précis et rigoureux le devoir du juriste dans son activité ordinaire au regard des outils linguistiques dont il fait usage: "La terminologie", a-t-il écrit, "ne peut être satisfaisante qu'à condition de comporter un terme propre pour chaque concept spécial. Le danger des mots à double sens, c'est d'amener la confusion dans les idées", (*Contribution à la théorie générale de l'Etat*, Paris, Sirey, 1920, T. I, p. 86). Mais, à l'inverse, face à une réalité dont la spécifité résidait précisément dans l'indistinction et la confusion de la terminologie employée, il ne faut pas que le juriste mutile et déforme cette réalité en appliquant à une époque donnée des concepts reconstruits artificiellement, et qui disposent d'une netteté et d'une rigidité qui n'existaient pas alors. C'est le propre d'une recomposition anachronique, qui rend impossible toute compréhension historique et empathique. Bien entendu, ces lignes ne doivent pas être interprétées comme participant d'une hostilité de principe à l'application à un champ juridique et historique donné de concepts théoriques apparus postérieurement à celui-ci. Au contraire, c'est à notre sens une méthode très souhaitable et suggestive, porteuse de sens, et qu'il ne faut pas manquer d'employer. Mais elle doit être identifiée comme telle, et ne doit pas se substituer aux propres matériaux théoriques des acteurs historiques.

classique, ont éludé ces éléments faute de disposer d'une grille conceptuelle alternative, interprétative du constitutionnalisme du XVIIIe siècle, qui les rende compréhensibles et significatifs. Or, cette grille existe: elle a été proposée par M. Troper dans sa thèse *L'histoire constitutionnelle française et la séparation des pouvoirs*, dans laquelle il est précisément démontré que la théorie juridique des régimes s'inscrivait au XVIIIe dans la dualité séparation absolue-balance des pouvoirs. De ce fait, opter entre l'interprétation hétérodoxe de M. Troper et celle, orthodoxe et, c'est notre conviction, fausse, de la doctrine classique, nous paraît être un des enjeux essentiels et prioritaires pour quiconque s'intéresse à la doctrine politico-juridique des XVIIIe et XIXe siècles.

BIBLIOGRAPHIE

Ouvrages et articles généraux:

ANTONETTI G.; *Histoire contemporaine politique et sociale* Paris, P.U.F., 1993, 624 p.

ARDANT P.; *Droit constitutionnel et institutions politiques* Paris, les cours du droit, 1982-1983, 2 fascicules.

ARENDT H.; *Essai sur la Révolution* Traduit par M. Chrestien, Paris, Gallimard, 1967, 480 p.

AUMAITRE Th.; *Manuel de droit constitutionnel* Paris, Pichon, 1893, 313 p.

AVRIL P. et GICQUEL J.; *Lexique de droit constitutionnel* Paris, P.U.F., 1986, 136 p.

BACOT G.; *Carré de Malberg et l'origine de la distinction entre souveraineté du peuple et souveraineté nationale*, Paris, CNRS, 1985, 200 p.

BARTHELEMY J. et DUEZ P.; *Traité de droit constitutionnel* Paris, Dalloz, 1933, 955 p.

BATBIE A.; *Précis du cours de droit public et administratif* Paris, Cotillon, 1876, XIX-733 p.

Traité théorique et pratique de Droit public et administratif Paris, Cotillon, 1862-1868, 7 vol.

BIDEGARAY Ch. et EMERI Cl.; *La constitution en France de 1789 à nos jours: études de droit politique et constitutionnel*, Paris, Colin, 1997, 301 p.

BIGNE de VILLENEUVE M. de la; *Eléments de droit constitutionnel Français*, Paris, Marchal et Billard, 1892, 660 p..

BODINEAU P. et VERPAUX M.; *Histoire constitutionnelle de la France* Paris, P.U.F., 2000, 126 p.

BOURDON J.; *Droit constitutionnel et institutions politiques* Paris, Editions scientifiques et juridiques, 1980, 384 p.

BURDEAU G., «Remarques sur la classification des fonctions étatiques» *Revue du Droit public*, 1945, pp. 202-228.

BURDEAU G., HAMON F. et TROPER M; *Droit constitutionnel* Paris, L.G.D.J., 1991, 765 p.

CABANNE J.C.; *Introduction à l'étude du droit constitutionnel et de la science politique*, Toulouse, Privat, 1981, 273 p.

CADART J.; *Institutions politiques et droit constitutionnel*
Paris, L.G.D.J., 1979, 2 vol.
CADOUX C.; *Droit constitutionnel et institutions politiques*
Paris, Cujas, 1973-1982, 2 vol.
CAMMILLERI A.-F.; *Droit constitutionnel*
Paris, Nathan, 1997, 126 p.
CARBONNIER J.; «La passion des lois au siècle des Lumières»
Bulletin de l'Académie royale de Belgique, 5e série, T. XLII, 1976, 12, pp. 540-554.
CARRE de MALBERG R.; *Contribution à la théorie générale de l'Etat, spécialement d'après les données fournies par le droit constitutionnel français*, Paris, Sirey, 1920-22, 2 tomes.
CHALVIDAN P.H.; *Droit constitutionnel, institutions et régimes Politiques*, Paris, Nathan, 1986, 301 p.
CHANTEBOUT B.; *Droit constitutionnel et science politique*
Paris, A. Colin, 1986, IX-715 p.
CHEVALLIER J.; «La séparation des pouvoirs»
in Association française des constitutionnalistes, *La continuité constitutionnelle en France de 1789 à 1989*, Paris, Economica, 1990, pp. 113-146.
CHEVALLIER J.-J.; *Histoire des institutions et des régimes politiques de la France de 1789 à nos jours*, Paris, Dalloz, 1991, 941 p.
COMMANDUCCI P.; «Ordre ou norme? Quelques idées de constitution au XVIIIe siècle», in M. Troper et L. Jaume (dir.), *1789 et l'invention de la constitution*, Paris, L.G.D.J., Bruylant, 1994, pp. 23-43.
DABEZIES P.; *Cours de droit constitutionnel et d'institutions politiques*
Paris, les cours du droit, 1979, 702-XXIX p.
DEBBASCH Ch.; *Droit constitutionnel et institutions politiques*
Paris, Economica, 1989, IV-854 p.
DELBEZ L.; «Recherches sur la classification des formes politiques»
Revue du Droit Public, 1929, pp. 371 et s.
DESLANDRES M.; *Histoire constitutionnelle de la France de 1789 à 1870*, Paris, Sirey, 1932-1937, 3 vol.
DUGUIT L.; *Traité de droit constitutionnel*
Paris, Fontemoing, 1921-1929, 5 vol.
DUHAMEL O.; *Droit constitutionnel et politique*
Paris, Editions du Seuil, 1994, 897 p.
Histoire constitutionnelle de la France
Paris, Editions du Seuil, 1995, 127 p.
DUVERGER M.; *Institutions politiques et droit constitutionnel*

Paris, P.UF., 1976-1978, 2 vol.
ESMEIN A.; *Eléments de droit constitutionnel français et comparé* Paris, Librairie de la société du Recueil général des lois et des arrêts, 1896, 842 p.
FABRE M.-H.; «Le concept de République dans les constitutions françaises», in *La République en Droit Français*, B. Mathieu et M. Verpeaux (dir.), Paris, Economica, 1996, pp. 37-48.
Principes républicains de droit constitutionnel
Paris, L.G.D.J., 1984, 515 p.
FAVOREU L. (dir); *Droit constitutionnel*
Paris, Dalloz, 1999, 930 p.
FRANCK C.; *Droit constitutionnel et institutions politiques comparées*
Paris, les Cours du droit, 1980, 247-IV p.
FRIEDRICH C.J.; *La démocratie constitutionnelle*
Trad. d'A. Martinerie, S. Dreyfus, S. Hoffmann et P. Trouvat, sous la dir. d'A. Bertrand, Préface de M. Prélot
Paris, P.U.F., 1958, XIV-564 p.
FURET F.; *La Révolution de Turgot à Jules Ferry 1770-1880.*
Paris, Hachette, 1988, 525 p.
GAUDEMET P.M.; «Le principe de la séparation des pouvoirs: mythe et réalité», Dalloz, 1961, chr. pp. 121 et s.
GICQUEL J.; *Droit constitutionnel et institutions politiques*
Paris, Monchrestien, 1991, XII-890 p.
GOYARD-FABRE S.; «La pratique de la loi à l'époque révolutionnaire» *Cahiers de philosophie politique et juridique*, n° 12, 1988, pp. 121-135.
GUCHET Y.; *Droit constitutionnel*
Paris, Ellipses, 1996, 256 p.
Histoire constitutionnelle de la France, 1789-1974
Paris, Economica, 1993, 345 p.
HALPERIN J.L., «Adhémar Esmein et les ambitions de l'histoire du droit», *Revue historique de droit français et étranger*, 75, 3, juillet-septembre 1997, pp. 415-433.
HAURIOU A.; *Droit constitutionnel et institutions politiques*
Paris, Montchrestien, 1968, II-913 p.
HAURIOU M.; *Précis de droit constitutionnel*
Paris, Sirey, 1929, 759 p.
HELIE F.-A.; *Les constitutions de la France* (...)
Paris, Maresq aîné, 1875, 1468 p.
JEANNEAU B.; *Droit constitutionnel et institutions politiques*
Paris, Dalloz, 1987, 413 p.

JELLINEK G.; *L'Etat moderne et son droit*
Trad. de G. Fardis, Paris, Giard et Brière, 1911-1913, 2 vol.
LAFERRIERE J.; *Manuel de droit constitutionnel*
Paris, Domat-Montchrestien, 1947, 1112 p.
LAUVAUX P.; *Les grandes démocraties contemporaines*
Paris, P.U.F., 1990, 713 p.
LAVELEYE E. de; *Le gouvernement dans la démocratie*
Paris, F. Alcan, 1892, 2 vol.
LECLERCQ C.; *Droit constitutionnel et institutions politiques*
Paris, Litec, 1984, 583 p.
LE MONG NGUYEN; *Les systèmes politiques démocratiques Contemporains*, Paris, STH, 1994, 228 p.
LINOTTE D.; *Les constitutions françaises*
Paris, MA éditions, 1986, 236 p.
MALAFOSSE J de; *Histoire des institutions et des régimes politiques de la Révolution à la IVe République*
Paris, Monchrestien , 1975, 357 p.
MANIN B.; «Les deux libéralismes: marché ou contre-pouvoirs» *Intervention*, 9, mai-juin-juillet 1984, pp. 10-24.
«Les deux libéralismes: la règle et la balance»
in I. Théry et C. Biet (dir.), *La famille, la loi, l'Etat: de la Révolution au code civil*, Paris, imp. nat., 1989, pp. 372-389.
MARCOMBES V.; *Deux formes de gouvernement: le gouvernement présidentiel, le gouvernement conventionnel.*
Paris, Larose, 1901, 344 p.
MENY Y.; *Politique comparée* (…).
Paris, Montchrestien, 1996, 477 p.
MICHELIN H.; *Manuel élémentaire de droit constitutionnel*
Paris, Marescq Jeune, 1891, 309 p.
MOLINIER V.; *Cours élémentaire de droit constitutionnel*
Paris, A. Rousseau, 1887, XI-448 p.
MORABITO M. et BOURMAUD D.; *Histoire constitutionnelle et politique de la France, 1789-1958*
Paris, Montchrestien, 1996, 455 p.
MOREAU F.; *Précis élémentaire de Droit constitutionnel*
Paris, Larose et Tenin, 1905, 575 p.
MOULIN R.; *Le présidentialisme et la classification des régimes Politiques*, préf. de M. Troper, Paris, L.G.D.J., 1978, XII-389 p.
PACTET P.; *Institutions politiques. Droit constitutionnel*
Paris, Masson, 1993, 568 p.
PETOT J.; *Les grandes étapes du régime républicain français 1792-1969*

Paris, Cujas, 1970, 843 p.
PINTO R.; *Eléments de droit constitutionnel*
Lille, Morel et Corduant, 1948, 460 p.
PONTEIL F., *Histoire des institutions de la France de 1814 à 1870*
Paris, P.U.F., 1966, 491 p.
PORTELLI H.; *Droit constitutionnel*
Paris, Dalloz, 1998, 279 p.
PRELOT M. et BOULOUIS J.; *Institutions politiques et droit Constitutionnel*, Paris, Dalloz, 1987, 954 p.
RENOUX T.; *L'apport du droit constitutionnel à l'application de la théorie de la séparation des pouvoirs en France*
Dalloz, 1991, Chr. XXXIV, pp. 169 et s.
ROUSSEAU D.; «La garantie de la constitution»
in *Liberté, libéraux et constitutions*, textes sous la dir. de J.P. Clément, L. Jaume et M. Verpeaux,
Economica-PUAM, 1997, pp. 96-105.
SAINT-GIRONS A.; *Essai sur la séparation des pouvoirs dans l'ordre politique, administratif et judiciaire*
Paris, Larose, 1881, XXXV-584 p..
Manuel de droit constitutionnel
Paris, Larose et Forcel, 1884, IV-706 p.
SEURIN J.L., «Les origines historiques de la séparation des pouvoirs»
Mélanges Auby, Paris, Dalloz, 1992, pp. 651-669.
TRIPIER L.; *Constitutions qui ont régi la France depuis 1789 jusqu'à l'élection de M. Grévy comme président de la République, conférées entre elles et annotées,* Paris, Larose, 1879, 681 p.
TROPER M.; «Les classifications en droit constitutionnel»
Revue du Droit public, 1989, pp. 945 et s.
TROTABAS L.; *Constitution et gouvernement de la France*
Paris, A. Colin, 1930, 213 p.
TURPIN D.; *Droit constitutionnel*
Paris, P.U.F., 1997, XIII-825 p.
VEDEL G.; *Droit constitutionnel*
Paris, Sirey, 1984, 616 p.
«topologie et recherche politique»
Bulletin S.E.D.E.I.S., supplément Futuribles, n° 790, 20 juin 1961.
VIALLE P. et al.; *Droit constitutionnel et science politique*
Lyon, l'Hermès, 1998, 316 p.
VIMBERT C.; *La Tradition républicaine en droit public français*
Préface de Etienne Picard, Paris, LGDJ, 1992, VII-392 p.

VIOLET P.; *Histoire des institutions politiques et administratives de la France,* Paris, Larose et Forcel, 1890-1900, 3 vol.
ZOLLER E.; *Droit constitutionnel*
Paris, P.U.F., 1998, 629 p.

Introduction

Sources d'époque

ACHERLEY R.; *The Britannic Constitution or the fundamental form of government in Britain*
London, Bettesworth, MDCCXXVII, VII-695 p.
ADAMS J.; *A Defence of the constitutions of government of the United States of America,* London, C. Dilly, 1787, 3 vol.
Défense des constitutions américaines ou de la nécessité d'une balance dans les pouvoirs d'un gouvernement libre
Avec des notes et observations de M. de la Croix, Paris, Buisson, 1792, 2 tomes.
The Works of John Adams, with a life of the autor, notes and illustrations by his grandson Charles Francis Adams
Boston, Little, Brown and Co, 1850-1856, 10 vol.
BLACKSTONE W.; *Commentaires sur les lois anglaises*
Avec des notes de Ed. christian. Traduit par N.M. Chompré
Paris, Bossange, 1826, 6 vol.
BODIN J.; *Les six livres de la République*
Paris, Fayard, 1986, 6 vol.
BOLINGBROKE H. SAINT-JOHN, vicomte de; *Remarks on the history of England,* London, R. Francklin, MDCCXLIII, XV-328 p.
CHERFILS J.B.M.; *Solution des trois questions proposées par M. le Vicomte de Nouailles sur la sanction royale, à la séance de l'Assemblée nationale du samedi 29 août 1789 par M. Cherfils, Député du baillage de Caux,* Paris, Baudouin, 1789, 23 p.
CLARENDON E.; *Histoire de la rebellion et des guerres civiles d'Angleterre depuis 1641 jusqu'au rétablissement du roi Charles II*, La Haye, Louis et Henry Van Dole, 1704, 6 tomes.
CONDORCET J.A.N.; *Œuvres de Condorcet*
Publiées par A. Condorcet O'Connor et M.F. Arago
Paris, Firmin-Didot, 1847-1848, 12 vol.
CROMWELL O.; *The Writings and Speeches of Oliver Cromwell*
With an introduction, notes and a sketch of his life by W. C.

Abbott, with the assistance of C. D. Crane
Cambridge, Harvard U.P., 1937-1947, 4 vol.
DURAND-MAILLANE P.-T.; *Examen critique du projet de constitution présenté à la Convention Nationale, par son comité, avec un ordre nouveau dans le plan.*
16 mars 1793, l'an 2e de la République française, 103 p.
GARDINER S.R.; *The Constitutional Documents of the Puritan Revolution 1628-1660,* Newheaven, Yale U.P., 3 vol.
HOBBES T.; *Behemoth ou le Long Parlement*
Introduction, traduction, notes, glossaire et index par L. Borot
Paris, J. Vrin, 1990, 299 p.
HOOKER R.; *The Works of Mr Richard Hooker, containing eight books of the laws of ecclesiastical polity and several other treatises, to which is prefixed the life of the author, by I. Wolton*
Oxford, T. Tegg, 1839, 2 vol.
HUME D.; *Histoire de la Maison de Stuart sur le trône d'Angleterre*
Londres, Paris, Desaint, 1788, 6 vol.
KENYON J.P.; *The Stuart Constitution 1603-1688. Documents and Commentary*, Cambridge, Cambridge U. P., 1966, 319 p.
LILBURNE J.; *The peoples Prerogative and Priviledges, asserted and vindicated* (...), London, 1647, (14 février), 76 p.
LOCKE J.; *Deuxième Traité du gouvernement civil. Constitution fondamentale de la Caroline. Résumé du Premier Traité du gouvernement civil*, Introduction, traduction et notes par Bernard Gilson, Paris, J. Vrin, 1985, 255 p.
Le second traité du gouvernement. Essai sur la véritable origine, l'étendue et la fin du gouvernement Civil
Trad., introd. et notes par Jean-Fabien Spitz avec la collab. de Ch. Lazzeri, Paris, P.U.F., 1994, LXXX-302 p.
LUDLOW E.; *Mémoires d'Edmond Ludlow* (...) *contenant ce qui s'est passé de plus remarquable sous le règne de Charles Ier jusqu'à Charles Second*, Amsterdam, Paul Maret, 1699-1707, 3 vol.
Mémoires
Paris, Béchet, 1832, 3 vol.
LUTAUD O.; «L'Accord du Peuple, Londres 1er mai 1649»
Annales E.S.C., mai-juin 1962, pp. 501-516.
Les deux révolutions d'Angleterre. Documents politiques, sociaux, religieux, Paris, Aubier-Montaigne, 1978, 400 p.
MABLY, G. BONNOT abbé de; *Collection complète des œuvres de l'Abbé Mably,* Paris, Impr. de C. Desbrières, 1794-1795, 15 vol.
MACAULAY C. GRAHAM; *Histoire d'Angleterre, depuis l'avènement*

de Jacques Ier jusqu'à la révolution, augmentée d'un discours préliminaire, (...) et enrichie de notes par Mirabeau (et par C.P.T. Guiraudet), Paris, Gattey, 1791-1792, 5 vol.

MALLET du PAN J.; *Mémoires et correspondance de Mallet du Pan pour servir à l'histoire de la Révolution française*
recueillis et mis en ordre par A. Sayous
Paris, Amyot, 1851, T. I, XII-464 p.

MONTESQUIEU Ch. de; *De l'esprit des lois*
Texte établi et présenté par Jean Brethe de la Gressaye
Paris, les Belles Lettres, 1950-1961, 4 vol.
Œuvres complètes de Montesquieu
Publiées sous la direction de M. André Masson
Paris, Nagel, 1950-1955, 3 vol.

NEDHAM M.; *The Case of the Common-Wealth of England stated; or the equity, utility, and necessity of submission to the present government* (...)
With *A Discourse of the excellencie of a free State, above a kingly government*, London, E. Blackmore, 1650, 94 p.
The excellencie of a Free-State
Published by a Well-wisher to Posterity, 1656.
De la souveraineté du peuple et de l'excellence d'un Etat libre
Traduit de l'anglais et enrichi de notes de J.J. Rousseau, Mably, Bossuet, Condillac, Montesquieu, Letrosne, Raynal, etc... par Théophile Mandar, Paris, Lavillette, 1790, 2 t. en un vol.
A True State of the Case of the Commonwealth
Published by the Rota at the University of Exeter, 1978, 52 p.

PALEY W.; *Des différentes formes de gouvernement et de leurs avantages ou désavantages respectifs, de la constitution anglaise et de la liberté civile*
Ouvrage traduit de l'anglais, sur la quatrième édition, par M. Bertin, Paris, Defer de Maisonneuve, 1789, 109 p.
Principes de philosophie morale et politique
Traduits par J.L.S. Vincent
Paris, Treuttel et Wurtz, 1817, 2 vol.

ROUSSEAU J.-J.; *Œuvres complètes*
Paris, Gallimard, 1959-1995, 5 tomes.

SMITH T.; *De Republica Anglorum: a discours on the Commonwealth of England*
Edited by L. Alston, with a preface by F.W. Maitland
Cambridge, The University Press, 1906, LIII-210 p.

STUBBE H.; *A letter to an officer of the army concerning a Select Senate* London, 1659.
SWIFT J.; *A discourse of the contest and dissentions between the Nobles and the Commons in Athens and Rome, With the consequences they had upon both those States* in *The Works of Dr. Jonathan Swift*, London, C. Barthurst, 1766, vol. III, pp. 9-65.
THOMASON G.; *Catalogue of the Pamphlets, Books, Newspapers, and Manuscripts relating to the civil war, the Commonwealth and Restoration, collected by G. Thomason, (1640-1661)* By G.K. Fortescue, assisted by R.F. Sharp, B.A. Streatfeild and W.A. Marsden, Londres, British Museum, 1908, 20 vol.
WOODHOUSE A.S.P.; *Puritanism and liberty Being the Army debates (1647-9) from the Clarke manuscripts with supplementary documents* Selected and edited with an introduction by A.S.P. Woodhouse. New preface by I. Roots. London, Everyman's library, 1986, XXVII-100-506 p.

Sources postérieures

ASCOLI G.; *La Grande-Bretagne devant l'opinion française au XVIIe Siècle*, Travaux et mémoires de l'Université de Lille, Droit-Lettres, nouvelle série, fascicule 13, Paris, J. Gamber, 1930, VIII-517 p.
ATWOOD JUDSON M.; *The Crisis of the Constitution. An essay in constitutional and political thought in England 1603-1645.* New Brunswick, Rutgers University Press, 1949, XI-444 p.
AUGE G.; «Aspects de la philosophie juridique de Sir William Blackstone» *Archives de philosophie du droit*, 1970, T. XV, pp. 71-98.
AYLMER G.E. (ed.); *The Interregnum: the Quest for Settlement. 1648-1660*, London, Mc Millan, 1972, VII-248 p.
BEAUD O.; *Etat et souveraineté. Eléments pour une théorie de l'Etat* Thèse en droit, 1989, 2 vol
BEAUTE J.; *Un grand juriste anglais, Sir Edward Coke: 1552-1634. Ses idées politiques et constitutionnelles ou aux origines de la démocratie occidentale moderne* Préface de J.J. Chevallier, Paris, P.U.F., 1975, 230 p.
BEHRENS B.; «The Whig theory of the constitution in the reign of

Charles II», *The Cambridge historical journal*, vol. VII, 1941, n° 1, pp. 42-71.
BIDEGARAY Ch. et EMERI C.; «Du pouvoir d'empêcher: veto ou contre-pouvoir»
Revue du Droit public, mars-avril 1994, 2, pp. 325-352.
BORGEAUD C.; «Premiers programmes de la démocratie moderne en Angleterre (1647-1649)», *Annales de l'Ecole libre des sciences politiques*, 5e année-1890, pp. 290-325.
CAHEN L. et BRAURE M.; *L'évolution politique de l'Angleterre moderne (1485-1660)*
Paris, Albin Michel, 1960, XXXVII-684 p.
CASPER G.; *Separating Power. Essays on the Founding Period*
Harvard, Harvard U.P., 1997, VII-202 p.
COMSTOCK W. C.; «The theory of mixed monarchy under Charles I and after»
The English Historical Review, 1960, vol. LXXV, pp. 426-443.
EISENMANN C.; «L'esprit des Lois et la séparation des pouvoirs»
Mélanges Carré de Malberg, Paris, Sirey, 1933, pp. 165-192
«La pensée constitutionnelle de Montesquieu»
Bicentenaire de l'Esprit des Lois, Paris, Sirey, 1952, pp. 133-160
«Le système constitutionnel de Montesquieu et le temps présent», in *Actes du Congrès Montesquieu de Bordeaux*, Delmas, 1956, pp. 241-248.
FINK Z.S.; *The classical Republicans. An Essay in the recovery of a pattern of thought in seventeenth century England*
Evanston, North Western University, 1945, XI-225 p.
FRANKLIN J. H.; *Jean Bodin et la naissance de la théorie absolutiste*
Edition française revue par l'auteur. Avant-propos, traduction et glossaire par Jean-Fabien Spitz
Paris, P.U.F., 1993, XVIII-201 p.
FRITZ K. von; *The theory of the mixed constitution in Antiquity. A critical analysis of Polybius' political ideas*
New York, Columbia University Press, 1954, XII-490 p.
FURET F.; «Concepts juridiques et conjoncture révolutionnaire»
Annales E.S.C., 1992, pp. 1185 et s.
GOOCH G.P.; *The history of English democratic ideas in the seventeeth Century*, Cambridge historical essays, n° X, Cambridge U.P., 1898, VIII-363 p.
Political Thought in England from Bacon to Halifax
London, Williams and Norgate, 1914, 256 p.
GREAVES H.R.G.; «Locke and the separation of power»

Politica, february 1934, n° 1, pp. 90-102.
GWYN W.B.; *The meaning of the separation of powers. An analysis of the doctrine from its origin to the adoption of the United States constitution*, Tulane Studies in political science, IX, VII-159 p.
HAMON L.; *De Gaulle dans la République*
Préface de René Capitant, Paris, Plon, 1958, XXXIV-205 p.
HAYECK F.A.; *La constitution de la liberté*
Traduit de l'anglais par R. Audouinet, J. Garello, avec la collaboration de G. Millière. Préface de P. Némo
Paris, Litec, 1994, XXVII-530 p.
HILL Ch.; *Le Monde à l'envers. Les idées radicales au cours de la Révolution anglaise*, Traduit de l'anglais par S. Chambon et Rachel Ertel, Paris, Payot, 1977, 383 p.
Puritanism and revolution. Studies in interpretation of the English Revolution of the 17th century
London, Secker and Warburg, 1958, X-402 p.
«Reason and reasonableness in seventeenth-century England»
The British journal of sociology, vol. XX, n° 3, september 1969.
«Republicanism after the Restoration»
New left review, 3, may-june 1960, pp. 46-51.
«La révolution anglaise au XVIIe siècle. Essai d'interprétation», traduit par O. Lutaud, *Revue Historique*, janvier-mars 1959, CCXXI, pp. 5-32.
KNACHEL P.A.; *England and the Fronde. The impact of the English Civil war and Revolution on France*
New-York, Ithaca, Cornell University Press, 1967, XI-312 p.
LASKI H.; *Le libéralisme européen du Moyen-âge à nos jours*
Essai d'interprétation avec une conclusion inédite pour l'édition française. Traduit de l'anglais par S. Martin-Chouffier et S. Fournier, Paris, Editions Emili-Paul Frères, 296 p.
LUTAUD O.; *Cromwell, les Niveleurs et la République*
Nouvelle édition révisée, Paris, Aubier, 1978, 284 p.
«Emprunts de la révolution française à la première révolution anglaise. De Stuart à Capet, de Cromwell à Bonaparte», *Revue d'histoire moderne et contemporaine*, XXXVII, oct-déc. 1990, pp. 587-607.
«Overton, penseur libre et niveleur républicain de la 1ere révolution d'Angleterre»
Cahiers rationalistes, août-septembre 1963, n° 213, pp. 149-179.
Winstanley, son œuvre et le radicalisme Digger. Puritanisme révolutionnaire et utopie sociale 1648-1660

Thèse, Paris-IV, Service de reproduction des thèses, université de Lille-III, 1973, 2 vol.
MAITLAND F.W.; *The constitutional History of England*
Cambridge, Cambridge U.P., 1948, XXVIII-548 p.
MARX R.; *L'Angleterre des révolutions. Courants et mouvements*
Paris, Armand Colin, 1971, 400 p.
MITCHELL W.M.; *The rise of the revolutionnary party in the English House of Commons 1603-1629*
New-York, Columbia University Press, 1957, VIII-209 p.
MOREL H.; «Le régime mixte ou l'idéologie du meilleur régime politique», *Mélanges Henri Morel*, P.U. d'Aix-Marseille, 1989, pp. 489-506.
MORTON A.L.; *L'utopie anglaise*
Traduit parJ. Vaché, Paris, François Maspéro, 1964, 250 p.
MURPHY W.F.; «The political Philosophy of Gerrard Winstanley»
Review of politics, April 1957, vol. 19, n° 2, pp. 214-238.
NIPPEL W.; «Ancient and Modern republicanism. Mixed Constitution and Ephors», in *The invention of the modern Republic*, edited by Biancamaria Fontana, Cambridge U.P., 1994, pp. 6-26.
PARGELLIS S.; «The theory of balanced government»
in *the Constitution reconsidered*, edited for the American Historical Association by Conyers Read, revised edition with a new preface by Richard B. Morris.
New-York, Evanston, Harper Torchbooks, 1968, pp. 37-49.
PETOT J.; «La notion de régime mixte»
in *Recueil d'études en Hommage à Charles Eisenmann*, éditions Cujas, s.d., pp. 99-124.
POCOCK J.G.A.; *The Ancient Constitution and the Feudal Law. A study of English historical Thought in the seventeenth century*
Cambridge, Cambridge University Press, 1957, IX-262 p.
SABINE G.H.; *A History of political theory*
New-York, Henry Holt and Company, 1937, XVI-797 p.
STEPHEN L.; *History of English Thought in the eighteenth century*
London, Smith, Elder, 1881, XI-469 p.
TANNER J.R.; *English constitutional conflicts of the seventeeth century 1603-1689*, Cambridge, the University Press, 1948, VIII-315 p.
THOMPSON M.P.; «The History of fundamental law in political Thought from the French wars of Religion to the American revolution»
The American Historical Review, vol. 91, n° 5, december 1986, pp. 1103-1128.
TROPER M.; «Charles Eisenmann contre le mythe de la séparation des

pouvoirs»
Cahiers de philosophie politique, 1985, n° 2-3, pp. 67-79.
«L'évolution de la notion de séparation des pouvoirs»
in *Actualité de la Révolution française: politique, institutions, société*. Textes réunis par F. Hamon et J. Lelièvre. P.U de Lille, 1993, pp. 95-109.
«L'interprétation de la Déclaration des droits: l'exemple de l'article 16», *Droits*, n° 8, 1988, pp. 111-122.
«Montesquieu, Charles-Louis de Secondat, baron de, 1689-1755, l'Esprit des lois, 1748»
in *Dictionnaire des œuvres politiques* sous la direction de F. Chatelet, O. Duhamel, E. Pisier, 2e édition revue et augmentée, Paris, P.U.F., 1989, pp. 726-738.
La séparation des pouvoirs et l'histoire constitutionnelle Française, Paris, L.G.D.J., 1980, 251 p.
«Sur l'usage des concepts juridiques en histoire»
Annales E.S.C., n° 6, 1992, pp. 1171-1183.

TUCK R., *Natural Rights Theories. Their origin and development*
Cambridge, Cambridge U.P., 1979, VIII-185 p.

VEDEL G.; «De l'arbitrage à la mystique»
Preuves, juin 1960, n° 112, pp. 16-24.
«Les réponses du professeur Georges Vedel»
La Nef, oct.-déc. 1965, n° 24-25, pp. 183-197.

VERPEAUX M.; *La naissance du pouvoir réglementaire: 1789-1799*
Préface de Michel Fromont, Paris, P.U.F., 1991, VIII-434 p.
«Quelle constitution anglaise (1748-1848)»
Revue d'Histoire des Facultés de droit et de la science juridique, 1992, n° 13, pp. 303-316.

VILE M.J.C.; *Constitutionalism and the separation of powers*
Oxford, Clarendon Press, 1967, V-359 p.

WORMUTH F.D.; *The origins of modern constitutionalism*
New York, Harper and Brothers, 1949, X-243 p.

WOTTON D.; «Leveller Democracy and the Puritan Revolution»
in *The Cambridge history of political thought 1450-1700*, edited by J.H. Burns, with the assistance of Mark Goldie, Cambridge U.P., 1991, pp. 412-442.

ZAGORIN P.; *A History of political thought in the English Revolution*
London, Routledge and Kegan, 1954, VII-208 p.

Constitution américaine du 17 septembre 1787:

Sources d'époque

BOWEN F.; *Documents of the Constitution of England and America from Magna Charta to the Federal Constitution of 1789.*
Littleton, Colorado, Fred B. Rothman & Co, 1993, VII-142 p.

ELLIOT J.; *The debates in the several States Conventions of the adoption of the Federal Constitution, as recommended by the General Convention at Philadelphia, in 1787, together with the journal of the Federal Convention*
Washington, Taylor et Maury, 1859, 5 tomes.

FARRAND M.; *The Records of the Federal Convention of 1787*
New Heaven, Yale University Press, 3 tomes.

GOURD A.; *Les Chartes coloniales et les constitutions des Etats-Unis de l'Amérique du Nord*
Paris, Imprimerie nationale, 1885-1903, 3 tomes.

POORE B.P.; *The Federal and State Constitutions, Colonial Charters and other organic laws of the United States*
Washington, Government printing office, 1877, 2 tomes.

PRESCOTT A. T.; *Drafting the Federation Constitution. A rearrangement of Madison's notes, giving consecutive developments of provisions in the Constitution of the United States, supplemented by documents pertaining to the Philadelphia Convention and to ratification processes, and including insertions by the compiler.*
New York, Greenwood Press, 1968, XIX-838 p.

STEELE COMMAGER H. (ed.); *Documents of American History*
New York and London, Appleton century crofts, 1948, XXIII-781 p.

Ouvrages:

ANONYME; *An examination into the leading principles of the Federal Constitution proposed by the late Convention held at Philadelphia, with answers to the principal objections that have been raised against the system, by a Citizen of America.*
Philadelphia, Prichard and Hall, 1787, 55 p.

Déclaration des droits de l'homme et du citoyen comparée avec les lois des peuples anciens et modernes, et principalement avec les déclarations des Etats-Unis d'Amérique

Paris, an 3e de la liberté, 198 p.
ADAMS S.; *The Writings*
Collected and edited by H.A. Cushing
New-York, 1904-1908, 4 vol.
AMES F.; *De l'influence de la démocratie sur la liberté* (...)
Introduction par Henri Ewbank, Paris, Chatet, 1835, XIII-253 p.
BARBEU DUBOURG J; *Calendrier de Philadelphie, ou constitutions de Sancho-Pança et du bonhomme Richard en Pennsylvanie*
s.l., 1778, XXX-118 p.
(BARBEU DUBOURG J.); «Lettres d'Abraham Mansword, citoyen des Etats-Unis, à ses compatriotes de l'Amérique septentrionale»
Les Ephémérides du citoyen, 1771, T. XI, pp. 75-112, et T. XII, pp. 6-45.
BARNAVE A. , *De la Révolution et de la Constitution*
Préface de François Furet, Introduction au texte et notes de Patrice Gueniffey, Grenoble, P.U. de Grenoble, 1988, 204 p.
Œuvres de Barnave
Mises en ordre et précédées d'une notice sur Barnave par M. Bérenger de la Drome, Paris, J. Chapelle et Guiller, 1843, 2 vol.
BAYLIN B (ed.); *The Debate on the Constitution. Federalist and Antifederalist Speeches, Articles, and Letters during the Struggle over Ratification*, The Library of America, 1993, 2 vol.
BONNET J.-E (abbé); *Etats-Unis de l'Amérique à la fin du XVIIIe siècle*
s l. n. d., 2 vol.
BRISSOT de WARVILLE J.P.; *Examen critique des voyages dans l'Amérique septentrionale de M. le Marquis de Chastellux ou lettre à M. le Marquis de Chastellux*, Londres, s.n., 1786, 143 p.
BRISSOT de WARVILLE J.P. et CLAVIERE E.; *De la France et des Etats-Unis*
Préface de M. Dorigny, Paris, Editions du C.T.H.S., 1996, 344 p.
BURKE E.; *Réflexions sur la révolution de France*
Traduction de P. Andler. Suivi d'un choix de textes de Burke sur la Révolution. Présentation de Ph. Raynaud. Annotations d'A. Fierro et G. Liébert, Paris, Hachette, 1989, CV-816 p.
CALONNE Ch.-A. de; *Lettre adressée au roi par M. de Calonne, le 9 février 1789*, Londres, T. Spilsbury, (s.d.), 140 p.
CASAUX Ch. de; *Lettre de M. de Casaux à M. *** sur le partage proposé de l'Assemblée nationale en deux Sections*
Paris, Veuve Lezay, 1791, 15 p.
Questions à examiner avant l'assemblée des Etats-Généraux, s.l.n.d., 100 p.

CHAS J. et LEBRUN; *Histoire politique et philosophique de la révolution de l'Amérique septentrionale*
Paris, Favre, an IX, VIII-458 p.
CHINARD G.; *The Correspondence of Jefferson and Du Pont de Nemours, with an introduction on Jefferson and the Physiocrats*
New York, B. Franklin, 1971, CXXIV-293 p.
CONDORCET J.A.M.; *Eloge de Franklin, lu à la séance publique de l'Académie des sciences le 13 novembre 1790*
Paris, Pyre, 1791, 42 p.
Esquisse d'un tableau historique des progrès de l'esprit humain
Introduction par A. Pons, Paris, Flammarion, 1988, 250 p.
Examen de cette question: Est-il utile de diviser une assemblée nationale en plusieurs chambres?, s.l.n.d., 40 p.
Influence de la Révolution d'Amérique sur les opinions et la législation de l'Europe, s.l.n.d., 48 p.
Lettres d'un citoyen des Etats-Unis à un Français, sur les affaires présentes, Philadelphie, 1788, 16-22 p.
Vie de Monsieur Turgot
Paris, Assoc. pour la diffusion de l'économie pol., 1997, 187 p.
CREVECOEUR M.G.J. de; *Lettres d'un cultivateur américain*
Présentation de G. Bertier de Sauvigny
Paris, Champion, Genève, Slatkine, 1979, 2 vol. (reprod. en fac-sim. de l'éd. de Paris, Cuchet, 1785)
DELACROIX J.V. de; *Constitution des principaux Etats de l'Europe et des Etats-Unis de l'Amérique*, Paris, Buisson, 1801, 6 vol.
DELOLME J.-L.; *Constitution de l'Angleterre, ou état du gouvernement anglais comparé avec la forme républicaine et avec les autres monarchies de l'Europe*
Genève, Barde, Manget et Cie, 1790, 2 tomes.
DEMEUNIER N.; *L'Amérique indépendante ou les différentes constitutions des treize provinces qui se sont érigées en République, sous le nom d'Etats-Unis d'Amérique*
Gand, de Goesin, 1790, 3 vol.
Essai sur les Etats-Unis
Paris, imprimerie Laporte, 1786, 89 p.
FRANKLIN B.; *The Complete Works of Benjamin Franklin* (...).
Compiled and edited by John Bigelow
New-York, Putnam's sons, 1887-1888, 10 vol.
FORD P.L.; *Pamphlets on the Constitution of the United States, published during its discussion by the people 1787-1788*

Edited with notes and a bibliography by Paul Leicester Ford
New York, Da Capo Press, 1968, VIII-451 p.
GALIANI F.; *Dialogues sur le commerce des bleds*
Londres, 1770, 314 p.
GENTY Abbé; *Influence de la découverte de l'Amérique sur le bonheur du genre humain*, Paris, Nion l'aîné, 1787, 354 p.
HAMILTON A.; *The Works of Alexander Hamilton*
New-York, G. P. Putman, 1904, 12 vol.
HAMILTON A., JAY J., MADISON J.; *Le Fédéraliste*
Préface de André Tunc, version française de Gaston Jèze
Paris, Economica, 1988, 25-LV-788 p.
Le Fédéraliste, ou collection de quelques écrits en faveur de la constitution proposée aux Etats-Unis de l'Amérique par la convention convoquée en 1787
Paris, Buisson , 1792, 2 vol.
HILLIARD d'AUBERTEUIL M.R.; *Essais historiques et politiques sur les Anglo-Américains*, Bruxelles, 1782, 2 vol.
HUME D.; *Essais moraux et politiques*
Amsterdam, J.H. Schneider, 1764, 493 p.
Essais politiques
Introduction par R. Polin, Paris, J. Vrin, 1972, 362 p.
JEFFERSON Th.; *Manuel du droit parlementaire, ou précis des règles suivies dans le Parlement d'Angleterre et dans le Congrès des Etats-Unis* (...)
Traduit par L.-A. Pichon, Paris, H. Nicolle, 1814, XVI-233 p.
Observations sur la Virginie
Traduites par Morellet, Paris, Barrois, 1786, V-290 p.
The Writtings of Thomas Jefferson
Collected and edited by Paul Leicester Ford
New-York, G. P. Putnam's sons, 1893-1899, 10 vol.
KURLAND P.B.
LERNER R. ; *The Founders' Constitution*
Chicago, U. of Chicago Press, 1987, 5 vol.
LA FAYETTE G.; *Mémoires, correspondance et manuscrits du général La Fayette, publiés par sa famille.*
Paris, H. Fournié aîné, 1837-1838, 6 vol.
LA LUZERNE C.G.; *Sur la forme d'opiner aux Etats-généraux*
s.l., 1789, 119 p.
LIVINGSTON W.
(pseud. de John Stevens); *Examen du gouvernement d'Angleterre comparé aux constitutions des Etats-Unis, où l'on réfute*

quelques assertions contenues dans l'ouvrage de M. Adams, intitulé: Apologie des constitutions des Etats-Unis d'Amérique, et dans celui de M. Delolme intitulé: De la constitution d'Angleterre. par un cultivateur du New Jersey.
Ouvrage traduit de l'anglais et accompagné de notes (par Dupont de Nemours, Condorcet et J.-A. Gauvain-Gallois)
Londres, Paris, Froullé, 1789, VIII-291 p.

MABLY, G BONNOT abbé de.; *Observations sur le gouvernement et les lois des Etats-Unis d'Amérique*
Amsterdam, J.F. Rosard, 1784, 213 p.

MADISON J.; *The Writings of James Madison, comprising his public papers and his private correspondance, including numerous letters and documents now for the first time printed.*
New-York, G.P. Putnam, 1900-1910, 9 vol.

MARSHALL J.; *The Constitutional decisions of John Marshall*
Ed., with an introductory essay, by J. P. Cotton
New-York, Putnam's sons, 1906, 2 vol.

Vie de George Washington (...) *précédée de l'histoire des colonies* (...)
Trad. par P.-F. Henry, Paris, Dentu, 1807, 5 vol.

The Writings of John Marshall (...) *upon the Federal Constitution*
Boston, J. Monroe, London, Wiley and Putnam, 1839, XX-728 p.

MARTIN L.; *The genuine information, delivered to the legislature of the State of Maryland, relative to the proceedings of the general Convention, held at Philadelphia, in 1787, by Luther Martin, Esquire, Attorney-General of Maryland, and one of the delegates in the said Convention*, Philadelphia, Oswald, 1788, VIII-93 p.

MAZZEI F.; *Recherches historiques et politiques sur les Etats-Unis de l'Amérique septentrionale. Où l'on traite des établissements des treize colonies, de leurs rapports et de leurs dissensions avec la Grande-Bretagne, de leurs gouvernements avant et après la révolution, etc., par un citoyen de Virginie.*
Avec *Quatre lettres d'un Bourgeois de New-Heaven sur l'unité de la législation* de Condorcet, Paris, Froullé, 1788, 4 vol.

Memoirs of the Life and Peregrinations of the Florentine Philip Mazzei (1730-1816)
Traduit par H.R. Marraro,
New-York, Columbia U.P., 1942, XVI-447 p.

M.G.; «Commentaire éditorial relatif au livre de Livingston»
Mercure de France, 23 mai 1789, pp. 151-173.

MIRABEAU G.-H. de RIQUETTI, comte de; *Considérations sur l'ordre de Cincinnatus ou imitation d'un pamphlet anglo-américain Suivies (...) d'une Lettre de feu M. Turgot, ministre d'Etat en France, au docteur Price, sur les législations américaines* (...); Londres, J. Johnson, 1785, XII-388 p.

MORRIS G.; *The Diary and Letters of Gouverneur Morris* (...) New York, Scribner, 1888, 2 vol.

Journal de Gouverneur Morris pendant les années 1789, 1790, 1791 et 1792
Traduction par E. Pariset, Paris, Plon-Nourrit, 1901, VII-388 p.

Mémorial de Gouverneur Morris (...)
Paris, J. Renouard, 1842, 2 vol.

OTTO L-G.; *Considérations sur la conduite du gouvernement américain envers la France, depuis le commencement de la Révolution jusqu'en 1797*
Introd. de G. Chinard, Princeton, Princeton U.P., 1945, 33 p.

PETION de VILLEUNEUVE J.; *Avis aux Français sur le salut de la Patrie*, s.l., 1788, X-255 p.

POORE B.P.; *Veto messages of the presidents of the United States, with the action of Congress thereon.*
Compiled by B.P. Poore
Washington, Government printing office, 1886, 594 p.

PRICE R.; *The Correspondence of Richard Price*
ed. by D.O. Thomas, Durham, Duke U.P., 1983-1991, 2 vol.

Discours sur l'amour de la Patrie, prononcé par le docteur Richard Price le 4 novembre 1789, à la séance de la société instituée pour la commémoration de la révolution dans la Grande-Bretagne
traduit par M. de Keralio, Paris, le traducteur, 1790, XVI-64 p.

Observations on the importance of the American Revolution and the Means of Making it a Benefit to the World (...).
London, T. Cadell, 1785, VIII-156 p.

Observations sur la nature de la liberté civile, sur les principes du gouvernement, sur la justice, et la politique de la guerre avec l'Amérique.
Rotterdam, Hofhout et Wolfsbergen, 1776, 148 p.

Additional observations on the Nature and value of civil liberty and the War with America
London, T. Cadell, 1778, 176 p.

(RABAUT SAINT-ETIENNE J.-P.); *A la nation française. Sur les vices de son gouvernement; sur la nécessité d'établir une constitution;*

sur la composition des Etats-Généraux
s.l., novembre 1788, 96-6 p.
RAMSEY D.; *The History of the American Revolution*
Philadelphia, 1789, 2 vol.
ROCHEFOUCAULD d'ENVILLE A. duc de la; *Constitutions des 13 Etats-Unis d'Amérique*
Philadelphie, Paris, Ph. D. Pierres, 1783, VI-540 p.
Opinion de M. le Duc de la Rochefoucauld, député de Paris
Versailles, Ph. D. Pierres, septembre 1789, 20 p.
SALLE de CHOU; *Du veto royal*
Paris, Baudouin, 1789, 20 p.
SCHELLE G.; *Œuvres de Turgot et documents le concernant*
Paris, Félix Alcan, 1913-1923 , 5 vol.
STORING H. J.; *The complete Anti-Federalist*
Edited, with commentary and notes, by Herbert J. Storing, with the assistance of Muray Dry
Chicago, The university of Chicago press, 1981, 7 tomes.
SUARD J.-B.; *Mélanges de littérature*
Paris, Dentu, an XII, 2 vol.
SULLIVAN J.; *Observations upon the government of the United States of America*, Boston, Samuel Hall, 1791, VIII-55 p.
TAYLOR J.; *An inquiry into the principles and policy of the government of the United States*
New Heaven, Yale University Press, 1950, 562 p.
TURGOT A.R. J.; *Œuvres de Turgot*
Nouvelle édition classée par ordre de matières avec les notes de Dupont de Nemours, augmentée (...) d'observations et de notes nouvelles par MM. E. Daire et H. Dussard, et précédée d'une notice sur la vie et les ouvrages de Turgot par M. E. Daire
Paris, Guillaumin, 1844, 2 tomes
VINCENT B.; «Cinq inédits de Thomas Paine»
Revue française d'études américaines, avril 1989, n° 40, pp. 213-235.
WILSON J. et M'KEAN T.; *Commentaries on the Constitution of the Unites States of America with that Constitution prefixed, in which are unfolded the principles of free government, and the superior advantages of republicanism demonstrated* (...).
London, Debrett, 1792, 147 p.

Sources postérieures

ACKERMAN B.; *We the People. Foundations.*
Cambridge, Harvard UP, 1991, X-369 p.

ADAMS W.P.; *The First American Constitutions. Republican Ideology and the Making of the State Constitutions in the Revolutionary Era*
Translated by Rita and Robert Kimber, Chapel Hill, University of North Carolina Press, 1980, XVIII-351.

ANTIEAU C.J.; *Constitutional Construction*
London, Oceana Publications, XXIV-255 p.

APPLEBY J.; «The American Model for the French Revolutionaries» in J. Appleby, *Liberalism and Republicanism in the Historical Imagination*, Cambridge, Harvard U. P., 1992, pp. 232-252.
«The Jefferson-Adams Rupture and the First French Translation of John Adams' *Defence*»
American Historical Review, vol. 73, 1967-1968, pp. 1084-1091.

AULARD A; «La Révolution française et la révolution américaine»
Etudes et leçons sur la Révolution française, 8e série, Paris, Alcan, 1921, 184 p.

BAGEHOT W.; *La constitution anglaise*
Traduit de l'Anglais par M. Gaulhiac
Paris, Germer-Baillière, 1869, XII-401 p.

BAKER J.F.; *The Federal Constitution. An Essay*
Littleton, Fred B. Rothman, 1987, VII-126 p.

BAKER K., BURGUIERE A., COLIN L., MANIN B. (débat); «Révolution et spécificité nationale, mode anglo-saxon et différence française», in *Droit et Société. Revue internationale de théorie du droit et de sociologie juridique*, 14, 1990, pp. 55-72.

BALDWIN H.; *A General View of the Origin and Nature of the Constitution and Government of the United States* (...).
New York, Da Capo Press Reprint, 1970, V-197 p. (Réimpression de l'édition John c. Clark, 1837)

BANCROFT G.; *History of the Formation of the Constitution of the United States of America*
London, D. Appleton & Co, 1882, 2 vol.

BARTHELEMY J.; «la condition actuelle de la présidence des Etats-Unis depuis les ouvrages de Bryce et de Woodrow Wilson», *Revue politique et parlementaire*, n° 140, T. XLVII, 10 février 1906, pp. 277-298.

BAYLIN B.; *The Ideologicals Origins of the American Revolution* Cambridge, Mass., The Belknap Press, 1968, XVI-335 p.
BEARD Ch. A.; *Une relecture économique de la constitution des Etats-Unis,* traduit par P. Hoffmann, Paris, Economica, 1988, 298 p.
BEARD Ch. A. (ed.); *The enduring Federalist* New-York, Doubleday, 1948, XVIII-391 p.
BEITZINGER A.; *A History of American political Thought* New York, Dodd, Mead and C., 1972, XII-628 p.
BERANGER J. et ROUGE R.; *Histoire des idées aux U.S.A. du XVIIIe siècle à nos jours*, Paris, P.U.F., 1981, 262 p.
BERNS W.P.; «On Hamilton and popular governmen» *Public interest*, 1992, n° 109, Fall, pp. 109 et s.
BLACK H. L.; *A constitutional faith* New-York, Knopf, 1968, 66 p.
BONNET J.M. et VINCENT B (dir.); *Histoire documentaire des Etats-Unis. Naissance de la République fédérale.* Documents choisis et présentés par Elise Marienstras Nancy, P.U. de Nancy, 1987, 207 p.
BOURNE H.E.; «American constitutional precedents in the French National Assembly» *The American Historical Review*, vol. VIII, n° 3, april 1903, pp. 466-486.
BOUTMY E.; *La Déclaration des droits de l'homme et du citoyen et M. Jellinek*, Paris, F. Alcan, 1902, pp. 415-443.
BOWEN C.D.; *John Adams and the American Revolution* Boston, Little, Brown and C°, 1950, XIX-699 p.
Le rendez-vous de Philadelphie Traduit par Blaise Allan, Paris, Seghers, 1970, 460 p.
BOWERS J.R.; *Regulating the Regulator. An Introduction to the Legislative Oversight of Administrative Rulemaking* New York, Praeger, 1990, XII-140 p.
BRADFORD M.E.; *Original Intentions on the Making and Ratification of the United States Constitution* London, The University of Georgia Press, 1993, XXIV-165.
BRUNHOUSE R. L.; *The Counter-Revolution in Pennsylvania, 1776-1790*, Foreword by R. P. Wright, Philadelphia, 1942, 368 p.
BRYCE J.; *La République américaine* édition française complétée par l'auteur, avec une préface de M. E. Chavegrin, Paris, Giard et Brière, 1900-1901
T. I: *Le gouvernement national*, XVIII-642 p.

Traduction française de Daniel Müller
T. II: *Les gouvernements des Etats*, 382 p.
Traduction française de Pierre Lestang

CADART J.; «La constitution américaine de 1787, exemple universel et inépuisable pour les démocraties et système politique inimitable», in Association française des constitutionnalistes, *Droit constitutionnel et droits de l'homme*, Economica-PUAM, 1987, pp. 465-479.

CANAVAN F.; «Thomas Paine 1737-1809» in Strauss L. et Cropsey J. (dir), *Histoire de la philosophie politique*, Paris, P.U.F., 1994, pp. 753-760.

CAVALLAR G.; «The political anthropology of John Adams: Enlightenment influence on early American political thought», in *Transactions of the Eight International Congress on the Enlightenment*, Oxford, The Voltaire foundation, 1992, T. I, pp. 372-377.

CAVIGNAC J.; «Montesquieu père de la constitution américaine. Une réputation quelque peu usurpée» *Académie Montesquieu*, Actes n° 2, 1984-1985, pp. 1-16.

CHAMBRUN C.-A. de; *Le pouvoir exécutif aux Etats-Unis. Etude de droit constitutionnel*, Paris, Ernest Thorin, 1876, V-359 p.

CHEMERINSKY E.; *Interpreting the Constitution* New York, Praeger, 1987, XIV-195 p.

CHINARD G.; «Notes on the American Origins of the Declaration des Droits de l'Homme et du Citoyen» *Proceedings of the American Philosophical Society*, vol. 98, 1954, pp. 383-396.

«Notes on the French Translations of the *Forms of Government of Constitutions of the Several United States*, 1778 and 1783», American Philosophical Society, *Year Book*, Philadelphia, 1943, pp. 88-106.

«Pensées choisies de Montesquieu tirées du *Common-place Book* de Thomas Jefferson» *Etudes françaises*, 4e cahier, 15 mai 1925, 87 p.

CHIPMAN E.; *Principles of government. A Treatise on free institutions. Including the constitution of the United States* New York, Da Capo Press, 1970, VIII-330. (Réimpression de l'édition Edward Smith, 1833)

CHURCH R.D.; «We the People: Reflections on the meaning of the *people* in the Constitution of the United States» *Il Politico*, 1992, vol. 57, n° 2, pp. 259 et s.

COHLER A. M.; *Montesquieu's Comparative Politics and the Spirit of American constitutionalism*
U.S.A., University Press of Kansas, 1988, X-210 p.
CONAC G.; «L'influence des déclarations américaines et de la constitution des Etats-Unis dans l'histoire constitutionnelle française», in Association française des constitutionnalistes, *Droit constitutionnel et Droits de l'Homme*, Economica-PUAM, 1987, pp. 423-464.
«Régime présidentiel»
in Duhamel O. et Mény Y (dir.), *Dictionnaire constitutionnel*, Paris, P.U.F., 1992, pp. 888-901.
CORNER (ed); *The Autobiography of Benjamin Rush*
Princeton, Princeton University Press, 1948, IV-399 p.
CORWIN Ed. S.; *American Constitutional History*
New York, Harper & Row, 1964, XXIII-234 p.
The Constitution and what it means today
Princeton, P.U.P., 1954, XIV-340 p.
Corwin on the Constitution: The Foundations of American Constitutional and Political Thought, The Powers of Congress, and the President's power of Removal
Ithaca, Cornell U.P., 1981, 392 p.
DEGLER C.N. et al.; *Histoire des Etats-Unis: la pratique de la démocratie*
Traduit par Michel Deutsch, Paris, Economica, 1980, 680 p.
DELATTE A.; *La Constitution des Etats-Unis et les Pythagoriciens*
Paris, les Belles Lettres, 1948, 30 p.
DENENBERG R.V.; *Introduction au système politique des Etats-Unis*
Traduit par Yves Vigneau. Préface de Terence Marshall.
Paris, Economica, 1978, XII-165 p.
DIAMOND M.; «Le Fédéraliste 1787-1788»
in Strauss L. et Cropsey J. (dir), *Histoire de la philosophie politique*, Paris, P.U.F., 1994, pp. 729-752
DICKSON P. et CLANAY P., *The Congress Dictionary. The ways and meanings of Capitol Hill*
New York, John Wiley, 1993, XV-400 p.
DIETZE G.; *The Federalist. A classic on Federalism and Free Government*, Baltimore, John Hopkins Press, 1965, VII-378 p.
DIGGINS J.-P.; «John Adams et les critiques français de la constitution américaine», *The Tocqueville Review/La Revue Tocqueville*, 1987-1988, vol. IX, pp. 155-180.
DUBOUCHET P.; «L'influence de Montesquieu sur les Pères fondateurs

des Etats-Unis. Du féodalisme de Montesquieu au fédéralisme des Pères Fondateurs», *Revue du droit public*, 1989, n° 2, pp. 813- 852.
DUFRENOY M.-L.; «Montesquieu et la constitution des Etats-Unis. Analyse statistique», *Journal de la société de statistique de Paris*, vol. 97, mars-avril 1946, n° 3-4, pp. 87-91.
ECHEVARRIA D.; «Condorcet: the influence of the American revolution in Europe», *William and Mary Quarterly*, 3rd serie, XXV, january 1968, pp. 85-108.
«French publications of the Declaration of Independance and the American Constitutions, 1776-1783» *The Papers of the Bibliographical Society of America*, vol. 47, Fourth Quarter, 1953, pp. 313-338.
Mirage in the west: a History of the French Image of American Society to 1815
Foreword by G. Chinard
Princeton, Princeton University Press, 1957, XVIII-300 p.
EISELEN M.R.; *Franklin's Political Theories*
New-York, Doubleday and Co, Doran, 1928, III-101 p.
ELKIN S.L.; «Madison and after: the American Model of political constitution»
Political studies, 1996, vol. 44, n° 3, (special issue), pp. 592 et s.
ELLENBOGEM P.; «Another Explanation for the senate: the anti-Federalists, John Adams, and the Natural Aristocracy».
Polity, 1996, vol. 29, n° 2, winter, pp. 247 et s.
ELSTER J.; «Argumenter et négocier dans deux assemblées constituantes», *Revue française de science politique*, vol. 44, n° 2, avril 1994, pp. 187-256.
ERLER E.J.; «James Madison and the framing of the Bill of Rights: Reality and Rhetoric in the new constitutionalism»
Political communication, 1992, vol. 9, n° 4, pp. 213 et s.
ERLICK E.M.; *La séparation des pouvoirs et la Convention fédérale de 1787*, Paris, Sirey, 1926, 198 p.
ESMEIN A.; *Gouverneur Morris, un témoin américain de la Révolution Française*, Paris, Hachette, 1906, 386 p.
ETHRIDGE M.E.; «Minority power and Madisonianism»
American Journal of political science, 1991, vol. 35, n° 2, May, pp. 335 et s.
FAY B.; *Bibliographie critique des ouvrages français relatifs aux Etats-Unis 1770-1800*, Paris, Edouard Champion, 1924, 108 p.
L'esprit révolutionnaire en France et aux Etats-Unis à la fin du

XVIIIe siècle, Paris, Edouard Champion, 1924, 377 p.
FERLING J.-E.; *John Adams: a life*
Knoxville, University of Tennessee Press, 1992, X-535 p.
FEDERICI M.; «Books reviewed. Richard K. Matthews: if Men were Angels: James Madison and the heartless Empire of Reason» *American journal of jurisprudence*, 1995, vol. 40, pp. 405 et s.
FINKELMAN P.; «James Madison and the Bill of Rights: a reluctant paternity», *Supreme court review*, 1990, pp. 301 et s.
FOHLEN C.; «The impact of the American Revolution on France» in library of Congress, *The impact of the American Revolution abroad*, Washington, Library of Congress, 1976, pp. 21-38.
Jefferson à Paris 1784-1789
Paris, Perrin, 1995, 227 p.
Les Pères de la révolution américaine
Paris, Albin Michel, 1989, 259 p.
FURTWANGLER A.; *The Authority of Publius. A Reading of the Federalists Papers*, Ithaca, Cornell U.P., 1984, 151 p.
GANZIN M.; *La pensée politique d'Edmond Burke*
Paris, L.G.D.J., 1972, 467 p.
GAULMIN P.; «Le droit de veto présidentiel aux Etats-Unis» *Revue française de droit constitutionnel*, 34, 1998, pp. 251-275.
GIDNEY L.M.; *L'influence des Etats-Unis d'Amérique sur Brissot, Condorcet et Mme Roland*
Paris, Rieder, 1930, 176 p.
GILLESPIE A. et LIENESCH M.; *Ratifying the Constitution*
USA, University Press of Kansas, 1989, XI-417 p.
GODECHOT J., «1789: la France et les Etats-Unis proclament les droits de l'homme», *Focus*, déc. 1987, pp. 12-15.
GOFFINON P.; *Aux origines de la Révolution américaine: John Adams. La passion de la distinction*
Avant-propos de Guy Haarscher
Bruxelles, Ed. de l'université de Bruxelles, 1996, 194 p.
GORMAN T. K.; *America and Belgium: a study of the influence of the United States upon the Belgium Revolution of 1789-1790*
London, Fisher Unwin, 1925, XII-316 p.
GOTTSCHALK L.; «The place of the American Revolution in the Causal Pattern of the French Revolution»
Publications of the American Friends of Lafayette, n° 2, 1948, pp. 495-510.
GRIGSBY H.B.; *The history of the Virginia Federal Convention of 1788*

New York, Da Capo Press, 1969, XXVII - 372 - 411 p. (réimpression de l'éd. de Richmond, 1890).
GROFMAN B. et WITTMAN D. (dir.), *The Federalists Papers and the New Institutionalism*
New York, Agathon Press, 1989, XVI-279 p.
GURY L.; «La Franklinomanie»
Annales de Bretagne, T. 84, 1977, n° 2, pp. 257-263.
GUSDORF G.; *Les Révolutions de France et d'Amérique: la violence et la sagesse,* Paris, Perrin, 1988, 253 p.
HANDLER E.; *America and Europe in the political thought of John Adams,* Cambridge (Mass.), Harvard U.P., 1964, IX-248 p.
HANNA W. S.; *Benjamin Franklin and Pennsylvania Politics*
Standford, Stanford U.P., 1964, XIV-239 p.
HARASZTI Z.; *John Adams and the prophets of progress*
Cambridge (Mass.), Harvard U.P., 1952, XIV-362 p.
HARDIN Ch. M.; *Constitutional Reform in America. Essays on the Separation of Powers*
Ames, Iowa State University Press, 1989, XIII-236 p.
HAZEN C.D.; *Contemprary American opinion of the French Revolution*
Baltimore, John Hopkins Press, 1897, IX-315 p.
HICKEY W.; *The Constitution of the United States of America*
Philadelphia, T. K. and P.G. Collins, 1847, XL-497 p.
HIGONNET P.; *Sister republics: the origins of French and American Republicanism*, Cambridge, Harvard U. P., 1988, 317 p.
HORWITZ M. J.; «L'idée de citoyenneté dans la pensée constitutionnelle américaine»
in Marie-France Toinet, *Et la constitution créa l'Amérique*, Presses univesitaires de Nancy, 1988, pp. 181-198.
The Transformation of American Law (1780-1860)
Cambridge, Mass., Harvard UP, 1977, XVII-356 p.
HOWARD D.; «La modernité de la révolution américaine»
Revue française de science politique, 1988, 38, pp. 218 et s.
Naissance de la pensée politique américaine, septembre 1787, Paris, Ramsay, 1987, 336 p.
JELLINEK G.; *La Déclaration des droits de l'homme et du citoyen, contribution à l'étude du droit constitutionnel moderne*
éd. française, revue de l'auteur, avec une préface de M. F. Larnaude, Paris, Fontemoing, 1902, XIII-101 p.
JENNINGS L.J.; *Eighty years of Republican Government in the United States*, New-York, C. Scribner, 1868, XV-288 p.
JENSEN M.; *The making of the American constitution*

New-York, Van Nostrand Reinhold Company, 1964, 192 p.
JILLSON C.C.; *Constitution-making: conflict and consensus in the Federal Convention of 1787*
New-York, Agathon Press, 1988, XIII-242 p.
JUILLARD P.; «A propos d'un arrêt de la Cour Suprême: mort du veto législatif aux Etats-Unis», *Pouvoirs*, n° 29, 1984, pp. 75-88.
«Vers un new-deal en matière constitutionnelle aux Etats-Unis», *Pouvoirs*, 1979, n° 9, pp. 183-188.
KELLY A. H. et HARBISON W.A.; *The American Constitution: Its Origin and Development*
New-York, W.W. Norton, 1948, XVI-940 p.
KIMMITT J.S., HALEY R. K.; *Presidential Vetoes: 1789-1976*
Washington, Government Printing Office, 1978, XX-533 p.
KING J.; *A commentary on the Law and True Construction of The Federal Constitution*
Littleton, Fred B. Rothman & Co, 1985, VI-496 p. (Réimpression de l'édition Robert Clarke, 1871).
KOCH A.; «The contest of democracy and aristocracy in the American Enlightment», *Studies on Voltaire and the Eighteenth century*, 1963, XXVI, pp. 999-1018.
Jefferson and Madison, the great collaboration
New-York, Knopf, 1950, XV-294-XV p.
Power, morals, and the Fouding Fathers: essays in the interpretation of the American Enlightenment
Ithaca, Great Seal Books, 1961, 158 p.
KURLAND P. B.
CASPER G. ; *Landmark Briefs and Arguments of the Supreme Court of the United States: Constitutional Law.*
Univesity Publications of America, An Imprint of CIS
Buckley v. Valeo, 424 U.S. 1 (1976): vol. 84-85
INS v. Chadha, 462 U.S. 919 (1983): vol. 140.
LABOUCHEIX H.; *Richard Price, théoricien de la révolution américaine. Le philosophe et le sociologue, le pamphlétaire et l'orateur.*
Thèse pour le doctorat es-Lettres, s.l., Didier, 1970, 301 p.
LACORNE D.; «Essai sur le commerce atlantique des idées républicaines»,
in Y. Mény (dir.), *Les politiques du mimétisme institutionnel: la greffe et le rejet.*, Paris, l'Harmattan, 1993, pp. 39-60
«Une cohabitation américaine: la politique étrangère»
in Marie-France Toinet, *Et la constitution créa l'Amérique*, P.U.

de Nancy, 1988, pp. 181-198.

«Le débat des droits de l'Homme en France et aux Etats-Unis», *La Revue Tocqueville*, vol. XIV, n° 1, 1993, pp. 5-31.

L'invention de la République, le modèle américain Paris, Hachette, 1991, 319 p.

«Mémoire et amnésie: les fondateurs de la République américaine, Montesquieu et le modèle politique romain», *Revue Française de Science Politique*, juin 1992, vol. 42, n° 3, pp. 363-374.

«La philosophie de la constitution américaine» *Philosophie politique*, 2-1995, pp. 25-42.

«Point de liberté de parole sans liberté de dépenser: le financement des élections fédérales américaines et le déclin des partis», *Pouvoirs*, 29, 1984, pp. 99-109.

«La République américaine vue de France» in M. Vovelle (dir.), *Révolution et République: l'exception française*, Paris, Kimé, 1994, pp. 82-97.

LAMBERT J.; *Histoire constitutionnelle de l'Union américaine* Paris, Sirey, 1931-1937, 4 tomes.

LAUGEL A.; «Un témoin américain de la Révolution française, Gouverneur Morris» *Revue des deux mondes*, septembre 1889, pp. 165-195.

LAMBERTI J.C.; «Adams et Madison, lecteurs de Montesquieu» *Commentaire*, printemps 1988, vol. 11, n° 41, pp. 385-394.

LAVAU G.; «Encore égaux? le Congrès et le président» in Marie-France Toinet, *Et la constitution créa l'Amérique*, Presses universitaires de Nancy, 1988, pp. 155-160.

LEMAY E.; «L'Amérique dans les écrits d'un Parisien franc-comtois» *Annales de Bretagne et des pays de l'Ouest*, 84, n° 2, 1977, pp. 307-316.

LERAT Ch.; *Benjamin Franklin: quand l'Amérique s'émancipait* Bordeaux, P.U. de Bordeaux, 1992, 215 p.

«Image et influence de Benjamin Franklin en France avant et pendant la Révolution de 1789» *The Tocqueville review/La revue Tocqueville*, vol. IX, 1987-1988, pp. 105-128.

«La première constitution de Pennsylvanie: son rejet à Philadelphie, ses échos en France», in J.-L. Seurin, J. Ceaser, Ch. Lerat (dir), *Le discours sur les révolutions*, Paris, Economica, 1991, pp. 111-134.

LESSAY J.; *Thomas Paine: professeur de révolutions, député du Pas-de-*

Calais, Paris, Perrin, 1987, 261 p.
LEVY L. W.; *Original intent and the Framers' Constitution* New-York, MacMillan, 1988, XVIII-525 p.
LEVY L. W (dir.); *Essays on the formation of the Constitution* New York - Oxford, Oxford University Press, 1987, XL-309 p.
LEVY L. W. et al.; *The Encyclopedia of the American Constitution* New-York, MacMillan, 1986, 4 vol.
LUTZ D. S.; *Popular Consent and Popular Control: Whig political theory in the early State Constitutions,* Baton Rouge and London, Louisiana State University, 1980, XVI-258 p.
MAC ILWAIN C.H.; *The American Revolution: a constitutional Interpretation,* New York, Macmillan Co, 1923, XI-198 p.
MAIN J.T.; *The Antifederalists. Critics of the Constitution, 1781-1788* Chapel Hill, U. of North Carolina Press, 1965, XVIII-308 p.
Political Parties before the Constitution Chapel Hill, U. of North Carolina Press, 1973, XX-481 p.
The Upper House in Revolutionary America, 1763-1788 Madison, London, U. of Wisconsin Press, 1967, XII-311 p.
MAINE H. S.; *Essais sur le gouvernement populaire* Paris, Ernest Thorin, 1887, XX-387 p.
MANIN B.; «Frontières, freins et contrepoids. La séparation des pouvoirs dans le débat constitutionnel américain de 1787», *Revue Française de Science Politique*, Vol. 44, n° 2, avril 1994, pp. 257- 293.
MATHIOT A.; *La vie politique aux Etats-Unis et les tendances récentes* Paris, Les cours du droit, 1974-1975, 2 vol.
MARIENSTRAS E.; *Les mythes fondateurs de la nation américaine: Essai sur le discours idéologique aux Etats-Unis à l'époque de l'indépendance*, Paris, Ed. Complexe, 1991, 373 p.
MARIENSTRAS E. (dir.); *L'Amérique et la France, deux révolutions* Actes des ateliers Histoire et politique du colloque de Chantilly, mai 1988, organisé par l'Association française d'études américaines. Textes réunis par Elise Marienstras. Paris, publications de la Sorbonne, 1990, 221 p.
MARSHALL T.; «La raison pratique et le constitutionnalisme américain» *Revue Française de science politique*, vol. 38, n° 6, 1988, pp. 917 et s.
MARSHALL T. (dir.); *Théorie et pratique du gouvernement constitutionnel: La France et les Etats-Unis* La Garenne-Colombes, Ed. de l'espace européen, 1992, 406 p.
MAYER D. N.; *The Constitutional Thought of Thomas Jefferson*

Charlottesville and London, University Press of Virginia, 1994, XIV-397 p.
McCARRICK E. M.; *US Constitution: A guide to information sources* Detroit (Mich.), Gale Research Company, 1980, 390 p.
McCORMICK R.P.; *Experiment in independence: New Jersey in the critical period, 1781-1789*
New Brunswick, Rutgers U.P., 1950, XII-338 p.
MERRIAM C.E.; *A History of American Political Theories*
New York, Macmillan, 1903, XV-364 p.
MERRILL T.W.; «The Constitutional Principle of Separation of Powers» *The Supreme court review*, 1991, pp. 225-260.
MIDDLEKAUFF R.; *The Glorious Cause: The American Revolution 1763-1789*
Oxford, Oxford University Press, 1982, XVI-696 p.
MILLER S.F.; *Lectures on the Constitution of the United States*
Littleton, Fred B. Rothman, 1980, XXI-765. (Réimpression de l'édition Banks and Brothers, 1893).
MITCHELL B.; *Alexander Hamilton: a concise biography*
New York, Oxford University Press, 1976, VIII-395 p.
MONTESQUIEU Ph. De; «Montesquieu et l'influence de sa pensée sur la constitution américaine», *Revue de l'Agenais. Bulletin de la société académique d'Agen*, 1976, pp. 369-378.
MORSE J. T. jr.; *John Adams*
Houghton, Mifflin and Co., 1979, XXII-340 p.
MORGAN E. S.; *The Birth of the Republic*
Chicago, University of Chicago Press, 1956, 178 p.
MORGAN R. J.; *James Madison on the Constitution and the Bill of Rights*, New York, Greenwood Press, 1988, XVIII-217 p.
MORRIS M.R. (ed.); *Images of America in Revolutionary France*
Washington D.C., Georgetown U.P., 1990, XIV-211 p.
NIX R. N. C. et SCHWEITZER M. M.; «Pennsylvania's Contributions to the uniting and the Ratification of the Constitution», *The Pennsylvania Magazine of History and Biography*, vol. CXII, january 1988, pp. 3-24.
NOAILLES J. duc de; «Le centenaire d'une constitution»
Revue des deux mondes, 15 février 1889, pp. 852-885.
«Le pouvoir exécutif aux Etats-Unis»
Revue des deux mondes, 15 juin 1888, pp. 814-850
«Le pouvoir judiciaire aux Etats-Unis»
Revue des deux mondes, 1er août 1888, pp. 571-608
Cents ans de République aux Etats-Unis

Paris, Calmann-Lévy, 1886-1889, 2 tomes.
OGG F. A.; *Le gouvernement des Etats-Unis d'Amérique*
Traduction française de Jacqueline-Henri Prélot. Préface de Marcel Prélot, Paris, P.U.F., 1958, VIII-336 p.
PALMER R.R.; *The Age of Democratic Revolution. A political history of Europe and American, 1760-1800*
Princeton, Princeton UP, 1959-1964, 2 vol.
«The impact of the American Revolution abroad»
in Library of Congress, *The impact of American Revolution abroad*, Washington, Library of Congress, 1976, pp. 5-18.
PANAGPOULOS E.P.; *Essays on the history and meaning of checks and Balances*, New-York, London, University Press of America, 1985, XIX-294 p.
PANGLE Th.-L.; *The Spirit of modern republicanism: the moral vision of the American Fouders and the philosophy of Locke*
Chicago, University of Chicago Press, 1988, X-334 p.
PAYNTER J.E.; «The rhetorical design of John Adams's Defence of the constitutions of America»
Review of politics, 1996, vol. 58, n° 3, summer, pp. 531 et s.
PRITCHETT C. H.; *The American Constitution*
New-York, McGraw-Hill, 1977, 732 p.
RAKOVE J.N.; «James Madison and the Bill of Rights: A broader context», *Presidential Studies Quarterly*, 1992, vol. 22, n° 4, Fall, pp. 667 et s.
RAYNAUD Ph.; «L'idée républicaine et le Fédéraliste»
in F. Furet et M. Ozouf (dir.), *Le siècle de l'avènement républicain*, Paris, Gallimard, 1993, pp. 57-79.
«De la liberté au pouvoir. Réflexions sur le patriotisme américain», *La Pensée politique*, 1995, n° 3, pp. 71-84.
«Révolution américaine»
in F. Furet et M. Ozouf (dir.), *Dictionnaire critique de la Révolution française,* Paris, Flammarion, 1988, pp. 860-871.
READ J.H.; «Our complicated system: James Madison on power and liberty»
Political Theory, 1995, vol. 23, n°3, August, pp. 452 et s.
REID J.P.; *The Concept of Representation in the Age of the American Revolution*, Chicago and London, University of Chicago Press, 1989, VIII-251 p.
RAMMELKAMP C.H.; «The French constitution of 1791 and the United States Constitution: a comparison»
South Atlantic Quarterly, vol. 2, january 1903, pp. 56-67.

RECK A.; «Philosophy in the Debates at the United States Constitutional Convention»
in A.S. Rosenbaum (ed.), *Constitutionalism. The Philosophical Dimension*, New York, Greenwood Press, 1988, pp. 113-124.
RECK J.; «The philosophical background of the American Constitution» in M.-G. Singer (ed.), *American Philosophy*, Cambridge, Cambridge U.P., 1985, pp. 273-293.
RICHARDS D. A; *Foundations of American Constitutionalism*
New York-Oxford, Oxford University Press, 1989, XI-315 p.
RIKER W.H.; «The heresthetics of constitution making. The presidency in 1787», *American Political Science Review*, 78, 1984, pp. 1-16.
ROSEN G.; «James Madison and the problem of founding»
Review of politics, 1996, vol. 58, n° 3, summer, pp. 561 et s.
ROSENBAUM A.S.; *Constitutionalism: the philosophical dimension*
New York, London, Greenwood Press, 1988, XII-263 p.
ROSENTHAL L.; *America and France: the influence of the United States and France in the XVIIIth century*
New-York, H. Holt and Cie,1882, 302 p.
ROSSI P.; *Mélanges d'économie politique, d'histoire et de philosophie*
Paris, Guillaumin, 1857, 2 vol.
ROSSITER C. L.; *1787: The Great Convention*
New-York, Norton, 1987, 443 p.
«The political theory of Benjamin Franklin»
Pennsylvania Magazine of History and Biography, july 1952, pp. 259-293.
Seedtime of the Republic. The origin of the American tradition of political liberty
New-York, Harcourt, 1973, XIV-558 p.
ROUBAN L.; «L'inconstitutionnalité du veto législatif aux Etats-Unis: Boulversement ou Rééquilibrage des pouvoirs?», *Revue de Droit Public*, 1984, pp. 949-970.
ROUSSEAU D.; «Les relations président-congrès: une concurrence continue»
in Marie-France Toinet, *Et la constitution créa l'Amérique*, Presses universitaires de Nancy, 1988, pp. 171- 179.
RUSSELL R.M.; *America compared with England* (...).
London, Wilson, 1848.
RUTLAND R. A.; *The Ordeal of the Constitution: The Antifederalists and the Ratification struggle of 1787-1788*
Norman, University of Oklaoma Press, XIV-330 p.
RYERSON R. A.; *The Revolution is now begun: The Radical Committees*

of Philadelphia, 1765-1776
Philadelphia, University of Pennsylvania, 1978, 305 p.
SCOFFONI G.; «Le droit naturel et l'établissement de la démocratie américaine. La contribution théorique de Thomas Jefferson» , *Revue du Droit public*, 1989, n° 2, pp. 853-882.
SELSAM J.P.; «Brissot de Warville on the Pennsylvania Constitution of 1776», *Pennsylvania Magazine of History and Biography*, vol. 72, january 1948, pp. 25-43.
The Pennsylvania Constitution of 1776, a study in Revolutionnary Democracy.
New-York, Da Capo Press reprints, 1971, X-280 p.
«The political revolution in Pennsylvania in 1776» *Pennsylvania History*, vol. I, july 1934, pp. 147-157.
SELSAM J. P., RAYBACK J. G.; «French comments on the Pennsylvania Constitution of 1776»
Pennsylvania Magazine of History and Biography, vol. 76, july 1952, pp. 311-325.
SHAW, P.; *The Character of John Adams*
Chapel Hill, North Carolina Press, 1976, IX-324 p.
SISMONDI J.C.; *Examen de la constitution française*
Paris, Treuttel et Wurtz, 1815, 124 p.
SIEBERT D. T.; «Catherine Macaulay's *History of England*: antidote to Hume's *History*», in *Transactions of the Eight International Congress on the Enlightenment*, Oxford, The Voltaire Foundation, 1992, T. I, pp. 393-396.
SORENSON L.R.; «Madison and the meaning of the General Welfare, the Purpose of enumerated powers, and the definition of Constitutional government»
Publius, 1992, vol. 22, n° 2, Spring, pp. 109 et s.
SPURLIN P.M.; «L'influence de Montesquieu sur la constitution américaine», in *Actes du Congrès Montesquieu*, Bordeaux, Delmas, 1956, pp. 265-272.
Montesquieu in America 1760-1801
Louisiana, Louisiana State University Press, 1940, XI-302 p.
STEVENS C. E.; *Les sources de la constitution des Etats-Unis étudiées dans leurs rapports avec l'histoire de l'Angleterre et de ses colonies,* traduit sur la dernière édition anglaise et américaine par Louis Vossion, Paris, Guillaumin, 1897, XIII-332 p.
STOURZH G.; «William Blackstone: Teacher of Revolution»
Jahrbuch für Amerikastudien, vol. 15, 1970, pp. 184-200.
THACH Ch.; *The creation of the Presidency, 1775-1789. A study in*

Constitutional History
Baltimore, The John Hopkins Press, 1923, 183 p.
THOMSON C.B.; «John Adams' Machiavellian Moment»
Review of politics, 1995, vol. 57, n° 3, summer, pp. 389 et s.
TOINET M.-F.; «A propos du contrôle de constitutionnalité»
Focus, décembre 1987, pp. 21-27.
Le Congrès des Etats-Unis
Paris, P.U.F., 1972, 230 p.
La cour suprême: les grands arrêts
Nancy, P.U. de Nancy, 1989, 219 p.
«Différente et semblable»
in Marie-France Toinet, *Et la constitution créa l'Amérique*, Presses universitaires de Nancy, 1988, pp. 5-11
«Les Etats-Unis sont-ils la patrie des droits de l'homme ?»
L'Histoire, n° 156, juin 1992, pp. 64-65.
La présidence américaine
Paris, Montchestien, 1991, 160 p.
Le système politique des Etats-Unis
Préface de Stanley Hoffmann
Paris, P.U.F., 1988, 629 p.
TOROMBERT H.; *Principes du droit politique mis en opposition avec le "Contrat social" de J.J. Rousseau* (...).
Paris, Rey et Gravier, Aimé André, 1825, CXXXVI-382 p.
TUNC A. et S.; *Le système constitutionnel des Etats-Unis d'Amérique*
Paris, Domat-Monchrestien, 1953-1954, 2 tomes.
VAN DOREN C.; *The Great Rehearsal. The Story of the Making and the Ratifying of the Constitution of the United States.*
New-York, The Viking Press, 1948, XIV-336 p.
Nous, peuple des Etats-Unis
Edition abrégée de *The Great Rehearsal*. Traduction de Jacques Boitel, Strasbourg, Paris, Istra, 1956, 208 p.
VIATTE A.; *Le veto législatif dans la constitution des Etats-Unis (1787) et dans la constitution française de 1791*
Paris, Giard et Brière, 1901, 158 p.
VILE M.J.C.; *Le régime des Etats-Unis*
Traduit par Michel Janin, Paris, éd. du Seuil, 1972, 300 p.
VINCENT B.; «La genèse du texte: circonstances historiques et origines intellectuelles de la constitution américaine», *Focus*, décembre 1987, pp. 4-10.
La révolution américaine (1775-1783)
Nancy, P.U. de Nancy, 1985, 112 p.

VINCENT B. (dir.); *Histoire des Etats-Unis*
Paris, Flammarion, 1997, 466 p.
WARREN Ch.; *The Making of the Constitution*
Cambridge, Harvard University Press, 1947, XII-832 p.
WEST T.G.; «Leo Strauss and the American Founding»
Review of politics, 1991, vol. 53, n° 1, winter, pp. 157 et s.
WHITE M.; *The philosophy of the American Revolution*
New York-Oxford, Oxford University Press, 1978, XII-299 p.
Philosophy, The Federalist, and the Constitution
New York-Oxford, Oxford University Press, 1987, XI-273 p.
WILLIAMS R. F.; «The influence of Pennsylvania's 1776 Constitution on American Constitutionalism during the Founding Decade» *Pennsylvania Magazine of History and Biography*, vol. 112, january 1988, pp. 25-48.
WILSON J.Q.; «Interests and deliberation in the American Republic, or why James Madison would never have received the James Madison award», *Political science and politics*, 1990, vol. 23, n° 4, december, pp. 558 et s.
WILSON W.; *Le gouvernement congressionnel. Etude sur la politique Américaine,* Préface de M. le sénateur Wallon, Paris, V. Giard et E. Brière, 1900, XXXI-372 p.
WOOD G. S.; *La création de la République américaine 1776-1787*
Traduit de l'anglais par François Delastre, introduction de Claude Lefort, Paris, Belin, 1991, 767 p.
ZOLLER E.; *Grands arrêts de la Cour suprême des Etats-Unis*
Paris, P.U.F., 2000, 1328 p.

Constitution française du 22 août 1795:

Sources d'époque

Papiers de la Commision des Onze, Archives nationales: C. 226 à 232.
Réimpression de l'Ancien Moniteur (Mai 1789 - novembre 1799)
Paris, Au Bureau Central, 1842.
TUETEY A.; *Les papiers des assemblées de la Révolution aux Archives nationales*
Inventaire de la série C (Consituante, Législative, Convention)
Paris, Siège de la société et librairie Edouard Cornély, 1908, XVI-299 p.

Ouvrages:

ANONYME; *A dissertation on the political Union and Constitution of the Thirteen United States of North America: which is necessary to their preservation and happiness, humbly offered to the public, by a citizen of Philadelphia*
Philadelphia, T. Bradford, 1783, 47 p.
Histoire de la République d'Angleterre, d'après les Mémoires d'Edmond Ludlow..., par un Républicain
Paris, bureau de l'imprimerie, an II, 328 p.
Les Jacobins aux Galères
Paris, impr. de Remy, (an III), 4 p.
Lettre d'un ancien membre de la Convention nationale et du corps législatif, à un membre du conseil des Cinq cents
Imprimerie de l'ami des lois, s.d., 4 p.
The New Era of The French Revolution; or observations upon the Constitution proposed in the Convention on the Twenty-third of June, 1795, London, Debrett, 1795, 28 p.
Quelques considérations sur l'organisation sociale en général, et particulièrement sur la nouvelle Constitution
Paris, imprimerie nationale, Frimaire an VIII, 48 p.
Qu'est-ce que la Commission des Onze?
Séance du 6 messidor, 4 p.
Qu'est-ce que le peuple considéré dans ses rapports avec ceux qui le gouvernent et l'administrent
Paris, Aubry, Messidor an VII, 55 p.
La vérité sur la Constitution, le Roi, l'Assemblée nationale, la cause des troubles actuels et les sociétés des amis de la

constitution, Paris, Chaudrillié, 1792, 36 p.
ANTONELLE P.A.; *Le contraste de sentiments, ou le citoyen Delacroix en présence d'un démocrate.*
Paris, R. Vatar, pluviose an 3 de la République, 59 p.
Motion d'ordre à l'occasion de la brochure de Louvet, Paris, R. Vatar, pluviose an 3, 26 p.
Quelques idées à l'ordre, mais peut-être pas à la couleur du jour, Paris, R. Vatar, pluviose an 3, 95 p.
AUDOUIN P.-J.; *Un mot sur les lois constitutionnelles*
Paris, imprimé par ordre de la convention nationale, imprimerie nationale, Prairial an III, 8 p.
BAILLEUL J. Ch.; *Examen critique de l'ouvrage posthume de Mme la Baronne de Staël ayant pour titre: Considérations sur les principaux événements de la Révolution française.*
Paris, Ant. Bailleul, 1818, 2 vol.
De l'esprit de la Révolution et de ses résultats nécessaires, Paris, A. Bailleul, s.d., 174 p.
BARRAS P.; *Mémoires de Barras, membre du Directoire*
Publiés avec une introd. générale par G. Duruy
Paris, Hachette, 1895-1896, 4 vol.
BARERE de VIEUZAC B.; *Mémoires de B. Barère*
Paris, J. Labitte, 1842-1844, 4 vol.
Montesquieu peint d'après ses ouvrages
Suisse, France, an V, VIII-169 p.
De la pensée du gouvernement
Genève, France, Pluviose an V de la République, XL-188 p.
BAUDIN P.C.L.; *Anecdotes et réflexions générales sur la Constitution*
Paris, imprimé par ordre de la Convention nationale, Imprimerie nationale, Floréal an III, 24 p.
Opinion de P.C.L. Baudin (des Ardennes) sur la question de savoir si le conseil des Cinq cents, lorsqu'il a pris une résolution, et qu'elle est envoyée au conseil des Anciens, peut, avant qu'elle soit approuvée, ou non adoptée, y faire des changements, la rapporter en tout ou en partie, et lui en substituer une nouvelle
Paris, Imprimerie nationale, Prairial an VI, 4 p.
Réponse à l'écrit du citoyen Laharpe, que je n'ai point lu, Paris, Hacquart, s.d., 4 p.
BAUDOT M.A.; *Notes historiques sur la Convention nationale, le Directoire, l'Empire et l'exil des votants*

Genève, Slatkine-Megiarotis reprints, 1974, XV-356 p. (Réimpression de l'édition de Paris, 1893).
BERTRAND; *La marmite du Directoire renversée*
Paris, Guilhemot, (1797), 8 p.
BILLAUD-VARENNE J-N.; *Principes régénérateurs du système social*
Introduction et notes par F. Brunel. Préface de M. Vovelle
Paris, Publications de la Sorbonne, 1992, 271 p.
BOULAY de la MEURTHE A.; *Essai sur les causes qui en 1649 amenèrent en Angleterre l'établissement de la République; sur celles qui devaient l'y consolider; sur celles qui l'y firent périr*
Paris, Baudouin, an VII, 132 p.
Extraits des mémoires inédits de M. Boulay de la Meurthe
Paris, P. Renouard, 1836, 73 p.
BRUGUIERE J.T.; *Constitution de l'an VIII. Vote de J.T. Bruguière*
s.l.n.d., 8 p.
BURKE E.; *Lettre du très honorable Edmond Burke, à un noble Lord, sur les attaques dirigées contre lui dans la chambre des pairs, par le duc de Bedford et le comte de Lauderdale, au sujet de ses opinions sur le gouvernement anglais et sur la révolution française*, s.l.n.d, 92 p.
BUZOT F.; *Mémoires sur la Révolution française*
Précédés d'un précis de sa vie et de recherches historiques sur les Girondins par M. Guadet
Paris, Pichon et Didier, 1828, XII-112-364 p.
Projet de décret proposé par M. Buzot, député du département de l'Eure: division du corps législatif en deux sections de discussion (21 mai 1791)
Paris, Imprimerie nationale, 1791, 3 p.
CABANIS P.; *Quelques considérations sur l'organisation sociale en général et particulièrement sur la nouvelle Constitution (séance du 25 frimaire an VIII)*
Paris, Imprimerie nationale, an VIII, 48 p.
CHAMPAGNE J.-F.; *La politique d'Aristote ou la science des Gouvernements. Ouvrage traduit du grec, avec des notes historiques et critiques par le citoyen Champagne*
Paris, Antoine Bailleul, an V (1797), LXVIII-424 p.
CHENIER M.J.; *Rapport fait au nom des comités de salut public de sûreté générale et militaire. Suivi de la loi qui ordonne, pour le 14 prairial, une cérémonie funèbre en la mémoire du représentant du peuple Ferraud*

Paris, Imprimerie nationale, 6 prairial an III, 7 p.
CONSTANT B.; *De la force du gouvernement actuel et de la nécessité de s'y rallier*, s.l., 1796, 111 p.
Des suites de la contre-révolution de 1660 en Angleterre, Paris, F. Buisson, an VII.
DAUNOU P.C.F.; *Catalogue des livres de la bibliothèque de feu M. Daunou*, in *Papiers Daunou*, B.N.: Nouvelles Acquisitions Françaises 21 910.
Discours prononcé par P.C.F. Daunou, président du conseil des Cinq cents, pour l'anniversaire de la fondation de la République. Séance du 1er vendémiaire an VII.
Paris, impr. nationale, an VII, 11 p.
Mémoires de Daunou sur la Convention nationale
in *Suite des mémoires du général Dumouriez, mémoires de Louvet et mémoires pour servir à l'histoire de la Convention nationale par Daunou*, Paris, Firmin-Didot, 1848, pp. 407-466.
Papiers Daunou
B.N.: Nouvelles Acquisitions 21880 à 21933
Rapport sur les moyens de donner plus d'intensité au gouvernement actuel, présenté au nom de la commission des Onze (le 15 floréal an III)
Paris, impr. nationale, an III, 12 p.
Rapport sur le renouvellement du Corps législatif, fait par P.C.F. Daunou (30 frimaire an V)
Paris, impr . nationale, an V, 47 p.
DELACROIX J.V.; *Montesquieu considéré dans une République*
Paris, Moutardier, an VI, 40 p.
Le Spectateur français pendant le gouvernement révolutionnaire
Paris, Buisson, an III, XII-416 p.
Le Spectateur français pendant le gouvernement républicain. Nouvelle édition corrigée, suivie de discours sur les causes des premières révolutions et sur les moyens d'asseoir le gouvernement sur une base inébranlable
Versailles, impr. de J.A. Lebel, 1815, XII-463 p.
DELAHAYE J.C.G.; *Opinion de J.C.G. Delahaye, représentant du peuple, sur la nouvelle constitution proposée par la Commission des Onze*, Paris, impr. nationale, Messidor an III, 38 p.
DELAPLANCHE; *Plan d'organisation applicable à la constitution qui convient le mieux à la République française*
Paris, thermidor an III, XII-103 p.

DUMOURIEZ Ch.; *De la République*
in *Recueil de traités politiques*
Hambourg, Hoffmann, 1797, 136 p.
DUPONT de NEMOURS P.S.; *Observations sur la constitution proposée par la commission des Onze et sur la position actuelle de la France*, Paris, Dupont, an III, 60 p.
Du pouvoir législatif et du pouvoir exécutif convenables à la République française
Paris, Dupont, an III, 131-II p.
DURAND de MAILLANE P.T.; *Histoire de la Convention nationale*
Paris, Baudouin, 1825, XII-388 p.
DUSAULX J.; *Discours prononcé par J. Dusaulx lors de la rentrée des 71 députés dans le sein de la Convention Nationale*
Paris, chez la citoyenne B. Mathé, s.d., 8 p.
Les douze représentants du peuple, détenus à Port-libre, à leurs collègues, siégeant à la Convention nationale, et à tous les citoyens français. (16 vendémiaire an III), s.l.n.d., 28 p.
DUVERGIER J.B.; *Collection complète des lois, décrets, ordonnances, règlements et avis du Conseil d'Etat*
Paris, Guyot et scribe, Ch. Béchet, 1826, T. XII.
DUVOISIN J.B.; *Défense de l'ordre social contre les principes de la Révolution française*, Londres, 1798, 384 p.
ESCHASSERIAUX J.; *Opinion sur la composition du corps législatif et la formation de la loi*, Paris, Thermidor an III, 14 p.
Opinion sur le mode de nomination du Directoire exécutif, Paris, Thermidor an III, 3 p.
Opinion sur le jury constitutionnaire proposé par Sieyès et par la commission des Onze
Paris, impr. nationale, an III, 7 p.
ESCHERNY F.-L. d'; *De l'Egalité, ou principes généraux sur les institutions civiles, politiques et religieuses* (...)
Paris, Basle, J. Decker, 1796, 2 vol.
F. P. B. ** ; *De l'équilibre des trois pouvoirs politiques, ou lettres au représentant du peuple Lanjuinais, sur son opinion de diviser le corps législatif en deux sections*
Paris, imprimerie de Ch. Desbrière, an III, 247 p.
FAULCON F.; *Mélanges législatifs, historiques et politiques pendant la durée de la constitution de l'an III*
Paris, Henrichs, an IX, 2 vol.
FAURE P.J.D.G.; *Au représentant Sieyès, sur un projet de constitution*
Paris, Imprimerie nationale, thermidor an III, 4 p.

Sur le jury constitutionnaire, proposé par Sieyès et la Commission des Onze, et autres objets relatifs à l'état actuel
Paris, Imprimerie nationale, fructidor an III, 14 p.
Touche légère sur la constitution des Onze
Paris, Imprimerie nationale, messidor an III, 22 p.
GARAT D.-J.; *Discours prononcé par Garat, membre de la commission des anciens, après la lecture de la résolution sur la présentation au peuple des nouvelles lois fondamentales de la République.*
Paris, Imprimerie nationale, frimaire an VIII, 6 p.
Mémoires historiques sur la vie de M. Suard, sur ses écrits, et sur le XVIIIᵉ siècle, Paris, Belin, 1820, 2 vol.
GILBERT N.P.; *Du pacte social ou examen raisonné de la constitution de l'an VIII*, Paris, Bacot, an VIII, 61 p.
GINGUENE P.L; *De M. Necker et de son livre intitulé: de la Révolution Française*, Paris, Imprimerie des sciences et arts, l'an V de la République, 94 p.
GREGOIRE H.; *Mémoires de Grégoire* (...).
Notice de H. Carnot, préf. de J.-N. Jeanneney, introd. de J.-M. Lerriaud, Paris, éd. de Santé, 1989, 346 p.
HARRINGTON J.; *Aphorismes politiques*
Traduits (par P.Fr. Aubin), Précédés d'une notice sur la vie et les ouvrages de l'auteur, Paris, Didot jeune, l'an III, 259 p.
Océana
précédé de *L'œuvre politique de Harrington* par J.G.A. Pocock (*Océana* est présenté d'après la traduction de P.F. Henry, revue et complétée par F. Delastre), Paris, Belin, 1995, 476 p.
The Oceana and other works of James Harrington. Collected, methodized and reviewed with an exact account of his life prefixed by John Toland to which is added an appendix containing all politics tracts wrote by this Autor omitted in Mr Tolland's edition, London, A. Millar, 1747, XLVI-632 p.
Œuvres politiques de Jacques Harrington Ecuyer Contenant la République d'Océana, les Aphorismes et les autres Traités du même Auteur; précédées de l'Histoire de sa vie, écrite par Jean Toland
Ouvrage traduit de l'Anglais par P.F. Henry
Paris, Leclere, Quatremere, l'an III, 3 tomes.
HEKEL J.-M.; *Bases d'une constitution pour la nation française*
Paris, Maret, an Troisième, 28 p.
Nécessité des lois organiques, ou la constitution de 1793 convaincue de jacobinisme (...).

Paris, Maret, an troisième, 56 p.
HENRY P.-F.; *Histoire du Directoire exécutif depuis son installation jusqu'au 18 Brumaire inclusivement*
Paris, F. Buisson, an IX, 2 vol.
HUME D.; *Discours politiques de Monsieur Hume*
Traduits de l'anglais par Monsieur l'Abbé Le Blanc
Dresde, Michel Groell, 1755, 2 vol.
Idée d'une République parfaite
in *Discours politiques*, précédé de *Ma vie*, et suivi de *De l'écriture par essais*
traduit de l'Anglais par F. Grandjean
Mauvezin, Trans-Europ-Repress, 1993, V-260 p.
IVERNOIS F. d'; *Des révolutions de France et de Genève*
Londres, T. Spilsbury et fils, octobre 1795, V-VIII-448 p.
Tableau historique et politique des deux dernières révolutions de Genève, Londres, 1789, 2 tomes.
JACQUEMONT V.; *Lettres critiques sur le projet de constitution présenté à la Convention nationale de France par sa commission des Onze*, Paris, d'Anjubault, an III, 67 p.
LACRETELLE Ch.; *Précis historique de la Révolution française: Directoire exécutif*
Paris, Treuttel et Wurtz, 1806, 2 vol.
LEFEBURE L.F.H.; *Plan de constitution*
Paris, imprimerie des aveugles-travailleurs, 20 p.
LAMARE; *L'équipondérateur ou une seule manière d'organiser un gouvernement libre*
Imprimé par ordre de la commission des Onze, Paris, Imp. Nationale, Messidor an III, 70 p.
LAMBERT Ch.; *Lambert, député de la Côte d'Or à ses collègues, sur l'acte constitutionnel, présenté à la Convention nationale par la commission des Onze, le 5 messidor, l'an III*
Paris, Imprimerie nationale, thermidor an III, 8 p.
LANDES P.; *Réflexions sur l'ouvrage de M. Necker, intitulé du pouvoir exécutif*, tirées du n° XIII de la *Correspondance politique de M. Landes*, pp. 194-208.
LANJUINAIS J.D.; *Opinion sur le gouvernement provisoire de la République*, Paris, impr. nationale, an III, 4 p.
LAREVELLIERE-LEPEAUX L.-M.; *Mémoires de Larevellière-Lepeaux*
Paris, Plon, 1895, 3 vol.
Papiers Larevellière-Lépeaux.
B.N.: 21562-21566.

LEBRETON R.P.F.; *Idées constitutionnelles*
Paris, Imprimerie nationale, thermidor an III, 18 p.

LE MERCIER DE LA RIVIERE P.-P.; *L'Heureuse Nation, ou gouvernement des Féliciens*
Paris, Creuze, Behal, 1792, 2 vol.

LENOIR-LAROCHE J.-J.; *De l'esprit de la constitution qui convient à la France, et examen de celle de 1793*
Paris, Agasse, l'an trois de la République française, VI-184 p.

LEVASSEUR de la SARTHE R.; *Mémoires de René Levasseur (de la Sarthe) ex-Conventionnel*
Paris, Rapilly, 1829-1831, 4 vol.

LEZAY-MARNEZIA A.; *Des causes de la révolution et de ses résultats*
Paris, Desenne, 1797, VIII-74 p.

De la faiblesse du gouvernement qui commence, et de la nécessité où il est de se rallier à la majorité nationale
Paris, Desenne, Maret, an quatrième, 64 p.

Lettre à un Suisse sur la nouvelle constitution hélvétique
Paris, imprimerie Roederer, an VI, 63 p.

Qu'est-ce que la constitution de 93? Constitution du Massachusett
Paris, Migneret, Maret, an III, XII-84 p.

Qu'est-ce que la constitution de 95?
Paris, Migneret, Maret, an III, XII-60 p.

LINGUET S.-N.-H.; «Angleterre»
Annales politiques, civiles et littéraires du dix-huitième siècle,
Londres, 1784, T. XI, pp. 65-187.

LOUVET P.F.; *Opinion contre la proposition d'un jury constitutionnaire, prononcée le 24 thermidor an III*
Paris, impr. nationale, an III, 14 p.

LOUVET de COUVRAY J.B.; *Discours prononcé par le représentant du peuple J.B. Louvet dans la séance du 14 prairial an III, pour célébrer la mémoire du représentant du peuple Ferraud, assassiné dans ses fonctions, le 1er de ce mois.*
Imprimé par ordre de la Convention nationale, Paris, impr. nationale, prairial an III, 24 p.

Mémoires de Louvet de Couvray sur la Révolution française
Préface, notes et tables par F.A. Aulard
Paris, librairie des Bibliophiles, 1889, 2 vol.

Opinion sur le gouvernement provisoire de la République
Paris, impr. nationale, floréal an III, 4 p.
Paris justifié contre M. Mounier
Paris, Bailly, 1789, 54 p.
MAISTRE J. de; *Considérations sur la France*
Préface de Jean Tulard
Paris, Ed. des grands classiques, 1993, 211 p.
Considérations sur la France
Genève, Robert Triomphe, 1968, 126 p.
MONTGAILLARD; *L'an Mille sept cent quatre-vingt-quinze ou conjectures sur les suites de la Révolution française*
Hambourg, février 1795, 267 p.
MONTESQUIOU A.-P.; *Coup d'œil sur la Révolution française, par le général Montesquiou, suivi de la réponse du comte d'Antraigues*
Genève, 1795, 200 p.
MORELLET M.A.; *Lettre écrite à l'occasion de l'ouvrage intitulé: "Examen du gouvernement d'Angleterre"*
s.l., 1789, 24 p.
Mémoires inédits de l'Abbé Morellet sur le dix-huitième siècle et sur la Révolution, précédés de l'éloge de l'abbé Morellet par M. Lemontey
Paris, Ladvocat, 1821, 2 vol.
MOUNIER J.-J.; *Adolphe ou principes élémentaires de politique et résultats de la plus cruelle des expériences*
Londres, 1795, VIII-172 p.
De l'influence attribuée aux philosophes, aux francs-maçons et aux illuminés sur la Révolution de France
Tubbingen, J.G. Gotta, 1801, 254 p.
Motifs présentés dans la séance de l'Assemblée nationale du 4 septembre 1789, au nom du comité de Constitution, sur divers articles du plan du corps législatif, et principalement sur la nécessité de la sanction royale, Versailles, Baudouin, 1789, 42 p.
NECKER J.; *Dernières vues de politique et de finance, offertes à la nation française*, s.l., 1802, XII-480 p.
Histoire de la Révolution française, par M. Necker, depuis l'Assemblée des notables jusque et y compris la journée du 13 vendémiaire an IV.
Paris, Librairie historique, 1821, 4 vol.
Du pouvoir exécutif dans les grands Etats

s.l., 1792, 2 vol.
De la Révolution française
Paris, Maret, an V, 1797, 2 vol.
Œuvres complètes de M. Necker
Publiées par M. le baron de Staël, son petit-fils
Paris, Treuttel et Wurtz, 1821, 10 tomes.

NOUGARET P.J.B.; *Contrat social des Républiques et Essai sur les abus religieux, politiques, civils, etc. parmi toutes les nations et principalement en France.*
Paris, Desenne, Caillot, an VIII, XX-384 p.

OELSNER C. E., *Des opinions politiques du citoyen Sieyes et de sa vie comme homme public*
Paris, Goujon, an VIII, VIII-280 p.

PAINE Th.; *Dissertation sur les premiers principes du gouvernement*
Paris, imprimerie de la rue de Vaugirard, l'an troisième de la République, 36 p.
Droits de l'Homme, en réponse à l'attaque de M. Burke sur la Révolution française
Traduit de l'Anglais par F. S(oulès)
Paris, Buisson, 1791-1792, 2 tomes.
Lettre de Thomas Paine au peuple français sur la journée du 18 fructidor.
Paris, librairie du cercle social, an VI, 39 p.
Le sens commun
Introduction, traduction et notes par Bernard Vincent
Paris, Aubier, 1983, 220 p.
Le Sens commun, adressé aux habitants de l'Amérique, par Thomas Paine, Paris, imprimerie de Poulet, 1822, X-74 p.
The Writings of Thomas Paine
Collected and edited by Moncure Daniel Comway
New-York, London, G.P. Putnam's sons, 1894-1896, 4 vol.

PANGE comtesse J. de; *Madame de Staël et François de Pange. Lettres et documents inédits*, Paris, Plon, 1925, VII-270 p.

PETION J. (le père); *Réflexions du républicain Pétion sur les droits du peuple pour la constitution de son gouvernement, et pour sa législation, tant civile que criminelle.*
Paris, Pougin, an III, 16 p.

PIAULT U.F.; *Traité de l'esprit des sociétés nationales, suivi d'un plan de contrat social et de constitution de Gouvernement, présenté au Comité de constitution de la Convention nationale, le 16 messidor an III de la République française*

Paris, Pernier, an VIII, XII-484 p.
PICTET C.; *Tableau de la situation actuelle des Etats-Unis d'Amérique d'après Jedidiah Morse et les meilleurs auteurs américains*
Paris, Dupont, an III, 2 vol.
POULTIER; *Constitution populaire présentée à la nation française*
Paris, Imprimerie nationale, 1793, 58 p.
Du pouvoir exécutif
Paris, Imprimerie nationale, le 6 thermidor, l'an III de la République, 4 p.
RABAUT SAINT-ETIENNE J.-P.; *Précis de l'histoire de la Révolution Française*, Paris, Servier, 1827, XL-304 p.
RAFFRON de TROUILLET N.; *La garantie du peuple*
Paris, impr. nationale, thermidor an III, 3 p.
Méditation, conseil
Paris, impr. nationale, an III, 2 p.
Observations du citoyen Raffron sur un point essentiel omis dans la constitution
Paris, R. Vatar, s.d., 7 p.
Pensées détachées qui sont toutes à l'ordre du jour, et font suite à ce que j'ai imprimé dernièrement
Paris, G.F. Galetti, s.d., 3 p.
Notre situation
Paris, impr. nationale, an III, 2 p.
ROEDERER P.L.; «Dernier extrait de l'ouvrage de M. Necker sur la Révolution française et Réflexions sur cet Ouvrage»
Journal d'économie publique, de morale et de politique, T. III, n° XXIII, 20 germinal an V, pp. 193-210.
Du gouvernement
Paris, impr. du Journal de Paris, 1795, 60 p.
Eloge historique de Montesquieu, lu au lycée républicain le 6 germinal an VII
Paris, impr. du Journal de Paris, an VII, 57 p.
Œuvres du comte P.-L. Roederer (...).
Paris, Firmin-Didot frères, 1853-1859, 8 vol.
Papiers Roederer
Archives Nationales: 29 AP 1 à 120
ROUZET, J.M.; *Vues civiques sur la constitution que les Français sont intéréssés à se donner, présentées par J.M Rouzet, en Messidor, l'an III de la République.*
Paris, impr. nationale, an III, 132 p.
SALLE J.-B.; *Examen critique de la constitution de 1793, par feu Salle*

Paris, Gorsas, an III, 32 p.
Opinion de M. Salle, député du département de la Meurthe à l'Assemblée nationale, contre la demande du corps législatif en deux sections
Paris, Imprimerie nationale, 1791, 26 p.

SIEYES E-J.; *Déclaration volontaire proposée aux patriotes des quatre-vingt-trois départements, ce 17 juin 1791*
Paris, Imprimerie nationale, 1791, 16 p.
Ecrits politiques
Choix et présentation: Roberto Zapperi
Editions des archives contemporaines, 1985, 277 p.
Papiers Sieyes
Archives Nationales: 284 AP
Les Archives Sieyes: inventaire
par Robert Marquant. Avant-propos par Marcel Dunan
S.E.V.P.E.N., 1970, 129 p.

STAEL G. de; *Des circonstances actuelles qui peuvent terminer la Révolution et des principes qui doivent fonder la République en France*
Edition critique par Lucia Omacini
Genève, Paris, Droz, 1979, LXXXVIII-477 p.
Considérations sur la Révolution française
Paris, Fasquelle 1818, 2 tomes.
Correspondance générale
T. III, 2e partie: *Lettres d'une nouvelle républicaine 17 mai 1795 - fin novembre 1796*
Texte établi et présenté par B. W. Jasinski
Paris, J.J. Pauvert, 1974, X-308 p.
De la littérature
Edition établie par Gérard Gengembre et Jean Goldzink
Paris, Flammarion, 1991, 445 p.
Réflexions sur la paix intérieure
in *Œuvres complètes de Mme la Baronne de Staël*
Paris, 1820, Treuttel et Wurtz, T. II.

SUARD J.B.A.; «Lettre sur la constitution et le commerce des Etats-Unis» *Mélanges de littérature*, Paris, Dentu, an XII-1803, T. III, 412 p.

TERRAL J.; *Opinion de Joseph Terral sur les défectuosités de la Constitution de 1793, le prétexte et les moyens qu'elles fournissent à l'aristocratie et à l'anarchie, d'anéantir la démocratie*
Paris, impr. nationale, prairial an III, 15 p.

THIBAUDEAU A.C.; *Mémoires sur la Convention et le Directoire*
T. I: *Convention*
Paris, Ponthieu et Cie, 1827, 400 p.
THOURET J.-G.; *Analyse des idées principales sur la reconnaissance des droits de l'homme en société, et sur les bases de la constitution*, Paris, Baudouin, 1789, 36 p.
TRONCHET Fr. D.; *Rapport fait par Fr. D. Tronchet, sur les difficultés qui ont été proposées le 16 floréal, relativement aux nouvelles rédactions des résolutions des 16 et 22 germinal, relatives, la première au régime hypothécaire, la seconde aux délits relatifs aux billets de la loterie nationale.*
séance du 21 floréal an VI, 22 p.
VARLET J.F.; *Gare l'explosion*
s.l., an III, 16 p.
VAUBLANC V.M. de; *Mémoires de M. le Comte de Vaublanc*
Avant-propos et notes par M. Fs. Barrière
Paris, Firmin Didot, 1857, XVI-491 p.
*Réflexions sur les bases d'une constitution par le citoyen ***, présentées par Bresson*
Paris, Impr . nationale, an III, 12-70 p.
Réflexions sur le plan de la Constitution, présenté par la Commission des Onze, par l'auteur des Réflexions sur les bases d'une constitution.
Paris, Maret, an III, 40 p.
VAUGHAN B.; *De l'état politique et économique de la France, sous sa constitution de l'an III*
Ouvrage traduit de l'anglais (par J.A. Blachon)
Stasbourg, Levrault, l'an IV de la République française, 114 p.
VOLNEY C.-F.; *Tableau du climat et du sol des Etats-Unis d'Amérique*
Œuvres de C.-F. Volney, Paris, Parmantier, 1825, T. IV.

Journaux:

Annales patriotiques et littéraires ou la tribune des Hommes libres, Journal de politique et de commerce rédigé par L.S. Mercier, député à la convention nationale. B.N.: 4 LC2 250.
Gazette Française, Papier-nouvelles de tous les jours et de tous les pays. B.N.: 4 LC2 658
Journal d'Economie publique, de morale et de politique. B.N.: R. 49367/71
Journal de l'opposition. B.N: 8 LC2 862.

Journal de Perlet. B.N: 8 LC2 203/05.
Nouvelles politiques nationales et étrangères. B.N.: 4 LC2 747.
La Sentinelle: rédacteur: J.B. Louvet; puis au 12 messidor an V J.B. Louvet et J.J. Loeuilliette, puis au 18 thermidor an V J.J. Loeuilliette. BN: 4 LC2 694.

Sources postérieures

AULARD A.; «La constitution de l'an III et la République bourgeoise» *La Révolution française*, 1900, T. 38, pp. 113-160.
«L'exercice de la souveraineté nationale sous le Directoire» *La Révolution française*, 1901, T. 40, pp. 5 à 29.
Histoire politique de la Révolution française (...). Paris, A. Colin, 1901, 805 p.
BACZKO B.; *Comment sortir de la Terreur. Thermidor et la Révolution.* Paris, Gallimard, 1989, 353 p.
«Thermidoriens» in F. Furet et M. Ozouf (dir.), *Dictionnaire critique de la Révolution française*, Paris, Flammarion, 1988, pp. 425-439.
BAKER K. M.; «Sieyès» in F. Furet et M. Ozouf (dir.), *Dictionnaire critique de la Révolution française*, Paris, Flammarion, 1988, pp. 334-344.
BALAYE S.; *Madame de Staël: Lumières et liberté* Paris, Klincksieck, 1979, 271 p.
Madame de Staël: écrire, lutter, vivre Préface de R. Mortier; postface par F.P. Bowman Genève, Droz, 1994, 390 p.
BALAYE S. et CANDAUX J.D. (dir.); *Le groupe de Coppet: actes et documents* Genève, Slatkine, Paris, Champion, 1977, 528 p.
BARBERIS M.; «Thermidor, le libéralisme et la modernité politique» in *1795, Pour une République sans Révolution*, R. Dupuy et M. Morabito (dir.), Rennes, PU de Rennes, 1996, pp. 123-141.
BART J. et al. (dir.); *La constitution de l'an III ou l'ordre républicain* Dijon, éditions universitaires de Dijon, 1998, 443 p.
BASTID P.; Sièyes et sa pensée Paris, Hachette, 1970, 671 p.
BONNARD M.; «Les pratiques parlementaires sous le Directoire»

Revue Française de Droit constitutionnel, 1990-2, pp. 213-237.
BONNO G.; *La constitution britannique devant l'opinion française de Montesquieu à Bonaparte*
Paris, Honoré Champion, 1932, 319 p.
BOSC Y.; «Arrêter la révolution, conserver la Révolution»
in M. Vovelle (dir.), *Le tournant de l'an III. Réaction et Terreur blanche dans la France révolutionnaire.*
Paris, éditions du C.T.H.S., 1997, pp. 99-108.
BOUINEAU J.; *Les toges du pouvoir (1789-1799) ou la révélation du droit antique*
Préface de MM. Jacques Godechot et Romuald Szramkiewicz
Toulouse, Association des publications de l'université de Toulouse-le Mirail et éditions Eché, 1986, XLVII-544 p.
BOURDIN Ph et GUINOT B., *La République directoriale*, Actes du colloque de Clermont-Ferrand (22-24 mai 1997), s.l., société d'études robespierristes, 1998, 2 vol.
BOURDON J.; *La constitution de l'an VIII*
Rodez, Carrère, 1942, 125 p.
BOZEC C. le; «Boissy d'Anglas et la constitution de l'an III»
in *1795, Pour une République sans Révolution*, R. Dupuy et M. Morabito (dir.), Rennes, P.U. de Rennes, 1996, pp. 81-90.
Boissy d'Anglas. Un grand notable libéral
Préface de Maurice Agulhon
Fédération des œuvres laïques de l'Ardèche, 1995, XIV-480 p.
«Sur la journée du 1er Prairial an III: le mythe et la réalité»
in M. Vovelle (dir.), *Le tournant de l'an III. Réaction et Terreur blanche dans la France révolutionnaire*,
Paris, éditions du C.T.H.S., 1997, pp. 35-42.
BREDIN J.-D.; *Sieyès. La clé de la Révolution française*
Paris, éditions de Fallois, 1988, 611 p.
BRUNEL F.; «Aux origines d'un parti de l'ordre: les propositions de constitution de l'an III»
in *Mouvements populaires et conscience sociale*, colloque de l'université Paris VII-C.N.R.S., Paris, 24-26 mai 1984, Paris, Maloine, 1985, pp. 687-696.
«L'épuration de la Convention nationale en l'an III»
in M.Vovelle (dir.), *Le tournant de l'an III. Réaction et Terreur blanche dans la France révolutionnaire*,
Paris, éditions du C.T.H.S., 1997, pp. 15-26.
«Sur l'historiographie de la réaction thermidorienne»
Annales historiques de la révolution française, n° 337, juillet-

septembre 1979, pp. 453-474.
«Réaction thermidorienne»
in A. Soboul (dir.), *Dictionnaire historique de la Révolution française*, Paris, P.U.F., 1989, pp. 886-887.
CANAVAN F.; «Thomas Paine 1737-1809»
in Strauss L. et Cropsey J. (dir.), *Histoire de la philosophie politique*, Paris, P.U.F., 1994, pp. 753-760.
CHARAVAY E.; *La Revellière-Lépeaux et ses Mémoires*
Paris, bureaux de la Revue Bleue, 1895, 46 p.
CHINARD G.; *Jefferson et les Idéologues, d'après sa correspondance inédite avec Destutt de Tracy, Cabanis, J.B. Say et Auguste Comte*
Paris, P.U.F., Baltimore, John Hopkins Press, 1925, 295 p.
Volney et l'Amérique, d'après des documents inédits et sa correspondance avec Jefferson
Paris, P.U.F., Baltimore, John Hopkins Press, 1923, 207 p.
CHURCH C.; «Du nouveau sur les origines de la constitution de 1795» *Revue historique de droit français et étranger*, oct-dec. 1974, n° 4, pp. 594-627.
CLAEYS G.; «The French Revolution debate and British political Thought», *History of political thought*, 1990, vol. 11, n° 1, spring, pp. 59 et s.
CLAPHAM J.H.; *The Abbe Sieyes. An essay in the politics of French Revolution*
London, P.S. King and Son, 1912, VI-275 p.
CLAVREUL C.; *L'influence de la théorie d'Emmanuel Sièyes sur les origines de la représentation en droit public*
thèse, Paris I, 1982, 666 p.
CONAC G. et MACHELON J.-P.; *La Constitution de l'an III. Boissy d'Anglas et la naissance du libéralisme constitutionnel*
Paris, P.U.F., 1999, 296 p.
CONWAY M. D.; *Thomas Paine (1737-1809) et la révolution dans les deux mondes*
Traduction de Félix Rabbe, Paris, Plon, 1900, XI-460 p.
CORNU L.; «Fédéralisme»
in F. Furet et M. Ozouf (dir.), *Dictionnaire critique de la Révolution française*, Paris, Flammarion, 1988, pp. 85-95.
«Fédéralistes? Et pourquoi?»
in F. Furet et M. Ozouf (dir.), *La Gironde et les Girondins*, Paris, Payot, 1991, pp. 264-289.
DORIGNY M.; «La formation de la pensée économique de Sieyès d'après

ses manuscrits (1770-1789)»
Annales historiques de la Révolution Française, n° 271, janvier-mars 1988, pp. 35-59.
ESCARPIT R.; *L'Angleterre dans l'œuvre de Madame de Staël*
Paris, Marcel Didier, 1954, 174 p.
FONTANA B.; «La République de Thermidor et ses principes dans les écrits de Madame de Staël», in F. Furet et M. Ozouf (dir.), *Le siècle de l'avènement républicain*
Paris, Gallimard, 1993, pp. 257-284.
FORSYTH M.; *Reason and Revolution. The political thought of the Abbé Sieyès*
New-York, Leicester University Press, 1987, VII-248 p.
FRYER W. R.; *Republic or Restoration in France? 1794-7. The Politics of French Royalism, with particular reference to the activities of A.B.J. d'André.*
Manchester University Press, 1965, XIX-330 p.
FURET F. et RICHET D.; *La Révolution française*
Paris, Fayard, 1973, 544 p.
GALMICHE P.; *L'élaboration de la constitution de l'an III. La commission des Onze*
Thèse, Paris, 1949, 153 p.
GAUCHET M.; «Mme de Staël»
in F. Furet et M. Ozouf (dir.), *Dictionnaire critique de la Révolution française*, Paris, Flammarion, 1988, pp. 1053-1059.
«Necker»
in F. Furet et M. Ozouf (dir.), *Dictionnaire critique de la Révolution française*, Paris, Flammarion, 1988, pp. 307-317.
La révolution des droits de l'homme
Paris, Gallimard, 1989, XXV-341 p.
La révolution des pouvoirs. La souveraineté, le peuple et la représentation 1789-1799
Paris, Gallimard, 1995, 288 p.
GERSHOY L.; «Bertrand Barère de Vieuzac, un médiateur de la Révolution»,
Annales Historiques de la Révolution Française, n° 163, janv.-mars 1961, pp. 1-18.
GODECHOT J.; «Lacretelle le jeune et le 18 Fructidor»
Annales historiques de la Révolution Française, 1956, pp. 405-407.
Les institutions de la France sous la Révolution et l'Empire

Paris, P.U.F., 1985, 793 p.
GOOCH R.K.; *Parliamentary government in France Revolutionnary origins 1789-1791.*
Ithaca, New York, Cornell University Press, X-253 p.
GOYARD C.; «Constitution de l'an VIII»
in J. Tulard (dir.), *Dictionnaire Napoléon*, Paris, Fayard, 1989, pp. 494-498.
GRANGE H.; *Les idées de Necker*
Paris, C. Klincksieck, 1974, 669 p.
«Necker devant la Révolution française. Une constitution à l'anglaise et une société de notables»
Annales historiques de la révolution française, 1983, *Mélanges*, pp. 596-599.
«Necker et les constitutions américaines»
Annales de Bretagne, T. 84, 1977, n° 2, pp. 275-280.
«Necker et Mounier devant le problème politique»
Annales historiques de la Révolution française, n° 198, 1969, pp. 583-605.
«Necker, Mme de Staël et la constitution de l'an III»
Approches des Lumières. Mélanges offerts à Jean Fabre, 1975, pp. 225-239.
«De l'originalité des idées politiques de Necker»
Cahiers staëliens, 1985, 36, pp. 53-65.
GRILLE F.J.; *Revellière-Lépeaux, essai sur sa vie et ses œuvres*
Angers, Cosnier et Lachèse, 1840, III-24 p.
GUASTINI R.; «La fonction juridictionnelle dans la constitution de l'an III», in *1795, Pour une République sans Révolution*, R. Dupuy et M. Morabito (dir.), Rennes, PU de Rennes, 1996, pp. 217-236.
GUENNIFEY P.; *Le nombre et la raison. La Révolution française et les élections*
Préface de F. Furet, Paris, E.E.H.E.S.S., 1993, XII-560 p.
«La Révolution ambiguë de l'an III: la Convention, l'élection directe et le problème des candidatures»
in *1795, Pour une République sans Révolution*, R. Dupuy et M. Morabito (dir.), Rennes, P.U. de Rennes, 1996, pp. 49-78.
GUERARD B.; *Notice sur M. Daunou*
2e éd., 1855, III-367 p.
GUILLAUME P.; *La Revellière-Lepeaux. Le politicien*
in *Histoires anciennes d'Ardon*, s.l.n.d., pag. mult.
GUYOT C.; *Du Directoire au Consulat: les transitions*
Paris, impr. de Daupeley-Gouverneur, 1912, 31 p.

GWYNNE G.E.; *Madame de Staël et la Révolution française. Politique, philosophie, littérature*, Paris, Nizet, 1969, 320 p.
HARRIS R.D.; *Necker and the Revolution of 1789*
Lanham, University Press of America, 1986, IX-805 p.
HOFMANN E.; «Necker, Constant et la question constitutionnelle, 1800-1802»
Cahiers staëliens, n° 36, 1985, pp. 66-84.
JAUME L. (dir.); *Coppet, creuset de l'esprit libéral: les idées politiques et constitutionnelles du groupe de madamede Staël*
Aix-en-Provence, P.U. d'Aix, Paris, Economica, 2000, 243 p.
KUSCINSKI A.; *Dictionnaire des Conventionnels*
Paris, Société d'histoire de la Révolution française, 1916, 616 p.
LABOUCHEIX H.; *Richard Price, Théoricien de la révolution américaine: le philosophe et le sociologue, le pamphlétaire et l'orateur*, Paris, Didier, 1970, 301 p.
LASKI J.-H.; «The English Constitution and French Public Opinion, 1789-1794», *Politica*, 3, 1938, pp. 27-42.
LAUNAY R.; *Barère: l'Anacréon de la guillotine*
Paris, Tallandier, 1989, 325 p.
LEFEBVRE G.; *Le Directoire*
Bibliographie mise à jour par Robert Laurent
Paris, A. Colin, 1971, 192 p.
La France sous le Directoire 1795-1799.
Avant-Propos d'Albert Soboul, présentation de J.R Suratteau.
Paris, Editions sociales, 1984, 965 p.
«La Révolution française et le rationalisme»
Annales historiques de la Révolution française, n° 101, janvier-mars 1946, pp. 4-34.
Les Thermidoriens
Paris, A. Colin, 1937, 220 p.
MASSE P.; «Les mémoires de Thibaudeau vus par l'ex-conventionnel Piorry», *Annales historiques de la Révolution française*, 209, XLIV, pp. 417-437.
MATHIEZ A.; *Le Directoire. Du 11 brumaire an IV au 18 fructidor an V.*
Publié d'après les manuscrits de l'auteur par Jacques Godechot
Paris, Armand Colin, 1934, VII-391 p.
«Le personnel gouvernemental du Directoire»
Annales historiques de la Révolution française, n° 59, sept.-oct. 1933, pp. 385-411.
La Réaction thermidorienne
Genève, Slatkine, 1975, VIII-324 p.

MEYNIER A.; *Les coups d'Etat du Directoire*
Paris, P.U.F., 1927-1928, 3 vol.
Un représentant de la bourgeoisie angevine à l'Assemblée nationale constituante et à la Convention Nationale, L.-M. La Revellière-Lépeaux (1753-1795)
Angers, Germain et G. Grassin, 1905, 539 p.
MIRKINE-GUETZEVITCH B.; *Le parlementarisme sous la Convention Nationale*, Paris, L.G.D.J., 1936, 35 p.
«Le gouvernement parlementaire sous la Convention»
Cahiers de la Révolution française, VI, 1937, pp. 46 et s.
MORABITO M.; «Les nouveautés constitutionnelles de l'an III»
in R. Dupuy et M. Morabito (dir.), *1795, Pour une République sans Révolution*, , Rennes, PU de Rennes, 1996, pp. 167- 177.
«l'an III et l'héritage du comité de salut public»
Revue historique du droit français et étranger, 75, 1, janvier-mars 1997, pp. 93-103.
MORIZOT-THIBAULT Ch.; *De l'organisation du pouvoir législatif dans la constitution de l'an III*
Paris, A. Picard, 1889, 125 p.
MUNTEANO B.; *Les idées politiques de Mme de Staël et la constitution de l'an III*
Paris, les Belles Lettres, 1932, 79 p.
NICOLLE B.; *Aux origines du contrôle de constitutionnalité: la jurie constitutionnaire de Sieyes*
Mémoire de DEA, Paris-X Nanterre, 1990.
«Lanjuinais et la constitution de l'an III»
in R. Dupuy et M. Morabito (dir.), *1795, Pour une République sans Révolution*, Rennes, P.U. de Rennes, 1996, pp. 91-120.
NORMAND F.; *La Revellière-Lepeaux (1753-1824), constituant, conventionnel, membre du Directoire*
Paris, Bayard, 1910, 16 p.
OZOUF M.; «de Thermidor à Brumaire: le discours de la Révolution sur elle-même», *Revue historique*, n° 493, 1970, pp. 31-66.
PALMER R.R., «Notes on the use of the word "democracy" 1789-1799»
Political Science Quarterly, Vol. 68, 1953, pp. 203-226.
PARISET; «Sieyès et Spinoza»
Revue de synthèse historique, 1906, T. XII, pp. 309-320.
PASQUINO P.; *Sieyes et l'invention de la Constitution*
Paris, Odile Jacob, 1998, 262 p.
PASSELECQ O.; «Actualité de la constitution de l'an III»

Revue Française de Droit Constitutionnel, 1995, 23, pp. 483-502.
PERTUE M; «Constitution de l'an III»
in Soboul A. (dir.), *Dictionnaire historique de la Révolution française*, Paris, P.U.F., 1989, pp. 284-286.
POULLET P.; *Les institutions françaises de 1795 à 1814. Essai sur l'origine des institutions belges contemporaines*
Paris, Plon-Nourrit, 1907, XI-975 p.
REGALDO M.; «Image des Etats-Unis dans la *Décade Philosophique*»
Annales du centre de recherches sur l'Amérique anglophone, 1976, pp. 13-29.
ROBINSON G.; *La Revellière-Lépeaux, citizen director 1753-1824*
New York, Columbia University Press, 1938, 309 p.
ROCHEDIEU Ch. A.; *Bibliography of FrenchTranslations of English works 1700-1800*
Chicago, University of Chicago Press, 1948, XIII-387 p.
ROELS J.; *La notion de représentation chez Roederer*
Heule, Uga, 1968, 232-XL p.
RUSSEL-SMITH H.F.; *Harrington and his Oceana. A Study of a 17th century utopia and its influence in America*
Cambridge, Cambridge university Press, 1914, VII-223 p.
SAINTE-BEUVE C.A.; *Portraits littéraires*
Paris, Didier, 1852, T. II.
SCHLIEBEN-LANGE B. et KNAPSTEIN F.; «Les Idéologues avant et après Thermidor»
Annales Historiques de la Révolution Française, n° 271, janvier-mars 1988, pp. 35-59.
SCIOUT L.; *Le Directoire*
Paris, Firmin-Didot, 1895-1897, 4 vol.
SOBOUL A.; *Dictionnaire Historique de la Révolution Française*
Publié sous la direction scientifique de J.R Suratteau et F. Gendron, Paris, P.U.F., 1989, XLVII-1132 p.
La Révolution Française
Paris, P.U.F, 8e ed., 1985, 126 p.
STERN A.; «Sièyes et la constitution de l'an III»
La Révolution française, 1900, T. 39, p. 374.
STOURZH G.; «The Declaration of Rights, popular sovereignty and the supremacy of the Constitution: divergencies between the American and the French Revolutions»
in *La Révolution américaine et l'Europe*, Paris, C.N.R.S., 1979, pp. 347-364.

SURATTEAU J. R.; «Le Directoire. Points de vue et interprétations d'après des travaux récents»
Annales Historiques de la Révolution Française, n° 224, avril-juin 1976, pp. 181-214.
«Les élections de l'an IV»
Annales Historiques de la Révolution Française: n° 121, janv.-mars 1951, pp. 374-393; n° 125, janv.-mars 1952, pp. 32-62.
«Les élections de l'an V aux Conseils du Directoire»
Annales Historiques de la Révolution Française, n° 154, oct.-déc. 1958, pp. 21-63.
Les élections de l'an VI et le coup d'Etat du 22 floréal (11 mai 1798). Etude documentaire, statistique et analytique, essai d'interprétation.
Paris, les Belles Lettres, 1971, 461 p.
(compte rendu de l'article de) Clive H. Church, «Du nouveau sur les origines de la Constitution de 1795»
Annales Historiques de la Révolution Française, n° 227, janv.-mars 1977, pp. 151-153.

TAILLANDIER A.H.; *Documents biographiques sur P.C.F. Daunou*
Paris, Firmin-Didot, 1847, XII-383 p.

THOMAS J.-P.; *Bertrand Barère, la voix de la Révolution*
Paris, Desjonquères, 1989, 343 p.

THUREAU-DANGIN P.; *La question de la monarchie ou de la République du 9 thermidor au 18 brumaire (1794-1799)*
Paris, C. Doniol, 1873, 102 p.

TRAPPE G.; *L'organisation du pouvoir exécutif dans la constitution de l'an III*, Paris, A. Pedone, 1901, 78 p.

TROPER M.; «La constitution de l'an III ou la continuité: la souveraineté populaire sous la Convention»
in *1795, Pour une République sans Révolution*, Rennes, P. U. de Rennes, 1996, pp. 179- 192.
«Montesquieu et l'an III»
Revue Montesquieu, n° 2, 1998, pp. 89-105.

VILLERS R.; «La Convention pratiqua-t-elle le gouvernement parlementaire?»
Revue du droit public, 1951, pp. 375-389.

VINCENT B.; *Thomas Paine ou la religion de la liberté*
Paris, Aubier, 1987, 404 p.
Thomas Paine ou la République sans frontières
Etudes réunies par B. Vincent. Préface de M. Rebérioux, postface de M. Vovelle, Nancy, PU de Nancy, 1993, 200 p.

«Thomas Paine ou les ambiguïtés de la référence américaine»
in M. Vovelle (dir.), *Révolution et République: l'exception française*, Paris, Kimé, 1994, pp. 100-108.
«Thomas Paine, républicain de l'univers»
in F. Furet et M. Ozouf (dir.), *Le siècle de l'avènement républicain*, Paris, Gallimard, 1993, pp. 101-126.

WILLIAMS D.; «French opinions concerning the English Constitution in the Eighteenth Century», *Economica*, 10, 1930, pp. 295-308.

YAMAZAKI K.; «Les éloges de Montesquieu par Barère» *Dix-huitième siècle*, 21, 1989, pp. 97-99.

Constitution française du 4 novembre 1848:

Sources d'époque

Procès-Verbaux du comité de constitution de 1848, Arch. Natio.: C 918
Compte rendu des séances de l'Assemblée nationale constituante
Paris, imprimerie de l'Assemblée nationale, 1849-1850, 10 vol.
Compte rendu des séances de l'Assemblée nationale législative
Paris, imprimerie de l'Assemblée nationale, 1849-1851, 17 vol.

Ouvrages:

ADELSWAERD d'; *Du pouvoir législatif dans la nouvelle Constitution*
Paris, Claye et Taillefer, 1848, 15 p.
AIKEN P.F.; *A comparative view of the Constitutions of Great Britain and the United States of America*
London, Longman and co, 1842, VIII-192 p.
ALHOY M. (dir.); *Biographie parlementaire des représentants du peuple à l'Assemblée nationale constituante de 1848* (...) *rédigée par une société de publicistes et d'hommes de lettres*
Paris, L. Janet, 1848, XXIII-510 p.
ALTON-SHEE E. comte d'; *Souvenirs de 1847 et de 1848*
Paris, M. Dreyfous, 1879, 329 p.
ANONYME; *Constitution des Etats-Unis d'Amérique*
Paris, comptoir des imprimeurs unis, mars 1848, 27 p.
Petit catéchisme républicain par un membre de la société des droits de l'homme
Paris, Rouannet Prévot, 1832, 12 p.
Projet de Constitution par un représentant du peuple
Paris, imprimerie Claye et Taillefer, 1848, 20 p.
République des Etats-Unis d'Amérique. Sa Constitution avec les divers amendements depuis son origine
Paris, citoyen Dutilloy, 1848, 7 p.
AUDIFFRET et al.; *Biographie des représentants du peuple à l'Assemblée nationale, par plusieurs membres des clubs de Paris*
Paris, au dépôt central, 1848, 160 p.
BABAUD-LARIBIERE F.S.L.; *Histoire de l'Assemblée nationale constituante*
Paris, Michel Lévy frères, 1850, 2 vol.

BALBO J.P.; *Constitutions républicaines du globe. Textes officiels* Paris, Benard, 1848, 257 p.
BALLY V.; *Projet de constitution démocratique. Conférence de diverses Constitutions*, Paris, L. Martinet, 1848, 36 p.
BARANTE A.-G.-P.; *Histoire du Directoire de la République française* Paris, Didier, 1855, 3 vol.
Questions constitutionnelles Paris, Victor Masson, 1849, 175 p.
Souvenirs du Baron de Barante 1782-1866 Paris, Calmann-Lévy, 1890-1901, 8 vol.
BARBAROUX C.O; *Résumé de l'histoire des Etats-Unis d'Amérique* Paris, Lecointe et Durey, 1826, 354 p.
BARROT O.; *Mémoires posthumes* Paris, Charpentier, 1875-1876, 4 tomes.
BEAUCHENE J.; *De l'organisation des trois grands pouvoirs de la République*, Paris, Marc-Aurel, 1848, 4 p.
BEAUMONT A. J.; *De la constitution américaine, et de quelques calomnies dont elle a été l'objet de nos jours* Paris, G.G Bennis, 1831, 60 p.
BEAUVERGER E. de: *Des constitutions de la France et du système politique de l'Empereur Napoléon* Paris, A. Franck,1852, VII-376.
Tableau historique des progrès de la philosophie politique, suivi d'une étude sur Sieyès Paris, Leiber et Commelin, 1858, VII-337 p.
BERRIAT SAINT-PRIX F.; *Plan de constitution avec indication des sources et des motifs* Paris, Pagnerre, 1848, 48 p.
Théorie du droit constitutionnel français, esprit des constitutions de 1848 et 1852 (...). Paris, Videcoq fils aîné, 1851-1853, VI-809 p.
BESUCHET J.C.; *Projet de Constitution* Paris, Felix Malteste, 1848, 8 p.
BILLIARD A.; *Essai sur l'organisation démocratique de la France* Paris, Ollivier, 1837, 456 p.
De l'ordre naturel des sociétés, étude philosophique sur la constitution des Etats Paris, Pagnerre, 1847, 47 p.
De l'organisation de la République depuis Moïse jusqu'à nos jours, Paris, Pagnerre, 1846, 500 p.
Qu'avons-nous fait, que devons-nous faire pour

l'organisation des institutions républicaines de la monarchie?
Paris, A. Mesnier, juillet 1831, 22 p.

BLANC L.; *Histoire de la Révolution de 1848*
Bruxelles, Lacroix Verbockhoven, 1870, 2 tomes

BLOCK M.; *Dictionnaire général de la politique, par M. Maurice Block, avec la collaboration d'hommes d'Etat, de publicistes et d'écrivains de tous les pays*
Paris, O. Lorenz, 1873-1874, 2 Tomes.

BOUIS, A-T.; *Les queues de chevaux, ou lettre de la jeune Amérique à la France républicaine*
Paris, l'auteur, 1848, 95 p.

BRENET L.-A.; *Essai de Constitution républicaine.*
Amiens, Typographie d'Alfred Caron, 1848, 19 p.
Lettres républicaines
Paris, imprimerie de Lenoel-Herouart, 1848, 15 p.

BROGLIE A. de; «Armand Carrel et les controverses politiques avant et après 1848», *Revue des deux mondes*, 1er mai 1859, pp. 5-44.
«De la constitution nouvelle au point de vue de la situation politique»
Revue des deux mondes, 1er sept. 1848, pp. 625-648.
Ecrits et Discours
Paris, Didier, 1863, vol. 3.
«1852 et la révision de la constitution»
Revue des deux Mondes, T. X, 15 mai 1851, pp. 593-610.

BROGLIE V. de; *Vues sur le gouvernement de la France*
Paris, M. Lévy, 1870, LXXV-368 p.

BROUGHAM H.; *Letter to the Marquess of Lansdowne, K.G., Lord President of the Council, on the Late Revolution in France*
Fifth edition-(with additions)
London, James Ridgway, 1849, XVI-165 p.
Political philosophy
London, Chapman and Hall, 1843, 3 vol.

CAMP M. du; *Souvenirs de l'année: 1848* (…).
Genève, Slatkine reprints, 1979, XI-316 p.

CARNE L. de; *Etudes sur l'histoire du gouvernement représentatif en France, de 1789 à 1848.*
Paris, Didier, 1855, 2 vol.
«Le problème de 89»
Revue des deux Mondes, 1er octobre 1852, pp. 71-91.
«La tradition constitutionnelle en France de 1789 à 1863»
Revue des deux Mondes, 1er novembre 1863, pp. 37-61.

CARNOT M. H.; *Les radicaux et la Charte*
Paris, Pagnerre, 1847, 40 p.
CARREL A.; *Histoire de la contre-révolution d'Angleterre sous Charles II et Jacques II*
Paris, Sautelet et Cie, 1827, 439 p.
Œuvres politiques et littéraires d'Armand Carrel
Annotées et précédées d'une notice biographique par M. Littré et M. Paulin, Paris, F. Chamerot, 1857-1859, 5 vol.
CASTILLE H.; *Histoire de la seconde République française*
Paris, Lecou, 1854-1856, 4 vol.
CHAMBEYRON A.-M.; *Constitutions et Chartes: notions élémentaires de droit politique*, Paris, Bibliothèque populaire, 1835, 120 p.
CHAMBOLLE A.; *Appréciations et confidences sur les hommes de mon Temps*, Paris, Plon-Nourrit et Cie, 1912, VII-544 p.
CHAMBRUN J.D.A.; *Aux Représentants de la nation. De la forme du Gouvernement*, Paris, Amyot, 1848, 13 p.
La République réformiste et la République révolutionnaire, Paris, Amyot, 1848, 19 p.
La République triple et indivisible
Paris, impr. de A. Appert, 1848, 8 p.
CHAMPEAUX G. de; *Constitution républicaine de 1848 précédée des constitutions françaises et suivie de la constitution américaine*
Paris, A. Courcier, 1848, III-185 p.
CHANTOME P.; *Projet raisonné d'une Constitution française ou Etudes constitutionnelles.*
Paris, Librairie Réformiste de Chantome jeune, 1848, 80 p.
CHARAVAY G.; *Le projet de Constitution jugé au point de vue démocratique*
Lyon et Paris, Chez les Marchands de nouveautés, 1848, 29 p.
CHASLES Ph.; «Les Américains et l'avenir de l'Amérique»
Revue des deux mondes, 15 mai 1850, pp. 616-666.
CHEVALIER M.; *La constitution de l'Angleterre*
Extrait de la *Revue des deux mondes*, livraison du 1er décembre 1867, Paris, Claye, 1867, 29 p.
«Etude sur la constitution des Etats-Unis»
Journal des débats politiques et littéraires, 11 juillet 1848, s.p.
Lettres sur l'Amérique du Nord
Paris, Ch. Gosselin, 1836, 2 vol.
Lettres sur l'Amérique du Nord. Extraits
Avec une introduction par Robert G. Mathieu
Princeton, Princeton university press, 1944, XX-51 p.

La liberté aux Etats-Unis
Paris, Capelle, 1849, 55 p.
CLARIGNY; «Des institutions républicaines en France et aux Etats-Unis» *Le Constitutionnel, journal politique, littéraire, universel.* II: «La division des pouvoirs», 10 Juin 1848; III: «Du pouvoir législatif», 24 juin 1848.
COLOMBEL H.; *Quelques réflexions concernant la constitution qu'on élabore pour la France (14 mai 1848)*
Nantes, impr. de W. Busseuil, 1851, 16 p.
COLSON F.; *L'A. B. C. républicain ou éléments de Constitution.*
Sèvres, au bureau du journal l'Echo de Sèvres, 1848, 35 p.
CONSEIL L.-P.; *Mélanges politiques et philosophiques extraits des Mémoires et de la Correspondance de Thomas Jefferson, précédés d'un Essai sur les principes de l'école américaine* (...).
Paris, Paulin, 1833, 2 vol.
CONSTITUTIONNELLISKY C-S.; *Considérations plus ou moins poétiques sur la mesure de la liberté, de génie et de vertu que nous devons au libéral et philosophique siècle des constitutions et des lumières*
Montauban, impr. de Forestié Neveu, 1854, 54 p.
CORKRAM J-F.; *History of the National Constituent Assembly, from may 1848*
New York, Harper and Brothers, 1849, V-377 p.
CORMENIN L.-M. de; *Lettre de M. de Cormenin sur la Charte et sur la Pairie*, Paris, imprimerie de Setier, 1831, 8 p.
Lettre sur le mode d'organisation de la pairie
in *Cinq Lettres de M. de Cormenin sur la Charte, la pairie et le pouvoir constituant*, Paris, Setier, 1832, 46 p.
Ordre du jour sur la corruption électorale et parlementaire, Paris, Pagnerre, 1846, 57 p.
Pamphlets anciens et nouveaux
Paris, Pagnerre, 1870, 444 p.
Petit pamphlet sur le projet de constitution. Par Timon. Suivi du texte exact et corrigé du Projet de Constitution, Paris, Pagnerre, août 1848, 95 p.
Révision
Paris, Pagnerre, 1851, 108 p.
La souveraineté du peuple. Le congrès national et la République. Trois dialogues de Maître Pierre
Paris, Imprimerie de L.E. Herhan, (s.d), 8 p.
COUSIN V; «Des principes de la Révolution française et du

gouvernement représentatif»
Revue des deux mondes, avril 1851, pp. 5-46.
COYTEUX F.; *Des vrais principes sociaux et politiques et des principales questions relatives à leur application*
Bruxelles, Ch. Vanderauwera, 1853, X-578 p.
CREMIEUX Ad.; *En 1848. Discours et Lettres*
Paris, Calmann Lévy, 1883, V-338 p.
CREMIEUX Ad. et BALSON V.; *Code des codes*
Paris, Bureau central, 1835, T. Ier , XVI-887 p.
CURTIS G. T.; *History of the origin, formation and adoption of the Constitution of the United States, with notices of its principals framers*
London, Sampson Low, Son, and Co., 1854-1860, 2 vol.
DEHAIS E.; *Du gouvernement de la France, précédé d'une lettre à M. Guizot sur la démocratie*
Paris, Truchy, Ledoyen, 1851, 341 p.
DELVAU A.; *Ledru-Rollin, sa vie politique*
Le Mans, Lanier et Cie, 1848, 11 p.
DEVILLE J.M.J; *Compte rendu par le citoyen J.M.J. Deville, représentant du peuple, aux électeurs du département des Hautes-pyrénées*
Paris, imp. de E. Bautruche, 4 avril 1849, 16 p.
DUNOYER C.; *La Révolution du 24 février*
Paris, Guillaumin, 1849, XV-238 p.
DUPIN A.M.J.J.; *Constitution de la République française accompagnée de notes sommaires explicatives du texte, et suivies de diverses pièces et de quelques discours prononcés dans la discussion du projet*, Paris, Videcoq aîné, janvier 1849, 250 p.
DUPIN, *Lois sur la compétence des fonctionnaires publics de toutes les hiérarchies*, Paris, Guillaume, janvier 1825, 528 p.
DUVERGIER J-B.; *Constitution de la République française. Annotée.*
Paris, Pommeret et Moreau, 1849, 51 p.
DUVERGIER de HAURANNE E.; *Huit mois en Amérique. Lettres et notes de voyage. 1864-1865.*
Paris, A. Lacroix, 1866, 2 Tomes.
DUVERGIER de HAURANNE P.; *Histoire du gouvernement parlementaire en France 1814-1848*
Paris, Michel Lévy, 1857-1871, 10 vol.
EMAR L.; *La constitution comme je la voudrais, avec des débats imaginaires*
Paris, Passage de l'Opéra, 1848, 7 p.

FABRE A.; *La Révolution de 1830 et le véritable parti républicain* (...). Paris, Thoisnier-Desplaces, 1833, 2 vol.
FALLOUX A.F.P.de; *Mémoires d'un royaliste*
Paris, Perrin, 1888, 2 vol.
FARCY C-F.; *Etudes politiques. De l'aristocratie anglaise, de la démocratie américaine et de la libéralité des institutions françaises*, Paris, Chaumerot, mars 1842, 146 p.
Du gouvernement parlementaire, du gouvernement constitutionnel et subséquemment des intérêts matériels et des intérêts moraux du pays
Paris, Delaunay, octobre-novembre 1840, 43 p.
FIZELIERE A.-A Patin de la
(pseud. de L.G. de Marsay); *Biographie des représentants du peuple à l'Assemblée nationale constituante* (...).
Paris, au bureau de "Notre Histoire", 1848, 104 p.
FLEURY-BERGER C.; *Etat politique de la France après la Révolution de Février 1848*
Paris, Joubert, 1849, 308 p.
FORTOUL H.; *Une page de l'histoire contemporaine: la révision de la Constitution*, Paris, Ledoyen, 1851, 106 p.
FOURQUET d'HACHETTE J.-P.; *L'Angleterre et son gouvernement depuis son origine jusqu'en 1830* (...)
Paris, Véro-Dodat, 1830, 32 p.
Constitution des Etats-Unis d'Amérique par Georges Washington dédiée au général Lafayette et aux représentants de la nation française
Paris, A. Boulland, 1830.
GALLOIS L.; *Histoire de la révolution de 1848*
Paris, Naud et Gourju, 1849-1851, 4 vol.
Point de Président. Lettre au citoyen Armand Marrast, rapporteur de la commission de constitution. (22 septembre 1848), Montmartre, impr. de Pilloy frères, s.d., 2 p.
Vie politique de Ledru-Rollin
Paris, Dutertre, 1850, 107 p.
GARNIER-PAGES
(Louis GARNIER, *dit*); *Dictionnaire politique. Encyclopédie du langage et de la science politiques. Rédigé par une réunion de députés, de publicistes et de journalistes*
Paris, Pagnerre, 1848, XXIV-944 p.
GARNIER-PAGES
(Louis-Antoine PAGES, *dit*); *Histoire de la Révolution de 1848*

Paris, Pagnerre, 1861-1872, 10 tomes
GIRARDIN E. de; *Avant la Constitution. Précédé d'une Lettre à Timon.*
Paris, Michel Lévy Frères, 1848, 72 p.
Questions de mon temps, 1836 à 1856
Paris, Serrière, 1858, 12 vol..
GUIZOT F.; «De la démocratie dans les sociétés modernes»
Revue française, tome 3, 1837, pp. 193-225
De la démocratie en France
Paris, Masson, 1849, 157 p.
Histoire des origines du gouvernement représentatif en Europe
Paris, Didier, 1851, 2 tomes.
Trois générations: 1789-1814-1848
Paris, Michel Lévy frères, 1863, 233 p.
HAMEL E.; *La liberté. Hymne au peuple Français*
Paris, impr. typographique de J. Frey, mars 1848, 16 p.
HELLO C.-G.; *Du régime constitutionnel dans ses rapports avec l'état actuel de la science sociale et politique.*
Paris, Auguste Durand, 1847, 2 Tomes.
HENRICHS P.; *Quelques idées pour servir à la discussion du projet de la nouvelle Constitution de la République française, des réformes administratives, etc.*
Paris, Guiraudet et Jouaust, juin 1848, 16 p.
HUGO-AMBER Ch.; *La constitution de l'avenir, précédée de réflexions républicaines sur la constitution et d'une dédicace au czar Nicolas*
Paris, N. Chaix, 1848, 56 p.
JALABER F.; *Constitution des Etats-Unis traduite sur l'ouvrage original et suivie d'observations tirées en majeure partie de l'ouvrage de M. Destutt de Tracy*
Nantes, librairie industrielle, 1848, 31 p.
KENT J.; *Commentaries on american Law*
New-York, E.B. Clayton, 1836, volume I, XV-558 p.
LABOULAYE E. de; *Considérations sur la constitution*
Paris, Durand, Franck, 1848, 135 p.
(reproduction de l'article paru dans la *Revue de législation*, T. XI, juillet 1848)
De la constitution américaine et de l'utilité de son étude, discours prononcé le 4 décembre 1849 à l'ouverture du cours de législation comparée
Paris, impr. de Hennuyer, 1850, 27 p.

Discours de M. Ed. de Laboulaye, relatif à l'organisation des pouvoirs publics.
Paris, A. Wittersheim, 1875, 24 p.
L'Etat et ses limites, suivi d'essais politiques sur Alexis de Tocqueville, l'instruction publique, les finances, le droit de pétition etc.
Paris, Charpentier, 1863, VIII-392 p.
Les Etats-Unis et la France
Paris, E. Dentu, 1862, 72 p.
Etudes morales et politiques
Paris, Charpentier, 1862, VIII-391 p.
Histoire politique des Etats-Unis depuis les premiers essais de colonisation jusqu'à l'adoption de la constitution fédérale 1620-1789.
Paris, Durand, Guillaumin, 1855-1866, 3 tomes.
Lettres politiques, esquisse d'une constitution républicaine
Paris, Charpentier et Cie, 1872, 108 p.
Le parti libéral, son programme et son avenir
Paris, Charpentier et Cie, 1864, 332 p.
Questions constitutionnelles
Paris, Charpentier et Cie, 1872, VIII-440 p.
La révision de la constitution. Lettres à un ami.
Paris, A. Durand, 1851, VII-128 p.
La Révolution française étudiée dans ses institutions. Discours prononcé le 3 décembre 1850 à l'ouverture du cours de législation comparée
Paris, impr. de Hennuyer, s.d., 24 p.

LABOULAYE E. de (ed.); *Œuvres complètes de Montesquieu*
Paris, Garnier Frères, 1875-1879, 7 vol.

LA HODDE L. de; *La Naissance de la République en février 1848*
Paris, chez l'éditeur, 1850, 109 p.

LAFERRIERE M.F.; *Cours théorique et pratique de droit public et administratif*, Paris, Cotillon, 1850, 2 tomes.
Cours théorique et pratique de droit public et administratif, mis en rapport avec la constitution de 1852
Paris, Cotillon, 1854, 2 tomes.
«De la philosophie du droit considérée dans ses rapports avec la Révolution de 1848», *Revue de droit français et étranger*, 1849, T. VI, pp. 1-10

LAMARTINE A. de; *Histoire des Girondins*

Introduction et notes de Jean-Pierre Jacques
Paris, Plon, 1984, 2 vol.
Histoire des Girondins
New-York, Gaillardet, 1847, 2 tomes en un vol.
Histoire de la révolution de 1848
Paris, Garnier, 1859, 2 vol.
Le passé, le présent, l'avenir de la République
Paris, au bureau du conseiller du peuple, 1850, 268 p.
Sur la politique rationnelle
Avec une introduction et une bibliographie de Claire-Lise Rogers
Genève, Slatkine, 1977, 26-132 p.
LAMENNAIS F.; *Les conseils de l'Abbé Lamennais au peuple*
Paris, Desoye, 1849, 4 p.
Correspondance. Œuvres posthumes (...).
Paris, Didier, 1863, 2 vol.
Du passé et de l'avenir du peuple
Paris, Pagnerre, 1841, 184 p.
Le peuple constituant (n° 1, 27 février 1848-n° 134, 11 juillet 1848), non paginé.
(volume composé par Auguste Barbet, exécuteur testamentaire de Lamennais, comprenant les articles écrits par ce dernier comme rédacteur du journal)
Plan d'un livre qui pourrait être intitulé: Observations sur le gouvernement de l'Angleterre, dit gouvernement représentatif ou constitutionnel.
Paris, Librairie classique élémentaire, 1823, 50 p.
Projet de Constitution de la République française
Paris, Bureau du peuple constituant, 1848, 62 p.
Projet d'une Constitution de la République en sept articles par un citoyen qui s'est donné la peine de lire et de comparer toutes les constitutions de la France et des pays étrangers depuis 1788
Paris, imprimerie Edouard Proux, 1848, in-fol. plano.
LANDOY E.; *Histoire de la Révolution Française de 1848. Evénements de Février*
Bruxelles, chez tous les libraires, 1848, 132 p.
LA ROCHEJACQUELEIN M.-H.; *Trois questions soumises à la Nation!*
Paris, Allouard et Kaeppelin, 1850, 135 p.
LAYA A.; *France et Amérique ou des Institutions Républicaines*
Paris, Pagnerre, 1850, 296 p.
LEBON F.; *Etude sur les moyens d'approprier la Constitution au*

caractère français
Paris, Pommeret et Moreau, 1848, 20 p.
LEDRU-ROLLIN A.; *De la décadence de l'Angleterre*
Paris, Escudier Frères, 1850, 2 vol.
Plus de Président, plus de représentants
Paris, Au Bureau de «la Voix du proscrit», 1851, 8 p.
LE MESL, P.M. ; *Considérations sur la partie du projet de constitution qui concerne l'organisation du pouvoir exécutif et du pouvoir législatif*
Paris, Thunot, 1848, 11 p.
LEROUX P.; *Discours sur la situation actuelle de la société et de l'esprit Humain,* Boussac, imprimerie de Pierre Leroux, 1847, 2 Tomes.
De la ploutocratie ou gouvernement des riches
Paris, éditions d'Aujourd'hui, 1976, 264 p.
Projet d'une Constitution démocratique et sociale fondée sur la loi même de la vie, et donnant par une organisation véritable de l'Etat, la possibilité de détruire à jamais la monarchie, l'aristocratie, l'anarchie, et le moyen infaillible d'organiser le travail national sans blesser la liberté.
Paris, Librairie de Gustave Sandré, 1848, 74 p.
LOMENIE L. de; «Publicistes modernes de la France: Alexis de Tocqueville»
Revue des deux mondes, 15 mai 1859, pp. 402-428.
LOUBAT A.; *De la constitution à donner à la France républicaine*
Paris, Paul Renouard, 1848, s.p.
MAGNE J.; *Esquisse d'une Constitution. Ce que la France républicaine pourrait, avec avantage, emprunter aux institutions des Etats-Unis*, Paris, Dondey-Dupré, 1848, 28 p.
MARRAST A.; *Doctrines républicaines*
Programme de *la Tribune* (extrait de *la Tribune* du 31-01-1833).
Paris, Imprimerie de Aug. Mie, 1833, 15 p.
Les funérailles révolutionnaires.
Paris, Pagnerre, 1848, 88 p.
MARRAST A. et DUPONT J.F.; *De l'organisation du suffrage universel*
Paris, Pagnerre, 1848, 135 p.
MARS V. de; (Compte rendu du) *Commentaire sur la constitution fédérale des Etats-Unis* de Story
Revue des deux mondes, 14 octobre 1843, chronique, pp. 327-328.
MARSAY L. de; *Manuel du citoyen contenant le texte, avec commentaires, de la constitution et de toutes les lois*

politiques, organiques ou complémentaires
Paris, Joubert, 1849, XV-352 p.
MARX K., *La constitution de la République française du 4 novembre 1848*
Préface de L. Janover, Paris, Sulliver, 1999, 33 p.
MATHER J.; *The Constitution of Great Britain, France, and the United States of America* (...)
London, Ellingham Wilson, 1834, VIII-76 p.
MICHAUD P.; *Essai sur les Constitutions Françaises comparées*
Lyon, De Boursy, 1848, 65 p.
MICHELET J.; *Journal*
T. I, *1823-1848* et T. II, *1849-1860*
Paris, Gallimard, 1959-1962.
MIGNET F.A.; *Histoire de la Révolution Française, depuis 1789 jusqu'en 1814*
Bruxelles, Emile Mascart et Cie, s.d., 528 p.
MILL J.-Stuart; *La Révolution de 1848 et ses détracteurs*
Traduction et préface de M. Sadi Carnot
Paris, Germer Baillière,1875, XXX-129 p.
MOLENES A. de; *Projet de Constitution*
Paris, Cosse et J. Dumaine, 17 avril 1848, 16 p.
MONTAIGU CH. de; *Histoire constitutionnelle de la France du Ve au XIXe siècle*
Paris, G. Dentu, 1847, VII-440 p.
MONTALEMBERT; *De l'avenir politique de l'Angleterre*
Paris, Didier et Cie, avril 1856, 330 p.
Des intérêts catholiques au XIXe siècle
Paris, Jacques Lecoffre, décembre 1852, 251 p.
MORTON G.; *Lettre d'un citoyen des Etats-Unis d'Amérique sur la présidence de la République française*
Paris, impr. de Boulé, novembre 1848, 2 p.
MURAT A.; *Esquisse morale et politique des Etats-Unis de l'Amérique du Nord*, Paris, Crochard, 1832, XXVII-389 p.
Exposition des principes du gouvernement américain tel qu'il a été perfectionné en Amérique
Paris, Paulin, juin 1833, XXVII-414 p.
NORMANBY K.G.; *Une année de révolution d'après un journal tenu à Paris en 1848*, Paris, Plon, 1858, 416 p.
NOUGAREDE de FAYET A.; *De la constitution républicaine à donner à la France et du danger d'une assemblée unique*
Paris, Amyot, 1848, 11 p.

Révision de la constitution
Paris, 20 octobre 1849, Amyot, 30 p.
ORTOLAN J.; *De la souveraineté du peuple et des principes du gouvernement républicain moderne*
Paris, Joubert, 1848, 112 p.
OUSELEY W. G.; *Remarks on the statistics and political institutions of the United States*
Philadelphia, Carey & Lea, 1832, 226 p.
PAGES J.-P.; *Principes généraux du droit politique dans leur rapport avec l'esprit de l'Europe, et avec la monarchie constitutionnelle*
Paris, Bechet, 1817, XVI-504 p.
PAILLIET J.B.J; *Constitutions américaines et françaises, suivies* (…) *des causes de la révolution de 1848* (…)
Paris, A. Delhomme, 1848, XLVIII-480 p.
PARIEU E.; *Principes de la science politique*
2e éd. augmentée des *Considérations sur l'Histoire du Second Empire et sur la Situation actuelle de la France.*
Paris, Sauton, 1875, XXIII-469 p.
PASQUIER E. D.; *La Révolution de 1848.*
Paris, Plon, 1944, X-301 p.
PERENON L.M.; *Projet pour la constitution française des plus complets, soumis au peuple qui réfléchit et à l'assemblée nationale de France.*
Paris et Lyon, les Marchands de nouveautés, 1848, 42 p.
PITRAY; *Que préférer? Une assemblée unique omnipotente, ou une législature composée d'une Chambre des représentants, d'un sénat et d'un président?*
Bordeaux, imprimerie de T. Laforgue,1848, 20 p.
POUSSIN G.T.; *Considérations sur le principe démocratique qui régit l'union américaine et de la possibilité de son application à d'autres Etats.*
Paris, Gosselin, 1841, XII-311 p.
PRADIER-FODERE M.P.; *Principes généraux du droit, de politique et de législation*
Paris, Guillaumin, 1869, 608 p.
PREVOST-PARADOL L.A.; *La France nouvelle*
Présentation de Jean Tulard
Paris, Genève, Slatkine, 1979, XVI-423 p.
Du gouvernement parlementaire: le décret du 24 novembre.
Paris, Michel Lévy, 1860, 47 p.

PROUDHON P.-J.; «La France n'a rien à imiter», *Le représentant du peuple. Journal quotidien des travailleurs*, 1er mai 1848, n° 30.
QUENTIN-BAUCHART; *Etudes et souvenirs sur la deuxième République et le second Empire (1848-1870).*
Paris, Plon-Nourrit, 1901-1902, 2 vol.
QUETELET A.; *Du système social et des lois qui le régissent*
Paris, Guillaumin, 1848, 360 p.
REGNON H.M.V. de; *A M. de Cormenin, président de la commission de constitution*
Nantes, impr. de C. Gailmard, juin 1848, 8 p.
REMUSAT Ch. de; *Mémoires de ma vie. Tome IV* (...) *1841-1851*
Présentés et annotés par Charles H. Poutas
Paris, Plon, 1962, 523 p.
«Washington»
(article publié dans la *Revue des deux Mondes*, 1840, et repris in) *Passé et Présent. Mélanges*, Paris, de Ladrange, 1847, T. II, pp. 139-174.
RENDU A.; *Les deux Républiques ou Etats-Unis et France*
Paris, Comon, novembre 1850, 62 p.
RENOUVIER Ch.; *Manuel républicain de l'Homme et du Citoyen*
Avec une notice et un commmentaire de Jules Thomas
Paris, A. Colin, 1904, 315 p.
Les Révolutions du XIXe siècle
1848 La Révolution démocratique et sociale
Paris, E.D.H.I.S., 10 volumes, 1984.
(Cette série des *Révolutions du XIXe siècle*, préfacée par Maurice Agulhon, est consacrée à la Révolution de 1848. Elle va des journées de Février 1848 au coup d'Etat du 2 décembre 1851. Elle comprend au total 193 titres, dont 86 périodiques éphémères, reproduits *in extenso*).
REYBAUD L.; *Jérome Paturot à la recherche de la meilleure des Républiques*
Bruxelles, Librairie de Tarride, 1848, 7 tomes.
RICHE GARDON L.P.; *L'anéantissement de la monarchie expliquée par M. Guizot en 1851* (...)
Paris, Librairie républicaine de la liberté de penser, 1851, 46 p.
Les conservateurs et les réformistes, essai sur la doctrine politique que réclame le régime de liberté
Paris, Comptoir des imprimeurs, 1848, 311 p.
RUSH R.; *Residence at the Court of London* (...). *Also recollections of the Court of Louis-Philippe and the French Revolution of 1848*
London, Hamilton, 1872, XXXVI-595 p.

ROBIN C.J.N.; *Histoire de la Révolution française de 1848*
Paris, E. et V. Penaud Frères, 1849-1850, 480 p.
RODRIGUES O.; *Projet de Constitution populaire pour la République Française (...).*
Paris, Librairie de Napoléon Chaix et Cie, 1848, 48 p.
SAINT-PRIEST F.; *Question des deux chambres*
Paris, Edouard Proux, 1848, 15 p.
SARRANS B.; *Histoire de la Révolution de Février 1848*
Paris, administration de librairie, 1851, 2 vol.
SCHEFFER A.; *Histoire des Etats-Unis de l'Amérique septentrionale*
Paris, Raymond, 1825, 312 p.
SERRIGNY D.; *Traité du droit public des Français*
Paris, Joubert, 1846, 2 tomes.
SOCIETE DES AMIS DU PEUPLE; *Plaidoirie du citoyen Caunes, aux assises du 24 Août 1831. Les gouvernements constitutionnels dureront-ils?*
Paris, A. Mie, imprimeur, s.d., 16 p.; reproduit dans *Les Révolutions du XIXe siècle*, T. II, Paris, E.D.H.I.S., 1974.
STERN D., (pseudonyme de la comtesse d'Argoult)
Histoire de la révolution de 1848
Avant-propos de Dominique Desanti
Paris, Balland, 1985, 743 p.
Lettres républicaines
Paris, Amyot, 1848, pag. mult.
STORY J.; *Commentaries on the constitution of the United States with a preliminary review of the constitutionnal history of the Colonies and States, before the adoption of the Constitution*
Boston, Hilliard, Gray and Co, 1833, 3 vol.
Commentaire sur la constitution fédérale des Etats-Unis
Traduit du commentaire abrégé de J. Story et augmenté des observations de MM. Jefferson, Rawle, de Tocqueville, etc., et de notes sur la jurisprudence et l'organisation judiciaire, par Paul Odent, Paris, Joubert, 1843, 2 tomes.
TARDY L.-F.-D. de; *Essais critiques, historiques, politiques et philosophiques sur la constitution de 1848* (...)
Nantes, Guéraud, 1849, 226 p.
TESTE Ch.; *Projet de constitution républicaine et Déclaration des principes fondamentaux de la société, précédés d'un exposé des motifs*, Paris, les marchands de nouveautés, 1833, 70 p.
TOCQUEVILLE A. de; *De la démocratie en Amérique*

Introduction par Harold Laski, note préliminaire par J. P. Mayer Paris, Gallimard, 1992, 2 tomes.

De la démocratie en Amérique
Souvenirs
L'Ancien régime et la Révolution
Introduction et notes de Jean-Claude Lamberti et de Françoise Melonio, Paris, Robert Laffont, 1986, 1178 p.

«Rapport sur "De la démocratie en Suisse" de M. Cherbuliez»
in *De la Démocratie en Amérique*
Paris, Pagnerre, 1850, T. 2, pp. 433-454.

TREMENHEERE H.S.; *The Constitution of the United States compared with our own*
London, J. Murray, 1854, XVI-389 p.

TRIPIER L.; *Guide politique du citoyen français*
Paris, librairie de jurisprudence de Cotillon, 1849, 108 p.

WASHINGTON G.; *Vie, correspondance et écrits de Washington, (...), précédés d'une introduction sur l'influence et le caractère de Washington dans la Révolution des Etats-Unis d'Amérique, par M. Guizot*, Paris, Ch. Gosselin, 1840, 6 vol.

Journaux:

Le Constitutionnel. Journal politique, littéraire, universel. B.N.: microfilm D-96.
L'Ere nouvelle. B.N.: microfilm D-311.
Journal des Débats politiques et littéraires. B.N.: microfilm D-59.
Le National. B.N.: Fol. LC2 1239.
Le Siècle. B.N.: microfilm D-108.

Sources postérieures

AGULHON M.; «Dix années d'études générales sur 1848 et la Seconde République: 1965-1975»
Annales historiques de la Révolution Française, n° 222, «1848 et la Seconde République», oct.-déc. 1975, pp. 603-612.

Les Quarante-huitards
Paris, Gallimard, 1975, 253 p.

«La Seconde République dans l'opinion et l'historiographie d'aujourd'hui»

Annales historiques de la Révolution Française, n° 222, «1848 et
la Seconde République», oct.-déc. 1975, pp. 499-512.
«Sur la représentation de la République en 1848»
Revue d'Histoire du XIXe siècle, 1-1997, pp. 107-113.
«1848, l'année du suffrage universel»
Le Monde, 1er - 2 mars 1998, p. 12.
1848 ou l'apprentissage de la République. 1848-1852
Paris, éd. du Seuil, 1992, 284 p.

ALMERAS Ch.; *Odilon Barrot, avocat et homme politique, 19 juillet 1791-6 août 1873*
Paris, P.U.F., 1950, II-372-VIII p.

AMSON D.; *Adolphe Crémieux, l'oublié de la gloire*
Paris, éd. du Seuil, 1988, 392 p.

APRILE S. et alii, *La Révolution de 1848 en France et en Europe*
Paris, éd. sociales, 1998, 255 p.

AZIMI V.; «La constitution et ses limites selon Edouard de Laboulaye»
Revue française de droit constitutionnel, 26, 1996, pp. 243-271.

BALLAND R.; «De l'organisation à la restriction du suffrage universel en France (1848-1850)»
Bibliothèque de la Société d'Histoire de la Révolution de 1848, T. XXII, pp. 67-180.

BARBE M.; *Etude historique des idées sur la souveraineté en France de 1815 à 1848*
Thèse, Paris, 1904, 316 p.

BASTID P; *L'Avènement du suffrage universel*
Collection du centenaire de la Révolution de 1848, Paris, P.U.F., 1948, 76 p.
Doctrines et institutions politiques de la Seconde République
Paris, Hachette, 1945, 2 vol.
Un juriste pamphlétaire: Cormenin, précurseur et constituant de 1848, Paris, Hachette, 1948, 279 p.

BERTIER de SAUVIGNY G.; *La France et les Français vus par les voyageurs américains 1814-1848*
Paris, Flammarion, 1985, 2 vol.
La révolution parisienne de 1848 vue par les Américains, Paris, Service des travaux historiques de la Ville de Paris, 1984, 239 p.

BERTON H.; «La constitution de 1848»
Annales de l'Ecole libre des sciences politiques, 1897, T. XII, pp. 673-712; 1898, T. XIII, p. 343-374

BOURLOTON et al.; *Dictionnaire des parlementaires français*
Paris, Bourloton, 1891, 5 vol.
BOURNE H.E.; «American constitutional precedents in the French National Assembly»
American historical review, vol. 8, 1903, pp. 466-486.
BOUTMY E.; *Etudes de droit constitutionnel: France, Angleterre, Etats-Unis*, Paris, Plon, Nourrit et Cie, 1888, VIII-345 p.
Taine, Schérer, Laboulaye
Paris, A. Colin, 1901, III-125 p.
CALMAN A. R; *Ledru Rollin and the second French Republic*
New-York, 1922, 453 p.
CARON J.C. et RIOT-SARCEY M. (dir.), «1848, nouveaux regards»
Revue d'Histoire du XIXe siècle, n°14, 1997/1, 251 p.
CARON V.; «Les sources manuscrites parisiennes de l'histoire de la Révolution de 1848 et de la Deuxième République», *Revue d'histoire moderne et contemporaine*, T. VI, n° II, 15 nov. 1904, pp. 85-119.
CHABOSEAU A.; «Les constituants de 1848»
Révolution de 1848, 7e année, pp. 287 et s., 413 et s.
COHEN J., *La préparation de la constitution de 1848*
Paris, Jouve et Cie, 1935, 147 p.
Comité Français des Sciences Historiques; *Actes du congrès historique du centenaire de la Révolution de 1848*
Introduction par R. Fawtier, Paris, P.U.F., 1948, XV-435 p
COULET G.; «Emile Ollivier et la Seconde République»
in *Regards sur Emile Ollivier*, études réunies par Anne Troisier de Diaz,
Paris, Publications de la Sorbonne, 1985, pp. 47-68.
CRAVERI P; *Genesi di una Costituzione: liberta e socialismo nel dibattito costituzionale del 1848 in Francia*
Napoli, Guida éditori, 1985, 335 p.
CURTIS E. N.; *The French Assembly of 1848 and American Constitutional Doctrines*
New-York, Longmans, Green & CO.,1918, 357 p.
DANSETTE A.; *Deuxième République et Second Empire*
Paris, A. Fayard, 1942, 344 p.
DAUTERIBES A.; *Les idées politiques d'Edouard Laboulaye 1811-1883*
Thèse en Droit, Montpellier, 1989, 2 vol.
DAUTRY J.; *1848 et la Seconde République*
Paris, Editions sociales, 1957, 339 p.
DAVID M.; *Le printemps de la Fraternité. Genèse et vicissitudes 1830-*

1851
Préface de Maurice Agulhon, Paris, Aubier, 1992, 396 p.
DAVID R.; *Alphonse de Lamartine. La politique et l'histoire*
Présentation R. David, Paris, imprimerie nationale, 1993, 503 p.
DEMIER F. et MAYAU J.L. (dir.), «Cinquante ans de recherches sur 1848»
Revue d'Histoire du XIXe siècle, n° 14, 1997/1, 251 p.
DESCHAMPS L.; *Le pouvoir législatif dans la constitution de 1848*
Rennes, imprimerie des arts et manufactures, 1905, 147 p.
DUBIEF L.; «Tables analytiques des publications de la Société d'histoire de la révolution de 1848»
Bibliothèque de la révolution de 1848, XVII, 1967.
DUVEAU G.; *1848*
Paris, Gallimard, 1965, 250 p.
FELLER E. et GOEURY J.-C.; «Les archives de l'académie des sciences morales et politiques. 1832-1848»
Annales historiques de la Révolution française, n° 222, «1848 et la Seconde République», oct.-déc. 1975, pp. 567-583.
FERRAN H. de; *La division du pouvoir législatif en deux chambres; histoire et théorie du sénat*, Paris, Alcan, 1885.
FIAUX L.; *Armand Carrel et Emile de Girardin (...) dessous de politique*
Paris, M. Rivière, 1911, XVII-366 p.
GICQUEL J.; *Essai sur la pratique de la Ve République. Réflexions sur la seconde décennie du régime.*
Paris, L.G.D.J., 1977, 398 p.
GILSON B.; *La découverte du régime présidentiel*
Paris, L.G.D.J., 1982, 2e édition, 400 p.
GIRARD L.; *La Deuxième République, naissance et mort*
Paris, Calmann-Lévy, 1968, 319 p.
Les libéraux français, 1814-1875
Paris, Aubier, 1985, 277 p.
GODECHOT J.; *La révolution de 1848*
Paris, Albin Michel, 1971, 500 p.
GONDOUIN G.; «Propos sur la France et le régime présidentiel»
Revue du droit public, 1998, n° 2, pp. 373-407.
GORCE P. de la; *Histoire de la Seconde République française*
Paris, Plon et Nourrit, 1898, 2 vol.
GOUERY J.; *Le président de la seconde République*
Rennes, impr. de L. Edoneur, 1906, 166 p.
GOYARD-FABRE S.; «Edouard Laboulaye légataire de Montesquieu: la République constitutionnelle»

Dix-huitième siècle, n° 21, 1989, pp. 135-147.
GUILLEMIN H.; *Lamartine en 1848*
Paris, P.U.F., 1948, 92 p.
GUIRAL P.; *Adolphe Thiers: ou de la nécessité en politique*
Paris, Fayard, 1986, 622 p.
HAMEL E.; *Histoire de la Seconde République*
Paris, Jouvet, 1885.
La liberté, hymne au peuple français
Paris, impr. de J. Frey, 1848, II-16 p.
HAMON L. (dir.); *Les républicains sous le Second Empire*
Paris, Editions de la maison des sciences de l'Homme, 1993, XXIII-214 p.
HUARD R.; «L'organisation du suffrage universel sous la Seconde République»
in S. Bernstein et O. Rudelle (dir.), *Le modèle républicain*, Paris, P.U.F., 1992, pp. 71-90.
«Un parti en mutation: le parti républicain, 1848-1851»
in Ch. Bidegaray et P. Isoart (dir.), *Des Républiques françaises*, Paris, Economica, 1988, pp. 94-121.
Le suffrage universel en France, 1848-1946.
Paris, Aubier-Montaigne, 1991, 493 p.
JAUME L.; «Guizot et la philosophie de la représentation»
Droits, 15, 1992, pp. 141-152.
L'individu effacé ou le paradoxe du libéralisme français
Paris, Fayard, 1998, 591 p.
«Tocqueville et le problème du pouvoir exécutif en 1848»
Revue française de science politique, 41, n° 6, décembre 1991, pp. 739-755.
KARILA-COHEN P., «Charles de Rémusat et l'impossible refondation du régime de Juillet»
Revue d'Histoire moderne et contemporaine, juin-septembre 1997, pp. 404-423.
LA BERGE A. de; «Les grands comités parlementaires. L'expérience de 1848», *Revue des deux mondes*, décembre 1889, pp. 617-648.
LAPORTE P.; «La vice-présidence de la République dans la constitution de 1848», *Annales de la Faculté de droit de Clermont*, 1964, n° 1, pp. 61-83.
LAQUIEZE A., «Adolphe Thiers, théoricien du régime parlementaire»
Revue française d'histoire des idées politiques, 1-1997, pp. 59-88.
LAMBERTI J-C, «Laboulaye et le droit commun des peuples libres»

Commentaire, Hiver 1986-1987, Vol. 9, n° 36, pp. 748-758.
«Tocqueville et la constitution de 1848»
Commentaire, Printemps 1984, vol. 7, n° 25, pp. 141-151.
LEGENDRE P.; «Méditation sur l'esprit libéral: Edouard Laboulaye, juriste témoin», *Revue du droit public*, 1971, pp. 83-122.
LENOEL P. et YVOREL J.J. (dir.), «1848, un modèle à l'épreuve» *Revue d'histoire du XIXe siècle*, n° 16, 1998/1, 211 p.
LE YAOUANQ J.; *1848 en Europe*
Paris, P.U.F., 1974, 96 p.
LORAIN G.; *Les conceptions sociales et politiques des constituants de 1848 d'après les travaux préparatoires*
Paris, les Presses modernes, 1930, 183 p.
LUCHAIRE F.; *Naissance d'une constitution: 1848*
Paris, Fayard, 1998, 274 p.
LUNA F. A. de; *The French Republic under Cavaignac, 1848*
Princeton, Princeton U.P., 1969, X-451p.
MANENT P., *Tocqueville et la nature de la démocratie*
Paris, Julliard, 1982, 181 p.
MARCHESSEAU J.; *Eléments de la nouvelle constitution: examen critique de la constitution de 1848*
Bordeaux, Fouraignan, 1871, 128 p.
McCLELLAN J.; *Joseph Story and the American Constitution. A Study in Political and Legal Thougnt.*
Foreword by Stephen B. Presser, Norman and London, University of Oklaoma Press, 1990, XXI-413 p.
MELONIO F.; *Tocqueville dans la culture française*
Thèse, Université Paris-X, 1990, 3 vol.
Tocqueville et les Français
Paris, Aubier, 1993, 408 p.
«Tocqueville, un ralliement sous la Seconde République» in M. Vovelle (dir.), *Révolution et République: l'exception française*, Paris, Kimé, 1994, pp. 580-593.
MICHEL H.; «Note sur la constitution de 1848»
La Révolution de 1848, T. I, 1905, pp. 41-56.
MOLETTE C. et PRELOT M.; *Montalembert, laïc catholique. Montalembert constitutionnaliste*
Semur en Auxois, société des sciences historiques et naturelles de Semur-en-Auxois, 1971, 39 p.
MONCHANIN A.; *1848*
Paris, Paul Ollendorf, 1887, 298 p.
MURAT I.; *La Deuxième République*, 1848-1851

Paris, Fayard, 1987, 533 p.
NEWMAN E.; «La Blouse et la Redingote. L'alliance du peuple et de la bourgeoisie à la fin de la Restauration»
Annales historiques de la Révolution Française, n° 222, «1848 et la Seconde République», oct.-déc. 1975, pp. 513-535.
NOBECOURT R. G.; *Armand Carrel, journaliste. Documents inédits et textes oubliés*, Rouen, H. Defontaine, 1935, 214 p.
La Vie d'Armand Carrel
Paris, Gallimard, 1930, 309 p.
NORA P.; «Valeur universelle de la Constitution des Etats-Unis: la France et l'expérience américaine»
Marie-France Toinet, *Et la constitution créa l'Amérique*, Nancy, Presses universitaires de Nancy, 1988, pp. 23-28.
PIERRE V.; *Histoire de la République de 1848*
Paris, Plon, 1878, 2 vol.
PILBEAM P. M.; *Republicanism in nineteenth century France, 1814-1871*, London, Mac Millan, 1995, XII-370 p.
PONTEIL F.; *1848*
Paris, A. Colin, 1955, 224 p.
REMOND R.; «L'opinion française et l'expérience américaine (1815-1848)»
Marie-France Toinet, *Et la constitution créa l'Amérique*, Nancy, Presses universitaires de Nancy, 1988, pp. 29-34.
La vie politique en France depuis 1789. T. II: *1848-1879.*
Paris, A. Colin, 1969, 381 p.
RENAN E.; «De la monarchie constitutionnelle en France depuis la révolution de Février»
Revue des deux mondes, novembre 1869, pp. 71-104
RENARD G.; *La République de 1848*
Paris, l'auteur, 1906, 33 p.
«L'esprit de 1848»
Revue politique et parlementaire, 10 mars 1910, pp. 563-578.
ROCHE J.; «Paul Prévost-Paradol»
Revue internationale d'histoire politique et constitutionnelle, T. V, 1955, avril-juin, pp. 83-96.
ROMI R.; «L'influence de la constitution des Etats-Unis sur l'élaboration de la constitution de 1848»,
Les Petites affiches, n° 108, septembre 1989, pp. 14-18.
ROSANVALLON P.; *Le Moment Guizot*
Paris, Gallimard, 1985, 414 p.
Le sacre du citoyen. Histoire du suffrage universel

en France
Paris, Gallimard, 1992, 490 p,
ROZIERE E. de; «Bibliographie des œuvres de M. Ed. Laboulaye»
Nouvelle Revue historique de droit français et étranger, 1888, T. XII, pp. 771-821.
RUDELLE O.; «L'élaboration de la constitution de 1848»
in Ch. Bidegaray et P. Isoart (dir.), *Des Républiques françaises*, Paris, Economica, 1988, pp. 388-412.
«La France et l'expérience constitutionnelle américaine: un modèle présent, perdu, retrouvé»,
Marie-France Toinet, *Et la constitution créa l'Amérique*, Presses universitaires de Nancy, 1988, pp. 35-52.
SALEM A. et TOURNIER M.; «Vocabulaires de Quarante-Huit. Correspondances et classements»
Annales historiques de la Révolution Française, n° 222, «1848 et la Seconde République», oct.-déc. 1975, pp. 536-555.
SCHNERB R.; *Ledru-Rollin*
Paris, P.U.F., 1948, 75 p.
SEIGNOBOS Ch.; «Le comité de constitution de 1848»
Bulletin de la société d'Histoire moderne, 3e série, n° 24, janvier 1914, pp. 277-279.
SIGMANN J.; *1848. Les révolutions romantiques et démocratiques de l'Europe*, Paris, Calmann-Lévy, 1970, 363 p.
SPULLER E.; *Histoire parlementaire de la Seconde République, suivie d'une petite histoire du Second Empire*
Paris, F. Alcan, 1893, XVI-376 p.
SOTO J. de;
et FEBVRE A.; «Edouard de Laboulaye»
Revue internationale d'histoire politique et constitutionnelle, T. V, 1955, avril-juin, pp. 114-150.
TAY H.; *Le régime présidentiel et la France, étude d'histoire des idées juridiques et politiques*
Paris, L.G.D.J., 1967, XII-335 p.
TCHERNOFF J.; *Le parti républicain sous la monarchie de Juillet: formation et évolution de la doctrine républicaine.*
Paris, Pédone, 1901, XXIII-496 p.
TERSEN E.; *Quarante-Huit*
Paris, Livre club Diderot, 1975, 279 p.
TILLET E.; *Le concept de République dans la pensée de Charles de Rémusat*
Aix-en-Provence, P.U. d'Aix-Marseille, 1996, 188 p.

TUDESQ A.J.; *La Démocratie en France, depuis 1815.*
Paris, P.U.F., 1971, 200 p.
«La liberté contre la liberté. Le débat sur les incompatibilités parlementaires», in *Liberté, libéraux et Constitutions*, textes sous la dir. de J.P. Clément, L. Jaume et M.Verpeaux, Economica-P.U.A.M., 1997, pp. 33-41.
VAULX B. de; *L'échéance de 1852 ou la liquidation de 1848*
Paris, Self, 1948, 231 p.
VIGIER Ph.; «Un quart de siècle de recherches historiques sur la province»
Annales historiques de la Révolution Française, n° 222, «1848 et la Seconde République», oct.-déc. 1975, pp. 622-645.
La Seconde République
Paris, P.U.F., 1970, 126 p.
1848, Les Français et la République
Paris, 1998, V-437 p.
VINCENT B.; «D'un centenaire l'autre: 1887-1987»
in Marie-France Toinet, *Et la constitution créa l'Amérique*, Presses universitaires de Nancy, 1988, pp. 13-20.
WALINE M.; «L'unité et l'originalité de la période 1814-1848 dans notre histoire constitutionnelle»
Revue du Droit public, 1954, pp. 775-788.
WALLON H.; «Notice sur la vie et les travaux de M. Edouard-René Lefebvre-Laboulaye»
Nouvelle revue historique de droit français et étranger, T. XII, 1888, pp. 1-30.
WEILL G.; *Histoire du parti républicain en France 1814-1870*
Présentation de Maurice Agulhon
Paris-Genève, Slatkine Reprints, 1980, 431 p.
WEINER D.B.; *Raspail, scientist and reformer*
New York, London, Columbia U. P., 1968, XVI-336 p.

TABLE DES MATIERES